Kohlhammer

Grundwissen Zivilrecht im Assessorexamen

von

Dr. Helmut Kaiser
VRiOLG a. D.
Honorarprofessor an der Universität Dresden
Leiter mehrerer Referendars Arbeitsgemeinschaften im Zivilrecht
in Leipzig, Chemnitz und Stuttgart

und

Dr. Christian Kaiser
Richter am Landgericht Stuttgart
Leiter einer Referendars Arbeitsgemeinschaft im Zivilrecht

2., überarbeitete Auflage

Verlag W. Kohlhammer

2. Auflage 2025

Alle Rechte vorbehalten
© W. Kohlhammer GmbH, Stuttgart
Gesamtherstellung:
W. Kohlhammer GmbH, Heßbrühlstr. 69, 70565 Stuttgart
produktsicherheit@kohlhammer.de

Print:
ISBN 978-3-17-044904-6

E-Book-Formate:
pdf: 978-3-17-044905-3
epub: 978-3-17-044906-0

Dieses Werk einschließlich aller seiner Teile ist urheberrechtlich geschützt. Jede Verwendung außerhalb der engen Grenzen des Urheberrechts ist ohne Zustimmung des Verlags unzulässig und strafbar. Das gilt insbesondere für Vervielfältigungen, Übersetzungen, Mikroverfilmungen und für die Einspeicherung und Verarbeitung in elektronischen Systemen.
Für den Inhalt abgedruckter oder verlinkter Websites ist ausschließlich der jeweilige Betreiber verantwortlich. Die W. Kohlhammer GmbH hat keinen Einfluss auf die verknüpften Seiten und übernimmt hierfür keinerlei Haftung.

Vorwort

Das Zivilrecht bietet eine unendliche und wohl auch unüberschaubare Fülle von Problemen, die sich einfach zu einer Examensklausur formen oder in eine solche Klausur einbauen lassen. Ziel kann es nicht sein, alle diese Probleme zu lernen und zu kennen; das dürfte nicht nur unsinnig, sondern wohl auch unmöglich sein. Die immense Stofffülle muss strukturiert, die Systematik erfasst werden; die sich stets wiederholenden Probleme müssen als „Basiswissen" oder als „Musterprobleme" parat sein und vorgehalten werden. Diesen Zielen dient das Buch. Es will nicht vollständig das gesamte zivilrechtliche Wissen abdecken oder gar einer erschöpfenden wissenschaftlichen Darstellung zuführen. Die Zusammenhänge sind entscheidend, die Systematik soll vermittelt, die am Häufigsten vorkommenden Probleme (die sich aus der Auswertung der Examensklausuren der letzten Jahre ergeben haben) sollen dargestellt werden. Das im Examen noch fehlende Wissen, kann dann meist einfach im Kommentar nachgeschlagen werden. Neu auftretende Probleme können in aller Regel mit dem vorhandenen „Basis und Musterwissen" weiterentwickelt werden.
Für Anregungen und Hinweise sind wir selbstverständlich dankbar.

Wendlingen am Neckar, 31.12.2024   Helmut Kaiser, Christian Kaiser

Inhaltsverzeichnis

Vorwort		V
Abkürzungs- und Literaturverzeichnis		XXIV
1. Teil: Einleitung		1
1.	Klausuren	1
2.	Sinn und Bewertung einer Klausur	4
3.	Grundregeln zur Ausführung der Klausur	5
4.	Problembewusstsein	7
5.	Anwaltsklausur	8
6.	Relationstechnik	9
2. Teil: ZPO		11
A.	**Die Klage**	11
I.	Zuständigkeit und Bezeichnung des Gerichts, § 253 Abs. 2 Nr. 1 2. Alt. ZPO	11
1.	Begriff der Zuständigkeit	11
2.	Sachliche Zuständigkeit	13
3.	Örtliche Zuständigkeit	14
4.	Folgen der Unzuständigkeit	15
II.	Bezeichnung der Parteien, § 253 Abs. 2 Nr. 1 1. Alt. ZPO	17
1.	Bezeichnung der Parteien	17
2.	Formeller Parteibegriff	18
3.	Parteifähigkeit, Prozessfähigkeit und Postulationsfähigkeit	18
4.	Partei kraft Amtes	20
5.	Parteiänderung	20
6.	Prozessführungsbefugnis und Sachlegitimation	21
7.	Streitgenossen	23
8.	Beteiligung Dritter am Rechtsstreit	24
III.	Bestimmte Angabe von Gegenstand, Grund und Antrag, § 253 Abs. 2 Nr. 2 ZPO	26
1.	Klagegegenstand	26
2.	Klagegrund	27
3.	Klageantrag	28
IV.	Weitere Angaben in der Klageschrift	32
V.	Klageerhebung und Rechtshängigkeit, §§ 253, 261 ZPO	32
1.	Eingang der Klageschrift, Anhängigkeit	33
2.	Eingangsverfügung des Richters	34
3.	Zustellung der Klage	38
4.	Rechtshängigkeit	41
5.	Anhang Streitgegenstand	42
B.	**Reaktionen des Beklagten auf die Klage**	43
I.	Der Beklagte beantragt Klageabweisung	43
II.	Der Beklagte rügt fehlende Sachurteilsvoraussetzungen	44
1.	Begriff der Sachurteilsvoraussetzung	44

Inhaltsverzeichnis

		2.	Prüfung von Amts wegen	45
		3.	Ausnahme: Prozesshindernisse	45
	III.	Der Beklagte geht in die Säumnis		45
		1.	Das Versäumnisurteil gegen den Beklagten	46
		2.	Entscheidung des Gerichts	48
		3.	Wirkung und Zustellung des Urteils	49
		4.	Das Versäumnisurteil gegen den Kläger	50
		5.	Rechtsmittel Einspruch	51
		6.	Zweites Versäumnisurteil, § 345 ZPO	51
		7.	Klausuraufbau	52
	IV.	Das Anerkenntnis		53
		1.	Anerkenntnis, § 307 ZPO	53
		2.	Anerkenntnisurteil	53
		3.	Anhang: Verzicht	54
		4.	Folgen	55
	V.	Die Aufrechnung im Prozess		55
		1.	Die Aufrechnung	55
		2.	Arten der Aufrechnung	56
		3.	Entscheidungskompetenz	56
		4.	Wirkungen	57
		5.	Hilfs-/Eventualaufrechnung	58
		6.	Streitwert, § 45 Abs. 3 GKG	58
		7.	Zinsen	59
	VI.	Die Widerklage		59
		1.	Begriff der Widerklage	59
		2.	Voraussetzungen	59
		3.	Sonderfälle der Widerklage	61
		4.	Streitwert	62
C.	Die mündliche Verhandlung			63
	I.	Verfahrensgrundsätze im Zivilprozess		63
		1.	Dispositionsgrundsatz und Beibringungsgrundsatz	63
		2.	Untersuchungsgrundsatz und Prüfung von Amts wegen	65
		3.	Der Mündlichkeitsgrundsatz	66
		4.	Der Unmittelbarkeitsgrundsatz	67
		5.	Der Grundsatz der Öffentlichkeit	67
		6.	Der Konzentrationsgrundsatz	68
		7.	Das rechtliche Gehör	73
	II.	Ablauf der mündlichen Verhandlung		73
		1.	Der frühe erste Termin und der Haupttermin	73
		2.	Terminsablauf	74
	III.	Beweiserhebung und -würdigung		76
		1.	Beweiserhebung	76
		2.	Die einzelnen Beweismittel	87
		3.	Das Beweisergebnis/Beweiswürdigung	101
		4.	Das selbstständige Beweisverfahren	106
	IV.	Das Protokoll		108
		1.	Protokollzwang	108

Inhaltsverzeichnis

		2.	Der Inhalt des Protokolls	108
		3.	Protokollberichtigung.	109
	V.	Prozesskostenhilfe		109
		1.	Materielle Voraussetzungen eines Prozesskostenhilfeanspruchs	109
		2.	Die Entscheidung	110
		3.	Wirkungen der Prozesskostenhilfe	110

D. Die gerichtliche Entscheidung 110
    I. Einführung. 110
        1. Das Urteil 110
        2. Beschlüsse 116
        3. Prozessleitende Anordnungen 116
    II. Der Aufbau des Urteils 117
        1. Die Verkündung des Urteils 117
        2. Der Urteilskopf (Rubrum) 117
        3. Die Urteilsformel (Tenor) 117
        4. Der Tatbestand 117
        5. Die Entscheidungsgründe 120
        6. Unterschriften der Richter 121
        7. Aufbau des Urteils in der Übersicht 121
    III. Die Kostenentscheidung des Urteils 121
        1. Die Kostengrundentscheidung 121
        2. Die Baumbach`sche Kostenformel 122
        3. Die Kostentragungslast 124
        4. Das Kostenfestsetzungsverfahren 125
    IV. Anhang: Die Kosten des Rechtsstreits 125
        1. Gerichtsgebühren 125
        2. Rechtsanwaltsgebühren 126
        3. Gerichtliche Auslagen 127
    V. Die Entscheidung über die vorläufige Vollstreckbarkeit 128
        1. Erfordernis der Vollstreckbarerklärung von Urteilen 128
        2. Die Vollstreckbarerklärung ohne bzw. gegen Sicherheitsleistung . 128

E. Die Beendigung des zivilprozessualen Verfahrens ohne Urteil 130
    I. Ruhen des Verfahrens 130
    II. Die Klagerücknahme 130
        1. Begriff und Bedeutung 130
        2. Zustimmungserfordernis 131
        3. Folgen der Klagerücknahme, § 269 Abs. 3 ZPO 131
    III. Der Prozessvergleich 133
        1. Doppelnatur des Prozessvergleichs 133
        2. Vergleichsschluss zwischen den Parteien 134
        3. Wirkungen des Vergleichs 135
        4. Die Aufgaben des Gerichts beim Vergleich 136
        5. Besondere Varianten des Vergleichs 136
        6. Die Kostenregelung bei Prozessvergleich 138
        7. Die Unwirksamkeit des Prozessvergleichs und die Geltendmachung 138
    IV. Erledigung des Rechtsstreits in der Hauptsache 140

Inhaltsverzeichnis

		1.	Problemstellung.	140
		2.	Übereinstimmende (beidseitige) Erledigungserklärung	141
		3.	Die einseitige Erledigungserklärung	142
F.	Urkunden- und Wechselprozess			145
	I.	Zweck des Urkunden- und Wechselprozesses		145
		1.	Schneller Titel	145
		2.	Beschränkung der Beweismittel	145
		3.	Beweiserforderlichkeit.	145
		4.	Keine Geständnisfunktion nach § 331 Abs. 1 ZPO	146
		5.	Wechsel- und Scheckprozess	146
	II.	Voraussetzungen des Urkundenprozesses		146
	III.	Unzulässigkeit des Urkundenprozesses		146
		1.	Die Klage ist im Urkundenprozess unstatthaft	146
		2.	Die Einwendungen des Beklagten sind im Urkundenprozess unstatthaft	146
		3.	Der Urkundenprozess im Mietrecht	147
	IV.	Vorbehaltsurteil und Nachverfahren		147
		1.	Widerspruch des Beklagten	147
		2.	Wirkungen	147
		3.	Anerkenntnis.	148
		4.	Tenor des Urteils im Nachverfahren	148
	V.	Besonderheiten		148
G.	Arrest und einstweilige Verfügung.			148
	I.	Vorläufiger Rechtsschutz		148
		1.	Zweck	148
		2.	Summarische Prüfung	149
		3.	Vorläufiger Rechtsschutz.	149
		4.	Grundvoraussetzung von Arrest und einstweiliger Verfügung	150
		5.	Bezeichnung der Parteien	151
	II.	Arrest und einstweilige Verfügung.		151
		1.	Arrest.	151
		2.	Einstweilige Verfügung.	151
	III.	Das Verfahren		152
		1.	Voraussetzung	152
		2.	Zuständiges Gericht.	153
		3.	Streitwert	153
	IV.	Die Entscheidung des Gerichts		153
		1.	Die Entscheidung	153
		2.	Entscheidung ohne mündliche Verhandlung	154
		3.	Entscheidung nach mündlicher Verhandlung	154
		4.	Die Arrestanordnung	154
		5.	Das Verfügungsverfahren.	155
		6.	Kostenentscheidung	155
	V.	Rechtsbehelfe		155
		1.	Widerspruch	155
		2.	Sofortige Beschwerde	156
		3.	Berufung	156

Inhaltsverzeichnis

		4.	Antrag auf Anordnung der Klageerhebung	156
		5.	Antrag auf Aufhebung des Arrests wegen veränderter Umstände .	156
		6.	Schutzschrift	157
	VI.	Die Vollziehung	157
	VII.	Schadensersatz, § 945 ZPO	158
H.	Rechtsmittel	159
	I.	Allgemeines	159
		1.	Wirkungen und Statthaftigkeit der Rechtsmittel	159
		2.	Rechtsbehelfe	160
		3.	Prüfungsmaßstab	160
		4.	Instanzenzug bei Anfechtung von Urteilen	160
	II.	Berufung	161
		1.	Voraussetzungen	161
		2.	Zulässigkeitsprüfung und Terminbestimmung	163
		3.	Urteil des Berufungsgerichts	163
		4.	Anschlussberufung	165
		5.	Verzicht, Rücknahme, Erledigung	165
		6.	Klausuraufbau	166
	III.	Die sofortige Beschwerde	166
		1.	Die sofortige Beschwerde	166
		2.	Entscheidung durch das Beschwerdegericht	167
		3.	Anhang: Die Erinnerung	168

3. Teil: Zwangsvollstreckung 169

Vorbemerkung 169

A.	Voraussetzungen der Zwangsvollstreckung	169
	I.	Titel	169
		1.	Zur Vollstreckung geeignete Titel	169
		2.	Titelumschreibung	170
		3.	Titel gegen Gesellschaft und Gesellschafter sowie gegen Kaufmann	171
		4.	Herausgabe des Titels (häufig in Klausuren)	171
	II.	Vollstreckungsklausel	171
		1.	Vollstreckbare Ausfertigung	171
		2.	Einfache Klausel, §§ 724, 725 ZPO	172
		3.	Qualifizierte Klausel, §§ 726 ff. ZPO	172
	III.	Zustellung, § 750 Abs. 1 S. 1 ZPO	173
	IV.	Keine Vollstreckungshindernisse	173
	V.	Besondere Voraussetzungen der Zwangsvollstreckung	173
B.	Systematik der Einzelzwangsvollstreckung	174
	I.	Zwangsvollstreckung wegen Geldforderungen, §§ 802a ff. ZPO	174
		1.	In bewegliches Vermögen, körperliche Sachen	174
		2.	Vollstreckung in Forderungen und sonstige Rechte, §§ 828 ff. ZPO	174
		3.	In Grundstücke	174

Inhaltsverzeichnis

	II.	Zwangsvollstreckung wegen anderer Forderungen als Geldforderungen, §§ 883 ff. ZPO	175
		1. Anspruch auf Herausgabe von Sachen, §§ 883 ff. ZPO	175
		2. Anspruch auf Handlungen, Duldung, Unterlassen, §§ 887 ff. ZPO	175
		3. Anspruch auf Abgabe einer Willenserklärung, § 894 ff. ZPO	175
C.	Pfändung und Verwertung von beweglichen Sachen		175
	I.	Zwangsvollstreckung durch Pfändung, § 803 ZPO	175
	II.	Verstrickung	176
	III.	Pfändungspfandrecht, § 804 Abs. 1 ZPO	176
	IV.	Sachverwertung	176
		1. Öffentliche Versteigerung	176
		2. Eigentumserwerb	176
		3. Dingliche Surrogation	177
D.	Pfändung und Verwertung von Forderungen und sonstigen Rechten, §§ 828 ff. ZPO		178
	I.	Zwangsvollstreckung wegen Geldforderungen in Forderungen, §§ 828 ff. ZPO	178
		1. Zwangsvollstreckung durch Pfändungs- und Überweisungsbeschluss (PfÜB)	178
		2. Pfändungsbeschluss, § 829 ZPO	179
		3. Überweisungsbeschluss, § 835 ZPO	179
	II.	Zwangsvollstreckung wegen Geldforderungen in Herausgabeansprüche, §§ 846–849 ZPO	179
	III.	Zwangsvollstreckung wegen Geldforderungen in andere Vermögensrechte, § 857 ZPO	180
		1. Gegenstand des § 857 ZPO	180
E.	Zwangsvollstreckung wegen Geldforderungen in das unbewegliche Vermögen, §§ 864 ff. ZPO		181
	I.	Arten der Zwangsvollstreckung in das unbewegliche Vermögen, § 866 ZPO	181
	II.	Gegenstand der Immobiliarvollstreckung, § 864 ZPO	181
	III.	Verhältnis zur Mobiliarvollstreckung, § 865 ZPO	181
F.	Zwangsvollstreckung wegen anderer Forderungen als Geldforderungen, §§ 883 ff. ZPO		182
	I.	Zwangsvollstreckung wegen Herausgabe von Sachen, §§ 883–886 ZPO	182
		1. Herausgabe beweglicher Sachen, §§ 883, 884 ZPO	182
		2. Herausgabe von Grundstücken, § 885 ZPO	182
	II.	Zwangsvollstreckung wegen Handlungen oder Unterlassungen, §§ 887–890 ZPO	182
		1. Vertretbare Handlungen, § 887 ZPO	182
		2. Unvertretbare Handlungen, § 888 ZPO	182
		3. Unterlassungen, § 890 ZPO	183
	III.	Zwangsvollstreckung wegen Abgabe von Willenserklärungen, § 894 ZPO	183
		1. Willenserklärung wird fingiert	183
		2. Gegenleistung	183

Inhaltsverzeichnis

		3.	Rechtskräftiges Urteil	183
G.	Rechtsbehelfe in der Zwangsvollstreckung			184
	I.	Allgemeines		184
		1.	Formale Verstöße	184
		2.	Materiell-rechtliche Fehler	184
		3.	Aufbaufragen	184
	II.	Vollstreckungsabwehrklage, § 767 ZPO		186
		1.	Zulässigkeit der Vollstreckungsabwehrklage	186
		2.	Begründetheit der Vollstreckungsabwehrklage	187
		3.	Titelgegenklage, § 767 ZPO analog	187
		4.	Andere Titel	187
	III.	Drittwiderspruchsklage		189
		1.	Allgemeines	189
		2.	Voraussetzungen	189
		3.	Interventionsrechte	189
	IV.	Sonderproblem Anfechtungsgesetz		191
		1.	Allgemeines	191
		2.	Anfechtungsklage, § 13 AnfG	191
		3.	Anfechtungseinrede, § 9 AnfG	192
	V.	Klage auf vorzugweise Befriedigung, § 805 ZPO		193
		1.	Allgemeines	193
		2.	Voraussetzungen	193
		3.	Begründetheit	193
	VI.	Einziehungsklage		194
		1.	Allgemeines	194
		2.	Begründetheit	194
	VII.	Vollstreckungserinnerung, § 766 ZPO		194
		1.	Zulässigkeit	194
		2.	Begründetheit	194
		3.	Tenorierung	194
		4.	Fall	195
	VIII.	Sofortige Beschwerde, § 793 ZPO		195
		1.	Zulässigkeit	195
		2.	Begründetheit	195
		3.	Tenorierung	195
	IX.	Verlängerte Drittwiderspruchsklage/Vollstreckungsgegenklage		196
		1.	Klage gegen den Ersteigerer	196
		2.	Klage gegen den Vollstreckungsgläubiger	196

4. Teil: Materielles Recht 199

Vorbemerkung 199

1. Abschnitt: BGB – AT und Schuldrecht 200

A.	Vertragliche Primäransprüche			200
	I.	Einführung		200
	II.	Vertrag wirksam geschlossen		201
		1.	Grundsatz	201

XIII

Inhaltsverzeichnis

		2.	Die Willenserklärung	201
		3.	Die Stellvertretung §§ 164 ff BGB	202
		4.	AGB Kontrolle	205
	III.	Rechtshindernde Einwendungen		205
		1.	Fehlende Geschäftsfähigkeit, §§ 104 ff BGB	205
		2.	Scheingeschäft, § 117 BGB	206
		3.	Formmangel, § 125 BGB	206
		4.	Verstoß gegen ein gesetzliches Verbot, § 134 BGB, und Sittenwidrigkeit, § 138 BGB	206
		5.	Bedingung, §§ 158 ff. BGB	208
	IV.	Anspruch untergegangen (keine rechtsvernichtenden Einwendungen)		208
		1.	Anfechtung, §§ 119 ff BGB	208
		2.	Erfüllung, § 362 BGB, und Erfüllungssurrogate	209
		3.	Aufrechnung, § 387 ff BGB	209
		4.	Rücktritt	210
		5.	Störung der Geschäftsgrundlage, § 313 BGB	211
		6.	Unmöglichkeit	211
		7.	Widerruf und Kündigung des geschlossenen Vertrags	211
	V.	Anspruch durchsetzbar – keine rechtshemmenden Einwendungen		211
		1.	Einrede der Verjährung, § 214 BGB	211
		2.	Einrede nach § 242 BGB	212
		3.	Zurückbehaltungsrecht, §§ 273, 320 BGB	212
B.	Vertragliche Sekundäransprüche			212
	I.	Einführung		212
	II.	Allgemeines Leistungsstörungsrecht nach §§ 280 ff BGB		213
		1.	Schadensersatz statt der Leistung	213
		2.	Schadensersatz neben der Leistung	214
		3.	Die verschiedenen Pflichtverletzungen des Schuldners	214
		4.	Der Aufwendungsersatzanspruch, § 284 BGB	215
	III.	Ansprüche aus Kaufvertrag §§ 437, 434 BGB		216
		1.	Einführung	216
		2.	Vorliegen eines Mangels, § 434 BGB	216
		3.	Kein Gewährleistungsausschluss	218
		4.	Weitere Voraussetzungen des geltend gemachten Anspruchs	219
		5.	Verjährung, § 438 BGB	220
		6.	Sonderfall: Garantieerklärung, § 443 BGB	220
	IV.	Ansprüche aus Werkvertrag §§ 631, 634, 633 BGB		221
		1.	Wirksamer Werkvertrag, § 631 BGB	221
		2.	Fälligkeit der Vergütung und Abnahme, §§ 640, 641 BGB	222
		3.	Werklohn	223
		4.	Mängelrechte des Bestellers	223
		5.	Sonstige Ansprüche aus dem Werkvertragsrecht	224
C.	Verbraucherverträge			224
	I.	Verbraucherverträge (besondere Vertriebsformen)		224
	II.	Widerrufsrecht		225
	III.	Verbraucherverträge über digitale Produkte		225

Inhaltsverzeichnis

- D. Vertrag zugunsten Dritter, Vertrag mit Schutzwirkung für Dritte, Drittschadensliquidation 227
  - I. Vertrag zugunsten Dritter, §§ 328 ff. BGB 227
  - II. Vertrag mit Schutzwirkung für Dritte 228
  - III. Drittschadensliquidation 228
- E. Verjährungseinrede 229
  - I. Rechtsfolgen der Verjährung 229
    1. Ausgangspunkt, § 214 Abs. 1 BGB 229
    2. Keine Rückforderung, § 214 Abs. 2 BGB 230
    3. Aufrechnung, Zurückbehaltungsrechte und gesicherte Ansprüche, §§ 215, 216 BGB 230
    4. Verjährung und Rücktritt, § 218 BGB 230
  - II. Verjährungsfristen 230
    1. Spezielle Verjährungsfristen 230
    2. Dreißigjährige Verjährung, § 197 BGB 230
    3. Verjährung bei Rechten an Grundstücken, § 196 BGB 230
    4. Regelmäßige Verjährung, §§ 195, 199 BGB 231
  - III. Hemmung und Neubeginn der Verjährung, §§ 203 ff. BGB 231
    1. Wichtigste Fälle der Hemmung 231
    2. Wichtigster Fall des Neubeginns der Verjährung, § 212 BGB 231
  - IV. Sonderfälle der Verjährung 232
    1. Gesamtschuldner 232
    2. Bürgschaft 232
- F. Mehrheit von Schuldnern und Gläubigern 232
  - I. Teilbare Leistung, § 420 BGB 233
  - II. Gesamtschuld, § 421 BGB 233
    1. Vorliegen einer Gesamtschuld 233
    2. Voraussetzungen 233
    3. Rechtsfolgen der Gesamtschuld 233
  - III. Mehrere Schuldner einer unteilbaren Leistung, § 431 BGB 234
  - IV. Gesamtgläubiger, § 428 BGB 234
  - V. Mehrere Gläubiger einer unteilbaren Leistung, § 432 BGB 234
  - VI. Gesamtschuldnerausgleich 235
    1. Der Gesamtschuldnerausgleich, § 426 BGB 235
    2. Sonderproblem: Gestörter Gesamtschuldnerausgleich 235
    3. Umfang der Haftung 236
- G. Mietrecht 237
  - I. Allgemeines 237
    1. Definition und Abgrenzung 237
    2. Struktur des Mietrechts 237
    3. Mietvertrag 237
    4. Rechte (Ansprüche) des Mieters 238
    5. Rechte (Ansprüche) des Vermieters 238
  - II. Räumungsklage 239
    1. Prozessuales 239
    2. Anspruchsgrundlage 240

Inhaltsverzeichnis

		3.	Kündigungserklärung	240
		4.	Kündigungsgründe	240
		5.	Ungerechtfertigte Kündigung des Vermieters	242
		6.	Vorzeitige Vertragsauflösung	242
		7.	Verspätete Rückgabe der Mietsache	242
	III.	Untermiete	243
		1.	Gestattung, §§ 540, 553 BGB	243
		2.	Rechtsverhältnisse	243
		3.	Anspruch des Vermieters auf Herausgabe des gezahlten Untermietzinses bei ungerechtfertigter Untervermietung	243
		4.	Herausgabeanspruch des Vermieters gegen den unberechtigten Untermieter	243
		5.	Weitere Ansprüche des Vermieters bei Untervermietung	244
	IV.	Vermieterpfandrecht	245
		1.	Entstehen	245
		2.	Erlöschen	245
		3.	Verhältnis Vermieterpfandrecht und Sicherungsübereignung	245
	V.	Schönheitsreparaturen und ähnliche Klauseln	245
		1.	Schönheitsreparaturklauseln in Mietverträgen	245
		2.	Schönheitsreparatur und Abriss des Objekts	246
		3.	Der Hausverwalter vereinbart die unwirksame Klausel	246
H.	**Bürgschaft**	247
	I.	Bürgschaft und andere Personalsicherheiten	247
		1.	Personalsicherheit	247
		2.	Abgrenzung	247
		3.	Auslegung	247
	II.	Voraussetzungen der Bürgschaft	247
		1.	Vertrag, § 765 BGB	247
		2.	Form, § 766 BGB	247
		3.	Die Hauptschuld muss bestehen, § 767 BGB	248
		4.	Gegenrechte des Bürgen	248
	III.	Sonderformen	249
		1.	Bürgschaft auf erstes Anfordern	249
		2.	Mängelgewährleistungsbürgschaft	249
	IV.	Übertragung und Zahlung der Hauptschuld	249
		1.	Übertragung der Hauptschuld	249
		2.	Zahlt der Hauptschuldner die Hauptschuld	250
		3.	Zahlung auf die Bürgschaft durch den Bürgen	250
	V.	Verjährung und Zuständigkeit	250
I.	**Hinweise zu anderen Vertragstypen**	250
	I.	Darlehensvertrag, §§ 488 ff. BGB	250
	II.	Schenkungsvertrag, §§ 516 ff. BGB	251
	III.	Leasingvertrag	251
	IV.	Reisevertrag, §§ 651 ff. BGB	251
	V.	Maklervertrag, §§ 652 ff. BGB	252
	VI.	Der Gastwirtsvertrag, § 701 ff. BGB	252
	VII.	Schuldversprechen und Schuldanerkenntnis, §§ 780, 781 BGB	252

Inhaltsverzeichnis

		1.	Unterschied	252
		2.	Vertragsform	252
		3.	Abstraktes/Deklaratorisches Anerkenntnis	252
		4.	Wirkungen	252
		5.	Prozessuales	253
	VIII.		Der Vergleich, § 779 BGB	253

2. Abschnitt: Gesetzliche Schuldverhältnisse und Schadensersatzrecht... 254

A. Ansprüche aus Geschäftsführung ohne Auftrag ... 254
    I. Einführung ... 254
    II. Die echte GoA ... 254
        1. Voraussetzungen der echten GoA, §§ 677, 683, 684 BGB ... 254
        2. Rechtsfolgen ... 255
    III. Die unechte GoA, § 687 BGB ... 257
    IV. Klausurfälle ... 257
        1. GoA bei erkannt nichtigem Vertrag ... 257
        2. Ersatz der Abschleppkosten bei zugeparkter Ausfahrt (Klausurklassiker „Abschleppfälle") ... 257
        3. Selbstaufopferung im Straßenverkehr ... 258
        4. Erbensucher- und Bestattungsfälle ... 259

B. Ansprüche aus ungerechtfertigter Bereicherung (§§ 812 ff. BGB) ... 259
    I. Leistungskondiktionen ... 259
        1. „Etwas erlangt" ... 259
        2. „Durch Leistung" ... 260
        3. Rechtsgrund ... 260
        4. Ausschlussgründe ... 261
    II. Nichtleistungskondiktionen ... 261
        1. Der Grundtatbestand, die allgemeine Nichtleistungskondiktion, § 812 Abs. 1 S. 1 2. Alt. BGB ... 261
        2. Die Nichtleistungskondiktion aus § 816 Abs. 1 S. 1 BGB ... 263
        3. Die Nichtleistungskondiktion aus § 816 Abs. 1 S. 2 BGB ... 263
        4. Die Nichtleistungskondiktion aus § 822 BGB ... 263
        5. Die Nichtleistungskondiktion aus § 816 Abs. 2 BGB ... 263
    III. Dreipersonenverhältnisse ... 264
        1. Anweisungsfälle ... 264
        2. Bankfälle ... 265
    IV. Rechtsfolge der Bereicherungsansprüche ... 265
        1. Nutzungs- und Wertersatz, §§ 818 Abs. 1 und Abs. 2 BGB ... 265
        2. Entreicherung nach § 818 Abs. 3 BGB ... 266

C. Ansprüche aus unerlaubter Handlung, §§ 823 ff. BGB ... 266
    I. Anspruch nach § 823 Abs. 1 BGB ... 266
        1. Verletzungshandlung ... 267
        2. Rechtsgutsverletzung ... 267
        3. Haftungsbegründende Kausalität ... 268
        4. Rechtswidrigkeit ... 269
        5. Verschulden ... 269
        6. Schaden ... 269

Inhaltsverzeichnis

		7.	Haftungsausfüllende Kausalität	269
	II.		Anspruch nach § 823 Abs. 2 BGB	269
	III.		Anspruch nach § 826 BGB	269
	IV.		Haftung für Verrichtungsgehilfen und für Organe, § 831 BGB; § 31 BGB	269
	V.		Haftung des Aufsichtspflichtigen, § 832 BGB	270
		1.	Entlastungsbeweis	270
		2.	Voraussetzungen	270
	VI.		Haftung für Tiere, §§ 833, 834 BGB	270
		1.	Haftung des Tierhalters, § 833 BGB	271
		2.	Haftung des Tieraufsehers, § 834 BGB	271
	VII.		Haftung für Gebäude, §§ 836 ff. BGB	272
D.			**Produkthaftungsgesetz**	272
	I.		Voraussetzungen (Prüfungsaufbau)	272
	II.		Rechtsfolge	272
	III.		Verjährung	272
E.			**Der Verkehrsunfall**	273
	I.		Grundlagen	273
		1.	Haftungsgrundlagen	273
		2.	Verhältnis der Regelungen zu §§ 823 ff. BGB	273
		3.	Prozessuales	273
		4.	Besonderer Hinweis für die Klausur	274
	II.		Voraussetzungen der Anspruchsgrundlagen, §§ 7 Abs. 1, 18 Abs. 1 StVG	274
		1.	Rechtsgutsverletzung i. S. v. § 7 Abs. 1 StVG	274
		2.	Halter/Fahrer	274
		3.	Kraftfahrzeug	274
		4.	„Bei dem Betrieb"	274
		5.	Haftungsausschluss	275
	III.		Haftungsbeschränkungen, §§ 17 Abs. 1, 9 StVG, 254 BGB	275
		1.	Ausgangspunkt, § 17 Abs. 1 StVG	275
		2.	Haftungseinheit	276
		3.	Abwägung der Verursachungsbeiträge	276
		4.	Mitverschulden, §§ 9 StVG, 254 BGB	277
		5.	Beweislast und Anscheinsbeweis	278
	V.		Urteils-/Klausuraufbau	279
F.			**Rechtsfolge: Schadensersatz, §§ 249 ff. BGB**	281
	I.		Grundsatz: Naturalrestitution, § 249 BGB	281
		1.	Naturalrestitution, § 249 Abs. 1 BGB	281
		2.	Wahlweise kann der Geschädigte Geldersatz verlangen, § 249 Abs. 2 BGB	281
	II.		Weitere Schadenskompensation, §§ 251, 252 BGB	282
		1.	Geldersatz, § 251 Abs. 1 BGB	282
		2.	Wertersatz, § 251 Abs. 2 BGB	283
		3.	Entgangener Gewinn, § 252 BGB	283
	III.		Schmerzensgeld, § 253 Abs. 2 BGB	284

	IV.	Schadenskorrektur.	284
		1. Vorteilsausgleichung.	284
		2. Normativer Schadensbegriff	285
		3. Mitverschulden, § 254 BGB.	285
	V.	Schadensersatzansprüche Dritter	285

3. Abschnitt: Sachenrecht 285

A.	Besitzschutzansprüche.	285
	I.	Herausgabe- und Unterlassungsanspruch, §§ 861, 862 BGB.	286
	II.	Einwendungen	286
	III.	Klausurfälle	286
	IV.	Weitere häufige Fälle bei Besitzschutzansprüchen	287
B.	Das Eigentümer-Besitzer-Verhältnis (EBV), §§ 985 ff. BGB	287
	I.	Das Verhältnis zu anderen Normen	287
		1. Verhältnis zum Deliktsrecht	287
		2. Verhältnis zum Bereicherungsrecht.	287
	II.	Voraussetzungen des Herausgabeanspruchs, § 985 BGB (Vindikationslage)	288
		1. Eigentum	288
		2. Besitz.	288
		3. Kein Recht zum Besitz, § 986 BGB.	288
	III.	Nebenansprüche des Eigentümers, §§ 987 ff. BGB	289
	IV.	Gegenansprüche des nichtberechtigten Besitzers, §§ 994 ff. BGB	289
C.	Unterlassungs- und Beseitigungsanspruch, § 1004 BGB	289
	1.	Eigentumsbeeinträchtigung i. S. v. § 1004 BGB	289
	2.	Rechtswidrigkeit	290
	3.	Fortdauer der Beeinträchtigung und Wiederholungsgefahr	290
	4.	Störereigenschaft des Schuldners	290
	5.	Keine Duldungspflicht, § 1004 Abs. 2 BGB.	290
	6.	Einwendungen/Einreden	290
	7.	Nachbarrechtlicher Ausgleichsanspruch	291
D.	Eigentumserwerb	291
	I.	Überblick über die Erwerbstatbestände	291
		1. Eigentumserwerb durch Rechtsgeschäft	291
		2. Eigentumserwerb durch Gesetz	291
		3. Eigentumserwerb durch Hoheitsakt	294
	II.	Rechtsgeschäftlicher Eigentumserwerb, §§ 929 ff BGB	294
		1. Einigung über den Eigentumsübergang, § 929 BGB	294
		2. Übergabe, § 929 BGB, und Übergabeersatz, §§ 930, 931 BGB. . .	294
		3. Berechtigung des Veräußerers oder gutgläubiger Erwerb, §§ 932 ff. BGB	295
		4. Abhandenkommen, § 935 BGB	296
		5. Lastenfreier Erwerb, § 936 BGB	296
		6. Klausurfälle.	296
		7. Pfandrecht	297
		8. Sicherungsübereignung	298

Inhaltsverzeichnis

		9.	Anwartschaftsrecht und Eigentumsvorbehalt	299
E.	**Grundstücksrecht sowie Nachbarrecht**			300
	I.	Grundstückskaufvertrag		301
		1.	Notarielle Beurkundung, § 311b Abs. 1 S. 1 BGB	301
		2.	Heilung mit Eintragung, § 311b Abs. 1 S. 2 BGB	301
		3.	Klausurfälle	301
	II.	Erwerb von Grundstücken und Grundstücksrechten		302
		1.	Einigung (in Form der Auflassung), §§ 873, (925) BGB.	303
		2.	Eintragung, § 873 BGB.	303
		3.	Berechtigung und gutgläubiger Erwerb.	303
		4.	Zubehör, § 926 BGB.	304
	III.	Widerspruch		304
		1.	Widerspruch	304
		2.	Anhang: Rechtshängigkeitsvermerk	305
	IV.	Vormerkung		306
		1.	Die Vormerkung als Sicherungsmittel.	306
		2.	Sicherungswirkungen	306
		3.	Vormerkung für künftige Leistung, § 883 Abs. 1 S. 2 BGB.	306
		4.	Gutgläubiger Erwerb einer Vormerkung	307
		5.	Gutgläubiger Zweiterwerb einer Vormerkung	308
	V.	Anspruchsgrundlagen		308
	VI.	Nachbarrecht		309
		1.	Nachbarrecht, Anspruchsgrundlagen	309
		2.	Überbau, § 912 BGB.	310
		3.	Notwegerecht, § 917 BGB	311
		4.	Grenzverwirrung, § 920 BGB.	311
	VII.	Dienstbarkeiten, §§ 1018 ff. BGB		312
		1.	Allgemeines	312
		2.	Grunddienstbarkeit, §§ 1018 ff BGB	313
		3.	Nießbrauch, §§ 1030 ff BGB	313
		4.	Beschränkt persönliche Dienstbarkeit, §§ 1090 ff BGB.	313
		5.	Wohnungsrecht, § 1093 BGB.	313
F.	**Hypothek und Grundschuld**			314
	I.	Allgemeines		314
		1.	Hypothek/Grundschuld	314
		2.	Es bestehen zwei Ansprüche	314
		3.	Prozessuales.	315
	II.	Entstehen der Hypothek		315
		1.	Einigung, §§ 873, 1113 BGB	315
		2.	Eintragung ins Grundbuch, §§ 873, 1115 BGB.	315
		3.	Übergabe des Hypothekenbriefes, §§ 1116, 1117 BGB.	315
		4.	Akzessorietät (Bestehen der zu sichernden Forderung, § 1113 BGB)	316
		5.	Berechtigung.	316
	III.	Entstehen der Grundschuld		316
	IV.	Übertragung der Hypothek		316
		1.	Abtretung der Forderung	316

Inhaltsverzeichnis

		2.	Gutgläubiger Erwerb der Hypothek, §§ 1138, 892 BGB	316
	V.		Übertragung der Grundschuld	317
	VI.		Einwendungen bei der Hypothek	317
		1.	Hypothekenbezogene Einwendungen, § 1157 BGB	317
		2.	Forderungsbezogene Einwendungen, § 1137 BGB	317
		3.	Sicherungsabrede	318
	VII.		Einwendungen bei der Grundschuld	318
		1.	Aus der Grundschuld, §§ 1191, 1192, 1157 BGB	318
		2.	Aus der Sicherungsabrede	318
	VIII.		Grundlagen zur Zahlung bei der Hypothek	318
		1.	Der persönliche Schuldner, der auch Eigentümer ist, zahlt	318
		2.	Der Eigentümer, der nicht persönlicher Schuldner ist, zahlt	318
		3.	Der persönliche Schuldner, der nicht Eigentümer ist, zahlt	318
		4.	Ein Dritter zahlt	318

4. Abschnitt: Die wichtigsten Nebengebiete ... 319

A.	Familienrecht			319
	I.		Rechtsfolgen der Ehe im Allgemeinen	319
		1.	Geschäfte zur Deckung des Lebensbedarfs, § 1357 BGB	319
		2.	Haftungsprivileg, § 1359 BGB	320
		3.	Eigentumsvermutung, § 1362 BGB	320
		4.	Deliktischer Schutz der Ehe	320
	II.		Güterstand	320
		1.	Allgemeines	320
		2.	Verfügungsbeschränkungen, §§ 1365, 1369 BGB	321
		3.	Zugewinnausgleich	322
	III.		Scheidung und Folgen	322
		1.	Die Voraussetzungen der Scheidung, §§ 1564 ff BGB	322
		2.	Zugewinnausgleich, §§ 1372 ff BGB	322
		3.	Elterliche Sorge	323
		4.	Trennungsunterhalt, § 1361 BGB	323
		5.	Nachehelicher Ehegattenunterhalt, §§ 1569 ff BGB	323
		6.	Kindesunterhalt	323
	IV.		Sonderproblem: Ausgleich von Zuwendungen	324
		1.	BGB-Gesellschaft, §§ 705 ff. BGB	324
		2.	Lohnansprüche aus Arbeitsvertrag, §§ 611 ff. BGB, oder Darlehensanspruch, § 488 Abs. 1 S. 2 BGB	324
		3.	Bruchteilsgemeinschaft, §§ 741 ff. BGB	325
		4.	Widerruf einer Schenkung wegen groben Undankes, §§ 530, 531, 812 Abs. 1 S. 2 1. Alt. BGB	325
		5.	Unbenannte Zuwendungen	325
B.	Erbrecht			325
	I.		Rechtsstellung des Erben	325
		1.	Gesamtrechtsnachfolge, § 1922 BGB	325
		2.	Erbengemeinschaft, Gesamthand und Gesamtschuld, §§ 2032, 2058, 2059 BGB	326
		3.	Erbenhaftung, §§ 1967 ff, 2058 ff BGB	327

Inhaltsverzeichnis

		4. Testamentsvollstrecker, §§ 2197 ff BGB	328
		5. Pflichtteil und Pflichtteilsergänzung, §§ 2303, 2317, 2315 BGB ...	329
		6. Erbschaftsanspruch, §§ 2018 ff BGB	330
	II.	Erbschein, §§ 2353 ff BGB	331
		1. Vermutungswirkung, § 2365 BGB	331
		2. Feststellungsklage...........................	331
		3. Öffentlicher Glaube des Erbscheins, §§ 2365, 2366 BGB	332
		4. Leistung an den Erbscheinserben, § 2367 BGB...........	332
	III.	Testament...................................	332
		1. Anordnungen	332
		2. Gemeinschaftliches Testament, §§ 2265 ff BGB (Berliner Testament).......................................	333
		3. Bindungswirkung bei wechselbezüglichen Verfügungen, §§ 2270 ff. BGB	334
		4. Annahme und Ausschlagung der Erbschaft, §§ 1942 ff. BGB	334
	IV.	Schenkungsversprechen von Todes wegen, Schenkung, Vertrag zugunsten Dritter	335
		1. Problemstellung: Abgrenzung von § 518 BGB zu § 2301 BGB ...	335
		2. Abgrenzung der §§ 518, 2301, 331 BGB	335
C.	**Handelsrecht**		337
	I.	Kaufmannsbegriff, §§ 1 ff HGB	337
		1. „Istkaufmann", § 1 HGB.......................	337
		2. „Kannkaufmann", § 2 HGB.....................	338
		3. Land- und Forstwirt, § 3 HGB....................	338
		4. Handelsgesellschaften und „Formkaufmann", § 6 HGB.......	338
		5. Scheinkaufmann, § 5 HGB	338
	II.	Publizität des Handelsregisters, § 15 HGB	338
		1. Negative Publizität (zugunsten eines Dritten), § 15 Abs. 1 HGB..	339
		2. Positive Publizität (zugunsten des Eintragungspflichtigen), § 15 Abs. 2 HGB.................................	339
		3. Positive Publizität (zugunsten eines Dritten), § 15 Abs. 3 HGB ...	339
	III.	Handelsfirma, §§ 17 ff. HGB........................	339
	IV.	Prokura, § 48 ff HGB	340
	V.	Besonderheiten der Handelsgeschäfte, §§ 343 ff HGB	340
		1. Formfreiheit für die Bürgschaft und die Einrede der Vorausklage, §§ 349, 350 HGB	340
		2. Gutgläubiger Erwerb, § 366 HGB...................	341
		3. Untersuchungs- und Rügepflicht, § 377 HGB	341
		4. Schweigen, § 362 HGB, und Kaufmännisches Bestätigungsschreiben	341
D.	**Gesellschaftsrecht**		342
	I.	Begriff der Gesellschaft	342
		1. Die Definition einer Gesellschaft findet sich in § 705 BGB. Voraussetzungen sind:...........................	342
		2. Keine Gesellschaften sind:......................	342
	II.	Arten der Gesellschaft	342
	III.	Entstehung der Gesellschaften	343

		1.	Entstehung im Innenverhältnis	343
		2.	Entstehung im Außenverhältnis	343
		3.	Rechtsfähigkeit	344
		4.	Prozessuales	344
		5.	Anhang: Entstehung einer GmbH oder einer AG	344
	IV.	Außenverhältnis		345
		1.	Vertretung	345
		2.	Umfang der Vertretungsmacht	346
		3.	Haftung und Zurechnung	346
		4.	Haftung der ein- oder austretenden Gesellschafter	347
	V.	Innenverhältnis der Gesellschaften		347
		1.	Geschäftsführung	348
		2.	Sozialanspruch	348
		3.	Sozialverpflichtung	348
		4.	Actio pro socio	348
		5.	Individualansprüche und Verpflichtungen	349
		6.	Drittbeziehungen	349
	VI.	Veränderungen im Gesellschafterbestand sowie Beendigung und Auflösung der Gesellschaft		349
		1.	Veränderungen im Gesellschafterbestand	349
		2.	Beendigung und Auflösung der Gesellschaft	349
E.	Arbeitsrecht			350
	I.	Zulässigkeit der Kündigungsschutzklage		350
		1.	Rechtswegs- und sachliche Zuständigkeit, §§ 48, 2 ArbGG	350
		2.	Örtliche Zuständigkeit	350
		3.	Klageart	350
		4.	Postulationsfähigkeit	350
	II.	Begründetheit der Kündigungsschutzklage		350
		1.	Kündigungserklärung	350
		2.	Keine materielle Präklusion, §§ 4, 7 KSchG	351
		3.	Anhörung des Betriebsrates, § 102 BetrVG	351
		4.	Kündigungsschutz bei ordentlichen Kündigungen	351
		5.	Kündigungsfrist, § 622 BGB	352
		6.	Kündigungsschutz bei außerordentlichen Kündigungen, § 626 BGB	352
		7.	Nebenentscheidungen	353
	III.	Materiell-rechtliche Probleme		353
		1.	Arbeitsvertrag nichtig	353
		2.	Anfechtung, §§ 119 Abs. 2, 123 BGB	353
		3.	Betriebsübergang, § 613a BGB	353
		4.	Vergütungsanspruch	354
		5.	Haftung des Arbeitnehmers wegen Pflichtverletzung	354

Stichwortverzeichnis 355

Abkürzungs- und Literaturverzeichnis

a. A.	anderer Ansicht
a. a. O.	am angegebenen Ort
Abs.	Absatz
AG	Aktiengesellschaft
AG	Amtsgericht
AGB	Allgemeine Geschäftsbedingungen
AktG	Aktiengesetz
Alt.	Alternative
Anm.	Anmerkung
ArbGG	Arbeitsgerichtsgesetz
Art.	Artikel
Aufl.	Auflage
Az.	Aktenzeichen
BAG	Bundesarbeitsgericht
BetrVG	Betriebsverfassungsgesetz
BGB	Bürgerliches Gesetzbuch
BGH	Bundesgerichtshof
BGHZ	Entscheidungen des Bundesgerichtshofs in Zivilsachen
BORA	Berufsordnung für Rechtsanwälte
BRAO	Bundesrechtsanwaltsordnung
BVerfG	Bundesverfassungsgericht
BVerwG	Bundesverwaltungsgericht
bzgl.	bezüglich
bzw.	beziehungsweise
d. h.	das heißt
DIN	Deutsche Industrienorm
EFZG	Entgeltfortzahlungsgesetz
EGBGB	Einführungsgesetz zum Bürgerlichen Gesetzbuch
f. (ff.)	folgend (e)
FamFG	Gesetzt über das Verfahren in Familiensachen und in den Angelegenheiten der Freiwilligen Gerichtsbarkeit
Fn.	Fußnote
GenoG	Genossenschaftsgesetz
GG	Grundgesetz
Ggfs.	gegebenenfalls
GKG	Gerichtskostengesetz
GmbH	Gesellschaft mit beschränkter Haftung
GmbHG	Gesetz betreffend die Gesellschaft mit beschränkter Haftung
GVG	Gerichtsverfassungsgesetz
HaftPlG	Haftpflichtgesetz
HGB	Handelsgesetzbuch
hM	herrschende Meinung
i. d. R.	in der Regel
i. H. v.	in Höhe von
InsO	Insolvenzordnung
i. S. d.	im Sinne des (der)
i. S. v.	im Sinne von
i. Ü.	im Übrigen
i. V. m.	in Verbindung mit

Abkürzungs- und Literaturverzeichnis

JVEG	Justizvergütungs- und -entschädigungsgesetz
KfH	Kammer für Handelssachen
KG	Kommanditgesellschaft/Kammergericht
KSchG	Kündigungsschutzgesetz
LAG	Landesarbeitsgericht
LG	Landgericht
LPartG	Lebenspartnerschaftsgesetz
MDR	Monatsschrift des Rechts
MuSchG	Mutterschutzgesetz
m. w. N.	mit weiteren Nachweisen
NJW	Neue Juristische Wochenschrift
NJW-RR	NJW-Rechtsprechungsreport
OHG	Offenen Handelsgesellschaft
OLG	Oberlandesgericht
Palandt	Palandt/Bearbeiter, BGB, Kommentar, 78. Auflage
PartGG	Partnerschaftsgesellschaftsgesetz
ProdHG	Produkthaftpflichtgesetz
RBerG	Rechtsberatungsgesetz
RG	Reichsgericht
RGZ	Entscheidungen des Reichsgerichts in Zivilsachen
Rn.	Randnummer
RPflG	Rechtspflegergesetz
RVG	Rechtsanwaltsvergütungsgesetz
SGB	Sozialgesetzbuch
str.	streitig
StVG	Straßenverkehrsgesetz
StVO	Straßenverkehrsordnung
Thomas/Putzo	Thomas/Putzo, ZPO, Kommentar, 40. Auflage
u. a.	unter anderem
UKlaG	Unterlassungsklagengesetz
u. U.	unter Umständen
UWG	Gesetz gegen den unlauteren Wettbewerb
VAG	Versicherungsaufsichtsgesetz
VV	Vergütungsverzeichnis, Anlage zum RVG
VVAG	Versicherungsverein auf Gegenseitigkeit
WEG	Wohnungseigentumsgesetz
z. B.	zum Beispiel
Ziff.	Ziffer
ZK	Zivilkammer
Zöller	Zöller/Bearbeiter, ZPO, Kommentar, 32. Auflage
ZPO	Zivilprozessordnung
z. T.	zum Teil
ZVG	Zwangsversteigerungsgesetz

1. Teil: Einleitung

1. **Klausuren**

a) **Anforderungen. – aa) Praktische Lösung.** Die Klausuren im zweiten Examen stellen meist andere Anforderungen an die Bearbeiter, als die Klausuren im ersten Staatsexamen. Während im ersten Examen Klausuren häufig auf ein Problem zugeschnitten sind – beispielsweise Bereicherungsausgleich im Dreipersonenverhältnis; gestörter Gesamtschuldnerausgleich usw. – und deshalb eine intensive Auseinandersetzung mit den dogmatischen Fragen und Problemen erwartet wird, kommen solche Klausuren im zweiten Examen nur noch sehr selten vor. Im zweiten Examen geht es meist um einen Fall aus der Praxis, bei dem eine praktikable Lösung vom Bearbeiter (meist in der Rolle eines Richters) erwartet wird. Diese Klausuren sind nicht mehr der Platz für eine vertiefte wissenschaftliche Abhandlung und für dogmatisch interessante Lösungen. Gefragt ist stattdessen eine praktikable Lösung. Dies bedeutet nicht, dass sich der Bearbeitende keine eigenen Gedanken machen soll und sich nicht mit den Problemen und auch den abweichenden Ansichten auseinandersetzen, nur eben im angemessenen Rahmen, der meist schon durch die knapp bemessene Zeit vorgegeben ist. In vielen Klausuren des zweiten Staatsexamens tauchen viele (z. T. auch nur kleinere) Probleme auf, bei denen es wesentlich wichtiger ist alle zu bearbeiten, als sie wissenschaftlich zu klären.

Meist wird für die vertiefte wissenschaftliche Bearbeitung eines Problems der Klausur auch die Zeit fehlen; es muss in der knapp bemessenen Zeit eine vernünftige, in der Praxis brauchbare Lösung gefunden und auch niedergeschrieben werden. In vielen Klausuren des zweiten Staatsexamens sind auch mehrere Anträge bzw. mehrere Begehren zu bearbeiten; jeder Antrag bzw. jedes Begehren mit seinen eigenen Problemen. Eine nicht zu unterschätzende Leistung der Arbeit ist es deshalb schon, eine „runde", vollständig bearbeitete und richtig gewichtete Arbeit abzuliefern.

Werden in einer Klausur mehrere (verschiedene) Anträge gestellt, führen die Anträge meist zu unterschiedlichen Ergebnissen; es macht ja wenig Sinn, dieselbe Lösung mehrfach erarbeiten zu lassen. Häufig sind die Anträge auch nicht „gleichrangig", sodass eine unterschiedliche Gewichtung geboten ist. Beliebt als Annexantrag ist bei der Vollstreckungsgegenklage bspw. der Antrag auf Herausgabe der vollstreckbaren Ausfertigung, § 371 BGB analog; bei der Grundbuchberichtigungsklage nach § 894 BGB der Antrag nach § 896 BGB auf Vorlage des Hypothekenbriefes an das Grundbuchamt, damit das Grundbuch berichtigt werden kann; bei der Berichtigung des Grundbuches schließt sich häufig die Frage an, was zu veranlassen ist, damit ein gutgläubiger Erwerb eines Dritten ausgeschlossen werden kann.

bb) **Keine feststehenden Sachverhalte.** Im Gegensatz zum ersten Staatsexamen (in dem der Sachverhalt zivilrechtlicher Klausuren i. d. R. nicht mehr als fünf Seiten umfasst) steht im zweiten Staatsexamen (i. d. R.) der zu bearbeitende Sachverhalt nicht fest und muss stattdessen erst noch aus der Klausur (die durchaus auch 20 Seiten Sachverhalt enthalten kann) herausgefiltert werden. In diesem Zusammenhang sind häufig der Beweis – mit den verschiedenen Beweismitteln – und die Beweislast – wenn der Beweis von keiner Partei erbracht werden kann – von Bedeutung. Oft sind Zeugen angeboten – ganz beliebt das „Mithören am Telefon" – oder sind die Aussagen vom Sachverständigen im Protokoll der mündlichen Verhandlung abgedruckt oder werden Urkunden vorgelegt, deren Echtheit der Beklagte bestreitet; regelmäßig wird auch eine Parteivernehmung verlangt, die aber meist nicht möglich ist, vgl. §§ 445 ff. ZPO (bitte unbedingt lesen).

cc) **Urteile und Anwaltsklausuren.** Gefragt im zweiten Staatsexamen ist auch eine andere Bearbeitungsweise und ein anderer Stil. Während im ersten Staatsexamen ein Gutachten – bei dem Fragen aufzuwerfen und anschließend zu beantworten sind und bei dem alles zurückhaltend zu formulieren ist (beispielsweise „Der Kläger könnte einen Anspruch aus ... haben. Fraglich ist ...") – gefordert war, muss nun ein (überzeugendes) Urteil abgeliefert werden. Bei einem Urteil ist mit dem gefundenen Ergebnis zu beginnen, welches anschließend (kurz) zu begründen ist (beispielsweise „Der Kläger hat einen Anspruch aus § 433 Abs. 2 BGB, denn er hat mit dem Beklagten wirksam einen Kaufvertrag geschlossen"). Hinzu kommt bei der Anwaltsklausur – wohl der wesentlichste Unterschied zur Urteilsklausur –, dass nicht nur ein Ergebnis gefordert wird, der Prüfungskandidat muss plötzlich auch Zweckmäßigkeitserwägungen anstellen. Das Ergebnis reicht also nicht, es wird auch verlangt, dass unter den verschiedenen Möglichkeiten die sinnvollsten ausgesucht wird.

4 **b) Folgerungen. – aa) Beginn der Vorbereitung.** Die Referendarzeit ist – für das, was sich für die Kandidaten verändert und was an neuem Stoff hinzukommt – zu kurz bemessen. Die Examensvorbereitung beginnt daher am ersten Tag der Referendarzeit. Zu beachten ist dabei, dass in jeder Ausbildungsstation neuer Stoff hinzukommt bzw. neue Methoden (z. B. die Anwaltsklausur) zu erarbeiten sind, so dass der in einer Ausbildungsstation „verpasste neue Stoff" nicht ohne weiteres in einer folgenden Ausbildungsstation nachgeholt werden kann. Zudem nehmen Pflichtklausuren und der Pflichtunterricht zu, Zusatzfächer und Sondergebiete werden zusätzlich zu den „normalen" Unterrichtstagen unterrichtet. Zuletzt muss sich das neu erlernte auch (durch Wiederholungen) im Gedächtnis „setzen", damit es in der Klausur sicher angewandt werden kann.

5 **bb) Klausuren schreiben.** Um alles neu Gelernte in praktisch brauchbare Lösungen umzusetzen, müssen unbedingt Klausuren geschrieben werden. Aus diesem Grund werden in den Arbeitsgemeinschaften viele Klausuren angeboten, zudem gibt es in der Regel auch einen OLG-Klausurenkurs. Dieses Angebot sollte genutzt werden, auch dann, wenn eine Klausur gestellt wird, deren Stoff noch nicht gelernt wurde, denn auch dies kann in einer Examensklausur passieren. Wird eine Klausur geschrieben, sollte zwingend auch deren Besprechung mitgenommen werden bzw. sollte zwingend die Klausur nachbearbeitet werden. Nur so können vorhandene Lücken geschlossen und nicht bekannte Probleme gelernt werden. Wichtig beim Klausurenschreiben ist auch, dass diese vernünftig ausgesucht sind, so sollten Klausuren aus allen Teilen des Examensstoffes geschrieben werden.

6 **c) Vorbereitung. – aa) Klausuren.** Wie wichtig es ist Klausuren zu schreiben, wurde bereits dargestellt. Nicht hunderte von Klausuren, sondern Klausuren gezielt auf einzelne Bereiche, gut ausgesucht und – vor allem – gut bearbeitet und nachbearbeitet. Eine gute Klausur eines Bereichs sollte sozusagen als „Musterklausur" genommen werden, an der das System und die Art der Bearbeitung eingeprägt wird. Das Zivilrecht ist zu vielfältig, um jede mögliche Konstellation auswendig zu lernen. Es können aber einige Klausuren als Grundlage genommen werden und anhand dieser, vergleichbare Klausuren bearbeitet werden. So haben beispielsweise eine **Vollstreckungsgegenklage** und eine **Drittwiderspruchsklage** stets denselben Aufbau, nur die Detailfragen unterscheiden sich. Eine Klausur aus dem Arbeitsrecht wird ganz überwiegen eine **Kündigungsschutzklage** sein. Aus dem **Mietrecht** kommen meist **Räumungsklagen** mit einer außerordentlichen Kündigung und einer hilfsweise erklärten ordentlichen Kündigung – manches Mal noch kombiniert mit der Frage der Wirksamkeit einer AGB-Klausel. Eine Klausur mit einem **Verkehrsunfall** ist immer gleich aufgebaut; ebenso eine Klage aus den anderen Bereichen der **unerlaubten Handlung** – derzeit meist Tierhalterhaftung, §§ 833, 834 BGB. Mit guten Klausuren aus diesen Bereichen können große Teile des Stoffes abgedeckt werden.

7 **bb) Klausuren korrigieren und erstellen.** Nicht nur das Klausurschreiben ist wichtig, eine der besten Arten der Vorbereitung ist es, Klausuren zu korrigieren. Wer eine Klausur zu korrigieren hat, muss sich Gedanken machen, was er in der Lösung erwartet, wie er gewichten und bewerten will. Dies hilft ganz wesentlich beim Schreiben der eigenen Klausur. Noch besser als zu korrigieren ist es, selbst eine Klausur zu erstellen. Dabei wird klar, es ist oft gar nicht so einfach an alle Lösungswege und Gedankengänge zu denken. Derjenige, der weiß, wo und wie man Klausurprobleme versteckt, wird sie auch in einer fremden Klausur finden. Wer anderen in einer Klausur mit besonderen Formulierungen und Hinweisen Hilfestellung geben möchte, wird diese Hinweise auch in der Klausur deuten können.

cc) Lernen nach „Sachzusammenhang". Eng mit den Klausuren hängt das Erarbeiten des Stoffes zusammen. Auch wenn der Stoff weit gefächert ist, wiederholen sich doch viele Probleme immer wieder. Dabei gilt es, diese Probleme als abrufbaren Grundstock parat zu haben. Wahrscheinlich ist es sinnvoll, sich gleich von Beginn der Referendarzeit an eine Problemsammlung selbst zu erstellen und immer zu ergänzen; so erweitert man sein Wissen und vertieft das Gelernte. Nahezu kein Examen vergeht ohne Erledigungserklärung, ohne unbezifferten Klageantrag, ohne Zuständigkeitsfragen – wie §§ 32 ZPO, 20 StVG –, ohne Streitgenossenschaft und Klageänderung. Aber auch im materiellen Recht wiederholen sich die Fragestellungen; kein Examen ohne Übereignungskette mit gutgläubigem Erwerb; Tierhalterhaftung hat sich in den letzten Jahren in den Vordergrund geschoben und Mietrechtsklausuren häufen sich wie auch Klausuren aus dem Vollstreckungsrecht. Gewährleistungsrechte und AGB-Kontrolle sind selbstverständlich.

Dieses Buch dient u. a. dazu, einen Grundstock an wiederkehrenden Problemen zu vermitteln und zu vertiefen. Es werden wichtige, stets vorkommende prozessuale Klausurprobleme besonders herausgestellt und viele bekannte Klausurfälle aus dem materiellen Recht aufgeführt. Dabei werden bewusst Fälle und Probleme auch mehrfach geschildert, wenn sie in den behandelten Zusammenhang passen. Dadurch muss nicht immer in andere Teile verwiesen werden; außerdem dient dies dem Vertiefungs- und Lernzweck. Zu beachten ist dabei auch, dass viele der Probleme nicht isoliert auftreten, sondern auch häufig mit anderen Problemen kombiniert werden. Dabei hilft das „Lernen im Sachzusammenhang":

– So ist eine (einseitige) **Erledigungserklärung** immer eine (Klage-) Änderung von einer Leistungsklage in eine Feststellungsklage, die nach § 264 Nr. 2 ZPO zulässig ist; das besondere Feststellungsinteresse, § 256 Abs. 1 ZPO, liegt dabei im Kosteninteresse.
– Eine **Verkehrsunfallklausur** ist nicht ein isolierter Anspruch des Klägers gegen den Beklagten, sondern ist meist gegen Fahrer, Halter und Versicherung (Streitgenossenschaft) gerichtet; die Beklagten wehren sich und erheben Widerklage auch gegen die noch nicht am Verfahren beteiligte Versicherung des Klägers (Drittwiderklage); beide Seiten verlangen Schadensersatz und Schmerzensgeld (unbezifferter Antrag).
– Eine **Stufenklage** lässt sich leicht mit Verjährungsproblemen kombinieren – die Stufenklage ist eine Leistungsklage und hemmt mit ihrer Erhebung die Verjährung, § 204 Abs. 1 Nr. 1 BGB – und wird regelmäßig mit dem Pflichtteils- oder Pflichtteilsergänzungsanspruch, §§ 2303 ff. BGB, in der Klausur erscheinen, da in § 2314 BGB einer der wenigen gesetzlich geregelten Auskunftsansprüche geregelt ist.
– Bei einer **Drittwiderspruchsklage** ist bei der Frage des Interventionsrechts meist eine Veräußerungskette mit gutgläubigem Erwerb zu prüfen, also §§ 929 ff. BGB, erweitert um § 366 HGB; es ist nämlich zu klären wer Eigentümer ist, um zu wissen, ob der Kläger die Drittwiderspruchsklage hat.
– Bei der Haftung **nach §§ 823, 832, 833, 834 BGB** kommt es meist zur gesamtschuldnerischen Haftung, § 840 Abs. 3 BGB, womit sich dann das Problem des Gesamtschuldnerregresses, §§ 426 Abs. 1 und Abs. 2 BGB stellt; oft kombiniert mit dem Problem des gestörten Gesamtschuldnerausgleichs.

– Auch bei der **Bürgschaft** stellt sich häufig die Frage der gesamtschuldnerischen Haftung und des Regresses; hier sind dann meist noch Probleme der Verjährung zu klären, weil diese Ansprüche alle unterschiedlich verjähren.
– Im **Grundstücksrecht** geht es nahezu immer um einen gutgläubigen Erwerb und darum, wie ein solcher gesichert oder verhindert werden kann. Bei einem solchen gutgläubigen Erwerb ist immer wieder der Erbschein, §§ 2365, 2366 BGB, von Bedeutung, denn nur dieser ermöglicht einen redlichen Eigentumserwerb.

An diesen Beispielen ist auch zu erkennen, dass im zweiten Examen plötzlich Normen von Bedeutung sind, mit denen der Student selten zu tun gehabt hat.

10 dd) **Grüneberg (ehemals Palandt) und Thomas/Putzo.** In den Klausuren im 2. Examen sind der Grüneberg und Thomas/Putzo zugelassen und müssen zwingend auch verwendet werden, da den Klausurerstellern bekannt ist, dass diese verwendet werden dürfen, so dass deren Verwendung auch vorausgesetzt wird. Diese Kommentare kann allerdings in der Klausur nur derjenige sinnvoll verwenden, der dies auch geübt hat. Nachdem Kommentare in den meisten Bundesländern in den Ersten Staatsexamen nicht zugelassen sind, muss deren Anwendung erst geübt bzw. neu erlernt werden. Demnach sollte sich jeder Referendar diese Kommentare bereits zu Beginn der Referendarzeit anschaffen und diese von Beginn an zur Klausurlösung verwenden. Nachdem diese Kommentare in der Klausur verwendet werden dürfen, muss Vieles nicht gewusst werden, es muss stattdessen schnell im Kommentar gefunden werden. So sind die Streitwerte der einzelnen Klagen und Ansprüche nach Stichworten in alphabetischer Reihenfolge in Thomas/Putzo bei § 3 ab Rn. 5 aufgeführt (z. B. Aufrechnung Rn. 19; einstweilige Verfügung Rn. 52; Feststellungsklage Rn. 65; Mietstreitigkeiten Rn. 101). Es ist auch nicht sinnvoll zu lernen, welche Klauseln der BGH bei der AGB Kontrolle für nichtig erachtet und welche nicht, dies steht im Grüneberg bei § 307 (vgl. das dortige Inhaltsverzeichnis); und wenn es ums Mietrecht geht bei § 535 etwa die berühmten Schönheitsreparaturen bei Rn. 41 ff.

2. Sinn und Bewertung einer Klausur

11 Der Aufgabensteller hat seine Vorstellungen, was er prüfen und was er hören möchte. Er wird seine Klausur meist um einige Probleme herum formen, die er entweder gerade in seinem Referat hatte oder die ihm sonst über den Weg gelaufen sind. Manche Klausurersteller richten sich auch nach neuen Entscheidungen, wobei dies im Zivilrecht eher selten ist. Entscheidend ist jedoch stets: Es soll nicht eine ganz konkrete Lösung oder besondere dogmatische Verästelungen abgefragt werden. Aufgabe ist es, einen brauchbaren Entscheidungsvorschlag zu machen; dies darf nicht unterschätzt werden. Mit guten Argumenten lassen sich ja nahezu alle Meinung vertreten. Die gefundene Lösung wird aber auch an der Brauchbarkeit und der Praktikabilität gemessen. Ist das gefundene Ergebnis praktisch unbrauchbar, dann wird der Korrektor einen erheblichen Abschlag bei der Bewertung machen.

12 Meist sind sowohl im Bereich der Zulässigkeit als auch bei der Begründetheit Probleme – mit unterschiedlichen Schwierigkeiten – untergebracht. Der Kandidat soll an der Klausur zeigen können, was er kann, ob er das Gelernte gezielt auf einen Fall anzuwenden in der Lage ist. Es gibt aber auch viele Klausuren, die keine besonderen Schwierigkeiten bieten, sodass eine Korrektur und gerechte Bewertung häufig Probleme bereitet. In diesen Klausuren muss ganz genau und systematisch gearbeitet werden.

13 Selbstverständlich hat jeder Korrektor sein eigenes System der Bewertung, sodass Verallgemeinerungen recht problematisch sind. Dennoch lässt sich wohl sagen, dass ein Korrektor zunächst auf die Schwierigkeit der Arbeit schauen wird, um zu sehen, was gefordert werden kann und wie die Ausführungen zu gewichten sind. So sind bei einer einfachen und vom Umfang her kurzen Arbeit die Anforderungen an die Ausführungen, die Tiefe und den Umfang sicher anders, als bei einer Arbeit mit vier verschiedenen Anträgen, schwierigen Rechtsproblemen und viel Schreibarbeit. Als Nächstes stellt sich bei der Bewertung die Frage, ob die Bearbeitung umfassend ist, d. h., ob alle Probleme vollständig behandelt sind und ob eine vernünftige und praktikable Lösung gefunden wurde. Fehlen Teile oder sind viele Probleme nicht angesprochen, ist es kaum möglich eine Note im besseren Bereich zu erzielen. In diesem Lichte werden dann die Ausführungen des Kandidaten bewertet.

Als Richtschnur kann wohl gelten: Eine „befriedigende Arbeit" ist eine „runde" Arbeit, die vollständig bearbeitet wurde, bei der alle Fragen angesprochen, die Probleme behandelt und eine vertretbare Lösung geboten wurde. Natürlich sind die Anforderungen abhängig vom Umfang und Schwierigkeitsgrad der Arbeit. Bereits daran ist zu erkennen: Fehlen wesentliche Teile der Arbeit, wird es kaum ein „befriedigend" geben. Um eine bessere Note als befriedigend zu erreichen, müssen einzelne Teile vertieft und besonders gut behandelt werden oder eben die ganze Arbeit. Wobei auch der Stil und die Art der Ausführung von Bedeutung sind.

3. Grundregeln zur Ausführung der Klausur

a) Vollständigkeit der Arbeit. Ausgangspunkt ist: Eine Klausur muss vollständig bearbeitet werden. Sämtliche Anträge müssen abgehandelt sein, Rubrum, Tenor, Tatbestand und Entscheidungsgründe müssen gefertigt sein (wenn sie gefordert sind). Richtig ist dabei zwar, dass die Fertigung des Tatbestandes einige Zeit in Anspruch nimmt – wahrscheinlich 35–40 Minuten – und trotzdem nur mit 2 oder 3 Punkten bewertet wird. Viele Kandidaten überlegen deshalb, den Tatbestand einfach weg zu lassen und so mehr Zeit für die anderen Probleme zu haben. Dies kann allerdings nicht angeraten werden. Denn die Qualität einer Arbeit zeigt sich (auch) daran, ob sie fertiggestellt ist und damit den Fall abschließend behandelt. Viele Prüfer gehen deshalb davon aus, dass eine nur teilweise fertiggestellte Arbeit eine unbrauchbare Arbeit ist und deshalb nicht oder nur bei besonderer Qualität mit 4 Punkten bewertet werden kann. Dies hat seine Berechtigung; was nützt das allerbestens begründete Urteil, das zum Verkündungstermin (und die Abgabe ist der Verkündungstermin) nicht fertiggestellt ist? Gar nichts. Denn am Verkündungstermin muss ein vollständiges Urteil verkündet werden, auch wenn es sachlich vielleicht nicht so ausgewogen ist. Auch ein Urteil ohne Tatbestand ist nicht brauchbar. Der Tatbestand liefert den Beweis für das mündliche Parteivorbringen, er kann nur durch das Sitzungsprotokoll entkräftet werden, § 314 ZPO. Gleiches gilt für den Anwalt, der zur Fristwahrung oder zur Verjährungsunterbrechung eine Klage einzureichen hat; liegt sie nicht vollständig vor, ist sie unbrauchbar, kann die Frist nicht wahren, die Verjährung nicht unterbrechen. Es ist ein großes Missverständnis, dass ungestraft einzelne Teile in der Klausur weglassen werden können. Meist ist es daher besser einzelne Fragen oberflächlicher zu bearbeiten, als ganz Teile wegzulassen.

b) Bedeutung der einzelnen Teile einer Klausur. Die Arbeit muss vollständig sein! Aber selbstverständlich sind nicht alle Teile der Arbeit gleich gewichtig. „Die dicken Punkte" gibt es in der Klausur nahezu immer für die materiell-rechtlichen Fragen. Es gibt kaum Klausuren, bei denen bei der Bewertung die Zulässigkeitsfragen (auch mit Tatbestand und Rubrum) überwiegen. Nur selten sind bei Zulässigkeitsfragen 7 Punkte oder mehr zu vergeben, während bei den materiell-rechtlichen Fragen meist über 10 Punkte zu vergeben sind. Wobei immer zu berücksichtigen ist, dass auch für die Art der Bearbeitung, der Darstellung, der Ausführung, des Stils, und für den Aufbau einige Punkte reserviert sind.

Der Tenor (beim Anwalt der Antrag), Rubrum, Tatbestand und Zulässigkeit sind meist die Visitenkarte der Klausur, der Einstieg für den Korrektor. Nach einem schlechten Tenor oder Tatbestand, nach schlechter Bearbeitung der Zulässigkeitsfragen, hat der

Korrektor einen ersten schlechten Eindruck, der nur schwer wieder ins Positive gewendet werden kann. Zudem geht der Korrektor mit diesem schlechten Eindruck dann an die materiell-rechtlichen Probleme heran. Dagegen wirkt ein guter Tatbestand oder eine ordentliche Zulässigkeitsprüfung sehr positiv; der Korrektor freut sich. Wenn die weiteren Ausführungen nicht schlecht sind, wird er den guten Eindruck behalten und entsprechend bewerten.

18 Aber nicht nur deshalb lohnt es sich, diese Fragen ordentlich zu behandeln, eine gute Bearbeitung der „Randfragen" hat große Vorteile. Die Zulässigkeitsfragen sind meist wesentlich einfacher – sie wiederholen sich beinahe immer – und damit vor allem viel kalkulierbarer und damit leichter vorzubereiten. So kommen in den meisten Examen Fragen der Hauptsacheerledigung, der Streitgenossenschaft und (unbezifferte) Schmerzensgeldanträge mit einem Feststellungsantrag dran. Häufig wird Widerklage erhoben, ein Vergleich angefochten oder die Aufrechnung erklärt. Auf all dies kann man sich leicht vorbereiten, während die materiell-rechtlichen Problem unendlich weit gestreut sind und wohl kaum alle erfasst werden können. Dagegen gibt es in der Zulässigkeit 60 bis 80 Standardprobleme, von denen ein großer Teil in jedem Examen abgeprüft wird. Also eine gute Investition dies zu lernen und zu bearbeiten.

19 Es sollten daher in der Klausur immer zuerst die Zulässigkeitsfragen bearbeitet werden, bevor mit der Begründetheit begonnen wird; auch in der Anwaltsklausur. Ob die Zulässigkeitsfragen dann im Aufbau zu Anfang oder erst am Ende dargestellt werden müssen, ist hierfür nicht von Bedeutung. Gleiches gilt für das Rubrum und den Tatbestand. Es ist nahezu sicher, dass im Examen mindestens ein Tatbestand gefertigt werden muss. Wurde ein solcher häufig geübt, sind es einfache Punkte, weil dazu sämtliche Informationen im Sachverhalt sind. Ein Rubrum muss – sinnvollerweise – nur dann angefertigt werden, wenn es dabei Schwierigkeiten gibt; meist ist eine Partei verstorben oder es hat sonst ein Parteiwechsel stattgefunden.

20 Kosten und vorläufige Vollstreckbarkeit gehören natürlich – wenn sie gefordert sind – auch zum Urteil. Sie sind für den Praktiker – der im zweiten Examen Korrektor ist – stets von Bedeutung, da sie in jedem Urteil zu bescheiden sind. Dementsprechend sind sie auch von großer Bedeutung in der Klausur.

21 **c) Schrift und Darstellung.** Sollten Sie ihre Klausur noch von Hand schreiben gilt: Nur was lesbar ist, kann bewertet werden. Die Schrift ist für viele Kandidaten ein Problem. Grundregel: Wer eine schlechte Schrift hat, sollte die Arbeit stark untergliedern, viele Absätze machen und reichlich Normen zitieren. Die Normen helfen wesentlich bei der Orientierung dessen, was man liest und damit beim Korrigieren. Bei einer sehr schlechten Schrift verliert der Korrektor sonst sehr schnell den Faden. Kommt eine Norm, wird er wieder eingefangen, denn nun weiß er wenigstens wieder, was der Kandidat gerade prüft. Viele Absätze lockern auf, eine starke Untergliederung – a), b), c) usw. für jede Voraussetzung – erleichtert das Lesen wesentlich; der Korrektor weiß nun zumindest, dass eine neue Voraussetzung geprüft wird.

22 Sollten Sie ihre Klausur nunmehr mittels Computer schreiben dürfen, gilt das eben zur Gliederung der Klausur ausgeführte entsprechend. Zu beachten ist dabei, dass Ihre Klausur nun an jeder Stelle gut lesbar ist, sodass Schreib- oder Flüchtigkeitsfehler nun für ihren Korrektor besser erkennbar sind, weshalb Sie nunmehr darauf mehr Acht geben sollten.

22a **d) Aufbau.** Einer der wichtigsten Teile für die Bewertung der Arbeit ist der Aufbau. Er zeigt die gedankliche Klarheit des Schreibenden. Eine schöne Klausur ist ordentlich gegliedert, die Lösung ist aus dem Aufbau heraus verständlich. Der Aufbau zeigt oft mehr über die Gedankengänge des Verfassers als das Niedergeschriebene. Er zeigt deutlich, wie strukturiert die Arbeit ist, wie der Prüfling denkt und ob er den Fall und die Lösung erfasst hat. Absätze gehören dazu, dabei ist es am sinnvollsten, jedem neuen Gedanken einen Absatz zu geben, jeder Voraussetzung eine Ordnungsziffer. Auch die Entscheidungsgründe im Urteil gehören sauber durchgegliedert.

e) Zeiteinteilung. Wichtig für das Gelingen der Arbeit ist die Zeiteinteilung. Natürlich lassen sich hier keine sicheren Vorhersagen treffen. Wie viel Zeit für was benötigt wird, muss jeder Kandidat selbst – durch Üben – herausfinden. Die letzten ca. 15 Minuten einer Klausur sollten allerdings für den Tenor reserviert werden. Der Tenor muss in dieser Zeit nicht nur gefertigt werden, zwingend erforderlich ist auch, dass überprüft wird, ob er mit den Ausführungen übereinstimmt. Daran fehlt es, wenn der Tenor zuerst gefertigt wird und der Verfasser während der Niederschrift seine Meinung und sein Ergebnis umstellt. **23**

f) Ergebnis. Eine Klausur muss immer weitergehen. Es gibt daher nur sehr wenige Klausuren – zumindest bei Urteilen oder Beschlüssen – in denen die Klage unzulässig ist. Auch wenn eine Klage in einer Klausur zunächst unzulässig erscheint, ist diese bei genauerer Prüfung und Verwertung aller Hinweise in der Klausur doch meist zulässig. Sind Fristen versäumt, kann es beispielsweise die Wiedereinsetzung geben, wenn der Sachverhalt dazu Anhaltspunkte enthält. Ist die Klage – trotz allem – unzulässig, muss im Hilfsgutachten weiter geprüft werden. Dabei ist zu beachten, dass auch im Hilfsgutachten alle aufgeworfenen Fragen zu beantworten sind. **24**

4. Problembewusstsein

Subjektiv schwierig kann eine Klausur auch dann sein, wenn sie dem jeweiligen Bearbeiter nicht liegt oder er die Probleme der Klausur nicht erkennt. Selbstverständlich ist es schwierig allgemeingültige Ratschläge für eine solche Klausur zu geben. Dennoch soll versucht werden, einige Hilfestellungen zu geben: **25**

a) Anspruchsgrundlage nicht ersichtlich. Ist keine Anspruchsgrundlage ersichtlich, sollte im Zweifel auf § 812 BGB zurückgegriffen werden. Das Bereicherungsrecht ist auf nahezu jede Fallkonstellation anwendbar; jedenfalls ist es nicht abwegig einen Anspruch aus Bereicherungsrecht (an) zu prüfen (so kann beispielsweise ein Grundbuchberichtigungsanspruch auch über § 812 BGB gelöst werden). Bei der Frage des rechtlichen Grundes können meist alle Probleme geprüft werden, so können dabei sowohl Fragen eines Eigentumserwerbs als auch Fragen nach der Wirksamkeit eines Vertrages geprüft werden. **26**

b) Untergliederung von Klausuren. Bei Unsicherheiten, wie eine Klausur begonnen werden soll, bietet es sich an, die Klausur zunächst zu untergliedern, sie in ihre Einzelteile zu zerlegen und die einzelnen Probleme – auf gesonderten Blättern, damit sie später je nach Bedarf zusammengesetzt werden können – einzeln zu bearbeiten. Es ist besser Probleme gesondert, als gar nicht behandelt zu haben. So wird zur Sicherung oder zur Verhinderung gutgläubigen Erwerbs häufig nach einer Vormerkung, einem Widerspruch, einem Rechtshängigkeitsvermerk, einem Veräußerungsverbot oder einem Erwerbsverbot gefragt. Wurden in einem solchen Fall die Einzelteile gelöst, kann sich daraus unter Umständen der gesamte Lösungsweg ergeben. Aber auch wenn dies nicht der Fall ist, ist es jedenfalls besser einzelne bearbeitete Teile abzugeben, als ein leeres Blatt. **27**

Bestehen Unsicherheiten nur insoweit, wie die Begründetheit der Klage zu bearbeiten ist, dann sollten zunächst Rubrum und Tatbestand, anschließend die Zulässigkeitsfragen bearbeitet werden; in diesen Bereichen ergeben sich meist keine Aufbauschwierigkeiten. **28**

Anschließend sollte die Klausur nochmals durchgelesen werden, wobei dabei die bereits (in Rubrum, Tatbestand und Zulässigkeit) abgehandelten Probleme gedanklich weggelassen werden können. Dadurch wird die Klausur (gedanklich) etwas übersichtlicher und die in der Begründetheit zu behandelnden Probleme weniger.

29 c) **Verwertung der Parteiangaben.** Allgemein kann gesagt werden, dass auf viele Probleme auch die Parteien selbst hinweisen. Wird eine Partei in einer mündlichen Verhandlung angehört und ist ihre Aussage im Protokoll abgedruckt, verbirgt sich stets ein Problem dahinter. Solche Aussagen müssen ggf. auch ausgelegt werden, eine Erklärung, sich etwas nicht gefallen lassen zu wollen, kann beispielsweise auf eine Anfechtung hindeuten. Im Protokoll kann eine Partei allerdings auch etwas unstreitig stellen so dass insoweit kein Beweis mehr zu erheben ist. Ein abgedrucktes Protokoll kann auch deshalb von Bedeutung sein, weil die Parteien darin ihre zuvor gestellten Anträge ändern oder ergänzen können. Sind in einer Klausur Zeitangaben vorhanden, stellen sich in der Regel Fristenprobleme (Rechtsmittelfrist, Einspruchsfrist oder Verjährung). Wird während dem Schreiben der Klausur bemerkt, dass die Zeit nicht reicht, sollte die Behandlung von Problemen kürzer ausfallen. Denn es ist besser, die Arbeit etwas oberflächlich, aber ganz gelöst zu haben, als dass Anträge oder Problembereiche fehlen; nur der Stichwortzettel reicht zur Korrektur nicht.

30 d) **Umstellung einer Klausur.** Wird während des Schreibens der Klausur bemerkt, dass der (auf der Lösungsskizze vorhandene) Lösungsweg falsch ist, muss zwingend – bevor die gesamte Klausur umgestellt wird – die Frage gestellt werden, ob es zeitlich noch reicht, die gesamte Klausur umzustellen und eine sinnvolle Lösung zu Papier zu bringen. Denn auch hier gilt: Eine nicht fertige Klausur, die den richtigen Lösungsweg verfolgt, ist weniger wert, als eine Klausur, die zwar dem falschen Lösungsweg folgt, aber dennoch alle aufgeworfenen Fragen der Klausur bearbeitet und somit fertiggestellt ist.

5. Anwaltsklausur

31 a) **Gemeinsamkeiten mit der Urteilsklausur.** Der Unterschied zwischen der Urteils- und der Anwaltsklausur ist nicht so groß, wie es zunächst scheint; auch wenn darüber ganze Bücher geschrieben werden. Im Ergebnis stellen sich dieselben Probleme. Jede Urteilsklausur kann unproblematisch in eine Anwaltsklausur umgewandelt werden, indem vom Bearbeiter anstatt der Anfertigung eines Urteils verlangt wird, die Erfolgsaussichten der erhobenen Klage aus Anwaltssicht zu prüfen. Dies ergibt sich zudem daraus, dass sich die Arbeit des Anwalts nicht so wesentlich von der des Richters unterscheidet; beide wenden das Recht an. Der Anwalt im Vorfeld – er unterbreitet dem Richter seine Lösung als Klage –, der Richter nach Eingang der Klage, er prüft, ob die Klage den geltend gemachten Anspruch tatsächlich trägt. Die Klage lautet: „Mein Mandant hat einen Anspruch gegen den Beklagten auf Zahlung von 5.500 Euro aus § 433 Abs. 2 BGB, da er …". Vergleichbar lautet das Urteil: „Der Kläger hat einen Anspruch gegen den Beklagten auf Zahlung von 5.500 Euro aus dem Kaufvertrag vom … nach § 433 Abs. 2 BGB" oder „Die Klage wird abgewiesen".

32 Auch die weitere Prüfung ist für Anwalt und Richter weitgehend vergleichbar. Der Anwalt wird für die Klage überlegen, an welches Gericht er die Klage schickt sowie wer Kläger und Beklagter ist und wie die Kriterien des § 253 ZPO eingehalten werden. Der Richter wird, wenn die Klage eingegangen ist, genauso diese Kriterien prüfen, insbesondere ob die Voraussetzungen des § 253 ZPO gewahrt sind. Gemeinsam ist beiden Klausurarten weiter, dass eine vernünftige und praktische Lösung gefordert wird.

33 b) **Unterschiede zur Urteilsklausur.** Der Hauptunterschied dieser Klausuren besteht darin, dass in der Rechtsanwaltsklausur meist ein Gutachten zur Rechtslage (ab und zu noch ein Mandantenschreiben oder ein Klageentwurf) erstellt werden muss, in der

Richterklausur dagegen ein Urteil. In der Anwaltsklausur muss zudem stets mit dem Mandantenbegehren begonnen werden.

Ein weiterer Unterschied der beiden Klausurarten liegt darin, dass in der Anwaltsklausur meist noch die Frage, wie zweckmäßigerweise weiter vorgegangen wird, beantwortet werden muss. So kann sich für den Anwalt die Frage stellen, ob es Sinn macht für seinen Mandanten Klage zu erheben oder nicht (Klägersicht) oder ob es Sinn macht Klageabweisung zu beantragen oder stattdessen den Anspruch anzuerkennen oder sich in die Säumnis zu flüchten (Beklagtensicht). Weiter kann sich die Frage stellen, ob auch ein Dritter in den Rechtsstreit einzubeziehen ist, beispielsweise durch Streitverkündung. Diese Zweckmäßigkeitserwägungen geben in der Anwaltsklausur selbstverständlich Punkte. Aber auch bei einer solchen gilt: Das Kernstück (nahezu) jeder Klausur ist die materiell-rechtliche Lösung.

6. Relationstechnik

Der Begriff der Relationstechnik beschreibt lediglich die richterliche (anwaltliche) Arbeitstechnik, wie im Zivilprozess die Entscheidung gefunden wird. Sie geschieht in fünf Schritten:
(1) Ordnung des Prozessstoffes
(2) **Prüfung der Zulässigkeit** (diese hat das Gericht von Amts wegen zu prüfen)
(3) Klägerstation
In dieser wird geprüft, ob die Klage schlüssig ist, § 331 Abs. 1 S. 1 ZPO. Der Kläger hat dazu Tatsachen vorzutragen, die das geltend gemachte Recht stützen. Hier wird nur geprüft, ob der Vortrag des Klägers den geltend gemachten Anspruch ergibt. So hat bei der Kaufpreisklage der Kläger vorzutragen, dass er mit dem Beklagten einen wirksamen Kaufvertrag geschlossen hat und der Kaufpreis fällig ist.
(4) Beklagtenstation
Sie ist das Gegenstück zur Klägerstation. Hier wird geprüft, ob die Einwendungen des Beklagten erheblich sind. Dies sind sie, wenn die behaupteten Einwendungen den Anspruch des Klägers zu Fall bringen. Bei der Kaufpreisklage wären etwa die Behauptungen des Beklagten, er habe den Kaufpreis bereits bezahlt oder er habe den Kaufvertrag wegen arglistiger Täuschung durch den Kläger angefochten, erheblich.
(5) Beweisstation
Ist der Klagevortrag schlüssig und der Beklagtenvortrag erheblich, kommt es auf den Beweis an. Dabei ist zunächst zu klären, wer die Beweislast für welche Behauptung trägt. Anschließend ist zu prüfen, welcher Beweis angeboten ist und ob der Beweis erbracht werden kann.

Beispiel
Der Kläger K verlangt von Mieter M Herausgabe der Wohnung, §§ 546 Abs. 1, 543 Abs. 2 S. 1 Nr. 3 a) BGB. Er trägt vor, der Beklagte (M) habe die letzten drei Monatsmieten (gesamt 3.000 Euro) nicht bezahlt, er habe M deshalb am 31.10.2018 zum 31.1.2019 gekündigt. Die Kündigung sei dem Beklagten am 31.10. zugegangen, dies könne die Zeugin X bestätigen. Der Beklagte will nicht räumen, er behauptet, die Kündigung sei nicht zugegangen, im Übrigen habe er rechtzeitig am 15.12.2018 mit einem Gegenanspruch über 3.000 Euro aufgerechnet. Der Kläger bestreitet dies, da der Gegenanspruch nur über 500 Euro gegeben gewesen sei.

Anwendung der Relationstechnik. Die Räumungsklage ist schlüssig. Der Kläger hat vorgetragen, dass ein Mietvertrag zwischen den Parteien bestand, der von ihm gekündigt wurde. Ebenso hat er das Vorliegen einer Kündigung und eines Kündigungsgrundes vorgetragen.
Der Beklagtenvortrag ist insoweit erheblich, als er bestreitet, dass die Kündigung zugegangen ist und dass er rechtzeitig erfüllt habe.

Der Vortrag des Klägers ist wegen der Aufrechnung erheblich, da er behauptet, die Gegenforderung habe nur 500 Euro betragen.
Über die Frage des Zugangs der Kündigung ist Beweis zu erheben, da der Kläger dafür beweisbelastet ist und dafür auch Beweis angetreten hat. Über die Aufrechnung dürfte dagegen kein Beweis zu erheben sein. Der Beklagte hat die Forderung vorgetragen, der Kläger hat die Höhe bestritten. Der Beklagte ist für die Aufrechnung und die Höhe beweisbelastet, hat aber keinen Beweis angetreten. Selbst wenn die Aufrechnung in Höhe von 500 Euro erfolgreich wäre, wäre der Kündigungsgrund immer noch gegeben.

2. Teil: ZPO

A. Die Klage

Die Klage wird erhoben durch Zustellung eines Schriftsatzes, § 253 Abs. 1 ZPO, der zuvor bei Gericht eingereicht werden und den Anforderungen des § 253 ZPO genügen muss.
Der Kläger – meist vertreten durch einen Rechtsanwalt – hat sich bei den Vorüberlegungen und bei dem Abfassen der Klageschrift an dieser Norm auszurichten; er hat die Klageschrift nach den Anforderungen des § 253 ZPO zu fertigen. Der Richter prüft – von Amts wegen – ob die eingehende Klage den Voraussetzungen dieser Norm entspricht.
Auch in der Klausur sollten für die Prüfung der Zulässigkeit und der Begründetheit die Voraussetzungen des § 253 ZPO Ausgangspunkt sein; die Klausur sollte entsprechend aufgebaut werden.

37

I. Zuständigkeit und Bezeichnung des Gerichts, § 253 Abs. 2 Nr. 1 2. Alt. ZPO

1. Begriff der Zuständigkeit

Der Rechtsanwalt hat als Erstes zu prüfen, an welches Gericht er die Klage zu richten hat – d. h. welches Gericht zuständig ist. Der Richter wird als erstes prüfen, ob er zuständig ist.

38

a) Arten der Zuständigkeit. – aa) Sachliche Zuständigkeit. Die sachliche Zuständigkeit bestimmt, welches von mehreren möglichen Eingangsgerichten (Amtsgericht, Landgericht, Oberlandesgericht) zur Entscheidung berufen ist. § 1 ZPO verweist dabei auf die Vorschriften des GVG; in den §§ 2 ff. ZPO ist bestimmt, wie der Gegenstandswert zu bemessen ist, wenn es auf den Streitwert ankommt. Ist das Gericht sachlich unzuständig, kann sich der Beklagte rügelos einlassen, § 39 ZPO, dadurch wird das zunächst unzuständige Gericht zuständig. Lässt sich der Beklagte nicht rügelos ein, kann der Kläger einen Antrag auf Verweisung an das zuständige Gericht stellen; erst wenn er dies nicht macht, wird die Klage als unzulässig abgewiesen.

39

bb) Örtliche Zuständigkeit. Die örtliche Zuständigkeit – das Gesetz spricht von Gerichtsstand – regelt, an welchem Ort das zuständige Eingangsgericht liegt. Viele Gerichtsstände sind in den §§ 12 ff. ZPO geregelt, aber auch sonst in der ZPO finden sich Zuständigkeitsregeln, etwa in § 771 Abs. 1 ZPO – Gericht, in dessen Bezirk die Zwangsvollstreckung stattfindet; § 767 Abs. 2 ZPO – Gericht des ersten Rechtszuges. Außerhalb der ZPO regeln etwa die §§ 61, 75 GmbHG, § 246 Abs. 3 AktG die örtliche Zuständigkeit – Landgericht, in dessen Bezirk die Gesellschaft ihren Sitz hat. Die Folgen der Unzuständigkeit sind wie bei der sachlichen Zuständigkeit: Rügelose Einlassung, Antrag auf Verweisung, Abweisung der Klage.

40

cc) Funktionelle Zuständigkeit. Die funktionelle Zuständigkeit bestimmt, welches Rechtspflegeorgan diese konkrete Funktion ausübt, d. h. welches Justizorgan im konkreten Fall zuständig ist. So stellt sich häufig die Frage: Richter oder Rechtspfleger? Der Rechtspfleger ist etwa zuständig in Nachlasssachen, Mahnverfahren, Zwangsvollstreckungssachen, Kostenfestsetzung, vgl. §§ 3, 14 ff., 20 ff. RPflG. Die funktionelle Zuständigkeit betrifft auch die Fragen: Welches Instanzgericht ist zuständig? Beauftragter oder ersuchter Richter, §§ 361, 362 ZPO? Einzelrichter oder Kammer, §§ 348 ff. ZPO? Wäh-

41

rend bei der örtlichen und sachlichen Zuständigkeit die Parteien meist noch ein Wahlrecht haben, zu welchem Gericht sie gehen, vgl. § 35 ZPO, ist die funktionelle Zuständigkeit stets ausschließlich. Die Parteien können nicht bestimmen, in welcher Instanz sie prozessieren wollen oder dass diesen Fall nicht der Richter, sondern der Rechtspfleger entscheiden soll. Ein Verstoß gegen die funktionelle Zuständigkeit hat unterschiedliche Folgen; in manchen Fällen ist der gesetzliche Richter nicht eingehalten; anders etwa § 8 RPflG, danach ist das Geschäft wirksam – und damit ist die funktionelle Unzuständigkeit folgenlos –, wenn der Richter statt des Rechtspflegers gehandelt hat.

42 dd) **Geschäftsverteilung.** Keine Frage der Zuständigkeit in diesem Sinne ist die Frage, welcher Richter denn für das zuständige Gericht zu entscheiden hat. Dies ist eine Frage der **Geschäftsverteilung**, die sich nach dem Geschäftsverteilungsplan des jeweiligen Gerichts richtet. Dieser wird nach § 21e GVG vom Präsidium des jeweiligen Gerichts beschlossen. Ein Verstoß gegen den Geschäftsverteilungsplan führt nicht zur Klageabweisung als unzulässig, es ist eine Frage des gesetzlichen Richters. Ein Verstoß führt zu einem absoluten Revisionsgrund, § 547 Abs. 1 Nr. 1 ZPO, und zur Möglichkeit der Nichtigkeitsklage, § 579 Abs. 1 Nr. 1 ZPO. Letztendlich dürfte auch die Frage der Zuständigkeit der Kammer für Handelssachen, §§ 93 ff. GVG, eine Frage der gesetzlich geregelten Geschäftsverteilung sein; § 71 Abs. 1 GVG weist die Streitsachen den Zivilkammern einschließlich der Kammern für Handelssachen zu. Zu den Kammern kommt man nur auf Antrag, §§ 96, 98 GVG, wenn eine Handelssache vorliegt, § 95 ZPO. **Beachte:** Der Rechtsanwalt hat bereits in der Klageschrift den Antrag zu stellen, dass die Sache vor der Handelskammer verhandelt wird, § 96 Abs. 1 GVG; später kann dies nur noch der Beklagte unter den Voraussetzungen des § 98 Abs. 1 GVG beantragen.

43 b) **Ausschließliche Zuständigkeit.** Bei den Zuständigkeiten unterscheidet das Gesetz zwischen **ausschließlichen Zuständigkeiten** und Gerichtsständen mit Wahlmöglichkeiten. Ist eine Zuständigkeit als „ausschließlich" bezeichnet, bedeutet dies zwingend, dass nur dieses Gericht für den Rechtsstreit zuständig ist; es gibt keine Parteivereinbarung darüber, § 38 ZPO, und auch keine rügelose Einlassung, § 39 ZPO. So sind alle Gerichtsstände in der Zwangsvollstreckung ausschließlich, § 802 ZPO. Auch die Zuständigkeit für Wohnraummiete in § 23 Nr. 2a GVG (für WEG § 23 Nr. 2c GVG) und die Zuständigkeiten des Landgerichts in § 71 Abs. 2 GVG sind ausschließlich. Teilweise regelt die ausschließliche Zuständigkeit die örtliche <u>und</u> die sachliche Zuständigkeit, etwa in § 767 Abs. 1 ZPO – Gericht des ersten Rechtszuges. In der Regel ist die örtliche <u>oder</u> die sachliche Zuständigkeit ausschließlich; etwa §§ 23 Nr. 2 a), 71 Abs. 2 GVG (sachlich), § 29a ZPO die örtliche ausschließliche Zuständigkeit für Mietsachen oder § 24 ZPO der ausschließliche dingliche Gerichtsstand.

44 c) **Wahlgerichtsstand.** Ist die Zuständigkeit nicht ausschließlich, hat der Kläger bei mehreren in Betracht kommenden Gerichtsständen die freie **Wahl**, welches Gericht er auswählt, **§ 35 ZPO**. Unter den strengen Voraussetzungen der §§ 38, 40 ZPO können auch Gerichtsstandsvereinbarungen getroffen werden. **Beachte:** Mit der Angabe des Gerichts nach § 690 Abs. 1 Nr. 5 ZPO im Mahnantrag hat der Kläger sein Wahlrecht ausgeübt. Er kann, wenn das Gericht zuständig ist, kein anderes Gericht mehr wählen. Eine Ausnahme gilt, § 696 Abs. 1 S. 1 a. E. ZPO, bei „übereinstimmendem Antrag der Parteien". Das Gericht ist durch die Abgabe in seiner Zuständigkeit nicht gebunden, § 696 Abs. 5 ZPO. Ähnliches gilt für die Wahl zur Kammer für Handelssachen, § 96 Abs. 1 GVG.

45 d) **Zuständigkeitsbestimmung.** Unter besonderen Umständen muss ein höheres Gericht eine Gerichtsstandsbestimmung treffen, § 36 ZPO. Etwa wenn mehrere Personen ihren allgemeinen Gerichtsstand bei verschiedenen Gerichten haben, als Streitgenossen aber im allgemeinen Gerichtsstand verklagt werden sollen, § 36 Abs. 1 Nr. 3 ZPO.

Die Klage | 46–51

2. Sachliche Zuständigkeit

Die sachliche Zuständigkeit richtet sich – wenn keine Sonderregelungen greifen – nach den §§ **23, 71 GVG**. | 46

a) Zuständigkeit des Landgerichts. Das **Landgericht** ist nach § 71 Abs. 1 GVG für alle Streitigkeiten zuständig, sofern das Gesetz sie nicht ausdrücklich den Amtsgerichten zuweist. Das Landgericht ist also bei Streitigkeiten bei einem Streitwert über 5.000 Euro zuständig. Es ist außerdem sachlich ausschließlich zuständig nach § 71 Abs. 2 GVG (**lesen!**) – vor allem bei Amtshaftungsklagen. Das Landgericht ist auch Berufungs- und Beschwerdeinstanz, § 72 GVG. Unabhängig von §§ 71, 72 GVG gibt es auch besondere Zuweisungen an das Landgericht im materiellen Recht, etwa §§ 61, 75 GmbHG, Auflösungs- und Nichtigkeitsklagen; § 246 AktG, Anfechtungsklagen oder § 19 BnotO, Schadensersatzanspruch gegen einen Notar bei einer Amtspflichtverletzung. | 47

b) Zuständigkeit des Amtsgerichts. Das **Amtsgericht** ist zuständig bei einem Streitwert bis 5.000 Euro und vor allem in Wohnraummietsachen, § 23 Nr. 2a GVG, und in WEG Sachen, § 23 Nr. 2c GVG; in diesen Bereichen ist das Amtsgericht ausschließlich zuständig. | 48

c) Berechnung des Streitwertes. Die Berechnung des Zuständigkeitsstreitwertes (**Beachte:** für die Kosten gilt die Berechnung nach dem GKG) richtet sich nach den §§ 3 ff. ZPO. Wichtige Regelungen für die Klausur sind: | 49

aa) Wertberechnung; Nebenforderungen, § 4 ZPO. Danach werden bei der Streitwertberechnung Nebenforderungen (meist Zinsen) nicht berücksichtigt. | 50

> **Klausurproblem:** Der Kläger klagt 5.000 Euro nebst 5 % Zinsen hieraus seit Rechtshängigkeit ein. Ist das Landgericht zuständig? Nein, §§ 4 ZPO, 23, 71 Abs. 1 GVG. Ändert sich etwas, wenn der Kläger die Zinsen ausrechnet und insgesamt 5.500 Euro (Hauptforderung und Zinsen) einklagt? Nein, auch hier sind die Zinsen Nebenforderung und haben nach § 4 ZPO außer Betracht zu bleiben.
> Anders ist es, wenn der Kläger neben den 5.000 Euro zusätzlich aus einem früheren Darlehen noch 500 Euro Zinsen einklagt. Hier sind die Zinsen Hauptforderung! Die beiden Anträge werden zusammengerechnet, § 5 ZPO; dann ist das Landgericht zuständig.

bb) Mehrere Ansprüche, § 5 ZPO. Danach werden grundsätzlich mehrere Ansprüche, die zusammen geltend gemacht werden, zusammengerechnet. Eine Ausnahme – also keine Zusammenrechnung – gilt für Klage und Widerklage und auch für die Aufrechnung (**Beachte:** Anders § 45 GKG für die Kosten). Auch keine Addition erfolgt bei Haupt- und Hilfsantrag – entscheidend ist dabei der höhere Einzelwert – und bei Identität des Leistungsinteresses (wie bei einer Leistungs- und Zwischenfeststellungsklage). | 51

> **Klausurproblem:** Klagt der Kläger drei Ansprüche ein: Wert 1. Antrag 3.000 Euro, 2. Antrag 2.000 Euro, 3. Antrag 1.000 Euro, ist der Wert der Anträge zusammenzurechnen. Damit ist die Zuständigkeit des Landgerichts erreicht, obwohl jeder einzelne Antrag unter 5.000 Euro liegt und zur Zuständigkeit des Amtsgerichts gehören würde, §§ 71 Abs. 1, 23 GVG.

> **Klausurproblem:** Klage beim Amtsgericht über 4.000 Euro, Widerklage ebenfalls 4.000 Euro, es bleibt bei der Zuständigkeit des Amtsgerichts, § 5 ZPO. Wird durch Widerklage die Zuständigkeit des Amtsgerichts gesprengt – Klage über 4.000 Euro, Widerklage über 6.000 Euro – wird das Amtsgericht unzuständig. Das Amtsgericht

> hat allerdings darauf hinzuweisen, §§ 506, 504 ZPO. Wird dann Verweisung beantragt, wird der Rechtsstreit nach § 281 ZPO an das zuständige Landgericht verwiesen. Lässt sich der Kläger auf die Widerklage ein, begründet diese rügelose Einlassung (§ 39 ZPO) die Zuständigkeit des Amtsgerichts. Wird umgekehrt auf eine Klage beim Landgericht Widerklage erhoben, die zur Zuständigkeit des Amtsgerichts gehört – Klage 6.000 Euro, Widerklage 4.000 Euro –, bleibt es bei der Zuständigkeit des Landgerichts, Arg. Rechtsgedanke aus § 506 ZPO.

52 cc) **Besitz; Sicherstellung; Pfandrecht, § 6 ZPO.** Beim Streit um ein Pfandrecht ist der Wert der gesicherten Forderung maßgebend. Hat das Pfandrecht einen geringeren Wert, so ist dieser maßgebend, § 6 S. 2 ZPO; dies gilt entsprechend für die Sicherungsübereignung.

53 dd) **Pacht- oder Mietverhältnisse, § 8 ZPO.** Bei Miet- und Pachtzins (**Beachte** auch hier den Unterschied zu § 41 GKG) ist der „auf die streitige Zeit entfallende Mietzins" entscheidend. Dies ist die gesamte Zeit, für die der Mieter zahlen soll. Sie beginnt bei Räumungsklagen mit der Klageerhebung und endet bei bestimmter Vertragsdauer mit dem Ablauf, bei unbestimmter Dauer, wenn derjenige hätte kündigen können, der die längere Bestehenszeit behauptet (Thomas/Putzo/Hüßtege § 8 Rn. 5).

3. Örtliche Zuständigkeit

Die wichtigsten Gerichtsstände

54 a) **Allgemeiner Gerichtsstand, §§ 12 ff. ZPO.** Der allgemeine Gerichtsstand wird bei einer natürlichen Person durch den Wohnsitz (vgl. §§ 7–11 BGB) bestimmt, §§ 12, 13 ZPO, bei einer Gesellschaft durch ihren Sitz, § 17 ZPO.

55 b) **Dinglicher Gerichtsstand, §§ 24 ff. ZPO.** Ausschließlich zuständig nach § 24 ZPO ist das Gericht am Ort der belegenen Sache. Dies vor allem bei Klagen aus §§ 894, 985, 1004 BGB. Für schuldrechtliche Ansprüche gilt § 24 ZPO nicht; etwa für die Klage auf Auflassung oder Rückübertragung einer Grundschuld. Erweitert wird § 24 ZPO durch den Sachzusammenhang in §§ 25, 26 ZPO. § 25 ZPO ermöglicht es, die Klage aus der Hypothek mit der Zahlungsklage aus dem Darlehen zu verbinden.

> **Klausurproblem:** Der Kläger K aus Stuttgart gewährt dem Schuldner S aus Leipzig ein Darlehen. Zur Sicherheit bestellt der S dem K an seinem Grundstück in Frankfurt eine Hypothek. Wo kann der K den S verklagen?
> Klagt K aus der Hypothek, besteht die ausschließliche Zuständigkeit des Landgerichts Frankfurt, § 24 ZPO; klagt er aus dem Darlehen besteht eine Zuständigkeit in Leipzig §§ 12, 13 ZPO und § 29 ZPO, nicht aber in Frankfurt. Hier bietet § 25 ZPO die Möglichkeit, die Schuldklage auch im dinglichen Gerichtsstand zu erheben. K kann also gegen S gemeinsam aus dem Darlehen und aus der Grundschuld in Frankfurt klagen. **Beachte:** Umgekehrt geht es nicht, K kann S nicht in Leipzig wegen Hypothek und Darlehen verklagen. Nur der dingliche Gerichtsstand kann die Schuldklage anziehen.

56 c) **Gerichtsstand der Erbschaft, §§ 27, 28 ZPO.** Auch der Gerichtsstand der Erbschaft kann andere Klagen aus Nachlassverbindlichkeiten zu sich ziehen, § 28 ZPO.

57 d) **Erfüllungsort, § 29 ZPO.** Die Zuständigkeit durch den Erfüllungsort richtet sich nach den §§ 29 ZPO i. V. m. 269, 270 BGB. Dies gilt trotz § 270 Abs. 1 BGB auch für Geld, § 270 Abs. 4 BGB. Bei § 269 Abs. 1 BGB gilt folgende dreistufige Prüfung:

(1) Ort für die Leistung weder bestimmt,
(2) noch aus den Umständen zu entnehmen (Bauvertrag; hier liegen die Probleme, vgl. Thomas/Putzo/Hüßtege § 29 Rn. 5 ff.),
(3) Leistung an dem Ort, an welchem der Schuldner zur Zeit der Entstehung des Schuldverhältnisses (also unabhängig von Wohnsitzwechsel) seinen Wohnsitz hatte.

e) Ausschließlicher Gerichtsstand bei Miete und Pacht, § 29a ZPO. § 23 Nr. 2a GVG regelt die ausschließliche sachliche Zuständigkeit des Amtsgerichts für die Wohnraummiete. § 29a ZPO die **ausschließliche örtliche** Zuständigkeit für **alle** Mietverhältnisse. Für Wohnraum besteht also insgesamt eine ausschließliche Zuständigkeit; für Geschäftsraummiete ist nur die örtliche Zuständigkeit ausschließlich, die sachliche Zuständigkeit richtet sich nach §§ 23, 71 Abs. 1 GVG.

58

f) Gerichtsstand bei Haustürgeschäften, § 29c ZPO. Die Vorschrift ist weit auszulegen. Sie soll den prozessualen Rechtsschutz des Verbrauchers, § 13 BGB, bei Haustürgeschäften verbessern, indem er vor einer wohnsitzfernen Inanspruchnahme geschützt wird.

59

g) Gerichtsstand der unerlaubten Handlung, § 32 ZPO. Das Gericht hat hier eine **umfassende Prüfungskompetenz** auch für andere Anspruchsgrundlagen (BGH NJW 2003, 828; Arg. § 17 Abs. 2 GVG). Voraussetzung: Die Klage ist schlüssig und auf unerlaubte Handlung gestützt. Erforderlich aber auch genügend ist, wenn Tatsachen vorgebracht werden, aus denen bei rechtlich zutreffender Wertung eine unerlaubte Handlung folgt (Thomas/Putzo/Hüßtege § 32 Rn. 8). Unerlaubte Handlung in diesem Sinne sind auch Ansprüche aus der gesetzlichen Gefährdungshaftung, etwa §§ 832, 833, 834 BGB, aus dem StVG und dem HaftpfG.

60

h) Gerichtsstand des Hauptprozesses, § 34 ZPO. Dieser Gerichtsstand gilt für Gebührenklagen der Anwälte. Er regelt die örtliche und die sachliche Zuständigkeit.

61

> **Klausurproblem:** Der Rechtsanwalt macht gegen seinen Mandanten Anwaltshonorar von 2.000 Euro aus einem Prozess geltend, den er für den Mandanten beim Landgericht geführt hat. Zuständigkeit?
> Zuständig ist das Landgericht, wo der Hauptprozess geführt worden ist, auch wenn der Streitwert jetzt nur 2.000 Euro beträgt. Eine solche Klage ist aber nicht immer zulässig, es gibt häufig einen einfacheren Weg, § 11 Abs. 1 RVG, weshalb dann der Klage das Rechtsschutzinteresse fehlt. Nur wenn der Mandant Einwendungen erhebt, die nicht im Gebührenrecht ihren Ursprung haben, § 11 Abs. 5 RVG, ist eine solche Klage zulässig.

i) Rügelose Einlassung, § 39 ZPO. Dieser Gerichtsstand ist immer zu beachten. Ein unzuständiges Gericht wird auch dann zuständig, wenn der Kläger bei einem unzuständigen Gericht klagt und der Beklagte sich ohne Rüge auf die Hauptsache einlässt, § 39 ZPO (**Beachte:** Dies ist aber nicht möglich bei ausschließlicher Zuständigkeit). Das unzuständige Amtsgericht wird wegen § 504 ZPO erst dann zuständig, wenn das Gericht auf die Unzuständigkeit hingewiesen und der Beklagte gleichwohl verhandelt hat.

62

4. Folgen der Unzuständigkeit

a) Unzuständigkeit des Gerichts. Ist das Gericht unzuständig, liegt eine Sachurteilsvoraussetzung nicht vor und die Klage muss als unzulässig abgewiesen werden. Der Kläger kann die Abweisung aber vermeiden, wenn er einen Antrag auf **Verweisung** an das zuständige Gericht stellt, § 281 ZPO (oder sich der Beklagte wenn kein ausschließlicher Gerichtsstand besteht – rügelos einlässt, § 39 ZPO). Der Antrag kann auch zu Protokoll

63

des Urkundsbeamten erklärt werden, §§ 281 Abs. 2, 129a, 78 Abs. 3 ZPO (also auch ohne Anwalt). Auch ein hilfsweiser Verweisungsantrag für den Fall, dass das Gericht sich für unzuständig halten sollte, ist möglich. Für die Verweisung von der Zivilkammer des Landgerichts an die Kammer für Handelssachen oder umgekehrt bestehen Sonderregeln in §§ 95 ff. GVG. **Keine Verweisung** nach § 281 ZPO sind die Verweisungen zwischen Gerichten verschiedener Gerichtsbarkeiten, die in § 17a GVG eine einheitliche Regelung erfahren haben. Auch die formlose Abgabe ist keine Verweisung, etwa die Abgabe an einen anderen Spruchkörper des Gerichts oder die Abgaben nach §§ 696 Abs. 1 S. 1, 700 Abs. 3 S. 2 ZPO (Mahnverfahren).

64 b) **Antrag.** Die Verweisung geschieht nur auf Antrag. Dieser muss die **Bezeichnung des zuständigen Gerichts**, an das verwiesen werden soll, enthalten. Es kann nicht dem Verweisungsgericht überlassen werden, das unter mehreren Gerichten zuständige Empfangsgericht zu bestimmen. Diese Wahl obliegt dem Kläger, § 281 Abs. 1 Satz 2 ZPO. Der Richter kann auch nicht einfach die Klage als unzulässig abweisen, er muss die Parteien vorher auf die Unzuständigkeit hinweisen, § 139 ZPO. Verweist er ohne Hinweis, ist die Verweisung nicht bindend, wegen Verstoßes gegen das rechtliche Gehör.

65 c) **Entscheidung durch Beschluss.** Stellt der Kläger Verweisungsantrag, wird der Rechtsstreit durch Beschluss verwiesen, § 281 Abs. 1 Satz 1 ZPO, der im **schriftlichen Verfahren** ohne mündliche Verhandlung ergehen kann, § 128 Abs. 4 ZPO. Es kann über die Frage der Zuständigkeit auch abgesondert verhandelt und ggf. durch Zwischenurteil entschieden werden, § 280 ZPO.

Das Gericht muss vor der Verweisung die Gewährung **rechtlichen Gehörs** beachten (BVerfG NJW 1982, 2367). Die Verweisung ist unwiderruflich, bindend und unanfechtbar. Nach § 281 Abs. 2 Satz 4 ZPO ist auch der fehlerhafte Verweisungsbeschluss bindend. **Ausnahme:** Die Verweisung bindet nicht, wenn rechtliches Gehör verletzt wurde oder die Verweisung willkürlich war (BGH NJW 1980, 290). Die Bindungswirkung geht aber nicht über den Verweisungsgrund hinaus, d. h. sie betrifft nur die Zuständigkeitsfragen, die das verweisende Gericht berücksichtigt hat (BGH NJW-RR 1998, 1219). Bei Verweisung wegen örtlicher Unzuständigkeit kann deshalb z. B. hinsichtlich der sachlichen Unzuständigkeit noch weiterverwiesen werden (BGH NJW 1978, 887). Die Verweisung des PKH-Verfahrens entfaltet mangels Rechtshängigkeit keine Bindungswirkung für das anschließende Hauptsacheverfahren (BGH NJW-RR 1992, 59).

> **Klausurproblem:** K klagt gegen B, beide wohnhaft in Leipzig, auf Lieferung aus einem Kaufvertrag. Die Klage geht beim Landgericht Leipzig ein und wird von diesem zugestellt. Nach Eingang, aber vor der Zustellung (sonst § 261 Abs. 3 Nr. 2 ZPO) verzieht der Beklagte von Leipzig nach Stuttgart. Eine Verweisung nach Stuttgart wegen Wohnsitzwechsel wäre ein rechtswidriger Verweisungsbeschluss, da die Zuständigkeit des Erfüllungsortes, §§ 29 ZPO, 269 BGB, in Leipzig liegt, und das Landgericht Leipzig deshalb zuständig ist. Verweisen kann nur ein unzuständiges Gericht. Die Verweisung wäre dennoch bindend, § 281 Abs. 2 Satz 4 ZPO; eine Ausnahme greift nicht.

66 Voraussetzung einer Verweisung ist stets, dass das verweisende Gericht selbst unzuständig ist. Es hat die eigene Unzuständigkeit im Verweisungsbeschluss auszusprechen, § 281 Abs. 1 Satz 1 ZPO. Ebenso ist das zuständige Empfangsgericht im Verweisungsbeschluss bestimmt zu bezeichnen. Unzulässig ist eine Verweisung an ein ausländisches Gericht (auch EuGH), weil die deutsche Hoheitsgewalt an der Staatsgrenze endet. Der Verweisungsbeschluss ist kurz zu begründen. Er wird erst durch Mitteilung an beide Parteien wirksam (BGH MDR 1995, 739). Mit Eingang der Akten beim aufnehmenden Gericht endet die Anhängigkeit der Rechtssache beim verweisenden Gericht, es wird diejenige beim Empfangsgericht begründet, § 281 Abs. 2 Satz 3 ZPO. Die Einheit des Verfahrens bleibt gewahrt: Bisherige Prozesshandlungen, PKH-Bewilligung und Einzelrichterübertragung wirken ebenso fort wie ergangene – ggf. anfechtbare – Sachentscheidungen (BGH NJW-RR 1992, 1091). Gesetzte Fristen laufen weiter. Auch die Rechtshängigkeit wird durch Verweisung nicht unterbrochen.

Der Verweisungsbeschluss enthält **keine Kostenentscheidung**. Das Empfangsgericht hat in seiner Endentscheidung (Urteil) jedoch zwingend die (Mehr-) Kosten der Verweisung dem Kläger aufzuerlegen, § 281 Abs. 3 S. 2 ZPO, auch wenn der Beschluss falsch war. Hierbei handelt es sich um einen Kostentrennungstatbestand.

> **Klausurproblem:** Die Kosten nach einer Verweisung des Rechtsstreits können im Urteil gesondert ausgewiesen werden, es ist keine Quote zu bilden. Etwa: Die Kosten des Rechtsstreits trägt der Beklagte, mit Ausnahme der Kosten, die durch die Anrufung des unzuständigen Gerichts entstanden sind, diese trägt der Kläger, §§ 91, 281 Abs. 3 ZPO. Für den Verweisungsbeschluss entstehen keine besonderen Gerichtskosten, jedoch können den Parteien für die Terminswahrnehmung vor dem unzuständigen Gericht Kosten entstehen (z. B. Anwalts- und Reisekosten).

> **Klausurproblem:** Hatte das unzuständige Gericht ein Versäumnisurteil erlassen, so muss es die Zulässigkeit des Einspruchs vor der Verweisung prüfen. Erweist sich hierbei der Einspruch als verspätet oder formfehlerhaft, ist er als unzulässig zu verwerfen, § 341 Abs. 1 Satz 2 ZPO. Zu einer Verweisung kann es hier nicht mehr kommen. Ist die Einspruchsprüfung durch das verweisende Gericht versäumt worden, so muss das neue Gericht über die Zulässigkeit des Einspruchs entscheiden, § 341 ZPO.

d) **Rechtswegverweisung.** Hat der Kläger den falschen Rechtsweg beschritten, so ist die Klage unzulässig. Hier erfolgt die Verweisung auch ohne Antrag von Amts wegen durch Beschluss, § 17a Abs. 2 GVG. Dieser Beschluss ist mit der sofortigen Beschwerde anfechtbar §§ 17a Abs. 2 Satz 1, Abs. 4, GVG, 567 ZPO. Der Verweisungsbeschluss ist für das Gericht, an das verwiesen wird, bindend, § 17a Abs. 2 Satz 3 GVG. **67**

II. Bezeichnung der Parteien, § 253 Abs. 2 Nr. 1 1. Alt. ZPO

Die Klageschrift muss die Parteien bezeichnen, § 253 Abs. 2 Nr. 1 1. Alt. ZPO. Dabei muss die Partei, um Partei eines Rechtsstreits sein zu können, parteifähig sein. Will die Partei selbst vor Gericht auftreten, muss sie auch prozessfähig und postulationsfähig sowie prozessführungsbefugt sein. Auch mehrere Parteien können auf einer Seite stehen und Dritte können am Rechtsstreit beteiligt werden. Ebenso muss nicht jede Partei den gesamten Rechtsstreit über Partei sein, auch ein Parteiwechsel oder eine Parteierweiterung kommen in Betracht. **68**

1. Bezeichnung der Parteien

Die Klageschrift muss die Parteien genau angeben, denn danach bestimmt sich, **wer** gegen **wen** einen Rechtsstreit führt. Im Laufe des Prozesses kann sich dies ändern, etwa durch Parteiwechsel oder durch Beteiligung von Dritten. Die Parteien sind so genau wie möglich zu bezeichnen, mit Vor- und Zuname, Stand oder Gewerbe und mit genauer Anschrift, §§ 253 Abs. 2 Nr. 1, Abs. 4, 130 Abs. 1 Nr. 1 ZPO. Auch die Vertreter sind anzugeben, bei Minderjährigen grundsätzlich beide Elternteile, § 1629 Abs. 1 Satz 2 BGB, bei einer GmbH der Geschäftsführer, § 35 GmbHG, bei einer AG der Vorstand, 78 AktG. Ein Kaufmann ist mit seinem Namen zu bezeichnen oder unter seiner Firma, § 17 HGB, zu verklagen. **69**

2. Formeller Parteibegriff

70 Im Zivilprozess gilt der **formelle Parteibegriff** (BGHZ 86, 164). Partei ist, wer Rechtsschutz begehrt und gegen wen Rechtsschutz begehrt wird. Entscheidend ist die Bezeichnung in der Klageschrift. Bei Ungenauigkeit ist die Identität durch Auslegung zu ermitteln (BGH NJW 2006, 1569). Eine Parteibezeichnung kann, wenn die Identität gewahrt bleibt, jederzeit von Amts wegen berichtigt werden, bei mehrdeutiger Bezeichnung ist Partei, wer erkennbar betroffen sein soll (BGH NJW 2004, 501).

> **Klausurproblem**: Bei einer Klage liegt Namens- und Adressenidentität von Vater und Sohn vor, aus der Begründung ergibt sich aber, dass der Vater als Erbe des Großvaters gemeint ist. Dieser ist dann Partei. **Aber:** Wird versehentlich eine falsche Person in der Klageschrift erwähnt, wird diese Partei und nicht die gewollte Person. Die Klage ist gerichtet gegen Karl Müller in der Hauptstraße, diesem wird die Klage auch zugestellt, der Kläger wollte jedoch den in der Schillerstraße wohnenden Karl Müller verklagen. Partei wird Karl Müller in der Hauptstraße. Wird versehentlich einer falschen Partei zugestellt, wird diese nicht Partei. Sie kann aber als Scheinbeklagter die notwendigen Prozesshandlungen vornehmen und die Kosten verlangen (BGH NJW-RR 2008, 999).

Der Streit, ob eine Partei tatsächlich Partei ist, kann durch Zwischenstreit, § 303 ZPO, entschieden werden. Nicht Partei ist demgegenüber, wer als Vertreter oder Bevollmächtigter auftritt.

3. Parteifähigkeit, Prozessfähigkeit und Postulationsfähigkeit

71 **a) Parteifähigkeit.** Sie bezeichnet die Fähigkeit, an einem Prozess als Subjekt teilzunehmen, also Kläger oder Beklagter sein zu können. **Parteifähig** ist, wer rechtsfähig ist, **§ 50 Abs. 1 ZPO**. Dies sind natürliche (§ 1 BGB) und juristische Personen (insbes. AG § 1 AktG und GmbH § 13 GmbHG), OHG und KG, §§ 124 Abs. 1, 161 Abs. 2 HGB, Partnerschaftsgesellschaft, §§ 7 Abs. 2 PartGG, 124 Abs. 1 HGB, Rechtsanwaltsgesellschaft § 59 BRAO, Vor-GmbH (BGH NJW 1998, 1080, BGHZ 80, 129, 117, 323), BGB-Gesellschaft (BGH NJW 2001, 1056), nichtrechtsfähige Vereine (BGH NJW 2008, 69), Wohnungseigentümergemeinschaften, § 10 Abs. 6 WEG, Politische Parteien, § 3 PartG, Gewerkschaften und Arbeitgeberverbände, § 10 ArbGG (BGH NJW 1990, 186).

72 Nicht parteifähig sind: Die Insolvenzmasse, **die Erbengemeinschaft**, der Nachlass (BGH NJW 2006, 3715), die bloße Gemeinschaft, §§ 741 ff., 1008 ff. BGB, Zweigniederlassungen und unselbstständige Untergliederungen.

73 Die Parteifähigkeit beginnt mit dem Beginn der Rechtsfähigkeit, § 1 BGB („Vollendung der Geburt" oder etwa § 11 GmbHG, mit der „Eintragung ins Handelsregister"). Sie endet mit dem Verlust der Rechtsfähigkeit, also beim Menschen mit dem Tod; bei juristischen Personen und Personenhandelsgesellschaften aber nicht schon mit der Löschung im Handelsregister oder der Auflösung, sondern erst mit der Vollbeendigung nach Abwicklung (BGH NJW 1996, 2035). Soweit eine Gesellschaft in einem Aktivprozess noch Vermögensrechte geltend macht oder sonst noch Abwicklungsbedarf besteht, gilt sie auch nach Beendigung noch als aktiv parteifähig (BGH NJW-RR 1995, 1237; MDR 1995, 529). Lediglich passive Parteifähigkeit einer Gesellschaft kann noch bestehen, wenn gegen sie Rechte geltend gemacht werden, die anderweitig nicht durchsetzbar wären (BGHZ 97, 270).

74 **b) Prozessfähigkeit.** Dies ist die Fähigkeit selbst vor Gericht zu stehen, selbst oder durch Vertreter Prozesshandlungen wirksam vor- oder entgegen zu nehmen, **§ 51 Abs. 1 ZPO**. Eine Person ist insoweit prozessfähig, als sie sich durch Verträge verpflichten kann, § 51 Abs. 1 ZPO. Damit wird auf die Geschäftsfähigkeit, §§ 104 ff. BGB, verwiesen. Eine beschränkte Prozessfähigkeit, entsprechend der beschränkten Geschäftsfähigkeit, §§ 107 ff. BGB, gibt es jedoch nicht. Minderjährige sind deshalb grundsätzlich nicht prozessfähig. **Ausnahme:** Die Minderjährigen sind im Rahmen der §§ 112, 113 BGB auch prozessfähig. Die juristische Person ist ohne gesetzlichen Vertreter nicht prozessfähig (BGHReport 2007, 324).

Die gesetzliche Vertretung erfolgt bei eingetragenen Vereinen, Stiftungen, Genossenschaften und Aktiengesellschaften durch den Vorstand, § 26 Abs. 2 BGB, § 86 BGB, § 24 GenG, § 78 Abs. 1 AktG. Bei Rechtsstreitigkeiten mit Vorstandsmitgliedern wird die AG durch den Aufsichtsrat vertreten, § 112 AktG. Die GmbH wird durch den Geschäftsführer oder Liquidator vertreten, §§ 35 Abs. 1, 66 GmbHG, die OHG und die KG durch den geschäftsführenden Gesellschafter, §§ 125, 161 Abs. 2 HGB. Für juristische Personen des öffentlichen Rechts handelt, wer nach Gesetz, Satzung oder Verordnung berufen ist. **75**

> **Klausurproblem:** Immer, wenn eine Gesellschaft Kläger oder Beklagte ist, ist die Parteifähigkeit und Prozessfähigkeit kurz zu begründen. Beispiel: „Die GmbH ist als juristische Person parteifähig, § 13 Abs. 1 GmbHG. Sie ist auch prozessfähig und wird durch den Geschäftsführer vertreten, § 35 Abs. 1 GmbHG".

c) **Postulationsfähigkeit.** Postulationsfähigkeit bedeutet die Fähigkeit, in eigener Person wirksam mit dem Gegner und dem Gericht im Prozess verhandeln zu können. Grundsätzlich kann jede Partei ihren Prozess selbst führen oder sich beliebig vertreten lassen. Im Anwaltsprozess benötigt sie hierzu aber einen zugelassenen Anwalt, § 78 ZPO. Die Partei darf dabei zwar selbst mündlich behaupten, bestreiten und zugestehen, §§ 137 Abs. 4, 141, 278 ZPO, – ihre Behauptungen gehen sogar den Behauptungen des Anwalts vor, § 85 Abs. 1 Satz 2 ZPO –, sie darf jedoch keine Prozesshandlungen vornehmen. Der Mangel der Vollmacht kann vom Gegner in jeder Lage des Verfahrens gerügt werden, § 88 ZPO. **76**

> **Klausurproblem:** Im Anwaltsprozess nimmt die Partei selbst die Klage zurück. Dies hat für den Prozess keinerlei Bedeutung. Wird eine Prozesshandlung von einem nicht Postulationsfähigen vorgenommen, ist die vorgenommene Prozesshandlung unwirksam, eine Heilung nach § 295 ZPO ist nicht möglich. Deshalb ist die Postulationsfähigkeit nicht Sachurteils- sondern Prozess**handlungs**voraussetzung.

Ausnahmen vom Anwaltszwang: Eine ganz wichtige Ausnahme – auch für die Klausur – ist in § 78 Abs. 3 ZPO geregelt. Kein Anwalt ist erforderlich, bei Handlungen vor dem beauftragten oder dem ersuchten Richter (ersuchter Richter ist – da dies Rechtshilfe ist –, stets der Amtsrichter, § 157 GVG), §§ 361, 362 ZPO, und bei Handlungen, die vor dem Urkundsbeamten der Geschäftsstelle vorgenommen werden können, §§ 44, 103, 117, 486, 920 Abs. 3, 936 ZPO. **77**

> **Klausurproblem:** Kann im Landgerichtsprozess ein Vergleich ohne Anwalt geschlossen werden? Grundsätzlich nicht, wegen § 78 Abs. 1 ZPO. Der Vergleich ist auch Prozesshandlung (Doppelnatur) und erfordert deshalb Postulastionsfähigkeit. Aber, wenn der Rechtsstreit auf den beauftragten Richter übertragen wird, oder vor dem ersuchten Richter verhandelt wird, kann dort auch ohne Anwalt ein Vergleich geschlossen werden, §§ 361, 362, 78 Abs. 3 ZPO.

> **Klausurproblem:** Kann vor dem Landgericht ohne Anwalt eine einstweilige Verfügung beantragt werden? Auch hier greift die Ausnahme über § 78 Abs. 3 ZPO ein, denn nach §§ 920 Abs. 3, 936 ZPO kann das Gesuch vor der Geschäftsstelle zu Protokoll erklärt werden.

4. Partei kraft Amtes

78 Partei des Rechtsstreits kann auch jemand kraft seines Amtes sein, wenn er durch ein Amt zur Verwaltung fremder Vermögensmasse berufen ist. Er wird dann selbst Partei und nur ihm steht die Prozessführungsbefugnis zu. Parteien kraft Amtes sind: **Insolvenzverwalter**, § 80 InsO; Nachlassverwalter, §§ 1985 Abs. 1, 1984 Abs. 1 Satz 3 BGB; Testamentsvollstrecker, §§ 2212, 2213 BGB; Zwangsverwalter, § 152 ZVG (BGH NJW 1997, 1445). Den materiell Berechtigten – Insolvenzschuldner, Erbe, Grundstückseigentümer – ist diese Befugnis entzogen. Prozessuale Folge ist, dass der Gemeinschuldner als Zeuge vernommen werden kann.

5. Parteiänderung

79 Eine Parteiänderung kommt vor als **Parteierweiterung** – zu den bisherigen Parteien tritt eine weitere Partei hinzu (neben dem Beklagten 1 wird noch der Beklagte 2 verklagt) – und als **Parteiwechsel** – eine Partei wird durch eine andere Partei ersetzt, also eine Partei verlässt den Rechtsstreit, eine andere Partei kommt für sie hinzu (der Beklagte 1 scheidet aus dem Prozess aus und wird durch den Beklagten 2 ersetzt). Die Änderung kann gewillkürt oder kraft Gesetzes eintreten.

80 a) **Parteierweiterung.** Sie ist grundsätzlich zulässig, wenn die Voraussetzungen der §§ 59, 60 ZPO vorliegen. Tritt ein neuer Kläger hinzu, muss der bisherige Kläger – nicht aber der Beklagte –, zustimmen. Er ist an die bisherigen Beweisergebnisse gebunden (Thomas/Putzo/Hüßtege Vor § 50, Rn. 25). Keine Zustimmung ist erforderlich, wenn ein weiterer Beklagter hinzukommt, er kann jedoch Wiederholung der Beweisaufnahme verlangen (BGH NJW 1996, 196). § 533 Nr. 2 ZPO verhindert praktisch eine Erweiterung in der Berufungsinstanz.

81 b) **Parteiwechsel kraft Gesetzes.** Ein Parteiwechsel, auch „**subjektive Klageänderung**" genannt, tritt kraft Gesetzes beim Tod einer Partei ein, § 239 ZPO. Der Erbe tritt als Gesamtrechtsnachfolger in die prozessuale Stellung des Erblassers ein und muss den Rechtsstreit aufnehmen, §§ 239 Abs. 2, 250 ZPO. Gleiches gilt bei Eintritt der Nacherbschaft oder bei Eröffnung des Insolvenzverfahrens, §§ 242, 240 ZPO. Nacherbe und Insolvenzverwalter treten durch Aufnahme kraft Gesetzes in den Rechtsstreit ein.

> **Klausurproblem:** Im Anwaltsprozess stirbt die Partei. Hier tritt ein gesetzlicher Parteiwechsel nach § 239 ZPO ein, der Rechtsnachfolger wird für den Verstorbenen Partei. Die entscheidende Frage in der Klausur ist jedoch meist, ob das Verfahren unterbrochen ist, § 239 Abs. 1 ZPO. Denn ist es unterbrochen, herrscht rechtlicher und tatsächlicher Stillstand des Verfahrens, es laufen keine Fristen, Handlungen des Gerichts und Prozesshandlungen sind unwirksam. Entscheidend ist hier meist § 246 ZPO. Ist ein Prozessbevollmächtigter bestimmt, tritt keine Unterbrechung ein, das Verfahren wird einfach weitergeführt. Das Gericht kann jedoch auf Antrag das Verfahren aussetzen.

82 c) **Gewillkürter Parteiwechsel.** Für den Austausch des Klägers oder des Beklagten besteht ein Bedürfnis, wenn sich im Laufe des Prozesses ergibt, dass nicht der richtige Kläger klagt oder der falsche Beklagte verklagt ist, aber bereits erzielte Prozessergebnisse verwertbar bleiben sollen. Es handelt sich beim gewillkürten Parteiwechsel um ein **be-**

sonderes Institut des Prozessrechts, das im Gesetz nicht geregelt ist, im Wesentlichen aber in Anlehnung an die **Klageänderung** nach §§ 263 ff. ZPO bzw. an die **Klagerücknahme** nach § 269 ZPO behandelt wird (BGH NJW 1981, 989). Trotz vielfältiger Streitfragen im Einzelnen sind in Rechtsprechung und Lehre folgende **Grundsätze** erkennbar:

aa) Klägerwechsel. Hier ist die Einwilligung des Beklagten erforderlich, analog § 269 ZPO (sie kann bei Sachdienlichkeit ersetzt werden, analog § 263 ZPO (BGH NJW 1996, 2799)). Für den Ausgeschiedenen kann analog § 269 Abs. 3 ZPO ein Kostenbeschluss erwirkt werden. In der Berufungsinstanz bestehen keine Besonderheiten. Der bisherige Kläger muss lediglich vor dem Wechsel eine zulässige Berufung eingelegt haben (BGH NJW 1994, 3358).

bb) Beklagtenwechsel. Der Ausscheidende muss zustimmen, analog § 269 Abs. 1 ZPO, mit entsprechender Kostenfolge nach § 269 Abs. 3 S. 2 ZPO. Der neue Beklagte muss nicht zustimmen, obwohl er an die Ergebnisse des bisherigen Prozessverlaufs gebunden bleibt. Er kann aber Wiederholung oder Ergänzung der Beweisaufnahme verlangen (BGH NJW 1996, 196). In der Berufung muss auch der neue Beklagte zustimmen. Gegebenenfalls muss durch Zwischenurteil, § 280 ZPO, entschieden werden. Bei Streit über die Wirksamkeit des gewillkürten Parteiwechsels ist durch Urteil zu entscheiden, das analog § 280 ZPO ein rechtsmittelfähiges **Zwischenurteil** ist. Das Urteil ergeht mit Wirkung für alle drei Parteien, obwohl dem Prozessrecht sonst eine solche Form des Mehrparteienstreits fremd ist (BGH NJW 1981, 989).

> **Klausurproblem:** In Fällen des Parteiwechsels bereitet in der Klausur oft das Rubrum Schwierigkeiten. Muss die „alte" Partei noch ins Rubrum aufgenommen werden? Ja, wenn noch eine Entscheidung für sie ergeht. Das ist (in der Klausur) meist der Fall, da noch Kosten analog § 269 ZPO für den Ausgeschiedenen auszusprechen sind. Es kann jedoch auch ein gesonderter Kostenbeschluss gemacht werden, dann muss die alte Partei in der Regel nicht mehr ins Rubrum.

6. Prozessführungsbefugnis und Sachlegitimation

Prozessführungsbefugnis ist das Recht, im eigenen Namen über ein materielles Recht zu prozessieren. Sie steht grundsätzlich demjenigen zu, der an dem streitigen Rechtsverhältnis materiell beteiligt ist. Sie ist Sachurteilsvoraussetzung, fehlt sie, ist die Klage als unzulässig abzuweisen (BGH NJW 2000, 738). Demgegenüber ist die **Sachlegitimation** eine Frage des materiellen Rechts und damit der Begründetheit. Der Gläubiger ist aktiv-, der (richtige) Schuldner ist passivlegitimiert.

> **Beispiel**
> K klagt gegen B auf Unterlassung einer Handlung aus einem Unterlassungsvertrag. Stellt sich heraus, dass der Vertrag – damit der Unterlassungsanspruch – nicht besteht, ist K nicht aktivlegitimiert; die Klage ist als unbegründet abzuweisen. Stellt sich heraus, dass zwar der Vertrag besteht, der K ihn aber nicht mit B, sondern mit C geschlossen hat, dann hat K den Falschen verklagt, dieser ist nicht passivlegitimiert, die Klage ist ebenfalls als unbegründet abzuweisen.

Die Prozessführungsbefugnis steht grundsätzlich demjenigen zu, der selbst Rechtsinhaber ist. Bedeutsam wird die Frage der Prozessführungsbefugnis dann, wenn die Rechtsordnung ausnahmsweise **die Befugnis zur Prozessführung im eigenen Namen** einer anderen als der am materiellen Rechtsverhältnis beteiligten Person zuweist. Die Prozessführungsbefugnis kann – kraft Gesetzes oder gewillkürt – demjenigen zustehen, **der fremde Rechte im eigenen Namen verfolgt.** Das Recht im eigenen Namen über ein fremdes Recht zu prozessieren nennt man Prozessstandschaft. Die **Prozessstandschaft** ist nur in besonderen Fällen zulässig:

87 a) **Gesetzliche Prozessstandschaft.** Diese besteht bei den Parteien kraft Amtes (vgl. oben 4.) und im Falle des **§ 265 Abs. 2 ZPO.** Ferner bei der Erbengemeinschaft, § 2039 BGB; beim Miteigentum, § 1011 BGB; actio pro socio (BGH NJW 2001, 1210) – jetzt § 715b BGB; und bei Ehegatten, §§ 1368, 1369, 1629 Abs. 3 BGB.

> **Klausurproblem:** Der Beklagte veräußert während des Prozesses den streitgegenständlichen Pkw; dies ist zulässig und hat auf den Prozess keinerlei Einfluss, § 265 Abs. 1 ZPO. Der Beklagte, der damit nicht mehr Eigentümer/Besitzer des Pkw ist, verliert damit sein Recht an der Sache, die Sachlegitimation, was an sich zur Abweisung der Klage führen müsste. Aber es liegt ein Fall der gesetzlicher Prozessstandschaft, § 265 Abs. 2 ZPO, vor, der B prozessiert weiter als Prozessstandschafter über ein fremdes Recht.

> **Klausurproblem:** Verkauft der Ehemann den gemeinsamen Fernsehapparat ohne die Einwilligung der Ehefrau, so kann diese nach §§ 1368, 1369 BGB die Rechte gegenüber Dritten kraft gesetzlicher Prozessstandschaft im eigenen Namen geltend machen.

88 b) **Gewillkürte Prozessstandschaft.** Sie liegt vor, wenn die Befugnis über ein fremdes Recht zu prozessieren, einem Dritten **durch Rechtsgeschäft** übertragen wird. Dies kann nur auf Klägerseite geschehen. Sie ist nur zulässig, wenn der Rechtsträger den Dritten ermächtigt hat (auch stillschweigend; BGH NJW-RR 2002, 1377) und die Rechtsausübung übertragbar ist (BGH NJW 1983, 1561). Zum Schutz des Gegners verlangt die Rechtsprechung ein **eigenes schutzwürdiges Interesse des Klägers an der Prozessführung** über das fremde Recht (BGH NJW 2003, 2232) und dass dem Gegner kein Nachteil entsteht. Dieses wird anerkannt, wenn die Entscheidung des Rechtsstreits **Einfluss auf die eigene Rechtslage** des Prozessstandschafters hat (BGH NJW-RR 1988, 127) oder wenn ein **wirtschaftliches Eigeninteresse** besteht (BGH NJW 1995, 3186) und der Kläger ein eigenes schutzwürdiges Interesse an der Prozessführung hat.

> **Klausurproblem:** Das Haus des Eigentümers E ist bei einem Verkehrsunfall beschädigt worden, da mehrere Pkw auf das Haus gefahren sind. E ermächtigt seine Ehefrau, die bei dem Unfall mit ihrem Fahrzeug beteiligt war, in ihrem Ersatzprozess auch seine Schadensersatzansprüche im eigenen Namen gegen den Unfallgegner mit geltend zu machen. Hier ist die Prozessstandschaft wohl zulässig, da die Entscheidung des Rechtsstreits auch Einfluss auf die Rechtslage der Standschafterin hat. Sie haftet u. U. aus dem Verkehrsunfall gegen ihren Ehemann.

89 Gewillkürte Prozessstandschaft ist anerkannt: Beim Treuhänder, den Berechtigten im Falle der sog. Drittschadensliquidation (vgl. BGHZ 25, 258) und beim Schuldner im Insolvenzverfahren, wenn er mit Ermächtigung des Insolvenzverwalters eine Insolvenzforderung geltend macht (BGH NJW 1987, 2018). Eine Einziehungsermächtigung reicht zur Annahme der Prozessführungsbefugnis jedenfalls dann aus, wenn für die Einziehung eine **Provision** gewährt wird (BGH NJW 1988, 1210; str.). Die Schutzwürdigkeit des Eigeninteresses fehlt bei unbilliger Beeinträchtigung der Belange des Prozessgegners, die aber bei Gefährdung des Kostenerstattungsanspruches (BGH NJW 1999, 1717) oder bei Beweisnachteilen (BGH NJW-RR 1988, 127) noch nicht vorliegt.

7. Streitgenossen

90 Streitgenossenschaft, §§ 59, 60 ZPO (**subjektive Klagenhäufung**), liegt vor, **wenn auf einer Parteiseite mehrere Personen stehen**. Sie ist zulässig bei Rechtsgemeinschaften, § 59 1. Alt. ZPO, bei Identität des rechtlichen Grundes, § 59 2. Alt. ZPO und bei Gleichartigkeit der Ansprüche, § 60 ZPO. Eine **Rechtsgemeinschaft** liegt vor bei Miteigentum, Gesamthandsgemeinschaften, Gesamtschuld und Gesamtgläubiger sowie bei akzessorischer Haftung, etwa Schuldner und Bürge (BGHZ 76, 230) oder bei gemeinsam verklagten Kaufvertragsparteien (BGH NJW-RR 1991, 381). **Identität des rechtlichen Grundes** liegt z.B. bei dem den Unfall verursachenden Fahrer, dem Halter und der Kfz-Haftpflichtversicherung nach § 3 Nr. 1, 2 PflVG vor (OLG Köln VersR 1996, 213). **Gleichartigkeit der Ansprüche** liegt z.B. vor bei Klage des Vermieters gegen mehrere Wohnungsmieter im selben Haus aus identischem Anlass (wie Kündigung oder Mieterhöhung). Ist die Verbindung von mehreren Personen auf einer Parteiseite unzulässig, wird die Klage nicht abgewiesen, sondern der Prozess wird getrennt, § 145 ZPO. Unzulässig ist die bedingte Streitgenossenschaft.

91 Bei der **einfachen Streitgenossenschaft, § 61 ZPO**, handelt es sich um mehrere verbundene Prozesse, von denen jeder sein eigenes Schicksal haben kann. Rechtshandlungen des einen Streitgenossen gereichen dem anderen weder zum Vorteil noch zum Nachteil. Jeder Streitgenosse betreibt seinen Prozess selbstständig und unabhängig vom anderen. Auch die Urteile können unterschiedlich ausfallen.

> **Klausurproblem:** Kläger K klagt gegen B1, B2 und B3 als Gesamtschuldner 10.000 Euro ein, geht das? Ja! Die Beklagten sind (nur) einfache Streitgenossen, allein die Gesamtschuld macht sie nicht zu notwendigen Streitgenossen wegen § 425 Abs. 1 BGB. Gegen B1 kann ein Versäumnisurteil ergehen, wenn er nicht zum Termin zur mündlichen Verhandlung erscheint. Gegen B2 kann ein Anerkenntnisurteil ergehen, wenn er anerkennt, § 307 Abs. 1 ZPO. Gegen B3 kann die Klage in Höhe von 5.000 Euro zugesprochen, im Rest abgewiesen werden. Die Folge: Der Rechtstreit wird aufgesplittet, wenn die Parteien Rechtsmittel einlegen. B1 hat als statthaften Rechtsbehelf nur den Einspruch, § 341 ZPO. B2 kann gegen das Anerkenntnisurteil Berufung einlegen, mit der Begründung, es habe kein wirksames Anerkenntnis vorgelegen. B3 und K können jeweils auch Berufung einlegen.

92 Anders bei der **notwendigen Streitgenossenschaft, § 62 ZPO**. Auch hier sind die Streitgenossen grundsätzlich selbstständig in ihrer Prozessführung. Jeder Streitgenosse kann gesondert bestreiten, Beweisanträge stellen, Tatsachen unstreitig stellen. Prozesshandlungen sind gesondert in ihrer Wirksamkeit zu beurteilen (BGH NJW 1996, 1061). **Anerkenntnis, Verzicht und Klageänderungen** können jedoch von den anwesenden Streitgenossen grundsätzlich nur **einheitlich** vorgenommen werden. Nur wenn alle anerkennen, verzichten, ändern, wirkt es für alle. **Fristen** laufen getrennt, jedoch wird **fingiert**, dass fristwahrende Handlungen eines Streitgenossen in **Vertretung** für die anderen erfolgen, sodass auch für sie Fristwahrung vorliegt. So verhindert das Erscheinen auch nur eines Streitgenossen ein **Versäumnisurteil** gegen die anderen Säumigen, § 62 Abs. 1 ZPO. Das Gericht kann stets nur einheitlich entscheiden. Streitig ist, ob Klagerücknahme und Hauptsachenerledigung ebenfalls nur einheitlich erfolgen können. Der Rechtsbehelf eines Streitgenossen hindert den Eintritt der Rechtskraft für alle (BGH NJW 1996, 1060). Der Gegner muss gegenüber allen Streitgenossen Rechtsmittel einlegen, wenn er die Zurückweisung des Rechtsmittels wegen Rechtskraft zugunsten der übrigen Streitgenossen vermeiden will (BGHZ 23, 75).

> **Klausurproblem:** Fall wie oben: K erhebt gegen B1, B2 und B3 Gesamthandsklage nach § 2059 Abs. 2 BGB. Nun sind die Beklagten notwendige Streitgenossen. Zum Termin zur mündlichen Verhandlung erscheint B1 nicht, B2 anerkennt den geltend gemachten Klageanspruch, § 307 ZPO, B3 beantragt Klageabweisung. Gegen B1 kann kein Versäumnisurteil ergehen, § 62 Abs. 1 a. E. ZPO. Das Anerkenntnis des B2 ist nicht genügend, es muss von allen Streitgenossen zwingend einheitlich vorgenommen werden. Die Klage wird also für und gegen alle notwendigen Streitgenossen einheitlich zugesprochen oder abgewiesen.

Die notwendige Streitgenossenschaft kann aus zwei Gründen bestehen:

93 a) **Prozessrechtlicher Grund.** Der Anspruch kann aus prozessualen Gründen nur von mehreren oder gegen mehrere Personen gemeinsam ausgeübt werden, wenn bei nacheinander geführten Prozessen die Rechtskraft des zuerst Entschiedenen auch im Verhältnis zu den anderen Streitgenossen wirken würde. Also etwa im Verhältnis Vor- und Nacherbe, § 326 BGB; Testamentsvollstrecker und Erbe, § 327 ZPO; mehrere Pfandgläubiger, § 856 Abs. 4 ZPO. Hier müssen also die Streitenden nicht notwendig gemeinsam klagen oder verklagt werden, die Rechtskraft erstreckt sich auf die Anderen.

> **Klausurproblem:** Keine Rechtskrafterstreckung bei Gesamtschuldnern, bei Hauptschuldner und Bürgen und bei Haftung nach § 129 Abs. 1 HGB, sowie bei Versicherungsnehmer und Haftpflichtversicherer wegen § 124 Abs. 1 VVG (BGHZ 63, 51), denn die Versicherung kann sich auf andere Gründe als der Versicherte berufen, etwa Risikoausschluss oder subsidiäre Haftung.

94 b) **Materiell-rechtlicher Grund.** Der Anspruch kann nach materiellem Recht nur von mehreren oder gegen mehrere Personen gemeinsam ausgeübt werden, es gibt also keine Einzelklagebefugnis; der Klage des Einzelnen oder gegen einen Einzelnen fehlt die Sachlegitimation. So bei Klagen gegen die Gesamthand, § 2059 Abs. 2 BGB (anders § 2058 BGB); Klagen auf Notwegeinräumung bei im Miteigentum stehenden Grundstück; bei Feststellung des Bestandes einer Dienstbarkeit am gesamten Grundstück; bei Auflassung des im Miteigentum stehenden Grundstücks und bei Klagen aus §§ 117, 127, 133, 140 HGB (im Gegensatz zu Klagen aus §§ 128, 129 HGB wegen der persönlichen Haftung eines Gesellschafters einer OHG).

> **Klausurproblem:** Bei Klagen gegen die verschiedenen Gesellschafter einer OHG oder gegen die Gesellschaft und die verschiedenen Gesellschafter, sind die Gesellschafter untereinander und die Gesellschaft wegen § 129 Abs. 1 HGB **nicht** notwendige Streitgenossen.

> **Klausurproblem:** K klagt gegen die Miteigentümer des Grundstücks B1 und B2 auf Einräumung eines Notwegerechts, § 917 BGB. Im Prozess stellt sich heraus, dass auch B3 Miteigentümer des Grundstücks ist. Die Klage gegen B1 und B2 wird abgewiesen, denn das Notwegerecht kann nur von mehreren gemeinsam oder gegen mehrere gemeinsam ausgeübt werden.

8. Beteiligung Dritter am Rechtsstreit

95 a) **Hauptintervention.** In der Praxis wenig bedeutsam ist die Hauptintervention, wenn ein Dritter eine Sache oder ein Recht, worüber die Parteien einen Rechtsstreit führen, für sich in Anspruch nimmt.

Beispiel
A klagt gegen B auf Herausgabe eines Klaviers. C meint, das Klavier gehöre ihm. Er kann Hauptintervention gegen A und B erheben. Der Dritte kann im Wege der Hauptintervention seinen Anspruch durch eine gegen beide Prozessparteien gerichtete Klage geltend machen, § 64 ZPO. Der Hauptprozess kann auf Antrag bis zur Entscheidung über die Hauptintervention ausgesetzt werden, § 65 ZPO.

b) **Nebenintervention.** Ist ein Außenstehender daran interessiert, dass eine Partei im Prozess obsiegt, kann er, wenn es sich dabei um ein rechtliches Interesse handelt, dieser Partei als Nebenintervenient im Rechtsstreit beitreten, § 66 ZPO (häufig in Bauprozessen). Das **rechtliche Interesse** besteht, wenn sich die Rechtsstellung des Dritten durch die Entscheidung rechtlich verbessern oder verschlechtern kann, etwa wenn die Hauptpartei im Falle des Unterliegens gegen den Dritten einen Regressanspruch hat (BGH WM 2006, 1252). Ein tatsächliches, ideelles oder rein wirtschaftliches Interesse reicht hingegen nicht.

> **Klausurproblem:** Der Bauherr klagt gegen seinen Vertragspartner – den Generalunternehmer – der einen Wohnblock errichtet hat, auf Mangelbeseitigung oder Schadensersatz für Elektroarbeiten. Der Subunternehmer (der Elektriker) befürchtet Regressansprüche des Generalunternehmers für den Fall, dass dieser den Rechtsstreit verliert. Ein typischer Fall der Nebenintervention, da der Subunternehmer, der ja „sachnäher" ist, den Generalunternehmer in der Prozessführung unterstützen will. Er hat ein Interesse, dass der Generalunternehmer den Rechtsstreit gewinnt, da sich sonst der Generalunternehmer bei ihm versucht schadlos zu halten.

c) **Streitverkündung.** In aller Regel geschieht die (Neben-) Intervention nicht freiwillig, denn wenn der Dritte interveniert, gilt die Interventionswirkung, § 68 ZPO (sogleich unten d)). Um diese Wirkung zu erreichen, wird meist eine Partei den Dritten in den Rechtsstreit hineinziehen, durch **Streitverkündung, § 72 ZPO.** Dies ist möglich, wenn eine Partei im Falle ihres Unterliegens gegen den Dritten einen Anspruch auf Gewährleistung oder Schadloshaltung haben könnte oder sich selbst einem Anspruch ausgesetzt sieht, insbesondere wegen **Regressansprüchen.** Die Streitverkündung erfasst auch Ansprüche aus sog. Alternativverhältnissen, nämlich wenn der gerichtlich geltend gemachte Anspruch gegen den Dritten besteht, falls er gegen den dortigen Beklagten verneint wird. Letztlich befugt auch die subsidiäre Haftung des Zweitschuldners zur Streitverkündung (BGH NJW 2008, 519).

> **Klausurproblem:** Der Kläger verklagt den Vertretenen auf Erfüllung, dieser wendet ein, der Vertreter habe ohne Vertretungsmacht gehandelt und hafte selbst nach §§ 177, 179 BGB. Eine Streitverkündung ist möglich.

Die Form der Streitverkündung ergibt sich aus § 73 ZPO. Zum Zwecke der Streitverkündung hat die Partei bei Gericht einen Schriftsatz einzureichen, aus dem sich die Streitverkündung, der Streitverkündete, der Grund der Streitverkündung und die derzeitige Lage des Rechtsstreits ergeben. Diese Streitverkündung wird dem Streitverkündeten zugestellt, der Gegner erhält sie in Abschrift. Die Streitverkündung wirkt ab Zustellung. Tritt der Streitverkündete dem Rechtsstreit bei, so besteht die gleiche Lage wie bei Nebenintervention, § 74 Abs. 1 ZPO. Tritt er nicht bei oder meldet er sich nicht, so wird der Prozess ohne Rücksicht auf ihn fortgesetzt, § 74 Abs. 2 ZPO.

d) **Wirkung der Streitverkündung.** Durch den Beitritt wird der Dritte Streithelfer der Hauptpartei, nicht jedoch Partei des Prozesses (BGH NJW 1995, 199), seine Befugnisse ergeben sich aus den §§ 67, 68, 74 ZPO. Es ergeht daher auch keine Entscheidung für ihn oder gegen ihn. Im Rubrum des Urteils wird er im Anschluss an die unterstützte Hauptpartei aufgenommen. Er muss den Prozess in der Lage annehmen, in der er sich zur Zeit des Beitritts befindet. Er darf selbstständig **Angriffs- und Verteidigungsmittel** vorbringen, darf sich allerdings **nicht in Widerspruch zur Hauptpartei** setzen (BGH NJW 2008, 261). Er darf auch nicht durch Klagerücknahme, Verzicht, Anerkenntnis, Vergleichsabschuss oder Aufrechnung mit einer Forderung der Hauptpartei über den Streitgegenstand verfügen, § 67 ZPO. Da er nicht Partei ist, kann er als **Zeuge** vernommen werden. Bei Säumnis der Hauptpartei kann er für diese die Säumnisfolgen abwenden oder sogar selbstständig Rechtsmittel einlegen, jedoch nur „für die Hauptpartei" (BGH NJW 2001, 1355).

Die wichtigste Folge ist jedoch **die Interventionswirkung**, § 68 ZPO. Diese gilt für den Nebenintervenienten und auch für den Streitverkündeten über § 74 ZPO. Dabei ist gleichgültig, ob dieser beitritt oder nicht, **auch bei Nichtbeitritt gilt die Interventionswirkung.** Da der Nebenintervenient auf den Hauptprozess Einfluss nehmen kann, wird er im Folgeprozess zwischen ihm und der unterstützten Partei nicht mit der Behauptung gehört, der Rechtsstreit, wie er dem Richter vorgelegen habe, sei unrichtig entschieden, weil der Prozess durch die Hauptpartei mangelhaft geführt worden sei. Dies gilt jedoch insoweit nicht, als der Streithelfer im Erstprozess an der Geltendmachung von Angriffs- oder Verteidigungsmitteln gehindert war, etwa wegen des Widerspruchs der Hauptpartei, wegen des fortgeschrittenen Stadiums des Rechtsstreits zur Zeit der Streitverkündung bzw. Nebenintervention oder wegen absichtlichen oder grob verschuldeten Zurückhaltens von Angriffs- oder Verteidigungsmitteln durch die Hauptpartei.

> **Klausurproblem:** Der Beklagte verkündet dem Dritten erst kurz vor Abschluss des Prozesses den Streit. Die Interventionswirkung greift dann meist weitgehend ins Leere, weil sich der Dritte darauf berufen kann, dass der Prozess falsch geführt worden sei und er keinen Einfluss auf den Prozess mehr habe nehmen können. Der Dritte wird deshalb beim Regressprozess des Beklagten nochmals eine Beweisaufnahme erzwingen können.

Bei der Interventionswirkung entfaltet nicht nur die im Tenor des Erstprozesses ausgesprochene Rechtsfolge Bindungswirkung, diese bezieht sich auch auf die tragenden tatsächlichen und rechtlichen Grundlagen der Entscheidung in den Urteilsgründen (BGH MDR 2004, 464). Die Streitverkündung zwingt den Dritten nicht zum Beitritt, die Interventionswirkung im Folgeprozess trifft ihn jedoch nach Streitverkündung auch dann, wenn die Streitverkündung im Erstprozess zulässig war und kein Beitritt erfolgt ist. Die Zulässigkeit der Streithilfe ist bei Beitritt des Streithelfers im Erstprozess – mit Ausnahme der Sachurteilsvoraussetzungen – nur auf Antrag zu prüfen, § 71 ZPO. Die Zulässigkeit der Streitverkündung wird im Fall der Ablehnung des Beitritts erst im Folgeprozess im Rahmen der Beurteilung der Interventionswirkung geprüft.

III. Bestimmte Angabe von Gegenstand, Grund und Antrag, § 253 Abs. 2 Nr. 2 ZPO

99 § 253 Abs. 2 Nr. 2 ZPO verlangt für die Klageschrift die bestimmte Angabe eines Gegenstandes und des Grundes sowie eines bestimmten Antrages.

1. Klagegegenstand

100 Die bestimmte Angabe des Klagegegenstandes zwingt den Kläger **inhaltlich eindeutig festzulegen, was er durch die Klage erreichen möchte.** Damit bestimmt er die Rechtshängigkeit, die Rechtskraft und eine eventuelle Klageänderung. Nur bei einem konkreten Gegenstand kann das Gericht erkennen, worüber es entscheiden muss. Der Klagegegenstand ist daher in engem Zusammenhang mit dem Antrag zu sehen. In der Praxis lässt die Angabe des Gegenstandes oft die erforderliche Bestimmtheit vermissen.

101 Bei **mehreren eingeklagten** selbstständigen (Zahlungs-)Ansprüchen muss der Kläger die im Klageantrag genannte Summe auf die den jeweiligen Ansprüchen zugeordneten Teilbetrag aufgliedern und für jeden Anspruch separat Tatsachen vortragen, sonst ist die Klage unzulässig.

> **Klausurproblem:** Lieferant K klagt auf Bezahlung von drei Lieferungen zu je 1.000 Euro, wobei er darauf bereits Teilzahlungen des B verrechnet und den Antrag stellt, den Beklagten zur Zahlung von 2.000 Euro zu verurteilen. Dieser Klage auf 2.000 Euro fehlt die Bestimmtheit des Gegenstandes. K muss die Teilzahlungen nach der Tilgungsbestimmung des Schuldners – sonst nach der Verrechnungsregel des § 366 Abs. 2 BGB – auf die einzelnen Lieferungen verrechnen, sodass der Klage entnommen werden kann, welchen Teilbetrag er für die Lieferung 1, die Lieferung 2 und die Lieferung 3 noch begehrt und einklagt. Anderenfalls kann der Umfang der Rechtskraft eines Urteils nicht bestimmt werden (vgl. BGH NJW-RR 1997, 441).

102 Vergleichbar ist die Problematik bei der **Teilklage**. Der Teil, der verlangt wird, muss konkret bezeichnet und abgegrenzt sein, sonst wird die Klage als unzulässig abgewiesen. Zulässig bei: „Miete in Höhe von 1.500 Euro, jeweils 500 Euro für Januar, Februar und März 2020" oder „Die ersten 10.000 Euro der Forderung über 50.000 Euro"

> **Klausurproblem:** Werden die Mieten Januar, Februar und März eingeklagt (oder die ersten 10.000 Euro der Forderung über 50.000 Euro), sind nur diese drei Mieten (diese 10.000 Euro, nicht die 50.000 Euro) Streitgegenstand und von der Rechtskraft erfasst. Auch wenn der Richter diese Mieten (den Teil der Forderung) zuspricht, kann im Folgeprozess ein anderer Richter die Mietforderung für die Monate April, Mai und Juni (oder die zweiten 10.000 Euro der Forderung) abweisen. Denn es wurde im ersten Urteil bindend nur über den beantragten Gegenstand, nicht etwa über das zugrunde liegende Rechtsverhältnis, etwa den Mietvertrag oder die gesamte Forderung entschieden. **Beachte insoweit die negative Feststellungsklage**: Beantragt der Beklagte festzustellen, dass der Mietvertrag oder die Forderung gar nicht besteht, so kann eine Entscheidung über die Wirksamkeit des gesamten Mietvertrages oder der gesamten Forderung herbeigeführt werden.

2. Klagegrund

103 Die Klagebegründung, das heißt **der konkrete Lebenssachverhalt**, muss angegeben werden. Die Angabe des Grundes des Anspruchs erfolgt durch Mitteilung des konkreten Lebenssachverhalts aus dem der Kläger die begehrte Rechtsfolge ableitet. Dieser Sachverhalt ist konkretisiert darzulegen (RGZ 143, 65). Es reicht nicht, dass der Kläger etwa einen Vergütungsanspruch „aus einem Werkvertrag" vorträgt. Er hat den Vertrag nach Datum und Ort des Abschlusses zu individualisieren. Der Vortrag hat schlüssig zu sein, § 331 Abs. 1 Satz 1 ZPO, d. h. der geschilderte Sachverhalt muss den geforderten Rechtsausspruch tragen. Sonst erfolgt – nach Hinweis nach § 139 ZPO – Abweisung der Klage als unbegründet. Nicht erforderlich ist die juristische Benennung des geltend gemachten Anspruchs. Es ist also nicht nötig, die Gesetzesnorm(en) anzugeben oder darzulegen, ob der Anspruch aus Kaufvertrag oder aus unerlaubter Handlung begründet ist („iura novit curia"). Gleichwohl ist von einer guten Klageschrift zu verlangen, dass sie den rechtlichen Weg zur erstrebten Rechtsfolge aufzeigt und sich nicht darauf beschränkt, die Tatbestandsmerkmale der Anspruchsgrundlage nur durch Tatsachenvortrag auszufüllen.

> **Klausurproblem:** Der Kläger hat dem Beklagten eine Maschine verkauft, der Beklagte bezahlt sie nicht. Der Kläger klagt nun auf Herausgabe der Maschine. Diese Klage ist unschlüssig, da der Kläger primär Zahlung aus dem Kaufvertrag verlangen kann, § 433 Abs. 2 BGB. Herausgabe kann er nur verlangen, wenn er weitere anspruchsbegründende Tatsachen, etwa Rücktritt vom Kaufvertrag, vorträgt.

Die Pflicht alle klagebegründenden Tatsachen vorzutragen betrifft allerdings die Schlüssigkeit und damit die Begründetheit der Klage. Für die Zulässigkeit der Klage nach § 253 Abs. 2 Nr. 2 ZPO reicht es, dass der dem Anspruch zugrunde liegende Lebenssachverhalt feststeht, sodass der Beklagte seine Verteidigung darauf einrichten kann. Oft stellt sich das Problem der Bezugnahme auf Anlagen, die der Klage beigefügt sind. Die Individualisierung durch Bezugnahme auf andere Schriftstücke ist nur in engen Grenzen zulässig (vgl. BGHReport 2003, 1438).

3. Klageantrag

104 a) **Bestimmtheit.** Die begehrte Leistung muss in der Klage genau bezeichnet sein. Der Antrag bindet das Gericht, § 308 Abs. 1 ZPO, und bestimmt die materielle Rechtskraft, § 322 ZPO. Der Tenor, der auf dem Antrag beruht, muss für die Zwangsvollstreckung durchsetzbar sein, es dürfen sich keine Unsicherheiten ergeben.

105 b) **Klagearten.** Das Gesetz kennt die Leistungsklage, die Feststellungsklage und die Gestaltungsklage. Bei der Leistungsklage ist der Normalfall die Klage auf sofortige Leistung; ausnahmsweise kann unter den Voraussetzungen der §§ 257–259 ZPO aber auch eine Klage auf künftige Leistung zulässig sein. Bei der Feststellungsklage ist stets ein besonderes Feststellungsinteresse erforderlich, § 256 Abs. 1 ZPO.

106 c) **Bestimmtheit bei den Klagearten.** Der Antrag muss so genau bestimmt sein, dass das daraufhin ergehende Urteil verständlich und vollstreckbar ist.

107 aa) **Zahlungsklage.** Bei der Zahlungsklage ist stets der genaue Geldbetrag anzugeben (z. B. „Der Beklagte wird verurteilt, 10.000 Euro nebst Zinsen in Höhe von 5 % Punkten über dem Basiszinssatz hieraus seit 1.2.2020 zu bezahlen"). Beim **Unterlassungsantrag** ist die zu unterlassende Handlung genau zu bezeichnen (z. B. „Der Beklagte wird verurteilt, das Betreten und Befahren des Grundstücks Hauptstraße 33 in 70178 Stuttgart, Flurstück Nr. 123 zu unterlassen"). Bei der **Vornahme einer Handlung** muss deren Art und Umfang bestimmt bezeichnet sein. Wird z. B. ein Unternehmen veräußert, ist der schlichte Antrag, den Beklagten zu verurteilen „alle Rechtsgeschäfte mit dem Kläger abzuschließen, die zur Übertragung des Geschäfts erforderlich sind", nicht genügend bestimmt. Der Antrag muss vielmehr dahingehen, dass der Beklagte außer zur Herausgabe bestimmter beweglicher Sachen dazu verurteilt wird, die einzelnen Erklärungen abzugeben, die zur Übertragung des Geschäfts erforderlich sind, vgl. § 894 ZPO. Bei zeitlich gestreckten Leistungspflichten, etwa einer **Klage auf künftige Leistung**, § 257 ZPO, ist der zeitliche Rahmen exakt anzugeben. Beim **Herausgabeantrag** sind die Gegenstände genau zu bezeichnen (z. B. „Der Beklagte wird verurteilt den VW Golf mit dem amtlichen Kennzeichen S-AP 234, Fahrgestellnummer 12345678, nebst KFZ-Brief an den Kläger herauszugeben").

108 bb) **Feststellungsklage.** Bei der Feststellungsklage muss ein besonderes **Feststellungsinteresse** bestehen, § 256 Abs. 1 BGB. Es fehlt, wenn dem Kläger ein einfacherer oder effektiverer Weg zur Verfügung steht, sein Ziel zu erreichen. Das ist insbesondere dann der Fall, wenn der Kläger ohne Durchführung einer aufwendigen Begutachtung eine bezifferte Leistungsklage erheben könnte (BGH MDR 2008, 461).

> **Klausurproblem:** Der Antrag den Beklagten zu verurteilen, sämtliche entstandenen und noch entstehenden Schäden zu ersetzen, dürfte insoweit unzulässig sein, als die entstandenen Schäden bereits bezifferbar und mit der Leistungsklage geltend gemacht werden können. Der Feststellungsantrag für die künftigen Schäden ist dagegen zulässig, weil diese noch nicht genau bezifferbar sind. Die Feststellungsklage ist zulässig, sofern bei verständiger Würdigung aus der Sicht des Geschädigten mit dem Eintritt eines Schadens wenigstens zu rechnen ist (BGH MDR 2007, 792).

Darüber hinaus besteht trotz der Möglichkeit einer Leistungsklage ein richterlicher Spielraum bei Beurteilung des Feststellungsinteresses, wenn der Gesichtspunkt der Prozesswirtschaftlichkeit eine Feststellungsklage als zulässig erscheinen lässt. Dies ist der Fall, wenn sie zu einer sinnvollen und sachgemäßen Erledigung aller aufgetretenen Streitpunkte führen kann (BGH WM 1997, 1280). So werden Feststellungsklagen gegen Versicherungsgesellschaften in großzügigem Rahmen zugelassen, weil bei diesen auf ein Feststellungsurteil hin eine Zahlung erwartet werden kann, ohne dass es einer weiteren Leistungsklage bedürfte (BGH NJW 1999, 3774).

cc) Teilklage. Der Klageantrag kann auf einen **Teil eines Anspruchs** beschränkt werden. Dies hat wegen des geringeren Streitwerts kostenrechtliche Vorteile, aber auch den Nachteil, dass häufig ein weiterer Rechtsstreit über den Restbetrag nötig wird, da nur über den Teilbetrag rechtskräftig entschieden ist. Der Prozessgegner kann jedoch eine Entscheidung über den gesamten Forderungsbetrag herbeiführen, indem er über den Klageabweisungsantrag hinaus im Wege der Widerklage die Feststellung begehrt, dass dem Kläger der restliche Anspruch nicht zusteht (sog. Negative Feststellungswiderklage, § 256 Abs. 1 ZPO). Wird ein Teilbetrag aus mehreren selbstständigen Ansprüchen wie Reparaturkosten, Nutzungsentschädigung und Schmerzensgeld geltend gemacht, so muss in der Klage eine bezifferte Aufteilung der Anteile auf die einzelnen Ansprüche erfolgen oder es muss ein Anspruch zum Hauptanspruch erklärt werden, die übrigen in bestimmter Reihenfolge zu Hilfsansprüchen (BGH NJW-RR 1997, 441), andernfalls ist die Klage unzulässig.

d) Objektive Klagenhäufung, § 260 ZPO. Der Kläger kann im Prozess nicht nur einen Antrag stellen, er kann gegen den Beklagten auch mehrere Anträge stellen und damit mehrere Ansprüche geltend machen, sog. **kumulative Klagehäufung**

> **Klausurproblem:** Der Vermieter klagte auf Zahlung von 3.000 Euro Mietzins für die Monate Januar, Februar und März und gleichzeitig noch auf Räumung und Herausgabe der Wohnung. Dies ist problemlos nach § 260 ZPO zulässig.

§ 260 ZPO regelt dabei nur den Fall der Anspruchshäufung innerhalb eines Prozessrechtsverhältnisses, also des Klägers gegen den Beklagten. Bei mehreren Verhältnissen, etwa Kläger gegen Beklagte 1, 2 und 3 finden die §§ 59 ff. ZPO Anwendung.

Voraussetzungen nach § 260 ZPO sind:
(1) Personenidentität,
(2) gemeinsame Zuständigkeit des Prozessgerichts,
(3) gleiche Prozessart – gemeint ist damit die gleiche Verfahrensart, für die die gleichen Verfahrensregeln gelten: Also nicht eine einstweilige Verfügung und ein normales Erkenntnisverfahren oder eine Zivilsache und eine Familiensache oder ein Urkundenprozess und ein „normaler" Prozess –,
(4) kein Verbindungsverbot, §§ 578 Abs. 2 ZPO, 126 Abs. 2, Abs. 3 FamFG.

112 Über die zulässig verbundenen Ansprüche wird einheitlich verhandelt und entschieden. Die Ansprüche behalten dennoch ihre Selbstständigkeit. Die (Prozess-) Voraussetzungen sind für jeden Anspruch selbstständig zu prüfen, über jeden Anspruch kann ein selbstständiges Endurteil (dann Teilurteil, § 301 ZPO) ergehen.

113 Neben der kumulativen Klagehäufung ist auch die **Eventualklagehäufung** möglich. Dabei werden mehrere Ansprüche in einer bestimmten Reihenfolge geltend gemacht, als Haupt- und Hilfsantrag (z. B. der Kläger K verlangt Herausgabe eines PKW und für den Fall, dass dieser zwischenzeitlich untergegangen ist, Schadensersatz. Oder der Kläger verlangt (1) Herausgabe eines Gegenstandes (2) sollte der Anspruch nicht begründet sein, Herausgabe der Bereicherung (3) sollte auch dieser Anspruch nicht begründet sein, Schadensersatz).
Wichtig: Daneben gibt es noch die **alternative Klagehäufung**. Diese ist grundsätzlich (Ausnahme echte Wahlschuld) nicht zulässig. Der Grund ist die fehlende Bestimmtheit, § 253 Abs. 2 Nr. 2 ZPO (vgl. Thomas/Putzo/Reichold § 260 Rn. 6–10).

> Beispiel: Der Kläger hat dem Beklagten ein Darlehen über 100.000 Euro gegeben. Nachdem dieser nicht zurückzahlen kann, gibt der Beklagte noch ein (abstraktes) Schuldanerkenntnis über 100.000 Euro ab. Kurz vor der Verjährung klagt nun der Kläger die 100.000 Euro ein. Zur Begründung stützt er sich auf das Schuldanerkenntnis und auf das Darlehen. Diese Klage ist unzulässig, da es zwei Streitgegenstände sind. Für den Richter ist nicht klar, welchem Gegenstand (Darlehen oder Schuldanerkenntnis) er sich zuwenden soll. Die Klage wird zulässig, wenn der Kläger sie in ein Alternativverhältnis stellt. Er die Klage vordringlich auf das Schuldanerkenntnis stellt, hilfsweise auf die Darlehensrückzahlung.

114 e) **Ausnahmen vom konkreten Klageantrag.** Diese Ausnahmen sind für die Klausur besonders wichtig und sind in nahezu jedem Examen zu behandeln.

115 aa) **Unbezifferter Klageantrag.** Schon das Reichsgericht (RGZ 10, 353) hat einen unbezifferten Antrag zugelassen, wenn die Bezifferung unmöglich oder dem Kläger aus besonderen Gründen nicht zumutbar ist. Dies ist der Fall, wenn der Klagebetrag von der **Beurteilung eines Sachverständigen** (Schätzung der Schadenshöhe, § 287 ZPO), der **Billigkeitsabwägung** (Schmerzensgeld, § 253 Abs. 2 BGB) oder dem **Ermessen des Gerichts** (Herabsetzung der Vertragsstrafe, § 343 BGB) abhängig ist. Der Kläger würde sonst bei zu hohem Klagebegehren und teilweiser Klageabweisung einen Kostennachteil nach § 92 Abs. 1 ZPO erleiden. Bei vorsorglich zu niedrigem Klagantrag würde er etwas verschenken, was ihm zusteht, weil das Gericht über den Antrag nicht hinausgehen darf, § 308 ZPO.

116 Der **Hauptfall** – jedenfalls in der Klausur – ist der **Schmerzensgeldantrag**, dessen Höhe ins Ermessen des Gerichts gestellt wird. Voraussetzung ist aber stets, dass in der Klage genügend Grundlagen für die gerichtliche Schätzung genannt werden, sonst kann das Gericht sein Ermessen nicht ausüben und die Klage ist unzulässig. Dabei besteht grundsätzlich kein **Kostenrisiko für den Kläger**, denn der Streitwert entspricht dem tatsächlich zugesprochenen Betrag. **Ausnahme:** Der Kläger trägt doch Kosten, wenn für einen Berechnungsfaktor beweisfällig geblieben ist, etwa eine behauptete Operation ist gar nicht nötig oder ein Mitverschulden des Klägers stellt sich heraus. **Rechtsmittel bestehen,** wenn die vorgestellte Summe erheblich von der zugesprochenen abweicht.

> **Klausurproblem:** Der Kläger beantragt Schmerzensgeld wegen Verletzungen aus einem Verkehrsunfall, dessen Höhe er ins Ermessen des Gerichts stellt. Weiter trägt er zu den erlittenen Verletzungen nichts vor. Der Antrag ist unzulässig, er entspricht nicht § 253 Abs. 2 Nr. 2 3. Alt. ZPO. Nachgelassen ist dem Kläger nur die konkrete

Bezifferung des Betrags, aber **nicht die Darlegung der Grundlage für die Bemessung.** Die Grundlagen für die Schätzung sind stets anzugeben, sonst kann das Gericht sein Ermessen gar nicht ausüben.

Klausurproblem: Der Kläger verlangt Schmerzensgeld, das er ins Ermessen des Gerichts stellt, mindestens jedoch 10.000 Euro. Er schildert dazu ausdrücklich und detailliert die Schadensfolgen, u. A. auch Behinderungen beim Sport. Weiter trägt er vor, dass der Beklagte den Unfall allein verursacht habe. Das Gericht kommt zu dem Ergebnis, dass den Kläger ein Mitverschulden am Unfall trifft und dass die Schadensfolge, Behinderung beim Sport, nicht nachzuweisen ist. Das Gericht spricht deshalb nur 5.000 Euro Schmerzensgeld zu. Der Kläger trägt hier auch Kosten, da er einen Berechnungsfaktor nicht beweisen konnte (Behinderungen beim Sport) und auch ein Mitverschulden zu berücksichtigen war.

Klausurproblem: Der Antrag festzustellen, dass der Beklagte alle Schäden **materieller und immaterieller** Art, die schon entstanden sind und noch entstehen werden zu zahlen hat, ist in doppelter Hinsicht unzulässig.
(1) Materielle Schäden, die schon entstanden sind, sind regelmäßig mit der Leistungsklage geltend zu machen – sie hat Vorrang vor der Feststellungsklage.
(2) Künftige immaterielle Schäden sind generell mit dem einheitlich festzusetzenden Schmerzensgeld abgegolten. Das Schmerzensgeld wird einheitlich festgestellt, erfasst werden alle Folgen, die auch in der Zukunft liegen und absehbar sind. Also anders als beim materiellen Schaden. Deshalb ist ein Feststellungsantrag für künftige Schäden beim Schmerzensgeld nur zulässig für Schmerzen die noch nicht vorhersehbar aber doch noch möglich sind.

bb) Stufenklage, § 254 ZPO. Kann der Kläger wegen fehlender Berechnungsgrundlagen seine Leistung nicht konkret bestimmen – z. B. er macht den Pflichtteil aus dem Erbe geltend, dessen Größenordnung er nicht kennt – so gestattet ihm § 254 ZPO mehrere selbstständige Ansprüche in einer Klage zu verbinden, § 254 ZPO, Stufenklage. Es handelt sich um eine Leistungsklage ohne bestimmten Antrag. Der Streitwert ist einheitlich nach der zu erwartenden Leistung zu bestimmen, wenn der Kläger wegen fehlender Berechnungsgrundlagen nicht genau angeben kann, was er fordert. **Beachte:** Da die Stufenklage eine Leistungsklage ist, hemmt ihre Erhebung die Verjährung, § 204 Abs. 1 Nr. 1 BGB.

Grundsätzlich besteht die Stufenklage aus drei Stufen:
(1) **Auskunft:** Der Kläger muss einen Auskunftsanspruch haben. Dies ist in der Klausur häufig das Problem, denn es gibt wenige Normen, die ein Auskunftsbegehren tragen, wie § 2314 BGB für den Pflichtteilsanspruch. Gibt keine Norm einen Auskunftsanspruch, muss auf § 242 BGB zurückgegriffen werden. Die §§ 259 Abs. 1, 260 Abs. 1 BGB regeln hingegen grundsätzlich nur das wie des Anspruchs, grundsätzlich jedoch nicht das ob.
(2) **Versicherung an Eides statt**: Aber nur, wenn Grund zur Annahme besteht, dass unvollständige oder nicht mit genügender Sorgfalt Auskunft erteilt wurde, §§ 259 Abs. 2, 260 Abs. 2 BGB.
(3) **Leistungsantrag:** Dieser Antrag ist ganz konkret zu fassen, nachgelassen ist nur der noch offene Betrag. Der Kläger muss also seinen Anteil (etwa den Pflichtteil) den er will genau angeben.

Klausurproblem: Der Pflichtteilsberechtigte kennt den Umfang des Erbes nicht, er erhebt deshalb Stufenklage mit dem Antrag: (1) Auskunft über den Wert des Nachlas-

> ses zu erteilen, dann (2) die Richtigkeit der Angaben an Eides statt zu versichern und (3) ihm seinen Anteil, der sich aus der Auskunft ergibt, auszuzahlen. Diese Klage ist unzulässig, § 253 Abs. 2 3. Alt ZPO ist nicht erfüllt. Der Kläger hat zwar einen Auskunftsanspruch, § 2314 BGB, und eventuell auch einen Anspruch auf die Versicherung an Eides statt, §§ 259 Abs. 2, 260 Abs. 2 BGB. Aber der Leistungsantrag ist zu unbestimmt. Dem Kläger ist nur nachgelassen, den konkreten Betrag zu beziffern, da er den Wert des Nachlasses nicht kennt, er muss jedoch angeben, welchen Anteil er als Pflichtteilsberechtigter zu bekommen hat, also etwa 1/4 oder 1/8.

IV. Weitere Angaben in der Klageschrift

119 Anträge zur Kostentragung und zur vorläufigen Vollstreckbarkeit brauchen nicht gestellt zu werden, da hierüber das Gericht von Amts wegen entscheiden muss, §§ 308 Abs. 2, 708 ZPO. Auch die folgenden Angaben sind für die Zulässigkeit des Klagantrags nicht erforderlich, sollten aber in der Klageschrift enthalten sein:
(1) Angabe des **Streitwertes**: Soweit sich der Streitwert nicht bereits aus der Bezifferung einer auf Geldzahlung gerichteten Leistungsklage ergibt und dieser für die Bestimmung der sachlichen Zuständigkeit maßgeblich ist, soll der Streitwert angegeben werden, § 253 Abs. 3 1. Alt. ZPO. Die Angabe ist für das Gericht nicht verbindlich, § 3 ZPO.
(2) **Übertragung auf den Einzelrichter**: Bei der zum Landgericht eingereichten Klage soll zur Frage der Übertragung auf den Einzelrichter Stellung genommen werden, §§ 253 Abs. 3 2. Alt., 348, 348a ZPO.
(3) **Antrag auf Versäumnisurteil**: Im Hinblick auf die Möglichkeit, dass das Gericht das schriftliche Vorverfahren gemäß § 276 ZPO anordnet, soll vorsorglich ein Antrag auf Versäumnisurteil enthalten sein, § 331 Abs. 3 ZPO. Beim **Anerkenntnis** ist kein Antrag mehr erforderlich, § 307 ZPO.

120 Das Gesetz schreibt in § 253 Abs. 1 und Abs. 5 ZPO für die Klage als bestimmenden Schriftsatz **Schriftform** i. S. d. § 126 BGB vor. Die **eigenhändige Unterschrift** ist zwingendes Wirksamkeitserfordernis (BGH NJW 2001, 1581). Bei Klage **mittels Telefax** genügt die Unterschrift auf dem Original, § 130 Nr. 6 ZPO. Einer Nachsendung des Originals bedarf es nicht (BGH NJW 2000, 2340). Die telefonische Übermittlung bewirkt keinen Eingang. Die Klageschrift und sonstige Anträge und Erklärungen können dort, wo kein Anwaltszwang herrscht, auch zu Protokoll der Geschäftsstelle eines jeden Amtsgerichts gegeben werden, §§ 496, 129a Abs. 1 ZPO. Ausnahmsweise bedarf es keiner schriftlichen Klage, wenn der Antrag in der mündlichen Verhandlung eines bereits laufenden Rechtsstreits geltend gemacht wird, § 261 Abs. 2, 1. Alt. ZPO. Dies kommt etwa in Betracht bei Klagerweiterung, § 260 ZPO, Klageänderung, § 263 ZPO, Zwischenfeststellungsklage, § 256 Abs. 2 ZPO, oder Widerklage, § 33 ZPO. Der Vorsitzende kann hier gestatten, dass der Antrag zu Protokoll erklärt wird, § 297 Abs. 1 Satz 2 ZPO. Die Entscheidung liegt in seinem freien Ermessen. Neuerdings können Klagen auch in Form eines elektronischen Dokuments bei Gericht eingereicht werden, § 130a ZPO.

V. Klageerhebung und Rechtshängigkeit, §§ 253, 261 ZPO

121 Die Klage wird erhoben durch Zustellung eines Schriftsatzes, § 253 Abs. 1 ZPO, der den Anforderungen des § 253 ZPO genügen muss. Sie muss bei Gericht eingereicht werden, damit wird sie **anhängig** (unten 1.). Der zuständige Richter macht dann seine **Eingangsverfügung** (unten 2.), worauf die Klage **zugestellt wird** (unten 3.), damit tritt **Rechtshängigkeit** ein (unten 4.).

1. Eingang der Klageschrift, Anhängigkeit

a) Eingang der Klage. Der Kläger hat die **Klageschrift** – und sonstige Anträge und Erklärungen einer Partei, die zugestellt werden sollen – bei dem Gericht schriftlich mit der erforderlichen Zahl von Abschriften einzureichen, § 253 Abs. 5 ZPO. Im Amtsgerichtsprozess können Klagen oder Anträge auch zu Protokoll der Geschäftsstelle abgegeben werden, §§ 496, 129a ZPO.

Die Klagen und Schriftsätze werden in der Regel in den Nachtbriefkasten eingeworfen, eine elektronische Einrichtung ermöglicht dabei die exakte Trennung von Eingängen bis 24.00 Uhr und danach. Bei der Einreichung per Telefax oder Computerfax (BGH NJW 2000, 2340) ist für den Zeitpunkt des Eingangs bei Gericht nicht der vollständige Ausdruck, sondern die Aufzeichnung durch das Empfangsgerät maßgebend (BGH MDR 2007, 168). Soweit Klagen in Form elektronischer Dokumente zugelassen sind, sind sie ebenfalls schon im Zeitpunkt der Aufzeichnung durch das Empfangsgerät des Gerichts eingereicht, § 130a Abs. 5 ZPO.

> **Klausurproblem:** Die Klage geht um 23.58 Uhr auf dem Fax des zuständigen Gerichts ein, wird aber erst vollständig ausgedruckt um 00.01 Uhr am nächsten Tag. Nach BGH (MDR 2007, 168) ist nicht der vollständige Ausdruck, sondern der Eingang auf dem Fax entscheidend. Also ist der Schriftsatz noch rechtzeitig eingegangen, wenn es auf den Tag ankommt.

Die Klage wird mit Eingang bei Gericht **anhängig**. Dokumentiert wird dies durch einen Eingangsstempel, der auf der Klage angebracht wird. Bei Verweisung des Rechtsstreits wird der Rechtsstreit beim aufnehmenden Gericht mit Eingang der Akten anhängig, § 281 Abs. 2 Satz 4 ZPO; die Anhängigkeit beim verweisenden Gericht endet (BGH NJW-RR 1993, 700). Wird ein gerichtliches Mahnverfahren durchgeführt, so tritt Anhängigkeit mit Einreichung des Antrags auf Erlass des Mahnbescheids beim Mahngericht ein (BGH NJW 1999, 3717). Nach Widerspruch und Abgabe des Verfahrens an das Streitgericht wird die Rechtssache mit Eingang der Akten dort anhängig, § 696 Abs. 1 Satz 4 ZPO.

b) Wirkungen. Die größte praktische Bedeutung der Anhängigkeit liegt in der fristwahrenden Wirkung bei „Zustellung demnächst", § 167 ZPO. Während das materielle Recht für Fristwahrung, Neubeginn oder Hemmung der Verjährung auf die **Zustellung** einer Klage oder eines Antrags (Rechtshängigkeit) abstellt, verlagert § 167 ZPO diese Wirkung auf den **Zeitpunkt der Anhängigkeit** zurück, sofern die Zustellung „demnächst" erfolgt. Dies gilt bei Verjährungsfristen, § 204 Abs. 1 BGB, Klagefristen, § 558b Abs. 2 BGB, § 926 ZPO, § 4 KSchG und Anfechtungsfristen, §§ 121 Abs. 2, 124 Abs. 1 BGB, § 4 AnfG. Nur der rechtzeitige Eingang der Antragsschrift beim zuständigen Gericht ist fristwahrend. Für die Wirkung des § 167 ZPO genügt aber, jedenfalls für die rückwirkende Hemmung der Verjährung, auch die Anrufung des unzuständigen Gerichts zur Fristwahrung (BGH MDR 1978, 750).

> **Klausurproblem:** Der Anspruch des Klägers über 10.000 Euro verjährt am 31.12.2019. Die Leistungsklage über 10.000 Euro geht am 31.12.2019 um 23.59 Uhr im Nachtbriefkasten beim zuständigen Gericht ein. Der zuständige Richter ist bis 20.1.2020 im Urlaub. Die Zustellung der Klage erfolgt erst am 10.2.2020. An sich ist der Anspruch verjährt, §§ 204 Abs. 1 Nr. 1 BGB, 253 Abs. 1 ZPO, denn die Verjährung ist nur bei Klageerhebung, also Rechtshängigkeit, gehemmt. Hier greift aber eventuell § 167 ZPO bei „demnächstiger" Zustellung ein. Ob eine Zustellung noch „demnächst" ist, hängt von den Umständen des Einzelfalls ab. Der Zustellungsadres-

> sat darf durch allzu großzügige Bemessung nicht dadurch unbillig belastet werden, dass ihm eine rechtzeitig eingereichte Klage erst Monate später zugestellt wird. Andererseits muss der Zustellungsbetreiber alles ihm Zumutbare tun, damit die Zustellung „demnächst" erfolgen kann (BGH NJW 2005, 1194). Bereits leicht schuldhaft verursachte Verzögerungen sind schädlich, etwa unzureichende Adressierung (OLG Naumburg FamRZ 2000, 899), fehlende Nachfrage bei ausbleibender Zustellung (BGH MDR 2007, 45) oder Einreichung beim unzuständigen Gericht (OLG Naumburg NJW-RR 2003, 1662). Als **geringfügig** sind nach Ansicht des BGH – auch bei nur leicht fahrlässigem Verhalten – i. d. R. nur **Zustellungsverzögerungen bis zu 14 Tagen** anzusehen (BGH NJW 2004, 3775). Verzögerungen, die ihre Ursache nur im Geschäftsbetrieb des Gerichts haben oder dem Adressaten zuzurechnen sind, hindern i. d. R. eine Rückwirkung nicht (BGH NJW 2000, 2282).

Die Anhängigkeit einer Streitsache begründet auch die Zuständigkeit dieses Gerichts für ein **Eilverfahren**, §§ 916, 937, 943 ZPO, und für ein **selbstständiges Beweisverfahren**, § 486 ZPO.

126 c) **Zuteilung.** Die beim Gericht eingegangene Klage kommt in die Registratur, wird registriert und bekommt ein eigenes Aktenzeichen. Bundeseinheitliche Registerzeichen sind z. B. „C" – allgemeine Zivilsache beim Amtsgericht, „O" – allgemeine Zivilsache beim Landgericht, „S" – Berufungssache beim Landgericht und „U" – Berufungssache beim Oberlandgericht. Das Az. „2 O 12/20" bedeutet, es handelt sich um eine allgemeine Zivilsache beim Landgericht, sie ist der 2. Zivilkammer des Landgerichts zugeteilt worden und ist das 12te Verfahren, das im Jahr 2020 bei der 2. Zivilkammer des Landgerichts eingegangen ist. Die Sache wird dann entsprechend des Geschäftsverteilungsplans des Gerichts („gesetzlicher Richter" – hierzu noch unten bei den Verfahrensgrundsätzen) der Geschäftsstelle des zuständigen Richters weitergeleitet, die eine Akte und eine Zählkarte anlegt.

2. Eingangsverfügung des Richters

127 a) **Vorlage der Akte an Richter.** Nach Zuteilung der Rechtssache wird die Akte dem Richter vorgelegt. Er hat dann:
(1) Den Streitwert festzusetzen, damit der Kostenbeamte den Vorschuss nach § 12 Abs. 1 GKG einfordern kann, dabei ist nach § 4 Abs. 1 ZPO für die Wertberechnung zunächst der Zeitpunkt der Einreichung der Klage bei Gericht entscheidend;
(2) Die Verfahrensart zu wählen, § 272 Abs. 2 ZPO: Früher erster Termin, § 275 ZPO, oder schriftliches Vorverfahren, § 276 ZPO;
(3) Die Zustellung der Klage und der getroffenen Verfügung zu veranlassen (siehe insoweit unten 3.).

128 b) **Verfahrensart.** Nach § 272 Abs. 1 ZPO ist der Rechtsstreit in **einem umfassend vorbereiteten** Termin zur mündlichen Verhandlung zu erledigen. Dieser Haupttermin und die Güteverhandlung sollen **so früh wie möglich** stattfinden, § 272 Abs. 3 ZPO. Der Richter soll daher bereits bei Klageeingang die umfassende Vorbereitung des Haupttermins in die Wege leiten. Die ZPO bietet hierfür zwei Möglichkeiten. Entweder den **frühen ersten Termin** zur mündlichen Verhandlung nach § 275 ZPO oder das **schriftliche Vorverfahren** nach § 276 ZPO. Die Entscheidung welche Verfahrensart angeordnet wird trifft der Richter, § 272 Abs. 2 ZPO, unter dem Gesichtspunkt, auf welchem Weg die frühzeitige Sammlung des entscheidungserheblichen Streitstoffs besser oder die Erledigung des Rechtsstreits schneller herbeizuführen ist. Ganz entscheidend ist sicher der Typ des Richters. Will er Sicherheit und alles ausgeschrieben haben, damit keine Überraschungen mehr auftreten können, dann wählt er das schriftliche Vorverfahren. Ist er

Die Klage

offen für Überraschungen und kann damit gut umgehen, dann wird er den frühen ersten Termin mit den besseren Erledigungsmöglichkeiten wählen. Er hat vor seiner Entscheidung kein rechtliches Gehör zu gewähren, sie ist in Form einer „Verfügung" **unanfechtbar** (BGHZ 86, 31).

Früher erster Termin, § 275 ZPO	Schriftliches Vorverfahren, § 276
Inhalt der Eingangsverfügung: (1) Zustellung der Klage mit Terminsbestimmung, §§ 271, 274 ZPO, (2) Fristsetzung bzw. Aufforderung nach § 275 Abs. 1 ZPO, (3) Vorbereitung des Termins durch Maßnahmen nach § 273 ZPO, insbes. Ladung von Zeugen und Sachverständigen, Einholung von Auskünften, Anordnung des persönlichen Erscheinens und Hinweise nach § 139 ZPO.	Inhalt der Eingangsverfügung: (1) Zustellung der Klage ohne Terminsbestimmung, (2) Aufforderung zur Verteidigungsanzeige, § 276 Abs. 1 Satz 1 ZPO, (3) Fristsetzung zur Klageerwiderung, § 276 Abs. 1 Satz 2 ZPO.
Der **frühe erste Termin** ist vollwertiger Verhandlungstermin – § 278 ZPO, Gütetermin vorweg – Falls keine Beendigung: Vorbereitung des Haupttermins, § 275 Abs. 2 ZPO	Der **weitere Verfahrensverlauf** hängt vom Beklagten ab: – 1. Alt.: Der Beklagte erkennt an – es ergeht Anerkenntnisurteil, § 307 Abs. 2 ZPO – 2. Alt.: Keine Verteidigungsanzeige – es ergeht Versäumnisurteil, § 331 Abs. 3 ZPO (bei Vorliegen der sonst. Voraussetzungen.) – 3. Alt. (Regelfall): Die Verteidigungsanzeige des Beklagten geht fristgemäß ein – es folgt der Haupttermin

Anmerkungen:
1. Formalien
  a) Zustellung der Klagschrift unverzüglich von Amts wegen, §§ 271 Abs. 1, 270 ZPO,
  b) Terminsbestimmung, §§ 272 Abs. 2, Abs. 3, 216 ZPO, Einlassungsfrist mindestens 2 Wochen, § 274 Abs. 3 ZPO (bei Verstoß kann kein Versäumnisurteil ergehen, § 335 Abs. 1 Nr. 2 ZPO),
  c) Ladung zum Termin – zusammen mit der Zustellung der Klage –, § 274 Abs. 2 ZPO,
  d) Bei Landgerichtsprozess: Aufforderung an Beklagten zur Anwaltsbestellung nach §§ 271 Abs. 2, 275 Abs. 1 ZPO
2. Aufforderung zur Klageerwiderung nach § 275 ZPO
  a) **mit Fristsetzung** (Abs. 1 Satz 1), dann gilt § 296 Abs. 1 ZPO
  b) **ohne Fristsetzung** (Abs. 1 Satz 2), dann gilt § 296 Abs. 2 ZPO
	Anmerkungen:
	1. **Formalien**
	  a) Zustellung der Klagschrift unverzüglich von Amts wegen, §§ 276 Abs. 1 Satz 1, 271 Abs. 1, 270 ZPO,
	  b) Aufforderung zur Verteidigungsanzeige, § 276 Abs. 1 S. 1 ZPO (dies ist eine Notfrist i. S.v § 224 Abs. 1 ZPO)
	  c) Belehrung über Folgen, § 276 Abs. 2 ZPO (andernfalls § 335 Abs. 1 Nr. 4).
	2. Die **Frist** zur Klageerwiderung, § 276 Abs. 1 Satz 2 ZPO, ist keine Notfrist.

c) Das schriftliche Vorverfahren. Es gründet sich darauf, dass die Parteien durch den mehrfachen Austausch von Schriftsätzen die streitigen Sach- und Rechtsfragen deutlicher darstellen können. Der Beklagte teilt zunächst mit, ob er sich überhaupt gegen die Klage **verteidigen** will. Sodann kann er in seiner **Klageerwiderung** ausführlich zu den Behauptungen des Klägers Stellung nehmen. Der Kläger kann wiederum **Replik** halten, der Beklagte hierzu in einer **Duplik** erneut Stellung nehmen.

Der Hauptvorteil des schriftlichen Vorverfahrens ist, dass beim Amtsgericht und beim Landgericht eine größere Zahl an Verfahren durch Versäumnisurteil (oder Anerkenntnisurteil) abgeschlossen werden. Da dies auch ohne mündliche Verhandlung im Wege des schriftlichen Vorverfahrens möglich ist, §§ 276 Abs. 1 Satz 1, (307), 331 Abs. 3 ZPO, kann das Gericht auf diesem Wege viele Termine einsparen. Dieses Verfahren bietet auch die Chance, die entscheidungserheblichen und streitigen Tatsachen frühzeitig festzustellen und einen Haupttermin durch konzentrierte und gelenkte Stoffsammlung effektiv vorzubereiten. Der Rechtsstreit ist dann i. d. R. **„ausgeschrieben"**, was sich aber auch als großer Nachteil erweisen kann, weil dann die Akte viel umfangreicher ist und die Möglichkeiten für einen Vergleich dadurch oft wesentlich eingeschränkt werden.

130 **d) Der frühe erste Termin.** Er ist die in § 272 Abs. 2 ZPO vorgesehene zweite Möglichkeit, den späteren Haupttermin vorzubereiten, wobei nach § 278 Abs. 2 ZPO der streitigen Verhandlung i. d. R. auch hier eine Güteverhandlung vorausgeht. Es handelt sich um eine mündliche Verhandlung, die sich in Inhalt und Ablauf von einem nachfolgenden Haupttermin kaum unterscheidet. Der frühe erste Termin ist **vollwertiger Verhandlungstermin** (BGHZ 86, 36).

131 Der größte Vorteil des frühen ersten Termins ist das Gespräch mit den Parteien und damit vor allem die Möglichkeit der **Prozesserledigung** durch Vergleich, Klagerücknahme oder Anerkenntnisurteil. Der Prozess ist noch nicht ausgeschrieben, die Erledigungsmöglichkeit daher sehr groß. In diesem Stadium erfordert der Prozess allerdings große Flexibilität und Fantasie des Richters, der auch entsprechend schnell reagieren muss. In der Praxis wird die Erledigung im frühen ersten Termin bei sachgerechter Vorbereitung nach § 273 ZPO sehr häufig sein, oft können auch weitere Punkte gleich mit erledigt werden. Außerdem ist es im Gespräch besser möglich, die tatsächlichen und rechtlichen Streitpunkte herauszuarbeiten und die nötigen Anordnungen zu treffen, damit im Haupttermin die nötige Aufklärung vollends erfolgen kann, § 275 Abs. 2 ZPO.

132 **e) Besondere Verfahrensgestaltung vor dem Amtsgericht.** Bei Verfahren mit einem Zuständigkeitsstreitwert von maximal 600,00 Euro erlaubt § 495a ZPO dem Richter, das Verfahren nach billigem Ermessen selbst zu bestimmen. Die Vorschrift dient der Vereinfachung und Beschleunigung von Verfahren und räumt dem Richter einen weiten Ermessensspielraum ein, der lediglich durch die Grundsätze eines rechtsstaatlichen Verfahrens beschränkt wird. So können Fristen abgekürzt oder verlängert werden, solange das rechtliche Gehör des Gegners berücksichtigt wird; es können auch telefonische Auskünfte eingeholt werden. Eine mündliche Verhandlung muss nur auf Antrag stattfinden, § 495a Satz 2 ZPO. Auch ist der Richter nicht an die Entscheidung zwischen schriftlichem Vorverfahren und frühem erstem Termin gebunden.

133 Im amtsgerichtlichen Verfahren können die Klage, die Klageerwiderung sowie sonstige Anträge und Erklärungen einer Partei, die zugestellt werden sollen, nach § 496 ZPO nicht nur schriftlich eingereicht werden, sondern auch mündlich zu Protokoll der Geschäftsstelle erklärt werden. Ist die Klage zu Protokoll erklärt worden, so wird dem Beklagten dieses Protokoll anstelle einer Klageschrift zugestellt, § 498 ZPO. Im Falle der Anordnung des schriftlichen Vorverfahrens nach § 276 ZPO ist der Beklagte über die Möglichkeit eines Anerkenntnisurteils für den Fall eines schriftsätzlichen Anerkenntnisses zu belehren, auch wenn der Beklagte bereits anwaltlich vertreten ist, § 499 ZPO. Wird ein (früher erster) Termin bestimmt, so wird zwar die Ladung des Beklagten zusammen mit der Klage zugestellt, die Ladung des Klägers zu diesem Termin erfolgt jedoch i. d. R. formlos, § 497 Abs. 1 ZPO.

134 **f) Fristen und deren Berechnung.** Bei der Terminsbestimmung sind zugunsten der Parteien bestimmte Fristen einzuhalten. Nach Klageerhebung ist eine Einlassungsfrist des Beklagten zu wahren, Ladungsfristen sind zu beachten. In besonderen Fällen können die gesetzlichen Fristen verkürzt werden.

135 **aa) Die Einlassungsfrist.** Sie ist eine Überlegungsfrist für den Beklagten zwischen der Klagezustellung und dem ersten Verhandlungstermin. Sie ist eine Schutzfrist zur Sache selbst (BGH NJW-RR 1994, 1213) und beträgt regelmäßig mindestens **2 Wochen**, § 274

Abs. 3 ZPO. Für alle späteren Termine ist sie nicht mehr zu beachten, selbst wenn Klageänderungen oder -erweiterungen eingetreten sind oder eine Widerklage erhoben worden ist.

136 Bei **Auslandszustellung** ist sie vom Vorsitzenden ausdrücklich zu bestimmen und sollte i. d. R. 4 Wochen nicht unterschreiten, § 274 Abs. 3 ZPO. Beim Antrag auf Erlass eines **Arrests bzw. einer einstweiligen Verfügung** handelt es sich nicht um eine „Klageschrift", weshalb hier keine Einlassungsfrist zu berücksichtigen ist. Die Einhaltung der Einlassungsfrist würde auch oft zu einer unangemessenen Verzögerung des Eilverfahrens führen. Zu beachten ist in diesen Fällen lediglich die Ladungsfrist.

137 bb) **Die Ladungsfrist.** Diese ist im Gegensatz zur Einlassungsfrist vor jedem Termin, zu dem Parteien geladen werden, zu beachten. Die Ladungsfrist ist der Zeitraum, der in einer anhängigen Sache zwischen Zustellung der Ladung und dem Terminstag liegen soll, § 217 ZPO. Diese Frist ist daher auch bei Verlegung eines Termins nach § 227 ZPO wieder einzuhalten, nicht aber, wenn nur die Terminsstunde am selben Tag geändert wird. Die Ladungsfrist beträgt im Anwaltsprozess mindestens **1 Woche**, in allen anderen Prozessen mindestens 3 Tage, § 217 ZPO. Bei Verkündungsterminen i. S. d. § 218 ZPO, zu denen nicht noch besonders geladen werden muss, ist auch diese Frist nicht einzuhalten (BGH NJW 1964, 658). Ist die Einlassungs- oder Ladungsfrist nicht gewahrt, so braucht sich der Beklagte auf die Verhandlung nicht einzulassen. Gegen den nicht verhandelnden oder nicht erschienenen Beklagten darf kein Versäumnisurteil ergehen, § 335 Abs. 1 Nr. 2 ZPO. Vielmehr ist von Amts wegen zu vertagen, § 337 ZPO.

138 cc) **Abkürzung.** Durch Verfügung des Vorsitzenden können Einlassungs- und Ladungsfristen auf Antrag **abgekürzt** werden, § 226 Abs. 1 ZPO. Die Abkürzung erfolgt nach freiem Ermessen und ist sogar möglich, wenn dadurch die Vorbereitung der mündlichen Verhandlung durch Schriftsätze nicht vorbereitet werden kann, § 226 Abs. 2 ZPO. Rechtliches Gehör des Gegners ist für die Fristverkürzung nicht erforderlich, § 226 Abs. 3 ZPO.

139 dd) **Die Fristberechnung.** Bereits bei der Terminsbestimmung muss der Richter berechnen, wann voraussichtlich die Zustellung an den Beklagten erfolgen wird, um dann unter Berücksichtigung der einzuhaltenden Einlassungsfrist den (alsbald) möglichen Terminstag zu ermitteln. Für die Berechnung der Einlassungsfrist und der Ladungsfrist gelten die §§ 222 ZPO, 186 ff. BGB.

140 Der Fristlauf der genannten Fristen wird an die Zustellung der Klage oder der Ladung an die Partei geknüpft. Da für die Frist folglich ein „**Ereignis**" maßgebend ist, wird für die Fristberechnung der Tag der Zustellung nicht mitgerechnet, § **187 Abs. 1 BGB**. Soweit Einlassungs- und Ladungsfristen als Wochenfristen ausgestattet sind, fällt der Fristablauf auf das Ende des Wochentages, der durch seine Benennung dem Tag entspricht, an welchem die Zustellung erfolgte, § **188 Abs. 2 BGB**.

> **Klausurproblem:** Erfolgt die Zustellung der Klage am Montag, so läuft die zweiwöchige Einlassungsfrist am Montag der zweiten Woche ab und der früheste Termin ist am Dienstag möglich. Fällt das Ende einer Frist aber auf einen Samstag, Sonntag oder Feiertag, so endet die Frist erst mit Ablauf des nächsten Werktages, §§ 222 Abs. 2 ZPO, 186 ff. BGB. Erfolgt die Zustellung der Klage also am Samstag, so läuft die zweiwöchige Einlassungsfrist am Montag der dritten Woche ab und der Termin ist erst am folgenden Dienstag möglich. Soweit bei der Ladungsfrist eine Drei-Tages-Frist gilt, endet die Frist mit dem Ablauf des letzten Tages der Frist, § 188 Abs. 1 BGB. Der Tag der Zustellung wird nicht eingerechnet, § 187 Abs. 1 BGB. Bei Fristende an

> Samstagen, Sonn- und Feiertagen endet die Frist wiederum am nächsten Werktag, § 222 Abs. 2 ZPO.

3. Zustellung der Klage

141 **a) Anordnung der Zustellung.** Angeordnet wird die Zustellung durch das Gericht, durch den Vorsitzenden. Die Klage ist unverzüglich zuzustellen, § 271 Abs. ZPO, sie wird von Amts wegen bewirkt, § 166 Abs. 2 ZPO. Voraussetzung ist, dass keine Verfahrenshindernisse bestehen (etwa §§ 239, 240 ZPO) und dass eine ordnungsgemäße Klageschrift vorliegt, § 253 ZPO. Beim Landgericht muss die Klage durch einen Anwalt eingereicht werden. Die Zustellung erfolgt aber nur nach Zahlung des Kostenvorschusses, § 12 Abs. 1 GKG (3 Gebühren nach Nr. 1210 KV Anl. 1 zu § 3 Abs. 2 GKG). Kein Vorschuss ist zu leisten nach § 12 Abs. 2 GKG (z. B. bei der Widerklage und § 14 Nr. 1–3 GKG – u. a. bei PKH). Nach § 4 Abs. 1 ZPO ist für die Wertberechnung zunächst der Zeitpunkt der Einreichung der Klage bei Gericht entscheidend.

142 **b) Zustellung.** Die Zustellung ist die Bekanntgabe eines Schriftstücks an eine Person in der durch das Gesetz bestimmten Form. Sie wird bewirkt nach den §§ 166 ff. ZPO und – bei der Amtszustellung – vom Urkundsbeamten der Geschäftsstelle durchgeführt, § 168 Abs. 1 ZPO. Zum Nachweis der Zustellung ist eine Urkunde anzufertigen, § 182 ZPO. Die §§ 166 ff. ZPO regeln lediglich das allgemeine Übermittlungsverfahren. Wann eine (förmliche) Zustellung erforderlich ist, ergibt sich aus den speziellen Vorschriften des Prozessrechts, §§ 271, 310 Abs. 3, 317 ZPO. Der Regelfall ist die Amtszustellung, §§ 166–190, 270 Abs. 1, 166 Abs. 2 ZPO, soweit nichts anderes vorgeschrieben ist. Ausnahmsweise findet die Parteizustellung statt, §§ 191–195 ZPO, wie bei Arrest und einstweiliger Verfügung, §§ 922 Abs. 2, 936 ZPO.

143 Die wichtigsten Fälle der Amtszustellung: **Klageschrift**, §§ 253, 270 Abs. 1 ZPO; Klagerücknahme, §§ 269 Abs. 2 Satz 3, 270 Abs. 1, Abs. 2 ZPO; Schriftsätze mit Sachanträgen, § 270 Abs. 2 ZPO; Ladungen, §§ 214, 274 Abs. 2 ZPO; nicht verkündete Beschlüsse, die eine Terminsbestimmung enthalten oder eine Frist in Lauf setzen, §§ 329 Abs. 2, Abs. 3 ZPO; **Urteile**, § 317 Abs. 1 ZPO; Mahnbescheide, § 693 Abs. 1 ZPO.

144 **c) Die Zustellungsarten.** Über die Auswahl des Zustellungsweges entscheidet die Geschäftsstelle nach pflichtgemäßem Ermessen unter Bindung an Weisungen des Prozessgerichts, § 168 ZPO.

145 **aa) Die förmliche Zustellung.** Diese ist der Regelfall, bei Zustellung an Rechtsanwälte wird regelmäßig die Zustellung gegen Empfangsbekenntnis, § 174 ZPO, gewählt. Die Zustellung gegen Empfangsbekenntnis ist bewirkt, wenn der Adressat nach Erhalt des Schriftstücks (mit einfacher Post oder durch Einlegen in das Postfach) eine Empfangsbestätigung unterzeichnet und diese samt Vermerk über den Zustellungszeitpunkt zurückschickt. Diese Art der Zustellung ist nur bei Adressaten zulässig, bei denen aufgrund der beruflichen Stellung von einer erhöhten Zuverlässigkeit ausgegangen werden kann (Rechtsanwälte, Steuerberater, Wirtschaftsprüfer, Gerichtsvollzieher, Behörden, Körperschaften und Anstalten des öffentlichen Rechts).

146 **bb) Zustellung durch Einschreiben mit Rückschein, § 175 ZPO.** Der Rückschein hat den Beweiswert einer privaten Urkunde. Diese Zustellungsform erfordert die tatsächliche Übergabe des Schriftstücks an den Adressaten.

147 **cc) Förmliche Zustellung nach §§ 176 ff. ZPO.** Die Zustellung erfolgt auf Veranlassung der Geschäftsstelle durch die Post oder eine andere Behörde. Das Schriftstück wird in einem formularmäßigen, verschlossenen Umschlag dem Adressaten übergeben. Der

Vorgang wird auf einem Zustellungsvordruck, § 182 ZPO, umfassend dokumentiert. Das Zeugnis nach § 182 ZPO dokumentiert den Zustellungsvorgang mit der Wirkung des § 418 ZPO. Die förmliche Zustellung nach §§ 176 ff. ZPO ermöglicht die Ersatzzustellung, wenn der Adressat (oder sein Vertreter) nicht angetroffen oder die Annahme des Schriftstücks verweigert wird, insbesondere durch Einlegung in den Briefkasten.

dd) Die Zustellung elektronischer Dokumente. Diese ist nur in bestimmten Konstellationen, vgl. § 174 Abs. 1 ZPO, insbesondere im Verhältnis zwischen Rechtsanwälten und Gerichten zugelassen. Eine Übermittlung von elektronischen Dokumenten sieht § 174 Abs. 3 ZPO vor. Nach § 174 Abs. 3 Satz 3 ZPO ist das zuzustellende Dokument auf einem sicheren Übermittlungsweg im Sinne des § 130a Abs. 4 ZPO zu übermitteln und gegen unbefugte Kenntnisnahme Dritter (durch Verschlüsselung) zu schützen. Die Zustellung wird dabei durch ein elektronisches Empfangsbekenntnis nachgewiesen, § 174 Abs. 4 S. 3 ZPO.

148

d) Zustellungsempfänger.
- Die Zustellung erfolgt an die Partei selbst, an jedem Ort, an dem sie angetroffen wird, § 177 ZPO.
- Bei nicht prozessfähigen natürlichen Personen und bei juristischen Personen, rechtsfähigen Personengesellschaften oder Behörden ist Zustellungsadressat der gesetzliche Vertreter, § 170 Abs. 1 Satz 1 ZPO. Er ist in der Adresse zu bezeichnen.
- An den rechtsgeschäftlich bevollmächtigten Vertreter kann mit gleicher Wirkung wie an den Vertretenen zugestellt werden, § 171 Satz 1 ZPO, so z. B. an den Prokuristen (§ 48 HGB). Es muss aber eine schriftliche Zustellungsvollmacht geben, die dem Zustellungsorgan vorzulegen ist, § 171 Satz 2 ZPO.
- In einem **anhängigen Verfahren** hat die Zustellung zwingend an den für den Rechtszug nach § 80 ZPO bestellten Prozessbevollmächtigten zu erfolgen, **§ 172 Abs. 1 Satz 1 ZPO**. Auf Mängel bei der Bevollmächtigung kommt es nicht an (BGH NJW 2002, 1728).

149

> **Klausurproblem:** Eine Zustellung kann, wenn ein Prozessvertreter nach § 80 ZPO bestellt ist, nicht an die Partei erfolgen. Erfolgt sie dennoch an die Partei, liegt keine wirksame Zustellung vor. Eine Heilung nach § 189 ZPO tritt nicht durch die Übergabe an die Partei ein, sondern erst dann, wenn der Prozessbevollmächtigte Kenntnis erlangt.

e) Ersatzzustellung. Es gilt ein strikt „abgestuftes System der Ersatzzustellung": Zuerst § 178 ZPO, dann § 180 ZPO und erst zuletzt § 181 ZPO:

150

aa) § 178 ZPO. Die Ersatzzustellung in der Wohnung und in den Geschäftsräumen ist generell zulässig. In der Wohnung kann das Schriftstück an erwachsene Familienangehörige oder an ständige Mitbewohner (einschließlich nichteheliche Lebenspartner und Mitbewohner einer Wohngemeinschaft) übergeben werden. In Geschäftsräumen ist die Ersatzzustellung während der üblichen Bürozeiten an dort (d. h. in den Räumen selbst) beschäftigte Personen zulässig (also Ersatzzustellung möglich an Sekretärin oder Sachbearbeiter; nicht jedoch an den Lagerarbeiter oder den Nachtportier). Bei Gemeinschaftseinrichtungen (Altenheime, Krankenhäuser etc.) erfolgt die Ersatzzustellung an den Leiter.

151

> **Klausurproblem:** Zustellung an die Ehefrau in den Geschäftsräumen. Dies ist keine wirksame Ersatzzustellung nach § 178 ZPO, die Ehefrau ist nicht dort beschäftigt. Anders selbstverständlich, wenn die Ehefrau auch Beschäftigte ist.

152 **bb) § 180 ZPO.** Scheitert eine Ersatzzustellung nach § 178, so kann das Schriftstück in den zur Wohnung oder zum Geschäftsraum zugehörigen Briefkasten eingeworfen werden. Dieser Vorgang ist zu protokollieren. Mit der Einlegung in den Briefkasten ist die Zustellung vollzogen.

153 **cc) § 181 ZPO.** Als letzte Alternative sieht § 181 ZPO vor, das Schriftstück beim örtlichen Amtsgericht oder bei einer Postdienststelle niederzulegen. Der Adressat ist hierüber – formularmäßig und drucktechnisch hervorgehoben – zu informieren. Das Schriftstück wird drei Monate aufbewahrt, andernfalls zurückgesandt. Die Zustellung gilt jedoch mit der Mitteilung an den Adressaten über die Niederlegung als bewirkt, § 181 Abs. 1 S. 3 ZPO.

154 **f) Die Heilung von Zustellungsmängeln.** § 189 ZPO lässt eine Heilung zu, wenn der Zustellungsadressat oder sein Vertreter tatsächlich im Sinne von §§ 171–173 ZPO Kenntnis vom zugestellten Schriftstück erhalten hat. Eine Heilung ist auch bei Notfristen möglich. Die Heilung tritt kraft Gesetzes ein. Maßgeblicher Zeitpunkt ist der Zugang des Schriftstücks. Da dieser nicht dokumentiert ist, entscheidet hierüber das Gericht nach allgemeinen Beweisgrundsätzen, gegebenenfalls ist eben Beweis zu erheben. Weitere Heilungsmöglichkeiten ergeben sich durch rückwirkende Genehmigung oder durch Rügeverzicht, § 295 ZPO.

> **Klausurproblem:** Die Klage wurde nicht wirksam zugestellt. Der Beklagte kann nach § 295 ZPO auf die wirksame Zustellung „verzichten", damit ist der Mangel der Zustellung geheilt.

> **Klausurproblem:** Die Zustellung an den Anwalt nach § 172 ZPO kann nicht nach § 189 ZPO durch Zustellung an die Partei geheilt werden. Heilung erst, wenn der Anwalt das Schriftstück erhält.

155 In ganz besonderen Ausnahmefällen ist die **öffentliche Zustellung** möglich. In drei Fällen einer auf üblichem Wege nicht möglichen Zustellung gestattet das Gesetz die Fiktion der Zustellung durch öffentliche Bekanntmachung, **§ 185 ZPO.** Dieser Zustellungsweg ist auf das Vorliegen eng begrenzter sachlicher Gründe beschränkt, da der Zustellungsempfänger faktisch keine Kenntnis von der Zustellung erhält (BGH NJW 1992, 2280). Das Prozessgericht entscheidet über die Bewilligung der öffentlichen Zustellung nach pflichtgemäßem Ermessen von Amts wegen, wenn die Durchführung einer Zustellung durch die Geschäftsstelle nicht möglich ist, § 186 Abs. 1 ZPO. **Die Bewilligung erfolgt durch zu begründenden Beschluss** und im Einzelfall, d. h. für jede Zustellung separat. Ist die öffentliche Zustellung bewilligt, so erfolgt sie durch Aushang einer Benachrichtigung an der Gerichtstafel, § 186 Abs. 2 ZPO. Soweit die technischen Voraussetzungen vorliegen, kommt alternativ die Einstellung in ein elektronisches, öffentlich zugängliches Informationssystem im Gericht in Betracht, § 186 Abs. 2 Satz 1 ZPO. Zusätzlich kann das Gericht die Veröffentlichung im elektronischen Bundesanzeiger oder in anderen Blättern, z. B. in der Tagespresse, anordnen, § 187 ZPO. Die Benachrichtigung kann auch zusätzlich in einem vom Gericht für Bekanntmachungen bestimmten elektronischen Informations- und Kommunikationssystem veröffentlicht werden, § 186 Abs. 2 Satz 2 ZPO. Die Zustellung gilt als bewirkt, wenn seit dem Aushang der Benachrichtigung an der Gerichtstafel 1 Monat vergangen ist, sofern nicht das Prozessgericht eine längere Frist bestimmt hat, § 188 ZPO. Die Frist wird nach § 222 ZPO berechnet. Zur **Auslandszustellung** und zur **privaten Zustellung** vgl. §§ 183 ff. und 191 ff. ZPO.

4. Rechtshängigkeit

a) Rechtshängigkeit. Rechtshängigkeit tritt mit Erhebung der Klage ein, §§ **253 Abs. 1, 261 ZPO**. Sie dauert bis zur **Beendigung** des Prozesses, etwa durch rechtskräftiges Urteil, Vergleich, Klagerücknahme, Erledigung. Die Rechtshängigkeit schließt das Recht nicht aus, dass eine Partei die streitbefangene Sache veräußert oder den geltend gemachten Anspruch abtritt, § 265 Abs. 1 ZPO.

> **Klausurproblem:** Kläger klagt auf Herausgabe eines Pkw. Der Beklagte veräußert während des Prozesses den Pkw an einen Dritten. Der Kläger erklärt daraufhin den Rechtsstreit für erledigt. Es liegt keine Erledigung vor, §§ 265 Abs. 1, Abs. 2 ZPO. Der Beklagte führt als Prozessstandschafter den Prozess für den Dritten weiter.

Sonderfälle der Rechtshängigkeit: Im **Mahnverfahren**, § 696 Abs. 3 ZPO, tritt Rechtshängigkeit mit Zustellung des Mahnbescheids ein, wenn „alsbald" abgegeben wird. Sonst mit Zustellung der Klage, wenn die Voraussetzungen des § 253 ZPO erfüllt sind. Ist die Klage unter der Bedingung der **Prozesskostenhilfe** erhoben, so wird sie erst mit ihrer Zustellung nach Bewilligung rechtshängig. Bei **Arrest und einstweiliger Verfügung** tritt Rechtshängigkeit (aber natürlich nur des Eilantrags, nicht der Hauptsache) bereits mit Einreichung des Antrags (Anhängigkeit) ein. Bei Haupt- und **Hilfsantrag** liegt eine für den Hilfsantrag auflösend bedingte Rechtshängigkeit vor, der Hilfsantrag wird sofort rechtshängig, die Rechtshängigkeit erlischt aber rückwirkend, wenn das Gericht dem Hauptantrag voll stattgibt. Die **Stufenklage** macht den Leistungsantrag, der erst später beziffert werden kann, rechtshängig. **Nachträglich erhobene Ansprüche** werden mit Zustellung des Schriftsatzes rechtshängig, also etwa Klageerweiterung oder Widerklage. Die **Aufrechnung** macht hingegen die Forderung nicht rechtshängig.

> **Klausurproblem:** Der Beklagte rechnet im Prozess beim Landgericht Stuttgart gegen eine Hauptforderung von 10.000 Euro mit einer Gegenforderung von 20.000 Euro auf, die er selbst bereits beim Landgericht Leipzig eingeklagt hat. Kläger rügt doppelte Rechtshängigkeit. Eine solche liegt nicht vor, da die Aufrechnung die Gegenforderung nicht rechtshängig macht. Begründet wird dies damit, dass die Aufrechnung in diesem Fall lediglich ein Angriffs- und Verteidigungsmittel ist (BGH NJW-RR 2004, 1000).

b) Materiell-rechtliche Wirkungen der Rechtshängigkeit. Die Verjährung ist gehemmt, § 204 Abs. 1 BGB. Es besteht ein Anspruch auf Prozesszinsen, § 291 BGB. Die verschärfte Haftung besteht, §§ 292 Abs. 1, 818 Abs. 4, 987, 988, 989, 990, 994 Abs. 2, 996 BGB.

c) Prozessrechtliche Wirkungen der Rechtshängigkeit. – aa) Prozesshindernis. Während der Rechtshängigkeit kann **derselbe Streitgegenstand** von keiner Partei mehr anderweitig anhängig gemacht werden, § **261 Abs. 1 Nr. 1 ZPO** (Sachurteilsvoraussetzung; von Amts wegen zu berücksichtigen).

> **Klausurproblem:** Der Kläger klagt aus einem Vertrag vom 1.2.2020 10.000 Euro ein. Der Beklagte bestreitet und erhebt sodann eine Klage gegen den Kläger mit dem Antrag festzustellen, dass er dem Kläger aus dem Rechtsverhältnis nichts schulde. Diese negative Feststellungsklage hat zwar einen anderen Antrag, geht aber in der Leistungsklage auf, sodass die zweite Klage **unzulässig** ist.

160 **bb) Perpetuatio fori, § 261 Abs. 3 Nr. 2 ZPO.** Eine bei Klageerhebung bestehende Zuständigkeit des Prozessgerichts wird durch eine nach Rechtshängigkeit eintretende Veränderung der sie begründenden Umstände nicht berührt: „**Einmal zuständig, immer zuständig**".

> **Klausurproblem:** Kläger klagt gegen den Beklagten, der in Leipzig wohnt, nach §§ 12, 13 ZPO beim Landgericht in Leipzig. Nach Klageerhebung zieht der Beklagte nach Stuttgart und rügt die Unzuständigkeit des Landgerichts Leipzig. Ein Wohnsitzwechsel des Beklagten nach Rechtshängigkeit ist für die Zuständigkeit unbeachtlich, § 261 Abs. 3 Nr. 2 ZPO, das Streitgericht bleibt nach §§ 12, 13 ZPO zuständig.

> **Klausurproblem:** Kläger klagt beim Landgericht 10.000 Euro ein. Nach Rechtshängigkeit sinkt der Streitwert auf 3.000 Euro ab. Das Landgericht bleibt zuständig, § 261 Abs. 3 Nr. 2 ZPO. Eine **Ausnahme** gilt nur beim Amtsgericht, § 506 Abs. 1 ZPO: Erhöht sich der Streitwert durch Klageerweiterung auf die Zuständigkeit des Landgerichts oder wird eine Widerklage erhoben, die zur Zuständigkeit des Landgerichts gehört, so kann jede Partei Verweisung an das Landgericht beantragen.

Die perpetuatio fori gilt für die örtliche, sachliche und internationale Zuständigkeit. Für die Rechtswegzuständigkeit gilt § 17 Abs. 1 S. 1 GVG. Voraussetzung ist aber stets, dass der Streitgegenstand derselbe bleibt, bei einer Veränderung des Streitgegenstandes gilt § 261 Abs. 3 Nr. 2 ZPO nicht. Stellt der Kläger also einen anderen Antrag, der nicht durch § 264 ZPO gedeckt ist, bleibt die Zuständigkeit nicht bestehen.

> **Klausurproblem:** Kläger klagt beim Landgericht 10.000 Euro ein. Nachdem der Beklagte bezahlt hat, stellt er die Klage um und verlangt Feststellung, dass der Rechtsstreit erledigt ist. Auch wenn der Streitwert unter 10.000 Euro sinkt (Streitwert nur noch die Prozesskosten), bleibt das Landgericht zuständig, § 261 Abs. 3 Nr. 2 ZPO. Der neue Antrag ist nach § 264 Nr. 3 ZPO keine Klageänderung.
> **Alternative:** Nachdem der Beklagte gezahlt hat, verlangt der Kläger nun Zahlung von 1.000 Euro aus einem anderen Vertragsverhältnis. Hier greift § 261 Abs. 3 Nr. 2 ZPO nicht mehr ein. Es liegt ein anderer Streitgegenstand vor, § 264 ZPO hilft hier dem Kläger nicht.

161 **cc) Klageänderung.** Eine Klageänderung, § 263 ZPO, ist nach Eintritt der Rechtshängigkeit nur zulässig, wenn der Beklagte einwilligt oder das Gericht sie für sachdienlich erachtet. Die Klageänderung ist in folgenden Schritten zu prüfen:
(1) § 264 Nr. 1–3 ZPO – diese Änderungen werden nicht als Klageänderungen gesehen;
(2) ausdrückliche Zustimmung, § 263 1. Alt. ZPO;
(3) rügelose Einlassung, § 267 ZPO;
(4) Sachdienlichkeit, § 263 2. Alt. ZPO, wenn also mit dem bisherigen Prozessstoff ein weiterer Streitpunkt erledigt und ein neuer Prozess vermieden werden kann (BGH NJW 1985, 1841).

5. Anhang Streitgegenstand

162 Der Streitgegenstand wird **durch den Antrag und den Lebenssachverhalt bestimmt**, sog. **zweigliedriger Streitgegenstandsbegriff** (BGH NJW 2000, 2777). Danach ist die rechtliche Begründung der Klage (Anspruchsgrundlage und Rechtsausführungen) für den Streitgegenstand ohne Bedeutung, „iura novit curia". Zwei Streitgegenstände sind identisch, wenn die Klageanträge und die Klagegründe (der Sachverhalt) übereinstimmen.

163 Die Bestimmung des Streitgegenstandes hat enorme praktische Bedeutung. Der Streitgegenstand bestimmt die Rechtshängigkeit, vgl. § 261 Abs. 2 Nr. 1 ZPO, und den Umfang der Rechtskraft. Er ist von entscheidender Bedeutung, ob eine Klageänderung oder eine objektive Klagehäufung vorliegt. Er ist auch für die Streitwertbestimmung und damit auch für die Zuständigkeit von Bedeutung.

> **Klausurproblem:** Der Kläger verlangt wegen Vertragsverletzung vom Beklagten 5.000 Euro Schadensersatz und, sollte sich der Vertrag nicht beweisen lassen, dann aus unerlaubter Handlung. Alternative: Der Kläger klagt aus Vertrag auf Zahlung des Kaufpreises für die gelieferte und zwischenzeitlich verbrauchte Ware und, sollte sich der Vertragsschluss nicht beweisen lassen, beruft er sich auf ungerechtfertigte Bereicherung. In beiden Fällen handelt es sich **um denselben Streitgegenstand**, die Anspruchsgrundlagen gehören nicht zum Streitgegenstand. Deshalb ist es auch keine Klageänderung, wenn der Kläger seinen Anspruch erst auf Vertrag stützt und dann noch die unerlaubte Handlung oder ungerechtfertigte Bereicherung nachschiebt. Wird allerdings die auf Vertrag gestützte Klage abgewiesen kann – auch wenn die Entscheidung falsch ist, weil der Anspruch aus unerlaubter Handlung oder aus ungerechtfertigter Bereicherung bestanden hätte – nicht mehr geklagt werden. Der Anspruch ist rechtskräftig abgewiesen (ausführlich Thomas/Putzo/Reinhold Einl. II Rn. 31 ff.).

> **Klausurproblem:** Der Kläger klagt aus einem Wechsel 10.000 Euro ein. Die Klage wird abgewiesen. Nun macht der Kläger mit einer neuen Klage den zugrunde liegenden Kaufpreisanspruch geltend. Die Rechtskraft steht nicht entgegen. Es liegen verschiedene Streitgegenstände vor, der Sachverhalt ist unterschiedlich. Für eine Wechselklage muss nur ein Wechsel vorliegen, der vom Beklagten gezeichnet worden ist, der Grund ist nicht von Bedeutung. Für die Kaufpreisklage ist der Sachverhalt des Kaufes von Bedeutung.

B. Reaktionen des Beklagten auf die Klage

164 Die Einlassungsfrist zwischen Klagezustellung und dem ersten Verhandlungstermin nach § 274 Abs. 3 ZPO und die Erklärungsfristen im schriftlichen Vorverfahren nach § 276 Abs. 1 ZPO sollen dem Beklagten Zeit zur Überlegung geben, wie er auf die Klage reagieren will. Er hat dazu verschiedene Möglichkeiten:
Die übliche und häufigste Verteidigung des Beklagten ist, dass er **in der Sache einen Klageabweisungsantrag** stellt, in dem er etwa das Vorbringen des Klägers bestreitet, Gegenbeweis anbietet oder andere Tatsachen vorträgt oder versucht mit Einwendungen den Anspruch des Klägers zu Fall zu bringen (unten I.). Der Beklagte kann auch die Unzulässigkeit der Klage wegen **fehlender Sachurteilsvoraussetzungen** rügen (unten II.). Er kann sich auch einfach dem Prozess entziehen und in die **Säumnis** gehen (unten III.). Der Beklagte kann aber auch den Anspruch ganz oder zum Teil **anerkennen** (unten IV.). Auch kann er die Klageforderung zu Fall bringen, indem er mit einer eigenen Gegenforderung **aufrechnet** (unten V.). Oder er kann zum Gegenangriff übergehen und **Widerklage** erheben (unten VI.).

I. Der Beklagte beantragt Klageabweisung

165 In den weit überwiegenden Fällen wird der Beklagte die Abweisung der Klage als unbegründet beantragen. Er kann sich dazu auf reine Rechtsausführungen beschränken, Tatsachen bestreiten oder sich auf Einreden oder Einwendungen – rechtshindernde (etwa §§ 104, 105, 134, 138, 227 BGB), rechtsvernichtende (Anfechtung, Erfüllung, Erlass, §§ 142 Abs. 1, 362, 397 BGB) oder rechtshemmende (Verjährung, Stundung, §§ 214, 205

BGB) – berufen. Es kommt dann zum Prozess, wenn nötig muss Beweis erhoben werden, etwa über die Voraussetzungen eines Vertrages, wenn Tatsachen streitig sind, oder über Einwendungen, etwa die Anfechtung oder die Erfüllung.

II. Der Beklagte rügt fehlende Sachurteilsvoraussetzungen

166 Der Beklagte kann sich auch – allein oder zusätzlich – dadurch verteidigen, dass er das Fehlen von **Sachurteilsvoraussetzungen** (**Prozessvoraussetzungen**) rügt. Bei deren Fehlen darf kein Sachurteil ergehen, die Klage wird dann als unzulässig abgewiesen.

1. Begriff der Sachurteilsvoraussetzung

167 Sachurteilsvoraussetzungen sind die Voraussetzungen, die vorliegen müssen, damit ein Sachurteil ergehen kann. Fehlen sie, kann nur ein Prozessurteil ergehen, die Klage wird als unzulässig abgewiesen. Eine Ausnahme bildet die Zuständigkeit, weil Verweisung beantragt oder durch rügelose Einlassung die Zuständigkeit begründet werden kann, §§ 281, 39 ZPO.

> **Klausurproblem:** Der Beklagte rügt im landgerichtlichen Prozess bei nicht ausschließlicher Zuständigkeit die Unzuständigkeit des Gerichts nicht. Dadurch wird das Landgericht nach § 39 ZPO zuständig. Alternativ hätte der Beklagte die Unzuständigkeit rügen können, der Kläger hätte dann durch Antrag auf Verweisung, § 281 ZPO, eine Abweisung der Klage verhindern können.

Der Begriff „Prozessvoraussetzung" ist missverständlich, da es auch bei Fehlen von Sachurteilsvoraussetzungen zum Prozess kommt, nämlich zu einem Verfahren, in dem ihr Vorliegen geprüft wird, und ggf. die Klage als unzulässig abgewiesen wird.

168 a) **Die persönlichen Sachurteilsvoraussetzungen.** Dies sind: Parteifähigkeit, § 50 ZPO, Prozessfähigkeit, §§ 51 ff. ZPO, und Prozessführungsbefugnis. Im Streit über ihr Vorliegen werden sie zunächst als gegeben unterstellt.

169 b) **Die wichtigsten allgemeinen Sachurteilsvoraussetzungen.** Dies sind: Ordnungsgemäße Klageerhebung, § 253 ZPO, Zulässigkeit des Rechtswegs, Rechtsschutzbedürfnis sowie Fehlen anderweitiger Rechtshängigkeit und Fehlen der Rechtskraft.

170 aa) **Zulässigkeit des Rechtswegs.** Für bürgerlich-rechtliche Streitigkeiten muss der Rechtsweg zu den ordentlichen Gerichten beschritten werden, § 13 GVG. Für die internationale Zuständigkeit gelten Art. 2 ff. EuGVVO. Die örtliche und sachliche Zuständigkeit ergibt sich aus §§ 12–39 ZPO sowie §§ 23 ff., 71, 72 GVG.

171 bb) **Rechtsschutzbedürfnis.** Es fehlt bei objektiv sinnlosen Klagen, bei denen der Kläger kein schutzwürdiges Interesse an dem begehrten Urteil haben kann. Dies ist der Fall, wenn der Kläger bereits eine sonstige Vollstreckungsmöglichkeit (z. B. eine vollstreckbare Urkunde) hat. Es fehlt auch, wenn es für den Kläger einen einfacheren Weg gibt, um das erstrebte Ziel zu erreichen (z. B. Kostenfestsetzungsantrag nach § 104 ZPO statt Klage auf Gebührenerstattung; BGH NJW 1990, 2061).

172 cc) **Fehlen anderweitiger Rechtshängigkeit und Fehlen der Rechtskraft.** Es darf zwischen den gleichen Parteien weder bereits ein Rechtsstreit über denselben Streitgegenstand anderweitig rechtshängig sein, § 261 Abs. 3 Nr. 1 ZPO, noch bereits eine rechtskräftige Entscheidung über den Streitgegenstand ergangen sein, § 322 Abs. 1 ZPO.

173 c) **Die besonderen Sachurteilsvoraussetzungen.** Diese ergeben sich aus den Vorschriften über besondere Verfahren oder Klagearten, es sind beispielsweise (Überblick bei

Zöller/Greger Vor § 253 Rn. 21): Feststellungsinteresse bei der Feststellungsklage nach § 256 Abs. 1 ZPO; Urkundenbeweisbarkeit im Urkundenprozess nach § 592 ZPO; Zusammenhang mit dem Klageanspruch bei Widerklage, § 33 ZPO, und Klagefrist für Wiederaufnahmeklage, § 586 Abs. 1 ZPO.

2. Prüfung von Amts wegen

174 Die Sachurteilsvoraussetzungen sind von **Amts wegen** zu prüfen, es gilt der Freibeweis. Das Gericht hat auf Bedenken hinzuweisen, § 139 Abs. 3 ZPO, da sie dem öffentlichen Interesse an einer geordneten Rechtspflege dienen, vgl. § 56 Abs. 1 ZPO. Der Beklagte kann natürlich auch auf das Fehlen hinweisen. Nicht immer hat das Gericht ausreichende eigene Kenntnis, um das Vorliegen der Voraussetzungen zu beurteilen. So ist meist eine anderweitige Rechtshängigkeit nur den Parteien bekannt. Da die meisten Sachurteilsvoraussetzungen von Amts wegen zu beachten sind, zieht die Versäumung der in § 283 Abs. 3 Satz 1 ZPO genannten Fristen keine Ausschlusswirkung nach sich.

175 Bei der Prüfung der Voraussetzungen hat das Gericht die Reihenfolge Zulässigkeit vor Begründetheit einzuhalten. Auch bei einer offensichtlich in der Sache nicht begründeten Klage muss zuerst die Zulässigkeit, also das Vorliegen sämtlicher Sachurteilsvoraussetzungen geprüft und ggf. die Klage als unzulässig abgewiesen werden, ohne dass auf die materielle Rechtslage eingegangen werden dürfte. Enthält ein solches Urteil gleichwohl Ausführungen zur Sache, so sind diese unbeachtlich (BGH WM 1991, 208). Ausnahmen bestehen nur bei offensichtlich unbegründeter Klage hinsichtlich des Feststellungsinteresses und Rechtsschutzbedürfnisses.

176 Bei **Streit über Sachurteilsvoraussetzungen** kann insoweit eine abgesonderte Verhandlung angeordnet werden, d. h. das Gericht beschränkt das Verfahren zunächst auf die Prüfung dieser Voraussetzungen, § 280 Abs. 1 ZPO. Bei der Entscheidung ist zu differenzieren: Hält das Gericht die Klage für zulässig, kann es bei Streit ein bejahendes Zwischenurteil erlassen, § 280 Abs. 2 ZPO („Die Klage ist zulässig"). Ist die Klage unzulässig, so weist es die Klage durch Prozessurteil als unzulässig ab. Bei Unzuständigkeit ist auf Antrag des Klägers durch Beschluss nach § 281 ZPO zu verweisen.

3. Ausnahme: Prozesshindernisse

177 Die **verzichtbaren Sachurteilsvoraussetzungen**, die sog. Prozesshindernisse, werden nur auf Rüge berücksichtigt. Insoweit sind zu beachten:
(1) Einrede des Schiedsgerichtsvertrags, § 1032 ZPO,
(2) fehlende Ausländersicherheit, § 110 ZPO,
(3) Einrede der mangelnden Kostenerstattung aus dem Vorprozess, § 269 Abs. 6 ZPO.

Beachte: Der Mangel der Vollmacht wird im Anwaltsprozess auch nur auf Rüge berücksichtigt. Das Vorliegen der Vollmacht ist jedoch nicht Sachurteils-, sondern Prozess**handlungs**voraussetzung.

III. Der Beklagte geht in die Säumnis

178 Der Beklagte kann aber auch in die Säumnis gehen, also auf die Klage gar nicht reagieren oder zum Prozess nicht erscheinen. Dann ergeht gegen ihn, wenn die Klage schlüssig ist, § 331 Abs. 1 ZPO, und die weiteren Voraussetzungen gegeben sind, ein **Versäumnisurteil**. Dies kommt vor allem bei den Amtsgerichten häufig vor. Dies kann auch sinnvoll sein, wenn etwa der Beklagte einfach nicht zahlen kann und der Kläger einen Titel braucht, damit der Anspruch nicht verjährt. Das Versäumnisurteil ist billiger als ein streitiges Urteil. Reagiert der Beklagte auf das Versäumnisurteil nicht, ist über den Anspruch endgültig entschieden, das Urteil wird rechtskräftig.

179 Aber auch auf ein Versäumnisurteil kann der Beklagte noch reagieren, er kann gegen das Versäumnisurteil in das Rechtsmittel gehen. **Das einzig statthafte Rechtsmittel ist der Einspruch**, § 338 ZPO, der in der Frist und Form der §§ 339, 340 ZPO bei Gericht eingelegt werden muss. Legt der Beklagte den Einspruch ordnungsgemäß ein, dann wird der Prozess in das Stadium zurückversetzt, in dem er sich vor dem Erlass des Versäumnisurteils befand, § 342 ZPO.

1. Das Versäumnisurteil gegen den Beklagten

180 Verteidigt sich der Beklagte nicht, d. h. der
- Beklagte zeigt seine Verteidigungsbereitschaft im schriftlichen Verfahren nicht an, §§ 276 Abs. 1, 331 Abs. 3 ZPO,
- Beklagte erscheint im Termin nicht oder verhandelt nicht, § 331 Abs. 1 ZPO,

so ergeht gegen den Beklagten ein Versäumnisurteil, wenn die Voraussetzungen für den Erlass eines Versäumnisurteils gegeben sind.

181 a) **Antrag.** Der Kläger muss den Antrag auf Erlass eines Versäumnisurteils stellen, §§ 331 Abs. 1, Abs. 3 ZPO.

182 b) **Die Klage muss schlüssig sein,** § 331 Abs. 1 S. 1 ZPO. Das tatsächliche Vorbringen des Klägers – als wahr unterstellt – muss den Klageantrag rechtfertigen (reine Rechtsprüfung), § 331 Abs. 1 S. 1 a. E. ZPO. Der gesamte Klageantrag – auch die Nebenanträge, Zinsen, Gebühren, Kosten – ist auf die Schlüssigkeit hin zu überprüfen. Ist ein Teil nicht schlüssig – etwa die Zinsen sind nicht nachvollziehbar –, so kann insoweit kein Versäumnisurteil erlassen werden. Wird darüber gleichwohl entschieden, ergeht darüber ein streitiges Urteil. **Beachte:** Auf die mangelnde Schlüssigkeit hat das Gericht hinzuweisen, es darf nicht einfach darüber entscheiden, außer es ist nur eine Nebenforderung betroffen, § 139 Abs. 2 ZPO.

> **Klausurproblem:** Der Kläger trägt vor, er habe einen Anspruch gegen den Beklagten auf Rückzahlung eines Darlehens über 100.000 Euro nebst Zinsen in Höhe von 20 %. Das Darlehen habe er dem Beklagten zum 1.1.2019 für 12 Monate ausgereicht. Die Rückzahlung der Hauptforderung dürfte schlüssig sein, § 488 Abs. 1 Satz 2 BGB. Der Kläger hat den Vertrag vorgetragen, die Laufzeit und die Auszahlung des Darlehens. Nicht schlüssig dürfte dagegen die Zinsforderung sein, diese Zinsen verstoßen wohl gegen § 138 Abs. 1 BGB. Meldet sich der Beklagte nicht, wird also ein Versäumnisurteil über die Rückforderung ergehen, im Übrigen wird die Zinsforderung durch streitiges Urteil abgewiesen. Das Urteil ist dann als „Teil-Versäumnis und Teil-Endurteil zu bezeichnen, vgl. § 313b Abs. 1 S. 2 ZPO.

183 c) **Säumnis des Beklagten.** Der Beklagte muss säumig sein. Dies ist er, wenn er seine Verteidigungsbereitschaft im schriftlichen Vorverfahren nicht anzeigt, §§ 276 Abs. 1, Abs. 2, 331 Abs. 3 ZPO, oder im ordnungsgemäß anberaumten Verhandlungstermin nicht erscheint, nicht ordnungsgemäß vertreten ist oder nicht verhandelt, §§ 220, 333 ZPO. Die Säumnis muss verschuldet sein, § 337 Satz 1 a. E. ZPO. Unverschuldet ist die Säumnis etwa bei plötzlicher Krankheit, bei einem Unfall bei der Anreise oder bei unvorhersehbarem Verkehrsstau. **Beachte:** Jede Person besitzt heute ein Handy oder einen Internetanschluss, deshalb ist eine telefonische Meldung oder eine E-Mail – sofern sie möglich sind – unabdingbar.

184 aa) **Nichtanzeige der Verteidigungsbereitschaft,** §§ 276 Abs. 1, Abs. 2, 331 Abs. 3 ZPO. Die Klage muss ordnungsgemäß zugestellt und die Fristen sowie die weiteren Formalien müssen eingehalten sein.

bb) Ordnungsgemäßer Verhandlungstermin. Es muss sich um einen Termin zur mündlichen Verhandlung handeln. Das kann der frühe erste Termin sein, ein Haupttermin und jeder weitere Verhandlungstermin, vgl. § 332 ZPO. Ein Termin zur Beweisaufnahme ist grundsätzlich kein Verhandlungstermin. Wird jedoch die Beweisaufnahme vor dem Prozessgericht durchgeführt, gilt der Termin zugleich als Termin zur Fortsetzung der mündlichen Verhandlung, § 370 Abs. 1 ZPO. Solange die Beweisaufnahme andauert, liegt kein Verhandlungstermin im Sinne von §§ 330, 331 ZPO vor. Erst nach Abschluss der Beweisaufnahme und dem Übergang in den Verhandlungstermin kann ein Versäumnisurteil ergehen, § 370 Abs. 1 ZPO. **185**

> **Beachte:** Ist der Beklagte in einem Folgetermin säumig wird er so behandelt, als wäre er immer säumig gewesen, § 332 ZPO. Die bisherigen Prozessergebnisse werden nicht verwertet. Hat etwa der bisher erhobene Beweis ergeben hat, dass der Kläger keinen Anspruch hat, wird der Beklagte dennoch durch Verssäumnisurteil – nach Schlüssigkeitsprüfung – zur Zahlung verurteilt.

> **Klausurproblem:** K klagt auf Zahlung gegen B. Nach dem ersten Termin ergeht ein Beweisbeschluss, es wird ein Fortsetzungstermin zur Beweisaufnahme angeordnet. Im Fortsetzungstermin sind K und die Zeugen erschienen, B dagegen nicht. Kann gegen B nun ein Versäumnisurteil ergehen?
> Nein, zumindest nicht sofort. Zunächst ist die Beweisaufnahme durchzuführen, § 367 Abs. 1 ZPO. Danach geht der Termin zur Beweisaufnahme in das streitige Verfahren über, § 370 Abs. 1 ZPO. Nun kann – auf Antrag des K – ein Versäumnisurteil ergehen. Dieses lautet: „Der Beklagte wird zur Zahlung von … Euro an den Kläger verurteilt" – auch dann, wenn die Beweisaufnahme dies nicht ergeben hat. Es kommt nur auf die Schlüssigkeit an, das Ergebnis der Beweisaufnahme bleibt außen vor.

cc) Nichterscheinen. Säumig ist, wer nach Aufruf zur Sache, § 220 Abs. 1 ZPO, bis zum Schluss der mündlichen Verhandlung, § 136 Abs. 4 ZPO, nicht erschienen, § 220 Abs. 2 ZPO, oder nicht ordnungsgemäß vertreten ist, § 78 ZPO. **186**

> **Klausurproblem:** Der Beklagte erscheint bei einer Verhandlung vor dem Landgericht ohne einen Anwalt. Aufgrund des Anwaltszwangs, § 78 Abs. 1 ZPO, kann der erschienene Beklagte nicht verhandeln. Es kann daher gegen den Beklagten, obwohl er selbst anwesend ist, Versäumnisurteil ergehen, da er als säumig zu behandeln ist.

dd) Nichtverhandeln. § 333 ZPO stellt klar, dass derjenige, der nicht verhandelt, als nicht erschienen im Sinne von § 331 ZPO behandelt wird. Die Verhandlung beginnt mit Stellung der Anträge, §§ 137 Abs. 1, 297 ZPO. In einem Folgetermin reicht die Erörterung der Streitsache. **187**

d) Ordnungsgemäße Ladung. Verschuldete Säumnis setzt selbstverständlich voraus, dass der Beklagte ordnungsgemäß geladen ist, § 274 Abs. 1 ZPO (und die Ladung ordnungsgemäß zugestellt ist, §§ 166 ff. ZPO). Die Fristen, Einlassungsfrist, § 274 Abs. 3 ZPO, und die Ladungsfrist, § 217 ZPO, müssen eingehalten sein, vgl. §§ 335 Abs. 1 Nr. 2, 337 ZPO. **188**

e) Sachurteilsvoraussetzungen. Die allgemeinen Sachurteilsvoraussetzungen müssen gegeben sein. Sie müssen, wie bei jedem ordentlichen Verfahren, von Amts wegen geprüft werden. **189**

> **Klausurproblem:** Der Kläger hat eine Gerichtsstandsvereinbarung vorgelegt und beruft sich für die Zuständigkeit des Gerichts auf diese; der Beklagte ist säumig. Ergibt die Vereinbarung die Zuständigkeit des Gerichts?
> Die Geständnisfiktion des § 331 Abs. 1 S. 1 ZPO erstreckt sich nicht auf die Zuständigkeit des Gerichts nach §§ 29 Abs. 2, 38 ZPO. Das Gericht muss deshalb von der Vereinbarung überzeugt sein und hat gegebenenfalls auch Beweis darüber zu erheben; gleiches gilt für eine Vereinbarung über den Erfüllungsort.

190 **f) Erlasshindernisse.** Ein Versäumnisurteil kann nicht ergehen, wenn ein Erlasshindernis nach §§ 335, 337 ZPO besteht oder ein Versäumnisurteil unstatthaft ist, wie in Ehesachen, §§ 130 Abs. 2, 270 FamFG. Ein Erlasshindernis besteht, wenn die Fristen zu kurz bemessen waren oder wenn eine Partei ohne ihr Verschulden am Erscheinen gehindert war, § 337 ZPO, sowie in den Fällen des § 335 ZPO, etwa bei nicht ordnungsgemäßer Ladung (Nr. 2) oder wenn der nicht erschienenen Partei ein tatsächliches mündliches Vorbringen oder ein Antrag nicht rechtzeitig schriftsätzlich mitgeteilt worden ist (Nr. 3; **wichtig**).

> **Klausurproblem:** Die Klage ist zum Teil unschlüssig. In der mündlichen Verhandlung macht der Kläger die Klage schlüssig. Dennoch kann kein Versäumnisurteil ergehen, wegen **§ 335 Nr. 3 ZPO**; gleiches gilt, wenn der Kläger einen neuen Antrag stellt. Anders ist die Sachlage, wenn etwa der Beklagte zwischenzeitlich die Klagesumme bezahlt hat. Der Kläger kann dann nicht mehr Verurteilung zur Zahlung verlangen, er muss seinen Antrag umstellen und für erledigt erklären (§ 264 Nr. 2 ZPO). Dieser Antrag ist aber dem Beklagten, wenn er erst kurz vor dem Termin bezahlt hat, noch nicht mitgeteilt worden. § 335 Nr. 3 ZPO greift in diesem Fall dennoch nicht, denn die Erledigung ist ein Weniger im Verhältnis zur beantragten Zahlung. Ist die Klage zulässig und begründet, kann daher in diesem Fall gegen den Beklagten ein Versäumnisurteil mit folgendem Tenor ergehen: „Es wird festgestellt, dass sich der Rechtsstreit in der Hauptsache durch die Zahlung des Beklagten vom ... erledigt hat".

2. Entscheidung des Gerichts

191 Stellt der Kläger den Antrag auf Erlass eines Versäumnisurteils, so hat das Gericht darüber zu entscheiden; es kann hierzu verschiedene Entscheidungen treffen:

192 **a) Vertagung, § 337 ZPO.** Der Vorsitzende vertagt die Verhandlung, wenn die Fristen zu kurz bemessen waren oder eine Partei ohne ihr Verschulden gehindert war zum Termin zu erscheinen.

193 **b) Zurückweisung des Antrages auf Erlass eines Versäumnisurteils.** Der Antrag auf Erlass eines Versäumnisurteils ist auch dann zurückzuweisen, wenn die Klage zwar schlüssig ist und die Sachurteilsvoraussetzungen vorliegen, aber eine andere der oben genannten Voraussetzungen – etwa eine ordnungsgemäße Ladung – fehlt, § 335 ZPO. Das Rechtsmittel dagegen ist die sofortige Beschwerde, §§ 336 i. V. m. 567 ZPO.

> **Klausurproblem:** Wird auf die sofortige Beschwerde hin der Beschluss des Gerichts aufgehoben, muss eine neue mündliche Verhandlung erfolgen. Zu dieser ist die nicht erschienene Partei nicht zu laden, da das Gericht das ursprünglich beantragte Versäumnisurteil hätte erlassen müssen, § 336 Abs. 1 S. 2 ZPO. Umstritten ist die Folge, wenn die nicht erschienene Partei – trotz unterbliebener Ladung – zu diesem Termin

erscheint. Nach der wohl h. M. wird sie zur Verhandlung zugelassen (Thomas/Putzo/Hüßtege § 336 Rn. 1).

c) **Echtes Versäumnisurteil.** Liegen alle der genannten Voraussetzungen (oben 1. a) bis e)) vor und besteht auch kein Hindernis (oben 1. f)), so erlässt das Gericht ein Versäumnisurteil gegen den Beklagten. Einzig statthafter Rechtsbehelf dagegen ist **der Einspruch, § 338 ZPO.** 194

Der **Tenor** lautet:
„(1) Der Beklagte wird verurteil an den Kläger …
(2) Der Beklagte trägt die Kosten des Rechtsstreits (§ 91 ZPO).
(3) Das Urteil ist vorläufig vollstreckbar (§ 708 Nr. 2 ZPO – ohne Sicherheitsleistung und ohne Abwendungsbefugnis)".

d) **Unechtes Versäumnisurteil.** Ist die Klage unschlüssig oder fehlt endgültig eine Sachurteilsvoraussetzung, so wird die Klage trotz Anwesenheit des Klägers durch sog. „**unechtes**" Versäumnisurteil abgewiesen. Dieses Urteil ist kein Versäumnisurteil, es würde auch ergehen, wenn der Beklagte verhandelt hätte. **Rechtsmittel** gegen ein unechtes Versäumnisurteil ist nicht der Einspruch, sondern **nur die Berufung**. Der Tenor lautet: Die Klage wird abgewiesen. 195

e) **Sonderfall**

Klausurproblem: Der Kläger erklärt, der Beklagte habe die Hauptforderung aber ohne Kosten bezahlt. Der Rechtsstreit werde daher für erledigt erklärt. Der Beklagte ist säumig. Entscheidung des Gerichts? 196
Es ergeht ein Versäumnisurteil. Die Änderung des Antrages des Klägers ist nach § 264 Nr. 2 ZPO zulässig. Es liegt allerdings kein Fall der übereinstimmenden Erledigungserklärung vor – der Beklagte war ja säumig und hat keine Erklärung abgegeben, die Geständnisfiktion des § 331 Abs. 1 ZPO kann die Erledigterklärung des Beklagten nicht ersetzen –, sodass keine Entscheidung nach § 91a ZPO ergehen kann. Es kann in diesem Fall jedoch ein Versäumnisurteil ergehen; § 335 Abs. 1 Nr. 3 ZPO steht dem Versäumnisurteil nicht entgegen (vgl. oben 1. f)), denn Erledigung ist weniger als Zahlung.

3. Wirkung und Zustellung des Urteils

a) **Wirkungen. – aa) Das echte Versäumnisurteil.** Dieses ist ein Sachurteil, es ist der formellen und der materiellen Rechtskraft fähig. Es kann als abgekürztes Urteil nach § 313b ZPO ergehen und bedarf keines Tatbestandes und Entscheidungsgründe. Das Urteil ist als Versäumnisurteil zu bezeichnen, § 313b Abs. 1 ZPO. Statthafter Rechtsbehelf dagegen ist nur der Einspruch, § 338 ZPO. 197

bb) **Das „unechte" Versäumnisurteil.** Dies ergeht trotz Säumnis des Beklagten gegen den Kläger. Es ist ein streitiges Endurteil, das nicht abgekürzt ergehen kann, also Tatbestand und Entscheidungsgründe braucht und gegen das die Berufung, §§ 511 ff. ZPO (oder die Revision), statthaft ist. 198

b) **Zustellungen.** Wird das Versäumnisurteil im Termin verkündet, was der Regelfall ist, wird es nur an die unterlegene Partei zugestellt, § 317 Abs. 1 Satz 1 ZPO. Das echte Versäumnisurteil im schriftlichen Vorverfahren wird hingegen allen Parteien zugestellt, § 310 Abs. 3 ZPO. Die Verkündung wird durch die Zustellung ersetzt. Da das Urteil erst mit der Zustellung existent wird, kommt es für den Fristlauf darauf an, **dass das Urteil sämtlichen Parteien zugestellt ist.** Die Frist für den Einspruch beginnt damit 199 erst nach der letzten Zustellung zu laufen. Für die Klausur bedeutet dies, dass stets beide Zustellungen zu prüfen sind, da der Fristlauf erst mit der letzten Zustellung beginnt.

> **Klausurproblem:** Das Versäumnisurteil gegen den Beklagten wurde dem Kläger am 5.3., dem Beklagten am 1.3. zugestellt. Der Beklagte hat am 18.3. Einspruch eingelegt. Rechtzeitig?
> **Ja!** Dem Beklagten wurde das Versäumnisurteil am 1.3. zugestellt, sodass beim Eingang des Einspruchs am 18.3. die Frist des § 339 ZPO eigentlich nicht eingehalten wäre. Wegen § 310 Abs. 3 ZPO kommt es allerdings auf die letzte Zustellung, die vorliegend am 5.3. war, an. Demnach ist die Frist des § 339 ZPO eingehalten.

200 c) **Tenorierung und Kosten. – aa) Tenor Hauptanspruch.** Der **Hauptausspruch** unterscheidet sich beim Versäumnisurteil nicht vom sonstigen Urteil (z. B. „Die Klage wird abgewiesen" oder „Der Beklagte wird zur Zahlung von ... Euro an den Kläger verurteilt).

201 bb) **Kostenentscheidung.** Die **Kosten** beim Versäumnisurteil richten sich – wie beim Urteil – nach den §§ 91 ff. ZPO. Lediglich die Versäumniskosten verlangen einen gesonderten Ausspruch, **§ 344 ZPO**. Dies ist ein **Kostentrennungstatbestand**, diese Kosten können also gesondert ausgewiesen werden (z. B. „Die Kosten des Rechtsstreits trägt der Kläger, mit Ausnahme der durch die Säumnis des Beklagten im Termin vom ... verursachten Kosten, diese trägt der Beklagte"). Da das Versäumnisurteil gerichtsgebührenfrei ist, handelt es sich dabei nur um Kosten der Parteien, Reisekosten und Anwaltsgebühren.

Beachte: § 344 ZPO ist nicht anzuwenden, wenn die unterlegene Partei auch säumig war, denn dann trägt sie bereits nach § 91 ZPO sämtliche Kosten.

202 Die Kosten nach § 344 ZPO können der säumigen Partei auch nur dann auferlegt werden, **wenn das Versäumnisurteil in gesetzlicher Weise ergangen ist.** Hier – und nur hier – ist zu prüfen, ob das Versäumnisurteil in gesetzlicher Weise ergangen ist. Ansonsten ist dies nicht zu prüfen, auch ein nicht in gesetzlicher Weise ergangenes Versäumnisurteil wird rechtskräftig.

203 cc) **Entscheidung zur vorläufigen Vollstreckbarkeit.** Die **vorläufige Vollstreckbarkeit** beim Versäumnisurteil ergibt sich aus **§ 708 Nr. 2 ZPO**. Beim Versäumnisurteil nach Einspruch (evt.) aus § 708 Nr. 3 ZPO.

4. Das Versäumnisurteil gegen den Kläger

204 Ein Versäumnisurteil gegen Kläger, § 330 ZPO, kann unter den gleichen Voraussetzungen erlassen werden, wie gegen den Beklagten. Es gibt jedoch einen wesentlichen Unterschied, die Einwendungen des Beklagten müssen nicht erheblich (schlüssig) sein – dies ist nicht zu prüfen –; Säumnis des Klägers (sowie Vorliegen der weiteren Voraussetzungen) reicht damit für den Erlass eines Versäumnisurteils gegen ihn aus.

> **Klausurproblem:** Der Kläger verlangt vom Beklagten Zahlung einer Rechnung für eine Lieferung. Der Beklagte antwortet nur, dass der Kläger ohnehin schon reich genug sei und daher sein Geld nicht benötige. Im Termin erscheint der Kläger nicht. Kann ein Versäumnisurteil gegen den Kläger erlassen werden?
> Ja, es ergeht ein Versäumnisurteil gegen den Kläger. Die Erheblichkeit des Beklagtenvortrages wird nicht geprüft, sondern nur die allgemeinen Voraussetzungen, Säumnis des Klägers, Ladung usw.

5. Rechtsmittel Einspruch

a) Einspruch, §§ 338 ff. ZPO. Gegen ein (echtes) Versäumnisurteil ist nur der Einspruch statthaft, § 338 ZPO. Er hat schriftlich zu erfolgen, § 340 ZPO. **Beachte:** Eine Begründung des Einspruchs gehört nicht zu den Zulässigkeitsvoraussetzungen, § 340 Abs. 2 ZPO. Wird der Einspruch nicht begründet, kann dies lediglich zur Verspätung nach § 296 ZPO führen. Die Einspruchsfrist beträgt 2 Wochen ab Zustellung des Versäumnisurteils, § 339 Abs. 1 ZPO.

> **Klausurproblem:** Bei einem Versäumnisurteil im schriftlichen Verfahren, § 331 Abs. 3 ZPO, beginnt die Frist erst zu laufen, wenn an sämtliche Parteien zugestellt ist, § 310 Abs. 3 ZPO.

b) Prüfung des Einspruchs, § 341 ZPO. Das Gesetz gibt die Prüfungsfolge vor, § 341 ZPO. Das Gericht hat von Amts wegen zu prüfen, ob der Einspruch statthaft und in der gesetzlichen Form und Frist eingelegt ist. Ermangelt es an einem dieser Erfordernisse, so ist **der Einspruch als unzulässig zu verwerfen**, § 341 Abs. 1 Satz 2 ZPO. Wird der Einspruch nicht verworfen, so ist zu terminieren, § 341a ZPO.

c) Wirkung des Einspruchs, § 342 ZPO. Ist der Einspruch zulässig greift § 342 ZPO, der Prozess wird in die Lage zurückversetzt, wie er vor der Säumnis war.

d) Tenorierung nach Einspruch. aa) Der **Einspruch ist unzulässig**, § 341 Abs. 1 Satz 2 ZPO: Der Einspruch wird als unzulässig verworfen, der Beklagte trägt auch die **weiteren** Kosten des Rechtsstreits (entspr. § 97 Abs. 1 ZPO). Das Urteil ist vorläufig vollstreckbar (§ 708 Nr. 3 ZPO).

bb) Der **Einspruch ist zulässig**: Bei der Tenorierung ist nun zu bedenken, dass ja bereits ein Vollstreckungstitel besteht. Es darf also nicht nochmals verurteilt werden, sonst würden zwei Titel bestehen. Ist der Einspruch begründet, so ist das Versäumnisurteil (Titel) aufzuheben und entsprechend des zugrunde liegenden Klageantrags zu verurteilen oder die Klage abzuweisen:

(1) **Klage hat Erfolg**
Tenor: „Das Versäumnisurteil vom … wird aufrechterhalten" (§ 343 ZPO – Kosten nach § 91 ZPO – vorläufige Vollstreckbarkeit nach § 709 S. 3 ZPO)

(2) **Klage ist erfolglos**
Tenor: „Das Versäumnisurteil vom … wird aufgehoben und die Klage abgewiesen" (Kosten nach §§ 91, 344 ZPO)

(3) **Klage hat teilweise Erfolg**
Tenor: „Das Versäumnisurteil wird in Höhe von 5.000 Euro nebst Zinsen i. H. v. 5 Prozentpunkten über dem jeweiligen Basiszinssatz seit dem … aufrecht erhalten. Im Übrigen wird es aufgehoben und die Klage abgewiesen" (Kosten nach §§ 91, 92, 344 ZPO).

Beachte: Ob ein Versäumnisurteil aufzuheben oder aufrecht zu erhalten ist, entscheidet sich allein nach dem Tenor, nicht danach, ob es in gesetzlicher Weise zustande gekommen ist.

6. Zweites Versäumnisurteil, § 345 ZPO

Ist der Einspruchsführer im Einspruchstermin säumig, ergeht nach § 345 ZPO ein zweites Versäumnisurteil. Dabei ist die Gesetzmäßigkeit des vorausgegangenen Versäumnisurteils nicht zu prüfen (Thomas/Putzo/Hüßtege § 345 Rn. 4). **Beachte:** Ist im Einspruchstermin jetzt der Kläger säumig, ergeht kein zweites, sondern gegen diesen ein erstes Versäumnisurteil. Es kann also mehrere „erste" Versäumnisurteile geben.

Nur wenn der Einspruchsführer säumig ist, darf ein zweites Versäumnisurteil ergehen.
Der **Tenor** lautet: „Der Einspruch des Beklagten gegen das Versäumnisurteil des Landgerichts ... vom ... wird verworfen" (vgl. § 345 ZPO – Kosten nach § 91 ZPO – vorläufige Vollstreckbarkeit nach § 708 Nr. 2 ZPO).
Gegen ein zweites Versäumnisurteil ist nicht der Einspruch (§ 345 ZPO), sondern nur die Berufung statthaft, § 514 Abs. 2 ZPO. Dies allerdings nur mit beschränkter Überprüfungsmöglichkeit. Es wird nur noch geprüft, ob ein Fall der schuldhaften Säumnis vorgelegen hat. Ging der Berufung ein Vollstreckungsbescheid voraus, so soll die Berufung auch darauf gestützt werden können, dass der Vollstreckungsbescheid nicht oder nicht so hätte ergehen dürfen, weil er nicht gesetzmäßig ist. Dies wird zugelassen, weil beim (ersten) Versäumnisurteil die Schlüssigkeit zu prüfen war, während diese beim Vollstreckungsbescheid nie geprüft worden ist.

> **Klausurproblem:** Nach einem Einspruch gegen ein Versäumnisurteil, das im schriftlichen Vorverfahren erlassen wurde (gleiches gilt nach Erlass des Vollstreckungsbescheids und Einspruch dagegen) ordnet der Richter das schriftliche (Vor-) Verfahren an. Darauf meldet sich der Beklagte nicht rechtzeitig. Der Richter erlässt daraufhin ein zweites Versäumnisurteil. Zulässigkeit der Berufung des Beklagten?
> Ja, dem Beklagten steht die Berufung zu, § 514 Abs. 2 ZPO, denn es lag keine schuldhafte Säumnis vor. Der Richter hätte nach Erlass des ersten Versäumnisurteils kein weiteres schriftliches Verfahren anordnen dürfen. § 341a ZPO (bzw. beim Vollstreckungsbescheid § 700 Abs. 4 ZPO) verlangen eine mündliche Verhandlung. Da ein schriftliches Verfahren nicht zulässig ist, brauchte der Beklagte auch nicht damit zu rechnen, dass dann im unzulässigen Verfahren ein Urteil ergeht. **Beachte:** § 310 Abs. 3 ZPO greift nicht. Dieser gilt nur für Versäumnisurteile nach § 331 Abs. 3 ZPO, nicht für zweite Versäumnisurteile.

7. Klausuraufbau

Es muss zuerst der Einspruch geprüft werden (I.), also Statthaftigkeit, § 338 ZPO, Form, § 340 ZPO, und Frist, § 339 ZPO. Anschließend die Zulässigkeit (II.) und die Begründetheit der Klage (III.). Denn wenn kein wirksamer Einspruch vorliegt, wird das Versäumnisurteil – auch wenn es rechtswidrig ist – rechtskräftig. Ist der Einspruch nicht zulässig, ist er als unzulässig zu verwerfen, § 341 Abs. 1 ZPO. Ist dagegen der Einspruch zulässig, so wird der Prozess in die Lage vor der Säumnis zurückversetzt, § 342 ZPO (umstritten ist, ob Prorogation gilt, Thomas/Putzo/Hüßtege § 342 Rn. 3).

> **Klausurproblem:** Nach einem Versäumnisurteil ist der Aufbau des Urteils und der Klausur zwingend. Denn wenn sich der Einspruch als unzulässig erweist, wird das Versäumnisurteil rechtskräftig, es kommt dann nicht mehr darauf an, ob es rechtmäßig ergangen ist oder nicht, § 341 Abs. 1 ZPO. Daher ist folgender **Aufbau** zwingend:
> I. Zulässigkeit des Einspruchs
> 1. Statthaftigkeit, § 338 ZPO
> 2. Frist, § 339 ZPO
> 3. Form des Einspruchs, § 340 ZPO
> II. Zulässigkeit der Klage
> 1. Zuständigkeit
> 2. weitere Zulässigkeitsvoraussetzungen
> III. Begründetheit der Klage

IV. Das Anerkenntnis

Der Beklagte kann – wenn er keinen Sinn in der Verteidigung sieht oder wenn der Anspruch besteht – den Anspruch auch ganz oder zum Teil anerkennen. Es ergeht dann Anerkenntnisurteil, auch dieses ist billiger als ein streitiger Prozess. **212**

1. Anerkenntnis, § 307 ZPO

Das Anerkenntnis, § 307 ZPO, ist Prozesshandlung, nicht (auch) materielles Rechtsgeschäft. Es betrifft einen prozessualen Anspruch, demgegenüber bezieht sich das Geständnis, § 288 ZPO, auf einzelne Tatsachen. Das Geständnis ist unter den engen Voraussetzungen des § 290 ZPO widerruflich. Als Prozesshandlung ist das Anerkenntnis demgegenüber nicht widerruflich (BGH NJW 1993, 1718), nicht anfechtbar (BGH NJW 1981, 2194) und nicht – nach § 812 BGB – rückforderbar (RGZ 15, 74). **213**

Ausnahmen: Es liegt ein Versehen vor oder der Gegner stimmt dem Widerruf zu oder ein Abänderungsgrund nach § 323 ZPO liegt vor (BGH FamRZ 2002, 88) oder ein Restitutionsgrund liegt vor, § 580 ZPO.

> **Klausurproblem:** Der Kläger legt eine gefälschte Urkunde vor, der Beklagte merkt dies nicht und anerkennt den geltend gemachten Klageanspruch. Dann erfährt der Beklagte, dass die Urkunde gefälscht war und kann dies belegen. Er kann daher das Anerkenntnis widerrufen. Ist das Anerkenntnisurteil bereits erlassen, kann er, solange die Berufungsfrist nicht abgelaufen ist, Berufung einlegen. Ist keine Rechtsmittelfrist mehr offen, bleibt nur die Restitutionsklage, § 580 ZPO.

Das Anerkenntnis wird entweder in der mündlichen Verhandlung erklärt oder schriftlich. Im Anwaltsprozess besteht Anwaltszwang, § 78 Abs. 1 ZPO.

> **Klausurproblem:** Das in der mündlichen Verhandlung erklärte Anerkenntnis muss im Protokoll festgehalten und anschließend vorgespielt und genehmigt werden, §§ 160 Abs. 3 Nr. 1, 162 Abs. 1 ZPO. Sonst ist das Anerkenntnis als Prozesshandlung nicht wirksam. Der Prozess ist dann nicht beendet.

2. Anerkenntnisurteil

Anerkennt der Beklagte den geltend gemachten Anspruch, so hat das Gericht **Anerkenntnisurteil** zu erlassen, § 307 ZPO. Ein Antrag dazu ist nicht erforderlich. Das Gericht prüft dabei nur die Sachurteilsvoraussetzungen, nicht die Schlüssigkeit der Klage (vgl. den Wortlaut der §§ 307 und 331 Abs. 1 ZPO). Auch wenn der Anspruch nicht schlüssig dargetan ist oder gar nicht besteht, wird Anerkenntnisurteil erlassen. Das ist die Ausprägung des Dispositionsgrundsatzes. Die Grenze ist allerdings die Sittenwidrigkeit, § 138 BGB, oder ein Verstoß gegen ein gesetzliches Verbot, § 134 BGB. Die Schranken der Privatautonomie müssen auch im Privatrecht beachtet werden, der Richter muss nicht an sittenwidrigen oder verbotenen Handlungen mitwirken. Die Klage wird dann trotz des Anerkenntnis abgewiesen. **214**

> **Klausurproblem:** Der Empfänger eines unverlangt zugesandten Buches wird von der Buchhandlung auf Zahlung verklagt. Obwohl die Klage mangels Zahlungsanspruchs nicht schlüssig ist, anerkennt der Beklagte. Es wird (gleichwohl) Anerkenntnisurteil ergehen.

> **Klausurproblem:** Der Kläger macht Rückzahlung eines Darlehens geltend. Im Termin stellt sich heraus, dass hinsichtlich dieser Darlehensschuld bereits eine vollstreck-

> bare Urkunde, § 794 Abs. 1 Nr. 5 ZPO, existiert. Demgemäß erklärt der Beklagte, er anerkenne den Klageanspruch. Die Klage wird dennoch als unzulässig durch Prozessurteil abgewiesen, weil eine Sachurteilsvoraussetzung, das Rechtsschutzinteresse, fehlt. Wer bereits einen Vollstreckungstitel besitzt, kann keinen weiteren erlangen.

> **Klausurproblem:** Der Kläger macht 20 % Zinsen geltend, der Beklagte anerkennt den Zinsanspruch. Das dürfte sittenwidrig sein, die Klage wird daher abgewiesen.

215 Das Anerkenntnis ergeht als Endurteil, § 300 ZPO, und ist als Anerkenntnisurteil zu bezeichnen, § 313b Abs. 1 S. 2 ZPO. Es bedarf nicht des Tatbestandes und der Entscheidungsgründe, § 313b Abs. 1 S. 1 ZPO. Ferner kann es Grundurteil, § 304 ZPO, oder Vorbehaltsurteil, § 302 ZPO, sein.

216 Wird nur ein Teil des Anspruches anerkannt, so ergeht **Teilanerkenntnisurteil**. Ein Teilanerkenntnis liegt auch dann vor, wenn zwar der gesamte Klageanspruch vom Beklagten anerkannt wird, die Kostenfrage aber streitig bleibt („Anerkenntnis unter Verwahrung gegen die Kosten"). Das Teilanerkenntnisurteil enthält keine Kostenentscheidung, sie erfolgt erst im Schlussurteil.

> **Klausurproblem:** Der Beklagte anerkennt den Anspruch unter Verwahrung gegen die Kostenlast. Es ergeht ein Teilanerkenntnis- und Teil-Endurteil. Das Teilanerkenntnisurteil bedarf dabei nach § 313b Abs. 1 Satz 2 ZPO keines Tatbestands und keiner Entscheidungsgründe. Das Teilend-Endurteil, das wegen der Kosten ergeht, ist hingegen ein „normales" Endurteil und bedarf daher eines Tatbestandes und Entscheidungsgründen. Es muss damit lediglich der Kostenausspruch begründet werden.

> **Klausurproblem:** Fall wie gerade. Rechtsmittel gegen die Kostenentscheidung? Obwohl durch Urteil entschieden worden ist und trotz § 99 Abs. 1 ZPO, ist die sofortige Beschwerde der statthafte Rechtsbehelf, § 99 Abs. 2 ZPO.

217 Im **Urkundenprozess** kann nach h. M. **ein Anerkenntnis-Vorbehaltsurteil** auch dann ergehen, wenn der Beklagte den urkundlich belegten Anspruch zwar anerkennt, sich aber die Ausführung seiner Rechte im Nachverfahren vorbehält, § 599 ZPO. Das **Anerkenntnis-Vorbehaltsurteil** im Urkundenprozess enthält eine Kostenentscheidung nach § 91 ZPO, da der Beklagte durch den Vorbehalt seine fehlende Leistungsbereitschaft zu erkennen gibt, weshalb eine Kostenentscheidung nach § 93 ZPO ausscheidet.

3. Anhang: Verzicht

218 Das Gegenstück zum Anerkenntnis ist der Verzicht, auch er ist lediglich Prozesshandlung. Der Kläger will den prozessualen Anspruch überhaupt nicht mehr geltend machen, im Gegensatz zur Klagerücknahme, wo eine erneute Geltendmachung noch möglich ist. Nach dem Verzicht erlässt das Gericht **Verzichtsurteil**, aber nur, wenn der Kläger dies beantragt, **§ 306 ZPO**. Die Klage wird dann als unbegründet abgewiesen; das Urteil ist nach § 708 Nr. 1 ZPO vorläufig vollstreckbar.

> **Klausurproblem:** Hauptfälle des Verzichts? Meist deshalb, weil der Kläger die Klage zurücknehmen möchte, der Beklagte aber nicht zustimmt, § 269 Abs. 1 ZPO. Der Beklagte befürchtet, der Kläger werde einen neuen Prozess gegen ihn anstreben. Häufig wird deshalb der Kläger zu Protokoll einen Verzicht abgeben. Es muss dann nicht zum Verzichtsurteil kommen, denn nach dem Verzicht wird der Beklagte der Klagerücknahme zustimmen.

4. Folgen

a) Kostenfolge. Der Anerkennende trägt grundsätzlich die Kosten des Rechtsstreits nach § 91 Abs. 1 ZPO, da er den gegnerischen Anspruch ja anerkannt hat und damit in dem Rechtsstreit unterliegt. Ausnahmsweise können die Kosten dem Obsiegenden, dem Kläger, nach § 93 ZPO auferlegt werden, wenn der Beklagte durch sein Verhalten zur **Erhebung der Klage keine Veranlassung gegeben** und er den Anspruch **sofort anerkannt hat** (in der Klausur sind beide Voraussetzungen abzuhandeln). Klageveranlassung hat der Beklagte gegeben, wenn sein Verhalten vor Prozessbeginn (BGH NJW 2005, 1005), ohne Rücksicht auf Verschulden und die materielle Rechtslage, dem Kläger Anlass zur Annahme geboten hat, er werde ohne Klage nicht zu seinem Recht kommen. **219**

> **Klausurproblem:** Der auf eine fällige Schuld nicht leistende Schuldner gibt i. d. R. Klageveranlassung, wenn er auf eine Aufforderung des Gläubigers nicht leistet (OLG Frankfurt NJW-RR 1993, 1472; str.), die Leistungspflicht bestreitet oder die Leistung endgültig verweigert. Ebenso gibt Klageveranlassung der Schuldner, der sich nach § 286 BGB in Verzug befindet (KG ZMR 2008, 448).

> **Klausurproblem:** Liegt ein sofortiges Anerkenntnis vor, wenn der Beklagte im Haupttermin anerkennt? **Sofort anerkannt** wird der Klageanspruch beim frühen ersten Termin nur, wenn das Anerkenntnis bereits innerhalb angemessener Klagewiderungsfrist erklärt wird (OLG Saarbrücken OLGR 2008, 76). Ein Anerkenntnis im Haupttermin kann daher nicht mehr „sofortig" sein. Im schriftlichen Vorverfahren ist dies ebenfalls innerhalb der Klagerwiderungsfrist möglich, sofern mit der vorausgehenden Verteidigungsanzeige kein Antrag auf Klageabweisung verbunden war (BGH MDR 2007, 233). Also auch hier in aller Regel kein „sofortiges Anerkenntnis" im Haupttermin.

b) Vollstreckbarkeit. Das Anerkenntnisurteil ist ohne Sicherheitsleistung vorläufig vollstreckbar, § 708 Nr. 1 ZPO. **220**

> **Klausurproblem:** Schwierigkeiten bereitet insoweit auch das **Anerkenntnis-Vorbehaltsurteil** des Urkundenprozesses, § 599 ZPO. Gilt die vorläufige Vollstreckbarkeit ohne Sicherheitsleistung und Abwendungsbefugnis, § 708 Nr. 1 ZPO, da es ein Anerkenntnisurteil ist. Oder ist das Urteil ohne Sicherheitsleistung aber mit Abwendungsbefugnis vorläufig vollstreckbar, §§ 708 Nr. 4, 711 ZPO, da es ein Urteil im Urkundenprozess ist? Wohl geht das Anerkenntnis vor, also § 708 Nr. 1 ZPO.

c) Rechtsmittel. Das Anerkenntnisurteil ist Endurteil und mit der Berufung angreifbar. Etwa mit der Begründung, es läge kein wirksames Anerkenntnis oder ein Widerrufsgrund vor. Der Kostenbeschluss ist isoliert nach § 99 Abs. 2 ZPO anfechtbar. **221**

V. Die Aufrechnung im Prozess

Neben der Verteidigung gegen das Bestehen des Anspruchs des Klägers, kann der Beklagte auch einen anderen Weg wählen. Er kann, wenn er Gegenforderungen hat, mit diesen aufrechnen und so die Klageforderung zu Fall bringen. **222**

1. Die Aufrechnung

Die Aufrechnung (mit einer Gegenforderung) tilgt die Forderung, gegen die aufgerechnet wird (Hauptforderung), § 389 BGB, und begründet eine rechtsvernichtende Einwendung. Sie ist materielles Rechtsgeschäft, für die die Regeln der §§ 387 ff. BGB gelten. **223**

Wird sie im Prozess erklärt, ist sie auch Prozesshandlung und damit ein Verteidigungsmittel nach der ZPO. Für sie müssen deshalb die Voraussetzungen des Prozessrechts gegeben sein, so muss sie individualisierbar sein, sonst ist sie unzulässig. Bei mehreren Aufrechnungsforderungen, die betragsmäßig die Klagesumme übersteigen, ist deren **Reihenfolge** anzugeben, andernfalls hat das Gericht, so es möglich ist, die Reihenfolge nach §§ 396 Abs. 1 Satz 2, 366 Abs. 2 BGB zu bestimmen (BGH NJW 2002, 2182), sonst ist sie unzulässig. Im Anwaltsprozess unterliegt die Prozessaufrechnung dem **Anwaltszwang**. Die Prozessaufrechnung ist Verteidigungsmittel (BGH NJW 1984, 1964) und unterliegt deshalb der Prozessförderungspflicht. Sie muss so rechtzeitig erklärt werden, wie es die Prozesslage gebietet, §§ 277, 282 Abs. 1 ZPO. Sie kann im **Verspätungsfall** nach § 296 ZPO **zurückgewiesen** werden (BGH NJW 1984, 1967). In der Berufung gilt § 533 ZPO.

> **Klausurproblem:** Der Beklagte rechnet gegen eine Forderung von 10.000 Euro mit fünf Gegenforderungen mit je 3.000 Euro auf. Er hat dazu eine Reihenfolge anzugeben, in der die Forderungen zur Aufrechnung gestellt werden, ansonsten ist die Aufrechnung unzulässig. Der Beklagte kann z. B. bestimmen „erst Forderung A, dann Forderung B usw." oder „aus jeder Forderung die ersten 2.000 Euro".

2. Arten der Aufrechnung

224 Die Prozessaufrechnung kann **Hauptaufrechnung** sein, dann wird die Hauptforderung nicht bestritten, der Beklagte verteidigt sich nur mit seiner Gegenforderung. Besteht die Gegenforderung, führt dies zur Klageabweisung.

225 In aller Regel wird die Aufrechnung jedoch als **Eventualaufrechnung** erklärt. Der Beklagte erklärt die Aufrechnung hier nur für den Fall, dass die anderen Verteidigungsmittel nicht durchgreifen und die Klageforderung begründet ist. Damit macht der Beklagte seinen Aufrechnungseinwand davon abhängig, dass seine übrige Verteidigung fehlschlägt. Dies ist zulässig, trotz des Bedingungsverbots in § 388 S. 2 BGB, denn die Rechtsbedingung wird nicht als Bedingung angesehen. Zudem geht das Gesetz in § 45 Abs. 3 GKG von einer Hilfsaufrechnung aus. Der Beklagte kann auch schon außerhalb des Prozesses aufgerechnet haben (materielles Rechtsgeschäft) und erklärt im Prozess nur den Aufrechnungseinwand.

3. Entscheidungskompetenz

226 Das Gericht kann über alle Gegenforderungen entscheiden, für die bei klageweiser Geltendmachung der Rechtsweg zu den **ordentlichen Gerichten** gegeben wäre. Dabei ist es unschädlich, dass ein anderes Gericht sachlich oder örtlich zuständig wäre (BGH MDR 1989, 238) oder dass die Aufrechnungsforderung in den Zuständigkeitsbereich des Familiengerichts (BGH NJW 1989, 173) fallen würde. Die Entscheidungskompetenz folgt aus § 17 **Abs. 2 S. 2 GVG**, danach entscheidet das Gericht den Rechtsstreit unter allen in Betracht kommenden Gesichtspunkten „sofern der zu ihm beschrittene Rechtsweg für den Klagegrund zulässig ist".

227 Bei Aufrechnung mit einer Gegenforderung, über die eine **andere Gerichtsbarkeit** zu entscheiden hätte, dürfen nach Sinn und Zweck der Rechtswegaufteilung die ordentlichen Gerichte **nicht entscheiden**, es sei denn, es handelt sich um unbestrittene oder rechtskräftig festgestellte Gegenforderungen (BVerwG NJW 1987, 2530). § 17 Abs. 2 GVG steht dem nicht entgegen. Das Gericht muss in diesen Fällen den Rechtsstreit nach § **148 ZPO** aussetzen, bis der Beklagte eine Entscheidung des zuständigen Gerichts über die Gegenforderung herbeigeführt hat. Dem Beklagten kann eine Frist für die dortige Klageerhebung gesetzt werden. Nach erfolglosem Fristablauf kann die Aufrechnung nach § 296 Abs. 2 ZPO zurückgewiesen werden (BGHZ 21, 29).

Stehen Klage- und Aufrechnungsforderung in keinem rechtlichen Zusammenhang, kann das Gericht über Klage und Aufrechnung getrennt verhandeln, wobei der Prozess allerdings als Einheit bestehen bleibt, § 145 Abs. 3 ZPO.

4. Wirkungen

Die aufgerechnete Gegenforderung wird **nicht rechtshängig** (BGH NJW-RR 2004, 1000), sodass der Einwand anderweitiger Rechtshängigkeit nicht erhoben werden kann, auch wenn über sie bereits ein Rechtsstreit geführt wird. Dies bedeutet aber auch, dass im Prozess eine Gegenforderung sowohl zur Aufrechnung gestellt, als auch durch (Hilfs-) Widerklage geltend gemacht werden kann. Stehen sich die beiden Forderungen aufrechenbar gegenüber, erlöschen die Klageforderung und die Gegenforderung, § 389 BGB, in entsprechender Höhe. **228**

> **Klausurproblem:** Der Beklagte rechnet mit einer Gegenforderung auf. Der Kläger erklärt dies sei unzulässig wegen doppelter Rechtshängigkeit, weil der Beklagte diese Forderung bereits in einem anderen Rechtsstreit eingeklagt habe. Der Einwand geht fehl, da die Gegenforderung nicht rechtshängig wird.

§ 322 Abs. 2 ZPO erstreckt die Rechtskraft auf die Gegenforderung, wenn und soweit das Gericht darüber entscheidet. Das Urteil stellt damit rechtskräftig auch fest, dass die zulässig aufgerechnete Gegenforderung nicht besteht oder durch Aufrechnung erloschen ist.

Das Gericht **aberkennt** die Aufrechnungsforderung auch dann rechtskräftig, wenn es die Prozessaufrechnung nach §§ 282, 296 ZPO als verspätet erachtet. Der Beklagte verliert seinen Gegenanspruch endgültig, er kann ihn nicht mehr anderweitig einklagen (BGH NJW-RR 1991, 971). Der Gegenanspruch wird ebenfalls rechtskräftig **aberkannt**, wenn die Prozessaufrechnung unsubstantiiert ist oder die Aufrechnungsforderung nicht schlüssig dargelegt wird. **229**

Demgegenüber **verbraucht** der unzulässige Aufrechnungseinwand die Gegenforderung **nicht**, der Beklagte behält seine Gegenforderung. Das Gericht verneint die Aufrechnung nicht, sondern weigert sich nur, diese zu prüfen (BGH NJW 1994, 2769). **230**

> **Klausurproblem:** Der Beklagte rechnet mit einer Gegenforderung auf, das Gericht erachtet dies als verspätet, §§ 282, 296 ZPO, oder hält die Aufrechnung für unsubstantiiert dargetan. **Ergebnis**: Die Gegenforderung ist jeweils verbraucht, der Beklagte verliert seine Gegenforderung.

> **Klausurproblem:** Der Beklagte rechnet mit einer Gegenforderung auf, die nicht hinreichend bestimmbar ist (BGH NJW 1992, 1538) oder der Beklagte rechnet mit mehreren Gegenforderungen auf, deren Summe höher ist als die Hauptforderung, bestimmt aber nicht die Aufrechnungsreihenfolge oder er rechnet mit einer Gegenforderung auf und die Erklärung ist unzulässig, weil mit dieser Forderung nicht aufgerechnet werden kann, § 390 BGB. **Ergebnis**: Die Gegenforderungen sind nicht verbraucht. Wird der Gegenanspruch nicht hinreichend individualisiert, ist die Aufrechnung bereits unzulässig (BGH NJW 2002, 2182), es ergeht über sie keine rechtskraftfähige Sachentscheidung (BGH NJW-RR 1991, 971).

Ist die Prozesshandlung selbst fehlerhaft, etwa im Anwaltsprozess nicht durch einen Rechtsanwalt abgegeben, dann ist sie unzulässig, während die materiell-rechtliche Aufrechnungserklärung wirksam wäre. Infolge des prozessualen Fehlers würde der Beklagte daher seine Gegenforderung verlieren. Nach h. M. bleibt deshalb auch die materielle Aufrechnung wirkungslos (Thomas/Putzo § 145 Rn. 18). Der Beklagte kann seine Forderung noch klageweise geltend machen, da über die Forderung nicht mit Rechtskraftwirkung nach § 322 Abs. 2 ZPO entschieden wurde (BGH NJW-RR 1991, 972).

5. Hilfs-/Eventualaufrechnung

231 Bei der Hilfsaufrechnung verteidigt sich der Beklagte zuerst mit anderen Verteidigungsmitteln, erst zuletzt möchte er seine Gegenforderung zur Aufrechnung stellen. Das Gericht darf deshalb nicht offenlassen, ob die Klageforderung besteht. Das Gericht kann die Aufrechnung mit der Folge der Klageabweisung erst berücksichtigen, wenn es die Klageforderung für begründet hält. Erkennt das Gericht die Unbegründetheit der Klageforderung, so weist es die Klage sofort ab, ohne dass es die Aufrechnung noch prüft oder im Urteil erwähnt, sie ist gegenstandslos. Das Gericht darf auch dann, wenn das Bestehen der Aufrechnungsforderung feststeht, die Klageforderung nicht dahingestellt lassen und die Klage sogleich abweisen, weil das Prozessergebnis „Klageabweisung" auf alle Fälle feststehe. Würde der Rechtsstreit so beendet werden, wäre ungewiss, ob die Aufrechnungsforderung wegen bestehender Klageforderung verbraucht ist oder ob die Klageforderung unbegründet war, die Aufrechnungsforderung daher noch besteht. Das Gericht muss also erst über die Klageforderung verhandeln und ggf. Beweis erheben (sog. Beweiserhebungstheorie; BGH NJW 1961, 1862). Hat der Beklagte die Aufrechnung mit einer Gegenforderung geltend gemacht und ist der Rechtsstreit wegen der Klageforderung entscheidungsreif, nicht jedoch wegen der Aufrechnungsforderung, so kann das Gericht vorab über die Klageforderung in einem **Vorbehaltsurteil** entscheiden, § 302 ZPO. In einem Nachverfahren wird dann durch **Endurteil** über die Aufrechnungsforderung entschieden und darin das Vorbehaltsurteil aufrechterhalten oder abgeändert.

6. Streitwert, § 45 Abs. 3 GKG

232 a) **Primäraufrechnung.** Bei der Primäraufrechnung greift § 45 Abs. 3 GKG nicht (Argument Wortlaut: „hilfsweise"). Es gilt der einfache Streitwert der Hauptforderung mit der Kostenfolge des § 91 ZPO.

233 b) **Hilfsaufrechnung mit einer Forderung.** Hier greift § 45 Abs. 3 GKG ein. Der Streitwert kann maximal das Doppelte der Hauptforderung sein. Auch wenn die Gegenforderung die Hauptforderung übersteigt und das Gericht sie insgesamt für nicht gegeben erachtet. Es ist immer nur über den Teil entschieden, der der Höhe nach der Hauptforderung entspricht.

> **Klausurproblem:** Klage über 10.000 Euro, Hilfsaufrechnung mit 20.000 Euro. Die Klageforderung besteht, die Gegenforderung nicht. Ergebnis: Der Beklagte wird zur Zahlung von 10.000 Euro verurteilt. Die Kosten trägt der Beklagte. Streitwert 20.000 Euro, § 45 Abs. 3 GKG.

234 c) **Hilfsaufrechnung mit mehreren Forderungen.** Nur bei einer Hilfsaufrechnung mit mehreren Forderungen kann es zu einem höheren Streitwert als dem Doppelten der Hauptforderung kommen. Mit jeder Forderung, über die das Gericht entscheidet, erhöht sich der Streitwert.

> **Klausurproblem:** Klage über 10.000 Euro, Hilfsaufrechnung mit drei Einzelforderungen (in dieser Reihenfolge) von 10.000 Euro, 10.000 Euro und 5.000 Euro. Die Hauptforderung und nur die letzte der Gegenforderungen bestehen. Ergebnis: Der

Beklagte wird zur Zahlung von 5.000 Euro verurteilt. Von den Kosten des Rechtsstreits trägt der Kläger 1/7 und der Beklagte 6/7. Streitwert 35.000 Euro.

Klausurproblem: K klagt 10.000 Euro ein, B bestreitet den Anspruch, hilfsweise rechnet er mit einer Gegenforderung von 10.000 Euro auf.
(1) Hauptforderung besteht nicht. Die Klage wird abgewiesen; Streitwert 10.000 Euro; die Kosten trägt der Kläger.
(2) Forderung und Gegenforderung bestehen. Die Klage wird abgewiesen; Streitwert 20.000 Euro; Kostenaufhebung.
(3) Forderung besteht, Gegenforderung noch unklar. Hier kann u. U. ein Vorbehaltsurteil ergehen, § 302 ZPO.
(4) Gegenforderung besteht, Hauptforderung noch unklar. Hier kann noch keine Entscheidung ergehen, hier muss zuerst die Hauptforderung geklärt werden.

7. Zinsen

Standen sich die Forderungen von Anfang an aufrechenbar gegenüber (in gleicher Höhe) entfällt bei wirksamer Aufrechnung der Zinsanspruch von Anfang an, bei wirksamer Aufrechnung. Standen sich die Forderungen erst später aufrechenbar gegenüber, schuldet der Beklagte Zinsen bis zur Fälligkeit der Gegenforderung.

VI. Die Widerklage

Der Beklagte kann auch zum Gegenangriff übergehen und Widerklage erheben.

1. Begriff der Widerklage

Im Gegensatz zur Prozessaufrechnung ist die Widerklage eine **eigenständige Klage**, die der Beklagte in einem rechtshängigen Prozess vor demselben Gericht gegenüber dem Kläger erhebt. Sie muss einen **selbstständigen Anspruch** enthalten.

Klausurproblem: Als Widerklage unzulässig ist der Antrag festzustellen, dass der mit der Klage geltend gemachte Anspruch nicht besteht (sog. kontradiktorisches Gegenteil; vgl. BGH WM 1991, 1154).

Die Widerklage kann in erster Instanz **bis zum Schluss der mündlichen Verhandlung** über die Klage (BGH NJW 2000, 2513) erhoben werden und zwar durch Geltendmachung in der mündlichen Verhandlung selbst oder durch Einreichung eines den Erfordernissen des § 253 Abs. 2 ZPO entsprechenden Schriftsatzes, § 261 ZPO. Die Widerklage ist jedoch kein Angriffs- oder Verteidigungsmittel, sondern ein Gegenangriff, der nicht der Präklusion wegen Verspätung nach § 296 ZPO unterliegt. Es kommt deshalb zur Vermeidung einer Entscheidung die „Flucht in die Widerklage" in Betracht (BGH NJW 1995, 1224). In der Berufungsinstanz ist die Widerklage nur zulässig, wenn der Kläger einwilligt oder das Gericht die Widerklage für sachdienlich hält und der Prozessstoff nicht erweitert wird, § 533 ZPO. Der Widerkläger muss **keinen Vorschuss** zahlen, § 12 Abs. 2 Nr. 1 GKG.

2. Voraussetzungen

a) **Zuständigkeit**. Die Zuständigkeit des befassten Gerichts muss auch für die Widerklage gegeben sein.

239 aa) **Sachliche Zuständigkeit.** Für die Frage der sachlichen Zuständigkeit werden der Streitwert der Klage und Widerklage nicht zusammengerechnet, § 5 ZPO (anders bei den Gebühren, § 45 Abs. 1 GKG).

> **Klausurproblem:** Klage beim Amtsgericht über 4.000 Euro, Widerklage ebenfalls 4.000 Euro. Es bleibt bei der Zuständigkeit des Amtsgerichts, § 5 ZPO. Wird durch Widerklage die Zuständigkeit des Amtsgerichts gesprengt – Klage über 4.000 Euro, Widerklage über 6.000 Euro –, dann wird das Amtsgericht unzuständig. Das Amtsgericht hat allerdings darauf hinzuweisen, §§ 506, 504 ZPO. Wird dann Verweisung beantragt, wird der Rechtsstreit nach § 281 ZPO an das zuständige Landgericht verwiesen. Lässt sich der Kläger auf die Widerklage ein, wird die Zuständigkeit des Amtsgerichts durch rügelose Einlassung begründet. Wird umgekehrt auf eine Klage beim Landgericht Widerklage erhoben, die zur Zuständigkeit des Amtsgerichts gehört – Klage 6.000 Euro, Widerklage 4.000 Euro –, bleibt es bei der Zuständigkeit des Landgerichts (arg. Rechtsgedanke aus § 506 ZPO).

Bei **ausschließlicher Zuständigkeit** des Amtsgerichts für den Widerklageanspruch erfolgt aber Abtrennung nach § 145 Abs. 2 ZPO und auf Antrag **Verweisung** der Widerklage, andernfalls Abweisung der Widerklage als unzulässig. Ist für den Widerklageanspruch das **Arbeitsgericht** zuständig, so ist die Widerklage nach §§ 17a Abs. 2, Abs. 4 GVG zu verweisen.

240 bb) **Örtliche Zuständigkeit.** Diese richtet sich zunächst nach den §§ 12–32 und 34 ZPO.

241 cc) **Bedeutung des § 33 ZPO.** Erst, wenn nach den allgemeinen Vorschriften keine Zuständigkeit für die Widerklage besteht, ist § 33 ZPO von Bedeutung. Er eröffnet einen **besonderen Gerichtsstand** für die Widerklage beim Gericht der Klage, sofern der Gegenanspruch mit dem Klageanspruch oder den Verteidigungsmitteln gegen die Klage im Zusammenhang steht. Erforderlich ist ein **rechtlicher Zusammenhang**, der teilweise als besondere Sachurteilsvoraussetzung für die Widerklage angesehen wird (BGH NJW 1975, 1228; a. A. Zöller, § 33 Rn. 14). Der rechtliche Zusammenhang besteht, wenn Klage- und Widerklageforderung **auf dasselbe Rechtsverhältnis zurückzuführen bzw. einem einheitlichen Lebenssachverhalt zu entnehmen sind.**

> **Klausurproblem:** Ein solcher rechtlicher Zusammenhang ist gegeben bei Klage auf Kaufpreis und Widerklage wegen Mängelbeseitigungskosten (BGHZ 52, 34); Klage auf Architektenhonorar und Widerklage auf Schadensersatz wegen Planungsfehlern (BGH NJW 2001, 2094); Klage und Widerklage aus ständiger Geschäftsbeziehung; Aufrechnung mit Gegenforderung und Widerklage wegen des überschießenden Teils.

242 b) **Rechtshängigkeit.** Die Widerklage kann erst ab Rechtshängigkeit der Klage erhoben werden, die auch noch fortdauern muss (BGH NJW-RR 2001, 60). Sie ist nur bis zum Schluss der mündlichen Verhandlung zulässig. Eine Widerklage im Mahnverfahren ist ebenso unzulässig wie die Erhebung der Widerklage nach Klagerücknahme oder anderweitiger Erledigung der Klage. Das Ausstehen einer Kostenentscheidung ändert hieran nichts. Ist die Widerklage allerdings wirksam erhoben, so hat sie ihr eigenes Schicksal, wird also weitergeführt, auch wenn die Klage erledigt ist, vgl. § 301 ZPO.

243 c) **Gleiche Prozessart.** Schließlich ist besondere Prozessvoraussetzung, dass Klage und Widerklage in derselben Prozessart zulässig sind. Keine Widerklage gibt es im Urkunden- und Wechselprozess, § 595 Abs. 1 ZPO, und im Verfahren des Arrestes und der einstweiligen Verfügung, §§ 916 ff., 936 ff. ZPO (siehe zum ausnahmsweise zulässigen petitorischen Widerantrag, OLG Stuttgart, Beschluss vom 22.11.2011, 10 W 47/11).

d) Parteien. Die Widerklage muss vom Beklagten erhoben sein und ist i. d. R. gegen den oder die Kläger gerichtet. Auch Streitgenossen und Hauptintervenienten können Widerkläger und Widerbeklagte sein. Unter bestimmten Voraussetzungen ist die Widerklage auch gegen prozessfremde Dritte zulässig: **244**

aa) Streitgenössische Drittwiderklage. Der Beklagte erhebt Widerklage gegen den Kläger und gegen einen bisher nicht am Prozess beteiligten Dritten als Streitgenossen des Klägers (BGH NJW-RR 1990, 1267). Sie ist **unter den Voraussetzungen der Klageänderung durch Parteierweiterung** zulässig, also bei Einwilligung des Drittwiderbeklagten oder bei Sachdienlichkeit (BGH NJW 1996, 196). In der Berufungsinstanz ist die Einwilligung immer erforderlich. **245**

bb) Isolierte Drittwiderklage. Der Beklagte erhebt Widerklage **nur** gegen einen nicht am Prozess beteiligten Dritten (BGH NJW 2007, 1753). Diese Widerklage ist grundsätzlich unzulässig. Bei Einwilligung oder Sachdienlichkeit ist auch diese Widerklage zulässig. Eine mit der Klageforderung zusammenhängende **Widerklage, die ein prozessfremder Dritter** gegen den Kläger und/oder einen weiteren Dritten erhebt, ist nicht zulässig, allerdings ist eine Prozessverbindung möglich (vgl. Zöller, § 33 Rn. 22 ff.). **246**

3. Sonderfälle der Widerklage

a) Eventual-/Hilfswiderklage. Die Hilfswiderklage oder Eventualwiderklage ist zulässig, wenn sie unter der innerprozessualen Bedingung steht, dass sie nur für den Fall des Erfolgs oder der Erfolglosigkeit der Klage erhoben sein soll (BGH NJW 1996, 2307; ständige Rspr.). Allerdings muss sie zum Klageabweisungsantrag in einem wirklichen Eventualverhältnis stehen, wenn also die Widerklage überhaupt nur begründet sein kann, falls der Klage stattgegeben wird (BGHZ 132, 400). **247**

> **Klausurproblem**: Bei einer Klage über 1.000 Euro bestreitet der Beklagte diesen Anspruch nicht und erklärt Aufrechnung mit einer gleich hohen Gegenforderung. Der Kläger wendet ein, die Aufrechnungsmöglichkeit sei vertraglich ausgeschlossen. Der Beklagte beantragt in erster Linie Klageabweisung, da die Klageforderung durch die Aufrechnung erloschen sei; hilfsweise, falls die Aufrechnung nicht für zulässig erachtet und deshalb nicht gemäß seinem Klageabweisungsantrag entschieden werde, erhebt er Widerklage, den Kläger zur Zahlung seiner Gegenforderung zu verurteilen. Dies ist zulässig!

b) Drittwiderklage. Dies ist eine Widerklage gegen einen bisher am Prozess nicht beteiligten Dritten. Sie ist nur zulässig, wenn der Beklagte sie auch gegen einen Kläger erhebt. Eine isolierte Drittwiderklage ist grundsätzlich unzulässig. **Ausnahme:** Wenn zwischen Klage und isolierter Drittwiderklage ein Sachzusammenhang besteht und das Vorgehen nicht gegen Treu und Glauben verstößt. **248**

> **Klausurproblem** (Hauptfall ist hier der Verkehrsunfall): Der Beklagte erhebt Widerklage gegen den Kläger und gleichzeitig gegen dessen (Kfz-) Versicherung und eventuell noch gegen den Halter oder Fahrer des Klägerfahrzeugs.

> **Klausurproblem:** Der Kläger ist Zessionar oder Prozessstandschafter, der Beklagte wehrt sich mit Ansprüchen, die sich sowohl gegen den Kläger als auch gegen einen Dritten (Drittwiderbeklagten) richten. Zur Zulässigkeit einer negativen Feststellungs-

> klage in Form einer isolierten Drittwiderklage, BGH, NJW-RR 2022, 781 und BGH, Urteil vom 10.11.2018, I ZR 114/17, Rn. 22.

249 **c) Petitorische Widerklage.** Nach BGH (NJW 1979, 1358) ist die petitorische Widerklage trotz § 863 BGB zulässig. Als Argument dafür wird § 864 Abs. 2 BGB analog angeführt (vgl. unten bei den Besitzschutzansprüchen).

> **Klausurproblem:** A kauft sich bei B ein neues Fahrzeug und gibt seinen gebrauchten Pkw in Zahlung. A macht nun rechtzeitig und formgerecht Rücktritt vom Vertrag geltend und holt sich vom Hof des B gegen den Willen des B sein Fahrzeug zurück, gibt das neue Fahrzeug zurück und stellt es auch auf dem Hof ab. B verlangt nun von A das von diesem abgeholte Fahrzeug zurück. Zurecht?
> (1) Grundsätzlich ja. Der A hat verbotene Eigenmacht begangen, der B hat grundsätzlich einen Anspruch auf Wiedereinräumung des Besitzes nach § 861 BGB. Dass der A einen Anspruch auf Rückabwicklung hat, hilft ihm nicht. Diese Einwendung ist ihm nach § 863 BGB verwehrt. Ein Selbsthilferecht steht ihm nicht zu.
> (2) Dennoch hat der BGH hier dem A eine weitere Einwendung gewährt, § 864 Abs. 2 BGB entsprechend. Danach erlischt der Besitzschutzanspruch, wenn rechtskräftig das Besitzrecht des Störers festgestellt ist. Gleiches soll nach dem BGH gelten, wenn Klage und Widerklage entscheidungsreif sind und das Gericht das Besitzrecht des Störers bejaht, da sonst der Kläger etwas erhielte, worauf er aufgrund entscheidungsreifer Widerklage keinen Anspruch hat.

Das OLG Stuttgart (Beschluss vom 22.11.2011, 10 W 47/11) hat in einer vergleichbaren Situation wie dem eben geschilderten Klausurproblem in einem **einstweiligen Verfügungsverfahren** sogar einen **petitorischen Widerantrag** aus prozessökonomischen Gründen ausnahmsweise zugelassen, obwohl im einstweiligen Verfügungsverfahrens ein Gegenantrag grundsätzlich unzulässig ist, weil dies mit dem Ziel einer schnellen Entscheidung nicht vereinbar ist.

249a **d) Wider-Widerklage und Hilfs-Wider-Widerklage.** Nach BGH (NJW 2009, 148) ist eine „einfache" Wider-Widerklage (also des ursprünglichen Klägers gegen den der Beklagte eine Widerklage erhoben hat) unter den gleichen Voraussetzungen wie bei einer Widerklage zulässig. Es darf aber bei Klageerhebung der Wider-Widerklage noch nicht rechtskräftig über die „zugrunde liegende" Widerklage entschieden worden sein (Thomas/Putzo/Hüßtege, § 33, Rn. 9).
Grundsätzlich ist auch eine bedingte (hilfsweise) Wider-Widerklage zulässig, die Bedingung muss aber an die Erfolglosigkeit der zuvor erhobenen Widerklage anknüpfen, sie darf dagegen nicht an die Erfolglosigkeit der eigenen Klage anknüpfen (Thomas/Putzo/Hüßtege, § 33, Rn. 14; BGH, NJW 2009, 148, Rn. 11).

4. Streitwert

250 Für die Gebührenberechnung werden der Streitwert der Klage und der Widerklage grundsätzlich zusammengerechnet, § 45 Abs. 1 S. 1 GKG.

> **Klausurproblem:** Auch bei Klage und Widerklage ist eine einheitliche Kostenentscheidung zu treffen, gegebenenfalls ist eine Quote zu bilden. **Falsch** wäre folgender Tenor: „Der Kläger trägt die Kosten der Klage, der Beklagte die Kosten der Widerklage", stattdessen ist wie folgt zu tenorieren: „Von den Kosten des Rechtsstreits trägt der Kläger 3/4 und der Beklagte 1/4".

C. Die mündliche Verhandlung

I. Verfahrensgrundsätze im Zivilprozess

Die im Zivilprozess herrschenden Verfahrensgrundsätze spiegeln sich in gesetzlichen Bestimmungen wieder; sie beziehen sich auf Stellung und Aufgaben der Parteien im Verfahren und auf den Ablauf des Verfahrens.

1. Dispositionsgrundsatz und Beibringungsgrundsatz

Im Zivilprozess sind **die Parteien Herren des Verfahrens**, daraus folgt der Dispositions- und der Beibringungsgrundsatz.

a) Der Dispositionsgrundsatz. Der **Dispositionsgrundsatz** (auch Verfügungsgrundsatz genannt), umschreibt **die Verfügungsfreiheit der Parteien über den Streitgegenstand.** Sie können über den sachlichen Anspruch in gewissen Grenzen „disponieren". Er gilt für den gesamten Anwendungsbereich der ZPO und schließt die im Strafprozess vorherrschende Offizialmaxime, die Gang und Inhalt des Verfahrens der Herrschaft der Beteiligten weitgehend entzieht, für den Zivilprozess aus. Der Dispositionsgrundsatz ermöglicht den Parteien, einen Rechtsstreit zu beginnen, seinen Inhalt zu bestimmen und den Prozess auch wieder zu beenden: Der Kläger hat es in der Hand, das Mahnverfahren durch Mahnantrag nach § 688 ZPO oder den Prozess durch Klageerhebung, § 253 ZPO, in Gang zu setzen. Die Parteien bestimmen durch ihre Sachanträge den Umfang der gerichtlichen Entscheidung, §§ 308 Abs. 1, 528, 557 Abs. 1 ZPO (lat.: „ne eat iudex ultra petitapartium" – Der Richter darf nicht über die Anträge der Parteien hinausgehen). Sie begrenzen die gerichtliche Nachprüfung durch Anerkenntnis, § 307 ZPO, Verzicht, §§ 306, 515, 565 ZPO, oder Versäumnis, §§ 330 ff. ZPO und bestimmen damit den Inhalt des Urteils.

> **Klausurproblem:** Bei der Erörterung der Sach- und Rechtslage weist der Richter darauf hin, dass der geltend gemachte Anspruch des Klägers auf Zahlung von 10.000 Euro wohl nicht bestehen dürfte. Nach kurzer Unterbrechung erklärt der Beklagte dennoch, er anerkenne den Anspruch! Das Gericht wird – obwohl es davon ausgeht, dass der Anspruch nicht dem Kläger zusteht – Anerkenntnisurteil erlassen und den Beklagten zur Zahlung von 10.000 Euro verurteilen.

Schließlich können die Parteien – auch gegen den Willen des Richters – den Prozess wieder beenden. Der Kläger kann durch Klagerücknahme, § 269 ZPO, durch Berufungs- oder Revisionsrücknahme, §§ 516, 565 ZPO, dem Gericht den Streitfall wieder entziehen. Beide Parteien können durch Abschluss eines Prozessvergleiches, §§ 779 BGB, 794 Abs. 1 Nr. 1 ZPO, oder durch übereinstimmende Erledigungserklärung, § 91a ZPO, den Rechtsstreit hinsichtlich der Hauptsache beenden.

Eingeschränkt ist die Dispositionsbefugnis der Parteien jedoch in Ehesachen: Ein Anerkenntnis ist hier ausgeschlossen, § 113 Abs. 4 Nr. 6 FamFG. Über die Ehesache selbst kann kein Prozessvergleich geschlossen werden (BGHZ 48, 336, vgl. auch § 113 Abs. 4 Nr. 4 FamFG).

b) Der Beibringungsgrundsatz. – aa) Auswirkungen des Beibringungsgrundsatzes. Im allgemeinen Zivilprozess gilt weiter der Beibringungsgrundsatz (auch Verhandlungsgrundsatz genannt), nach dem es Sache der Parteien ist, dem Gericht das relevante Prozessmaterial zu unterbreiten. Nur was die Parteien an Tatsachenmaterial beibringen, kann der gerichtlichen Entscheidung zugrunde gelegt werden. Daher entscheiden die Parteien auch, was sie behaupten, bestreiten oder zugestehen wollen (BGH NJW 1990, 3151). Das Gegenteil ist der Amtsermittlungs- oder Untersuchungsgrundsatz der im

Strafprozess sowie in Familiensachen und Verfahren der freiwilligen Gerichtsbarkeit, § 26 FamFG gilt.

258 Wegen des Beibringungsgrundsatzes müssen die Parteien den Prozessstoff einführen und Beweis antreten; Geständnisse bedürfen keines Beweises: Nur die von den Parteien vorgetragenen Tatsachen dürfen Grundlage der gerichtlichen Entscheidung werden. Deshalb darf weder privates Wissen des Richters (der beispielsweise den bei ihm rechtshängigen Verkehrsunfall selbst beobachtet hat) verwertet werden, noch darf der Richter von sich aus einen Zeugen laden. Es ist Sache der Parteien, für streitig gebliebene Tatsachen Beweismittel anzubieten, §§ 371, 373, 403, 420 ff., 445, 447 ZPO, wobei dies uneingeschränkt nur für Zeugen gilt, wie sich aus § 273 ZPO ergibt. Tatsachen, die von einer Partei vorgetragen und von der anderen zugestanden oder nicht bestritten werden, sind vom Gericht als wahr zu behandeln. Sie bedürfen keines Beweises, §§ 138 Abs. 3, 288 Abs. 1 ZPO.

259 bb) **Durchbrechungen des Beibringungsgrundsatzes.** Der Beibringungsgrundsatz erleidet jedoch mancherlei **Durchbrechungen**, insbesondere dort, wo aus Gründen des verfassungsrechtlichen Gebots eines fairen und rechtsstaatlichen Verfahrens (BVerfGE 54, 291) der Parteiherrschaft Grenzen gesetzt sein müssen:

260 (1) **Wahrheitspflicht § 138, Abs. 1 ZPO.** Der Vortrag unwahrer Tatsachen wider besseres Wissen ist nicht gestattet. Die Wahrheitspflicht richtet sich an beide Parteien und ihre Prozessbevollmächtigten und betrifft den Vortrag und das Bestreiten von Tatsachen, wie auch das bewusste Verschweigen relevanter Umstände. Deshalb müssen sich die Parteien nach § 138 Abs. 1 ZPO auch vollständig erklären. Die Erklärung mit Nichtwissen ist nur über Tatsachen zulässig, die weder eigene Handlungen der Partei noch Gegenstand ihrer eigenen Wahrnehmung gewesen sind, § 138 Abs. 4 ZPO. Allerdings dürfen Umstände, die die Partei nicht positiv wissen kann, etwa subjektive Tatsachen, die sich im Bereich des Gegners abspielen, oder die nur von einem Sachkundigen beurteilt werden können, ohne Verstoß gegen die Wahrheitspflicht vorgetragen werden, weil nur die bewusste Lüge verboten ist. Unwahrer Parteivortrag darf vom Gericht nicht beachtet werden und kann als (versuchter) Prozessbetrug strafbar sein und zu zivilrechtlichen Schadensersatzansprüchen führen, §§ 826, 823 Abs. 2 BGB i. V. m. § 263 StGB (BGH NJW 1964, 1672).

261 (2) **Richterliche Aufklärungspflicht, §§ 139 Abs. 1–5, 278 Abs. 2 Satz 2 ZPO.** Sie umfasst neben der tatsächlichen und rechtlichen Erörterung des Sach- und Streitverhältnisses ein Fragerecht des Gerichts. Auch sind die Parteien zur Bezeichnung von Beweismitteln und zur Stellung sachdienlicher Anträge aufzufordern. Dies darf aber nicht zu unzulässiger Ausforschung hinsichtlich eines nicht vorgetragenen Sachverhaltes führen. Die Verletzung der Prozessleitungspflicht ist ein Verfahrensfehler, der zur Aufhebung einer darauf beruhenden Entscheidung führen kann, §§ 513, 546 ZPO. Von praktischer Bedeutung ist insbesondere die richterliche Hinweispflicht nach § 139 Abs. 2 ZPO. Das Gericht soll bei gebotener Sachaufklärung und zur Güteverhandlung **das persönliche Erscheinen der Parteien** anordnen, §§ 141, 273 Abs. 2 Nr. 3, 278 Abs. 3 ZPO, und die Nichtbeachtung durch Ordnungsgeld ahnden, § 141 Abs. 3 ZPO.

262 (3) **Beweiserhebungen von Amts wegen.** Auch ohne Parteiantrag kann das Gericht von Amts wegen Beweiserhebungen anordnen. Nur Zeugenvernehmungen können nicht ohne Parteiantrag durchgeführt werden. Von praktischer Bedeutung sind insbesondere die Augenscheinseinnahme und Begutachtung durch Sachverständige, § 144 Abs. 1 ZPO, die Einholung amtlicher Auskünfte, § 273 Abs. 2 Nr. 2 ZPO, und die Parteivernehmung, § 448 ZPO.

cc) **Würdigungsfreiheit des Gerichts.** Der Beibringungsgrundsatz gilt nicht bei der Rechtsanwendung und ist vom Grundsatz der freien Beweiswürdigung abzugrenzen. Das Gericht hat die Würdigungsfreiheit bezüglich der beigebrachten Tatsachen und Beweise nach § **286 ZPO**. Es darf Parteivortrag und Zeugenaussagen anders würdigen, als die Parteien dies tun. Schließlich lässt sich das Gericht auch von den Parteien nicht vorschreiben, wie es das Recht anzuwenden hat (**Rechtsanwendung**). Das Gericht darf – nach Hinweis und Gelegenheit zur Stellungnahme, § 139 Abs. 2 ZPO – einen rechtlichen Gesichtspunkt auch dann heranziehen, wenn die Parteien diesen für unerheblich halten (da mihi facta, dabo tibis jus – gib mir die Tatsachen, ich gebe dir das Recht.). Ausnahmsweise hat das Gericht einen rechtlichen Aspekt zu ignorieren, wenn er nur auf Einrede einer Partei berücksichtigt werden darf, wie dies etwa bei der Einrede der Verjährung der Fall ist. **263**

2. Untersuchungsgrundsatz und Prüfung von Amts wegen

In bestimmten Bereichen des Zivilprozesses gilt dennoch der Untersuchungsgrundsatz. Dieser ist zwingend von der Pflicht des Gerichts, bestimmte Voraussetzungen von Amts wegen zu prüfen, zu unterscheiden. **264**

a) **Ausnahme Untersuchungsgrundsatz.** In von besonderem öffentlichem Interesse geprägten Bereichen des Verfahrensrechts ist der Verhandlungsgrundsatz zugunsten des **Untersuchungsgrundsatzes** aufgehoben. Das Gericht ist dort berechtigt und verpflichtet, auch ohne Parteivortrag oder Beweisangebote von Amts wegen den Sachverhalt zu erforschen, in die Verhandlung einzuführen und die Wahrheit festzustellen. Das gilt in Angelegenheiten der **freiwilligen Gerichtsbarkeit** nach § 26 FamFG und in **Familiensachen**. In Familiensachen gilt nach § 111 FamFG der § 26 FamFG, er wird jedoch eingeschränkt in Scheidungssachen bzw. Lebenspartnerschaftsaufhebungssachen, §§ 127 Abs. 1–3, 270 Abs. 1 FamFG, und in Abstammungssachen, § 177 Abs. 1, 2 FamFG. Ein Geständnis der Parteien bindet den Richter anders als nach § 288 ZPO in Ehesachen nicht, sondern ist von ihm auf seinen Wahrheitsgehalt zu prüfen, § 113 Abs. 4 Nr. 5 FamRG. Es gibt deshalb dort auch kein Versäumnisurteil gegen den Antragsgegner, das ja gerade auf der Fiktion eines Geständnisses des Säumigen beruht, § 130 Abs. 2 FamFG. **265**

Auch in der **Zwangsvollstreckung** gilt teilweise der Untersuchungsgrundsatz, so handelt der Gerichtsvollzieher bei der Pfändung nach dem Untersuchungsgrundsatz. Dieser gilt auch bei der Ermittlung von Erfahrungssätzen, ausländischem Recht, Gewohnheits- und Satzungsrecht (Thomas/Putzo/Reichold Vorbem. § 284 Rn. 15). Bei der Ermittlung von Rechtsnormen anderer Staaten, von Gewohnheitsrecht oder Satzungsrechts ist das Gericht nicht auf die von den Parteien beigebrachten Nachweise beschränkt, sondern kann andere Erkenntnisquellen benutzen und erforderliche Anordnungen treffen, § 293 ZPO. **266**

b) **Die Prüfung „von Amts wegen".** Neben dem Untersuchungsgrundsatz gibt es die Pflicht des Gerichts, im Zivilprozess manche Umstände **„von Amts wegen"** zu prüfen. Darunter fällt insbesondere die Prüfung: **267**
- von Sachurteilsvoraussetzungen, die die Zulässigkeit der Klage betreffen, so etwa die Parteifähigkeit, die Prozessfähigkeit oder die Legitimation eines gesetzlichen Vertreters, § 56 ZPO;
- des Einspruchs gegen ein Versäumnisurteil, § 341 Abs. 1 ZPO;
- des Vorliegens einer Vollmacht vor dem Amtsgericht, § 88 Abs. 2 ZPO.

Diese Umstände ermittelt aber nicht das Gericht von sich aus im Wege der Amtsermittlung (so aber BGH NJW 1996, 1059; NJW 2000, 290), sondern die Parteien haben dem Gericht die erforderlichen Tatsachen vorzutragen und notfalls die Beweismittel anzubieten. Übereinstimmendes Parteiverhalten (Behaupten oder Nichtbestreiten) bindet jedoch das Gericht nicht in der Weise, dass es die Tatsache oder den Umstand als gegeben anzunehmen hätte. Bei verbleibenden Zweifeln kann das Gericht gleichwohl angebotene Beweise hierzu erheben (BAG MDR 2000, 781), beispielsweise kann das Gericht die Prozessfähigkeit einer Partei gemäß § 52 ZPO auch dann durch einen Sachverständigen überprüfen lassen, wenn der Prozessgegner erklärt, dass er die Behauptung des Gegners über seine Prozessfähigkeit zugestehe. Diese übereinstimmende Erklärung der Parteien ist für das Gericht nicht bindend.

3. Der Mündlichkeitsgrundsatz

268 Die Verhandlung vor dem erkennenden Gericht ist mündlich, § 128 Abs. 1 ZPO. Für Klageschrift und Urteil ist hingegen Schriftform vorgeschrieben, §§ 253 Abs. 1, 313 Abs. 1 ZPO. Der Grundsatz der Mündlichkeit wird ergänzt durch die Grundsätze der Öffentlichkeit und der Unmittelbarkeit der mündlichen Verhandlung.

269 a) **Grundsatz der mündlichen Verhandlung.** Grundsätzlich darf das erkennende Gericht im Urteilsverfahren über einen Rechtsstreit **nicht ohne mündliche Verhandlung entscheiden**, d. h. einem Urteil hat eine mündliche Verhandlung vorauszugehen, § 128 Abs. 1 ZPO; so auch bei einer Entscheidung über einen Antrag auf Erlass einer einstweiligen Verfügung, § 937 ZPO.

270 In besonderen Fällen kann auch im Urteilsverfahren **ein Urteil ohne mündliche Verhandlung** ergehen. Außer beim Verfahren nach § 495a ZPO – vor den Amtsgerichten – in Bagatellsachen kann nach § 128 Abs. 2 ZPO **mit Zustimmung der Parteien** ausnahmsweise ein kompletter Rechtsstreit ohne jegliche mündliche Verhandlung entschieden werden. Dabei muss das Einverständnis der Parteien schriftlich (BVerwG NJW 1981, 1852), eindeutig (BGH NJW 2007, 2122) und bedingungslos (BGHZ 18, 62) erklärt werden. Unzulässig ist die Anordnung des schriftlichen Verfahrens „im vermuteten Einverständnis der Parteien". Da die Zustimmung der Parteien Prozesshandlung ist, unterliegt sie im Anwaltsprozess dem Anwaltszwang und ist grundsätzlich unwiderruflich, es sei denn die Prozesslage hat sich wesentlich verändert, § 128 Abs. 2 ZPO, oder das Einverständnis der anderen Partei steht noch aus (BGH NJW 2001, 2479). Die Anordnung des schriftlichen Verfahrens erfolgt durch förmlich zuzustellenden Beschluss, § 329 Abs. 2 ZPO. Das Gericht bestimmt zunächst den Zeitpunkt, bis zu dem Schriftsätze eingereicht werden können, und sodann einen Verkündungstermin für die Entscheidung, § 128 Abs. 2 ZPO. Der Zeitpunkt, bis zu dem Schriftsätze eingereicht werden können, entspricht dem Schluss der mündlichen Verhandlung.
Demgegenüber können Entscheidungen, die nicht Urteile sind – insbesondere **Beschlüsse** – grundsätzlich ohne mündliche Verhandlung ergehen, § 128 Abs. 4 ZPO; beispielsweise der Verweisungsbeschluss, § 281 Abs. 1 ZPO, oder die Urteilsberichtigung, § 319 Abs. 2 ZPO. In manchen Fällen eines Beschlussverfahrens muss aber aufgrund mündlicher Verhandlung entschieden werden, vgl. § 128 Abs. 4 ZPO (z. B. der Tatbestandsberichtigungsbeschluss – auf Antrag, § 320 ZPO).

271 b) **Gegenstand der mündlichen Verhandlung als Entscheidungsgrundlage.** Nur was Gegenstand der mündlichen Verhandlung vor dem erkennenden Gericht war, darf als Entscheidungsgrundlage dienen (BGH NJW 1997, 397). Vorzutragen sind Sachanträge, § 297 ZPO, Beweisanträge, Erhebung von Verfahrensrügen, § 282 Abs. 3 ZPO, Vortrag des Ergebnisses der Beweisaufnahmen, § 285 Abs. 2 ZPO, und Tatsachenvortrag. Dem mündlichen Vortrag ist die Bezugnahme auf Schriftstücke und vorbereitende Schriftsätze, § 129 ZPO, gleichgestellt, § 137 Abs. 3 ZPO. Die in der Praxis übliche Bezugnahme kann sogar stillschweigend erfolgen. Durch Antragstellung und Verhandlung ist der gesamte bis zum Termin angefallene Akteninhalt zum Gegenstand der mündlichen Verhandlung gemacht (BGH NJW 1999, 2123) und bildet insgesamt die Grundlage für die gerichtliche Entscheidung.

c) **Durchbrechung des Mündlichkeitsgrundsatzes.** Aus dem Mündlichkeitsgrundsatz 272
ergibt sich, dass **Parteivortrag**, der **nach dem Schluss der mündlichen Verhandlung**
erfolgt, nicht entscheidungsrelevant ist, weil er nicht Gegenstand der mündlichen Erörterung sein konnte. Nachgereichte Schriftsätze, die zwischen Verhandlungs- und Verkündungstermin bei Gericht eingehen, sind daher für das Gericht nicht beachtlich, § 296a ZPO. Davon ausgenommen sind „nachgelassene Schriftsätze" nach §§ 139 Abs. 5, 283 ZPO, solche, die die Wiedereröffnung der mündlichen Verhandlung nach § 156 ZPO gebieten und reine Rechtsausführungen.

Ein „**nachgelassener Schriftsatz**" ist ausnahmsweise beachtlich, wenn das Gericht auf 273
einen Hinweis gemäß § 139 Abs. 5 ZPO oder auf nicht rechtzeitig vorgebrachten Vortrag
des Gegners gemäß § 283 ZPO **eine Schriftsatzfrist** zur Wahrung des rechtlichen Gehörs einzuräumen hatte. Dabei hat das Gericht dem Gegner für den nachzureichenden
Schriftsatz eine Frist zu setzen und gleichzeitig auf einen Zeitpunkt nach Fristablauf
Termin zur Verkündung einer Entscheidung anzuberaumen. Der fristgemäß eingereichte Schriftsatz muss – unter Durchbrechung des Mündlichkeitsgrundsatzes – bei
Abfassung der Entscheidung berücksichtigt werden. Wird die Stellungnahme hingegen
verspätet vorgelegt, so kann das Gericht den Vortrag berücksichtigen, wenn die Entscheidung noch nicht beraten und abgesetzt war (BGH NJW 1983, 2031). Eine solche Schriftsatzfrist ist gemäß § 283 ZPO einzuräumen, wenn der Gegner im Verhandlungstermin
neue entscheidungserhebliche Angriffs- oder Verteidigungsmitteln vorbringt, das
Vorbringen nicht rechtzeitig vor dem Termin erfolgt ist (wobei zumindest die Wochenfrist des § 132 Abs. 1 ZPO gewahrt sein muss), die überraschte Partei sich nicht
umgehend in der mündlichen Verhandlung auf den neuen Vortrag **erklären kann** und
die überraschte Partei dies **beantragt**.

4. Der Unmittelbarkeitsgrundsatz

Die Verhandlung und Beweisaufnahme muss unmittelbar vor dem erkennenden Gericht 274
– ohne Dazwischentreten einer richterlichen Mittelsperson – stattfinden. Die Entscheidung soll auf dem vom Richter selbst erlebten Eindruck der mündlichen Verhandlung
beruhen und nur von Richtern gefällt werden, welche der dem Urteil zugrunde liegenden Verhandlung beigewohnt haben, **§ 309 ZPO**. Seine Hauptbedeutung hat dieser
Grundsatz jedoch im Zusammenhang mit der Beweisaufnahme, § 355 ZPO. Der Unmittelbarkeitsgrundsatz setzt die persönliche Präsenz von Gericht und Partei oder Beweisperson am Terminsort voraus, § 219 ZPO. Der „neue" § 128a Abs. 1 ZPO lockert das
Erfordernis der körperlichen Anwesenheit, indem er – unter engen Voraussetzungen –
die Verhandlung im Wege der Bild- und Tonübertragung ermöglicht.

Eine **Durchbrechung** des Unmittelbarkeitsgrundsatzes (nach § 309 ZPO) findet beim 275
schriftlichen Verfahren nach § 128 Abs. 2 ZPO oder § 495a ZPO und beim Verfahren
der Entscheidung nach Aktenlage gemäß §§ 251a, 331a ZPO statt; sowie wenn ein beauftragter oder ersuchter Richter, §§ 361, 362 ZPO, entscheidet. Auch der Richterwechsel
im Laufe eines Verfahrens stellt eine Durchbrechung des Unmittelbarkeitsgrundsatzes
dar. Insoweit ergeben sich jedoch Probleme nur im Bereich der Verwertung von Beweisaufnahmen, die von einem anderen Richter durchgeführt wurden, dieser müssen die
Parteien zustimmen, anderenfalls muss die Beweisaufnahme wiederholt werden (dazu
auch noch unten bei der Beweisaufnahme).

5. Der Grundsatz der Öffentlichkeit

Der Grundsatz der Öffentlichkeit dient der demokratischen Kontrolle der Rechtspre- 276
chung und besagt, dass grundsätzlich jedermann Zugang zu Gerichtsverhandlungen hat
(RGZ 157, 344). Die Verhandlung vor dem erkennenden Gericht einschließlich der
Verkündung von Urteilen ist **öffentlich**, § 169 Satz 1 GVG.

277 a) **Umfang der Öffentlichkeit.** Der Grundsatz der Öffentlichkeit gilt für die streitige und nicht streitige mündliche Verhandlung, die Güteverhandlung, die Beweisaufnahme (vgl. BGH NJW 2000, 2508; 2006, 1220) und die Urteilsverkündung, § 173 Abs. 1 GVG. Unerheblich ist, ob die Verhandlung im Gerichtssaal oder im Dienstzimmer des Richters, im Rahmen einer Beweisaufnahme vor Ort im Freien oder in sonstigen Räumen stattfindet. Auch dort ist Öffentlichkeit herzustellen. Zur Herstellung der Öffentlichkeit genügt, wenn auf Klingeln Zutritt gewährt wird (OLG Köln NStZ-RR 1999, 335; BVerwG NVwZ 2000, 1298). Dies ist bei Schließen der Pforte an Gerichten um 18.00 Uhr sicherzustellen, während noch Verhandlungen stattfinden.

278 Erkennendes Gericht ist das nach dem Geschäftsverteilungsplan zur Entscheidung berufene Gericht als Einzelrichter, Kammer oder Senat, nicht jedoch der beauftragte oder ersuchte Richter, für die der Öffentlichkeitsgrundsatz nicht gilt (BVerwG NVwZ-RR 1989, 167). In Beschlussverfahren besteht ebenso keine Öffentlichkeit wie bei Abnahme von eidesstattlichen Versicherungen nach §§ 899 ff ZPO oder im Insolvenzverfahren. Die Öffentlichkeit kann nur wirksam hergestellt werden, wenn Zuhörer sich über Termin und Ort einer Verhandlung informieren können. Es ist daher regelmäßig am Gerichtsort ein Aushang erforderlich.

279 Die Zulassung von Publikum findet dort seine Grenze, wo die örtlichen Gegebenheiten eine Begrenzung verlangen (vgl. BGHSt 21, 73) oder der Schutz der Beteiligten besondere Maßnahmen erfordert. Dort kann die **Öffentlichkeit beschränkt** werden. So besteht kein Anspruch, dass für alle Besucher genügend Sitzplätze vorhanden sind; ist die Raumkapazität erschöpft, so müssen zu spät ankommende Besucher nicht mehr eingelassen werden. Allerdings dürfen nicht nur bestimmte Personen zugelassen werden und willkürlich andere, etwa Pressevertreter, nicht (vgl. RGZ 157, 345). Unerwachsenen Personen (z. B. unter 16 Jahren) oder Personen, die in einer der Würde des Gerichts nicht entsprechenden Weise erscheinen, kann der Zutritt zur öffentlichen Verhandlung versagt werden, § 175 ZPO. Der Vorsitzende übt nach § 176 ZPO die Polizeigewalt aus, die zu weiteren beschränkenden Maßnahmen ermächtigt.

280 Eine Verletzung des Grundsatzes der Öffentlichkeit liegt nur vor, wenn der Ausschluss von Zuhörern **mit Wissen und Wollen des Gerichts** erfolgt und nicht nur Folge eines Versehens des Gerichtswachtmeisters oder Urkundsbeamten ist (BGH NJW 1970, 1846). Die Öffentlichkeitsverletzung bietet einen **absoluten Revisionsgrund**, § 547 Nr. 5 ZPO.

281 b) **Ausschließung der Öffentlichkeit.** Bei besonderen Prozessgegenständen kann oder muss die Öffentlichkeit ausgeschlossen werden, § 173 GVG. So sind **Familiensachen** und Angelegenheiten der **freiwilligen Gerichtsbarkeit** nicht öffentlich. Das Gericht kann aber die Öffentlichkeit zulassen, wenn kein Beteiligter **Einwände** hat, § 170 Abs. 1 GVG. Weiter kann die Öffentlichkeit insoweit ausgeschlossen werden, als **Umstände** aus dem **persönlichen Lebensbereich** eines Prozessbeteiligten (z. B. Intim- und Privatsphäre) zur Sprache kommen, deren öffentliche Erörterung schutzwürdige Interessen verletzen würde, soweit nicht das öffentliche Interesse überwiegt, § 171b ZPO. Schließlich kann nach § 172 ZPO – bei Gefährdung der **Sicherheit und Geheimnisschutz** – die Öffentlichkeit ausgeschlossen werden. Die Urteilsverkündung ist jedoch immer öffentlich.

6. Der Konzentrationsgrundsatz

282 Es ist ein starkes Anliegen aller Prozessbeteiligten, dass der Rechtsstreit alsbald entschieden wird; lange Prozessdauer hilft niemandem. Der Gesetzgeber hat deshalb unter dem **Konzentrationsgrundsatz** (auch „Beschleunigungsgrundsatz" genannt), Regelungen geschaffen, die den Verfahrensablauf konzentrieren und beschleunigen sollen.

a) Die Prozessförderungspflicht. aa) Das Gericht hat die Pflicht den Rechtsstreit in nur einem, zeitnah stattfindenden Haupttermin, der durch prozessfördernde Maßnahmen und Bereitstellung von Erkenntnisquellen umfassend vorzubereiten ist (§ 272 Abs. 1 ZPO) – und nur erschwert verlegt werden kann (Terminsverlegungen sind nur aus erheblichen Gründen zugelassen, § 227 ZPO) –, zu erledigen. Der Terminsvorbereitung dient ein schriftliches Vorverfahren oder ein früher erster Termin, § 272 Abs. 2 ZPO, und dem Verhandlungstermin ist eine auf schnelle Erledigung zielende Güteverhandlung vorzuschalten, § 278 Abs. 2 ZPO.

283

bb) Für die Parteien besteht daher die Pflicht **zu rechtzeitigem Vortrag und zur Einhaltung von Fristen** mit der Möglichkeit des Richters, verspätetes Vorbringen zurückweisen zu können.
Die Parteien sind **zum rechtzeitigen Vortrag verpflichtet**, Kläger und Beklagter haben daher **ihre Angriffs- und Verteidigungsmittel** in tatsächlicher und rechtlicher Hinsicht, insbesondere Behauptungen, Bestreiten, Einwendungen, Einreden, Beweismittel und Beweiseinreden, nach Maßgabe der §§ 282 Abs. 1, 2, 277 Abs. 1, 132 ZPO zeitig vorzubringen, andernfalls kann der Vortrag zurückgewiesen werden, **§ 296 Abs. 2 ZPO**. Zulässigkeitsrügen sind vom Beklagten gleichzeitig und vor seiner Verhandlung zur Hauptsache vorzubringen, vor Stellung der Anträge, § 137 Abs. 1 ZPO. Bei den unverzichtbaren Sachurteilsvoraussetzungen (Prozessfähigkeit, Zuständigkeit, etc.) bedeutet die Rüge lediglich eine Anregung, da diese das Gericht ohnehin von Amts wegen zu prüfen hat. Anderes gilt jedoch für Zulässigkeitsrügen, auf die der Beklagte verzichten kann (§§ 269 Abs. 6 ZPO; § 110 ZPO; § 88 Abs. 1 ZPO; § 1032 ZPO), hier führt die verspätete Rüge zur Zurückweisung durch das Gericht, wenn der Beklagte die Verspätung nicht genügend entschuldigt, **§ 296 Abs. 3 ZPO**.

284

Dem Zweck konzentrierter Prozessführung dienen zahlreiche richterliche **Fristen** für das Parteivorbringen **zu deren Einhaltung die Parteien verpflichtet sind**. Ihre Versäumung kann ebenfalls zur Zurückweisung des Vorbringens nach Fristablauf führen, **§ 296 Abs. 1 ZPO**. Wegen der weitreichenden Folgen einer möglichen Zurückweisung nach § 296 ZPO, muss die Frist setzende Verfügung vom zuständigen Richter unterzeichnet, nicht nur paraphiert sein (BGH NJW 1980, 1167; 1991, 2774). Sie muss eindeutig Fristlauf und Gegenstand der Fristsetzung erkennen lassen (BVerfG NJW 1982, 1453) und der betroffenen Partei als beglaubigte Abschrift förmlich zugestellt werden (BGH NJW 1980, 1960; BGHZ 76, 236). Eine bloße Mitteilung der Geschäftsstelle setzt die Frist nicht in Lauf (Heilung von Zustellungsmängeln vgl. § 189 ZPO). In Fällen der §§ 276 Abs. 2, 277 Abs. 2 ZPO setzt die Wirksamkeit der Fristsetzung eine Belehrung über die Folgen einer Fristüberschreitung voraus (BGH NJW 1983, 822). Richterliche Fristen können bei Vorliegen erheblicher Gründe verlängert werden, § 224 Abs. 2 ZPO. **§ 296 Abs. 1 ZPO** wird darüber hinaus auch hinsichtlich anderer Fristen **für entsprechend anwendbar erklärt**, so etwa in § 340 Abs. 3 Satz 3 ZPO (Einspruchsschrift), § 411 Abs. 4 ZPO (Einwendungen gegen Sachverständigengutachten), § 530 ZPO (Berufung) oder §§ 697 Abs. 3 Satz 2, 700 Abs. 5 ZPO (nochmalige, jetzt richterliche Aufforderung zur Anspruchsbegründung nach Beendigung des Mahnverfahrens).

285

b) Zurückweisung verspäteten Vorbringens: Präklusion, § 296 ZPO. – aa) Begriff und Bedeutung. Die ZPO begnügt sich nicht mit sanktionsloser Aufforderung zu rechtzeitigem Parteivorbringen. Vielmehr muss in den Fällen des § 296 Abs. 1, 3 ZPO und kann im Fall des § 296 Abs. 2 ZPO verspätetes Vorbringen zurückgewiesen werden, sog. Präklusion, und bleibt für die Entscheidung unberücksichtigt. Dies dient einer konzentrierten Prozessabwicklung, birgt aber die Gefahr sachlich unrichtiger Entscheidungen, wenn das präkludierte Vorbringen entscheidungserheblich gewesen wäre. Insoweit wird der Verfassungsgrundsatz des rechtlichen Gehörs eingeschränkt. Die Regelung ist bei verfassungskonformer Handhabung verfassungsgemäß (BVerfG NJW 1980, 277,

286

1737; 1990, 2389). Die Zurückweisung darf erst nach Anhörung des Gegners erfolgen, weil erst dann eine Verzögerung beurteilt werden kann und das Gericht selbst muss seiner Prozessförderungspflicht nachgekommen sein und versucht haben, eine Verzögerung durch die Partei aufzufangen.

> **Klausurproblem:** Der Beklagte überschreitet die Klageerwiderungsfrist um wenige Tage und benennt in seinem Schriftsatz Zeugen. Das Gericht unterlässt die Ladung der Zeugen zum in drei Wochen später anberaumten Termin. Im Termin stellt das Gericht eine Verspätung der Klageerwiderung fest und konstatiert eine Verzögerung des Rechtsstreits, wenn erneuter Termin zur Vernehmung der Zeugen des Beklagten anberaumt werden müsste und weist das Vorbringen als verspätet zurück: **Unzulässig**, weil die Zeugen nach § 273 Abs. 2 Nr. 4 ZPO noch rechtzeitig zum Termin hätten geladen werden können.

287 bb) **Voraussetzungen der Präklusion nach §§ 296 Abs. 1 und 2 ZPO.** Nach § 296 Abs. 1 ZPO muss Vorbringen, das unter Überschreitung **einer hierfür gesetzten Frist** verspätet erfolgt, zurückgewiesen werden, außer wenn die Zulassung die Prozesserledigung nicht verzögern würde oder wenn die Verspätung genügend entschuldigt wird.

288 Nach **§ 296 Abs. 2 ZPO** kann Vorbringen, das zwar ohne Fristversäumnis, aber unter **Verstoß gegen die allgemeine Prozessförderungspflicht** nach §§ 282, 177, 132 ZPO nicht rechtzeitig vorgebracht wird, zurückgewiesen werden, wenn die Zulassung die Prozesserledigung verzögern würde und die Verspätung auf grober Nachlässigkeit beruht.

289 Die Zurückweisung erfordert also **Verspätung, Verschulden und Verzögerung.** Die Partei oder ihren Vertreter muss an der Verspätung ein **Verschulden** treffen (BGH NJW 1988, 62). Im Falle der Fristversäumung des § 296 Abs. 1 ZPO reicht einfaches Verschulden, welches vermutet wird. Bei Verstoß gegen die Prozessförderungspflicht verlangt das Gesetz in § 296 Abs. 2 ZPO grobe Nachlässigkeit, also Verletzung der prozessualen Sorgfalt in ungewöhnlich hohem Maße, unter Würdigung aller von der Partei darzulegender Umstände. Da das Gericht in die Parteisphäre keinen Einblick hat, genügt die Feststellung der äußeren Umstände grober Nachlässigkeit, es obliegt dann der Partei, dies zu widerlegen (BGH NJW 1982, 2561).

290 Präklusion ist nur zulässig, wenn die Zulassung des verspäteten Vortrags die Erledigung des Rechtsstreits **verzögern** würde. Dabei werden zwei Verzögerungsbegriffe vertreten: Nach dem Begriff der **„relativen" Verzögerung** ist hypothetisch zu untersuchen, wann der Rechtsstreit bei rechtzeitigem Vorbringen abgeschlossen worden wäre und wann er bei Zulassung des verspäteten Vortrags tatsächlich beendet werden könnte. Ist Letzteres erst zu einem späteren Zeitpunkt möglich, so verzögert die Zulassung und Präklusion ist geboten. Die Vertreter des herrschenden **„absoluten" Verzögerungsbegriffs** (st. Rspr. BGH: zuletzt NJW 1983, 576) stellen darauf ab, ob die Zulassung des verspäteten Vorbringens im Vergleich zu seiner Zurückweisung zu einer längeren Verfahrensdauer führen würde. Beurteilungszeitpunkt ist derjenige, zu dem das neue Vorbringen kommt. Aus verfassungsrechtlichen Gründen ist aber eine erkennbare „Überbeschleunigung", also eine deutlich kürzere Verfahrensdauer als bei rechtzeitigem Parteivorbringen, zu vermeiden (BVerfG NJW 1987, 2733). Weiter muss der verspätete Vortrag für die Verzögerung ursächlich sein. Die Kausalität fehlt, wenn das Verfahren aus anderen Gründen ohnedies noch nicht zum Abschluss gebracht werden kann.

> **Klausurproblem:** Trotz Fristversäumung liegt demnach keine Verfahrensverzögerung vor, wenn über das verspätete Vorbringen sofort abschließend verhandelt wer-

den kann, etwa weil die neuen Beweismittel präsent sind (z. B. ein in die Sitzung mitgebrachter Zeuge). Gleiches gilt, wenn der Vortrag zwar verspätet, aber noch so rechtzeitig vor dem Termin kommt, dass das Gericht die Verspätung durch eine prozessleitende Maßnahme auffangen kann (vgl. BVerfG NJW-RR 1999, 1079; BGH NJW 1979, 1988), indem es den Zeugen kurzfristig in die Sitzung lädt.

> **Klausurproblem:** Die Zurückweisung verspäteten Vorbringens erfolgt erst im Urteil, nicht etwa im laufenden Verfahren durch Beschluss. Sie muss in den Entscheidungsgründen begründet werden (BGH NJW 1999, 585; 2002, 290).

cc) Umgehungen. Eine Partei kann einer drohenden Zurückweisung verspäteten Vorbringens entgehen, wenn sie – unter Inkaufnahme der damit verbundenen Nachteile – in die Säumnis flieht oder als Kläger die Klage erweitert oder als Beklagter Widerklage erhebt. Die Zurückweisung nach § 296 Abs. 1, 2 ZPO betrifft nur die Verzögerung von Angriffs- und Verteidigungsmitteln, d. h. die zur Begründung des Sachantrags oder zur Verteidigung dagegen vorgebrachten Einwendungen, nicht jedoch den Angriff selbst. Ein neuer, die Klage ändernder oder erweiternder Sachantrag durch den Kläger oder die Erhebung einer Widerklage durch den Beklagten sind nie verspätet oder präkludiert.

291

> **Klausurproblem:** Der Beklagte hat versäumt, sein Verteidigungsvorbringen innerhalb der ihm gesetzten Frist dem Gericht mitzuteilen. Legt er nun erstmals im Termin einen Schriftsatz vor, der die entsprechenden Verteidigungsmittel enthält, so muss er damit nach § 296 Abs. 1 ZPO zurückgewiesen werden, falls er die Verspätung nicht entschuldigen kann. Wegen § 531 Abs. 1 ZPO kann er gegen die Zurückweisung auch in der Berufungsinstanz nicht mehr erfolgreich angehen. Besser steht er da, wenn er den Termin gänzlich versäumt und ein Versäumnisurteil gegen sich ergehen lässt. Denn nach § 340 Abs. 3 ZPO muss die säumige Partei ihre Angriffs- und Verteidigungsmittel in der Einspruchsschrift vorbringen. Das Gericht muss dann diesen Sachvortrag noch berücksichtigen, wenn dadurch keine Verzögerung eintritt. Da das Gericht bei zulässigem Einspruch einen Verhandlungstermin über Einspruch und Hauptsache bestimmen muss und in zumutbarem Rahmen gehalten ist, durch vorbereitende Maßnahmen gemäß § 273 ZPO die Säumnis auszugleichen (BGH NJW 1980, 1105), kann doch noch eine weitergehende Verzögerung vermieden und so die Zurückweisung verhindert werden. Allerdings braucht der Termin nicht so weit hinaus angesetzt zu werden, dass zwischenzeitlich noch umfangreiche Beweisaufnahmen, insbesondere zeitaufwendige Sachverständigengutachten, erledigt werden können (i. E. str.: „Terminierung im normalen Geschäftsgang" OLG Köln MDR 2005, 1188; „Umfassende Vorbereitung möglich" BGH MDR 1980, 574; vermittelnd BGH MDR 1981, 309; BVerfG NJW 1990, 2373 „was dem Gericht zeitl. an Vorbereitung zumutbar ist").

dd) Zurückweisung in der Berufungsinstanz. Für die Berufungsinstanz gelten entsprechende Regeln über die Zurückweisung verspäteten Vorbringens, §§ 530 bis 532 ZPO. Dabei ist zunächst zwischen erstinstanzlich präkludiertem und erstinstanzlich nicht geltend gemachten Vortrag sowie in zweiter Instanz verspätetem Vortrag zu unterscheiden.

292

(1) Erstinstanzlich präkludierter Vortrag: Die Zurückweisung von Angriffs- und Verteidigungsmitteln, die in der ersten Instanz nach § 296 ZPO erfolgt ist, wird vom Berufungsgericht überprüft. Das im ersten Rechtszug zurecht zurückgewiesene Vorbringen bleibt auch in der Berufungsinstanz ausgeschlossen, § 531 Abs. 1 ZPO. Dazu ist aber

293

erforderlich, dass eine ausdrückliche Zurückweisung im Urteil erfolgt ist. Hat eine Partei nach Schluss der mündlichen Verhandlung noch etwas vorgetragen, was im Urteil nach § 296a ZPO unberücksichtigt geblieben ist, liegt kein „zurückgewiesenes" Vorbringen vor (BGH NJW 1979, 2109; OLG Köln OLGR 2004, 60). Vielmehr ist dann eine Prüfung nach § 531 Abs. 2 ZPO veranlasst.

294 (2) **Erstinstanzlich nicht geltend gemachter Vortrag:** Alles, was erstinstanzlich nicht ausdrücklich präkludiert worden ist, kann grundsätzlich in zweiter Instanz noch vorgebracht werden, wenn der neue Vortrag erstinstanzlich nicht aus Nachlässigkeit (einfache Fahrlässigkeit) unterblieb, § 531 Abs. 2 Nr. 3 ZPO, oder wenn er infolge eines Verfahrensmangels unterblieben ist, § 531 Abs. 2 Nr. 2 ZPO – etwa weil das Gericht keinen Hinweis nach § 139 ZPO erteilt hat oder die gesetzte Frist zu kurz war – oder wenn er einen Gesichtspunkt betrifft, der vom erstinstanzlichen Gericht erkennbar übersehen oder für unerheblich gehalten worden ist, § 531 Abs. 2 Nr. 1 ZPO. Die Zulassung neuen Vortrags ist folglich geboten, wenn die Angriffs- oder Verteidigungsmittel erst nach der letzten mündlichen Verhandlung erster Instanz entstanden sind oder wenn der neue Vortrag erst durch das angefochtene Urteil, durch neuen Vortrag der Gegenpartei oder durch zulässigen eigenen neuen Angriff veranlasst wurde.

295 (3) **Zweitinstanzlich verspäteter Vortrag:** Schließlich unterliegen alle zulässigen Angriffs- und Verteidigungsmittel der Gefahr der Präklusion durch die zweite Instanz, wenn sie entgegen §§ 520 oder 521 Abs. 2 ZPO nicht rechtzeitig innerhalb der Berufungsbegründungsfrist bzw. der Stellungnahmefristen vorgebracht werden; § 296 Abs. 1 bis 4 ZPO gelten entsprechend, § 530 ZPO.

296 Verzichtbare Zulässigkeitsrügen sind innerhalb der Berufungsbegründungsfrist oder einer fristgebundenen Stellungnahmefrist nach §§ 520, 521 Abs. 2 ZPO vorzubringen; werden diese Fristen versäumt, so ist die Verspätung zu entschuldigen, § 532 Satz 1 ZPO. Das Gleiche gilt bei in zweiter Instanz neu vorgebrachten prozesshindernden Einreden, die schon in erster Instanz hätten erhoben werden können, § 532 Satz 2 ZPO. § 532 ZPO gilt nicht für die Rüge der Unzuständigkeit des erstinstanzlichen Gerichts, weil hierauf eine Berufung nicht gestützt werden kann, § 513 Abs. 2 ZPO.

297 c) **Exkurs: Verlust von Verfahrensrügen nach § 295 ZPO.** Von der Vorschrift des § 296 ZPO ist zwingend die Vorschrift des **§ 295 ZPO, die Verstöße gegen das Verfahren und die Form betrifft**, zu unterscheiden. Es obliegt den Parteien, Verfahrensverstöße zu rügen. Dieses Rügerecht wird durch die Vorschrift des § 295 ZPO zeitlich begrenzt. Will die Partei mit ihrer Rüge gehört werden, so hat sie die Rüge spätestens in dem auf den Verfahrensfehler folgenden Hauptsachetermin vorzubringen, § 295 Abs. 1 ZPO. Wird die Rüge nicht in diesem zeitlichen Rahmen erhoben, verliert die Partei ihr Rügerecht, das Gesetz fingiert den Rügeverzicht und eine rückwirkende Heilung der verletzten Verfahrensvorschrift tritt ein.

> **Klausurproblem:** Die Klage ist nicht ordnungsgemäß zugestellt oder der Zeuge wird versehentlich nicht belehrt oder seine Aussage nicht vorgespielt. Unerheblich, wenn die Partei nach § 295 ZPO nicht rügt.

§ 295 ZPO gilt nur bei Verstößen gegen verzichtbare Verfahrensvorschriften, wie z. B. die nicht ausschließlichen Zuständigkeitsvorschriften (§§ 39, 40 ZPO); die Geschäftsverteilung innerhalb des Gerichts (§ 21e GVG – BGH NJW 1964, 201) oder die Zustellung der Klageschrift (BGH FamRZ 2008, 680). § 295 ZPO findet hingegen bei der Verletzung von unverzichtbaren Verfahrensvorschriften (zwingender Verfahrensvorschriften), die nicht zur Disposition der Parteien stehen, keine Anwendung. Darunter sind beispielsweise von Amts wegen zu beachtende Sachurteilsvoraussetzungen wie Rechtsweg, Partei-, Prozess- und Postulationsfähigkeit; Öffentlichkeit der Verhandlung; Wahrnehmung von Hinweis- und Erörterungspflichten des Gerichts, § 139 ZPO usw. zu verstehen.

7. Das rechtliche Gehör

Der Grundsatz der Gewährung rechtlichen Gehörs beruht auf Art. 103 Abs. 1 GG und Art. 6 Abs. 1 EMRK. Er besagt, dass niemand in seinen Rechten durch eine gerichtliche Maßnahme betroffen sein darf, ohne vorher Gelegenheit zur Äußerung gehabt zu haben (BGHZ 48, 333; BVerfGE 9, 95). Im Zivilprozess folgt daraus, dass sich die Verfahrensbeteiligten zum gesamten Prozessstoff äußern dürfen. Nur der Prozessstoff, zu dem rechtliches Gehör gewährt worden ist, darf vom Gericht zur Entscheidungsgrundlage gemacht werden. Gelegenheit zur Stellungnahme kann sowohl in der mündlichen Verhandlung als auch durch Einräumung einer schriftsätzlichen Äußerung gegeben werden. Grundsätzlich müssen alle Beteiligten zu allen Anträgen, Tatsachen und Beweisergebnissen, die der Entscheidung zugrunde gelegt werden sollen, die Möglichkeit zur Stellungnahme gehabt haben. Das Gericht muss die Stellungnahmen der Prozessbeteiligten auch zur Kenntnis nehmen, sich mit dem Prozessstoff auseinandersetzen und auf sie im Urteil eingehen (zu den Grenzen: BVerfGE 85, 1149). **Ausnahmen** vom Grundsatz des rechtlichen Gehörs gibt es in den Eilverfahren (Arrest, einstweilige Verfügung, selbstständige Beweissicherung) oder bei Pfändungen gemäß § 834 ZPO. Bei diesen kann in zulässiger Weise ohne Gewährung rechtlichen Gehörs entschieden werden, weil ansonsten der Zweck des Verfahrens vereitelt werden könnte (BVerfGE 65, 233). Dem Grundsatz des rechtlichen Gehörs wird durch die möglichen Rechtsbehelfsverfahren Rechnung getragen.

Die **Verletzung des rechtlichen Gehörs** ist ein **Verfahrensfehler**, der, ohne dass es dabei auf ein Verschulden des Gerichts ankäme, bei Einlegung eines Rechtsmittels (Berufung, Revision) oder Rechtsbehelfs (Rechtsbeschwerde) zur Aufhebung des Urteils führen kann, wenn dies auf der Rechtsverletzung beruht.

Nur soweit kein Rechtsmittel oder anderer Rechtsbehelf (mehr) gegeben ist, etwa weil kein Rechtsmittel vorgesehen ist oder die Rechtsmittelfrist abgelaufen ist (bei nicht zugelassenem Rechtsmittel ist Nichtzulassungsbeschwerde zu erheben – BVerfG NJW 2007, 3418), besteht gegen Endentscheidungen die subsidiäre Möglichkeit der **Gehörsrüge nach § 321a ZPO**. Der durch die Verletzung des rechtlichen Gehörs Beschwerte kann die Rüge schriftlich innerhalb einer Notfrist von zwei Wochen seit Kenntnis der Verletzung des rechtlichen Gehörs bei dem Gericht, dessen Entscheidung angegriffen wird, § 321a Abs. 2 ZPO, erheben. Ist die Rüge unzulässig oder unbegründet, so wird sie durch zu begründenden und unanfechtbaren Beschluss zurückgewiesen, § 321a Abs. 4 ZPO. Andernfalls wird der Rechtsstreit in den Stand vor Schluss der mündlichen Verhandlung zurückversetzt und vom Gericht fortgeführt. Die neu zu erlassende Endentscheidung hält das bisherige Urteil aufrecht oder hebt es auf, §§ 321a Abs. 5, 343 ZPO.

II. Ablauf der mündlichen Verhandlung

1. Der frühe erste Termin und der Haupttermin

Früher erster Termin und Haupttermin sind rechtlich gleichwertig ausgestaltet. Auch der frühe erste Termin soll zur endgültigen Prozesserledigung führen, § 275 Abs. 2 1. HS ZPO. Falls nach dem frühen ersten Termin noch ein Haupttermin erforderlich ist, soll im frühen ersten Termin der nachfolgende Haupttermin umfassend vorbereitet werden, es sollen sich weitere vorbereitende Maßnahmen des Gerichts anschließen, § 275 Abs. 2

ZPO. Im Übrigen ist der Verhandlungsablauf des frühen ersten Termins und des Haupttermins derselbe.

2. Terminsablauf

302 **a) Der Vorsitzende.** Der Vorsitzende (der Amtsrichter, der Einzelrichter beim Landgericht oder der Kammer- oder Senatsvorsitzende bei Kollegialgerichten) **eröffnet** und **leitet** die mündliche Verhandlung, § 136 Abs. 1 ZPO. Nach vollständiger Erörterung **schließt** er die Verhandlung und **verkündet** die Entscheidung des Gerichts, § 136 Abs. 3, 4 ZPO. Ihm obliegt die Aufrechterhaltung der Ordnung in der Sitzung, § 176 GVG. Seine Befugnisse dienen der Gewährleistung eines geordneten Verfahrensablaufs und dem Schutz der Verfahrensbeteiligten.

303 Gegen Parteien, Zeugen, Sachverständige oder Dritte, die sich in der Sitzung einer Ungebühr schuldig machen, kann durch den Vorsitzenden bzw. das Gericht ein Ordnungsgeld bis 1.000 € oder Ordnungshaft bis zu einer Woche festgesetzt und sofort vollstreckt werden, § 178 GVG. Gerichtspersonen, Referendare und Rechtsanwälte als Prozessbevollmächtigte sind hiervon ausgenommen (OLG Düsseldorf MDR 1994, 297). Der Verhandlungstermin beginnt mit dem **Aufruf der Sache** durch den Vorsitzenden, §§ 220 Abs. 1, 136 Abs. 1 ZPO. Wird verhandelt, ohne dass die Sache aufgerufen wurde oder ist der Aufruf nicht hinreichend deutlich erfolgt, sodass eine erschienene Partei effektiv nicht in die Lage versetzt wurde zu hören, dass jetzt verhandelt wird, so ist ihr Anspruch auf **Gewährung rechtlichen Gehörs** verletzt (BVerfGE 42, 369). Der Vorsitzende stellt daher fest, wer von den Beteiligten erschienen ist, § 160 Abs. 1 Nr. 4 ZPO.

304 **b) Beginn der mündlichen Verhandlung.** Die mündliche Verhandlung wird dadurch eingeleitet, dass die Parteien ihre **Anträge stellen**, § 137 Abs. 1 ZPO. Die Anträge sind im Partei- und Anwaltsprozess **aus den vorbereitenden Schriftsätzen** zu verlesen, § 297 Abs. 1 Satz 1 ZPO. Allerdings betrifft dies nur Sachanträge, die den gerichtlichen Entscheidungsrahmen gemäß § 308 ZPO vorgeben. Kein Sachantrag ist der Antrag auf Klageabweisung (BGH NJW 1970, 100; str.), er ist daher auch nicht zu verlesen. Er kann auch mündlich gestellt werden oder sich aus dem Verhandeln der Partei ergeben (BGH NJW 1965, 397). Ist der Antrag im Schriftsatz noch nicht enthalten, weil der Rechtsanwalt im Termin – ggf. auf Anregung des Gerichts – seinen Antrag neu formuliert, so kann der Vorsitzende gestatten, dass der neu formulierte Antrag stattdessen **zu Protokoll** gegeben wird, § 297 Abs. 1 Satz 3 ZPO. Statt der Verlesung der Anträge aus den Schriftsätzen ist es grundsätzlich gestattet, dass die Parteien auf die Schriftsätze Bezug nehmen, die den Antrag enthalten, § 297 Abs. 2 ZPO. Dies ist in der gerichtlichen Praxis die Regel. Die Antragstellung und ihre Form sind im Protokoll nach § 160 Abs. 3 Nr. 2 ZPO festzuhalten.

> **Klausurproblem:** (Wenn Sie genau schauen, werden Sie dieses Problem häufig in Examensarbeiten finden!) Nach Erörterung der Sach- und Rechtslage in der mündlichen Verhandlung erklärt der Kläger, er stelle nun noch einen weiteren Antrag oder er ändere seine Anträge ab. Hier ist jeweils ein kurzer Hinweis auf § 297 ZPO angebracht. Grundsatz: Verlesung aus den Schriftsätzen. Aber hier wohl nicht, da es sich ja um neue Anträge handelt. Hilfsweise: Verlesung aus der Anlage. Dann müsste die Anlage erst gefertigt werden. Höchsthilfsweise: Erklärung zu Protokoll, § 297 S. 2 ZPO.

305 Die Antragstellung ist der Beginn der „streitigen Verhandlung" und hat folgende Wirkungen:
– Das Gericht ist bei der Entscheidung an den Sachantrag **gebunden**, es darf nicht über den klägerischen Antrag hinausgehen, § 308 Abs. 1 ZPO;

- die Antragstellung **wirkt fort** bis zum Schluss der letzten mündlichen Verhandlung, sie muss also nicht in jedem Termin und auch nicht nach der Beweisaufnahme wiederholt werden (BGH NJW 2004, 2019); anders ist dies, wenn ein Richterwechsel stattgefunden hat (BAG NJW 1971, 1332; str.);
- wer zur Hauptsache mündlich verhandelt, verliert sein Recht, die **Unzuständigkeit** des angerufenen Gerichts **geltend zu machen**, §§ 39, 40 ZPO („rügelose Einlassung"); beim Amtsgericht tritt diese Wirkung allerdings nur ein, wenn die Partei vom Richter nach § 504 ZPO auf die Unzuständigkeit und auf die Folgen der rügelosen Einlassung hingewiesen worden ist;
- wer sich in Kenntnis eines Ablehnungsgrundes gegen den Richter bei ihm in eine Verhandlung eingelassen oder Anträge gestellt hat, verliert das **Ablehnungsrecht**, § 43 ZPO;
- **Verfahrensrügen** gehen verloren, wenn sie nicht spätestens bei der nächsten mündlichen Verhandlung erhoben worden sind, § 295 ZPO;
- die **Klagerücknahme** ist nur bis zum Beginn der mündlichen Verhandlung des Beklagten zur Hauptsache, also vor dessen Antragstellung, ohne Zustimmung des Beklagten möglich; danach muss er zustimmen, § 269 Abs. 1 ZPO.

c) Erörterung des Streitverhältnisses. Der Vorsitzende **führt in den Sach- und Streitstand ein**, dies gilt nicht, wenn der mündlichen Verhandlung eine Güteverhandlung vorausgegangen ist, § 278 Abs. 2 S. 2 ZPO. Der Verhandlungstermin dient der Erörterung des Streitverhältnisses in tatsächlicher und rechtlicher Hinsicht zwischen dem Gericht und den Parteien. Der Vorsitzende hat folglich dafür Sorge zu tragen, dass die Sache **erschöpfend erörtert** und die Verhandlung **ohne Unterbrechung zu Ende geführt** wird, § 136 Abs. 3 ZPO. Jederzeit kann das Gericht zur Aufklärung des Sachverhalts auch direkt die Partei ansprechen, das ist Sinn und Zweck der Anordnung des persönlichen Erscheinens nach § 141 ZPO. Die **persönliche Anhörung** in der Güteverhandlung nach § 278 Abs. 2 Satz 3 ZPO findet im Verhandlungstermin ihre Fortsetzung. Es handelt sich hierbei jedoch nicht um die Beweisaufnahme in Form einer Parteivernehmung gemäß §§ 445 ff ZPO, sondern um Parteivortrag.

Das Gericht kann durch Beschluss anordnen, dass zunächst nur über die **Zulässigkeit** der Klage verhandelt wird, § 280 Abs. 1 ZPO. Eines Antrages der Parteien bedarf es hierzu nicht, vielmehr entscheidet das Gericht im nicht überprüfbaren Ermessen über die abgesonderte Verhandlung. Sie ist dann angezeigt, wenn das Gericht Bedenken gegen die Zulässigkeit der Klage wegen Fehlens einer Sachurteilsvoraussetzung hat. Greifen die Zulässigkeitsbedenken nicht durch, ergeht ein die Zulässigkeit **bejahendes Zwischenurteil**, nach dessen Rechtskraft von Amts wegen Termin bestimmt wird (BGH NJW 1979, 2307), auf Antrag auch schon früher, § 280 Abs. 2 ZPO. Ebenfalls **Zwischenurteil** ergeht, wenn die weitere Zulässigkeit der Klage die Anordnung einer Prozesskostensicherheit, §§ 112, 113 ZPO, erforderlich macht. Stellt sich die Klage als unzulässig heraus, so ergeht ein **klageabweisendes Endurteil**. Im Falle der Unzuständigkeit erfolgt stattdessen die Verweisung an das zuständige Gericht gemäß § 281 ZPO, wenn dies hilfsweise beantragt ist.

d) Beweisaufnahme und Schlussverhandlung. Nach der Erörterung des Sach- und Streitstands folgt die Beweisaufnahme, § 279 Abs. 2 ZPO. Eine Beweisaufnahme ist aber auch in einem frühen ersten Termin nicht ausgeschlossen, etwa wenn Zeugen von den Parteien in die Sitzung gestellt oder rechtzeitig nach § 273 ZPO geladen wurden. Nach der durchgeführten Beweisaufnahme hat das Gericht dann **erneut den Sach- und Streitstand** und, soweit bereits möglich, das **Ergebnis der Beweisaufnahme** mit den Parteien zu **erörtern**, §§ 279 Abs. 3, 285 ZPO. Den Parteien ist Gelegenheit zu geben, zur Beweisaufnahme Stellung zu nehmen. Ausnahmsweise ist den Parteien zur Beweisaufnahme noch ein Schriftsatzrecht zu gewähren. Das Gericht hat die Pflicht, den Parteien das **Ergebnis der Beweisaufnahme** aus seiner Sicht **mitzuteilen.** Das Unterlassen dieser Informationspflicht ist **Verfahrensfehler** und eine Verletzung des **rechtlichen Gehörs** der Parteien (BGH NJW 1990, 121), weil den Parteien die Möglichkeit genommen wird, auf das Beweisergebnis zu reagieren. Ausnahmsweise wird das Gericht von einer sofortigen Beweiswürdigung absehen dürfen, wenn es sich um komplizierte Darlegungen handelt, die erst sorgfältig gewertet werden müssen. Dann sind wenigstens die Kriterien der Beweiswürdigung aufzuzeigen.

309 e) **Schluss des Verhandlungstermins und Verkündung der Entscheidungen.** Nach vollständiger Erörterung der Sache **schließt** der Vorsitzende die mündliche Verhandlung und **verkündet** die Entscheidung des Gerichts, § 136 Abs. 4 ZPO. Der Schluss der mündlichen Verhandlung **präkludiert** regelmäßig weiteres Vorbringen der Parteien, § 296a ZPO, soweit nicht nach § 283 ZPO ein Schriftsatzrecht gewährt worden ist.

310 Die Verkündung des auf die mündliche Verhandlung ergehenden **Urteils** erfolgt in dem Termin, in dem die mündliche Verhandlung geschlossen wird (**Stuhlurteil – Ausnahmefall in der Praxis**) oder in einem sofort anzuberaumenden Termin, § 310 Abs. 1 Satz 1 ZPO (**Verkündungstermin**). Die Verkündung erfolgt in Anwesenheit der Parteien durch vorlesen der Urteilsformel, § 311 Abs. 2 S. 1 ZPO. Wird das Urteil in einem separaten Verkündungstermin verkündet, so muss es hierbei **in vollständiger Form abgefasst** sein, § 310 Abs. 2 ZPO. Der Verkündungstermin ist **öffentlich**, § 173 GVG, und es ist ein **Protokoll** zu erstellen, § 160 Abs. 3 Nr. 7 ZPO.

311 Anstelle einer Entscheidung in der Sache **kann** ein **Beschluss** ergehen, dass die bereits geschlossene mündliche Verhandlung **wiedereröffnet** werde, wenn dafür ein Grund gegeben ist, § 156 ZPO. Die Entscheidung steht grundsätzlich im Ermessen des Gerichts. Ausnahmsweise **muss** es aber zwingend die Wiedereröffnung anordnen, wenn einer der Gründe des § 156 Abs. 2 ZPO vorliegt.

III. Beweiserhebung und -würdigung

1. Beweiserhebung

312 a) **Das Beweisverfahren.** Ist der gesamte, vom Gericht zu entscheidende Sachverhalt zwischen den Parteien – wie regelmäßig – nicht unstreitig, muss das Gericht vor der Rechtsanwendung zunächst einmal, im Beweisverfahren, den zu entscheidenden Sachverhalt klären.

313 aa) **Zweck des Beweisverfahrens.** Das Gericht hat zur Streitentscheidung die Rechtsnormen auf den von den Parteien unterbreiteten Sachverhalt anzuwenden. Soweit die Parteien in der Schilderung der entscheidungserheblichen Tatsachen übereinstimmen (unstreitiger Sachverhalt), kann das Gericht sogleich zur Rechtsanwendung schreiten. Regelmäßig wird jedoch der relevante Sachverhalt von den Parteien unterschiedlich dargestellt (streitiger Sachverhalt), sodass das Gericht vor der Rechtsanwendung die häufig schwierigere Aufgabe der Ermittlung des wahren Sachverhalts zu lösen hat.

> **Beispiel**
> Der Kläger trägt vor, der Beklagte habe ihn mit einem Faustschlag verletzt und dadurch geschädigt. Der Beklagte bestreitet den Kläger überhaupt berührt zu haben. Was hat sich nun tatsächlich abgespielt? Die Frage, wer hier die wahre und damit für die Entscheidung maßgebliche Sachverhaltsschilderung vorträgt, ist schwieriger zu beantworten als die Frage, welche Rechtsfolge im einen oder anderen Fall eintreten muss.

314 Bei widersprechendem Parteivortrag dient das Beweisverfahren dazu, dem Gericht die Überzeugung von der Wahrheit oder Unwahrheit einer relevanten Behauptung zu verschaffen.

bb) **Notwendigkeit der Beweiserhebung.** Während das Gericht bei der Rechtsfindung auf sich selbst gestellt ist (lat. „iura novit curia": Das Gericht kennt das Recht), ist es bei der Sachverhaltsermittlung auf die Mitwirkung der Parteien angewiesen (Beibringungsgrundsatz): Die Parteien haben die Tatsachen und die Beweismittel vorzutragen; ihr Verhalten entscheidet über die Beweisbedürftigkeit einer Tatsache, §§ 288, 138 Abs. 3 ZPO. Wird eine Tatsache zugestanden, bedarf sie keines Beweises, § 288 Abs. 1 ZPO; wird sie nicht bestritten, ist sie als zugestanden anzusehen und damit ebenfalls nicht beweisbedürftig, § 138 Abs. 3 ZPO (siehe unten (1)); wird sie bestritten, muss Beweis erhoben werden, arg. § 138 Abs. 3 ZPO (siehe unten (2)). Es ist also nur Beweis zu erheben über bestrittene Tatsachen.

315

(1) **Geständnis, § 288 ZPO:** Ein Sachverhalt steht für das Gericht fest, wenn er von einer Partei vorgetragen und von der anderen zugestanden ist, § 288 Abs. 1 ZPO. Während Anerkenntnis und Verzicht einen prozessualen Anspruch umfassen, bezieht sich das Geständnis auf Tatsachenbehauptungen des Gegners (BGH MDR 1990, 324). Es ist eine ggf. dem Anwaltszwang unterliegende Prozesshandlung und bedingungsfeindlich. Anders als das Anerkenntnis ist das Geständnis – unter den sehr engen Voraussetzungen des § 290 ZPO – widerruflich.
Wo der Dispositionsgrundsatz herrscht, ist das Gericht an die zugestandene Tatsache gebunden (BGH MDR 2005, 1307), auch bei bewusst unwahren Geständnissen (BGHZ 129, 2011), es sei denn es liegt ein offenkundiger Verstoß gegen die Wahrheitspflicht vor (BGH MDR 1979, 1001). In Verfahren des Untersuchungsgrundsatzes (z. B. Familiensachen, § 26 FamFG) ist das Geständnis nicht bindend, aber bei der Beweiswürdigung zu beachten.

316

> **Klausurproblem:** Im Prozess verlangt der Kläger vom Beklagten Herausgabe eines Bildes und Zahlung von 10.000 Euro aus einem streitigen Darlehensvertrag. Im Termin anerkennt der Beklagte den geltend gemachten Herausgabeanspruch und gesteht zu, das streitige Darlehen empfangen zu haben. Im Fortsetzungstermin widerruft er das Anerkenntnis und das Geständnis, mit der Begründung – die tatsächlich stimmt und die er belegen kann – er habe sich bezüglich des Bildes und bezüglich des Darlehens geirrt. Folge: Anerkenntnis kann nicht widerrufen werden, es ergeht Teil-Anerkenntnisurteil; das Geständnis kann widerrufen werden, § 290 ZPO. Es wird über das Darlehen der Prozess weitergeführt, es steht nicht fest, dass der Beklagte das Darlehen tatsächlich empfangen hat.

(2) **Nichtbestreiten:** Tatsachen, die nicht ausdrücklich bestritten werden, sind als zugestanden anzusehen, wenn nicht die Bestreitensabsicht aus den übrigen Erklärungen der Partei hervorgeht, § 138 Abs. 3 ZPO. Allerdings kommt dem Nichtbestreiten keine bindende Geständniswirkung i. S. des § 288 ZPO zu (BVerfG NJW 2001, 1565). Was zunächst nicht bestritten wurde, kann im weiteren Verlauf des Rechtsstreits – in den Grenzen der §§ 282, 296 ZPO – noch bestritten werden.

317

Das Maß des Bestreitens richtet sich nach dem Grad der Substantiierung der bestrittenen Tatsachenbehauptung. Werden Tatsachen vom Darlegungs- und Beweispflichtigen nicht in Einzelheiten geschildert, so kann sich der bestreitende Gegner auf „einfaches Bestreiten" beschränken und muss nicht die fehlende Konkretisierung nachliefern (BGH NJW 1995, 3312).

318

> **Klausurproblem:** Der Bauherr wendet gegen die Werklohnklage „Mängel" des Werkes ein. Der Unternehmer kann dies bestreiten. Dadurch ist der Bauherr gezwungen, die Mängel zu substantiieren. Erst jetzt hat der Unternehmer ebenfalls substantiiert

> zu bestreiten. Die Bank klagt einen offenen Girokontensaldo ein, ohne sich auf ein Saldoanerkenntnis berufen zu können. Der Kunde darf den eingeklagten Saldo zunächst bestreiten. Substantiiert die Bank nun das Zustandekommen des Saldos durch Anführung der einzelnen Buchungen, so hat der Beklagte diese Einzelpositionen konkret zu bestreiten und sein Bestreiten auch mit Tatsachenvortrag zu untermauern (vgl. BGH NJW 1991, 2908).

Anders ist das nur, wenn der Darlegungspflichtige keine detaillierten Tatsachen vortragen kann, der bestreitende Gegner jedoch Kenntnis hat und ihm nähere Angaben zumutbar wären. Hier ist „substantiiertes Bestreiten" erforderlich (BGH, NJW 2008, 984 – sekundäre Darlegungslast). Pauschales Bestreiten des gesamten gegnerischen Vorbringens ist unbeachtlich.

319 (3) **Erklärung mit Nichtwissen**: Der Gegner kann sich auch auf behauptete Tatsachen mit Nichtwissen erklären, wenn er nicht ausdrücklich bestreiten will. Damit ist die Behauptung vom Beweispflichtigen unter Beweis zu stellen. Die Erklärung mit Nichtwissen ist nur zulässig über Tatsachen, die weder eigene Handlungen der Partei noch Gegenstand eigener Wahrnehmung gewesen sind, § 138 Abs. 4 ZPO. Handelt es sich um Tatsachen, die zwar im Erkenntnisbereich der Partei liegen, über die sie jedoch derzeit kein präsentes Wissen hat, muss sie sich durch Nachforschungen kundig machen (BGHZ 109, 209) oder den Grund ihrer Unkenntnis offenlegen (BAG NJW 2008, 1179). Gesetzlichen, nicht jedoch rechtsgeschäftlichen Vertretern ist die Kenntnis des Vertretenen zuzurechnen (BGH NJW 1999, 54). Gleiches gilt bei Unternehmern (Gesellschafter, Geschäftsführer) für Vorgänge innerhalb des eigenen Geschäfts- oder Verantwortungsbereichs (BGH NJW 2002, 613; 1995, 131). Insoweit ist nur Bestreiten oder Nichtbestreiten zulässig.

> **Klausurproblem**: Gegen eine Darlehensklage des A wendet B ein, den Darlehensbetrag dem A persönlich in bar zurückgezahlt zu haben. Der Kläger kann sich daran nicht mehr erinnern und erklärt sich deshalb mit Nichtwissen? Dies ist unzulässig, § 138 Abs. 4 ZPO, die Rückzahlung ist damit nicht bestritten und unstreitig.
> Gegen die Darlehensklage des A wendet B ein, den Darlehensbetrag dem Sohn des A in bar zurückgezahlt zu haben. Der Kläger weiß davon nichts und erklärt sich deshalb mit Nichtwissen? Hier ist die Erklärung mit Nichtwissen zulässig, § 138 Abs. 4 ZPO, gilt als bestritten und bedarf des Beweises.

320 (4) **Offenkundige Tatsachen**: Trotz Bestreitens durch den Gegner steht eine Tatsache auch dann für das Gericht fest, wenn es sich um eine offenkundige Tatsache handelt, § 291 ZPO. Unterschieden werden dabei allgemeinkundige Tatsachen, dies sind solche, die jedermann bekannt sind (z. B. historische Ereignisse) und gerichtskundige Tatsachen. Die gerichtskundigen Tatsachen sind solche, die dem Richter aus seiner amtlichen Tätigkeit bekannt sind (aber nicht, wenn er sich durch Akteneinsicht erst kundig machen muss). Davon zu unterscheiden ist das private Wissen des Richters, welches er außerhalb seiner gerichtlichen Tätigkeit zufällig erworben hat. Diese Erkenntnisse sind nicht offenkundig.

321 (5) **Bestrittene Tatsachen**. In allen übrigen Fällen des Bestreitens und der zulässigen Erklärung mit Nichtwissen muss eine Partei für die von ihr aufgestellten, vom Gegner aber bestrittenen Behauptungen, den Beweis führen, um das Gericht von der Richtigkeit ihres Vortrags zu überzeugen. Bloßes Bestreiten reicht allerdings nicht aus, wo eine gesetzliche Vermutung für eine Tatsache spricht, § 292 ZPO. Sind die Voraussetzungen der gesetzlichen Vermutung erbracht, so hat derjenige, der die gesetzliche Vermutung erschüttern will, den Gegenbeweis zu führen

> **Klausurproblem:** Der Kläger, der im Besitz der Sache ist, beruft sich auf die Eigentumsvermutung nach § 1006 BGB. Der Beklagte bestreitet das Eigentum des Klägers. Dies ist ungenügend, für den Kläger streitet § 1006 BGB, der Beklagte muss die Eigentumsvermutung widerlegen.

cc) Beweisarten. Zu unterscheiden sind der Strengbeweis, der Freibeweis und die Glaubhaftmachung.

(1) Strengbeweis: Das Gericht hat bei Streit über Tatsachenbehauptungen zu entscheiden, ob eine tatsächliche Behauptung für wahr oder für nicht wahr zu erachten ist, § 286 Abs. 1 ZPO. Regelmäßig ist hierfür die volle Überzeugung des Gerichts erforderlich (es dürfen keine vernünftigen Zweifel mehr bleiben), die das Gericht im Beweisverfahren mit den gesetzlich vorgesehenen Beweismitteln des Strengbeweises nach §§ 355 ff. ZPO erlangen soll. Die Beweisführung beschränkt sich danach auf die Einnahme des Augenscheins, §§ 371 ff. ZPO, die Zeugenvernehmung, §§ 373 ff. ZPO, die Einholung eines Sachverständigengutachtens, §§ 402 ff. ZPO, die Vorlage von Urkunden, §§ 415 ff. ZPO, und die Vernehmung des Gegners als Partei, §§ 445 ff. ZPO.

(2) Freibeweis: Dagegen ist das Gericht beim Freibeweis nicht auf die gesetzlich vorgesehenen Beweismittel beschränkt. Das Verfahren und die Beweismittel stehen in seinem Ermessen. Der Freibeweis findet Anwendung bei der Feststellung von Sachurteilsvoraussetzungen (BGH NJW 1992, 628), der Zulässigkeit eines Rechtsmittels (BGH VersR 2001, 733) oder im PKH-Prüfungsverfahren und mit Einverständnis der Parteien, § 284 Satz 2 ZPO. Das Beweismaß ist wie beim Strengbeweis die volle Überzeugung des Gerichts; wird diese an Gewissheit grenzende Wahrscheinlichkeit nicht erreicht, muss der Beweisbelastete den Beweis mit den Mitteln des Strengbeweises führen (BGH NJW 2000, 814).

(3) Glaubhaftmachung: Die Glaubhaftmachung ist eine weniger strenge Art der Beweisführung, bei der volle Überzeugung des Gerichts nicht nötig ist, vielmehr genügt „überwiegende Wahrscheinlichkeit" der behaupteten Tatsache (BGH NJW 1996, 1682; MDR 2007, 670). Dies ist weniger als Gewissheit, aber mehr als nur einfache Wahrscheinlichkeit. Glaubhaftmachung ist nur in gesetzlich geregelten Fällen zugelassen. Vor allem gilt sie im Arrest und im Verfügungsverfahren, § 920 Abs. 2 ZPO. Aber auch bei Richterablehnung, § 44 Abs. 2 ZPO; Fristverlängerung, § 224 Abs. 2 ZPO; Wiedereinsetzung, § 236 Abs. 2 ZPO; Verspätung, §§ 296 Abs. 2, 386 Abs. 1 ZPO. Wer eine Tatsache glaubhaft zu machen hat, darf sich aller Beweismittel bedienen, sofern sie präsent sind, d. h. die Beweiserhebung muss sofort möglich sein, § 294 Abs. 1, 2 ZPO. Das ist bei Berufung auf Zeugenaussagen oder Sachverständigen nur möglich, wenn die Zeugen oder der Sachverständige in die Sitzung mitgebracht werden; das Gericht lädt jedenfalls im Arrest- und Verfügungsverfahren keine Zeugen und Sachverständige. Urkunden oder Gutachten müssen vorgelegt werden. Darüber hinaus ist die Versicherung an Eides statt (vgl. § 154 StGB) durch die Partei oder einen Dritten (z. B. Rechtsanwalt) zugelassen, § 294 Abs. 1 ZPO, wenn dort eigene Wahrnehmungen geschildert werden (BGH NJW 2004, 3492). Auch die Vorlage von schriftlichen Zeugenaussagen, von unbeglaubigten Kopien oder von Fotos ist zugelassen. Das Gericht würdigt deren Beweiswert frei.

> **Klausurproblem:** Der Rechtsanwalt versichert an Eides statt, dass ihm seine Mandantin dieses und jenes erklärt hat. Der Zeuge schildert in einem Schreiben an das Gericht, wie er den Sachverhalt gesehen hat. Beides sind wohl keine wirksamen

> Versicherungen an Eides statt. Sie muss eine eigene Darstellung der glaubhaft zu machenden Tatsache enthalten und darf sich nicht in Bezugnahme auf Angaben Dritter erschöpfen. Dies ist nicht der Fall, wenn der Rechtsanwalt nur das versichert, was ihm seine Mandantin zum Sachverhalt erzählt hat; u. U. möglich, wenn es um eine zu beweisende Formalie geht. Im Übrigen sind beide wohl auch nicht in dem zu verlangenden Verfahren ergangen. Beide Schreiben können jedoch als Privaturkunden von Bedeutung sein.

326 dd) **Die Beweislast.** Die Beweislast hat im Prozess mehrfach Bedeutung. Wer die Beweislast hat, ist für den Beweisantritt verantwortlich. Er hat auch den eventuell vom Gericht geforderten Vorschuss zu zahlen. Sie bestimmt auch darüber, ob der angebotene Beweis eingeholt werden muss; denn nur, wenn vom Beweisbelasteten Beweis angeboten worden ist, muss er auch eingeholt werden.

> **Klausurproblem:** Der Kläger verlangt Schadensersatz wegen einer angeblichen Körperverletzung durch den Beklagten. Der Beklagte bestreitet eine Körperverletzung und bietet hierfür einen Zeugen an. Da der Beklagte für die Körperverletzung nicht beweispflichtig ist, darf sein Zeuge nicht vernommen werden, wenn der beweisbelastete Kläger keinen Beweis anbietet.

> **Klausurproblem:** In einem Wettbewerbsprozess ist ein Meinungsforschungsgutachten einzuholen. Die Parteien streiten sich, wer die Beweislast hat. Dies ist hier von großer Bedeutung, da das Gutachten – und damit der zu zahlende Vorschuss – sich schon auf 50.000 Euro belaufen kann.

Die Beweislast charakterisiert außerdem das Risiko einer Partei, bei Nichtbeweisbarkeit einer ihr günstigen Tatsache den Rechtsstreit zu verlieren. Ist das Gericht nach einer erschöpfend durchgeführten Beweisaufnahme weder von der Wahrheit noch von der Unwahrheit einer Beweistatsache überzeugt („non liquet"), entscheidet die Beweislast. In diesem Fall gilt die Tatsache zulasten des Beweisbelasteten als nicht erwiesen.

> **Klausurproblem:** Nach Beweisaufnahme über die Körperverletzung des Klägers durch Vernehmung der einzig vorhandenen Zeugen A und B ist noch immer ungeklärt, ob der Beklagte der Täter war. A meinte sich zu erinnern, dass der Beklagte zugeschlagen hat. B war sich relativ sicher, dass der Beklagte nicht zugeschlagen hat. Da der Kläger die Beweislast für seine Behauptung trägt, treffen ihn die Folgen dieses „non liquet": Die Klage wird abgewiesen. Oder im Fall mit dem Meinungsforschungsgutachten: Wenn keine Partei akzeptiert, dass sie die Beweislast hat und den Vorschuss einzahlt, wird ebenso nach der Beweislast entschieden; wer die Beweislast hat, hat keinen Beweis für den Anspruch angeboten, er ist des Beweises verlustig.

327 Wer die Beweislast hat, ergibt sich aus der Rechtsnorm, auf die der streitige Vortrag gestützt wird. Nach der Grundregel trägt der Anspruchssteller die Beweislast für die anspruchsbegründenden Tatsachen, der Anspruchsgegner für die rechtsvernichtenden, rechtshindernden und rechtshemmenden Tatsachen (BGH NJW 1991, 1052). Soweit die rechtsvernichtenden wieder durch rechtserhaltende Tatsachen negiert werden, liegt die Beweislast wieder beim Anspruchssteller (vgl. BGH NJW 1999, 353). Ausnahmen von dieser Grundregel bestehen in den Fällen gesetzlicher und richterlicher Beweislastumkehr.

328 Von dieser Grundregel weicht das Gesetz durch sprachliche Regel-Ausnahme-Formulierungen (gesetzliche Beweislastumkehr) häufig ab, etwa § 280 Abs. 2 S. 1 BGB aber § 476 BGB.

> **Klausurproblem:** Nach § 280 Abs. 1 Satz 1 BGB kann der Gläubiger Schadensersatz verlangen, wenn der Schuldner eine Pflicht aus dem Schuldverhältnis verletzt. Nach § 280 Abs. 1 Satz 2 BGB gilt dies nicht, wenn der Schuldner die Pflichtverletzung nicht zu vertreten hat. Nach dieser Regel-Ausnahme-Formulierung wird zugunsten des anspruchsberechtigten Gläubigers das Vertretenmüssen vermutet; der Schuldner hat also darzulegen und zu beweisen, dass er die Pflichtverletzung ausnahmsweise nicht zu vertreten hat. Behauptet der Käufer einer Sache beim Verbrauchsgüterkauf innerhalb von sechs Monaten seit Übergabe einen Sachmangel, wird gemäß § 476 BGB die Mangelhaftigkeit bei Gefahrübergang zu seinen Gunsten vermutet. Der Verkäufer muss den Gegenbeweis führen.

In bestimmten Rechtsgebieten haben die Gerichte ein Bedürfnis gesehen, die Beweislast abweichend von gesetzlichen Regeln zu verteilen (Beweislastumkehr durch Rechtsprechung), so obliegt es beispielsweise im Arzthaftungsrecht dem Arzt den Nachweis der fehlenden Ursächlichkeit eines groben Behandlungsfehlers für einen eingetretenen Gesundheitsschaden des Patienten zu erbringen (BGH NJW 2001, 2792, 2795; 2008, 1383) oder bei der Produzentenhaftung hat der Hersteller die Beweislast hinsichtlich mangelnden Verschuldens, falls der Kunde etwa durch einen Fabrikationsfehler oder Konstruktionsfehler zu Schaden gekommen ist (BGH NJW 1977, 379; VersR 1996, 1116).
Im Bereich des Prozessrechts bringt § 287 ZPO eine Beweiserleichterung für den Anspruchsteller, weil das Gericht bei ausreichenden tatsächlichen Anhaltspunkten über Grund und Höhe eines Schadens nach freiem Ermessen entscheiden darf.

329 **b) Der Beweisantrag. – aa) Antragsprinzip.** Nach dem **Beibringungsgrundsatz** obliegt es den Parteien, die Beweise anzubieten. Die Anordnung der Beweisaufnahme erfolgt daher regelmäßig auf Antrag einer Partei. Die Parteien haben dem Gericht zum Beweisantritt das Beweismittel für eine bestimmte Tatsachenbehauptung und das Beweisthema, welches bewiesen werden soll, zu bezeichnen. Hingegen sind Rechtssätze keine Tatsachen, die von den Parteien unter Beweis gestellt werden müssten; diese muss das Gericht selbst kennen und notfalls darüber Beweis erheben. Es kann im Wege des Freibeweises auch andere Erkenntnisquellen nutzen, § 293 ZPO.

330 Der Beibringungsgrundsatz wird jedoch dort durchbrochen, wo die Sachkunde des Gerichts zur Beurteilung der anspruchsbegründenden Tatsachen nicht ausreicht und die Begutachtung für eine sachgerechte Entscheidung unentbehrlich erscheint (BGH MDR 1976, 396). In diesen Fällen muss das Gericht von Amts wegen ein Sachverständigengutachten (§§ 402 ff. ZPO) einholen oder den Augenschein (§ 371 ZPO) einnehmen, § 144 Abs. 1 ZPO. Auch die Urkundenvorlage kann vom Gericht angeordnet werden, wenn sich eine Partei auf sie bezogen hat, § 142 ZPO. Schließlich ist auch die Parteivernehmung unter den strengen Voraussetzungen des § 448 ZPO von Amts wegen möglich. Uneingeschränkt gilt der Beibringungsgrundsatz nur noch bei dem Zeugenbeweis, §§ 373 ff. ZPO. Eine Zeugenvernehmung von Amts wegen ist ausgeschlossen.

331 Beweisanträge können als Angriffs- oder Verteidigungsmittel während des ganzen Rechtsstreits bis zum Schluss der mündlichen Verhandlung vorgebracht werden, unterliegen jedoch dem Rechtzeitigkeitsgebot des § 282 ZPO. Der Beweisantritt ist eine ggf. dem Anwaltszwang unterliegende Prozesshandlung, die widerruflich ist, solange der Beweis noch nicht erhoben ist. Davon zu unterscheiden ist der Verzicht auf Zeugen, der in § 399 ZPO geregelt ist.

332 Der Beweisantritt hat zu erfolgen für eine bestimmte Tatsachenbehauptung, er erfolgt durch Bezeichnung des Beweisthemas und des Beweismittels (z. B. Für die Tatsache, dass der A dem B einen Faustschlag ins Gesicht versetzt hat, bietet der A die Zeugin Erna Mayer, Hauptstraße 10, 70180 Stuttgart, an).

333 **bb) Ablehnung eines Beweisantrags.** Das Gericht hat dem Beweisantrag wegen beweisbedürftiger Tatsachen durch Beweiserhebung nachzugehen, wenn kein Ablehnungsgrund vorliegt. Dabei orientiert sich die Rechtsprechung an den Regelungen der §§ 244 Abs. 3-5 StPO, die auf den Zivilprozess mit Modifikationen übertragen werden können (BGHZ 53, 258). Die Ablehnung des Beweisantrages bedarf keines besonderen Verfahrens. Sie erfolgt durch Nichterhebung des Beweises. Allerdings empfiehlt es sich, den Ablehnungsgrund in den Entscheidungsgründen des Urteils zu benennen, weil die unberechtigte Übergehung eines Beweisantrages eine Verletzung des rechtlichen Gehörs und damit einen revisiblen Verfahrensfehler darstellt (BVerfG NJW 1991, 285).

> **Klausurproblem:** In der Klausur wird ein Beweisantrag, dem das Gericht nicht nachgeht, im Tatbestand des Urteils beim streitigen Vortrag der Partei, die den Beweis anbietet, aufgeführt. In den Entscheidungsgründen wird dann erörtert, warum dem Antrag nicht nachgegangen wurde, etwa weil es gar nicht beweisbedürftig war oder ein unzulässiges Beweismittel war.

Folgende Ablehnungsgründe sind anerkannt:

334 **(1) Fehlende Entscheidungserheblichkeit:** Das Gericht hat nicht sämtliche angebotenen Beweise blindlings zu erheben, sondern nur solche, die sich auf für die Entscheidung erhebliche Tatsachen beziehen. Entscheidungserheblich sind nur Tatsachen, die zur Schlüssigkeit des Klagevortrags oder zur Erheblichkeit der Klageerwiderung erforderlich sind. Tatsachenbehauptungen, die keine Voraussetzungen des geltend gemachten Anspruchs sind, sind nicht erheblich. Umgekehrt sind Einwendungen, die den schlüssigen Anspruch nicht zu zerstören vermögen, ebenfalls unerheblich. Beim Indizienbeweis muss die Indiztatsache einen genügend sicheren Rückschluss auf die entscheidungserhebliche Tatsache zulassen, sonst ist über sie kein Beweis zu erheben (BGH NJW 1993, 1391).

> **Klausurproblem:** Im Schadensersatzprozess mag erheblich sein, ob der Beklagte den Kläger mit der Faust ins Gesicht geschlagen oder mit dem Fuß getreten hat. Nicht erheblich ist (in aller Regel), ob es zur Tatzeit hell oder dunkel war, oder ob der Beklagte zu erheblichem Alkoholkonsum neigt. Einem entsprechenden Beweisantrag ist also nicht nachzugehen.

335 **(2) Unzulässiger Beweis:** Unzulässig ist ein Beweisangebot, das in der vorliegenden Verfahrensart (Beweiserhebungsverbot) oder wegen der Art des Beweismittels (Beweisverwertungsverbot) nicht gestattet ist. Nach §§ 592, 595 Abs. 2 ZPO sind im Urkundenprozess andere Beweismittel als Urkunden nicht statthaft (**Beweiserhebungsverbot**). Nach § 294 Abs. 2 ZPO können dort, wo Glaubhaftmachung vorgeschrieben ist, nur präsente Beweismittel berücksichtigt werden. Wird durch die Gewinnung von Beweismitteln in verfassungsrechtlich geschützte Individualrechte einer Person eingegriffen und ist dies nicht wegen anderer überragender Rechtsgüter gerechtfertigt, so darf der dennoch erhobene Beweis nicht verwertet werden (**Beweisverwertungsverbot** – BVerfG NJW 1992, 816).

> **Klausurproblem:** Beweisverwertungsverbot bei: Unter Verletzung des allgemeinen Persönlichkeitsrechts hergestellte heimliche **Tonbandaufnahme** (BGH NJW 1988, 1016; anders, wenn nicht die Intimsphäre betroffen ist: BGH NJW 1988, 277). Zeugenaussage eines Dritten über mittels Lautsprecher **mitgehörtes** privates **Telefongespräch**, ohne den Gesprächspartner zu informieren, wenn vertraulicher Gesprächscharakter (BGH NJW 2003, 1727). Im Übrigen kann regelmäßig nicht mit der Wahrung der Vertraulichkeit eines Telefongesprächs gerechnet werden, falls nicht ausdrücklich darum gebeten worden ist (BGH NJW 1982, 1398; OLG Düsseldorf NJW 2000, 1578). Rechtswidrig erlangte persönliche Aufzeichnungen wie **Tagebücher** oder **intime Briefe** (BGH NJW 1964, 1139), aber auch solchermaßen erlangte **Fotoaufnahmen** (BGHZ 35, 363) oder **Filmaufnahmen** (BAG NJW 2003, 3438). In diesen Fällen darf das Beweisverwertungsverbot auch **nicht** durch Vernehmung einer Mittelsperson umgangen werden. Beispielsweise: Anstelle der heimlichen Tonbandaufnahme wird ein Zeuge vernommen, der sie gehört hat und über sie aussagt.

336 (3) **Ausforschungsbeweis:** Grundsätzlich ist die Angabe von konkreten Tatsachen erforderlich, aus denen sich zusammen mit einem Rechtssatz die begehrte Rechtsfolge ergibt, ohne dass Begleitumstände geschildert werden müssten (BGH NJW-RR 2007, 1483). Ein Beweisangebot, dem die Bestimmtheit des zu benutzenden Beweismittels oder der zu ermittelnden Tatsache fehlt, also das Vorliegen eines Sachverhalts unspezifisch und ins Blaue hinein behauptet wird (BGH NJW 1995, 2111), wird als Ausforschungsbeweis bezeichnet. Er dient dem Ziel, durch die Beweisaufnahme erst die Grundlage für neue Behauptungen zu gewinnen und ist unzulässig (Beweisermittlungsantrag).

> **Klausurproblem:** Häufig wird in der Klausur der Antrag gestellt, den Zeugen Z zu vernehmen, weil er etwas zur Sache und zum Umfeld der Parteien aussagen könne. Dieser Antrag ist unzulässig.

Die Voraussetzungen an die Bestimmtheit einer Behauptung sind dort zu reduzieren, wo es um Tatsachenbehauptungen geht, die der Darlegungspflichtige nicht sicher wissen kann, etwa wo es um innere Tatsachen des Gegners geht (vgl. BGH NJW 1995, 1161; NJW-RR 1988, 1529). Aber auch dann sind tatsächliche Anhaltspunkte für die Beweisbehauptung zu nennen (BGH NJW 1995, 2111 f.) (z. B. Der Antrag auf Vernehmung der Ehefrau des Beklagten zum Beweis der Tatsache, dass der Beklagte Kenntnis vom Holzwurmbefall des verkauften Hauses gehabt habe, dürfte unzulässig sein (vgl. dazu auch BGH NJW 1983, 2034; NJW 1992, 2489)).

337 (4) **Ungeeigneter Beweis:** Ein Beweismittel ist ungeeignet, wenn die Beweiserhebung sicher keine Erkenntnisse erbringen kann. So braucht ein nach wissenschaftlicher Erkenntnis völlig sinnloser Beweis nicht eingeholt zu werden (z. B. Die Vernehmung eines Zweijährigen zum Unfallhergang oder zum Streit der Eltern).
Dabei ist aber zu beachten, dass eine Vorwegnahme der Beweiswürdigung (Beweisantizipation) unzulässig ist.

Beispiel
Die Vernehmung der Ehefrau wird abgelehnt, weil klar ist, was sie sagen wird (BGH NJW 1988, 566; MDR 2005, 164). Die Vernehmung des Zeugen wird abgelehnt, weil der Zeuge wegen langer Zeitspanne doch nichts mehr wissen kann oder weil bei dem Alter des Zeugen das Gedächtnis doch nicht mehr zuverlässig sein kann. Die Vernehmung des Vorbestraften wird abgelehnt, weil das Gericht ihm sowieso nicht glauben wird.

338 **(5) Bewiesene Behauptung:** Eine Beweiserhebung hat auch zu unterbleiben, wenn das Gericht von der zu beweisenden Tatsache bereits anderweitig überzeugt ist. Ein Beweis darf aber nicht deshalb abgelehnt werden, weil er die Überzeugung des Gerichts angeblich doch nicht mehr ändern könnte. Hier gilt wieder das Verbot der Beweisantizipation.

339 **(6) Unerreichbares Beweismittel:** Im Ausnahmefall kann auch ein Beweisantrag, der ein auf nicht absehbare Zeit unerreichbares Beweismittel bezeichnet, abgelehnt werden (BGHZ 168, 85) (z. B. Zeuge, der sich im Ausland aufhält und mit dessen Erscheinen nicht zu rechnen und eine Vernehmung im Wege der Rechtshilfe oder Videoübertragung nicht möglich oder nicht ausreichend ist (BGH NJW 1992, 1768; 1999, 3788)).

340 Steht der Beweisaufnahme lediglich ein behebbares Hindernis von ungewisser Dauer entgegen, kann dem Beweisführer durch Beschluss eine Frist zur Behebung gesetzt werden. Nach deren Ablauf kann der Beweisantrag übergangen werden, wenn nach der freien Überzeugung des Gerichts durch eine Beweisaufnahme das Verfahren verzögert wird, § 356 ZPO.

341 **(7) Verspäteter Beweisantrag:** Ein unter Verletzung der allgemeinen Prozessförderungspflicht oder wegen Fristversäumnis verspätet gestellter Beweisantrag ist unter den weiteren Voraussetzungen des § 296 ZPO abzulehnen.

342 **c) Die Anordnung der Beweisaufnahme.** Die Entscheidung, ob und welche Beweise erhoben werden, liegt beim Gericht. Die Beweisanordnung kann in einer formlosen Beweisanordnung oder mittels förmlichen Beweisbeschlusses erfolgen. Erfolgt die Beweisanordnung während der mündlichen Verhandlung und ist das Beweismittel präsent, etwa weil ein Zeuge von einer Partei vorsorglich in den Termin mitgebracht worden ist („in die Sitzung gestellt") oder vom Gericht zur Vorbereitung der Verhandlung geladen worden ist, bedarf es keinerlei Beschlusses (**formlose Beweisanordnung**). Die vorterminliche Anordnung einer Maßnahme nach § 273 ZPO ist noch keine Beweisanordnung: Ein nach § 273 Abs. 2 Nr. 4 ZPO vorsorglich geladener Zeuge muss nicht zwingend vernommen werden. Er hat aber auch ohne Vernehmung Anspruch auf Zeugenentschädigung. Die formlose Beweisanordnung wird durch Einleitung der Beweisaufnahme erkennbar. Allerdings hat sich in der Praxis der Erlass folgenden Beschlusses eingebürgert:

„B. u. v.: Der Zeuge ... soll vernommen werden."

Dieser – eigentlich überflüssige – Beschluss über die Beweisanordnung hinsichtlich eines sofort verfügbaren Beweismittels braucht nicht die Bestandteile eines förmlichen Beschlusses nach § 359 ZPO aufzuweisen, weder Beweisführer noch Beweisthema müssen angegeben werden.

343 Etwas anders gilt bei der Parteivernehmung, § 448 ZPO. Trotz Präsenz des Beweismittels besteht im Falle der Parteivernehmung eine Ausnahme von der formfreien Beweisanordnung: Zur Anordnung einer Parteivernehmung ist wegen § 450 ZPO stets ein förmlicher Beweisbeschluss nach § 359 ZPO nötig. Dadurch soll die Parteivernehmung von der bloßen Parteianhörung nach § 141 ZPO, die gerade keine Beweiserhebung darstellt, klar unterschieden werden.

344 Müssen die Beweismittel erst herbeigeschafft werden und erfordert die Beweisaufnahme ein besonderes Verfahren, so hat die Beweisanordnung durch **förmlichen Beweisbeschluss** zu erfolgen, § 358 ZPO. Als besondere Verfahren sind insbesondere die Beweiserhebung im Ausland oder durch beauftragte oder ersuchte Richter, §§ 361 ff. ZPO, aber auch die schriftliche Beantwortung einer Beweisfrage durch Zeugen, § 377 Abs. 3 ZPO, oder die schriftliche Begutachtung durch Sachverständige (Hauptfall), § 411 ZPO, anzusehen. Schließlich ist ein förmlicher Beweisbeschluss geboten, wenn die Kompliziertheit

der Beweisthemen, die Problematik der Beweislastverteilung oder die Erhebung von Gegenbeweisen dies erfordern. Der Beweisbeschluss ergeht entweder aufgrund mündlicher Verhandlung als verkündeter Beschluss, § 358 ZPO, oder als vorterminlicher Beweisbeschluss ohne mündliche Verhandlung, § 358a ZPO.
Der Beweisbeschluss muss nach § 359 ZPO das Beweisthema und das Beweismittel bezeichnen und den Beweisführer erkennen lassen. In dem Beweisbeschluss kann darüber hinaus die Bestimmung eines Termins zur Beweisaufnahme und ggf. Fortsetzung der mündlichen Verhandlung enthalten sein, § 370 Abs. 1 ZPO. Regelmäßig wird es sich dabei um den Haupttermin nach § 272 Abs. 1 ZPO handeln. Dazu kann auch das persönliche Erscheinen der Parteien angeordnet werden, § 141 Abs. 1 ZPO. Weiter die Anforderung eines Auslagenvorschusses, von dessen Eingang die Ladung der Zeugen abhängig gemacht werden soll, § 379 Satz 1 ZPO. Die Vorschusspflicht besteht bei allen mit Kosten verbundenen Prozesshandlungen des Gerichts. Der Beweisbeschluss unterliegt keiner Anfechtung der Parteien, weshalb auf diesem Wege eine Änderung nicht herbeigeführt werden kann, § 355 Abs. 2 ZPO.

Vorschusspflichtig ist die Partei, die den Beweis angeboten hat, ohne Rücksicht auf die Beweislast, § 359 Nr. 3 ZPO. Haben sich beide Parteien auf dasselbe Beweismittel berufen, so hat der Beweisbelastete den Vorschuss zu leisten (BGH NJW 1999, 2823). Wer die Ladung des Sachverständigen zum Termin beantragt, hat Vorschuss zu leisten, auch wenn das Gutachten auf Antrag des Gegners eingeholt worden ist (BGH MDR 1964, 502). Die Anordnung eines Auslagenvorschusses steht zwar im Ermessen des Gerichts, angesichts der beachtlichen Kosten, die etwa durch Sachverständigengutachten entstehen können, sollte die Vorschussanordnung aber die Regel sein.

Das Gericht setzt im Beschluss auch die Höhe des Vorschusses und eine Einzahlungsfrist fest. Wird der Vorschuss nicht rechtzeitig bezahlt, wird im Falle des Zeugenbeweises der Zeuge nicht geladen oder der – vorbehaltlich der pünktlichen Vorschusszahlung – geladene Zeuge wieder abgeladen, es sei denn die Zahlung wird so zeitig nachgeholt, dass die Vernehmung ohne Prozessverzögerung noch durchgeführt werden kann, § 379 Satz 2 ZPO. Auch ohne Zeugenladung bleibt der Termin bestehen (OLG Düsseldorf NJW-RR 1997, 1985), denn die Partei kann – mangels Präklusion (BGH NJW 1982, 2559) – den Beweis noch führen, wenn sie den Zeugen in die Sitzung stellt.

d) Verfahrensgrundsätze bei der Beweisaufnahme. – aa) Der Unmittelbarkeitsgrundsatz. Da der Beweisaufnahme häufig prozessentscheidende Bedeutung zukommt, ist es grundsätzlich geboten, dass die den Rechtsstreit entscheidenden Richter auch selbst die Beweisaufnahme erleben, um einen unmittelbaren Eindruck von den Beweismitteln zu gewinnen, §§ 309, 355 Abs. 1 Satz 1 ZPO. Nur dann sind sie in der Lage, die erhobenen Beweise zuverlässig zu würdigen. Davon lässt die ZPO nur wenige Ausnahmen zu:
- In den engen Voraussetzungen des § 375 ZPO kann nur einem Mitglied des Prozessgerichts oder einem anderen Gericht die Beweisaufnahme durch unanfechtbaren Beschluss übertragen werden (vgl. § 355 Abs. 2 ZPO); Beweisaufnahme durch den ersuchten oder beauftragten Richter (vgl. §§ 361, 362 ZPO).
- Das Gericht kann den Augenschein ohne weitere Voraussetzungen einem kommissarischen Richter übertragen, § 372 Abs. 2 ZPO, oder sogar einem Sachverständigen alleine überlassen, der dann insoweit sachverständiger Zeuge ist (vgl. BGH MDR 1974, 382). Nicht zulässig ist es aber, einem Sachverständigen die Ermittlung der für die Erstattung des Gutachtens erforderlichen Anknüpfungstatsachen zu übertragen, insbesondere eine Zeugenvernehmung durchzuführen (BGH NJW 1970, 1919 ff.; Ausnahmen bei Zöller-Greger § 355 Rn. 2).
- Für die Erhebung des Sachverständigenbeweises und die Durchführung der Parteivernehmung durch kommissarische Richter gilt § 375 ZPO entsprechend, §§ 402, 451 ZPO. Die Urkundenvorlegung kann im Fall des § 434 ZPO, insbesondere bei

Gefahr der Beschädigung oder des Verlustes, auch vor dem kommissarischen Richter erfolgen.
- Der Vorsitzende einer KfH darf Beweise alleine insoweit erheben, als anzunehmen ist, dass es für die Beweiserhebung auf die besondere Sachkunde der ehrenamtlichen Richter nicht ankommt und eine sachgemäße Beweiswürdigung durch die Kammer auch ohne unmittelbaren Eindruck von der Beweisaufnahme erfolgen kann, § 349 Abs. 1 Satz 2 ZPO. Ergibt sich das Erfordernis besonderer Sachkunde während der Beweisaufnahme, ist sie vor der Kammer zu wiederholen, vgl. § 398 ZPO.
- Der vorbereitende Einzelrichter des Berufungsgerichts nach § 527 ZPO kann auch schon einzelne Beweise erheben, soweit dies zur Vereinfachung der Verhandlung vor dem Gremium wünschenswert ist und es mutmaßlich auf den unmittelbaren Eindruck aller nicht ankommt, § 527 Abs. 2 Satz 2 ZPO. Die Durchführung einer gesamten umfänglichen Beweisaufnahme ist aber unzulässig (BGH NJW 1994, 801).
- Zur Durchbrechung des Unmittelbarkeitsgrundsatzes kann es auch bei einem Richterwechsel während des Verfahrens kommen. Das Gesetz verlangt in diesem Fall nicht grundsätzlich die Wiederholung einer schon durchgeführten Beweisaufnahme (BGHZ 53, 257), sofern die Eindrücke für den nachfolgenden Richter ausreichend im Protokoll festgehalten sind. Was nicht protokolliert ist, darf nicht verwertet werden. Wo es jedoch auf den unmittelbaren Eindruck ankommt, muss die Beweisaufnahme nötigenfalls wiederholt werden (BGH NJW 1997, 1586; NJW-RR 1997, 506).
- Im Einverständnis der Parteien kann das Gericht gestatten, dass sich ein Zeuge, ein Sachverständiger oder eine Partei während der Vernehmung an einem anderen Ort aufhält (Videovernehmung), § 128a Abs. 2 ZPO. Die Vernehmung wird zeitgleich in Bild und Ton in das Sitzungszimmer übertragen.

348 bb) **Grundsatz der Parteiöffentlichkeit.** Grundsätzlich sind Verhandlung und Beweisaufnahme öffentlich, § 169 GVG. Dieser Grundsatz ist für Beweisaufnahmen durch den kommissarischen Richter nach §§ 170 ff. GVG oder für Ortstermine des Sachverständigen außerhalb des Gerichtsgebäudes, vgl. § 219 ZPO, eingeschränkt. Die Parteien haben stets das Recht, nicht die Pflicht, bei einer Beweiserhebung anwesend zu sein, § 357 Abs. 1 ZPO. Nur so können sie auf den Verlauf der Beweisaufnahme, etwa durch Fragen, Einfluss nehmen. Erscheinen beide Parteien oder nur eine Partei zum Beweisaufnahmetermin nicht, so ist die Beweisaufnahme gleichwohl durchzuführen, soweit dies möglich ist, § 367 Abs. 1 ZPO. Unter den Voraussetzungen des § 367 Abs. 2 ZPO kann die nicht erschienene Partei eine Wiederholung oder Vervollständigung der Beweisaufnahme verlangen. Bei Verstoß gegen den Parteiöffentlichkeitsgrundsatz darf die Beweisaufnahme nicht stattfinden. Eine dennoch durchgeführte Beweiserhebung ist auf Rüge unverwertbar (RGZ 136, 299) und muss wiederholt werden. Allerdings ist das Recht der Parteiöffentlichkeit ein verzichtbares Recht, vgl. § 367 ZPO. Bei Verletzung des § 357 ZPO kann Rügeverzicht eintreten, § 295 ZPO (BGH LM § 295 Nr. 7).

349 e) **Beweisaufnahme im Wege der Rechtshilfe. – aa) Rechtshilfe durch deutsche Gerichte.** Die Gerichte haben sich in Zivilsachen Rechtshilfe zu leisten, § 156 GVG. Zuständig für die Erledigung von Rechtshilfeersuchen ist stets das Amtsgericht, in dessen Bezirk die Amtshandlung vorgenommen werden soll, § 157 Abs. 1 GVG. Dabei muss das Amtsgericht nicht dieselbe funktionelle Zuständigkeit wie das ersuchende Gericht aufweisen: Das Ersuchen des Familiengerichts muss nicht von der Familienabteilung des ersuchten Amtsgerichts erledigt werden (OLG Stuttgart FamRZ 1984, 716). Die Rechtshilfe wird durch ein Ersuchungsschreiben an das Rechtshilfegericht eingeleitet, § 157 Abs. 1 GVG. Dem ersuchten Richter ist der Beweisbeschluss zu übersenden.

> **Klausurproblem:** Das OLG in A schickt ein Ersuchen, § 362 ZPO, an das OLG in B, es möge bitte den Zeugen Z zu der Frage XY vernehmen. Das ist falsch. Auch

wenn der Rechtsstreit beim Oberlandesgericht anhängig ist, ist für die Rechtshilfe nach § 157 Abs. 1 GVG stets das Amtsgericht zuständig. Das Ersuchen ist also an das dortige Amtsgericht zu richten.

bb) Der Rechtshilfeverkehr mit dem Ausland. Die deutsche Staatsgewalt endet an der Staatsgrenze. Nur bei Genehmigung durch den ausländischen Staat und Genehmigung der deutschen Bundesregierung kann das deutsche Gericht im Ausland tätig werden. Im Bereich der EU-Mitgliedstaaten kann das deutsche Gericht nach §§ 1072 ff. ZPO i. V. m. der EG-VO 1206/2001 (EU-BeweisaufnahmeVO) unmittelbar das zuständige Gericht eines Mitgliedstaats um Beweisaufnahme ersuchen oder dort selbst eine unmittelbare Beweisaufnahme nach Art. 17 der VO beantragen (vgl. www.rechtshilfe-international.de). **350**

Nach dem Haager Zivilprozessübereinkommen vom 1.3.1954 (HZPÜ), der Rechtshilfeordnung in Zivilsachen vom 19.10.1956/1976 (ZRHO), dem Haager Beweisübereinkommen (HBÜ) vom 18.3.1970 und bei Bestehen von Rechtshilfeverträgen (vgl. Zöller/Geimer § 363 Rn. 38 ff.) können deutsche Konsularbeamte im Ausland Beweisaufnahmen durchführen. Sie sind dabei vom deutschen Gericht zu ersuchen, § 363 Abs. 2 ZPO. Dabei kann deutsches Verfahrensrecht zur Anwendung kommen. Viele Länder lassen aber nur die Vernehmung deutscher Staatsangehöriger zu. **351**

Rechtshilfeersuchen an ausländische Staaten sind dann erforderlich, wenn konsularische Vernehmungen nicht möglich oder zulässig sind. Dann müssen ausländische Staaten um Rechtshilfe ersucht werden, wenn ein dort wohnender Zeuge vernommen werden muss. Der Vorsitzende richtet das sorgfältig abzufassende Ersuchungsschreiben, das in Form und Inhalt den Voraussetzungen der Art. 3 HBÜ und ggf. Art. 4 EU-BeweisaufnahmeVO genügen muss, an die – nach ausländischem Recht – zuständige Behörde, § 363 Abs. 1 ZPO. Alternativ kann das deutsche Gericht anordnen, dass der Beweisführer das Ersuchungsschreiben zu besorgen und die Erledigung des Ersuchens zu betreiben hat, § 364 Abs. 1 ZPO. **352**

Die Beweisaufnahme folgt den Gesetzen des ausländischen Staats, sie muss daher auch nicht zwingend durch einen Richter vorgenommen werden. Allerdings sollte im Ersuchungsschreiben ausdrücklich darum ersucht werden, um den Standard der ZPO zu sichern. **353**

2. Die einzelnen Beweismittel

Für den Strengbeweis sind nur fünf Beweismittel zugelassen: Sachverständiger, Augenschein, Parteivernehmung, Urkunden und der Zeuge (SAPUZ). Das für die Assessorklausur sicher wichtigste Beweismittel ist der Zeuge. In einem Großteil der Klausuren wird Beweis durch einen Zeugen angeboten. Meist ist der Beweis auch zu erheben, der Prüfungskandidat hat dann den Beweis zu werten. **354**

a) Der Zeugenbeweis. – aa) Der Zeuge

Definition **355**
Der Zeuge ist eine am Verfahren nicht als Partei beteiligte Person, die aufgrund der von ihr gemachten Wahrnehmungen über Tatsachen oder Zustände aussagen soll, ohne diese zu würdigen. Er ist damit anders als der Sachverständige nicht austauschbar. Zeuge kann sein, wer nicht als Partei zu vernehmen ist. Der Zeuge bedarf keiner besonderen rechtlichen oder moralischen Qualität: Weder Alter oder Geisteszustand, noch eigenes Interesse am Prozessausgang hindern seine Zeugnisfähigkeit. Als Zeugen können daher auch Kinder, Geisteskranke, Ehegatten, nahe Verwandte, der Pro-

zessbevollmächtigte oder der Handelsvertreter über ein von ihm vermitteltes Geschäft vernommen werden. Solche besonderen Umstände sind jedoch bei der Beweiswürdigung zu berücksichtigen, § 286 ZPO.

Beispiele zulässige Zeugen
- Die nicht selbst prozessfähige Partei, wenn der gesetzliche Vertreter den Prozess führt, § 455 Abs. 1 ZPO (BGH NJW 2000, 291); Ausnahme: Der über 16 Jahre alte Minderjährige wird über eigene Handlungen und Wahrnehmungen als Partei vernommen, § 455 Abs. 2 ZPO;
- der nicht vertretungsberechtigte Gesellschafter einer OHG und der Kommanditist einer KG (BGH NJW 1965, 2254);
- der Aktionär im Prozess der AG (RG JW 1899, 673);
- Mitglieder eines verklagten rechtsfähigen Vereins;
- der Schuldner des Insolvenzverfahrens im Prozess des Insolvenzverwalters (BFH NJW-RR 1998, 63);
- der einfache Streitgenosse, soweit er nicht selbst als Partei betroffen ist (BGH MDR 1984, 47);
- der Erbe im Prozess des Testamentsvollstreckers;
- der Zedent im Prozess des Zessionars (BGH WM 1976, 424): Gerade diese Zeugenstellung wird oft durch Abtretung der streitgegenständlichen Forderung an einen Dritten „hergestellt", damit der Zedent im Prozess des Dritten gegen den Schuldner als Zeuge auftreten kann. Das Gericht hat diese Zeugenaussage wegen des Eigeninteresses des Zeugen besonders kritisch zu würdigen (BGH NJW 2001, 827).

Demgegenüber sind als Partei i. S. des § 445 ZPO zu vernehmen: Der gesetzliche Vertreter einer prozessunfähigen Partei, der notwendige Streitgenossen, der Insolvenzgläubiger im Insolvenzverfahren oder das Vorstandsmitglied einer AG in Fällen eigener Befassung nach § 122 AktG.

356 Der Zeugenbeweis wird durch namentliche Benennung des Zeugen und Bezeichnung der Tatsachen, über welche die Vernehmung des Zeugen stattfinden soll, angetreten, § 373 ZPO. Anders als bei den anderen Beweismitteln, vgl. §§ 273 Abs. 2 Nr. 4 u. 5 ZPO, ist eine Zeugenvernehmung von Amts wegen nicht möglich. Die verbreitete Bezeichnung „N.N." unter Angabe des Beweisthemas ist ungenügend und grundsätzlich – auch ohne richterlichen Hinweis – unbeachtlich (BGH NJW 1987, 3080).

357 bb) **Die Zeugenpflichten.** Wer durch gerichtliche Anordnung ordnungsgemäß als Zeuge geladen worden ist, ist verpflichtet zu erscheinen, auszusagen und den Eid zu leisten. Schlagwort: Erscheinen, sagen, schwören!

358 Voraussetzung **der Pflicht zu erscheinen** ist die ordnungsgemäße Ladung. Sie hat von Amts wegen zu erfolgen und wird i. d. R. formlos übersandt, § 377 Abs. 1 ZPO. Sie muss die Parteien des Rechtsstreits bezeichnen, den Gegenstand der Vernehmung – wenigstens ungefähr – mitteilen und unter Angabe von Zeit und Ort der Vernehmung bei Meidung von Ordnungsmitteln die Aufforderung enthalten, zu erscheinen, § 377 Abs. 2 Nr. 1–3 ZPO. Unentschuldigtes Nichterscheinen wird durch Ordnungsgeld, ersatzweise Ordnungshaft, geahndet und hat zur Folge, dass dem säumigen Zeugen die durch sein Ausbleiben verursachten Kosten (z. B. überflüssige Reisekosten der Anwälte) auferlegt werden, § 380 Abs. 1 ZPO. Gegen den Ordnungsgeldbeschluss kann der Zeuge sofortige Beschwerde einlegen, § 380 Abs. 3 ZPO.

359 Eine nachträgliche Erklärung des Zeugen zum Ordnungsgeld kann jedoch zunächst eine Entschuldigung gemäß § 381 ZPO sein, die zur Aufhebung des Ordnungsgeldbeschlusses führen muss. Ob eine Entschuldigung ausreichend ist, entscheidet das Gericht nach pflichtgemäßem Ermessen. Die Entschuldigungsgründe müssen glaubhaft gemacht werden, vgl. §§ 381 Abs. 1 Satz 2, 294 ZPO. Als Entschuldigungsgründe sind unerwartete Krankheit, Verkehrsstau, der länger als die einzuplanende Zeitreserve dauerte (OLG Nürnberg NJW-RR 1999, 788), oder Unkenntnis von der Zeugenladung wegen Urlaubsabwesenheit anerkannt, nicht jedoch unaufschiebbare Geschäfte, die dem Gericht hätten vorher mitgeteilt werden können, bloße Vergesslichkeit oder Irrtum über den Terminstag. Bei wiederholtem Ausbleiben des Zeugen kann – neben weiterem Ordnungsgeld (KG NJW 1960, 1726; a. A. OLG Dresden MDR 2002, 1088) – auch die zwangsweise Vorführung angeordnet werden, § 380 Abs. 2 ZPO.

Die Pflicht des Zeugen **zur Aussage** besteht darin, dass er zunächst Angaben zu seiner Person hinsichtlich Vornamen, Zunamen, Alter, Stand oder Gewerbe und Wohnort zu machen hat, § 395 Abs. 2 ZPO. Darüber hinaus hat der Zeuge Fragen zu beantworten, die seine Glaubwürdigkeit betreffen, insbesondere die Frage nach Vorstrafen wegen Aussagedelikten oder Eidesdelikten. Anschließend hat er wahrheitsgemäß und, ohne etwas zu verschweigen, zusammenhängend über den Gegenstand der Vernehmung auszusagen, § 396 Abs. 1 ZPO. Zuvor ist der Zeuge über die Wahrheitspflicht zu belehren, § 395 Abs. 1 ZPO. **360**

Im Zivilprozess bleiben Zeugen regelmäßig unbeeidet. Nur wenn das Gericht nach pflichtgemäßem Ermessen die **Beeidigung** mit Rücksicht auf die Bedeutung der Aussage oder zur Herbeiführung einer wahrheitsgemäßen Aussage für geboten erachtet und die Parteien auf die Beeidigung nicht verzichten, ist ein Zeuge zu beeidigen, § 391 ZPO. Keine eidliche Vernehmung in den Fällen des § 393 ZPO. Wer aus persönlichen oder sachlichen Gründen ein Aussage- oder Zeugnisverweigerungsrecht hat, kann ebenfalls die Eidesleistung verweigern, auch wenn er bereits Aussagen gemacht hat (BGHZ 43, 368), allerdings ist seine Aussage dann wertlos, vgl. § 286 ZPO. Die Beschränkung der Eidesleistung auf einen für die Entscheidung wesentlichen Teil der Aussage ist möglich. **361**

Die Beeidigung wird durch Beschluss angeordnet und erfolgt nach der Vernehmung, sog. Nacheid, § 392 ZPO. Mehrere Zeugen können gleichzeitig beeidigt werden. Das Verfahren bei der Abnahme von Eiden ist in §§ 478 bis 484 ZPO geregelt. Der Richter leitet die Beeidigung dadurch ein, dass er Eingangsformel und Eidesnorm vorspricht, §§ 481 Abs. 1, 2, 3, 392 Satz 3 ZPO. Sodann erwidert der Zeuge unter Erhebung der rechten Hand, § 481 Abs. 4 ZPO, die Eidesformel, § 481 Abs. 1, 2, 3 ZPO. Dabei kann die religiöse Beteuerung weggelassen werden oder durch eine religiöse Beteuerung einer anderen Religionsgemeinschaft ersetzt werden. Wer aus Glaubens- oder Gewissensgründen keinen Eid leisten will, hat eine eidesgleiche Bekräftigung abzugeben, sie steht dem Eid gleich, worauf der Zeuge hinzuweisen ist, § 484 Abs. 1 ZPO. Der Wortlaut ergibt sich aus § 484 Abs. 2 ZPO. **362**

cc) **Das Zeugnisverweigerungsrecht.** Die Aussageverpflichtung ist für bestimmte Personengruppen durchbrochen, denen aus persönlichen (§ 383 ZPO) oder aus sachlichen Gründen (§ 384 ZPO) ein Zeugnisverweigerungsrecht zugebilligt wird. **363**

§ 383 ZPO sieht ein **Zeugnisverweigerungsrecht für nahe Angehörige** (Ausnahmen vom Zeugnisverweigerungsrecht bestehen für diese Personen nach Maßgabe des § 385 ZPO insoweit, als sie aussagen müssen) und Angehörige bestimmter Berufsgruppen (§§ 383 Abs. 1 Nr. 4–6 ZPO) vor. Die Angehörige bestimmter Berufsgruppen müssen das Zeugnis verweigern über solche Tatsachen, auf die sich ihre Verschwiegenheitspflicht bezieht. Es sind dies Geistliche über das, was ihnen bei Ausübung der Seelsorge anvertraut ist; Mitarbeiter der Presse, des Rundfunks und des Fernsehens im redaktionellen Bereich über Informanten und Inhalt der Informationen (vgl. BGH NJW 1990, 525; BVerfG NJW 1990, 701 – Garantie der Pressefreiheit nach Art. 5 GG) und Personen, die kraft ihres Amtes, Standes oder Gewerbes einer gesetzlichen oder sonstigen Geheimhal- **364** tungspflicht unterliegen, namentlich Ärzte, Apotheker, Heilpraktiker, Hebammen, Krankenpflegepersonal, Richter, Rechtsanwälte, Notare, Steuerberater, Wirtschaftsprüfer, Mediatoren, Aufsichtsrats- und Vorstandsmitglieder einer AG, Abschlussprüfer und jeweils deren Personal. Das Zeugnisverweigerungsrecht dieser Personen besteht nicht, wenn sie von der Verpflichtung zur Verschwiegenheit entbunden worden sind, § 385 Abs. 2 ZPO.

365 Davon zu unterscheiden ist die **Amtsverschwiegenheit** von Richtern, Beamten und anderen Personen des öffentlichen Dienstes. Werden sie als Zeugen über Umstände, auf die sich ihre Amtsverschwiegenheit bezieht, vernommen, hat das Prozessgericht bei der jeweiligen Aufsichtsbehörde eine Aussagegenehmigung, die das Beweisthema umfassen muss, einzuholen. Sie ist dann der Auskunftsperson mitzuteilen, §§ 376 Abs. 1, 2, 3 ZPO. Die Einzelheiten regeln die §§ 61, 62 BBG.

366 Der Zeuge, der sich auf Zeugnisverweigerung beruft, hat die seiner Weigerung zugrunde liegenden Tatsachen mitzuteilen und glaubhaft zu machen, § 386 Abs. 1 ZPO. Bei Amtsträgern genügt die Berufung auf die mit dem Diensteid geleistete Versicherung, § 386 Abs. 2 ZPO. Ein Zeuge, der bereits vor dem Termin schriftlich oder zu Protokoll erklärt hat, dass er das Zeugnis verweigere, braucht im Termin nicht zu erscheinen, § 386 Abs. 3 ZPO.

367 Nahe Angehörige nach §§ 383 Abs. 1 Nr. 1–3 ZPO sind vor der Vernehmung über das ihnen zustehende Zeugnisverweigerungsrecht zu belehren, § 383 Abs. 2 ZPO. Ist die Belehrung unterblieben, so darf im Falle einer diesbezüglichen Rüge durch die Partei (vgl. § 295 ZPO) die Aussage für die Entscheidung nicht verwertet werden (BGH NJW 1985, 1158). Ein Zeuge, der bei der Aussage von seinem Zeugnisverweigerungsrecht keinen Gebrauch gemacht hat, kann dann noch immer den Eid verweigern (BGHZ 43, 368), worauf er hinzuweisen ist; seine Aussage ist damit wertlos.

368 In den Fällen eines **beruflich veranlassten Zeugnisverweigerungsrechts** nach §§ 383 Abs. 1 Nr. 4–6 ZPO und des § 384 ZPO (OLG Köln OLGZ 86, 60 f.) ist die Belehrung nicht vorgeschrieben, ein Hinweis jedoch gerade bei Zeugnisverweigerungsrechten aus sachlichen Gründen gleichwohl zu empfehlen.

369 Der Zeuge braucht bei Bestehen eines Zeugnisverweigerungsrechts überhaupt nicht auszusagen, ohne dass aus der Verweigerung Schlüsse gezogen werden dürften. Im Falle des § 384 ZPO hat der Zeuge demgegenüber nur das Recht, einzelne Antworten auf entsprechende Fragen zu verweigern. Dies setzt aber voraus, dass die Frage erst einmal gestellt wird. Die pauschale Zeugnisverweigerung ist in diesen Fällen unzulässig (BGH NJW 1994, 197).

370 dd) **Sonderfall Zwischenstreit wegen Zeugnisverweigerung.** Wird das vom Zeugen vorgebrachte Zeugnisverweigerungsrecht von der Partei nicht anerkannt, d. h. die Unzulässigkeit der Zeugnisverweigerung gerügt, so liegt darin ein Antrag, über die Rechtmäßigkeit der Weigerung in einem Zwischenstreit zu entscheiden, § 387 Abs. 1 ZPO. Zuständig ist das Prozessgericht, auch bei Vernehmung vor dem kommissarischen Richter, § 366 Abs. 1 ZPO. Parteien des Zwischenstreits sind der Zeuge und der Beweisführer (bei § 399 ZPO der Gegner). Es ist Termin zur mündlichen Verhandlung über den Zwischenstreit zu bestimmen, § 366 Abs. 2 ZPO. Auch im Anwaltsprozess besteht für den Zeugen kein Anwaltszwang, § 387 Abs. 2 ZPO. Ein Versäumnisurteil ist nicht zugelassen, vgl. § 388 ZPO.

371 Die Entscheidung ergeht durch – mit der sofortigen Beschwerde anfechtbares – Zwischenurteil, § 387 Abs. 3 ZPO. Nach Rechtskraft des Zwischenurteils erfolgt Fortsetzung des Rechtsstreits. Gegen den sich gleichwohl noch unberechtigt weigernden Zeugen finden Ordnungsmaßnahmen nach § 390 ZPO statt. Besondere Gebühren entstehen für den Zwischenstreit nicht. Etwaige Mehrkosten, etwa die angefallenen Kosten des Zeugen, sind dem unterliegenden Zeugen oder dem Antragsteller des Zwischenstreits aufzuerlegen. Das Zwischenurteil ist jedoch nicht für vorläufig vollstreckbar zu erklären, da sich die Vollstreckbarkeit unmittelbar aus § 794 Abs. 1 Nr. 3 ZPO ergibt.

ee) **Ablauf der Zeugenvernehmung.** Jeder Zeuge ist einzeln und in Abwesenheit der später anzuhörenden Zeugen zu vernehmen, § 394 Abs. 1 ZPO (Ordnungsvorschrift, deren Verletzung kein Berufungs- oder Revisionsgrund ist: OLG Düsseldorf MDR 1979, 409). Sachverständige sind stets zur Zeugenvernehmung zuzulassen, wenn die Zeugenaussage zu dem Gutachtenauftrag Bezug hat und Anknüpfungstatsachen liefern kann. Zunächst erfolgt die **Zeugenbelehrung** (Ermahnung zur Wahrheit und Hinweis auf Möglichkeit der Beeidigung, §§ 395 Abs. 1, 391 ZPO, sowie übliche und zweckmäßige Belehrung über Strafbarkeit einer falschen Aussage i. S. §§ 153 f. StGB) durch das erkennende Gericht. **372**

> **Klausurproblem:** Der Zeuge wurde vor seiner Aussage nicht ordnungsgemäß belehrt. Kann die Aussage vom Richter verwertet werden? I. d. R. Ja, die unterlassene Belehrung ist unbeachtlich, wenn die Parteien dies nicht rügen, § 295 Abs. 1 ZPO.

Der Zeuge wird zunächst zu seinen persönlichen Verhältnissen vernommen, danach zur Sache. Er wird zuerst durch das Gericht vernommen. Anschließend haben auch die Parteien das Recht, Fragen zur Aufklärung der Sache oder zu den Verhältnissen der Parteien zu stellen, § 397 Abs. 1 ZPO. Die Aussage des Zeugen ist zu protokollieren, § 160 Abs. 3 Nr. 4 ZPO. Das Protokoll über die Zeugenaussage ist dem Zeugen vorzulesen, zur Durchsicht vorzulegen oder, im Falle vorläufiger Aufzeichnung, vorzuspielen, § 162 Abs. 1 ZPO.

Während die Zeugen regelmäßig einzeln und in Abwesenheit der später anzuhörenden Zeugen zu vernehmen sind, § 394 Abs. 1 ZPO, können bei widersprüchlichen Aussagen die Zeugen ausnahmsweise einander gegenüber gestellt werden, § 394 Abs. 2 ZPO. Die erneute Vernehmung eines Zeugen kann vom Prozessgericht nach seinem Ermessen angeordnet werden, § 398 Abs. 1 ZPO. Zur wiederholten Vernehmung eines Zeugen kommt es etwa, wenn neue Fakten zutage getreten sind, das Gericht sich noch einmal Klarheit über die Glaubwürdigkeit des Zeugen verschaffen will oder sich nachträglich die Notwendigkeit zur Beeidigung oder Gegenüberstellung mit einem anderen Zeugen ergibt. Nach Richterwechsel kann unzulängliche Protokollierung einer früheren Aussage zur erneuten Vernehmung Anlass geben. **373**

Das Gericht kann eine schriftliche Beantwortung der Beweisfrage anordnen (schriftliche Zeugenbefragung), wenn es dies im Hinblick auf den Inhalt der Beweisfrage und die Person des Zeugen für ausreichend hält, § 377 Abs. 3 Satz 1 ZPO. Die Anordnung setzt die Erwartung voraus, dass sich der Zeuge nach Bildungsstand und Ausdrucksfähigkeit sachgemäß erklären kann. Die schriftliche Beantwortung der Beweisfrage ist ungeeignet, wenn es auf den persönlichen Eindruck ankommt und Voreingenommenheit oder persönliches Interesse am Prozessausgang (Ehepartner, Mitarbeiter, Freunde) in Frage kommen können. Lehnt der Zeuge die schriftliche Beantwortung ab, kommt er der Aufforderung nicht fristgemäß nach oder ist die persönliche Einvernahme zur weiteren Klärung der Beweisfrage notwendig, kann das Gericht den Zeugen zur Vernehmung im Termin laden, § 377 Abs. 3 Satz 3 ZPO. Dies muss erfolgen, wenn eine Partei Fragen stellen will oder die Beeidung des Zeugen ansteht. **374**

ff) **Die Entschädigung der Zeugen.** Der allgemeinen Verpflichtung, als Zeuge vor Gericht zu erscheinen entspricht der im Justizvergütungs- und Justizentschädigungsgesetz **375**

(JVEG) geregelte Anspruch auf Entschädigung, § 401 ZPO. Entschädigungsberechtigt ist, wer als Zeuge vom Gericht zu Beweiszwecken herangezogen worden ist, § 1 Abs. 1 Nr. 3 JVEG. Dies sind geladene Zeugen, auch wenn die Ladung nur als vorbereitende Maßnahme nach § 273 Abs. 2 Nr. 4 ZPO erfolgt ist. Ob die Vernehmung tatsächlich stattgefunden hat oder aus irgendeinem Grunde unterblieben ist, ist für den Entschädigungsanspruch unerheblich. Die von den Parteien in die Sitzung gestellten Zeugen sind nur entschädigungsberechtigt, wenn sie vom Gericht tatsächlich vernommen worden sind.

376 Zeugen werden für ihren Verdienstausfall während der zur Befolgung der Ladung erforderlichen Zeit entschädigt. Erstattet werden je versäumter Stunde Arbeitszeit höchstens 17 Euro, gemessen am regelmäßigen Bruttoverdienst, wobei die letzte bereits begonnene Stunde voll gerechnet wird, §§ 19 Abs. 2, 22 Satz 1 JVEG. Zeugen, die nicht erwerbstätig sind und einen Haushalt für mehrere Personen führen, erhalten je Stunde 12 Euro, § 21 Satz 1 JVEG. Sind weder Verdienstausfall noch Haushaltsführungsnachteile eingetreten, erhält der Zeuge eine Entschädigung für Zeitversäumnis von 3 Euro je Stunde. Der Zeuge kann die notwendigen Fahrtkosten zum Termin ersetzt verlangen, §§ 19, 5 JVEG. Erstattungsfähig sind die tatsächlich angefallenen Kosten des öffentlichen Verkehrsmittels bis zur Höhe entsprechender Kosten der ersten Wagenklasse der Bahn (ggf. nebst Reservierungskosten) oder bei Pkw-Benutzung 0,25 Euro pro Kilometer (nebst Parkgebühren), § 5 Abs. 2 JVEG. Schließlich können noch Übernachtungskosten und für die Abwesenheitszeit ein Tagegeld bezahlt werden, das sich an § 4 Abs. 5 des EStG orientiert, § 6 JVEG. Sonstige Aufwendungen, etwa für Begleitpersonen oder Kopien werden nach § 7 JVEG entschädigt.

377 Entschädigung wird nur auf Verlangen des Zeugen, nicht von Amts wegen gewährt; der Entschädigungsanspruch erlischt drei Monate nach Beendigung der Vernehmung, § 2 Abs. 1 JVEG. Vorschuss ist möglich, § 3 JVEG. Die Berechnung der Entschädigung erfolgt zunächst durch den Urkundsbeamten, auf Antrag wird jedoch die Entschädigung richterlich festgesetzt, § 4 Abs. 1 JVEG. Gegen die richterliche Festsetzung ist Beschwerde bei einem Beschwerdewert über 200 Euro oder nach Zulassung möglich, §§ 4 Abs. 3 ff. JVEG.

378 **gg) Sonderfall: Abstammungsfeststellung.** Eine gesetzliche Sonderregelung besteht für die Rechtsstreitigkeiten, in denen die Feststellung der Abstammung und damit ein Eingriff in die körperliche Integrität der Untersuchungsperson, aber auch ein Eingriff in das Persönlichkeitsrecht von Personen erforderlich ist. Das Recht des Kindes auf Feststellung seiner Abstammung hat Vorrang vor dem Schutz der Intimsphäre der Mutter (BGH NJW 1982, 381). Jede Person, also nicht nur eine Partei, hat Untersuchungen, insbesondere die Blutentnahme zur Blutgruppenuntersuchung, zu dulden, soweit ihr die Untersuchung – etwa im Hinblick auf gesundheitliche Nachteile – zugemutet werden kann, § 372a Abs. 1 ZPO (für Abstammungsverfahren wortgleich § 178 Abs. 1 FamFG).

379 Der Eingriff ist nur bei Erforderlichkeit der Abstammungsfeststellung zu dulden. Sie muss entscheidungserheblich sein, nachdem alle anderen Erkenntnisquellen, etwa durch Zeugenvernehmung (BGH MDR 1990, 919), ausgeschöpft worden sind. Die Vaterschaftsfeststellung muss für die Untersuchungsperson hinsichtlich Art und Weise der Untersuchung (Blutentnahme) und hinsichtlich der Folgen (z.B. Aufdeckung von Inzest) zumutbar sein. Nur eine nach wissenschaftlichen Grundsätzen anerkannte Methode (Kriterium 2009 aus dem Gesetzestext entfernt, aber wohl fortgeltend) ist demnach zumutbar, wenn sie eine Sachverhaltsaufklärung erwarten lässt.

380 Bei Weigerung der Untersuchungsperson kommen die Vorschriften über das Verfahren der Zeugnisverweigerung im Rahmen des Zeugenbeweises (ohne dass ein Zeugnisverweigerungsrecht besteht) entsprechend zur Anwendung, §§ 372a Abs. 2 Satz 1, 383 ff. ZPO. Über die Rechtmäßigkeit einer Weigerung (keine Erforderlichkeit, Methode ungeeignet, unzumutbar) wird nach Zwischenstreit durch Zwischenurteil entschieden. Ist rechtskräftig festgestellt, dass die Weigerung unberechtigt war, kann das Gericht Ordnungsgeld nach § 390 ZPO verhängen. Bei wiederholter unberechtigter Weigerung darf das Gericht die zwangsweise Vorführung der Untersuchungsperson anordnen, § 372a Abs. 2 Satz 2 ZPO.

b) Der Beweis durch richterlichen Augenschein. Während es beim Urkunden- und Zeugenbeweis auf den Inhalt eines Schriftstücks oder einer Aussage ankommt, liegt beim Augenscheinsbeweis der Schwerpunkt auf der äußeren Beschaffenheit von Personen, Gegenständen oder Verhältnissen. Deshalb sind Fotografien und elektronische Dokumente nach § 371 Abs. 1 Satz 2 ZPO (Text-, Bild-, Audio-, Videodateien) Gegenstand des Augenscheins, die Fotokopie hingegen unterliegt dem Urkundenbeweis. Der Augenschein beschränkt sich aber nicht auf optische Wahrnehmungen (Betrachten einer Unfallstelle), sondern kann auch durch Beriechen (Feststellung gasförmiger Immissionen), Anhören (Feststellung von Geräuschbelästigung), Betasten oder Schmecken eingenommen werden. 381

Der Augenscheinsbeweis wird durch Bezeichnung des Gegenstandes des Augenscheins und durch Angabe der zu beweisenden Tatsachen angetreten. Ist ein elektronisches Dokument Gegenstand des Beweises, wird der Beweis durch Vorlegung des Speichermediums oder Übermittlung der Datei angetreten, § 371 Abs. 1 ZPO. Andernfalls wird der Augenschein von Amts wegen nach § 144 ZPO angeordnet. Die Anordnung bedarf nur in den Fällen der §§ 358, 358a Satz 2 Nr. 5 ZPO eines förmlichen Beweisbeschlusses. Befindet sich der Beweisgegenstand im Besitz des Gegners oder eines Dritten, wird Beweis durch Antrag auf Fristsetzung zur Herbeischaffung angetreten oder eine Anordnung nach § 144 ZPO erlassen, §§ 371 Abs. 2, 422 ff. ZPO gelten entsprechend. 382

Das erkennende Gericht nimmt den Augenschein im Gerichtssaal oder an Ort und Stelle außerhalb des Gerichts selbst ein, §§ 355, 219 Abs. 1 ZPO. Bei Kollegialgerichten kann die Einnahme des Augenscheins einem Mitglied als beauftragtem Richter, ggf. im Wege der Rechtshilfe einem ersuchten Richter, übertragen werden, § 372 Abs. 2 HS 1 ZPO. Das Ergebnis des Augenscheins ist durch Beschreibung der Wahrnehmung in einem Protokoll festzuhalten, § 160 Abs. 3 Nr. 5 ZPO. Wenn die Augenscheinseinnahme Sachkenntnis erforderlich ist sogar – unter Durchbrechung des Unmittelbarkeitsgrundsatzes – die Einnahme des Augenscheins nur durch den Sachverständigen zugelassen (z. B. Das Gutachten über eine Anlage erfordert die Untersuchung des Gerätes. Der hierbei erforderliche Augenschein kann sinnvollerweise nur durch einen Sachverständigen vorgenommen werden. Er ist insoweit sachverständiger Zeuge (BGH NJW 1974, 1710)). 383

Weigert sich eine Partei eine zumutbare Augenscheinseinnahme zu dulden, so greift § 371 Abs. 3 ZPO. 384

> **Klausurproblem:** Behauptet der Kläger die Trittschalldämmung im Nachbarhaus sei so mangelhaft, dass die zulässigen Grenzwerte überschritten würden und lässt der Beklagte sein Grundstück zur Augenscheinseinnahme (zur Schallmessung) nicht betreten, so können die Behauptungen des Klägers als bewiesen angesehen werden.

c) Der Sachverständigenbeweis. – aa) Begriff. Im Gegensatz zum Zeugen, der über eigene Wahrnehmungen aussagen soll ohne diese zu bewerten, hat der Sachverständige die Aufgabe, die dem Gericht vorliegenden Tatsachen in Anwendung seines besonderen Fachwissens zu werten und aus ihnen Schlussfolgerungen zu ziehen (z. B. Beurteilung 385 des Unfallhergangs zwischen zwei Kraftfahrzeugen (Kfz-Sachverständiger); Feststellung der Todesursache eines Menschen (medizinischer Sachverständiger); Untersuchung der Echtheit einer Unterschrift (Schriftsachverständiger)).

386 Als Sachverständiger wird i. d. R. eine natürliche Person bestellt. Auch bei Befassung eines wissenschaftlichen Instituts sollte der Auftrag an ein namentlich benanntes Institutsmitglied erteilt und die Person des Gutachters nicht der Bestimmung durch den Instituts- oder Behördenleiter überlassen werden. Nur ausnahmsweise kommt eine Fachbehörde für einen Gutachtenauftrag in Frage (z. B.: Gutachterausschuss einer Gemeinde zur Begutachtung von Grundstücksverkehrswerten, vgl. BGH NJW 1974, 701; Anwaltskammer zur Begutachtung von Anwaltshonoraren, vgl. §§ 3a Abs. 2, 14 Abs. 2 RVG: zwingend bei Streit über Vergütungsvereinbarungen und Rahmengebühren).

387 **bb) Stellung des Sachverständigen.** Der Sachverständige ist Gehilfe des Richters, über dessen Zuziehung dieser selbst entschieden. Der Richter kann **auch ohne Beweisantrag einer Partei** von Amts wegen einen Sachverständigen zuziehen, § 144 ZPO. Der Beweisantritt einer Partei durch Antrag auf Einholung eines Sachverständigengutachtens und Bezeichnung der zu begutachtenden Punkte, § 403 ZPO, ist daher eher als Anregung an das Gericht zu verstehen. Bei hinreichender eigener Sachkunde kann das Gericht einen solchen Antrag somit unbeachtet lassen.

388 **Die Auswahl des Sachverständigen** erfolgt durch das Prozessgericht, § 404 Abs. 1 Satz 1 ZPO. Eine vorherige Anhörung der Parteien über den zu beauftragenden Sachverständigen ist nicht vorgeschrieben (BGHZ 131, 80). Das Gericht kann auch die Parteien gezielt auffordern, geeignete Personen als Sachverständige vorzuschlagen, § 404 Abs. 3 ZPO. Einigen sich die Parteien auf eine bestimmte Person, so muss das Gericht diese Person als Sachverständigen ernennen, § 404 Abs. 4 ZPO, kann aber daneben noch einen weiteren Sachverständigen von Amts wegen beauftragen. Die Auswahl darf auch einem mit der Beweisaufnahme betrauten kommissarischen Richter überlassen werden, § 405 ZPO. Sind für gewisse Arten von Gutachten Sachverständige öffentlich bestellt, so sollen andere Personen nur gewählt werden, wenn besondere Umstände dies erfordern, § 404 Abs. 2 ZPO. Die Ernennung des Sachverständigen erfolgt durch den Beweisbeschluss oder einen ihn ergänzenden Beschluss. Schon aus Kostengründen ist es wichtig, den Gutachterauftrag möglichst genau zu beschreiben und abzugrenzen.

389 Öffentlich bestellte Sachverständige, Gewerbetreibende und öffentlich bestellte Lizenzträger wie Ärzte, Lehrer oder Professoren sind zur Gutachtenerstattung **verpflichtet**, § 407 Abs. 1 ZPO. Die Industrie- und Handelskammern und die Handwerkskammern führen – im Internet abrufbare – Verzeichnisse über öffentlich bestellte und vereidigte (ö. b. u. v.) Sachverständige aus ihrem Interessensvertretungsbereich. Für medizinische Gutachten muss auf Ärzte mit besonderer Fachkunde zurückgegriffen werden. Dem ernannten Sachverständigen werden Beweisbeschluss und ggf. Akten übersandt. Er hat dann unverzüglich zu prüfen, ob der Auftrag in sein Fachgebiet fällt und ohne Hinzuziehung weiterer Sachverständiger erledigt werden kann, § 407a Abs. 1 ZPO. Aus § 407a ZPO ergeben sich die (Hinweis-) Pflichten des Sachverständigen.

390 Der Sachverständige soll unparteiisch sein, er kann daher wie ein Richter **ausgeschlossen** sein oder wegen Besorgnis der Befangenheit **abgelehnt werden**, § 406 ZPO. So z. B. in folgenden Fällen: Verwandtschaft, Freundschaft, Geschäftspartnerschaft, Konkurrenzverhältnis zu einer Partei; vorgerichtliche Erstattung eines entgeltlichen Privatgutachtens für eine Partei (vgl. BGH NJW 1972, 1134). Das Ablehnungsgesuch muss vor der Vernehmung des Sachverständigen bei Gericht angebracht werden, spätestens binnen zwei Wochen nach Zustellung des Ernennungsbeschlusses. Später ist die Ablehnung nur zulässig, wenn glaubhaft gemacht wird, dass sie nicht früher erfolgen konnte, § 406

Abs. 2 ZPO. Bei erfolgreicher Ablehnung ist ein bereits erstattetes Gutachten unverwertbar. Es muss ein neues Gutachten eingeholt werden. Ist die Unverwertbarkeit – infolge Befangenheit – durch grobes Verschulden oder bewusste Pflichtwidrigkeit des Sachverständigen herbeigeführt worden, verliert er auch seinen Entschädigungsanspruch. Der Sachverständige kann aus persönlichen oder sachlichen Gründen ein **Gutachtenverweigerungsrecht** haben. Die Weigerungsgründe entsprechen denen bei Zeugen, § 408 ZPO. Davon zu unterscheiden ist die säumige Gutachtenerstattung die – oft als Folge der Überlastung der öffentlich bestellten Sachverständigen – häufig Ursache für lange Prozessdauer ist. Dem kann das Gericht dadurch begegnen, dass es dem Sachverständigen für die Erstattung des Gutachtens eine Frist setzt, § 411 Abs. 1 ZPO. Nach Fristablauf kann zur Erzwingung der Gutachtenvorlage gegen den Sachverständigen ein Ordnungsgeld verhängt werden, welches zuvor unter Setzung einer Nachfrist anzudrohen ist, § 411 Abs. 2 ZPO.

cc) **Gerichtliche Leitung der Tätigkeit des Sachverständigen.** Aus der Gehilfenfunktion des Sachverständigen folgt, dass das Gericht die Tätigkeit des Sachverständigen leitet; es kann ihm auch für Art und Umfang seiner Tätigkeit Weisungen erteilen, § 404a Abs. 1 ZPO. Das Gericht bestimmt auch wegen des Grundsatzes der Unmittelbarkeit die Anknüpfungstatsachen für das Gutachten, § 404a Abs. 3 ZPO, soweit nicht auch schon deren Feststellung besondere Sachkunde erfordert (z. B. Vergleichsmieten, BVerfG NJW 1997, 1909). **391**

Das Gutachten kann entweder als mündliches Gutachten zu Protokoll im Termin (häufig bei Verkehrsunfallrekonstruktionen), als schriftliches Gutachten, § 411 Abs. 1 ZPO (Regelfall), oder als mündliche Erläuterung des schriftlich erstatteten Gutachtens im Termin, § 411 Abs. 3 ZPO, erstattet werden. **392**

Die Beeidigung des Sachverständigen steht im Ermessen des Gerichts (BGH NJW 1998, 3355) und erfolgt vor oder nach Erstattung des Gutachtens, § 410 Abs. 1 Satz 1 ZPO. Die Eidesnorm geht dahin, dass der Sachverständige das von ihm geforderte Gutachten unparteiisch und nach bestem Wissen und Gewissen erstatten werde bzw. erstattet habe, § 410 Abs. 1 Satz 2 ZPO. Der allgemein beeidigte Sachverständige braucht nicht bei jedem Gutachten erneut beeidigt zu werden, sondern kann sich auf diesen Eid berufen. **393**

Das Gutachten unterliegt der freien Beweiswürdigung durch das Gericht, § 286 ZPO. Erscheint das Gutachten dem Gericht als ungenügend, so kann es anordnen, dass das Gutachten ergänzt oder dass ein weiteres Gutachten desselben oder eines anderen Sachverständigen eingeholt wird, § 412 ZPO. **394**

dd) **Der sachverständige Zeuge.** Der sachverständige Zeuge ist Zeuge eines Vorganges oder einer Tatsache. Er kann jedoch wegen seines besonderen Fachwissens zugleich das Beobachtete sachkundig werten. Auf den sachverständigen Zeugen finden die Vorschriften über den Zeugenbeweis – auch hinsichtlich der Entschädigung – Anwendung, § 414 ZPO (z. B. Der Arzt, der den Unfall beobachtet und erste Hilfe geleistet hat, vermag den Unfallhergang zu schildern und zugleich sachkundige Angaben über die Art der Verletzungen zu machen). **395**

ee) **Die Entschädigung des Sachverständigen.** Grundlage der Entschädigung des Sachverständigen sind die Regelungen des JVEG. Der Sachverständige wird anders als der Zeuge nicht für seinen Verdienstausfall, sondern für seine Leistung entschädigt, §§ 8, 9 JVEG. Die Vergütung richtet sich nach der für die Gutachtenerstattung erforderlichen Zeitdauer in Stunden. Dazu gehören die Zeit für Aktenstudium, Besichtigungen und erforderliche Rücksprachen, aber auch Reise- und Wartezeiten; die letzte überschrittene halbe Stunde wird voll gerechnet, § 4 Abs. 2 JVEG. Der Stundensatz beträgt – je nach **396**

Honorargruppe – entsprechend der Tabelle in § 9 Abs. 1 JVEG zwischen 50 und 95 Euro. Kann die Leistung keinem gesetzlich genannten Sachgebiet zugeordnet werden, so ist sie nach billigem Ermessen einer bestehenden Honorargruppe zuzuordnen, § 9 Abs. 1 Satz 2 JVEG. Häufig werden die gesetzlichen Gebühren von den Sachverständigen als nicht auskömmlich angesehen. Sie beantragen daher zumeist höhere als die gesetzlichen Stundensätze. Haben sich beide Parteien dem Gericht gegenüber mit einer bestimmten Sachverständigenentschädigung einverstanden erklärt, so ist diese Vergütung zu gewähren, § 13 Abs. 1 JVEG. Die Erklärung auch schon einer Partei genügt, wenn das Gericht der vom Sachverständigen geforderten Entschädigung zustimmt. Diese Zustimmung soll jedoch nur erfolgen, wenn die gesetzlichen Stundensätze um nicht mehr als 50 % überschritten werden, § 13 Abs. 2 ZSEG.

397 Nach §§ 8 Abs. 1 Nr. 2, 5 Abs. 2 Nr. 2 JVEG erhält der Sachverständige für Fahrtaufwand Kostenersatz in Höhe der tatsächlich entstandenen Kosten öffentlicher Verkehrsmittel bis zur Höhe entsprechender Kosten einer Bahnfahrkarte erster Klasse, bei Benutzung eines PKW 0,30 Euro je gefahrenem Kilometer nebst Parkentgelten. Selbstverständlich stehen ihm auch Aufwandsentschädigung (Tagegeld, Übernachtungskosten), § 8 Abs. 1 Nr. 3 JVEG, und Ersatz für sonstige Aufwendungen (Kopien, Auslagen etc.), § 7 JVEG, bzw. besonderer Aufwendungen nach § 12 JVEG zu. Dabei handelt es sich um Vorbereitungskosten, Kosten für Lichtbilder, Schreibgebühren für das Gutachten oder Honorare für Hilfskräfte. Die Berechnung der Vergütung erfolgt auf Basis einer Rechnung des Sachverständigen an das Gericht, der jedoch in der Praxis regelmäßig eine richterliche Festsetzung des angemessenen Stundensatzes und der angemessenen Stundenzahl anregt, § 4 JVEG.

398 **d) Die Parteivernehmung.** Häufig können die Parteien selbst über prozesserhebliche Vorgänge aus eigenem Erleben und aus eigener Wahrnehmung Angaben machen. Dieses eigene Wissen der Partei wird regelmäßig in den Schriftsätzen und im mündlichen Vortrag im Termin zum Ausdruck kommen (Parteivortrag). Der Parteivortrag ist durch den Beibringungsgrundsatz veranlasst. Nur was eine Partei vorträgt, darf Entscheidungsgrundlage werden. Die Anhörung der nach § 141 ZPO geladenen Partei ist jedoch keine Beweisaufnahme, sondern dient der Klarstellung des Sachvortrags. Sie erfolgt auch stets nur durch das Prozessgericht, nicht durch einen beauftragten oder ersuchten Richter. Das Wissen der Partei kann darüber hinaus aber auch als Beweismittel Beachtung finden (Parteivernehmung).

399 Die Parteivernehmung ist ein Beweismittel, ihre Durchführung ist echte Beweisaufnahme. Zwar werden Parteianhörung nach § 141 ZPO und Parteivernehmung oftmals inhaltlich identische Aussagen ergeben, dennoch ist die Parteivernehmung gewichtiger, weil ihr eine Beeidung der Aussage nachfolgen kann. Die Parteivernehmung ist jedoch nur ein subsidiäres Beweismittel: Sie ist auf Antrag regelmäßig nur zulässig, wenn andere Beweismittel nicht ausreichen oder nicht vorgebracht sind, § 445 ZPO, oder von Amts wegen, wenn eine gewisse Wahrscheinlichkeit für die Richtigkeit der zu beweisenden Tatsachen besteht, ohne dass das Gericht bereits überzeugt ist, § 448 ZPO.

400 Vernehmungsfähig ist die prozessfähige Partei (Kläger, Beklagter). Bei Prozessunfähigen, etwa Kindern oder juristischen Personen, ist der gesetzliche Vertreter als Partei zu vernehmen, § 455 Abs. 1 Satz 1 ZPO. Bei mehreren gesetzlichen Vertretern bestimmt das Gericht, ob alle oder nur einzelne zu vernehmen sind, §§ 455 Abs. 1 Satz 2, 449 ZPO. Allerdings können Minderjährige ab Vollendung des 16. Lebensjahres über Tatsachen, die in ihren eigenen Handlungen bestehen oder Gegenstand ihrer Wahrnehmungen gewesen sind, selbst vernommen werden, wenn das Gericht dies für angemessen erachtet, § 455 Abs. 2 ZPO. Wer nicht als Partei zu vernehmen ist, kommt als Zeuge in Betracht.

aa) Voraussetzungen der Parteivernehmung. Die Parteivernehmung erfolgt grundsätzlich **auf Antrag.** Die beweisbelastete Partei kann zum Beweis der bestrittenen Tatsache die Parteivernehmung des Gegners beantragen, § 445 Abs. 1 ZPO. Dies setzt voraus, dass sie den ihr obliegenden Beweis mit anderen Beweismitteln nicht vollständig geführt hat oder andere Beweismittel nicht vorgebracht hat. Das Gericht hat demnach vor der Anordnung der Parteivernehmung zunächst die Beweislast zu prüfen. Darüber hinaus müssen alle anderen Beweismöglichkeiten ausgeschöpft sein, ohne dass die benützten Beweismittel bereits Beweis erbracht haben. Die Parteivernehmung ist aber auch zulässig, wenn gar keine anderen Beweismittel zur Verfügung gestanden haben (BGH NJW 1960, 1950).

401

> **Klausurproblem**: Die Klägerin verlangt Rückzahlung eines Darlehens, die Beklagte bestreitet das Darlehen erhalten zu haben. Eine Quittung oder Zeugen existieren nicht. Die Klägerin kann zum Beweis der Darlehenshingabe die Vernehmung der Beklagten beantragen. Beachte aber, sie kann, vgl. § 445 Abs. 1 ZPO, nicht ihre eigene Vernehmung beantragen. Sie kann nur anregen, wenn die Voraussetzungen des § 448 ZPO gegeben sind, dass sie auch vernommen wird.

Die Parteivernehmung erfolgt durch Vernehmung des Gegners, nicht des Beweisführers. Von – naheliegender – unzulässiger Ausforschung ist jedoch erst auszugehen, wenn willkürlich Behauptungen aufgestellt werden oder Tatsachen ins Blaue hinein in die Kenntnis des Gegners gestellt werden (BGH NJW-RR 1991, 891). Sie ist unzulässig, wenn bereits das Gegenteil der Behauptung des Beweisführers erwiesen ist, § 445 Abs. 2 ZPO. In diesem Fall mutet das Gesetz dem Gegner keine Aussage zu, die den eigenen Beweiserfolg vernichten soll. Eine Vernehmung der beweisbelasteten Partei selbst (Vernehmung des Beweisführers) ist auf Antrag nur möglich, wenn die andere Partei damit einverstanden ist, § 447 ZPO, was in der Praxis kaum einmal der Fall sein wird.

Reicht das Ergebnis der Verhandlungen und einer etwaigen Beweisaufnahme nicht aus, um den Richter von Wahrheit oder Unwahrheit einer Tatsache zu überzeugen, spricht aber eine gewisse Wahrscheinlichkeit dafür oder dagegen, kann er von Amts wegen die Vernehmung einer oder beider Parteien anordnen (**Parteivernehmung von Amts wegen**), § 448 ZPO; der sog. „Anbeweis" muss geführt sein! Die Anordnung erfolgt ohne Rücksicht auf die Beweislast, nicht aber, wenn sich lediglich Behauptungen ohne jegliche Beweisgrundlage gegenüberstehen. Die von Amts wegen angeordnete Parteivernehmung darf nicht dem Beweisbelasteten die „Beweisnot" abnehmen. Vielmehr müssen alle angebotenen erheblichen Beweise erhoben worden sein (BGH VersR 1984, 666) und muss beim Gericht ein „non liquet" hinsichtlich der Überzeugung von der Wahrheit einer Tatsache vorliegen. Andererseits muss eine gewisse Wahrscheinlichkeit, also „mehr dafür als dagegen", für die Richtigkeit der streitigen Behauptung sprechen (BGH NJW 1989, 3223; 1990, 1722; 2002, 2249). Die Parteivernehmung kann dann ein Mittel zur Erlangung letzter Klarheit sein und zur Überzeugung des Gerichts führen.

402

bb) Die Anordnung und Durchführung der Parteivernehmung. Die Parteivernehmung erfordert stets einen förmlichen Beweisbeschluss mit den in § 359 ZPO genannten Angaben, auch wenn die Vernehmung einer im Termin anwesenden Partei beschlossen wird, § 450 Abs. 1 ZPO. Eine vereinfachte Beweisanordnung (etwa: „Der Kläger ist als Partei zu vernehmen") ist nicht möglich. Dadurch sollen Parteianhörung und echte Beweisaufnahme durch Parteivernehmung eindeutig gegeneinander abgegrenzt werden. Die vernehmende Partei ist persönlich, d.h. nicht über ihren Anwalt, unter Mitteilung des Beweisbeschlusses formlos zu laden, §§ 450 Abs. 1 Satz 2, 3 ZPO. Werden nach Erlass des Beweisbeschlusses, aber vor Durchführung der Parteivernehmung neue Beweismittel vorgebracht, kann das Gericht die Ausführung des Beschlusses aussetzen und

403

die neuen Beweise erheben. Ist danach der Beweis erbracht, darf die Parteivernehmung nicht mehr durchgeführt werden, § 450 Abs. 2 ZPO.

404 Die Durchführung der Parteivernehmung erfolgt nach den Bestimmungen über die Zeugenvernehmung, § 451 ZPO. Die Beeidigung der vernommenen Partei steht im pflichtgemäßen Ermessen des Gerichts. Sie ist geboten, wenn das Gericht nach der unbeeidigten Aussage von der Wahrheit oder Unwahrheit der zu erweisenden Tatsache nicht überzeugt ist, § 452 Abs. 1 Satz 1 ZPO. Bei widersprechenden Aussagen beider Parteien über dieselbe Tatsache darf nur eine Partei, i. d. R. der Gegner der beweisbelasteten Partei, beeidigt werden, § 452 Abs. 1 Satz 2 ZPO. Keine Beeidigung darf bei Verzicht des Gegners darauf und bei einer rechtskräftig wegen wissentlichen Eidesdelikts verurteilten Partei erfolgen, §§ 452 Abs. 3, 4 ZPO.

405 cc) **Beweiswürdigung.** Das Gericht hat die Aussage der Partei nach § 286 ZPO frei zu würdigen, § 453 Abs. 1 ZPO. Dies betrifft auch die äußeren Umstände der Aussage. Eine Verpflichtung der Partei, nach Anordnung der Parteivernehmung zu erscheinen, oder auszusagen oder die Aussage zu beeiden, besteht nicht, §§ 453 Abs. 2, 454 ZPO (vgl. aber § 141 Abs. 3 ZPO). Die Weigerung sich vernehmen zu lassen, das Ausbleiben im Termin, die Aussageverweigerung und die Eidesverweigerung unterliegen jedoch der freien Würdigung durch das Gericht, §§ 453 Abs. 2, 446 ZPO. Bleibt die zu vernehmende Partei im anberaumten Vernehmungstermin aus, so verhandelt das Gericht – mit der Möglichkeit eines Versäumnisurteiles gegen den Säumigen – zur Hauptsache, § 454 Abs. 2 ZPO.

406 e) **Der Urkundenbeweis. – aa) Begriff.** Urkunden im Sinne der ZPO sind durch Niederschrift verkörperte Gedankenerklärungen, die geeignet sind Beweis für streitiges Parteivorbringen zu erbringen (BGH MDR 1976, 304). Tonband, Schallplatte und Fotografie sind keine Urkunden, sondern unterliegen dem Augenscheinsbeweis. Sie vermitteln keinen Gedankeninhalt, sondern bezwecken die unmittelbare Wahrnehmung von Personen, Gegenständen oder Vorgängen (Thomas/Putzo/Reichold § 371 Vorbem. Rn. 1). Gleiches gilt für EDV-Datenträger und EDV-Ausdrucke, die lediglich Eingabe und Programmierung beweisen (vgl. § 371 ZPO und zur Beweiskraft § 371a ZPO). Die Fotokopie einer Urkunde ist selbst nicht auch Urkunde, sondern wird dazu erst durch einen Beglaubigungsvermerk (BGH NJW 1992, 829; vgl. § 435 ZPO).

407 Der Urkundsbeweis erfordert die Vorlegung der Urkunde im Original, § 420 ZPO. Meist werden die vorhandenen einschlägigen Urkunden von den Parteien bereits mit Klageschrift oder Klageerwiderung zur Unterstützung des Sachvortrages in Kopie vorgelegt und inhaltlich dann von der Gegenseite nicht bestritten. Diese Vorlegung einer Urkunde ist aber noch kein Urkundenbeweis.

408 bb) **Arten von Urkunden.** Bei den Urkunden ist zwischen öffentlichen Urkunden und Privaturkunden mit unterschiedlicher Beweiskraft zu unterscheiden.

Öffentliche Urkunden Definition
Die öffentliche Urkunde ist ein durch eine öffentliche Behörde oder eine mit öffentlichem Glauben versehene Person innerhalb der Grenzen ihrer Amtsbefugnisse in der vorgeschriebenen Form ausgestelltes Dokument, § 415 Abs. 1 ZPO. Zur Ausstellung berechtigte Personen sind insbesondere Notare, Standesbeamte, Gerichtsvollzieher, Urkundsbeamte der Geschäftsstelle, Postbedienstete bzgl. Postzustellungsurkunden, aber auch Rechtsanwälte hinsichtlich der Ausstellung eines Empfangsbekenntnisses gemäß § 174 ZPO (BGH NJW 1990, 2125). Die öffentliche Beglaubigung einer Privaturkunde macht diese jedoch nicht zur öffentlichen Urkunde (BGH MDR 1980, 299).

Bei den öffentlichen Urkunden sind die verschiedenen Arten der öffentlichen Urkunden **409**
zu unterscheiden:
- **öffentliche Urkunden** über **Erklärungen Dritter** (notarieller Kaufvertrag), § 415
  ZPO. Öffentliche Urkunden über Erklärungen Dritter begründen vollen Beweis dafür, dass die Erklärung mit dem niedergelegten Inhalt zur angegebenen Zeit am angegebenen Ort von den bezeichneten Personen abgegeben worden ist (BGH NJW 1980, 1000; 2002, 1500; 2002, 3164), sog. formelle Beweiskraft. Ob die Erklärung allerdings inhaltlich wirksam oder richtig ist, sog. materielle Beweiskraft, beurteilt das Gericht im Rahmen freier Beweiswürdigung,
- **öffentliche Urkunden** über **behördliche Erklärungen und Entscheidungen** (Urteile, Beschlüsse), § 417 ZPO. Die formelle Beweiskraft öffentlicher Urkunden über behördliche Entscheidungen erstreckt sich auf den Erlass der Entscheidung nach Inhalt und Begleitumständen wie ersichtlich. Die sachliche Richtigkeit der behördlichen Entscheidung betrifft die materielle Beweiskraft und ist mit Rechtsmitteln anzugreifen. So ist z. B. der Umstand, dass das Urteil am 17.10.2009 verkündet worden ist und welchen Inhalt es hat durch die Urteilsurkunde bewiesen. Dass die Entscheidung inhaltlich richtig ist, kann durch Berufung angezweifelt werden,
- **öffentliche Urkunden** über **Wahrnehmungen oder Handlungen der Urkundsperson** (Postzustellungsurkunde, Gerichtsvollzieherprotokoll, anwaltliches Empfangsbekenntnis), § 418 ZPO.

Daneben gibt es öffentliche elektronische Dokumente, § 371a Abs. 2 ZPO. Öffentliche elektronische Dokumente teilen die Beweiskraft von Urkunden nach §§ 415, 417 ZPO. Die Beweiskraft von Ausdrucken „primär" elektronischer Dokumente im Gegensatz zu „sekundär" elektronischen Dokumenten, die lediglich die elektronische Übertragung von Papierurkunden nach § 298a Abs. 2 ZPO sind, entspricht öffentlichen Urkunden in beglaubigter Abschrift, § 316a ZPO (Berger NJW 2005, 1016).

Die Beweiskraft öffentlicher Urkunden setzt deren Echtheit voraus. Sie haben die Vermutung der Echtheit für sich, wenn sie nach Form und Inhalt von einer Behörde oder von einer mit öffentlichem Glauben versehenen Person errichtet worden zu sein scheinen, § 437 Abs. 1 ZPO (bei elektronischen Dokumenten nur, wenn qualifizierte elektronische Signatur vorliegt, § 371a Abs. 2 Satz 2 ZPO). Hält das Gericht die Echtheit für zweifelhaft, kann es von Amts wegen die Behörde oder die Person, die die Urkunde errichtet haben soll, zu einer dienstlichen Erklärung über die Echtheit veranlassen, § 437 Abs. 2 ZPO. Der Beweis der Echtheit der Urkunde kann auch durch Schriftvergleichung gemäß §§ 441 ff. ZPO geführt werden. Ob eine ausländische öffentliche Urkunde als echt anzusehen ist, liegt im Ermessen des Gerichts, vgl. § 438 ZPO. **410**

Privaturkunden Definition
Privaturkunden sind Schriftstücke, die von einer Privatperson erstellt sind. Wo sich die Urheberschaft aus der Urkunde ergibt, ist die Namensunterschrift oder Schriftform nach § 126 BGB nicht Voraussetzung für die Urkundeneigenschaft, sondern allenfalls Wirksamkeitsvoraussetzung. Im Gegensatz zur Echtheitsvermutung öffentlicher Urkunden ist die Echtheit einer bezweifelten Privaturkunde zu beweisen, § 440 Abs. 1 ZPO. Dabei knüpft die Echtheit der Urkunde an die Echtheit der Unterschrift des Urhebers an, weil diese wiederum die Vermutung der Echtheit der darüberstehenden Schrift (BGH NJW 1992, 829), also des Urkundentextes, für sich hat, § 440 Abs. 2 ZPO.

> **Klausurproblem:** Der Kläger verlangt (im Urkundenprozess) Bezahlung einer Darlehensschuld. Er legt hierzu ein unterschriebenes Anerkenntnis vor. Der Beklagte bestreitet die Echtheit der Unterschrift. Muss er beweisen, dass es nicht seine Unterschrift ist?

> **Nein**, denn nach § 440 Abs. 1 ZPO obliegt **alleine** dem Kläger der Nachweis der Echtheit der Urkunde.

Ist die im Original vorgelegte Privaturkunde echt, äußerlich mangelfrei und unterschrieben bzw. mit notariell beglaubigtem Handzeichen versehen, begründet sie vollen Beweis dafür, dass die in ihr enthaltene Erklärung vom Aussteller abgegeben ist, § 416 ZPO (Beweiskraft von Privaturkunden). Als Unterschrift wird eine handschriftliche Unterzeichnung verlangt, die aber nicht den Namen enthalten muss („Eure Mutter"). Faksimile-Stempel oder eingescannte Unterschriften sind nicht ausreichend. Der Umfang der Beweiskraft bleibt auch bei Blankounterschriften unter ein nachträglich ausgefülltes Dokument erhalten (BGH NJW 1986, 3086). Soweit die Privaturkunde nicht unterschrieben ist, unterliegt ihre formelle Beweiskraft – wie auch der materielle Inhalt – der freien Beweiswürdigung des Gerichts.

> **Klausurproblem:** Häufig geben die Parteien im Verfügungsverfahren, vgl. § 294 Abs. 1 ZPO, eine „eidesstattliche Versicherung" ab, die nicht den Anforderungen genügt, etwa nicht bei einer zuständigen Stelle abgegeben werden. Auch wenn keine wirksame eidesstattliche Versicherung vorliegt, kann das „Schreiben" als Privaturkunde verwertet werden.

411 cc) **Aktenbeiziehung.** Nicht selten sind in einem Rechtsstreit Vernehmungsprotokolle oder Gutachten aus anderen Verfahren (Strafverfahren, Parallelprozess, Vorprozess) von Bedeutung. In solchen Fällen beantragen die Parteien meist Beiziehung dieser anderen Akten. Soweit dies zum Beweis konkret genannter Aussagen oder gutachtlich bewerteter Fakten geschieht, handelt es sich nach ordnungsgemäßer Einbeziehung in den Prozess um einen Urkundenbeweis, § 432 ZPO. Es soll damit bewiesen werden, dass der Zeuge diese Aussage gemacht, der Sachverständige ein solches Gutachten erstattet hat. Bei Einverständnis beider Parteien mit der Aktenverwertung ist dieser Beweis geführt. Die Aktenbeiziehung hindert jedoch nicht das Recht der Parteien gleichwohl die unmittelbare Anhörung des Zeugen oder Sachverständigen zu beantragen (Unmittelbarkeitsgrundsatz). Wird ein solcher Antrag gestellt oder widerspricht eine Partei der Verwertung, ist die ausschließliche Verwertung der im anderen Verfahren protokollierten Aussage unzulässig (BGH NJW 2004, 1325). Das Gericht muss einem entsprechenden Beweisantrag nachgehen.

412 dd) **Beweisführung durch Urkunden.** Ist die Urkunde im Besitz des Gegners, hat der Beweisführer zu beantragen, dem Gegner die Vorlegung aufzugeben, § 421 ZPO. Der notwendige Antragsinhalt ergibt sich aus § 424 ZPO. Da der Gegner durch die Urkundenvorlage zu einem gegen seine Interessen gerichteten Beweis verhilft, ist er dazu nur verpflichtet, wenn der Antragsteller nach den Vorschriften des Bürgerlichen Rechts die Herausgabe bzw. Vorlage der Urkunde verlangen kann, also ein materiell rechtlicher Herausgabeanspruch besteht, § 422 ZPO (z. B. das Einsichtsrecht des Gesellschafters in Geschäftsbücher nach § 716 BGB; Herausgabe eines Schuldscheins nach §§ 952, 985 BGB).

413 Erachtet das Gericht die Tatsache, die durch die Urkunde bewiesen werden soll, für erheblich und den Antrag für begründet, ordnet es die Urkundenvorlage durch Beschluss an, wenn der Gegner den Besitz der Urkunde zugesteht oder sich nicht dazu erklärt, § 425 ZPO. Bestreitet der Gegner den Besitz der Urkunde, hat er nach ihr zu forschen und ist über ihren Verbleib zu vernehmen, § 426 ZPO. Das Ergebnis dieser Vernehmung würdigt das Gericht nach freiem Ermessen. Ist der Besitz der Urkunde durch den Gegner nicht bewiesen unterbleibt die Vorlageanordnung. Kommt das Gericht zur Erkenntnis, dass der Gegner die Urkunde hat – oder nicht sorgfältig nach ihr geforscht hat – und zu deren Vorlegung verpflichtet ist, so wird die Vorlegung angeordnet. Legt er sie dennoch nicht vor, kann eine Abschrift der Urkunde bzw. die Behauptung des Beweisführers über deren Inhalt als bewiesen angesehen werden, § 427 ZPO. Wo ein materiell rechtlicher Herausgabeanspruch nicht besteht, ist das Vorlageverlangen unberechtigt, die Nichtvorlage darf dann in der Beweiswürdigung zulasten des Gegners keinen Niederschlag finden.

3. Das Beweisergebnis/Beweiswürdigung

Hat das Gericht die Beweise erhoben, muss es im Wege der Beweiswürdigung erwägen, ob der Beweis als geführt anzusehen ist. Dabei ist die Qualität der einzelnen Beweismittel sehr unterschiedlich. **414**

a) Die freie Beweiswürdigung. Wo keine Beweisregel existiert, gilt der Grundsatz der freien Beweiswürdigung. Das Gericht hat unter Berücksichtigung des gesamten Inhalts der Verhandlung und des Ergebnisses einer Beweisaufnahme nach freier Überzeugung zu entscheiden, ob eine Tatsachenbehauptung für wahr oder für nicht wahr zu erachten sei, § 286 Abs. 1 ZPO. Im modernen Prozessrecht gelten nur noch wenige förmliche Beweisregeln, die vorschreiben unter welchen Voraussetzungen eine Tatsache der Urteilsfindung zugrunde gelegt werden muss, vgl. § 286 Abs. 2 ZPO (so z. B. Beweis für die Förmlichkeit der Verhandlung kann nur durch das Protokoll geführt werden, etwa ob der Prozessvergleich genehmigt wurde, § 165 ZPO; Zustellungsnachweis an Partei durch Zustellungsurkunde, § 182 ZPO). **415**

Nach dem Grundsatz der freien Beweiswürdigung ist eine tatsächliche Behauptung bewiesen, wenn das Gericht unter Würdigung des gesamten Inhalts der Verhandlungen und der Beweisergebnisse von ihrer Wahrheit überzeugt ist. Überzeugung erfordert dabei nicht absolute, von jeglichem Zweifel freie Gewissheit. Andererseits reicht es nicht, dass der Richter die Tatsache nur für wahrscheinlich hält. Erforderlich ist ein für das praktische Leben brauchbarer Grad von Gewissheit, der vernünftigen Zweifeln Schweigen gebietet, ohne sie völlig auszuschließen (BGH NJW-RR 1992, 1338; 1994, 567; NJW 1993, 935 ff.). In bestimmten Fällen lassen Gesetz und Rechtsprechung weniger als die Gewissheit des Richters genügen: **416**

aa) Glaubhaftmachung. Wo Glaubhaftmachung nach § 294 ZPO zugelassen ist, genügt die – an die konkreten Umstände angepasste – Einschätzung einer überwiegenden Wahrscheinlichkeit anstelle der vollen Überzeugung (BGH NJW 1996, 1682; MDR 2007, 670). **417**

bb) Anscheinsbeweis. Gewohnheitsrechtlich anerkannt und teilweise gesetzlich normiert (z. B. § 292a ZPO) ist die Lehre vom Beweis des ersten Anscheins („prima-facie-Beweis"). Bei – unstreitigem oder bewiesenem – feststehenden typischen Geschehensablauf darf nach der Lebenserfahrung von einer Ursache auf eine bestimmte typischerweise eintretende Folge oder umgekehrt geschlossen werden (BGH NJW 1991, 230). Der Anscheinsbeweis wird daher oft im Bereich des Ursachenzusammenhanges herangezogen. Er kann durch den vereinfachten Gegenbeweis erschüttert werden, wenn ein atypischer Geschehensablauf ernsthaft möglich ist (BGH NJW 1991, 230). Typisches Beispiel hierfür sind die „Auffahrunfälle" im Straßenverkehr; z. B. vor einer Verkehrsampelanlage kommt es zu einem „Auffahrunfall" zwischen zwei vor der Ampelanlage haltenden Fahrzeugen. Hier spricht der Anscheinsbeweis dafür, dass das hintere Fahrzeug auf das vordere aufgefahren ist und nicht umgekehrt. Dieser Ursachenzusammenhang gilt nicht, wenn der Fahrer des hinteren Fahrzeugs beweist, dass die Rückwärtsgangleuchte des vorderen Kfz bei der Kollision gebrannt hat. **418**

419 **cc) Schadensschätzung nach § 287 ZPO.** Schließlich ermöglicht die Schadensschätzung nach § 287 ZPO in Fällen, in denen ein Schadenseintritt schwer beweisbar und die Höhe des Schadens kaum bezifferbar sind, ein Abrücken vom Vollbeweis. Wo die Klage mangels Nachweis von Schadenseintritt und konkreter Schadenshöhe abgewiesen werden müsste, entscheidet das Gericht nach freier Überzeugung. Allerdings muss der Beweisführer Anknüpfungstatsachen und Anhaltspunkte für die Schadensschätzung liefern, weil die Schadensschätzung sonst „in der Luft hängen" würde (vgl. BGH NJW 1987, 909; MDR 2000, 883). Das Gericht kann insoweit sogar nach seinem Ermessen von beantragten Beweiserhebungen absehen und die beweispflichtige Partei über den Schaden vernehmen, §§ 287 Abs. 1 Satz 2, 3 ZPO.

> **Klausurproblem**: Bäcker K hat infolge der Sperrung des Zugangsweges zu seiner Bäckerei durch eine Baustelle seines Nachbarn F über drei Monate erhebliche Umsatzeinbußen. Muss er den Vollbeweis für Schaden und Schadenshöhe führen, hätte er darzulegen und zu beweisen, welcher Kunde wann welche Backware zu welchem Preis gekauft hätte und dies infolge der Zugangsbehinderung nicht getan hat. Der Richter müsste davon überzeugt sein, wollte er den Schadensersatz zusprechen. Dieser Nachweis kann jedoch nicht gelingen. Beweist der Bäcker die Zugangsbehinderung über drei Monate, liefert er durchschnittliche Umsatzzahlen aus den Vormonaten und weist er nach, bei welchen Backwaren der Umsatz in welchem Maße zurückgegangen ist, so kann der Richter nach freiem Ermessen den Eintritt und die Höhe des Schadens, ggf. einen Mindestschaden, schätzen, ohne dass es darauf ankäme, dass die Schätzung mit der wahren Situation übereinstimmt (BGH NJW 1992, 997).

Für die Frage, ob ein schadensersatzbegründendes Ereignis eingetreten und durch eine Partei herbeigeführt worden ist (haftungsbegründende Kausalität), bedarf es des vollen Beweises (BGH MDR 2005, 922; NJW 2004, 777). Ist jedoch bei unstreitiger oder erwiesener Schädigungshandlung streitig, ob ein Schaden entstanden ist, ob die schadensstiftende Handlung dafür ursächlich war und auf welche Höhe sich der Schaden beläuft (haftungsausfüllende Kausalität) entscheidet das Gericht hierüber unter Würdigung aller Umstände nach freier Überzeugung, § 287 ZPO. Bei besonderen Schwierigkeiten des Schadensnachweises muss das Gericht einen Mindestschaden zusprechen (BGH NJW-RR 2005, 3384).

> **Klausurproblem**: Der Kläger behauptet, der Beklagte hätte einen Schneeball geworfen, der ihn am Auge verletzt habe, dadurch sei ihm ein Schaden entstanden. Muss er dies alles genau nachweisen? Für die Frage, ob der Beklagte den Schneeball, der den Kläger am Auge verletzt hat, geworfen hat, ist Vollbeweis erforderlich; für die Höhe des durch den Schneeballwurf eingetretenen Schadens ist Schadensschätzung nach § 287 ZPO zulässig.

Bei anderen vermögensrechtlichen Streitigkeiten gilt § 287 ZPO gleichfalls, wenn die Parteien über die Höhe einer Forderung streiten und die vollständige Aufklärung mit unverhältnismäßigen Schwierigkeiten verbunden ist, § 287 Abs. 2 ZPO; z. B. bei der Höhe einer Bereicherung.

420 **b) Die Verwertung des Zeugenbeweises.** Das in der Praxis häufigste Beweismittel, der Zeuge, ist keineswegs das zuverlässigste – das Gegenteil ist der Fall. Der Zeugenbeweis wird an Überzeugungskraft von der Urkunde weit übertroffen und steht auch hinter Augenschein und Sachverständigengutachten. Er ist allenfalls der Parteivernehmung vorzuziehen. Damit einer Zeugenaussage geglaubt werden kann/muss ist erforderlich, dass eine Aussage hinreichend viele „Realitätskriterien" (Wahrheitsanzeichen) aufweist. Es darf auch gerade dem prozessual „konstruierten Zeugen" (Zedent der eingeklagten Forderung) oder dem wirtschaftlich unmittelbar betroffenen Zeugen (Provisionsvertreter beim Streit über das Zustandekommen eines Vertrages) kein Glaubwürdigkeitsvorsprung im Verhältnis zur Gegenpartei eingeräumt werden. Falls nicht eindeutige Feststellungen für die Wahrheit oder für die Unwahrheit einer Äußerung getroffen werden können, ist in solchen Fällen allenfalls eine Entscheidung nach Beweislastregeln geboten.

421 Bei der Beurteilung der Glaubwürdigkeit einer Aussage muss man die möglichen Fehlerquellen beim Zeugenbeweis kennen. Bei falschen Zeugenaussagen muss man zwischen einer unbewussten falschen Aussage (Irrtum) und der bewussten falschen Aussage (Lüge) unterscheiden.

422 **aa) Unbewusste Fehlerquellen beim Zeugenbeweis (Irrtum). Die Wahrnehmung** ist das Ergebnis einer Wechselwirkung: Der Wahrnehmungsgegenstand wirkt auf die wahrnehmende Person ein und deren Befindlichkeit wirkt auf das wahrgenommene Objekt zurück. Jede Wahrnehmung ist subjektiv beeinflusst. Die Auswahl des Beobachtungsgegenstandes wird vom Interesse des Wahrnehmenden, die Wahrnehmungsqualität von seiner körperlichen, geistigen und seelischen Verfassung gesteuert. Die zwangsläufig bruchstückhaften Beobachtungen werden subjektiv interpretiert, entsprechend der vorhandenen Lebenserfahrung ergänzt und zu einem „sinnvollen Ganzen" ausgefüllt. So werden naheliegende Schlussfolgerungen schon mitgedacht und als angebliche Wahrnehmungen empfunden. Unfallzeugen haben oft nur die Endstellung der Fahrzeuge gesehen, fühlen sich aber gleichwohl in der Lage den Unfallhergang zu schildern. Die Intensität der Beobachtung hängt von der ständig wechselnden Konzentration ab. Der Mensch kann von einem Vorgang „gefesselt" oder durch gedankliche anderweitige Beschäftigung abgelenkt sein. Wenn deshalb ein Zeuge, der anwesend war, nichts gesehen und nichts gehört hat, so beweist das noch lange nicht, dass der behauptete Vorgang nicht doch stattgefunden hat.

423 **Die Gedächtnisspeicherung:** Die von den Sinnesorganen aufgenommenen Informationen werden mit unterschiedlicher Nachhaltigkeit im Gedächtnis gespeichert. Die meisten Wahrnehmungen verbleiben nur kurz im Gedächtnis und gehen danach für immer verloren („Kurzzeitgedächtnis"), weil sie nicht mehr gebraucht und somit auch nicht mehr abgefragt werden. Dies gilt etwa für die ständige Beobachtung der augenblicklichen Verkehrsverhältnisse durch den Pkw-Fahrer. Andere markante Informationen werden im Gedächtnis verfestigt („Langzeitgedächtnis"), weil sie der betreffenden Person über den Augenblick hinaus „bemerkenswert" erscheinen oder ihr seelisches Empfinden betreffen. Dies gilt beim Verkehrsteilnehmer für überstandene prekäre Verkehrssituationen, die er dann auch weitererzählt, oder das gezielt gespeicherte Kennzeichen am Pkw des Verkehrsrowdies oder den durch ersten Schneefall verursachten erheblich verspäteten Dienstantritt. Die im Gedächtnis gespeicherten Eindrücke verblassen zunehmend mit dem Zeitablauf. Das Vergessen betrifft aber nicht alle Informationen eines Wahrnehmungsbereiches gleichmäßig. Vielmehr können einzelne Details noch deutlich im Gedächtnis vorhanden sein, während andere stark abklingen oder verloren gehen. Andererseits wird die Erinnerung auch „angereichert" durch Bruchstücke aus ähnlichen Erlebnissen.

424 Der Mensch strebt stets nach seelischer Ausgeglichenheit und positiver Selbstbewertung. Dies wirkt sich auf den Gedächtnisinhalt aus: Unangenehme und das Gemütsleben störende Eindrücke werden abgemildert oder ganz verdrängt, es wird „das Beste daraus gemacht". Die den Eigenwert steigernden Erlebnisse werden auf- und ausgebaut. Diese Korrekturen werden zwar vom Verstand gesteuert, vollziehen sich aber ganz überwiegend im Unterbewusstsein und können daher bei einer späteren Wiedergabe des Erinnerungsbildes nicht mehr ausgeschieden werden.

425 **Die Wiedergabe des Erinnerungsbildes (Aussage) und seine Niederschrift**: Bei der Aussage ist der Zeuge gehalten, das im Gedächtnis vorhandene Bild mit dem Mittel der Sprache so wiederzugeben, dass die Vernehmenden den erfragten Vorgang zu erkennen vermögen. Es liegt auf der Hand, dass hierbei erneut die Gefahr der Verfälschung entsteht. Nicht alle Menschen beherrschen das Medium der Sprache gleich souverän. Viele denken in einfachen Kategorien und reden ebenso undifferenziert, ganz abgesehen von Verständigungsschwierigkeiten ausländischer Zeugen. Schließlich begrenzen auch die ungewohnte Atmosphäre des Gerichtssaales, die Anwesenheit der Prozessbeteiligten oder auch viele Zuhörer die Fähigkeit zu konzentrierter Aussageleistung.

426 Die Zeugenaussage wird dem Richter gegenüber erklärt, der sie regelmäßig durch Diktat auf Tonträger fixiert. Abgesehen von unbemerkten Hör- und Verständnisfehlern, die zuweilen in der unterschiedlichen Sprech- und Denkweise von Zeuge und Richter begründet liegen, kommen Verfälschungen auch dadurch zustande, dass der Richter zu gedrängter Zusammenfassung genötigt ist und den geschilderten Sachverhalt unbemerkt bereits in juristische Kategorien einzureihen versucht ist. Auch das gebotene Vorlesen und Genehmigen der fixierten Aussage durch den Zeugen (§§ 160 Abs. 3 Nr. 4, 162 Abs. 1 ZPO) ist selten geeignet Unrichtigkeiten noch aufzudecken, wenn es der Zeuge an der erforderlichen Aufmerksamkeit fehlen lässt oder – infolge falsch verstandener Autorität des Richters – den erkannten Fehler im Aussageprotokoll ungerügt lässt.

427 bb) **Die bewusste Falschaussage (Lüge)**. Es gibt viele Beweggründe für einen Zeugen vor Gericht bewusst die Unwahrheit zu sagen: Falsch verstandene „Hilfe" für eine in Beweisnot befindliche Person, eigener Vorteil, Vermeiden von Peinlichkeiten für den Zeugen, Geltungs- oder Vergeltungsbedürfnis gegenüber einer anderen Person. Zur Aufdeckung der Lüge ist zu beachten, dass Hemmungen und die Gefahr der Entdeckung den Zeugen zu besonderen Verhaltensweisen, die bei gewissenhafter Analyse die Unwahrheit seiner Angaben signalisieren, veranlassen. So empfindet der bewusst lügende Zeuge i. d. R. ein – mehr oder weniger stark ausgeprägtes – körperliches Unwohlsein. Gegen die bewusste Falschaussage wehrt sich sein Körper: Manche Zeugen vermeiden auffällig den Blickkontakt zur Vernehmungsperson und wenden die Augen zu Boden, weil sie dem Gegenüber bei ihrer Lüge „nicht in die Augen sehen" können. Andere erleiden Schweißausbrüche oder zeigen eine verkrampfte Körperhaltung, etwa durch ineinander verschlungene Arme oder krampfhaftes Festhalten am Tisch. Diese körpersprachlichen Signale sind erste Indizien für eine Lüge.

428 Die wissentlich unwahre Aussage ist häufig auch an ihrer Struktur erkennbar: Sie ist meist unklar, blass und strukturbrüchig und insbesondere im Aussagekern mager, weil das fehlende Erlebnis durch Phantasie künstlich ersetzt werden muss. Es erfordert eine vielfältige Begabung, eine selbst erfundene Geschichte genauso zu erzählen, wie über ein wirkliches Erlebnis berichtet wird. Deshalb ist es für den Lügner besonders schwer, die unbefangene Natürlichkeit, Lebensnähe und Einfühlung darzustellen, die eine wahre Aussage gewöhnlich kennzeichnet.

429 Nach **Bender/Nack/Treuer, Tatsachenfeststellung vor Gericht**: Glaubhaftigkeits- und Beweislehre, Vernehmungslehre, 4. Aufl., 2014, können bei einer wahrheitsgemäßen Aussage erfahrungsgemäß folgende **Realitätskriterien** beobachtet werden:
– **Detailkriterium**: Die Aussage ist farbig, lebendig, wirklichkeitsnah, konkret;
– **Individualitätskriterium**: Sie ist nach Inhalt und Sprachverwendung vom individuellen Charakter der Auskunftsperson bestimmt;

- **Verflechtungskriterium**: Sie lässt sich in anderweitig bewiesene begleitende Umstände zwanglos einpassen;
- **Strukturgleichheitskriterium**: Sie bleibt sich während der ganzen Vernehmung und auch im Verhältnis zu früheren Aussagen hinsichtlich Sprachfluss, Satzbau und Lebendigkeit der Schilderung treu;
- **Nichtsteuerungskriterium**: Sie ist nicht auffallend auf ein Aussageziel hingesteuert;
- **Homogenitätskriterium**: Sie passt in ihren Details insgesamt zusammen;
- **Konstanzkriterium**: Bei wiederholter Vernehmung bleibt der zentrale Handlungskern gleich, auch wenn Nebenumstände wegbleiben oder zusätzlich geboten werden;
- **Lückenfüllungskriterium**: Spätere Ergänzungen einer Aussage, die sich in das Gesamtbild homogen einfügen, sind kein Indiz für eine unwahre Aussage, sondern damit zu erklären, dass nicht alle im Gedächtnis gespeicherten Informationen zu jedem beliebigen Zeitpunkt abrufbar sind. Sie sind deshalb eher ein Glaubwürdigkeitsmerkmal.

Das Fehlen von Realitätsmerkmalen kann jedenfalls dort, wo sie an sich zu erwarten wären, als **Warnsignal** betrachtet werden. Abgesehen von diesem allgemeinen Warnsignal lassen sich nach Bender/Nack/Treuer bei den einzelnen Realitätskennzeichen Gesichtspunkte identifizieren, die speziell gegen eine Realitätsgrundlage der Aussage sprechen und die sich als **Fantasiesignale** verstehen lassen und auf eine unwahre Aussage hindeuten:
- Es tritt ein Mangel an Realitätsmerkmalen nur bezüglich einzelner Teile der Aussage auf und ist daher nicht recht erklärlich;
- **Schwarz-Weiß-Malerei**: Wenn die Auskunftsperson ihre eigene Erinnerungstreue und ihre Wahrheitsliebe auffällig betont und/oder auf die angeblich bekannte Unzuverlässigkeit der Gegenseite allzu deutlich hinweist;
- **Verarmung der Aussage**: Auf den Hinweis von Widersprüchen oder entgegenstehenden Umständen schränkt die Aussageperson die Aussage ein oder sie zieht sich unverhältnismäßig stark zurück;
- **Flucht- und Begründungssignal**: Die Auskunftsperson meidet das Beweisthema. Auch auf mehrmalige Aufforderung, beim Thema zu bleiben, weicht sie immer wieder aus.
- „**Nicht-Nicht-Syndrom**": Aussagepersonen, die besonders einfach strukturiert sind, scheinen erhebliche Probleme zu haben, sich weit genug von der Wahrheit zu lösen, und berichten daher gerne „an der Wahrheit entlang", indem sie jeweils nur ein „nicht" oder „kein" einfügen bzw. weglassen. Dafür wird gerne die Wahrheitsliebe übertrieben und mehrfach betont.

Ein besonderes Problem bietet das Erkennen objektiv unwahrer Angaben, wenn ein Zeuge infolge ständiger gedanklicher Wiederholung schließlich selbst an seine „Lüge" glaubt oder vermeintlich zwingende Folgerungen aufgrund eigener Überzeugung als Fakten darbietet. Insbesondere wenn der Zeuge selbst betroffen ist, neigt er insoweit zur Selbstsuggestion, als er die eigene Rolle positiv darstellen möchte. Dies erreicht er durch Manipulation der Tatsachen, an die er schließlich selbst glaubt. Es handelt sich dabei für die Glaubwürdigkeitslehre um einen Bereich, der zwischen Irrtum und Lüge anzusiedeln ist.

c) Die Würdigung des Sachverständigenbeweises. Der Richter ist in der Bewertung des Sachverständigengutachtens frei (Grundsatz der freien Beweiswürdigung). Er hat es kritisch zu prüfen. Auch wenn ihm dabei mangels eigener Sachkunde Grenzen gesetzt sind, hat er doch den Beweiswert des Gutachtens in eigener Verantwortung zu bestimmen. Man muss deshalb vom gerichtlichen Sachverständigen verlangen, dass er sein Gutachten verständlich und auch für Laien nachvollziehbar abfasst. Besondere Bedeutung hat die Möglichkeit, den Sachverständigen zur Erläuterung seines Gutachtens in den Termin zu laden (Erörterungstermin), § 411 Abs. 3 ZPO. Auf Antrag einer Partei ist das Gericht zur Abhaltung eines Erörterungstermins sogar verpflichtet (BGH NJW-RR 2001, 1431; auch im selbstständigen Beweisverfahren: BGH MDR 2007, 1091). Bei verbleibenden Zweifeln an der Richtigkeit des Gutachtens hat der Richter nur die Möglichkeit, nach seinem Ermessen ein weiteres (neues) Gutachten einzuholen, § 412 Abs. 1 ZPO. Dazu wird es insbesondere kommen müssen, wenn sich – insbesondere bei einem Erörterungstermin mit den Parteien – die mangelnde Kompetenz des Sachverständigen ergibt, wenn er die tatsächlichen Voraussetzungen für das Gutachten verkannt hat, wenn seine Schlussfolgerungen widersprüchlich sind oder ein anderer Sachverständiger überlegene Forschungsmittel zur Verfügung hat.

432 d) **Die Beweisvereitelung.** Auch wenn es naheliegt, dass sich keine Partei gerne der anderen ans Messer liefert, sondern durch Ablehnung der erforderlichen Mitwirkung diese in ihrer Beweisnot belassen möchte (z. B. nur der Gegner kennt Name und Anschrift des (Unfall-) Zeugen), kann ein solches Verhalten nicht geduldet werden. Eine solche Beweisvereitelung widerspricht dem Gebot einer fairen Prozessführung. Gesetzlich sind die Folgen einer derartigen Beweisvereitelung an zwei Stellen geregelt. In § 427 ZPO sanktioniert das Gesetz die gerichtlich angeordnete Nichtvorlage einer Urkunde durch den Gegner mit der Unterstellung des behaupteten Urkundeninhalts als wahr. § 444 ZPO bestimmt, dass die absichtliche Beseitigung einer Urkunde durch den Gegner die Fiktion der Bewiesenheit der behaupteten Beschaffenheit und des Inhalts der Urkunde zur Folge hat.

433 Diese Grundsätze sind auch auf andere Beweismittel entsprechend anwendbar, wenn der Gegner des Beweisführers arglistig oder auch nur fahrlässig die Beweisführung vereitelt (BGH NJW-RR 1996, 1534). Dabei ist auf die Umstände des Einzelfalles abzustellen. Von relevanter Beweisvereitelung ist bei zu missbilligendem Verhalten, ohne dass dafür verständliche Gründe angeführt werden könnten (BGH NJW 2008, 982), auszugehen. Dabei hat der Richter das gesamte beweisvereitelnde Verhalten frei zu würdigen. Auch der Grad des zu missbilligenden Verhaltens des Gegners spielt eine Rolle. Der vereitelte Beweis kann als geführt angesehen werden, etwa bei arglistiger Beseitigung des Beweismittels, dem Gegner des Beweisführers kann die Beweislast aufgebürdet werden oder es können lediglich geringere Anforderungen an die Beweisführung gestellt werden.

4. Das selbstständige Beweisverfahren

434 a) **Zweck und Voraussetzungen.** Droht der Verlust oder die erschwerte Benutzung eines Beweismittels, oder stimmt der Gegner einer Beweiserhebung zu, kann ein selbstständiges Beweisverfahren eingeleitet und auch außerhalb eines Streitverfahrens ein Augenschein eingenommen, ein Zeuge vernommen, oder ein Sachverständigengutachten angeordnet werden, § 485 Abs. 1 ZPO (z. B. Der Unfallzeuge befindet sich in Lebensgefahr; das beschädigte Fahrzeug wird repariert; das Hochhaus bei dessen Fundament sich Mängel zeigen, wird weiter gebaut).

435 Auch wenn ein Rechtsstreit noch nicht anhängig ist, kann eine Partei, die ein **rechtliches Interesse** an einer bestimmten Feststellung hat, vgl. §§ 485 Abs. 2 Nr. 1–3 ZPO, ein schriftliches Sachverständigengutachten beantragen.

436 aa) **Zuständiges Gericht.** Ist, wenn der Rechtsstreit schon anhängig ist, das Prozessgericht, § 486 Abs. 1 ZPO, wenn ein Rechtsstreit noch nicht anhängig ist, das Gericht, das nach dem Vortrag des Antragstellers zur Entscheidung in der Hauptsache zuständig wäre, § 486 Abs. 2 S. 1 ZPO. Bei Wahlgerichtsständen kann der Antragsteller aussuchen. In Fällen dringender Gefahr, § 486 Abs. 3 ZPO, das Amtsgericht wo sich die zu vernehmende Person befindet oder das Beweisobjekt liegt.

bb) Antrag. Das selbstständige Beweisverfahren kommt nur auf **Antrag** einer Partei in Gang, es muss inhaltlich den Anforderungen des § 487 ZPO entsprechen. Die Angaben zur Zulässigkeit und zur Zuständigkeit des Gerichts sind **glaubhaft zu machen**, §§ 487 Nr. 4, 294 ZPO. Der Antrag unterliegt **nicht dem Anwaltszwang**, §§ 486 Abs. 4, 78 Abs. 3 ZPO. **437**

Ist ein Gegner nicht bekannt, so ist der Antrag nur zulässig, wenn der Beweisführer glaubhaft macht, dass er unverschuldet außerstande ist, den Gegner zu bezeichnen, § 494 Abs. 1 ZPO. Das ist denkbar bei Schäden, deren Verursacher nicht bekannt ist. Wegen einer Vertreterbestellung für den unbekannten Gegner vgl. § 494 Abs. 2 ZPO. **438**

cc) Verjährungshemmende Wirkung. Die Zustellung des Antrages eines selbstständigen Beweissicherungsverfahrens hemmt die Verjährung, § 204 Nr. 7 BGB; diese Wirkung tritt jedoch nur ein, wenn ein Gegner bezeichnet worden ist. Sind mehrere Gegner – etwa bei Baumängeln (Architekt, verschiedene Bauhandwerker) – denkbar, so sind sie der materiell-rechtlichen Wirkung wegen alle zu bezeichnen (vgl. OLG Frankfurt BauR 1995, 275). Da Streitverkündung im Beweisverfahren zulässig ist (BGH MDR 1997, 390), sind wegen der Verjährungshemmung auch die Streitverkündeten zu bezeichnen. **439**

dd) Beschluss. Das Gericht entscheidet – nach freigestellter mündlicher Verhandlung, § 128 Abs. 4 ZPO – durch Beschluss, § 490 Abs. 1 ZPO. Es entscheidet i. d. R. nach Anhörung des Gegners. Gegen den Beschluss, durch den die Beweisaufnahme angeordnet wird, besteht kein Rechtsmittel; gegen den ablehnenden Beschluss – bei dem eine Beweisaufnahme abgelehnt wird – sofortige Beschwerde, § 567 Abs. 1 Nr. 2 ZPO. **440**

b) Beweisaufnahme und Benutzung im Prozess. Für die Beweisaufnahme gelten die **allgemeinen Regeln**, § 492 ZPO. Also für die Zeugenvernehmung §§ 373 ff. ZPO; für das Sachverständigengutachten §§ 402 ff. ZPO; für den Augenschein §§ 371 ff. ZPO. Der Gegner ist unter Zustellung des Beschlusses zu laden, § 491 Abs. 1 ZPO. Das Gericht kann die Parteien zur mündlichen Erörterung laden, wenn eine Einigung zu erwarten ist, § 492 ZPO. **441**

Das Beweisergebnis steht **jeder Partei zur Benutzung im Prozess zur Verfügung**. Beruft sich dort eine Partei auf Tatsachen, die durch ein Beweisverfahren erhoben worden sind, so stehen diese – antizipierten – Beweiserhebungen einer Beweisaufnahme vor dem Prozessgericht gleich, § 493 Abs. 1 ZPO. Eine Wiederholung der Beweisaufnahme kommt nur in Betracht, wenn die Beweiserhebung im Beweisverfahren fehlerhaft war, die Beweisfrage unzutreffend gestellt oder beantwortet worden ist, der Grundsatz der Beweisunmittelbarkeit einen Eindruck des erkennenden Gerichts erfordert, der Sachverständige abgelehnt wurde oder eine Vereidigung nachzuholen ist. Wegen des Grundsatzes des rechtlichen Gehörs kann das Beweisergebnis des Beweisverfahrens aber nur dann im Hauptsacheprozess benutzt werden, wenn der Gegner am Beweisverfahren angemessen beteiligt wurde, d. h. zu einem Termin auch rechtzeitig geladen war, § 493 Abs. 2 ZPO. Andernfalls kann der Gegner ohne durch das Ergebnis des Beweisverfahrens gehindert zu sein, selbstständig Beweis antreten. Aber auch für den Antragsteller folgt daraus kein Beweisverwertungsverbot, er kann das Beweisergebnis urkundlich in den Prozess einführen. **442**

c) Kosten des Beweisverfahrens. Der Beweisbeschluss enthält – außer der Anforderung des erforderlichen Auslagenvorschusses – keine Kostenregelung. Die für das Verfahren entstehende 1,0 Gerichtsgebühr, Anl. 1 Nr. 1610 GKG, hat der Antragsteller zu bezahlen, § 22 GKG. Ist ein Rechtsstreit bereits anhängig, sind sämtliche Kosten des Beweisverfahrens als Prozesskosten anzusehen, soweit sie zur zweckentsprechenden Rechtsverfolgung oder -verteidigung notwendig waren, § 91 Abs. 1 ZPO. Gleiches gilt, wenn dem Beweisverfahren ein Hauptsacheprozess nachfolgt. **443**

444 Das Gericht setzt auf Antrag dem Antragsteller eine Frist für die Klageerhebung in der Hauptsache, § 494a Abs. 1 ZPO: Erhebt der Antragsteller daraufhin Hauptsacheklage, ergeht in diesem Verfahren eine Kostenentscheidung unter Einbeziehung der Kosten des Beweisverfahrens. Wird der Anordnung keine Folge geleistet, so werden auf Antrag die dem Gegner im Beweisverfahren entstandenen Kosten durch Beschluss, der der sofortigen Beschwerde unterliegt, dem Antragsteller auferlegt, § 494a Abs. 2 ZPO.

IV. Das Protokoll

1. Protokollzwang

445 Jede **Verhandlung** vor dem **erkennenden Gericht** erfordert die Anfertigung eines Protokolls. Unerheblich ist, ob es sich um Güteverhandlung, streitige Verhandlung oder Beweisaufnahmetermin handelt, § 159 Abs. 1 Satz 1 ZPO. Ein Protokoll ist auch vor dem ersuchten und beauftragten Richter zu erstellen, § 159 Abs. 2 ZPO.

446 Das Protokoll ist eine öffentliche Urkunde. Es wird zu den Akten genommen, die Parteien erhalten eine Abschrift. Als öffentliche Urkunde hat das Protokoll volle Beweiskraft für die **Förmlichkeiten** der mündlichen Verhandlung und den **Inhalt** der im Verlauf der Verhandlung protokollierten Erklärungen, §§ 415, 418 ZPO. Nach § 165 Satz 1 ZPO kann der Beweis über die Vornahme der für die Verhandlung vorgeschriebenen **Förmlichkeiten** nur durch das Protokoll erbracht werden, andere Beweismittel sind ausgeschlossen.

447 Das Protokoll wird i. d. R. in der Verhandlung mittels Tonaufnahmegerät vorläufig aufgezeichnet, § 160a Abs. 1 ZPO. Die Tonaufzeichnung kann unmittelbar und wortgetreu erfolgen. In der Praxis wird der Protokollführer die Formalitäten **diktieren** und die wesentlichen Ergebnisse in eigenen Worten zusammenfassen, da andernfalls das Protokoll zu umfangreich und zuviel Unnötiges enthalten würde. Bei Zeugenvernehmungen sollte allerdings versucht werden, die Aussagen möglichst wortgetreu zu fixieren. Das Protokoll soll **unverzüglich** nach der Sitzung hergestellt werden, § 160a Abs. 2 Satz 1 ZPO. Hierzu sind die vorläufigen Aufzeichnungen in einer Urkunde niederzulegen.

2. Der Inhalt des Protokolls

448 In das Protokoll sind sowohl die Förmlichkeiten und äußeren Gegebenheiten des Verhandlungstermins (sie sind §§ 160 Abs. 1 Nr. 1–5 ZPO zu entnehmen) als auch Angaben zum Verhandlungsablauf aufzunehmen. Der Gang der Verhandlung ist nicht im Einzelnen anzugeben. Vielmehr sind nur die **wesentlichen Vorgänge** der Verhandlung aufzunehmen, § 160 Abs. 2 ZPO. Dazu gehören vor allem die Durchführung einer Güteverhandlung, der Vergleichsvorschlag des Gerichts und die Reaktionen der Parteien hierauf, die Erörterung der Sach- und Rechtslage, Fragen und Hinweise des Gerichts, Verfügungen, Erklärungsfristen oder die Verkündung von Beschlüssen. Ein Zwang zur Aufnahme ins Protokoll besteht hingegen bei den Vorgängen nach § 160 Abs. 3 ZPO (insbesondere Anerkenntnis, § 307 ZPO, Anspruchsverzicht, § 306 ZPO, Vergleich, § 794 Abs. 1 Nr. 1 ZPO, sowie die Anträge der Parteien).

449 Es besteht auch die Möglichkeit Vorgänge in einer eigenen Urkunde festzuhalten und diese dem Protokoll in Anlage beizufügen. Die Anlage muss dem Protokoll beigefügt und im Protokoll als Anlage bezeichnet sein, § 160 Abs. 5 ZPO. Diese Anlage ist dann Bestandteil des Protokolls und nimmt an deren Beweiskraft nach §§ 165, 415, 418 ZPO teil.

450 In den Fällen der §§ 160 Abs. 3 Nr. 1, 3, 4, 5, 8, 9 ZPO ist das Protokoll den Beteiligten zum Zwecke der Genehmigung **vorzulesen** oder **zur Durchsicht vorzulegen**, § 162 Abs. 1 ZPO. Ist der Inhalt des Protokolls nur **vorläufig aufgezeichnet** worden, so ge-

nügt es, wenn die schriftlichen Aufzeichnungen **vorgelesen** oder die Tonbandaufnahmen **abgespielt** werden, § 162 Abs. 1 Satz 2 ZPO. Das Protokoll muss nach § 162 Abs. 1 Satz 3 ZPO einen **Vermerk** darüber enthalten, dass dies geschehen ist: „**v.u.g.**" steht für „vorgelesen/vorgespielt und genehmigt".

> **Klausurproblem:** Die Parteien schließen vor Gericht einen Vergleich, der Richter vergisst aber den Vergleich vorzuspielen und genehmigen zu lassen, §§ 162 Abs. 1 S. 2, 160 Abs. 3 Ziff 1 ZPO, jedenfalls ist dies nicht im Protokoll vermerkt. Folge: Der Vergleich ist wegen Verstoßes gegen § 162 Abs. 1 Satz 2 ZPO prozessual unwirksam. Der Prozess wird nun fortgesetzt. Der Vergleich ist aber (Doppelnatur des Vergleiches) materiell-rechtlich wirksam, der Kläger stellt deshalb den Antrag aus dem Vergleich, also etwa den Beklagten zur Zahlung von 5.000 Euro zu verurteilen.

Das Protokoll ist vom **Richter** und vom **Urkundsbeamten** zu unterschreiben, soweit von seiner Zuziehung nicht abgesehen worden ist, § 163 Abs. 1 Satz 1 ZPO.

3. Protokollberichtigung

Wird der Protokollinhalt nachträglich als **unrichtig** erkannt, so kann er jederzeit auf Antrag oder von Amts wegen berichtigt werden, § 164 Abs. 1 ZPO. Übertragungs- oder Schreibfehler bedürfen keiner förmlichen Berichtigung. Die Parteien sind vor einer Berichtigung zu **hören**, § 164 Abs. 2 ZPO. Ist die Berichtigung geboten, wird sie auf dem Protokoll oder in einer Protokollanlage vermerkt, der Berichtigungsvermerk ist zu unterschreiben. Lehnt der Richter die Berichtigung ab, weil die Beanstandung keine Unrichtigkeit betrifft, so erfolgt dies durch unanfechtbaren Beschluss, der zu begründen und zu verkünden ist. **451**

V. Prozesskostenhilfe

1. Materielle Voraussetzungen eines Prozesskostenhilfeanspruchs

PKH wird grundsätzlich nur auf **Antrag** bewilligt (Ausnahme: § 9 AUG). Der Antrag kann **in jedem Stadium des Rechtsstreits** und auch durch den Beklagten gestellt werden. Die Bewilligung von PKH setzt nach § 114 ZPO voraus, dass der Antragsteller nach seinen **wirtschaftlichen und persönlichen Verhältnissen** die Kosten der Prozessführung nicht, nur zum Teil oder nur in Raten aufbringen kann, die beabsichtigte Rechtsverfolgung oder Rechtsverteidigung hinreichende **Aussicht auf Erfolg** bietet und **nicht mutwillig** erscheint. **452**

a) Persönliche und wirtschaftliche Verhältnisse. Zum **Einkommen** gehören alle **Einkünfte in Geld** oder **Geldeswert**, § 115 Abs. 1 Satz 2 ZPO, maßgeblich ist nur das **Einkommen der Partei**, nicht das Familieneinkommen oder das Einkommen des Ehepartners. Nach § 117 Abs. 2 ZPO sind dem Antrag **eine Erklärung** der Partei über ihre **persönlichen und wirtschaftlichen Verhältnissen** (Familienverhältnisse, Beruf, Vermögen, Einkommen und Lasten) sowie **Belege** beizufügen. Es stehen **Vordrucke** zur Verfügung, die der Antragsteller zu verwenden hat, § 117 Abs. 4 ZPO. **453**

b) Hinreichende Erfolgsaussicht der Rechtsverfolgung/Rechtsverteidigung. Generell gilt: Bei der Prüfung der Erfolgsaussicht soll **nicht kleinlich** verfahren werden. Sie ist auch dann zu bejahen, wenn **Rechtsfragen** zu entscheiden sind, die in Rechtsprechung und Lehre noch **nicht eindeutig geklärt** sind, auch wenn das angerufene Gericht eine dem Antragsteller ungünstige Ansicht vertritt. Dabei ist die **Anhörung des Gegners** im Regelfall zwingend vorgeschrieben, sofern dies nicht aus besonderen Gründen (z. B. Eilverfahren) unzweckmäßig ist, § 118 Abs. 1 Satz 1 ZPO. Die Stellungnahme des Gegners kann insbesondere für die Bewertung der Erfolgsaussicht bedeutsam sein. **454**

455 c) **Keine Mutwilligkeit.** Mutwillig ist eine Rechtsverfolgung, wenn eine Partei, die selbst für die Kosten aufkommen muss, **vernünftigerweise von der Prozessführung absehen** würde (BGH NJW 2003, 2668), wie z. B. eine Klage gegen einen verarmten, schwerkranken Schuldner ohne jede Chance, den Titel jemals vollstrecken zu können.

2. Die Entscheidung

456 Über den PKH-Antrag wird ohne mündliche Verhandlung durch **Beschluss** entschieden, § 127 Abs. 1 ZPO. Der ablehnende Beschluss ist zu **begründen**. Der Beschluss enthält **keine Kostenentscheidung**. Der **bewilligende** Beschluss ist für Antragsteller und Antragsgegner **unanfechtbar**, § 127 Abs. 2 Satz 1 ZPO. Im bewilligenden Beschluss ist dem Antragsteller nach § 121 Abs. 1 ZPO zwingend ein zur Vertretung bereiter **Rechtsanwalt beizuordnen**, soweit eine Vertretung durch Rechtsanwälte vorgeschrieben ist, also im Anwaltsprozess, auch wenn er selbst Rechtsanwalt ist. Die **nachträgliche Aufhebung** der Bewilligung kommt nur unter den Voraussetzungen der §§ 124 Nr. 1–5 ZPO in Betracht.

3. Wirkungen der Prozesskostenhilfe

457 **Kostenbefreiung gegenüber Rechtsanwalt und Staatskasse:** Der Antragsteller wird von der Zahlung von **Prozesskosten** (Gerichtsgebühren, Auslagen, Anwaltskosten) **befreit** bzw. nur im Rahmen der Anordnung der Ratenzahlung verpflichtet, § 122 Abs. 1 ZPO.

458 **Erstattungsanspruch des siegreichen Gegners:** Hat der **siegreiche Gegner** aufgrund der Kostenentscheidung im Urteil oder einer Kostenübernahme im Prozessvergleich einen **Kostenerstattungsanspruch**, so kann er diesen trotz bewilligter PKH gegen die bedürftige Partei geltend machen, d. h. PKH **befreit nicht von** der Verpflichtung, im Falle des Unterliegens die **Kosten der Gegenseite** tragen zu müssen, § 123 ZPO.

459 Bei den **verauslagten Gerichtskosten** ist hingegen zu differenzieren: Wird die Partei, die PKH erhalten hat, durch eine **Entscheidung** des Gerichts kostenfällig verurteilt, so kann die siegreiche Partei im Kostenfestsetzungsbeschluss, § 104 ZPO, die von ihr bezahlten Gerichtskosten nicht festsetzen lassen, da der Gegner auch hiervon befreit ist, § 122 Abs. 1 Nr. 1a ZPO. Sie hat stattdessen einen Erstattungsanspruch gegen die Gerichtskasse, § 31 Abs. 3 Satz 1 HS 2 GKG. Soweit die bedürftige Partei aber im **Vergleich** die Kosten übernimmt, muss sie der anderen Partei auch die verauslagten Gerichtskosten nach § 123 ZPO erstatten, da § 31 Abs. 3 Satz 1 GKG nur für den **Entscheidungsschuldner** nach § 29 Nr. 1 GKG, wegen der Manipulationsgefahr zulasten der Staatskasse aber nicht (analog) für den **Übernahmeschuldner** nach § 29 Nr. 2 GKG gilt (BGH NJW 2004, 366).

> **Klausurproblem:** Der Kläger erhält Prozesskostenhilfe. Er verliert aber seinen Prozess. Muss er dennoch Kosten oder Gebühren bezahlen? **Ja**, § 123 ZPO. Auch bei Bewilligung von PKH sind die Kosten des Gegners bei Unterliegen zu tragen.

D. Die gerichtliche Entscheidung

I. Einführung

1. Das Urteil

460 a) **Arten von Urteilen.** Das Gericht entscheidet in der Regel als Abschluss der Instanz durch **Urteil**, §§ 313 ff. ZPO, aufgrund mündlicher Verhandlung, §§ 128 Abs. 1, Abs. 2 ZPO. Urteile sind in aller Regel mit dem Rechtsmittel der Berufung oder der Revision anfechtbar.

Das Gesetz kennt **Leistungsurteile** („wird verurteilt, ... zu zahlen"), **Feststellungsurteile** („es wird festgestellt, dass ... ") und **Gestaltungsurteile** („Die Ehe ist geschieden"). Hinsichtlich ihres Zustandekommens sind zu unterscheiden, **Anerkenntnisurteile** (§ 307 ZPO), **Verzichtsurteile** (§ 306 ZPO), **Urteile nach Lage der Akten** (§§ 331a, 251a Abs. 2 ZPO) und **Versäumnisurteile** infolge Säumnis einer Partei (§§ 330, 331 ZPO). Weiter werden unterschieden: **461**

aa) **Endurteil und Teilurteil.** Ist der Rechtsstreit umfassend entscheidungsreif ergeht ein **Endurteil**, § 300 Abs. 1 ZPO, welches die jeweilige Instanz beendet. Ist dagegen nur einer von mehreren geltend gemachten Ansprüchen oder nur ein Teil eines solchen Anspruchs entscheidungsreif, so kann das Gericht **Teilurteil** erlassen, § 301 Abs. 1 S. 1 ZPO. Dasselbe gilt, wenn bei erhobener Widerklage nur diese oder nur die Klage entscheidungsreif ist. Voraussetzung für den Erlass eines Teilurteils ist, dass der abzuurteilende Teil selbstständig und von der Entscheidung über den Rest unabhängig ist. Nach der Rechtsprechung ist das Teilurteil **unzulässig, wenn die Gefahr sich widersprechender Entscheidungen besteht** (BGH, NJW 2007, 157). Der Erlass eines solchen Teilurteils steht im Ermessen des Gerichts, § 301 Abs. 2 ZPO. Wird über einen Teil eines einheitlichen Anspruchs ein Teilurteil erlassen, muss zugleich ein Grundurteil über den restlichen Teil des Anspruchs ergehen, § 301 Abs. 1 S. 2 ZPO. Die Kostenentscheidung bleibt beim Teilurteil grundsätzlich dem Schlussurteil vorbehalten, in Ausnahmefällen kann das Teilurteil auch eine vom Rest unabhängige Teilkostenentscheidung haben, wenn diese Kosten abtrennbar sind, wie beispielsweise beim Teilurteil gegen einen einfachen Streitgenossen hinsichtlich dessen außergerichtlicher Kosten. **462**

bb) **Das Vorbehaltsurteil.** Vorbehaltsurteile sind insbesondere **bei Aufrechnung** und im Urkundenprozess denkbar. Nach § **302 Abs. 1 ZPO** kann Vorbehaltsurteil – unter Vorbehalt der Entscheidung über die Aufrechnung – ergehen, wenn die Klageforderung entscheidungsreif ist, die Aufrechnungsforderung aber noch ungeklärt (das heißt noch nicht entscheidungsreif) ist. Dadurch soll die Prozessverschleppung durch den Beklagten durch Geltendmachung unbegründeter Aufrechnungsforderungen verhindert werden. Ein besonderer Antrag des Klägers ist für den Erlass eines solchen Vorbehaltsurteils nicht erforderlich, dessen Erlass steht grundsätzlich im nicht nachprüfbaren Ermessen des Gerichts. **463**

Wie sich mittelbar aus § 302 Abs. 4 S. 2 ZPO ergibt enthält der Tenor des Vorbehaltsurteils auch die Entscheidung über die Kosten und die vorläufige Vollstreckbarkeit. Der Rechtsstreit bleibt nach Erlass des Vorbehaltsurteils anhängig, § 302 Abs. 4 S. 1 ZPO, das **Nachverfahren** über die Aufrechnungsforderung **wird von Amts wegen** – im Gegensatz zum Nachverfahren im Urkundenprozess, für das ein Antrag erforderlich ist – durch Terminsbestimmung **eingeleitet**; das Nachverfahren wird durch Endurteil abgeschlossen. Ergibt sich im Nachverfahren, dass der Anspruch des Klägers – wegen der Aufrechnung des Beklagten – unbegründet war, ist das Vorbehaltsurteil aufzuheben, die Klage abzuweisen und über die Kosten neu zu entscheiden, § 302 Abs. 4 S. 2 ZPO. Hat der Kläger in diesem Fall bereits vollstreckt, kann der Beklagte nach §§ 302 Abs. 4 S. 3, S. 4 ZPO Schadensersatz verlangen. Ergibt sich im Nachverfahren hingegen die Unbegründetheit der Aufrechnungsforderung, ist das Vorbehaltsurteil für vorbehaltlos zu erklären. Das Vorbehaltsurteil ist wie ein Endurteil mit der Berufung anfechtbar, §§ 302 Abs. 3 i. V. m. 511 ZPO. **464**

Im **Urkundenprozess** kann auf Antrag **Vorbehaltsurteil** ergehen, wenn der Beklagte der Klage widersprochen hat und seine Einwendungen im Urkundenprozess nicht statthaft sind. Dem Beklagten sind dann im Vorbehaltsurteil die Ausführung seiner Rechte im Nachverfahren vorzubehalten, § 599 Abs. 1 ZPO (siehe insoweit unten F. IV.). **465**

466 cc) **Das Zwischenurteil und das Grundurteil.** Zwischenurteile sind in der Praxis sehr selten und kommen in Klausuren praktisch nicht vor. Das **Zwischenurteil über prozessuale Fragen** ist in § 303 ZPO geregelt. Ein Zwischenurteil nach § 303 ZPO ist z. B. bei Streit über die Unwirksamkeit eines zuvor geschlossenen Prozessvergleichs – innerhalb eines Verfahrens – denkbar. Das Gericht hat dabei über die Wirksamkeit durch Zwischenurteil zu entscheiden, dieses Zwischenurteil ist nicht isoliert anfechtbar, sondern muss mit dem späteren Endurteil angefochten werden (BGHZ 124, 207).

467 Von diesen Zwischenurteilen ist das **Zwischenurteil nach § 280 ZPO über die Zulässigkeit einer Klage** zu unterscheiden. Besteht zwischen den Parteien Streit über die Zulässigkeit der erhobenen Klage, kann das Gericht die Verhandlung über die Zulässigkeit der Klage nach § 280 Abs. 1 ZPO absondern und über die Zulässigkeit der Klage durch Zwischenurteil entscheiden. Dieses Zwischenurteil ist dann als Endurteil anzusehen und daher mit der Berufung anfechtbar, § 280 Abs. 2 S. 1 ZPO. Besteht hingegen Streit über die Zulässigkeit des beschrittenen Rechtswegs, so ist darüber durch Beschluss nach §§ 17a Abs. 3, Abs. 4 GVG zu entscheiden.

468 Das **Grundurteil nach § 304 ZPO** ist auch ein Zwischenurteil, da es während eines laufenden Prozesses ergeht und der Prozess dadurch nicht beendet wird. Es ergeht über den Grund des Anspruchs; sein Erlass steht im freien Ermessen des Gerichts und enthält keine Kostenentscheidung und keine Entscheidung über die Vollstreckbarkeit. Ein Grundurteil nach § 304 Abs. 1 ZPO ist nur zulässig bei Zahlungsklagen, bei denen Grund und Betrag der Leistung streitig sind und **der Streit über den Grund entscheidungsreif ist**. Ist der Streit über die Höhe ebenfalls entscheidungsreif, kann Endurteil ergehen, so dass der Erlass eines Grundurteils gesperrt ist.

469 b) **Die Wirkung von Urteilen (Rechtskraft). – aa) Formelle Rechtskraft.** Ein Urteil ist **formell rechtskräftig**, wenn ein Urteil **nicht oder nicht mehr anfechtbar** ist. Ein Urteil ist nicht anfechtbar, wenn ein Rechtsmittel im Gesetz nicht vorgesehen ist (zum Beispiel bei Urteilen, deren Streitwert unter 600 Euro liegt), nicht mehr anfechtbar ist ein Urteil, wenn die Rechtsmittelfrist – beim Versäumnisurteil die Einspruchsfrist – abgelaufen ist, §§ **705 S. 1, 339 ZPO**. Durch Einlegung des Rechtsmittels oder des Einspruchs wird der Eintritt der Rechtskraft des Urteils gehemmt, § 705 S. 2 ZPO.

470 bb) **Materielle Rechtskraft.** Die **materielle Rechtskraft** eines Urteils knüpft an dessen formelle Rechtskraft an. Materielle Rechtskraft bedeutet, dass der Streit endgültig abgeschlossen ist und nicht in einem zweiten Prozess **über denselben Streitgegenstand** anders entschieden werden kann, **§ 322 Abs. 1 ZPO**. Bei der Frage, ob etwas in materielle Rechtskraft erwachsen ist, ist damit immer die Bestimmung des konkreten Streitgegenstands entscheidend. Denn die materielle Rechtskraft eines Urteils macht lediglich eine Klage über den identischen Streitgegenstand unzulässig. Der rechtskräftig entschiedene Streitgegenstand kann in identischer Form nicht erneut vor Gericht gebracht werden („ne bis in idem"), eine erneute Klage wäre wegen entgegenstehender Rechtskraft unzulässig (BGH, NJW 2008, 1227). Eine Klage über einen anderen Streitgegenstand bleibt zulässig, ist die rechtskräftig entschiedene Rechtsfrage in dem neuen Prozess allerdings **Vorfrage** für die neue Entscheidung, so ist das Gericht an die Vorentscheidung gebunden.

471 Nach der herrschenden prozessualen Theorie (BGHZ 3, 86) bleibt durch das rechtskräftige Urteil die materielle Rechtslage zwar unberührt, es darf zukünftig allerdings kein Gericht anders entscheiden als es das rechtskräftige Urteil ausspricht. In materielle Rechtskraft erwächst dabei lediglich **der Tenor der Entscheidung**, zu dessen Auslegung können allerdings Tatbestand, Entscheidungsgründe und Parteivortrag herangezogen werden (BGH, NJW 2008, 2716). Diese erwachsen aber gerade nicht in Rechtskraft, genau wie Einwendungen, Einreden, Gegenrechte oder Vorfragen. Bei einem **klageabweisenden Urteil** erstreckt sich die materielle Rechtskraft hingegen **auch auf den Abweisungsgrund**. Daraus ergibt sich, dass durch die materielle Rechtskraft des abweisenden Urteils alle materiellrechtlichen Anspruchsgrundlagen, die den geltend gemachten Streitgegenstand betreffen – auch wenn das Gericht sie nicht geprüft hat –, erledigt sind (BGH, NJW 2000, 3492). Der materiellen Rechtskraft fähig sind **alle Endurteile deutscher Gerichte**, also sowohl Leistungs-, Feststellungs- und Gestaltungsurteile, aber auch Versäumnis-, Anerkenntnis- und Verzichtsurteile. Zwischenurteile sind (jedoch) nur insoweit der materiellen Rechtskraft fähig, als sie im Verhältnis zu Dritten endgültig entscheiden. Nicht in Rechtskraft erwachsen Vorbehalts- und Grundurteile, aufhebende und zurückverweisende Berufungs- oder Revisionsurteile und der Prozessvergleich. Auch **Beschlüsse** erwachsen in Rechtskraft, wenn sie eine materiell rechtskraftfähige Entscheidung enthalten, wie beispielsweise der Vollstreckungsbescheid (BGH, NJW 2005, 2991).

> **Klausurproblem:** Vermieter V klagt aus einem Wohnraummietvertrag die Mieten für die Monate Januar, Februar und März in Höhe von jeweils 1.000 Euro gegen Mieter M ein. M wendet ein, der Mietvertrag sei nichtig und er schulde daher die eingeklagten Mieten nicht. Der Richter des ersten Prozesses hält den Mietvertrag für wirksam und verurteilt M daher zur Zahlung der Mieten für die Monate Januar bis März.
> In Rechtskraft dieses Urteils erwächst nur der Tenor „M wird zur Zahlung von 3.000 Euro an V verurteilt", hingegen nicht, dass der Mietvertrag zwischen V und M wirksam ist, dies ergibt sich lediglich aus den Entscheidungsgründen des Urteils.
> Klagt nun V in einem zweiten Prozess die Mieten für die Monate April, Mai und Juni ein, besteht für den zweiten Richter keine Bindung hinsichtlich der Wirksamkeit des Mietvertrages, er kann daher die zweite Klage des V abweisen, weil er den Mietvertrag für nichtig hält.
> Möchte der Kläger V bereits im ersten Prozess eine über den Mietvertrag bindende Entscheidung erreichen, müsste er **Zwischenfeststellungsklage nach § 256 Abs. 2 ZPO** mit der Feststellung, dass der Mietvertrag mit M besteht, erheben. Der Beklagte M könnte eine über den Mietvertrag bindende Entscheidung erreichen, indem er durch **negative Feststellungsklage** (in einem schon laufenden Prozess durch negative Zwischenfeststellungswiderklage) feststellen lässt, dass ein wirksamer Mietvertrag nicht besteht. Die Entscheidung über die Zwischenfeststellungsklage muss dann ebenfalls im Tenor ausgesprochen werden.

cc) Rechtskraft bei Aufrechnung. Macht der Beklagte die **Aufrechnung** einer Gegenforderung geltend, so ist die Entscheidung, dass die Gegenforderung nicht besteht, bis zur Höhe des Betrages, für den die Aufrechnung geltend gemacht worden ist, der Rechtskraft fähig, **§ 322 Abs. 2 ZPO**. Damit erstreckt sich die **Rechtskraftwirkung auf die Aufrechnungsforderung** insoweit, **als das Gericht über sie entschieden hat**; höchstens jedoch bis zur Höhe des Betrags der Klageforderung.

Das Gericht hat über sie entschieden, wenn es der Auffassung ist, dass Klageforderung und Aufrechnungsforderung begründet sind und es die Klage deshalb abweist; es der Auffassung ist, dass Klageforderung begründet und Aufrechnungsforderung unbegründet ist und es deshalb die Klageforderung zuspricht; es der Auffassung ist, dass Klageforderung begründet ist und Aufrechnungsforderung verspätet geltend gemacht wurde und diese deshalb aus prozessualen Gründen zurückzuweisen ist und es deshalb die Klageforderung zuspricht (BGH, NJW–RR 1991, 972). Ist die **Aufrechnung dagegen unzulässig** (z. B. wegen eines Aufrechnungsverbotes, 393 BGB), dann hat das Gericht (inhaltlich) über sie nicht entschieden, so dass die Entscheidung hinsichtlich der Aufrechnungsforderung keine Rechtskraftwirkung hat.

dd) Subjektiver Bereich der Rechtskraft. Das rechtskräftige Urteil wirkt nur zwischen den Parteien, die am Rechtsstreit beteiligt waren (subjektiver Bereich der Rechtskraft). Nur ausnahmsweise erstreckt sich das rechtskräftige Urteil nach § 325 ZPO auch auf andere Personen, die nicht am Rechtsstreit beteiligt waren, nämlich auf Rechtsnachfolger der Parteien, die nach Eintritt der Rechtshängigkeit diese Position erlangt haben (z. B. der Erbe oder der neue Eigentümer der streitbefangenen Sache).

474 **Klausurproblem:** Der Kläger klagt gegen den Beklagten auf Beseitigung einer Anlage auf dem Nachbargrundstück, die den Kläger beeinträchtigt. Während des Prozesses veräußert und übereignet der Beklagte das Grundstück auf den Erwerber. Kann nun der Kläger Beseitigung der Anlage vom Erwerber verlangen?
Anspruchsgrundlage ist § 1004 Abs. 1 BGB, da die Beeinträchtigung vom Grundstück ausgeht.
(1) Eine Veräußerung der streitbefangenen Sache ist nach § 265 Abs. 1 ZPO möglich. Die Veräußerung hat auf den Prozess keinen Einfluss, d. h. der Beklagte führt den Prozess als gesetzlicher Prozessstandschafter weiter, der Erwerber wird nicht Partei.
(2) Das Urteil wirkt für den Rechtsnachfolger, der nach Rechtshängigkeit Rechtsnachfolger geworden ist, § 325 Abs. 1 ZPO.
(3) Eine Ausnahme gilt, wenn der Erwerber gutgläubig war, § 325 Abs. 2 ZPO. Dabei greift § 325 Abs. 2 ZPO ein, wenn der Erwerber gutgläubig in Bezug auf die Rechtshängigkeit war. Beim Erwerb vom Nichtberechtigten, wenn der Erwerber gutgläubig im Hinblick auf das Recht (oder § 366 HGB auf die Verfügungsbefugnis) war und im Hinblick auf die fehlende Rechtshängigkeit (doppelte Gutgläubigkeit) (Thomas/Putzo/Reinhold § 325 Rn. 8).
(4) Unmittelbar kann der Kläger aber nicht aus dem Urteil vollstrecken, wegen § 750 Abs. 1 ZPO, weil der Dritte weder im Urteil noch in der Vollstreckungsklausel genannt ist. Der Kläger muss deshalb die Klausel nach § 727 ZPO umschreiben lassen. Kann er die Voraussetzungen nicht belegen, muss er nach § 731 ZPO klagen. Einer erneuten Klage gegen den Dritten auf Beseitigung fehlt das Rechtsschutzinteresse, weil es bereits einen Beseitigungstitel gibt.

475 **c) Durchbrechung der Rechtskraft.** Die Rechtskraft dient der **Rechtssicherheit**, deshalb darf ein rechtskräftig abgeschlossener Prozess auch wenn er falsch entschieden wurde nicht erneut vor Gericht gebracht werden. Eine Durchbrechung dieses Grundsatzes ist nur in wenigen, gesetzlich normierten Ausnahmefällen möglich. Insoweit sind lediglich vier Ausnahmefälle anerkannt:

476 **aa) Die Abänderungsklage, § 323 ZPO.** Nach § 323 ZPO kann ein Urteil, welches eine Verpflichtung zu **künftig fällig werdenden wiederkehrenden Leistungen** enthält (z. B. ein Urteil im Familienrecht, welches einen geschiedenen Ehepartner zu Unterhaltszahlungen verpflichtet) trotz dessen Rechtskraft abgeändert werden. Der Hintergrund davon ist, dass ein solches Urteil eine Prognoseentscheidung erfordert, welche sich anders als erwartet entwickeln kann (so können sich z. B. der Unterhaltsbedarf des Berechtigten oder die Leistungsfähigkeit des Verpflichteten nachträglich ändern). Dafür ist eine bereits eingetretene **wesentliche Änderung** der für die Verurteilung maßgebenden Umstände und der Eintritt der Veränderung nach Schluss der mündlichen Verhandlung erforderlich, §§ 323 Abs. 1 S. 2, Abs. 2 ZPO. Stets erforderlich für die Begründetheit einer Abänderungsklage nach § 323 ZPO ist damit, dass sich die **Umstände verändert haben**. Dies liegt auch dann vor, wenn die geltende Rechtslage geändert wurde oder sich eine gefestigte Rechtsprechung geändert hat. Nach § 323 Abs. 4 ZPO können unter den gleichen Voraussetzungen auch andere Schuldtitel – insbesondere ein Prozessvergleich – abgeändert werden. Mangels Rechtskraft eines Vergleichs erfolgt in diesem Fall eine Anpassung nach den Grundsätzen der Veränderung der Geschäftsgrundlage nach §§ 242, 313 BGB (BGH, FamRZ 2003, 304).

bb) Die Wiederaufnahme des Verfahrens, §§ 578 ff. ZPO. Durch die Wiederaufnahme 477
des Verfahrens nach §§ 578 ff. ZPO kann ein rechtskräftiges Urteil **in einem neuen
Verfahren** beseitigt werden. Die Wiederaufnahme kann durch Nichtigkeitsklage
oder durch Restitutionsklage erfolgen, § 578 Abs. 1 ZPO. **Ausschließlich zuständig** für diese
Klage ist das jeweils erkennende Gericht erster Instanz, unter besonderen Voraussetzungen auch das Berufungs- oder das Revisionsgericht, § 584 ZPO. Die **Nichtigkeitsklage** ist in **§ 579 ZPO** geregelt und ist statthaft **bei schweren Verfahrensmängeln**. Die **Restitutionsklage** ist in **§ 580 ZPO** geregelt und statthaft bei Urteilen, für die eine **strafbare Handlung ursächlich war**. Die Nichtigkeits- bzw. die Restitutionsklage kommt nur dann zum Zug, wenn die Nichtigkeit bzw. der Restitutionsgrund nicht in einem Rechtsmittelverfahren hätten geltend gemacht werden können, §§ 579 Abs. 2, 582 ZPO. Diese Klagen sind nur zulässig, wenn die **Klagefrist von einem Monat seit Kenntnis** des Anfechtungsgrundes eingehalten wird und das Urteil noch nicht länger als fünf Jahre rechtskräftig ist, §§ 586 Abs. 1, Abs. 2 ZPO.

cc) Die Wiedereinsetzung in den vorigen Stand, § 233 ZPO. War eine Partei ohne 478
ihr Verschulden verhindert eine Notfrist, eine Rechtsmittelbegründungsfrist oder die
Wiedereinsetzungsfrist nach § 234 ZPO einzuhalten, so ist ihr auf Antrag **Wiedereinsetzung in den vorigen Stand** zu gewähren, **§ 233 ZPO**. Wird Wiedereinsetzung in den vorigen Stand gewährt, dann wird die versäumte und dann verspätet nachgeholte Prozesshandlung als rechtzeitig fingiert. Im FamFG ist die Wiedereinsetzung in den §§ 17 ff. FamFG gesondert geregelt.

(1) **Notfristen** sind dabei nach § 224 Abs. 1 S. 2 ZPO Fristen, die im Gesetz ausdrücklich als solche bezeichnet sind (wie z. B. die Einspruchsfrist gegen ein Versäumnisurteil 479
nach § 339 Abs. 1 ZPO).

(2) Bei der Frage, ob ein **Verschulden** an der Fristversäumung vorliegt, ist in einer 480
Klausur Argumentation erforderlich. Dabei gilt, dass das Verschulden eines gesetzlichen
Vertreters oder des Prozessbevollmächtigten dem Verschulden der Partei gleichsteht,
§§ 51 Abs. 2, 85 Abs. 2 ZPO. Für Dritte, wie den Angestellten des Rechtsanwalts, hat
die Partei nicht einzustehen, insoweit können allerdings Aufsichts-, Organisations- und
Informationspflichten des Rechtsanwalts bestehen, über die ein von der Partei zu vertretendes Verschulden bestehen kann. Ein fehlendes Verschulden der Partei wird nach
§ 233 S. 2 ZPO vermutet, wenn eine erforderliche Rechtsbehelfsbelehrung nach § 232
ZPO unterblieben oder fehlerhaft ist.

(3) Für die Gewährung einer Wiedereinsetzung ist ein ausdrücklicher **Antrag** – ausnahmsweise auch ein konkludenter Antrag (BGH, NJW 2006, 1518) – erforderlich, er 481
bedarf der für die versäumte Prozesshandlung vorgesehenen Form, § 236 Abs. 1 ZPO.
Daneben kommt eine Wiedereinsetzung von Amts wegen in Betracht, wenn die Voraussetzungen einer Wiedereinsetzung offenkundig sind und die versäumte Prozesshandlung fristgemäß nachgeholt ist, § 236 Abs. 2 Satz 2 ZPO. Nach § 236 Abs. 2 S. 1 ZPO
muss der Antrag die Angabe der die Wiedereinsetzung begründenden Tatsachen enthalten, diese sind glaubhaft zu machen, § 294 ZPO. Im Falle der Versäumung der Einspruchsfrist gegen ein Versäumnisurteil muss der Antragsteller damit das Versäumnisurteil und die versäumte Frist nennen sowie das Hindernis für deren Einhaltung angeben,
den Zeitpunkt des Wegfalls des Hindernisses mitteilen und sein fehlendes Verschulden
darlegen. Zudem muss die versäumte Prozesshandlung nachgeholt sein, § 236 Abs. 2
S. 2 ZPO.

(4) Der Antrag auf Wiedereinsetzung in den vorherigen Stand muss innerhalb einer 482
Frist von zwei Wochen – bei Versäumung einer Rechtsmittelbegründungsfrist innerhalb
einer Woche – gestellt werden. Die Frist beginnt mit dem Tag, an dem das Hindernis

behoben ist, §§ 234 Abs. 1, Abs. 2 ZPO. Wegen Versäumnis dieser Wiedereinsetzungsfrist kann nach § 233 Abs. 1 ZPO ebenfalls Wiedereinsetzung beantragt werden.

483 (5) Das Verfahren zur Wiedereinsetzung ergibt sich aus § 238 Abs. 1 ZPO. Die Form der Entscheidung hängt davon ab, wie über die versäumte Prozesshandlung zu entscheiden ist, § 238 Abs. 2 ZPO. Die Wiedereinsetzung ist unanfechtbar, § 238 Abs. 3 ZPO. Die Zurückweisung des Wiedereinsetzungsantrags ist mit den gegen die Hauptsacheentscheidung gegebenen Rechtsmitteln anfechtbar, § 238 Abs. 2 Satz 1 ZPO. Die Kosten der Wiedereinsetzung fallen grundsätzlich dem Antragsteller zur Last, § 238 Abs. 4 ZPO, über sie ist erst in der Endentscheidung zu erkennen.

484 dd) **Rechtskraftdurchbrechung über die Schadensersatzklage nach § 826 BGB.** In absoluten Ausnahmefällen lässt die Rechtsprechung (BGH, NJW 2005, 2994) die Durchbrechung der Rechtskraft eines (materiell-rechtlich unrichtigen) Urteils – nach dem Gedanken von Treu und Glauben – durch **eine Schadensersatzklage auf Naturalrestitution aus § 826 BGB** zu. Dadurch soll die Erschleichung eines Urteils durch Verfahrensmissbrauch oder Verfahrensmanipulation verhindert bzw. nachträglich berichtigt werden. Diese Klage stellt den Bestand des rechtskräftigen Urteils an sich nicht in Frage, sondern ist auf die Beseitigung seiner Wirkungen gerichtet. Die Schadensersatzklage geht daher bei Leistungsurteilen auf Unterlassung der Zwangsvollstreckung und Herausgabe des Titels, im Übrigen auf Ersatz des verursachten Schadens.

485 Für eine solche Klage muss ein nach materieller Rechtslage **objektiv unrichtiger rechtskräftiger Titel** vorliegen, wobei die Unrichtigkeit nicht auf nachlässiger Prozessführung des Unterlegenen beruhen darf und der Gläubiger muss **Kenntnis** der materiellen Unrichtigkeit des Vollstreckungstitels haben. Zudem müssen weitere Umstände, die die Vollstreckung aus dem Titel als **missbräuchlich** erscheinen lassen, hinzukommen. Diese weiteren Umstände liegen beispielsweise bei einer bewussten Geltendmachung von unberechtigten Forderungen im Wege eines Mahnverfahrens vor.

2. Beschlüsse

486 In besonderen Fällen werden **prozessabschließende** Entscheidungen des Gerichts durch **Beschluss** erlassen, beispielsweise, wenn nach Klagerücknahme oder Erledigung des Rechtsstreits in der Hauptsache gemäß §§ 269 Abs. 4, 91a ZPO nur noch über die **Kosten** zu entscheiden ist, § 128 Abs. 3 ZPO. Davon sind die **prozessleitenden Beschlüsse** zu unterscheiden wie beispielsweise die Einzelrichterübertragung bzw. Kammerübernahme (§§ 348, 348a ZPO), Beweiserhebung (§ 358 ZPO), Entscheidungen über PKH (§ 127 ZPO) und Richterablehnung (§ 46 ZPO). Sie ergehen ohne mündliche Verhandlung, es sei denn eine solche ist vorgeschrieben, § 128 Abs. 4 ZPO, oder auf Antrag z. B. bei Berichtigung des Tatbestands (§ 320 Abs. 3 ZPO). Ergehen die Beschlüsse aufgrund mündlicher Verhandlung, müssen sie **verkündet** werden, § 329 Abs. 1 ZPO. Nichtverkündete Beschlüsse können in der Regel **formlos mitgeteilt** werden, es sei denn eine Zustellung ist nach §§ 329 Abs. 2 oder Abs. 3 ZPO erforderlich. Auch **Beschlüsse** erwachsen in Rechtskraft, wenn sie eine materiell rechtskraftfähige Entscheidung enthalten, wie beispielsweise der Vollstreckungsbescheid (BGH, NJW 2005, 2991).

3. Prozessleitende Anordnungen

487 Schließlich können **prozessleitende Anordnungen** des Gerichts wie Terminsbestimmung, § 216 Abs. 2 ZPO, Abkürzung von Zwischenfristen, § 226 ZPO, oder vorbereitende Maßnahmen, § 273 ZPO, auch als **Verfügung** erlassen werden, sofern kein Beschluss vorgeschrieben ist. Die Vorschriften für die Beschlüsse gelten auch für Verfügungen, allerdings sind sie nicht zu verkünden, § 329 Abs. 1 ZPO, und regelmäßig unanfechtbar.

II. Der Aufbau des Urteils

1. Die Verkündung des Urteils

Jedes Urteil ergeht **„Im Namen des Volkes"**, § 311 Abs. 1 ZPO. **488**

Jedes Urteil wird auch **verkündet**, §§ 310, 311 ZPO, und **zugestellt**, § 317 ZPO. Mit der Zustellung des Urteils beginnt die Rechtsmittelfrist zu laufen. Die Zustellung ist auch Grundvoraussetzung für die Zwangsvollstreckung, § 750 Abs. 1 ZPO. Die Verkündung des Urteils erfolgt in der Regel in einem besonders angesetzten Verkündungstermin, § 310 Abs. 1 S. 1 ZPO, bei dem die Parteien nicht anwesend sein müssen. Anerkenntnis- und Versäumnisurteile im schriftlichen Vorverfahren nach §§ 307, 331 Abs. 3 ZPO und Urteile, die den Einspruch gegen ein Versäumnisurteil als unzulässig verwerfen, § 341 Abs. 2 ZPO, werden anstelle der Verkündung zugestellt, § 310 Abs. 3 ZPO, und erst mit Zustellung an beide Parteien existent. **Beachte:** In der Klausur sind deshalb beide Zustellungen zu prüfen; erst wenn an beide Parteien zugestellt worden ist, ist das Urteil existent. Das Gericht ist an seine Entscheidung gebunden, § 318 ZPO, es kann sie nicht mehr selbstständig abändern. **489**

Der **Inhalt eines Urteils** ergibt sich aus § 313 ZPO. **490**

2. Der Urteilskopf (Rubrum)

Der Urteilskopf, das Rubrum, enthält neben dem Aktenzeichen und dem Verkündungsdatum die Namen der Parteien mit vollständiger zustellungsfähiger Anschrift, deren Prozessbevollmächtigte mit zustellungsfähiger Anschrift, das Gericht, die an der Entscheidung mitwirkenden Richter und den Tag, an dem die (letzte) mündliche Verhandlung geschlossen worden ist, §§ 313 Abs. 1 Nr. 1–3 ZPO. **491**

3. Die Urteilsformel (Tenor)

Der Entscheidungsausspruch, § 313 Abs. 1 Nr. 4 ZPO, ist besonders wichtig – und deshalb mit besonderer Sorgfalt zu fertigen –, weil von ihm der Umfang der materiellen Rechtskraft und der Umfang der Zwangsvollstreckung abhängt. Neben dem Hauptausspruch enthält der Tenor die Entscheidungen zu den Kosten und zur vorläufigen Vollstreckbarkeit; über diese Folgen entscheidet das Gericht von Amts wegen, §§ 308 Abs. 2, 704, 707 ff. ZPO. **492**

> **Beispiel**
> (1) Der Beklagte wird verurteilt, an die Klägerin 10.000,00 Euro nebst Zinsen i. H. v. 5 Prozentpunkten über dem Basiszinssatz seit dem 30.3.2020 zu bezahlen.
> Im Übrigen wird die Klage abgewiesen.
> (2) Von den Kosten des Rechtsstreits tragen die Klägerin 1/3 und der Beklagte 2/3.
> (3) Das Urteil ist für die Klägerin gegen Sicherheitsleistung i. H. v. 110 % des jeweils zu vollstreckenden Betrages vorläufig vollstreckbar.

4. Der Tatbestand

a) **Beweiskraft des Tatbestandes.** Der Tatbestand beweist das mündliche Parteivorbringen, § 314 ZPO, und gibt den Zeitpunkt der letzten mündlichen Verhandlung wieder. Er ist eine knappe Darstellung des Sachverhaltes und des Vortrages unter Hervorhebung der Anträge, §§ 313 Abs. 1 Nr. 5, Abs. 2 ZPO. **493**

> **Beachte:** Der Tatbestand gibt den Tatsachenstoff wieder, er enthält keine Rechtsausführungen und muss objektiv dargestellt werden, so wie die Parteien ihn vorgetragen haben; eine Würdigung ist zu vermeiden. Es gilt das Gebot der Farblosigkeit des Tatbestandes.

494 **b) Aufbau. – aa) Einleitungssatz.** Um dem Leser (Korrektor) zu zeigen, was Gegenstand des Urteils ist und ihn auf die Probleme hinzuführen, empfiehlt sich ein Einleitungssatz, der den Streitgegenstand kurz darstellt. Der Hinweis: „Die Parteien streiten um Forderungen" ist dazu kaum geeignet und ist dann nur unnötige Schreibarbeit; er hat nahezu keine Aussagekraft. Etwas besser ist sicher: Die Parteien streiten wechselseitig um Schadensersatzansprüche – Sachschaden und Schmerzensgeld – nach einem Verkehrsunfall, der sich am 1.2.2020 auf der Kreuzung Königstraße/Kronprinzenstraße in Stuttgart ereignet hat. Oder: Die Parteien streiten um Zahlungs- und Mängelansprüche aus einer Werkleistung über Flaschnerarbeiten, die der Beklagte am Haus des Klägers durchgeführt hat.

495 **bb) Der unbestrittene Sachverhalt.** In jedem Rechtsstreit sind Grundtatsachen unstreitig. Sie machen das Streitgeschehen verständlich. Meist empfiehlt es sich, sie in historischer Reihenfolge darzustellen. Als Zeitform für die Schilderung empfiehlt sich das Präteritum.

Beachte: Wird eine streitige Tatsache durch die Beweisaufnahme geklärt, ist sie deshalb noch nicht unstreitig geworden.

496 **cc) Der streitige Vortrag des Klägers.** Räumlich abgesetzt vom unstreitigen Vortrag folgt der streitige Vortrag des Klägers. Er wird in indirekter Rede (Konjunktiv) dargestellt. Meist empfiehlt sich ein Überleitungssatz: Der Kläger begehrt Schadensersatz wegen Schlechterfüllung des Werkvertrages. „Er trägt dazu vor, der Beklagte habe die Dachabdeckung undicht und unsorgfältig erstellt, insbesondere …"

Beachte: Beweisangebote, die nicht erledigt worden sind (denen das Gericht also nicht nachgegangen ist), sind hier zu erwähnen. Etwa: „Der Kläger meint, der X müsste vernommen werden, da sich die Mangelhaftigkeit aus seinen Angaben in der Fernsehsendung XY ergebe". In den Entscheidungsgründen folgt dann die Begründung, warum dem Angebot nicht nachgegangen worden ist. Beweisangebote, die abgearbeitet worden sind, sind hier nicht aufzuführen; sie erscheinen in der Prozessgeschichte.

497 **dd) Der Antrag des Klägers.** Räumlich abgesetzt und eingerückt folgt der Antrag des Klägers, der i. d. R. wörtlich wiedergegeben wird:

„Der Kläger beantragt,
 der Beklagte wird verurteilt, an den Kläger 5.000 Euro nebst Zinsen … zu bezahlen."
Über die Kosten, § 308 Abs. 2 ZPO, und die vorläufige Vollstreckbarkeit, §§ 704, 708 ff. ZPO, entscheidet das Gericht von Amts wegen, es muss insoweit also kein Antrag gestellt werden.

Beachte: Entscheidend ist nur der in der letzten mündlichen Verhandlung gestellte Antrag. In der Klausur wird der Antrag häufig in der (letzten) mündlichen Verhandlung noch geändert. Früher gestellte Anträge sind noch von Bedeutung, wenn sie für das Verständnis wichtig sind. So ist der Antrag, das Versäumnisurteil aufrecht zu erhalten, nur dann verständlich, wenn zuvor dargelegt wurde, dass ein Versäumnisurteil – und wie – ergangen ist; der Antrag festzustellen, dass sich der Rechtsstreit in der Hauptsache erledigt hat, ist nur dann verständlich, wenn zuvor der ursprüngliche Antrag geschildert wurde und sich auch ergibt, dass der Beklagte der Erledigung nicht zugestimmt hat.

498 **ee) Der Antrag des Beklagten.** Dieser Antrag folgt unmittelbar und ebenso räumlich abgesetzt und eingerückt dem Klägerantrag:

„Der Beklagte beantragt,
 die Klage wird abgewiesen."

Auch Vollstreckungsschutzanträge, § 712 ZPO, sind hier aufzuführen.

ff) Der streitige Vortrag des Beklagten. Auch dieser Vortrag erfolgt – wie der streitige Klägervortrag – in indirekter Rede. **499**

gg) Replik und Duplik. Es kann notwendig sein, im Anschluss an die Darlegungen des Beklagtenvortrags noch die Stellungnahme des Klägers hierzu darzustellen und dann selbstverständlich auch noch die Erwiderung des Beklagten. Meist ist dies in Klausuren aber nicht nötig, der Tatbestand wird dadurch nur aufgebläht. Die Klausurfälle sind meist nicht so umfangreich, dass eine solch breite Darstellung geboten wäre; häufig ist eine Aufspaltung auch nicht gut für das Verständnis. **500**

hh) Bezugnahmen und Prozessgeschichte. (1) Wegen der Einzelheiten des Sach- und Streitstandes kann im Tatbestand auf die gewechselten Schriftsätze, Protokolle und Anlagen verwiesen werden, § 313 Abs. 2 S. 2 ZPO. **Beachte:** Eine generelle Bezugnahme – es wird auf sämtliche gewechselte Schriftsätze verwiesen – ist unbrauchbar. Es muss konkret auf bestimmte Schriftsätze oder Anlagen – am besten auch auf einzelne konkrete – Passagen verwiesen werden, z.B: „Wegen des genauen Ablaufes der Verhandlungen der Parteien wird auf die Darstellung des Klägers im Schriftsatz vom 1.3. dort Seite 5 bis 8 (= Blatt 14 bis 17 der Akten), den Schriftsatz des Beklagten vom 1.4. dort Seite 2 bis 6 (= Blatt 28 bis 32 der Akten) und auf die vom Kläger vorgelegt Anlage 7 verwiesen". **501**

(2) Im Tatbestand in der Klausur ist meist die **Prozessgeschichte** wichtig. Hier ist alles aufzuführen, was im Laufe des Rechtsstreites vorgekommen ist. Versäumnisurteil, Verweisung, Beweisaufnahme. **Beachte:** Aber nur was für die Entscheidung noch von Bedeutung ist, ist aufzuführen; alles andere ist überflüssig. Da meist Zinsen ab Rechtshängigkeit geltend gemacht werden, muss sich hieraus die Klagezustellung ergeben. Geht es um Verjährung und Hemmung, müssen hier die einzelne Akte, also etwa Klageerhebung oder Verhandlungen aufgeführt werden. Verweisungen und Versäumnisurteile sind meist schon wegen der Kostenentscheidungen, §§ 344, 281 Abs. 3 S. 2 ZPO, von Bedeutung. Nicht erwähnt werden muss, wieviele mündliche Verhandlungen stattgefunden haben, Schriftsatzrechte und Ablehnungen. **502**

(3) Bei vielen Vorgängen der Prozessgeschichte kann es sinnvoll sein, sie schon vorher im Tatbestand zu erwähnen. Das Paradebeispiel ist hier das Versäumnisurteil; es wird meist vor dem Antrag des Klägers aufgeführt, weil nur dadurch der Antrag des Klägers richtig verständlich wird, aber zwingend ist dies nicht. Wenn Sie sich unsicher sind, die Prozessgeschichte ist jedenfalls immer der richtige Platz; z. B. „Nachdem der Beklagte im Termin vom 2.5. nicht erschienen ist, hat das Gericht auf Antrag des Klägers Versäumnisurteil erlassen und den Beklagten zur Zahlung von 7.500 Euro nebst Zinsen … verurteilt. Nachdem der Beklagte dagegen am 20.5. Einspruch eingelegt hat, beantragt der Kläger nunmehr …". **503**

(4) Da die für die Entscheidung wichtigen prozessualen Vorgänge im Tatbestand darzustellen sind, sind hier auch Beweisanordnungen und Beweisaufnahmen zu erwähnen. Hier gilt auch: Keine detaillierten Schilderungen sind erforderlich, aber die Angaben müssen sinnvoll und brauchbar sein. Der Hinweis: „Das Gericht hat Beweis erhoben", dürfte kaum aussagekräftig sein. Es sollte ausgeführt werden, dass das Gericht Beweis erhoben hat „über die Frage des Vertragsschlusses durch Vernehmung der Zeugen A und B und über die Frage des Unfallherganges durch Einholung eines schriftlichen Sachverständigengutachtens und durch Anhörung des Sachverständigen im Termin vom … Wegen des Beweisergebnisses wird auf das Protokoll der mündlichen Verhandlung vom 1.6. (Bl. … dA) und auf das Gutachten des Sachverständigen von 1.4. (Bl. … dA) verwiesen." Wobei es durchaus auch sinnvoll sein kann, das Beweisergebnis kurz mitzuteilen (z. B.) „Die Zeugen haben allesamt bestätigt, dass die Parteien am … einen Vertrag über die Lieferung von 10 Tonnen Stahl geschlossen haben". **504**

505 (5) Die Vorgänge in der Prozessgeschichte werden im Perfekt dargestellt.

506 **c) Weglassen des Tatbestands und Berichtigungen.** Eines **Tatbestandes** bedarf es nach § 313a Abs. 1 ZPO dann **nicht**, wenn ein Rechtsmittel gegen das Urteil unzweifelhaft nicht zulässig ist. Dies ist dann der Fall, wenn eine Berufung oder Revision mangels Erreichens der Berufungssumme (§ 511 Abs. 2 Nr. 1 ZPO) oder mangels Zulassung der Berufung oder Revision nicht zulässig ist. Zu beachten ist dabei noch § 313a Abs. 4 ZPO. Danach ist, wenn ein Urteil im Ausland vollstreckt wird, stets ein Tatbestand erforderlich. Eines Tatbestands bedarf es auch im Falle eines Urteils, welches am Ende des Verhandlungstermins verkündet wird (**Stuhlurteil**) nicht, wenn die Voraussetzungen nach §§ 313a Abs. 2, Abs. 3 ZPO vorliegen. Nach § 313b Abs. 1 ZPO entfällt der Tatbestand auch beim **Versäumnis-, Anerkenntnis- und Verzichtsurteil**.

507 Enthält ein Tatbestand in seinen tatsächlichen Feststellungen Unrichtigkeiten, Auslassungen, Dunkelheiten oder Widersprüche, kann er in einem separaten Verfahren nach **§ 320 Abs. 1 ZPO** berichtigt werden. Für die **Tatbestandsberichtigung** ist ein schriftlicher Antrag binnen zwei Wochen seit Zustellung des vollständig abgefassten Urteils erforderlich, §§ 320 Abs. 1, Abs. 2 ZPO. Das Gericht entscheidet über den Berichtigungsantrag ohne Beweisaufnahme durch unanfechtbaren Beschluss. Wird dem Antrag stattgegeben, so wird die Berichtigung auf dem Urteil und den Ausfertigungen vermerkt, § 320 Abs. 3 S. 5 ZPO.

508 **Unrichtigkeiten des Urteils** in Form von Schreibfehlern, Rechnungsfehler und ähnlichen offenbaren Unrichtigkeiten sind nach **§ 319 ZPO** zu berichten. Erforderlich sind demnach offensichtliche Unrichtigkeiten, wie wenn beispielsweise die am Urteil mitwirkenden Richter falsch bezeichnet sind. Die Berichtigung erfolgt durch Beschluss und wird auf dem Urteil und den Ausfertigungen vermerkt, § 319 Abs. 2 ZPO. Gegen den Beschluss der ein Urteil berichtigt findet die sofortige Beschwerde statt, die Zurückweisung einer beantragten Berichtigung ist hingegen unanfechtbar, § 319 Abs. 3 ZPO.

509 Übergeht das Urteil einen geltend gemachten Anspruch, ist eine **Ergänzung des Urteils** nach **§ 321 ZPO** erforderlich. Eine solche Urteilsergänzung ist aber nur dann zulässig, wenn über einen Anspruch **versehentlich nicht entschieden** worden ist. Die Urteilsergänzung setzt einen Antrag voraus, der innerhalb von zwei Wochen seit Zustellung des Urteils erhoben sein muss, § 321 Abs. 2 ZPO.

5. Die Entscheidungsgründe

510 Die Entscheidungsgründe enthalten eine kurze Zusammenfassung der Erwägungen, auf denen die Entscheidung in tatsächlicher und rechtlicher Hinsicht beruht, §§ 313 Abs. 1 Nr. 6, Abs. 3 ZPO. Die Entscheidungsgründe werden im Präsens gefasst. Die Entscheidungsgründe gehen vom Ergebnis aus und begründen, warum dieses Ergebnis richtig ist. Zweifel kommen nicht (mehr) auf. Die Sprache ist deshalb knapp, bestimmt und überzeugend. Wenn jeder Satz der Begründung gedanklich mit „denn" begonnen wird, wird sich die gebotene Kürze finden lassen: „Die Klage ist begründet, (denn) der Kläger hat gegen den Beklagten einen Anspruch auf Zahlung von 5.000 Euro. (Denn) Zwischen den Parteien ist ein Vertrag zustande gekommen, den der Beklagte nicht ordnungsgemäß erfüllt hat, (denn) er hat …".

511 Aus der knappen und überzeugenden Darstellung ergibt sich auch, dass nichtssagende Wendungen wie „zweifellos, selbstverständlich, natürlich usw." stets entbehrlich sind. Die wesentlichen Erwägungen sind darzustellen. Schwache Argumente überzeugen nicht und können deshalb meist weggelassen werden. Eine Begründung ist nicht überzeugender, wenn einem guten Argument noch ein Schlechtes hinzugefügt wird.

Allerdings sollte auf Ausführungen einer Partei, auch wenn sie noch so schwach sind, eingegangen werden. Denn sonst kommt sofort der Einwand des Unterlegenen, „das Urteil müsse falsch sein, weil das Gericht die Meinung des Unterlegenen gar nicht beachtet habe". Zudem werden in der Klausur ganz bewusst Argumente – oft auch unsinnige – gestreut, die der Bearbeiter abhandeln muss.

512

Der Entscheidungsgründe eines Urteils bedarf es dann nicht, wenn gegen das Urteil ein Rechtsmittel nicht zulässig ist und die Parteien auf die Entscheidungsgründe verzichten oder wenn der wesentliche Inhalt der Entscheidungsgründe in das Protokoll aufgenommen worden ist, §§ 313a Abs. 1, Abs. 3 ZPO. Nach § 313b Abs. 1 ZPO bedürfen **Versäumnis-**, **Anerkenntnis-** und **Verzichtsurteil** keiner Entscheidungsgründe.

513

6. Unterschriften der Richter

Das Urteil ist von allen Richtern, die bei der Entscheidung mitgewirkt haben, zu **unterschreiben**, § 315 Abs. 1 ZPO. Die Unterschrift eines nach dem Urteilsentschluss an der Unterschriftsleistung verhinderten Richter kann nach § 315 Abs. 1 S. 2 ZPO ersetzt werden.

514

7. Aufbau des Urteils in der Übersicht

Im Namen des Volkes Genaue Bezeichnung der Parteien Gericht und mitwirkende Richter Schluss der mündlichen Verhandlung	§ 311 ZPO § 313 Abs. 1 Nr. 1 ZPO § 313 Abs. 1 Nr. 2 ZPO § 313 Abs. 1 Nr. 3 ZPO	Urteilskopf (Rubrum)
Entscheidungsausspruch (1) Hauptsache (2) Kosten (3) Vorläufige Vollstreckbarkeit	§ 313 Abs. 1 Nr. 4 ZPO	Urteilsformel (Tenor)

Tatbestand:
Einleitungssatz
Unstreitiger Sachverhalt
Streitiger Klägervortrag
    Antrag des Klägers
    Antrag des Beklagten
Streitiger Beklagtenvortrag
Prozessgeschichte
	§ 313 Abs. 1 Nr. 5 ZPO	Tatbestand

Begründung der Entscheidung (1) Zulässigkeit (2) Begründetheit	§§ 313 Abs. 1 Nr. 6, Abs. 3 ZPO	Entscheidungsgründe
Unterschriften der Richter	§ 315 ZPO	Unterschriften
Rechtsmittelbelehrung		

III. Die Kostenentscheidung des Urteils

1. Die Kostengrundentscheidung

Im Tenor eines Urteils (meistens in Ziff. 2 des Tenors) trifft der entscheidende Richter bzw. die entscheidende Kammer/Senat die **Kostengrundentscheidung**. Diese ist auch ohne Parteiantrag **von Amts wegen** zu treffen, § 308 Abs. 2 ZPO. Die Kosten des Rechtsstreits umfassen dabei sowohl die Gerichtskosten als auch die außergerichtlichen Kosten der Parteien (siehe insoweit unten IV.).

515

Die Kostengrundentscheidung orientiert sich am Obsiegen bzw. Unterliegen der Parteien in der Hauptsache des Rechtsstreits; die Regelungen ergeben sich aus den §§ **91 ff.** **ZPO**. Nach § 91 Abs. 1 ZPO trägt grundsätzlich die unterlegene Partei die Kosten des Rechtsstreits. Bei teilweisem Obsiegen und Unterliegen werden die Kosten verhältnismäßig geteilt § 92 Abs. 1 2. Alt. ZPO.

516

Beispiel
Die Klägerin klagt 15.000 Euro ein, die Klage hat in Höhe von 10.000 Euro Erfolg. Von den Kosten des Rechtsstreits trägt die Klägerin 1/3 und der Beklagte 2/3. Unterliegen beide Parteien ungefähr zu gleichen Teilen, so kann das Gericht die Kosten des Rechtsstreits nach § 92 Abs. 1 1. Alt. ZPO **gegeneinander aufheben**; dabei muss jede Partei ihre außergerichtlichen Kosten selbst tragen und die Gerichtskosten werden jeweils zur Hälfte getragen.

517 Nach § 92 Abs. 2 Nr. 1 ZPO kann eine Partei, auch wenn sie geringfügig unterliegt, von der Kostentragungslast ganz verschont werden, wenn die Zuvielforderung verhältnismäßig geringfügig war und keine oder nur geringfügig höhere Kosten veranlasst hat. „Geringfügig Unterliegen" liegt in der Praxis bei Unterliegen von weniger als 10 % der Klagesumme vor und die geringfügig höheren verursachten Kosten müssen ebenfalls unter 10 % liegen (insoweit sind allerdings die Gebührensprünge in der Kostentabelle des GKG und RVG zu beachten). Weitere Ausnahmen vom Grundsatz des § 91 Abs. 1 ZPO sind für verschiedene prozessuale Konstellationen in den §§ 93 ff. ZPO enthalten, insoweit ist insbesondere § 93 ZPO bei sofortigem Anerkenntnis zu beachten. In Familiensachen und in Angelegenheiten der freiwilligen Gerichtsbarkeit ist die Kostenentscheidung – im Unterschied zur ZPO – nach § 81 FamFG nach billigem Ermessen zu treffen. In Ehesachen werden dabei die Kosten grundsätzlich gegeneinander aufgehoben, §§ 150, 132 FamFG.

518 Bei der Kostengrundentscheidung im Tenor eines Urteils gilt **der Grundsatz der Einheitlichkeit der Kostenentscheidung**, danach umfasst die Kostengrundentscheidung grundsätzlich alle Prozesskosten des Gerichts und beider Parteien eines Rechtsstreits. Von diesem Grundsatz enthält das Gesetz einzelne Ausnahmefälle, indem es die Kosten einzelner Prozesshandlungen gesondert von den übrigen Kosten des Rechtsstreits einer Partei auferlegt. Insoweit ist insbesondere § 97 Abs. 1 ZPO zu beachten, danach hat die Kosten eines erfolglos eingelegten Rechtsmittels die Partei zu tragen, welche es eingelegt hat. Nach § 281 Abs. 3 S. 2 ZPO hat der Kläger – auch wenn er den Prozess gewinnt – die Mehrkosten zu tragen, die durch Anrufung eines unzuständigen Gerichts entstanden sind. Nach § 344 ZPO hat der Säumige, auch wenn er nach seinem Einspruch in der Hauptsache obsiegt, die Kosten eines in gesetzlicher Weise gegen ihn ergangenen Versäumnisurteils (oder Vollstreckungsbescheids) zu tragen. Dabei ist zu beachten, dass § 344 ZPO dann nicht gilt, wenn das Versäumnisurteil (nach dem Einspruch) aufrechterhalten wird oder der Einspruch verworfen wird.

2. Die Baumbach`sche Kostenformel

519 Besteht die unterliegende Seite aus mehreren Personen (**Streitgenossen**), dann haften sie nach § 100 Abs. 1 ZPO für die Kosten des Rechtsstreits nach Kopfteilen. Ist die unterliegende Seite die Beklagtenseite und werden diese als Gesamtschuldner verurteilt, dann haften sie nach § 100 Abs. 4 ZPO auch für die Kosten des Rechtsstreits als Gesamtschuldner. Sind sie am Rechtsstreit erheblich unterschiedlich beteiligt oder macht ein Streitgenosse besondere Angriffs- oder Verteidigungsmittel geltend, so gelten die §§ 100 Abs. 2 und Abs. 3 ZPO.

520 Nicht gesetzlich geregelt ist hingegen der Fall, dass eine Seite (Kläger- oder Beklagtenseite) nicht gesamt obsiegt oder unterliegt, sondern das einzelne Streitgenossen obsiegen und andere unterliegen. In diesem Fall sind nach der sogenannten **Baumbach`schen Kostenformel** die §§ 91, 92, 100 ZPO kombiniert durch Quotenbildung anzuwenden. In diesem Fall sind die Gerichtskosten und die außergerichtlichen Kosten jeder Partei getrennt zu behandeln. Für die Gerichtskosten werden alle Forderungen zu einem **fiktiven Gesamtstreitwert** addiert und für jeden Beteiligten wird dann der Anteil seines Unterliegens an diesem fiktiven Gesamtstreitwert errechnet. Für die außergerichtlichen

Kosten einer Partei wird ein fiktiver Streitwert für das Prozessrechtsverhältnis, an dem diese Partei beteiligt ist, gebildet und die Unterliegensquote der Partei in diesem Prozessrechtsverhältnis errechnet.

Beispiel
Kläger klagt gegen Beklagten B 1 und B 2 als Gesamtschuldner 20.000 Euro ein. Beklagter B 1 verliert in Höhe von 20.000 Euro, Beklagter B 2 verliert i. H. v. 10.000 Euro.

Berechnung
- **Gerichtskosten**: Der fiktive Gesamtstreitwert beträgt 40.000 Euro. Der Kläger unterliegt in Höhe von 10.000 Euro und hat daher 1/4 der Gerichtskosten zu tragen. Der Beklagte B 1 unterliegt i. H. v. 20.000 Euro und hat daher ½ der Gerichtskosten zu tragen. Der Beklagte B 2 unterliegt i. H. v. 10.000 Euro und hat daher 1/4 der Gerichtskosten zu tragen. Zu beachten ist in diesem Zusammenhang noch, dass die beiden Beklagten zur Zahlung in Höhe von 10.000 Euro als Gesamtschuldner verurteilt wurden, so dass sie insoweit auch hinsichtlich der Kosten des Rechtsstreits Gesamtschuldner sind. Sie haften daher für ½ der Gerichtskosten als Gesamtschuldner (wobei intern jeder der Beklagten für 1/4 haftet). Der Beklagte B 1 haftet darüber hinaus (alleine) für 1/4 der Gerichtskosten.
- **Außergerichtliche Kosten des Klägers**: Der Kläger ist ebenfalls mit einem fiktiven Gesamtstreitwert i. H. v. 40.000 Euro an dem Rechtsstreit beteiligt, so dass die Kostenquoten insoweit den Kostenquoten der Gerichtskosten entsprechen.
- **Außergerichtliche Kosten des Beklagten B 1**: Der Beklagte B 1 ist mit einem fiktiven Gesamtstreitwert von 20.000 Euro am Rechtsstreit beteiligt, er wird zur Zahlung von 20.000 Euro an den Kläger verurteilt, so dass er vollumfänglich verliert und daher seine außergerichtlichen Kosten selbst zu tragen hat.
- **Außergerichtliche Kosten des Beklagten B 2**: Der Beklagte B 2 ist mit einem fiktiven Gesamtstreitwert von 20.000 Euro am Rechtsstreit beteiligt, er wird zur Zahlung von 10.000 Euro an den Kläger verurteilt, so dass er zur Hälfte verliert und daher ½ seiner außergerichtlichen Kosten zu tragen hat. Der Kläger verliert im Verhältnis zum Beklagten B 2 ebenfalls zur Hälfte, so dass er ½ der außergerichtlichen Kosten des Beklagten B 2 zu tragen hat.

Tenor
(1) Die Beklagten werden als Gesamtschuldner verurteilt, an den Kläger 10.000 Euro zu zahlen. Der Beklagte B 1 wird verurteilt an den Kläger weitere 10.000 Euro zu zahlen.
(2) **Von den Gerichtskosten und den außergerichtlichen Kosten des Klägers trägt der Kläger 1/4, die Beklagten B 1 und B 2 als Gesamtschuldner ½ und der Beklagte B 1 ein weiteres 1/4. Die außergerichtlichen Kosten des Beklagten B 1 trägt dieser selbst. Von den außergerichtlichen Kosten des Beklagten B 2 trägt dieser selbst ½ und der Kläger ½.**

Beispiel
Kläger K klagt gegen B1 und B2 auf Zahlung von 4.000 Euro als Gesamtschuldner. B2 erhebt Widerklage gegen K (WB1) und den Drittwiderbeklagten WB2 auf Zahlung von 1.000 Euro als Gesamtschuldner.
K obsiegt gegen B1 über 4.000 Euro und B2 über 2.000 Euro (insoweit als Gesamtschuldner mit B1). B2 obsiegt mit seiner Widerklage gegen K (WB1) über 1.000 Euro und unterliegt gegen WB2.

Berechnung
- **Gerichtskosten**: Der fiktive Streitwert des gesamten Rechtsstreits beträgt 10.000 Euro. K verliert mit 3.000 Euro (mit 2.000 Euro bezüglich seiner Klage gegen

B2 und mit 1.000 Euro hinsichtlich der Widerklage des B2), er hat daher 3/10 der Gerichtskosten zu tragen. B1 verliert mit 4.000 Euro, er hat daher 4/10 der Gerichtskosten zu tragen. B2 verliert mit 3.000 Euro (mit 2.000 Euro hinsichtlich der Klage gegen K und mit 1.000 Euro hinsichtlich seiner Widerklage gegenüber WB2), er hat daher 3/10 der Gerichtskosten zu tragen. Da B1 und B2 hinsichtlich der Klage zur Zahlung von 2.000 Euro als Gesamtschuldner verurteilt werden, haben sie auch 4/10 der Gerichtskosten als Gesamtschuldner zu tragen. Der B1 hat darüber hinaus weitere 2/10 und der B2 ein weiteres 1/10 der Gerichtskosten zu tragen.

- **Außergerichtliche Kosten des K:** Der fiktive Streitwert des Teils, an dem K beteiligt ist, beträgt 9.000 Euro. Er verliert mit 3.000 Euro und hat daher (3/9=) 1/3 seiner Kosten selbst zu tragen. Gegenüber K verlieren B1 und B2 mit jeweils 2.000 Euro als Gesamtschuldner, B1 und B2 haben daher als Gesamtschuldner 4/9 der außergerichtlichen Kosten des K zu tragen. B1 verliert mit weiteren 2.000 Euro gegenüber K und hat daher weitere 2/9 der außergerichtlichen Kosten des K zu tragen.
- **Außergerichtliche Kosten des B1:** B1 verliert hinsichtlich des Teils des Rechtsstreits, an dem er beteiligt ist, vollumfänglich und hat daher seine außergerichtlichen Kosten selbst zu tragen.
- **Außergerichtliche Kosten des B2:** Der fiktive Streitwert des Teils, an dem B2 beteiligt ist, beträgt 6.000 Euro (Klage des K auf 4.000 Euro und die beiden Widerklagen des B2 in Höhe von jeweils 1.000 Euro). Er verliert mit 3.000 Euro (hinsichtlich der Klage des K mit 2.000 Euro und hinsichtlich der Widerklage gegen WB2 mit 1.000 Euro) und hat daher ½ seiner außergerichtlicher Kosten selbst zu tragen. Das andere ½ der außergerichtlichen Kosten des B2 hat der K zu tragen, da er gegenüber B2 mit 3.000 Euro verliert.
- **Außergerichtliche Kosten des WB2:** Die außergerichtlichen Kosten des WB2 hat B2 zu tragen, da er gegenüber WB2 vollumfänglich verliert.

Tenor

(1) Die Beklagten B 1 und B 2 werden als Gesamtschuldner zur Zahlung von 2.000 Euro, der Beklagte B 1 zur Zahlung von weiteren 2.000 Euro an den Kläger verurteilt.

(2) Der Kläger/Widerbeklagte 1 wird zur Zahlung von 1.000 Euro an den Beklagten B 2/Widerkläger verurteilt.

(3) Im Übrigen werden die Klage und die Widerklage abgewiesen.

(4) „Von den Gerichtskosten trägt der Kläger 3/10 und die Beklagten B 1 und B 2 als Gesamtschuldner 4/10, der Beklagte B 1 weitere 2/10 und der Beklagte B 2 ein weiteres 1/10. Von den außergerichtlichen Kosten des Klägers trägt dieser 3/9, die Beklagten B 1 und B 2 als Gesamtschuldner 4/9 und der Beklagte B 1 weitere 2/9. Die außergerichtlichen Kosten des Beklagten B 1 trägt dieser selbst. Die außergerichtlichen Kosten des Beklagten B 2 trägt dieser und der Kläger jeweils zu ½. Die außergerichtlichen Kosten des Widerbeklagten 2 trägt der Beklagte B 2 vollständig."

3. Die Kostentragungslast

Aus der Kostengrundentscheidung ergibt sich damit auch, welche Partei (bzw. in welcher Höhe) für die Gerichtskosten **Kostenschuldner des Staates** ist. Die Gerichtskosten werden in der Regel im Wege des **Kostenvorschusses** vom Kläger bei Gericht einbezahlt, § 12 GKG; ohne Einzahlung des Kostenvorschusses soll die Klage dem Gegner nicht zugestellt werden. Dies gilt allerdings nicht für eine Widerklage, § 12 Abs. 2 Nr. 1 GKG. Vorschusspflichtig für Auslagen ist derjenige, der die mit der Auslage verbundene Handlung (z. B. Beweisantrag) beantragt hat, § 17 GKG. Die Vorschusspflicht ist von der **Kostentragungslast** nach Beendigung des Verfahrens, das heißt von der Frage, wer Kostenschuldner des Staates ist, zu unterscheiden. Wer Kostenschuldner des Staates ist, ergibt sich einerseits aus § 22 GKG, danach ist der Antragsteller (in der Regel der Kläger)

Kostenschuldner und andererseits aus § 29 Nr. 1 bis Nr. 4 GKG, danach ist insbesondere die im Rechtsstreit unterliegende Partei Kostenschuldner (Entscheidungsschuldner). Nach § 31 Abs. 1 GKG haften mehrere Kostenschuldner **als Gesamtschuldner**. Hat eine Klage damit Erfolg, hat der Staat zwei Kostenschuldner, nämlich den Kläger nach § 22 GKG und den Beklagten (als Unterlegenen) nach § 29 Nr. 1 GKG; wegen § 31 Abs. 2 GKG soll zunächst der Unterlegene herangezogen werden. In Ausnahmefällen kann daher auch ein obsiegender Kläger (beispielsweise wenn der Beklagte mittellos ist) für die Kosten des Rechtsstreits seiner erfolgreichen Klage in Anspruch genommen werden nach § 22 GKG als Antragstellerschuldner. Nach § 21 GKG kann in seltenen Ausnahmefällen von der Erhebung von Kosten abgesehen werden.

4. Das Kostenfestsetzungsverfahren

Die Kostengrundentscheidung ist auch Grundlage für den vom Rechtspfleger zu erlassenden **Kostenfestsetzungsbeschluss**, aus dem sich der konkrete Kostenerstattungsanspruch der einen gegen die andere Partei ergibt, §§ 103 ff. ZPO, 21 RPflG. Der Erlass eines Kostenfestsetzungsbeschlusses setzt nach § 103 Abs. 2 ZPO einen Kostenfestsetzungs**antrag** einer Partei voraus. Mit diesem Antrag wird das Kostenfestsetzungsverfahren eingeleitet, welches sich an das Klageverfahren anschließt (einer separaten Klage würde das Rechtsschutzbedürfnis fehlen) und mit dem der prozessuale Kostenerstattungsanspruch geltend gemacht wird. Der Kostenfestsetzungsbeschluss stellt den prozessualen Kostenerstattungsanspruch fest und ist nach § 794 Nr. 2 ZPO Vollstreckungstitel.

522

IV. Anhang: Die Kosten des Rechtsstreits

Bei den Kosten eines Rechtsstreits sind im Wesentlichen drei verschiedene Gebühren zu unterscheiden. Die **Gerichtsgebühren**, die **Rechtsanwaltskosten** sowie die im Zusammenhang mit dem Fortgang des Prozesses – etwa durch Beweisaufnahmen – entstehenden **Auslagen**.

523

1. Gerichtsgebühren

Diese sind die Gegenleistung für die Inanspruchnahme der Gerichte, § 1 GKG. Sie sind mit **Einreichung** einer Klage-, Antrags-, Einspruchs- oder Rechtsmittelschrift als Vorschuss fällig, § 6 GKG. Vor ihrer Bezahlung soll regelmäßig das angestrebte Verfahren nicht in Gang kommen, § 12 GKG. Eine Ausnahme besteht etwa bei der Erhebung einer Widerklage, § 12 Abs. 2 GKG. **Die Höhe** der einzelnen Gebühr bestimmt sich gemäß § 34 GKG nach dem Wert des der Klage zugrunde liegenden Streitgegenstandes (**Streitwert**) und ist der dort abgedruckten **Tabelle** bzw. der **Anlage 2** zum GKG zu entnehmen (z. B. bei einem Streitwert bis 5.000 Euro beträgt eine volle Gerichtsgebühr 146 Euro; bei einem Streitwert bis 500.000 Euro beträgt eine volle Gerichtsgebühr 3.536 Euro). **Die Anzahl** der in verschiedenen gerichtlichen Verfahren anfallenden Gebühren ist dem **Kostenverzeichnis** in Anlage 1 zum GKG zu entnehmen, § 3 Abs. 2 GKG.

524

Die Wichtigsten dabei sind: Für das **Klageverfahren im Allgemeinen drei** Gebühren (Nr. 1210); für das **Mahnverfahren** zunächst nur eine **halbe** Gebühr (Nr. 1110), nach Widerspruch oder Einspruch vor Abgabe an das Streitgericht weitere **zweieinhalb** Gebühren. Bei Prozessbeendigung durch **Klagerücknahme, Anerkenntnis- oder Verzichtsurteil**, Abschluss eines **Prozessvergleiches** oder **Hauptsacheerledigung** ermäßigen sich die Gerichtsgebühren – rückwirkend – auf **eine** Gebühr (Nr. 1211), die überzahlten Gebühren werden erstattet.

525

Berechnungsbeispiel: Gerichtsgebühren bei einer Klage über 10.000 Euro: Für das Klageverfahren im Allgemeinen: 3 * 241 Euro = 723 Euro; für das Mahnverfahren:

0,5 * 241 Euro = 120,50 Euro; bei Prozessbeendigung durch Klagerücknahme, Anerkenntnis- oder Verzichtsurteil, Abschluss eines Prozessvergleiches oder Hauptsacheerledigung ermäßigen sich die Gerichtsgebühren – rückwirkend – auf eine Gebühr, das heißt vorliegend auf 241 Euro. Zu beachten ist, dass zu diesen Gebühren noch die Kosten der Rechtsanwälte (dazu unten 2.) sowie die Gebühren für Zeugen und Sachverständig und sonstige Auslagen kommen können.

2. Rechtsanwaltsgebühren

526 a) **Gesetzliche Vergütung und Honorarvereinbarung.** Wer einen Rechtsanwalt beauftragt, schuldet diesem auf Grundlage eines entgeltlichen Geschäftsbesorgungsvertrages nach § 675 BGB sowohl für dessen außergerichtliche Bemühungen wie auch für dessen Tätigkeit im Rahmen eines Prozesses eine Vergütung. Dabei ist der Rechtsanwalt in der Festsetzung seiner Gebühren nicht frei, sondern an die Vorschriften des Rechtsanwaltsvergütungsgesetzes (RVG) gebunden.

527 Individuelle Honorarvereinbarungen sind im Rahmen der engen gesetzlichen Bestimmungen zulässig: Nach § 3a Abs. 1 RVG kann der Rechtsanwalt mit dem Ratsuchenden eine die Gebührensätze des RVG überschreitende Vereinbarung treffen. In außergerichtlichen Angelegenheiten darf der Rechtsanwalt die Gebührensätze des RVG durch Honorarvereinbarung ausnahmsweise **unterschreiten**, solange das Honorar in einem angemessenen Verhältnis zu Leistung, Verantwortung und Haftungsrisiko steht, § 4 RVG. Und schließlich ist in Ausnahmefällen auch ein **Erfolgshonorar** möglich, wenn der Mandant sonst aufgrund seiner schlechten wirtschaftlichen Verhältnisse von einer Rechtsverfolgung abgehalten würde, § 4a RVG.
Für einen „isolierten" mündlichen oder schriftlichen Rat (**Beratung**), ein Gutachten oder die Tätigkeit als Mediator ist der Rechtsanwalt sogar gehalten, eine Gebührenvereinbarung mit dem Mandanten zu treffen, will er nicht nur auf die übliche Vergütung nach § 612 Abs. 2 BGB angewiesen sein, § 34 RVG.

528 b) **Außergerichtliche Tätigkeit.** Besteht keine Honorarvereinbarung, hat der Rechtsanwalt nach gesetzlichen Gebührensätzen abzurechnen. Für die einzelnen Tätigkeiten des Anwalts ist dem RVG in **Anlage 1** ein **Vergütungsverzeichnis** angehängt. Dort ist für die einzelnen Gebührentatbestände der jeweilige Gebührensatz aufgeführt.

529 aa) **Gebührentatbestände.** Wird der Rechtsanwalt – über eine Beratung hinaus – weitergehend **außergerichtlich** mit der Geschäftsbesorgung in einer Rechtssache beauftragt, entsteht dafür – unter Einschluss der Besprechung mit dem Mandanten und der Anfertigung von Schriftsätzen – eine **Geschäftsgebühr**. Dafür sieht **Nr. 2300** des Vergütungsverzeichnisses einen Gebührenrahmen von **0,5 bis 2,5** vor. Bei einer solchen **Rahmengebühr** bestimmt der Rechtsanwalt die exakte Höhe der Gebühr im Einzelfall **nach Bedeutung der Angelegenheit, Umfang und Schwierigkeit** seiner anwaltlichen Tätigkeit und den **wirtschaftlichen Verhältnisse** des Mandanten, indem er diese Umstände in den vorgegebenen Rahmen einordnet, § 14 RVG. Im Normalfall beträgt die Gebühr jedoch **1,3**, eine höhere Gebühr kann nur bei umfangreicher oder schwieriger Tätigkeit gefordert werden. Wird bereits vor Anrufung eines Gerichts unter Mitwirkung des Rechtsanwalts eine Einigung erzielt, so entsteht nach Nr. 1000 VV-RVG zusätzlich eine **außergerichtliche Einigungsgebühr** von **1,5**.

530 bb) **Gebührenhöhe.** Der vom Mandanten zu zahlende Euro-Betrag für eine 1,0 Gebühr ergibt sich i. d. R. aus dem **Gegenstandswert** der anwaltlichen Tätigkeit und einer **Gebührentabelle** nach § 13 RVG in Anlage 2 zum RVG.

> **Berechnungsbeispiel:** Bei einem Gegenstandswert bis 5.000 Euro beträgt eine 1,0 Gebühr 303 Euro. Dies ergibt für eine 1,3-fache Geschäftsgebühr einen Betrag in

Höhe von 393,90 Euro; bei einem Gegenstandswert bis 500.000 Euro beträgt eine 1,0 Gebühr 3.213 Euro. Eine 1,5 Einigungsgebühr errechnet sich mit 4.819,50 Euro.

cc) **Auslagen.** Zusätzlich hat der Rechtsanwalt einen Anspruch auf Ersatz **von Post- und Telekommunikationsdienstentgelten** nach Nr. 7001, 7002 VV-RVG (auf Nachweis die tatsächlich entstandenen Kosten oder pauschal 20 %, höchstens 20 Euro), auf eine **Dokumentenpauschale** nach Nr. 7000 VV-RVG und auf **Reisekosten** nach Nr. 7003 bis 7006 VV-RVG. Darüber hinaus kann der Rechtsanwalt auf seine Leistungen **Umsatzsteuer** verlangen, Nr. 7008 VV-RVG. **531**

> **Berechnungsbeispiel:** Für die außergerichtliche vergleichsweise Abwicklung eines Verkehrsunfalls über Ansprüche in Höhe von 7.800 Euro hat der Anwalt einen Anspruch auf eine 1,3 Geschäftsgebühr in Höhe von 592,80 Euro, eine 1,5 Einigungsgebühr über 684 Euro und 20 Euro Auslagenpauschale nebst 19 % MwSt., insgesamt also eine Honorarforderung über 1.543,19 Euro.

c) **Gerichtliche Tätigkeit. – aa) Gebührentatbestände.** Für das Betreiben eines gerichtlichen Verfahrens steht dem Rechtsanwalt eine **Verfahrensgebühr** von **1,3** nach **Nr. 3100** VV-RVG zu. Allerdings ist eine zuvor entstandene außergerichtliche Geschäftsgebühr auf diese Verfahrensgebühr zur Hälfte, höchstens mit 0,75 Gebühren, **anzurechnen** (vgl. § 15a RVG und Vorbemerkung 3 Abs. 4 zu Teil 3 VV-RVG). Für die Vertretung in einem Verhandlungs-, Erörterungs- oder Beweisaufnahmetermin erhält er nach **Nr. 3104** VV-RVG eine **Terminsgebühr** von **1,2** (vgl. Vorbemerkung 3 Abs. 3 zu Teil 3 VV-RVG). Endet der Prozess mit einem Prozessvergleich, so kann der Anwalt für seine Mitwirkung eine gerichtliche **Einigungsgebühr** in Höhe von jetzt nur noch **1,0** verlangen, **Nr. 1003** VV-RVG (bei außergerichtlicher Einigung eine 1,5 Gebühr nach Nr. 1000). **532**

bb) **Gebührenhöhe und Auslagen.** Die **Höhe der Gebühren** orientiert sich am **Gegenstandswert** der anwaltlichen Tätigkeit und ist wiederum der Gebührentabelle in Anlage 2 zum RVG zu entnehmen. Ebenfalls kann der Rechtsanwalt für gerichtliche Tätigkeit erneut **Auslagen** und **Umsatzsteuer** nach Maßgabe der Nr. 7000 ff. VV-RVG verlangen. **533**

> **Berechnungsbeispiel:** Finden die außergerichtlichen Verhandlungen über Ansprüche aus einem Verkehrsunfall über 7.800 Euro keinen einvernehmlichen Abschluss, so entsteht für die gerichtliche anwaltliche Tätigkeit eine 1,3 Verfahrensgebühr in Höhe von 592,80 Euro, auf die die halbe Geschäftsgebühr angerechnet wird, sodass 296,40 Euro verbleiben. Daneben fallen eine 1,2 Terminsgebühr von 547,20 Euro und im Falle eines Prozessvergleichs, als 1,0 Einigungsgebühr, weitere 456 Euro an. Mit Auslagenpauschale in Höhe von 20 Euro und 19 % Umsatzsteuer ergibt dies eine Honorarforderung über 1.570,32 Euro. Addiert man außergerichtliche Kosten des Rechtsanwalts in dieser Sache (ohne außergerichtliche Einigungsgebühr) in Höhe von 729,23 Euro hinzu, so kostet die anwaltliche Tätigkeit insgesamt 2.299,55 Euro – ohne Kopier- und Reisekosten des Anwalts.

3. **Gerichtliche Auslagen**

Zusätzlich zu den Gerichtsgebühren und Rechtsanwaltskosten fallen in einem Rechtsstreit weitere **Auslagen** an, Anlage 1 zum **GKG** Nr. 9000 bis 9019 GKG. Neben Dokumentenpauschalen, Kosten von Rechtshilfeersuchen oder für Aktenversendung, fallen besonders Kosten der **Beweisaufnahme** durch Vernehmung von **Zeugen** und Erstellung von **Sachverständigengutachten** ins Gewicht, die nach **JVEG** zu regulieren sind. Die **Entschädigung von Sachverständigen** orientiert sich an dem zur Erstellung des Gutachtens erforderlichen **Zeitaufwand.** Dabei beträgt der vom Gericht zu bemessende Entschädigungsbetrag je nach Honorargruppe, in die der Sachverständige einzuordnen ist, zwischen 50,00 und 85,00 Euro je Stunde, § 9 JVEG. Die Parteien können aber auch **534** einen abweichenden Stundensatz vereinbaren, § 13 JVEG. Auch hier gilt das Vorschussprinzip, wonach das Gericht etwa die Beauftragung von Sachverständigen vom Eingang eines **Vorschusses** abhängig machen soll, §§ 17 GKG, 13 Abs. 1 JVEG.

V. Die Entscheidung über die vorläufige Vollstreckbarkeit

1. Erfordernis der Vollstreckbarerklärung von Urteilen

535 Nach § 704 ZPO findet die Zwangsvollstreckung aus Endurteilen die rechtskräftig oder **für vorläufig vollstreckbar erklärt** sind statt. Der Hintergrund, weshalb Urteile für vorläufig vollstreckbar zu erklären sind und aus ihnen – auch bereits vor Eintritt der Rechtskraft – vollstreckt werden kann ist, dass durch Einlegung von (aussichtslosen) Rechtsmittel nicht die Zwangsvollstreckung auf unbestimmte Zeit verhindert werden können soll. Auf der anderen Seite ist zu beachten, dass die Vollstreckung eines noch nicht rechtskräftigen Urteils für den Vollstreckenden, wegen der sich aus § **717 Abs. 2** **ZPO** ergebenden möglichen **Schadensersatzpflicht**, ein erhebliches Risiko birgt; dies sollte vor einer Vollstreckung stets abgewogen werden. Die Entscheidung über die vorläufige Vollstreckbarkeit eines Urteils ist **von Amts wegen**, also auch ohne Antrag der Parteien, zu treffen. Jedes Urteil muss eine Entscheidung über die vorläufige Vollstreckbarkeit enthalten, denn auch in der Hauptsache nicht vorläufig vollstreckbare Urteile können hinsichtlich der in jedem Urteil enthaltenen Kostenentscheidung vorläufig vollstreckt werden. Nicht für vorläufig vollstreckbar zu erklären sind Urteile im Arrest- und einstweiligen Verfügungsverfahren; sie sind aus sich heraus vollstreckbar.

2. Die Vollstreckbarerklärung ohne bzw. gegen Sicherheitsleistung

536 Bei der vorläufigen Vollstreckbarkeit von Urteilen gibt es drei Gruppen: (1) vorläufige Vollstreckbarkeit **gegen Sicherheitsleistung**, §§ 709 ff. ZPO; (2) vorläufige Vollstreckbarkeit **ohne Sicherheitsleistung**, aber mit Abwendungsbefugnis, §§ 708 Nr. 4–11, 711, 713 ZPO und (3) vorläufige Vollstreckbarkeit **ohne Sicherheitsleistung und ohne Abwendungsbefugnis**, §§ 708 Nr. 1–3 ZPO.

537 a) **Vorläufige Vollstreckbarkeit gegen Sicherheitsleistung.** Grundsätzlich sind Urteile nach § **709 ZPO gegen eine** der Höhe nach zu bestimmende **Sicherheit** für vorläufig vollstreckbar zu erklären, wobei grundsätzlich nach § 709 S. 1 ZPO die Höhe der Sicherheitsleistung in einem Betrag (z. B. in Höhe von 5.000 Euro) zu bestimmen ist. Die Höhe des Betrags ist dabei vom Gericht zu schätzen, sie ergibt sich aus dem Betrag den der Vollstreckende dem Unterlegenen nach § 717 Abs. 2 ZPO als Schadensersatz zu leisten hat, wenn der Unterlegene im Endeffekt (rechtskräftig) obsiegt. Ist wegen einer Geldforderung (Regelfall) zu vollstrecken so genügt es nach § **709 S. 2 ZPO**, dass in dem Urteil die Höhe der Sicherheitsleistung in einem bestimmten Verhältnis zur Höhe **des jeweils zu vollstreckenden Betrages** angegeben wird. In der Praxis hat sich insoweit folgende Formulierung eingebürgert:

*„Das Urteil ist gegen Sicherheitsleistung i. H. v. 110 % **des jeweils zu vollstreckenden Betrages** vorläufig vollstreckbar"*
„Das Urteil ist gegen Sicherheitsleistung i. H. v. 5.000 Euro vorläufig vollstreckbar"

> **Klausurproblem:** Für die Klausur wohl ohne Relevanz ist die Ausnahmeregelung des § 710 ZPO bei einer Vollstreckbarerklärung gegen Sicherheitsleistung nach § 709 ZPO; der Schutzantrag des Schuldners nach § 712 ZPO kann für die Anwaltsklausur von Bedeutung sein.

538 b) **Vorläufige Vollstreckbarkeit ohne Sicherheitsleistung.** Der Grundsatz des § 709 ZPO gilt in den Fällen der §§ **708 Nr. 1–11 ZPO** nicht! In diesen Fällen sind die Urteile

– aus unterschiedlichen Gründen – **ohne Sicherheitsleistung** für vorläufig vollstreckbar zu erklären. Diese Fälle erfassen insbesondere Anerkenntnis- und Verzichtsurteile (Nr. 1), Versäumnisurteile (Nr. 2), Urteile durch die Arreste oder einstweilige Verfügungen abgelehnt oder aufgehoben werden (Nr. 6), Urteile in Wohnraummietstreitigkeiten (Nr. 7) und Berufungsurteile in vermögensrechtlichen Streitigkeiten (Nr. 10). Von besonderer praktischer Bedeutung und Klausurrelevanz ist **§ 708 Nr. 11 ZPO**, danach sind Urteile **in vermögensrechtlichen Streitigkeiten**, wenn der Gegenstand der Verurteilung in der Hauptsache 1.250 Euro nicht übersteigt oder nur wegen der Kosten von höchstens 1.500 Euro vollstreckt werden kann, vorläufig vollstreckbar ohne Sicherheitsleistung.

Nach **§ 711 S. 1 ZPO** ist dem Schuldner von Amts wegen in den Fällen der §§ 708 Nr. 4–11 ZPO die Befugnis einzuräumen, die Vollstreckung des Gläubigers durch Leistung einer Sicherheit oder Hinterlegung von Geld – wobei er den gesamten aus dem Urteil vollstreckbaren Betrag leisten muss – abzuwenden (**Abwendungsbefugnis**). Nach §§ 711 S. 2, 709 S. 2 ZPO kann das Gericht wiederum bei der Bemessung der Höhe der vom Schuldner zur Abwendung zu leistenden Sicherheit statt eines ausgerechneten Betrages auch einen Prozentsatz **des vollstreckbaren Geldbetrages** angeben. Der Gläubiger kann in diesem Fall dann nur noch vollstrecken, wenn er seinerseits vor seiner Vollstreckung Sicherheit leistet, § 711 S. 1 2. HS ZPO. In der Praxis hat sich insoweit folgende Formulierung eingebürgert:

539

„Das Urteil ist vorläufig vollstreckbar.
Der Beklagte kann die Vollstreckung des Klägers durch Sicherheitsleistung in Höhe von
5.000 Euro abwenden, wenn nicht der Kläger zuvor Sicherheit in gleicher Höhe geleistet
hat" (bei § 711 S. 1 ZPO).

„Das Urteil ist vorläufig vollstreckbar.
Der Beklagte kann die Vollstreckung des Klägers durch Sicherheitsleistung i. H. v. 110 % des
*aufgrund des Urteils **vollstreckbaren Betrages** abwenden, wenn nicht der Kläger zuvor*
Sicherheit i. H. v. 110 % des jeweils zu vollstreckenden Betrages leistet" (bei §§ 711 S. 2,
709 S. 2 ZPO).

c) Vorläufige Vollstreckbarkeit ohne Sicherheitsleistung und ohne Abwendungsbefugnis. Dies gilt in den Fällen der §§ 708 Nr. 1–3 ZPO.
In Fällen, in denen der Kläger oder der Beklagte nicht vollumfänglich obsiegt, können häufig beide Seiten aus dem Urteil vollstrecken (der Beklagte kann wegen seiner außergerichtlichen Kosten gegen den Kläger vollstrecken), so dass in diesen Fällen im Tenor sowohl eine Entscheidung zur vorläufigen Vollstreckbarkeit des Klägers und des Beklagten zu treffen ist. Dabei ist es durchaus auch denkbar, dass eine Partei ohne Sicherheitsleistung vorläufig vollstrecken darf und die andere nur gegen Sicherheitsleistung.

540

Beispiel
Kläger klagt gegen Beklagten auf Zahlung von 5.000 Euro und obsiegt i. H. v. 4.500 Euro.
Der Kläger kann gegen den Beklagten daher 4.500 Euro und 90 % der Gerichtskosten und seiner Anwaltskosten vollstrecken, so dass sich die vorläufige Vollstreckbarkeit aus § 709 ZPO ergibt. Der Beklagte kann hingegen lediglich 10 % seiner Anwaltskosten vollstrecken, so dass sich die vorläufige Vollstreckbarkeit für ihn aus §§ 708 Nr. 11, 711 ZPO ergibt.

Tenor
(1) Der Beklagte wird verurteilt, an den Kläger 4.500 Euro zu zahlen.
  Im Übrigen wird die Klage abgewiesen.
(2) Von den Kosten des Rechtsstreits trägt der Kläger 10 % und der Beklagte 90 %.

(3) Das Urteil ist für den Kläger gegen Sicherheitsleistung i. H. v. 110 % des jeweils zu vollstreckenden Betrages vorläufig vollstreckbar.
Das Urteil ist für den Beklagten vorläufig vollstreckbar.
Der Kläger kann die Vollstreckung des Beklagten gegen Sicherheitsleistung i. H. v. 110 % des aufgrund des Urteils für den Beklagten vollstreckbaren Betrages abwenden, wenn nicht der Beklagte zuvor Sicherheit in Höhe von 110 % des jeweils zu vollstreckenden Betrages leistet.

E. Die Beendigung des zivilprozessualen Verfahrens ohne Urteil

541 Im Rahmen der Dispositionsfreiheit haben es die Parteien in der Hand, den Rechtsstreit vorzeitig zu beenden, ohne dass es zu einer Entscheidung in der Hauptsache kommt. Dies kann dadurch geschehen, dass die Parteien das Verfahren einfach nicht weiter betreiben und **Ruhen lassen** (unten I.), der Kläger die **Klagerücknahme** erklärt (unten II.), die Parteien sich **vergleichen** (unten III.) oder die Parteien den Rechtsstreit für **erledigt erklären** (unten IV.).

I. Ruhen des Verfahrens

542 Das **Ruhen des Verfahrens** ist ein durch Nichtbetreiben seitens der Parteien bedingter Stillstand des Verfahrens. Die Anordnung erfolgt auf Antrag der Parteien, **§ 251 ZPO**, oder bei Säumnis beider Parteien, § 251a Abs. 3 ZPO. Bei der Anordnung des Ruhens des Verfahrens – durch Beschluss –, behält die Rechtssache das Aktenzeichen. Das Gericht oder die Parteien können das Verfahren fortführen, wenn die Gründe für die Anordnung entfallen sind, etwa weil die Vergleichsverhandlungen gescheitert sind oder eine abzuwartende Beweisaufnahme durchgeführt ist.

543 Kommt es nach Anordnung des Ruhens des Verfahrens nicht mehr zur Fortführung des Verfahrens, etwa weil die Parteien kein Interesse an der Fortführung haben oder betreiben die Parteien das Verfahren – auch ohne Anordnung des Ruhens – nicht weiter, so gilt die Angelegenheit nach Ablauf von sechs Monaten als erledigt, die Kosten werden abgerechnet, die Akten werden **weggelegt**, **§ 7 Abs. 2 AktO**.

II. Die Klagerücknahme

1. Begriff und Bedeutung

544 Die Klagerücknahme, **§ 269 ZPO**, ist das Gegenstück zur Klageerhebung. Sie ist der Widerruf des Rechtsschutzbegehrens und bedeutet den **Verzicht auf Verhandlung und Entscheidung im gegenwärtigen Rechtsstreit**. Sie bedeutet aber nicht den Verzicht auf den behaupteten materiell-rechtlichen Anspruch. Deshalb ist – anders als beim Verzicht nach § 306 ZPO – eine erneute Klageerhebung über diesen Anspruch jederzeit wieder möglich. Die Klagerücknahme ist eine einseitige Prozesserklärung, die als solche bedingungsfeindlich, unwiderruflich und nicht anfechtbar ist. Als Prozesshandlung muss sie ausdrücklich und unzweifelhaft sein (BGH NJW-RR 1996, 885).

> **Klausurproblem:** Reduziert der Kläger seinen Antrag von Zahlung von 10.000 Euro auf Zahlung von 5.000 Euro oder stellt er erst einen unbedingten Antrag, reduziert dann den Antrag auf Zug-um-Zug Verurteilung, sind diese Klagebeschränkungen nach § 264 Nr. 2 ZPO problemlos zulässig, enthalten aber jeweils auch eine Teil-Klagerücknahme. Für diesen Teil ist dann § 269 ZPO anwendbar. Der Kläger trägt

> also einen Teil der Kosten. Im Urteil ist dann eine Quote zu berechnen, nach dem Grundsatz der einheitlichen Kostenentscheidung.

Die Klagerücknahme ist an das Prozessgericht zu richten, bei dem die Streitsache rechtshängig ist, § 269 Abs. 2 Satz 1 ZPO. Dies kann durch Schriftsatz oder durch Erklärung in der mündlichen Verhandlung geschehen, die zu Protokoll zu nehmen ist, § 269 Abs. 2 Satz 2 ZPO. Der Schriftsatz ist dem Beklagten zuzustellen, wenn seine Einwilligung zur Klagerücknahme erforderlich ist, § 269 Abs. 2 Satz 3 ZPO. Im Übrigen genügt formlose Übersendung.

Die Klagerücknahme ist Prozesshandlung, weshalb sie im Anwaltsprozess dem Anwaltszwang nach § 78 ZPO unterliegt. Ausnahmsweise ist die Rücknahme der Klage nach Verweisung vom Amtsgericht an das Landgericht auch durch den anwaltlich nicht vertretenen Kläger möglich. Die Klagerücknahme ist möglich, solange die Klage rechtshängig ist, also bis zum Eintritt der Rechtskraft und somit bis zum Ablauf der Rechtsmittelfrist (BGH MDR 1995, 952). Der Kläger kann sie aber auch schon im Stadium der Anhängigkeit, d. h. vor Zustellung an den Beklagten zurücknehmen, § 269 Abs. 3 Satz 3 ZPO. Eine Verpflichtung zur Klagerücknahme kann durch einen – auch im Anwaltsprozess formlosen – Prozessvertrag der Parteien übernommen werden. Hierdurch allein wird der Prozess aber noch nicht beendet. Der Beklagte kann sich jedoch einredeweise darauf berufen, die gleichwohl fortgeführte Klage wird dann unzulässig und ist durch Prozessurteil abzuweisen (BGH NJW-RR 1989, 802). **545**

2. Zustimmungserfordernis

Hat der **Beklagte mündlich zur Hauptsache verhandelt**, so kann die Klage nur noch mit dessen **Einwilligung** zurückgenommen werden, **§ 269 Abs. 1 ZPO**. Kein streitiges Verhandeln ist die Teilnahme des Beklagten an der Güteverhandlung nach § 278 Abs. 2 ZPO (BGH NJW 1987, 3263). Auch die Erörterung des Sach- und Streitstandes vor Antragstellung (vgl. § 137 ZPO), die Rüge fehlender Sachurteilsvoraussetzungen und der demgemäß gestellte Antrag auf Klageabweisung als unzulässig ist noch kein Verhandeln zur Hauptsache. Auch ein bloßer Antrag auf Erlass eines Versäumnisurteils gegen den Kläger nach § 330 ZPO macht eine Einwilligung des Beklagten zur Klagerücknahme des Klägers nach dessen Einspruch nicht erforderlich (BGHZ 4, 328). Im Eilverfahren nach §§ 916, 935 ZPO ist auch nach Beginn der mündlichen Verhandlung die Einwilligung nicht erforderlich (BGH NJW-RR 1993, 1470). **546**

Die Einwilligung ist als Prozesserklärung schriftsätzlich oder in der mündlichen Verhandlung zu Protokoll mitzuteilen. Wird die Klagerücknahme schriftsätzlich erklärt, so gilt die Einwilligung des Beklagten als erteilt, wenn er nicht binnen einer Notfrist von 2 Wochen nach Zugang der zugestellten Rücknahme widerspricht, sofern er auf diese Fiktion hingewiesen worden ist, § 269 Abs. 2 Satz 4 ZPO. In einem nach Klagerücknahme gestellten Klageabweisungsantrag liegt die Verweigerung der Einwilligung. In diesem Fall ist der Rechtsstreit fortzusetzen und das Gericht entscheidet über den Klageantrag. **547**

3. Folgen der Klagerücknahme, § 269 Abs. 3 ZPO

a) **Der Rechtsstreit ist als nicht anhängig geworden anzusehen.** Die Rechtshängigkeit entfällt rückwirkend, § 269 Abs. 3 Satz 1 1. HS ZPO. Der Klageanspruch kann jederzeit neu anhängig gemacht werden. Eine erhobene Widerklage bleibt aber rechtshängig. Die mit dem Eintritt der Rechtshängigkeit verbundenen materiell-rechtlichen Wirkungen nach § 262 ZPO wie Fristwahrung oder Verjährungshemmung entfallen. **548**

549 **b) Urteil wird wirkungslos.** Ein bereits ergangenes, aber noch nicht rechtskräftig gewordenes Urteil wird ohne weiteres wirkungslos, § 269 Abs. 3 Satz 1 2. HS ZPO. Nach Eintritt der Rechtskraft des Urteils ist Klagerücknahme nicht mehr möglich, ebenfalls nicht nach übereinstimmender Erledigungserklärung und nach Prozessvergleich (OLG Stuttgart NJW-RR 1987, 128).

550 **c) Kostentragungspflicht.** Nach § 269 Abs. 3 ZPO ist bei den Kosten zu unterscheiden:

551 **aa) Klagerücknahme nach Rechtshängigkeit.** Grundsätzlich hat der **Kläger** die gesamten **Kosten des Rechtsstreits** zu tragen, § 269 Abs. 3 Satz 2 1. HS ZPO. Dies gilt nicht, soweit bereits anderweitig rechtskräftig über sie erkannt ist oder die Kosten dem Beklagten aus einem anderen Grund aufzuerlegen sind, § 269 Abs. 3 Satz 2 2. HS ZPO, wie z. B. die Säumniskosten nach § 344 ZPO (BGH NJW 2004, 2309). Bei **teilweiser Klagerücknahme** hat der Kläger die auf den zurückgenommenen Teil entfallenden Kosten zu tragen.

> **Klausurproblem:** Die Entscheidung über die Kosten für den zurückgenommenen Teil ergeht nicht vorab durch Beschluss, sondern wegen des Grundsatzes der Einheitlichkeit der Kostenentscheidung erst im Endurteil. Die Kosten sind anteilig zu verteilen, also etwa der Kläger trägt 1/3 und der Beklagte 2/3 der Kosten des Rechtsstreits. Erst aus der Begründung der Kostenentscheidung ergibt sich, wie es zu der Kostenverteilung kam. Etwa: „Der Beklagte trägt seinen Teil der Kosten, da er zum überwiegenden Teil verurteilt worden ist, § 91 ZPO. Den durch die Rücknahme veranlassten „Teil trägt der Kläger, § 269 Abs. 3 S. 2 ZPO".

Ist die Klagerücknahme im **Vergleich** enthalten, so geht der Vergleich der gesetzlichen Regelung in § 269 Abs. 3 Satz 2 ZPO vor (BGH NJW 2004, 1251).

bb) Klagerücknahme vor Rechtshängigkeit:

552
> **Klausurproblem** (unterbleibende Zustellung): Nimmt der Kläger eine Klage nach Anhängigkeit aber noch vor Klagezustellung an den Gegner (also vor deren Rechtshängigkeit) mit Schriftsatz an das Gericht zurück, so ist eine Gerichtsgebühr angefallen (Kostenverzeichnis GKG Tz. 1211 Nr. 1), die vom Kläger nach allgemeinem Grundsatz zu tragen ist. Ist die förmliche Zustellung der Klage noch nicht verfügt, so unterbleibt sie. Mangels Prozessrechtsverhältnis erfolgt dann auch kein Kostenbeschluss und der Beklagte hat keinen Kostenerstattungsanspruch.

> **Klausurproblem** (Wegfall des Klageanlasses): Ist hingegen der Klageanlass für den Kläger noch vor Rechtshängigkeit weggefallen und nimmt er die Klage deshalb zurück, so entscheidet das Gericht auf Antrag über die Kosten unter Berücksichtigung des bisherigen Sach- und Streitstands nach billigem Ermessen. Dabei kann es die Kosten auch dem Beklagten ganz oder teilweise auferlegen, insbesondere, wenn er mit seiner Leistung in Verzug war und erst nach Anhängigkeit der Klage an den Kläger geleistet hat. Die Klage braucht dann nicht mehr zugestellt werden, § 269 Abs. 3 Satz 2 letzter HS ZPO.

553 **d) Feststellung der Wirkungen durch Beschluss.** Die Wirkungen der Klagerücknahme treten kraft Gesetzes ein, ohne dass es darüber eines gerichtlichen Ausspruchs bedürfte. Auf Antrag sind jedoch die Rechtsfolgen der Klagerücknahme; „Wegfall der Rechtshängigkeit, Wirkungslosigkeit der Entscheidungen, Kostentragungspflicht" durch **Beschluss** auszusprechen, § **269 Abs. 4 ZPO**.

Gegen den Beschluss nach § 269 Abs. 4 ZPO ist die **sofortige Beschwerde** statthaft, wenn der Streitwert der Hauptsache 600 Euro übersteigt, § 269 Abs. 5 Satz 1 ZPO. Sie wird jedoch unzulässig, sobald der Kostenfestsetzungsbeschluss nach § 104 ZPO rechtskräftig geworden ist, § 269 Abs. 5 Satz 2 ZPO.

e) Einrede mangelnder Kostenerstattung aus dem Vorprozess. Erhebt der Kläger die zurückgenommene Klage erneut, so steht dem Beklagten die prozesshindernde **Einrede der mangelnden Erstattung der Kosten des Vorprozesses** zu, **§ 269 Abs. 6 ZPO.** Er kann bis zur Erstattung seiner Kosten aus dem Vorprozess die Einlassung zur Hauptsache verweigern. Werden ihm die Kosten nicht erstattet, ist die neue Klage als unzulässig abzuweisen.

f) Entsprechende Anwendbarkeit. Die Vorschriften über die Klagerücknahme, § 269 ZPO, insbesondere über die Folgen, § 269 Abs. 3 ZPO, gelten entsprechend für die Rücknahme sonstiger Verfahrensanträge, über die mündlich verhandelt werden kann (vgl. OLG Köln NJW 1973, 2071).

> **Klausurproblem:** Parteiwechsel: Klagt der Kläger gegen den Beklagten 1 und wird im Laufe des Verfahrens der Beklagte ausgewechselt – also scheidet der Beklagte 1 aus und wird durch den Beklagten 2 ersetzt – so hat der ausscheidende Beklagte einen Kostenerstattungsanspruch analog § 269 Abs. 3 S. 2 ZPO.
> Ist vor einem Vergleich ein Versäumnisurteil ergangen, dann wird dieses analog § 269 Abs. 3 S. 1 HS 2 ZPO ohne weiteres unwirksam.

III. Der Prozessvergleich

1. Doppelnatur des Prozessvergleichs

Der Prozessvergleich ist Prozesshandlung und muss nach § 794 Abs. 1 Nr. 1 ZPO vor einem deutschen Gericht abgeschlossen sein, in einem gerichtlichen Verfahren. Außerdem ist er materielles Rechtsgeschäft, wodurch der Streit oder die Ungewissheit der Parteien über ein Rechtsverhältnis im Wege gegenseitigen Nachgebens beseitigt wird, § 779 BGB (Doppelnatur des Prozessvergleichs; BGH MDR 2006,284). Es genügt jedoch schon ein geringfügiges Nachgeben eines Vergleichspartners, auch wenn der andere erheblich nachgibt (z.B. wenn sich der Beklagte zur Zahlung der Hauptforderung verpflichtet und der Kläger dafür auf die Zinsen verzichtet und dem Beklagten Ratenzahlung bewilligt). Kein gegenseitiges Nachgeben liegt dagegen vor, wenn der Kläger die Klage zurücknimmt und die Kosten des Rechtsstreits trägt und der Beklagte dem lediglich zustimmt oder wenn der Beklagte umgekehrt kostenpflichtig die Klage anerkennt.

Der Vergleich hat also eine **Doppelnatur:** Er ist Prozesshandlung und materielles Rechtsgeschäft. Er stellt das Rechtsverhältnis auf eine neue Grundlage, Anspruchsgrundlage ist nun § 779 BGB. Er beendet den Prozess, die Rechtshängigkeit endet und er ist Vollstreckungstitel, § 794 Abs. 1 Nr. 1 ZPO. Die Kosten regeln die Parteien meist im Vergleich, sonst gilt § 98 ZPO – Kostenaufhebung.

> **Klausurproblem:** Der Kläger klagt gegen den Beklagten 10.000 Euro ein. Dann schließen die Parteien außergerichtlich einen Vergleich, wonach der Beklagte an den Kläger 5.000 Euro bezahlt. Auswirkungen auf den Prozess?
> Ein außergerichtlicher Vergleich hat auf den Rechtsstreit keinen unmittelbaren Einfluss. Die Parteien müssen aber ihre Anträge im Rechtsstreit umstellen und an den Vergleich anpassen. Der Kläger muss jetzt also Zahlung von 5.000 Euro beantragen. Die hierdurch veranlassten geänderten Anträge gelten nach § 264 Nr. 3 ZPO nicht

als Klageänderung. Die Parteien haben auch die Möglichkeit, den außergerichtlichen Vergleich zu gerichtlichem Protokoll zu erklären und ihn so zum gerichtlichen Vergleich zu machen, nach § 278 Abs. 6 ZPO. Schließlich können sie nach außergerichtlichem Vergleich den Rechtsstreit in der Hauptsache auch für erledigt erklären und eine Kostenentscheidung nach § 91a ZPO beantragen. Nur im Falle der gerichtlichen Protokollierung oder bei Beschluss nach § 278 Abs. 6 ZPO entsteht jedoch hinsichtlich des Vergleichsinhalts ein Vollstreckungstitel, § 794 Abs. 1 Nr. 1 ZPO.

2. Vergleichsschluss zwischen den Parteien

559 Der Vergleich wird **zwischen den Parteien** geschlossen, entweder in der mündlichen Verhandlung oder schriftlich nach § 278 Abs. 6 ZPO.

560 **a) Vergleichsschluss in der mündlichen Verhandlung.** Wird der Vergleich in der mündlichen Verhandlung geschlossen, so muss er in das Sitzungsprotokoll, § 160 Abs. 3 Nr. 1 ZPO, oder in eine Protokollanlage, § 160 Abs. 5 ZPO, aufgenommen und den Beteiligten vorgelesen oder zur Durchsicht vorgelegt und genehmigt werden, § 162 ZPO. Wird das Protokoll auf Band diktiert, wird die vorläufige Aufzeichnung vorgespielt und genehmigt. Dann ist im Protokoll nach dem Text des Vergleichs der Vermerk „v. u. g." (vorgelesen/vorgespielt und genehmigt) aufzunehmen. Eine Unterschrift der Beteiligten ist nicht erforderlich, das Protokoll muss aber vom Vorsitzenden und vom Urkundsbeamten unterschrieben sein, § 163 ZPO. **Beachte:** Der ordnungsgemäß protokollierte Prozessvergleich erfüllt das Formerfordernis der notariellen Beurkundung des materiellen Rechts, § 127a BGB.

561 **b) Vergleichsschluss außerhalb der mündlichen Verhandlung.** Außerhalb der mündlichen Verhandlung kommt ein Prozessvergleich wirksam zustande, wenn die Parteien dem Gericht einen gemeinsamen schriftlichen Vergleich vorschlagen oder einen schriftlichen Vergleichsvorschlag des Gerichts diesem gegenüber durch Schriftsatz annehmen, § 278 Abs. 6 Satz 1 ZPO. Das Gericht stellt in beiden Fällen das Zustandekommen und den Inhalt des Vergleichs durch Beschluss fest, § 278 Abs. 6 Satz 2 ZPO.

562 **c) Der Vergleich als Vertrag zwischen den Parteien.** Für das Zustandekommen des Prozessvergleichs gelten die materiell-rechtlichen Vorschriften über den Vertragsabschluss nach §§ 145 ff. BGB und die Vorschriften über die Wirksamkeit von Verträgen. Der Prozessvergleich kann daher auch unter einer Bedingung als „widerruflicher Vergleich" abgeschlossen werden. Der Abschluss eines Prozessvergleichs ist ein prozessrechtlicher Vorgang und setzt deshalb die Anhängigkeit eines gerichtlichen Verfahrens voraus. Es muss sich aber nicht um ein Klageverfahren handeln, wenngleich das die Regel ist. Auch in anderen gerichtlichen Verfahren kann ein Prozessvergleich geschlossen werden.

563 **d) Beitritt zum Vergleich.** Es kann auch ein nicht am Verfahren Beteiligter, etwa ein Zeuge, den Vergleich mit abschließen. Dieser muss dem Vergleich beitreten.

> **Klausurproblem:** Im landgerichtlichen Verfahren schließen die von ihren Anwälten vertretenen Parteien einen Vergleich. Der Zeuge, der ohne Anwalt dabei ist, tritt dem Vergleich bei. Wirksamer Vergleich?
> **Ja**, der Prozessvergleich ist zwar Prozesshandlung, deshalb herrscht beim Landgericht Anwaltszwang, § 78 ZPO. Hier greift allerdings eine Ausnahme ein. Der Dritte der zum Zwecke des Vergleichsschlusses beitritt, braucht keinen Anwalt, denn § 78 ZPO regelt **nur den Anwaltszwang für die Parteien, nicht für Dritte** (BGH NJW 1983, 1433).

3. Wirkungen des Vergleichs

a) Neue Rechtsgrundlage. Der Vergleich schafft für die Leistungspflichten der Parteien eine **neue Rechtsgrundlage,** den Vergleichsvertrag, § 779 BGB. Jetzt können nur noch die Ansprüche aus dem Vergleich geltend gemacht werden, nicht mehr diejenigen aus dem ursprünglichen Rechtsverhältnis. Mit dem wirksamen Prozessvergleich wird der **Prozess unmittelbar beendet,** damit endet auch die Rechtshängigkeit der Streitsache. War bis zum Vergleichsabschluss im Rechtsstreit bereits eine noch nicht rechtskräftige Entscheidung ergangen, etwa ein Versäumnisurteil, so wird sie entsprechend § 269 Abs. 3 Satz 1 2. HS ZPO ohne weiteres unwirksam.

564

b) Vollstreckungstitel. Sowohl der im richterlichen Protokoll enthaltene, als auch der durch Beschluss nach § 278 Abs. 6 ZPO festgestellte Prozessvergleich ist **Vollstreckungstitel,** soweit er einen vollstreckungsfähigen Inhalt hat, § 794 Abs. 1 Nr. 1 ZPO. Bei zweifelhaftem Inhalt unterliegt der Vergleich den Grundsätzen der Auslegung (BGH NJW 1993, 1995). Dabei darf jedoch nicht auf andere Umstände zurückgegriffen werden als auf den Sinn, der sich aus dem Wortlaut des Vergleichstextes ergibt. Besondere Gefahren lauern hier bei unklaren Erledigungsklauseln (vgl. BGH NJW-RR 1995, 1201). Ein Prozessvergleich ist kein Urteil, sondern Parteihandeln. Er kann deshalb **nicht rechtskräftig** werden.

565

> **Klausurproblem:** Kann in einem gerichtlichen Vergleich ein Grundstück übertragen und die Auflassung erklärt werden?
> Häufig enthält der Prozessvergleich neben dem Verpflichtungsgeschäft auch bereits das Verfügungsgeschäft: Abtretung einer Forderung, Vornahme einer Einigung, Verzichtserklärung oder Abgabe einer sonstigen Willenserklärung. Einen Sonderfall bildet die **Auflassung.** Sie kann bei der Grundstücksübertragung nach dem Wortlaut des § 925 Abs. 1 Satz 3 BGB ausdrücklich im gerichtlichen Vergleich und damit vor Gericht als „zuständiger Stelle" erklärt werden. Allerdings erfordert § 925 Abs. 1 BGB die „gleichzeitige Anwesenheit beider Teile", weshalb der Vergleichsabschluss nach § 278 Abs. 6 ZPO diesem Formerfordernis nicht gerecht wird. Auch ist eine Auflassung unter einer **Bedingung unwirksam,** § 925 Abs. 2 BGB, weshalb die in einem widerruflichen Vergleich enthaltene Auflassung unwirksam ist (BGH MittBayNot 1987, 245). Besteht die im Prozessvergleich übernommene Verpflichtung in der Abgabe einer Willenserklärung, so ist es zweckmäßig, diese Erklärung im Vergleich selbst schon abzugeben, weil die bloße Verpflichtung zur Erklärung erst umständlich nach § 888 ZPO durch Zwangsgeld bzw. Zwangshaft vollstreckt werden müsste. Die Fiktion des § 894 Abs. 1 Satz 1 ZPO, wonach eine Erklärung mit Rechtskraft des Urteils als abgegeben gilt, kann bei einem Prozessvergleich mangels Rechtskraft nicht eintreten.

c) Wirkung des Vergleichs für den Rechtsnachfolger bei Veräußerung des Objektes während des Prozesses. Eine Veräußerung der streitbefangenen Sache während des Prozesses ist möglich, § 265 Abs. 1 ZPO. Die Veräußerung hat auf den Prozess keinen Einfluss. Dies ist gerechtfertigt, da das ergangene Urteil auch für und gegen den Rechtsnachfolger wirkt, § 325 Abs. 1 ZPO. Wie ist dies aber bei einem Vergleich, der nicht der Rechtskraft fähig ist, sodass § 325 ZPO nicht anwendbar ist.

565a

> **Klausurproblem:** Während des Prozesses veräußert der Beklagte sein Grundstück an seine Ehefrau. Dann schließt er einen Vergleich, indem er sich verpflichtet die Photovoltaikanlage, die den Nachbarn blendet, zu entfernen. Wirkt der Vergleich nun auch gegen die Ehefrau? Kann der Kläger gegen sie vollstrecken?

> § 265 Abs. 2 S. 1 ZPO schützt den Prozessgegner, da die Veräußerung auf den Prozess keinen Einfluss hat. Obwohl der Partei jetzt die Sachlegitimation fehlt, führt sie den Prozess im eigenen Namen weiter als Prozessstandschafter. Dies bedeutet, die Partei kann im Prozess zugestehen, bestreiten, kann alle Prozesshandlungen vornehmen, etwa Widerklage erheben, die Berufung zurücknehmen oder auch einen Vergleich schließen. Der Rechtsnachfolger kann im Außenverhältnis die Prozessführung nicht verhindern. Soll deshalb § 265 Abs. 2 Satz 1 ZPO seines Sinnes nicht beraubt werden, muss der Rechtsnachfolger den Vergleich gegen sich gelten lassen, wenn der Inhalt des Vergleichs auch das Ergebnis eines Urteils sein könnte (BGH NJW 2019, 310 ff). Der Kläger kann dann das Urteil nach § 727 ZPO gegen die Ehefrau umschreiben lassen.

4. Die Aufgaben des Gerichts beim Vergleich

566 Der Richter soll in jedem Stadium des Verfahrens auf eine vergleichsweise Erledigung des Rechtsstreits bedacht sein, § 278 Abs. 1 ZPO. (Er kann u. A. auf folgende Vorteile hinweisen: Kostenersparnis, da nur eine Verfahrensgebühr; keine weitere Instanz bzw. Beweisaufnahme; Zeitersparnis, da rasche Prozesserledigung und keine weiteren Termine erforderlich; zügiger Geldfluss – „schnelles Geld ist gutes Geld"; Fortsetzung der durch den Prozess unterbrochenen Geschäftsverbindung; Erhaltung des Nachbarschaftsfriedens).

567 Das Gericht kann durch Maßnahmen eine **gütliche Einigung** zwischen den Parteien **fördern**. Das Gericht soll zum Zwecke der Güteverhandlung sowie für weitere Güteversuche das persönliche Erscheinen der Parteien anordnen, § 278 Abs. 3 ZPO. Es ist offenkundig, dass es viel häufiger zu einem Vergleichsabschluss kommt, wenn die Parteien selbst im Termin anwesend sind, als wenn sie nur durch einen Prozessbevollmächtigten vertreten werden. Das Gericht soll nicht nur in der mündlichen Verhandlung, sondern auch durch schriftlichen Vergleichsvorschlag auf eine gütliche Beilegung des Rechtsstreits hinwirken. Dabei ist es vorteilhaft, wenn es den Vorschlag begründet und erläuternd ausführt, aufgrund welcher tatsächlichen und rechtlichen Erwägungen es hierzu kommt. Dass es dabei seine Ansicht über die Prozesschancen für den Zeitpunkt des Vergleichsvorschlags offenlegt, kann im Hinblick auf § 139 ZPO nur erwünscht sein.

568 Der Richter hat nicht nur für die Beachtung der prozessualen **Formvorschriften** (Protokoll, §§ 160 Abs. 3 Nr. 1, 162 ZPO) zu sorgen, sondern ist auch für den Inhalt des Vergleichs verantwortlich. Üblicherweise formuliert er den Vergleich in enger Abstimmung mit den Parteien. Der Richter hat darauf zu achten, dass der Vergleich nicht gegen ein gesetzliches Verbot verstößt, keinen sittenwidrigen Inhalt hat, künftige Auslegungsstreitigkeiten vermieden werden und dass er einen vollstreckungsfähigen Inhalt hat. Zur Klarstellung der Rechtslage bei Vergleichsabschluss nach einem Versäumnisurteil empfiehlt es sich, die Rechtsfolge des § 269 Abs. 3 Satz 1 ZPO ausdrücklich in den Vergleich aufzunehmen, etwa dahingehend, dass der Kläger auf seine Rechte aus dem Versäumnisurteil verzichtet. Die **Formulierung der Erledigungsklausel** muss mit Bedacht gewählt sein, damit nicht unabsichtlich über die streitgegenständlichen Ansprüche hinaus weitere Ansprüche zwischen den Parteien, an die keiner gedacht hat, erledigt sind. Selbstverständlich ist es auch möglich, außerhalb des Streitgegenstands bestehende Rechtsangelegenheiten zwischen den Parteien in den Vergleich mit einzubeziehen, um insoweit einen zukünftigen weiteren Rechtsstreit gleich mit zu erledigen.

5. Besondere Varianten des Vergleichs

569 a) **Ratenzahlungsvergleich und Verfallklausel.** Kann der Schuldner nicht den vollen Betrag auf einmal bezahlen, kann der Gläubiger ihm **Ratenzahlung** einräumen. Dies auch häufig in der Hoffnung, dass dieser die Raten auch einhält, während eine Zwangsvollstreckung aus einem Urteil wegen des Gesamtbetrags oft vergeblich durchgeführt werden müsste. Bei der Formulierung empfiehlt es sich klarzustellen, dass die Raten zum genannten Datum beim Gläubiger (Eingang beim Prozessbevollmächtigten reicht aus) eingegangen sein müssen, weil sonst die rechtzeitige Leistungshandlung genügt.

570 Bei einem solchen Vergleich empfiehlt es sich, noch eine **Verfallklausel** mit aufzunehmen, falls der Schuldner (Beklagter) nicht rechtzeitig bezahlt. Zudem kann bei einem solchen Vergleich zugunsten des Beklagten noch ein **Teilerlass** der Schuld mit aufgenommen werden, für den Fall der vollständigen und rechtzeitigen Zahlung eines Teilbetrags durch den Beklagten. Dabei ist zu beachten, dass der Beklagte diesen Teilerlass (im Vergleich) auch annehmen muss. Dadurch wird dem Beklagten zudem ein besonderer Anreiz zur Zahlung geboten.

Beispiel
(1) Der Beklagte verpflichtet sich, an den Kläger 4.000 Euro zu bezahlen. Ihm wird dabei nachgelassen, diese 4.000 Euro in monatlichen Raten zu je 400 Euro, jeweils spätestens am 3. eines jeden Monats beim Kläger eingehend beginnend ab September 2019 zu bezahlen.
(2) Kommt der Beklagte mit der Zahlung einer Rate ganz oder teilweise länger als 14 Tage in Rückstand, so ist der gesamte zu diesem Zeitpunkt noch offene Restbetrag sofort zur Zahlung fällig und mit 5 Prozentpunkten über dem Basiszinssatz zu verzinsen.
(3) Hat der Beklagte unter pünktlicher Einhaltung der Ratenzahlungsverpflichtung nach Ziff. 2 dieses Vergleichs 2.800 Euro bezahlt, so erlässt der Kläger dem Beklagten den dann noch offenen Restbetrag aus Ziff. 1 dieses Vergleichs. Der Beklagte nimmt diesen Erlass an.

571 Kommt der Schuldner mit der Ratenzahlung (aus dem Vergleich) in Rückstand und greift die Verfallklausel ein, dann ist für die Zwangsvollstreckung nur eine **einfache Klausel** nach § 725 ZPO – ausgestellt vom Urkundsbeamten – erforderlich. Nicht eine qualifizierte Klausel durch den Rechtspfleger nach § 726 ZPO, denn die Erfüllung hat der Schuldner zu beweisen.

572 b) **Die Erledigungsklausel.** Mit Abschluss des Vergleiches – abgesehen von einem Teilvergleich – ist der Rechtsstreit beendet, die Rechtshängigkeit entfällt und die streitbefangenen Ansprüche sind durch den Vergleich erledigt. Es ist üblich diese Rechtsfolge im Prozessvergleich zur Klarstellung in einer **Erledigungsklausel** auszusprechen.

573 Zur Vermeidung weiterer Streitigkeiten, die sich aus dem Rechtsverhältnis, das zum Prozess geführt hat, noch ergeben könnten, kann die Erledigungsklausel auch auf diese **außerprozessualen Ansprüche** erstreckt werden. Wenn damit auch wirklich sämtliche zwischen den Parteien bestehenden Rechtsansprüche erledigt sein sollen, empfiehlt sich der Hinweis, dass sich „die Erledigung auf alle Ansprüche beziehen soll, gleich aus welchem Rechtsgrund sie bestehen oder bestehen könnten". Diese Formel sollte jedoch nicht schematisch verwendet werden, weil sonst vielleicht unbedacht Rechtspositionen einer Partei nachteilig betroffen sein könnten, über die gar kein Streit besteht. So könnten mit dieser Klausel in einem Rechtsstreit über die Vergütung eines Bauunternehmers beispielsweise versehentlich etwaige Mängelansprüche des Bauherrn beseitigt werden. Die Erledigungsklausel sollte deshalb erst nach ausdrücklicher Erörterung ihrer Bedeutung mit den Parteien empfohlen oder jedenfalls auf die streitbefangenen Ansprüche beschränkt werden.

574 c) **Der widerrufliche Vergleich.** Ein Vergleich kann auch widerruflich geschlossen werden. Die Parteien vereinbaren das Unterbleiben eines Widerrufs innerhalb der vereinbarten Frist als **aufschiebende Bedienung** für die Wirksamkeit des Prozessvergleichs (BGH NJW 1984, 312). Der Vergleich hat also erst Bestand, wenn die Widerrufsfrist abgelaufen ist, ohne dass eine Partei widerrufen hat. Erst dann kann aus dem Vergleich vollstreckt werden (BGHZ 88, 346).

575 Wegen der Doppelnatur des Vergleichs **kann der Widerruf dem Vertragspartner oder dem Gericht gegenüber erklärt werden** (BGH MDR 2006, 284). Die Parteien können jedoch etwas anderes vereinbaren, was in der Regel auch geschieht und sinnvoll ist. Meist wird vereinbart, dass der Vergleichswiderruf dem Gericht gegenüber zu erfolgen hat. Der Widerruf ist grundsätzlich formfrei, aber auch hier wird meist Schriftform vereinbart. Das Gericht kann die im Vergleich vereinbarte Frist nicht verlängern. Auch gibt es gegen die Versäumung der Widerrufsfrist keine Wiedereinsetzung in den vorigen Stand (BGH NJW 1995, 521).

> **Klausurproblem:** Die Parteien vereinbaren nach Abschluss eines widerruflichen Vergleichs in einer mündlichen Verhandlung außergerichtlich untereinander – ohne dies dem Gericht mitzuteilen –, dass die Widerrufsfrist verlängert wird und der Vergleich auch mündlich gegenüber dem Gegner widerrufen werden kann. Der Beklagte widerruft nun den Vergleich telefonisch dem Kläger gegenüber. Das Gericht, dem dies nicht mitgeteilt worden ist, trägt nun das Verfahren als erledigt aus. Was geschieht? Die Vereinbarungen zwischen den Parteien sind zulässig, da sie den Vergleich geschlossen haben. Unerheblich ist, wenn das Gericht über die Beendigung des Vergleichs irrt. Die Parteien können auch ohne das Gericht eine **Fristverlängerung und Fristverkürzung** für den Widerruf (ohne Mitwirkung des Gerichts) **vereinbaren**. Wenn der Widerruf dem Gericht erst nach Austragung mitgeteilt wird, dann hat das Gericht das Verfahren eben wieder einzutragen. Wenn der Kläger den rechtzeitigen Widerruf des Beklagten bestreitet, dann hat das Gericht über die Frage des rechtzeitigen Widerrufs Beweis zu erheben.

Erfolgt fristgemäß ein Widerruf, so gilt der Vergleich als **nicht geschlossen**; es entsteht keine Einigungsgebühr, der Prozess ist einfach fortzusetzen, wie wenn kein Vergleich geschlossen worden wäre.

6. Die Kostenregelung bei Prozessvergleich

576 In aller Regel vereinbaren die Parteien im Vergleich auch, wer die Kosten zu tragen hat, wie sie zu verteilen sind. Treffen die Parteien keine Regelung, so sind die Kosten gegeneinander aufzuheben, § 98 ZPO. Da die Parteien häufig am meisten über die Kosten streiten und darüber keine Regelung finden können, wird oft vereinbart, die Kostenentscheidung unter Ausschluss des § 98 ZPO dem Gericht zu überlassen. Dieses hat dann nach § 91a ZPO durch Beschluss über die Kosten zu entscheiden (BGH NJW 2007, 835). Denn in dem Vergleichsabschluss liegt eine Erledigung des Rechtsstreits in der Hauptsache. Die gerichtliche Kostenentscheidung ergeht dann unter Berücksichtigung des bisherigen Sach- und Streitstandes nach billigem Ermessen. Hierbei sind die Erfolgsaussichten der Klage im Zeitpunkt des Vergleichsschlusses zu bewerten (OLG München MDR 1990, 344). Die im Vergleich enthaltenen Anregungen zur Kostenverteilung sind zu berücksichtigen (BGH NJW 2007, 835). Im Übrigen ist der Inhalt des Vergleichs i. d. R. nicht ausschlaggebend für die Kostenentscheidung (vgl. OLG Stuttgart NJW-RR 1999, 148). Sie unterliegt der sofortigen Beschwerde, § 91a Abs. 2 ZPO.

7. Die Unwirksamkeit des Prozessvergleichs und die Geltendmachung

577 Ein Prozessvergleich kann an prozessualen Mängeln leiden oder aus Gründen des materiellen Rechts nichtig oder anfechtbar sein. Da der Prozessvergleich keine gerichtliche Entscheidung, sondern ein Vertrag ist, entfällt die Möglichkeit, mit prozessualen Mitteln dagegen vorzugehen. Deshalb muss gegebenenfalls der bisherige Prozess fortgeführt werden. Die Geltendmachung prozessualer Fehlerhaftigkeit oder materieller Unwirksamkeit eines im gerichtlichen Verfahren abgeschlossenen Vergleichs folgt eigenen Regeln.

a) Unwirksamkeit aus prozessualen Gründen. Ist der Prozessvergleich aus prozessualen Gründen unwirksam, dann entfällt die prozessbeendende Wirkung des Vergleichs, der Prozess ist fortzusetzen. Hauptfälle sind dabei, dass die Protokollierung des Vergleichs vergessen wurde oder der auf Band aufgezeichnete Vergleich nicht vorgespielt und genehmigt wurde oder „v.u.g" im Protokoll nicht vermerkt wurde, §§ 160 Abs. 3 Nr. 1, 161 Abs. 1 S. 1 u. S. 2, 165 ZPO. Denkbar insoweit auch ein landgerichtlicher Vergleich, der ohne Anwalt geschlossen wurde.

578

Die Folge ist: Der Vergleich ist prozessual unwirksam und der Prozess ist damit nicht beendet und ist deshalb einfach fortzuführen. Allerdings bleibt (in aller Regel) der Vergleich materiell-rechtlich wirksam (BGH NJW 1985, 1962), sodass sich die Ansprüche der Parteien nun aus dem Vergleich, § 779 BGB, ergeben. Die Parteien müssen nun also ihre Anträge umstellen, dies ist zulässig nach § 264 Nr. 3 ZPO.

579

> **Klausurproblem:** Klage über 10.000 Euro, Vergleich: Zahlung von 5.000 Euro bei Kostenaufhebung. Der Vergleich ist aber wegen Verstoß gegen § 162 Abs. 1 Satz 2 ZPO prozessual unwirksam. Der Prozess wird nun fortgesetzt. Der Vergleich ist materiell-rechtlich wirksam, der Kläger beantragt deshalb: „Den Beklagten zur Zahlung von 5.000 Euro bei Kostenaufhebung zu verurteilen".

b) Unwirksamkeit aus materiell-rechtlichen Gründen. Der Prozessvergleich kann auch aus materiell-rechtlichen Gründen unwirksam sein. Die materiell-rechtliche Nichtigkeit hat ohne weiteres auch die Unwirksamkeit des prozessualen Teils des Vergleichs zur Folge (BGH NJW 1985, 1962). Entscheidend ist nun, ob die Unwirksamkeit nachträglich (ex nunc) oder ursprünglich (ex tunc) wirkt.

580

aa) Nachträgliche Unwirksamkeit aus materiell-rechtlichen Gründen. Die Hauptfälle sind hier der Rücktritt, die vertragliche Aufhebung oder der Wegfall der Geschäftsgrundlage. Hier hat der Vergleich den Rechtsstreit tatsächlich beendet, denn bis zum Rücktritt bestand der Vergleich. Deshalb ist hier ein neuer Prozess erforderlich. Die Unwirksamkeit ist – bei Streit – deshalb im Wege der **Vollstreckungsgegenklage**, §§ 767, 795, 794 Abs. 1 Nr. 1 ZPO, geltend zu machen.

581

> **Klausurproblem:** Klage über 10.000 Euro, Vergleich 5.000 Euro. Der Beklagte tritt vom Vergleich zurück. Der Beklagte kann nun die Unwirksamkeit mit der Vollstreckungsgegenklage, §§ 767, 795, 794 Abs. 1 Nr. 1 ZPO geltend machen.

bb) Ursprüngliche Unwirksamkeit aus materiell-rechtlichen Gründen. Die Hauptfälle sind dabei die Anfechtung, § 142 BGB, und Verstoß gegen ein gesetzliches Verbot oder die guten Sitten, §§ 134, 138 BGB. Der Rechtsstreit hat das Verfahren nicht beendet, der Prozess ist daher fortzuführen.

582

> **Klausurproblem:** Der Beklagte ficht wirksam den Vergleich an und will dies nun geltend machen? Hier hat der Vergleich den Rechtsstreit nicht beendet, denn die Anfechtung wirkt rückwirkend, § 142 Abs. 1 BGB, die Wirkungen des Vergleichs entfallen daher von Anfang an; der „alte" Prozess ist fortzusetzen.

c) Streit über die Unwirksamkeit des Vergleichs

583 **Klausurproblem:** Klage über 10.000 Euro, Vergleichsschluss über 5.000 Euro. Der Beklagte ficht den Vergleich an, der Kläger tritt dem entgegen. Hier wird auf Antrag einer Partei der Rechtsstreit fortgeführt (BGH NJW 1999, 2903). Das Gericht prüft nun im Verfahren zuerst die Unwirksamkeit des Vergleichs (d. h. ob eine wirksame Anfechtung vorliegt) und entscheidet entweder in den Entscheidungsgründen des Endurteils oder durch Zwischenurteil, § 304 ZPO (BGHZ 47, 132). Mangels Beendigung des Rechtsstreits stünde einem neuen Prozess die anderweitige Rechtshängigkeit entgegen. Auch würde einer Klage auf Feststellung der Unwirksamkeit des Vergleichs das Rechtsschutzbedürfnis fehlen. Welche Anträge stellen nun die Parteien? Welche Entscheidung ergeht? Aufbau?
Dies ist davon abhängig, wer die Unwirksamkeit des Vergleichs geltend macht und wie zu entscheiden ist:
aa) Der Kläger macht die Unwirksamkeit geltend: Er beantragt das Verfahren fortzusetzen und nach den alten Anträgen zu erkennen, also z. B. „der Beklagte wird verurteilt an den Kläger 10.000 Euro zu zahlen".
(1) Hält das Gericht den Vergleich für unwirksam, ist das Verfahren nicht beendet und es ist einfach fortzuführen. Das Gericht entscheidet über die ursprünglichen Klageanträge, danach verurteilt es entweder den Beklagten oder weist die Klage ab. Die Wirksamkeit des Vergleichs kann in der Zulässigkeit beim Rechtsschutzinteresse behandelt werden. Denn wenn ein wirksamer Vergleich besteht, besteht für die Klage kein Rechtsschutzinteresse. Oder aber es wird einfach in der Begründetheit der Anspruch behandelt und ausgeführt, dass dem Anspruch aus § 433 BGB der Vergleich nicht entgegen steht, da er nicht wirksam ist.
(2) Hält das Gericht den Vergleich für wirksam, ist der Prozess beendet, die Klage ist als unzulässig abzuweisen. Hier wird die Wirksamkeit des Vergleiches beim Rechtsschutzinteresse behandelt. Ist er wirksam, besteht kein Rechtsschutzinteresse.
bb) Der Beklagte macht die Unwirksamkeit geltend: Er beantragt das Verfahren fortzusetzen und stellt seinen Klageabweisungsantrag, da er den Vergleich für unwirksam hält.
(1) Hält das Gericht den Vergleich für unwirksam, ist das Verfahren nicht beendet, es ist fortzuführen und das Gericht hat über die alten Klageanträge zu entscheiden. Im Aufbau wie oben, beim Rechtsschutzinteresse oder einfach beim Anspruch.
(2) Hält das Gericht den Vergleich für wirksam, stellt es die Beendigung des Prozesses fest. Auch dies wird wohl beim Rechtsschutzinteresse abgehandelt.

584 **d) Einstweilige Einstellung der Zwangsvollstreckung.** Da während des Streites immer noch aus dem Vergleich vollstreckt werden kann, kommt analog §§ 707, 719, 769 ZPO eine einstweilige Einstellung der Zwangsvollstreckung aus dem Vergleich in Betracht.

IV. Erledigung des Rechtsstreits in der Hauptsache

1. Problemstellung

585 Wird im Laufe des Prozesses das klägerische Begehren durch ein Ereignis gegenstandslos, etwa weil der Klagebetrag bezahlt wird, oder wird das Klageziel endgültig nicht mehr erreichbar, etwa weil das herausverlangte Kfz Totalschaden erlitten hat, so müsste die weitergeführte Klage als unbegründet abgewiesen werden. Der Kläger könnte zwar die Klage zurücknehmen oder auf den prozessualen Anspruch verzichten, in allen Fällen würden ihm aber die Kosten des Rechtsstreits auferlegt, §§ 91, 269 Abs. 3 Satz 2, 306 ZPO, obwohl seine Klage vielleicht bis zum Eintritt des erledigenden Ereignisses zulässig und begründet war. Dieses Ergebnis kann durch Erledigungserklärung vermieden werden. Der Kläger kann den Rechtsstreit in der Hauptsache für erledigt erklären. Da er mit dem Antrag den Streitgegenstand bestimmt, kann auch nur er den Antrag für erledigt erklären. Wie diese Erklärung des Klägers zu behandeln ist, hängt vom Verhalten des Beklagten ab:

a) Der Beklagte schließt sich der Erledigungserklärung an. In diesem Fall liegt eine übereinstimmende Erledigungserklärung vor. Als Ausprägung des Dispositionsgrundsatzes ist damit der Rechtsstreit erledigt, dem Gericht wird die Entscheidung in der Hauptsache entzogen. Es hat nur noch durch Beschluss über die Kosten des Rechtsstreits nach billigem Ermessen zu entscheiden, § 91a ZPO. **586**

b) Der Beklagte schließt sich der Erledigungserklärung nicht an. Der Beklagte beantragt in diesem Fall weiterhin Klageabweisung, sodass keine Erledigung im Sinne von § 91a ZPO vorliegt. Das Gericht hat dann über den Streit der Parteien, ob sich der Rechtsstreit in der Hauptsache tatsächlich erledigt hat, zu entscheiden. Das Gericht entscheidet durch Urteil, die Kostenentscheidung folgt aus § 91 ZPO. **587**

2. Übereinstimmende (beidseitige) Erledigungserklärung

a) Die übereinstimmende Erledigterklärung. Erklären beide Parteien den Rechtsstreit in der Hauptsache für erledigt, ist der Prozess beendet, die Rechtshängigkeit entfällt, das Verfahren bleibt nur im Hinblick auf die Kosten noch anhängig (BGH NJW 1989, 2886). Etwa ergangene Entscheidungen werden analog § 269 Abs. 3 Satz 1 ZPO wirkungslos. Eine übereinstimmende Erledigungserklärung – richtigerweise muss der Kläger erledigt erklären, der Beklagte schließt sich an – kann **ausdrücklich** und **wörtlich** oder auch **schlüssig** erfolgen (BGH NJW-RR 1995, 1090), etwa wenn beide Parteien nur noch **Kostenanträge** stellen. **588**

Die Erledigungserklärungen können in der mündlichen Verhandlung oder durch Einreichung eines Schriftsatzes oder zu Protokoll der Geschäftsstelle abgegeben werden, § 91a Abs. 1 1. HS ZPO. Die Erklärung unterliegt im Anwaltsprozess keinem Anwaltszwang, § 78 Abs. 3 ZPO, auch wenn sie in der mündlichen Verhandlung abgegeben wird (h.M).

> **Klausurproblem:** Es kommt nicht darauf an, ob eine tatsächliche Erledigung eingetreten ist (BGHZ 83, 14), die beidseitige Erklärung bindet das Gericht. Das ist die Folge des Dispositionsgrundsatzes. Das Gericht hat nur noch über die Kosten durch Beschluss zu entscheiden, § 91a ZPO, eine Beweisaufnahme – etwa darüber, wie der Streit ausgegangen wäre – darf nicht erfolgen.

Die **Kostenentscheidung** nach § 91a ZPO ergeht ohne Antrag **von Amts wegen**, vgl. § 308 Abs. 2 ZPO (h.M., BGH NJW-RR 1997, 510). Das Gericht entscheidet über die Kostentragungspflicht der Parteien nach **billigem Ermessen unter Berücksichtigung des bisherigen Sach- und Streitstandes**, § 91a Abs. 1 ZPO. Die Entscheidung erfolgt durch **Beschluss,** ggf. nach freigestellter mündlicher Verhandlung, § 128 Abs. 3 ZPO. Er ist zu begründen, eine Beweisaufnahme ist nicht mehr zulässig, jedenfalls aber nicht mehr nötig. **589**

Das Gericht hat dabei eine **Prognose über den** ohne das erledigende Ereignis **zu erwartenden Prozessausgang** zu treffen (BGH NJW 2007, 3249). Ist die Klageabweisung wahrscheinlich, trägt der Kläger in Anwendung des Rechtsgedankens des § 91 Abs. 1 ZPO die Kosten. Bei zu erwartendem nur teilweisem Obsiegen des Klägers hinsichtlich **590** einzelner Teile ist eine Kostenquote entsprechend § 92 Abs. 1 ZPO zu bilden. Sind der Streitstand und die Erfolgsaussichten noch völlig ungeklärt, scheint es zweckmäßig, die Kosten gegeneinander aufzuheben. Haben die Parteien bei offenem Prozessausgang außergerichtlich einen Vergleich geschlossen, ohne die Kosten zu regeln, kann nach dem Gedanken des § 98 ZPO ebenfalls Kostenaufhebung in Frage kommen. Ist die Klage unbegründet, weil **unschlüssig**, sind dem Kläger die Kosten aufzuerlegen. Bei Unzuständigkeit des angerufenen Gerichts wird eine fiktive Verweisung nach § 281 ZPO zugrunde gelegt. Es erfolgt also nicht grundsätzlich eine Kostenentscheidung zulasten des Klägers, weil derzeit die Sachurteilsvoraussetzung „**Zuständigkeit**" fehlt.

591 Das Gesetz räumt dem Gericht ausdrücklich einen Ermessensspielraum ein. Es kann deshalb auch bewerten, ob der Beklagte **Klageveranlassung** gegeben hat (BGH WRP 2004, 350), ob die Klageerhebung **willkürlich** war, ob die Erledigungserklärung **verspätet** abgegeben worden ist oder ob ein materiell-rechtlicher **Kostenerstattungsanspruch** besteht (BGH NJW 200). In einer Erledigungserklärung ist jedoch keine Klagerücknahme, kein Klageverzicht und keine Rechtsmittelrücknahme zu sehen, weil der Erklärende die mit diesen Prozesserklärungen verbundene Kostenlast gerade nicht tragen will. Wird die Erledigungserklärung **vor Rechtshängigkeit** abgegeben, wird sie nicht vor Klagezustellung wirksam. Eine Abgabe der Erklärung unter einer **innerprozessualen Bedingung** ist möglich, solange die Bedingung nicht in der Entscheidung über einen Hauptantrag besteht (z. B. nur bei Zulässigkeit der Berufung oder für den Fall des Vergleichswiderrufs).

592 **b) Die übereinstimmende Teilerledigterklärung.** Bei Teilerledigung kann kein gesonderter Beschluss nach § 91a ZPO ergehen, das Gericht hat über die Kosten einheitlich zu entscheiden. Die Kostenentscheidung ergeht deshalb im Urteil einheitlich, wobei über die Kosten des erledigten Teils – innerhalb des Urteils – nach § 91a ZPO zu entscheiden ist, über den nicht erledigten Teil nach §§ 91, 92 ZPO.

> **Klausurproblem:** Die Entscheidung lautet **nicht**: „Die Kosten des erledigten Teils trägt der Beklagte, des nicht erledigten Teils der Kläger"; sondern: „Von den Kosten des Rechtsstreits trägt der Kläger 1/3 und der Beklagte 2/3". An der Kostenentscheidung allein kann man daher nicht ersehen, wer die Kosten für den streitigen und wer die Kosten für den erledigten Teil zu tragen hat. Dies ergibt sich erst aus den Entscheidungsgründen, bei der Begründung der Kostenentscheidung. Nur in diesem Teil der Entscheidungsgründe wird auch zu den übereinstimmenden Erledigungserklärungen Stellung genommen.

593 **c) Streitwert.** Der Streitwert bemisst sich ab dem Zeitpunkt der übereinstimmenden Erledigterklärungen nach den bis zu diesem Zeitpunkt entstandenen Kosten. Bei nur teilweiser Hauptsachenerledigung soll der Streitwert durch die restliche Hauptforderung bestimmt werden, ohne dass dazu die Kosten des erledigten Teils zu addieren sind (BGH NJW-RR 1995, 1089).

594 Die Kostenentscheidung nach § 91a ZPO unterliegt der sofortigen Beschwerde, § 91a Abs. 2 Satz 1 ZPO, wenn der Beschwerdewert in der Hauptsache 600 Euro übersteigt und über 200 Euro liegt, §§ 567 Abs. 2 ZPO, §§ 91a Abs. 2 Satz 2, 511 Abs. 2 ZPO.

3. Die einseitige Erledigungserklärung

595 **a) Der Beklagte stimmt der Erledigterklärung nicht zu.** Stimmt der Beklagte der Erledigung nicht zu, bleibt die Hauptsacherledigung **einseitig**, § 91a ZPO findet **keine Anwendung**, der Rechtsstreit ist nicht beendet. Indem der Beklagte seinen Klageabweisungsantrag weiterhin stellt, wehrt er sich dagegen, dass Hauptsacheerledigung eingetreten ist sowie dagegen, dass das vom Kläger genannte Ereignis das Klägerbegehren und damit den Rechtsstreit erledigt hat. Er hält stattdessen die Klage von Anfang an und auch jetzt noch für unzulässig oder unbegründet.

Durch die einseitige Erledigungserklärung des Klägers wandelt sich die ursprüngliche Klage (meist Leistungsklage) in eine **Feststellungsklage,** bei der der Kläger sinngemäß den Antrag stellt: „Festzustellen, dass der Rechtsstreit in der Hauptsache erledigt ist". Diese Änderung ist nach § 264 Nr. 2 ZPO zulässig (BGH NJW 2002, 442). Das **Feststellungsinteresse,** § 256 Abs. 1 ZPO, liegt im **Kosteninteresse.** **596**

> **Klausurproblem:** Der Kläger erklärt den Rechtsstreit in der Hauptsache für erledigt, der Beklagte stimmt dem nicht zu. In diesem Fall sind in der Klausur die soeben genannten Punkte – Änderung in Leistungsklage (zulässig nach § 264 Nr. 2 ZPO), Feststellungsinteresse, § 256 Abs. 1 ZPO (das im Kosteninteresse liegt) – anzusprechen und kurz zu behandeln. Das Gericht entscheidet nun nicht durch Beschluss über die Kosten nach § 91a ZPO, sondern **durch Urteil über die Feststellungsklage;** die Kostenentscheidung im Urteil ergeht nach § 91 ZPO.

Die Erledigungserklärung ist widerruflich, der Rechtsstreit ist daher, solange sich der Gegner ihr noch nicht angeschlossen hat, nicht beendet.

> **Klausurproblem:** Der Kläger erklärt Erledigung, der Beklagte stimmt nicht zu. Nun stellt der Kläger wieder seinen ursprünglichen Leistungsantrag. Zulässig! Der Rechtsstreit wurde durch die (einseitige) Erledigterklärung des Klägers nicht beendet, er ist an seinen Erledigungsantrag nicht gebunden. Er kann daher erneut einen Antrag, also auch den ursprünglichen Leistungsantrag, stellen.

In der Rechtsmittelinstanz kann nicht nur die Hauptsache, sondern auch das Rechtsmittel selbst für erledigt erklärt werden (BGH NJW 2007, 2993).

b) **Begründetheit der Feststellungsklage.** Die Feststellungsklage ist begründet, wenn sich die Hauptsache erledigt hat. Dies ist nur dann der Fall, wenn **597**
(1) die ursprüngliche Klage zulässig war,
(2) die ursprüngliche Klage begründet war und
(3) ein erledigendes Ereignis eingetreten ist, das zur Unzulässigkeit oder zur Unbegründetheit geführt hat.

Das Gericht hat dies zu überprüfen, die dazu angebotenen Beweise sind selbstverständlich einzuholen. Die Hauptsache kann sich nur **erledigen,** wenn das gegen den Beklagten gerichtete Begehren **im Zeitpunkt des Erledigungsereignisses zulässig und begründet** war. Das erledigende Ereignis muss also nachträglich zu einer Unzulässigkeit oder Unbegründetheit der Klage führen (BGH NJW 2003, 3134). Eine Erledigung der Hauptsache liegt also **nicht** vor, wenn die Klage bereits **vor** Eintritt der Erledigungstatsache unzulässig (BGH NJW 1996, 2730) oder unbegründet (BGH NJW 1997, 3242) war. Eine „Hauptsache" existiert jedoch erst, wenn der Rechtsstreit im Zeitpunkt des Eintritts der Erledigung schon **rechtshängig,** die Klage also zugestellt war, §§ 261 Abs. 1, 253 Abs. 1 ZPO. Eine bereits vor Klagezustellung beim Kläger eingegangene Zahlung kann den erst **danach** existent werdenden Rechtsstreit über diese Zahlung in der Hauptsache **begrifflich nicht erledigen** (h. M.; vgl. BGH NJW 1982, 1599). Nach § 269 Abs. 3 Satz 3 ZPO besteht aber die Möglichkeit, den Wegfall des Klageanlasses **vor** Rechtshängigkeit im Hinblick auf die angefallenen Kosten sachgerecht zwischen den Parteien zum Ausgleich zu bringen. Der „Wegfall des Klageanlasses" darf jedoch nicht mit der „Erledigung der Hauptsache" gleichgesetzt werden. **598**

599 Eine **Erledigung** liegt beispielsweise dann vor, wenn der Beklagte auf die begründete Forderung bezahlt oder wirksam gegen sie mit einer Gegenforderung aufrechnet oder wenn der beklagte Mieter – bei einer Räumungsklage – aus der Wohnung auszieht. Eine Erledigung liegt aber auch dann vor, wenn das herausverlangte Fahrzeug einen Totalschaden erleidet. Dagegen liegt **keine Erledigung** vor, wenn der Beklagte die Handlung unter Zwang vornimmt, etwa zur Abwendung der Zwangsvollstreckung oder unter Vorbehalt (BGH NJW 1994, 943) die Forderung bezahlt.

> **Klausurproblem:** K klagt gegen B auf Rückzahlung eines Darlehens. Im Termin zahlt B die Darlehenssumme zurück. Der K erklärt daraufhin den Rechtsstreit in der Hauptsache für erledigt. Der Beklagte widerspricht der Erledigungserklärung. Es liegt eine einseitige Erledigungserklärung des Klägers vor, das Gericht hat daher über den Feststellungsantrag des Klägers zu entscheiden. Es muss dazu ggf. Beweise über den Vertragsschluss und die Auszahlung der Darlehenssumme erheben. Die Entscheidung des Gerichts ergeht durch streitiges Endurteil:
> (1) Fehlt es an einer Sachurteilsvoraussetzung, wird die Klage als unzulässig abgewiesen, ohne dass über die Erledigung selbst zu entscheiden wäre.
> (2) Stellt sich heraus, dass kein wirksamer Darlehensvertrag geschlossen und der B die Darlehenssumme nicht erhalten hat, war die Klage im Zeitpunkt der Erledigung unbegründet. Die Feststellungsklage wird daher abgewiesen.
> (3) Ergibt die Beweisaufnahme, dass ein Darlehensvertrag geschlossen, das Darlehen aber nicht dem Beklagten, sondern dessen Sohn gewährt wurde, so ist auch keine Erledigung der Hauptsache eingetreten; die Klage war nie begründet! Die Feststellungsklage ist ebenfalls abzuweisen.
> (4) Ergibt die Beweisaufnahme, dass es das geschuldete Darlehen dem Beklagten ausbezahlt wurde und auf einem wirksamen Vertrag beruht, so war die Klage zulässig und begründet und wurde durch die Zahlung erledigt. Hier wird dann festgestellt, dass der Rechtsstreit sich in der Hauptsache erledigt hat. Die Kosten des Rechtsstreits werden dem Beklagten auferlegt.

600 c) **Streitwert.** Der Streitwert bemisst sich bei einer einseitigen Erledigungserklärung nach dem Kosteninteresse, also nach den bisher angefallenen Kosten (so BGH, sehr streitig; vgl. Thomas/Putzo/Hüßtege § 91a Rn. 59 ff). Noch problematischer bei einseitiger Teilerledigterklärung; wohl werden dem Wert der verbliebenen Hauptsache die Kosten des erledigten Teils hinzugerechnet (Rn. 62).

Beachte: Berechnet nach der Differenzmethode, also welche Kosten sind für den erledigten Teil im Verhältnis zum gesamten Wert angefallen.

601 d) **Erledigung vor Rechtshängigkeit.** Vor Rechtshängigkeit einer Klage besteht noch kein Prozessrechtsverhältnis, der Rechtsstreit kann sich daher – beispielsweise durch Bezahlung einer Forderung vor Rechtshängigkeit – bereits begrifflich nicht erledigen (BGH NJW 1982, 1599). Eine solche Klage ist abzuweisen, weil sie (nach Eintritt der Rechtshängigkeit) nie begründet war. Hinsichtlich der Kostentragungslast kann allerdings § 269 Abs. 3 Satz 3 ZPO angewandt werden.

602 e) **Erledigung und Aufrechnung.** Erledigt sich ein Rechtsstreit durch eine vom Beklagten erklärte Aufrechnung, so ist bei der Frage, zu welchem Zeitpunkt sich der Rechtsstreit erledigt hat, auf den Zeitpunkt der Aufrechnungserklärung (BGH) – und nicht auf eine eventuell schon früher bestehende Aufrechnungslage – abzustellen.

> **Klausurproblem:** Der Kläger klagt gegen den Beklagten 10.000 Euro ein. Die Klage wird anhängig am 1. Februar und rechtshängig am 1. März. Der Beklagte rechnet

> mit einer Gegenforderung am 1. April auf. Die Aufrechnungslage bestand schon am 2. Januar. Hier ist Erledigung nach Rechtshängigkeit eingetreten, auch wenn die Aufrechnungslage schon vor Anhängigkeit bestand.

F. Urkunden- und Wechselprozess

I. Zweck des Urkunden- und Wechselprozesses

1. Schneller Titel

Urkunden sind sehr gute Beweismittel für die eine Wahrscheinlichkeit spricht, dass das, was in der Urkunde steht, so auch stattgefunden hat. Der Urkundenprozess soll deshalb dem Kläger schnell zu einem Titel verhelfen, der dann auch ohne Sicherheitsleistung vorläufig vollstreckbar ist, § 708 Nr. 4 ZPO. Da wegen der Beschränkung der Beweismittel die Richtigkeitsgewähr dennoch beschränkt ist, knüpft der Gesetzgeber an die Vollstreckung des Vorbehaltsurteils eine Schadensersatzpflicht, §§ 717 Abs. 2, 600 Abs. 2, 302 Abs. 4 S. 3, S. 4 ZPO, wenn sich das Vorbehaltsurteil als unrichtig erweist und dem Beklagten dadurch ein Schaden entstanden ist.

2. Beschränkung der Beweismittel

Kennzeichen des Urkundenprozesses ist die Beschränkung der Beweismittel für die der Sachentscheidung zugrunde liegenden Tatsachen. Die Beschränkung der Beweismittel gilt dabei nicht für die Sachurteilsvoraussetzungen, diese sind stets ohne Beschränkung auf einzelne Beweismittel und von Amts wegen zu überprüfen. Für die anderen Tatsachen sind die Beweismittel jedoch beschränkt:
(1) Für die anspruchsbegründenden Tatsachen sind nur **Urkunden** zugelassen, § 592 ZPO.
(2) Für sonstige Tatsachen sind **Urkunden und Parteivernehmung** möglich, § 595 Abs. 2 ZPO.
Beweismittel, die eine Urkunde ersetzen sollen – wie eine schriftliche Zeugenaussage –, sind dabei keine Urkunden im Sinne des Urkundenprozesses.

3. Beweiserforderlichkeit

Der Beweis mit einer Urkunde muss nur dann erbracht werden, soweit ein Beweis überhaupt erforderlich ist. Unstreitige Tatsachen bedürfen keines Beweises, § 597 Abs. 2 ZPO, nur „der dem Kläger obliegende Beweis" ist zu führen.

> **Klausurproblem:** Im Lieferscheinfall des BGH (NJW 1974, 1199) hatten die Parteien einen mündlichen Vertrag geschlossen, nachdem der Kläger Teile an den Beklagten geliefert hatte. Als der Beklagte nicht bezahlte, klagte der Kläger im Urkundenprozess die Zahlung ein. Der Beklagte berief sich darauf, der Kläger könne gar keine Urkunde über den Vertrag (mündlich geschlossen) vorlegen. Der BGH entschied anders: Auch im Urkundenprozess müssten nur beweisbedürftige Tatsachen mit Urkunden belegt werden, unstreitiger Sachvortrag bräuchte nicht belegt und bewiesen werden. Allerdings könne man im Urkundenprozess nicht völlig auf Urkunden verzichten. Für die Statthaftigkeit des Verfahrens **müsse mindestens eine Urkunde vorgelegt werden**.

Auch nicht alles was streitig ist, muss unmittelbar mit einer Urkunde belegt werden. Es reicht aus, wenn die anspruchsbegründenden Tatsachen nach den Grundsätzen der freien Beweiswürdigung aus den Urkunden unmittelbar oder mittelbar durch den Beweis von Indiztatsachen zur Überzeugung des Gerichts feststehen (BGH NJW 1985,

2953). So kann ein Gericht einen Beklagten auch dann zur Rückzahlung eines Darlehens verurteilen, wenn der Kläger lediglich ein Schuldschein vorlegt, auch wenn dieser allein nicht unmittelbar das Darlehen beweist. Dasselbe gilt, wenn der Kläger das Kündigungsschreiben und den Einschreibebeleg vorlegt, auch dies beweist den Zugang nicht zwingend.

> **Klausurproblem:** Der Kläger verlangt im Urkundenprozess Bezahlung. Er legt hierzu einen unterschriebenen Schuldschein vor. Der Beklagte bestreitet die Echtheit der Unterschrift. Dies kann er aber nicht mit Urkunden beweisen. Wird der Beklagte verurteilt?
> **Nein,** denn nach § 440 Abs. 1 ZPO obliegt allein dem Kläger der Nachweis der Echtheit des Schuldscheins. Gelingt ihm dies nicht mit den zugelassenen Beweismitteln, wird er im Urkundenprozess scheitern.

4. Keine Geständnisfunktion nach § 331 Abs. 1 ZPO

606 Wegen § 597 Abs. 2 ZPO gilt die Geständnisfunktion nach § 331 Abs. 1 ZPO beim säumigen Beklagten nicht. Für den Beklagten ist es deshalb häufig besser, gar nicht zum Termin zu erscheinen. Der Kläger muss dann Beweis für alle anspruchsbegründenden Tatsachen antreten.

5. Wechsel- und Scheckprozess

607 Der typische Fall eines Urkundenprozesses ist der Wechselprozess oder Scheckprozess, §§ 602 ff. ZPO. Der Kläger hat nur den unterschriebenen Wechsel oder Scheck vorzulegen. Für diese Verfahren gilt dasselbe wie für den Urkundenprozess, mit den Besonderheiten der §§ 602 ff. ZPO.

II. Voraussetzungen des Urkundenprozesses

608 Der Urkundenprozess ist nur dann statthaft, wenn die nachfolgenden Voraussetzungen erfüllt sind:
(1) Es muss sich um einen Anspruch auf Geldzahlung handeln, § 592 Satz 1 ZPO.
(2) Erforderlich ist die Bezeichnung der Klage im Urkundenprozess, § 593 Abs. 1 ZPO.
(3) Es müssen Urkunden – mindestens eine – vorgelegt werden, § 593 Abs. 2 ZPO.
(4) Der geltend gemachte Anspruch muss mit Urkunden beweisbar sein, §§ 592, 597 Abs. 2 ZPO. Dies gilt allerdings nur für die streitigen Tatsachen.
Das Vorliegen dieser Voraussetzungen ist eine Frage der Statthaftigkeit, § 597 Abs. 2 ZPO. Diese Voraussetzungen sind daher bereits in der Zulässigkeit der Klage abzuprüfen.

III. Unzulässigkeit des Urkundenprozesses

1. Die Klage ist im Urkundenprozess unstatthaft

609 Kann der Kläger bei seiner Klage im Urkundenprozess nicht alle bestrittenen Tatsachen mit den zulässigen Beweismitteln (Urkunden) belegen, dann ist der Urkundenprozess unzulässig und die Klage als unstatthaft abzuweisen, § 597 Abs. 2 ZPO **Tenor**: „Die Klage wird als im Urkundenprozess unstatthaft abgewiesen".

2. Die Einwendungen des Beklagten sind im Urkundenprozess unstatthaft

610 Kann der Beklagte nicht alle seine Einwendungen mit den zulässigen Beweismitteln (Urkunden) belegen, werden seine Einwendungen als im Urkundenprozess unstatthaft zurückgewiesen, § 598 ZPO. Dieser Ausspruch erscheint allerdings nicht im Tenor, lediglich aus den Entscheidungsgründen ergibt sich, dass die Einwendungen des Beklagten als im Urkundenprozess unstatthaft zurückgewiesen wurden. **Tenor:** „Der Beklagte wird verurteilt …".

3. Der Urkundenprozess im Mietrecht

Umstritten ist, ob Klagen im Mietrecht – Wohnraum oder Geschäftsraum – im Urkundenprozess geführt werden können. Der Vermieter kann den Mietvertrag und die Kündigung vorlegen und damit die Kündigungsvoraussetzungen der Kündigung in der Regel belegen. Der Beklagte kann seine Einwendungen – beispielsweise Mietminderung – nicht mit Urkunden führen, was meist zu einem Vorbehaltsurteil zu Lasten des Mieters führen würde. Es wird argumentiert, der Mieter sei sozial schutzwürdig, die Mietminderung würde sich kraft Gesetzes ergeben, § 536 BGB. Dennoch ist der Urkundenprozess möglich, wie auch der BGH (NJW 1999, 1408) zu Recht entschieden hat.

IV. Vorbehaltsurteil und Nachverfahren

1. Widerspruch des Beklagten

Dem Beklagten, der dem Anspruch im Urkundenprozess **widersprochen** hat, werden die Ausführung seiner Rechte im Nachverfahren vorbehalten, § 599 Abs. 1 ZPO. Er muss sich dazu nicht zur Sache einlassen, er muss dem Anspruch lediglich widersprochen haben. Dass dem Beklagten die Ausführung seiner Rechte im Nachverfahren vorbehalten bleibt, **muss im Tenor** ausgesprochen werden. Fehlt diese Einschränkung im Tenor, kann eine Ergänzung des Urteils beantragt werden, §§ 599 Abs. 2, 321 ZPO.

2. Wirkungen

a) **Vorbehalt.** Werden dem Beklagten seine **Rechte im Nachverfahren vorbehalten**, bleibt der Rechtsstreit (jetzt im Nachverfahren) anhängig, § 600 Abs. 1 ZPO. Im Nachverfahren entfällt die Beweismittelbeschränkung, der Sachverhalt wird jetzt mit allen zur Verfügung stehenden Beweismittel erfasst.

b) **Bindungswirkung.** Im Nachverfahren entfällt die Beweismittelbeschränkung, das bedeutet aber nicht, dass das Vorbehaltsurteil keinerlei Wirkungen mehr entfalten würde. Das Vorbehaltsurteil hat Bindungswirkung insoweit, als es nicht auf den Eigentümlichkeiten und den Beschränkungen der Beweismittel des Urkundenprozesses beruht. Anders ausgedrückt, das Gericht ist im Nachverfahren an alle Entscheidungen gebunden, die für das Vorbehaltsurteil bejaht werden mussten und deshalb endgültig festgestellt worden sind. Demnach sind im Nachverfahren bereits bindend festgestellt: (1) Die Entscheidungen über die – von Amts wegen zu prüfende – Zulässigkeit, (2) die Schlüssigkeit und (3) alles was vom Ausgangsgericht als endgültig behandelt worden ist – z. B. die Anfechtung nach § 119 BGB, die abgelehnt worden ist.

c) **Wirkungen des Urteils.** Gleichzeitig ist das Vorbehaltsurteil wegen der **Rechtsmittel und der Zwangsvollstreckung** als Endurteil anzusehen. Das bedeutet aus dem Urteil kann vollstreckt werden, § 704 ZPO, und gegen das Urteil ist die Berufung statthaft, § 511 ZPO. Daraus ergibt sich, dass das Verfahren nun getrennt werden kann. Der Beklagte kann sowohl beim Ausgangsgericht (z. B. beim Landgericht) das Nachverfahren anrufen, das Verfahren bleibt dann im Nachverfahren, jetzt ohne Beweismittelbeschränkung, anhängig, § 600 Abs. 1 ZPO. Gleichzeitig kann er gegen das Vorbehaltsurteil die Berufung in der nächsten Instanz (z. B. beim Oberlandesgericht) rechtshängig machen, dort gilt allerdings noch die Beweismittelbeschränkung.

Klausurprobleme: Kläger klagt aus einem Kaufvertrag auf Bezahlung. Im Urkundenprozess bringt der Beklagte vor, er fechte den Vertrag, aus dem der Kläger klagt, wegen arglistiger Täuschung an. Es erging ein Vorbehaltsurteil, in dem der Beklagte zur Zahlung verurteilt wurde. In den Entscheidungsgründen wurde ausgeführt, dass die Anfechtung unschlüssig sei. Entscheidung im Nachverfahren? Das Vorbehaltsurteil wird für vorbehaltlos erklärt, auch wenn die Entscheidung im Vorbehaltsurteil falsch war. Die Schlüssigkeit ist eine endgültig zu prüfende Frage im Urkundenprozess. Dies hat das Gericht – wenn auch falsch – gemacht. Der Beklagte hätte dies in der Berufung überprüfen lassen müssen. Im Nachverfahren ist das Gericht an diese Entscheidung gebunden.

Klausurproblem: Der Beklagte ist im Urkundenprozess zur Zahlung verurteilt worden. Im Nachverfahren wendet er ein, das Gericht sei unzuständig, es bestehe zwischen den Parteien eine gültige Schiedsgerichtsvereinbarung, die er mittels einer Urkunde vorlegt. Er wird damit nicht gehört, Zulässigkeitsfragen – hier § 1032 ZPO –, werden im Vorbehaltsverfahren von Amts wegen endgültig geprüft.

Klausurproblem: Der Beklagte wurde durch Wechselvorbehaltsurteil zur Zahlung verurteilt. Der Richter im Nachverfahren hat Bedenken, ob der Wechsel formgültig ist? Die Formgültigkeit des Wechsels gehört zur Schlüssigkeit, also wurde darüber im Vorbehaltsverfahren endgültig entschieden.

3. Anerkenntnis

617 Erkennt der Beklagte, dass er – wegen der Beschränkung der Beweismittel – im Urkundenverfahren unterliegen wird, kann er – trotz Bedingungsfeindlichkeit – aus Kostengründen den Anspruch im Urkundenverfahren **anerkennen**, unter Vorbehalt seiner Rechte im Nachverfahren. Es ergeht dann Anerkenntnisurteil mit dem Vorbehalt für das Nachverfahren. Fraglich ist, ob es nach § 708 Nr. 1 ZPO oder § 708 Nr. 4 ZPO vorläufig vollstreckbar ist. Es geht wohl das Anerkenntnis vor (str.).

4. Tenor des Urteils im Nachverfahren

618 a) **Das Nachverfahren hat keinen Erfolg.** „Das Vorbehaltsurteil vom … wird **für vorbehaltlos erklärt**" (Kosten nach § 91 ZPO; vorläufige Vollstreckbarkeit nach §§ 708 Nr. 5, 711 ZPO).

619 b) **Das Nachverfahren hat Erfolg.** „Das Vorbehaltsurteil vom … wird aufgehoben und die Klage wird abgewiesen".

V. Besonderheiten

620 Der Kläger kann in jeder Lage des Verfahrens bis zum Schluss der mündlichen Verhandlung vom Urkundenprozess absehen. Der Rechtsstreit bleibt dann im ordentlichen Verfahren anhängig, § 596 ZPO. Eine Widerklage ist im Urkundenprozess nicht möglich, § 595 ZPO.

G. Arrest und einstweilige Verfügung

I. Vorläufiger Rechtsschutz

1. Zweck

621 Der Kläger kann, wenn er sein Begehren im „normalen" Erkenntnisverfahren geltend macht, häufig zu spät kommen, da Umstände eintreten, die eine Realisierung seines Anspruchs erschweren oder gar verhindern können (z. B. der Schuldner gerät in Vermögensverfall, der Gläubiger braucht aber das streitige Objekt um seinen Lebensunterhalt sichern zu können). Das Gesetz bietet deshalb auch „schnellen" vorläufigen Rechtsschutz zur Sicherung künftiger Zwangsvollstreckung durch Arrest und einstweilige Verfügung.

2. Summarische Prüfung

Dieses Verfahren verlangt im Interesse der beschleunigten Durchführung nur eine summarische Prüfung des Sachverhalts. Es gilt Glaubhaftmachung statt voller Beweisführung. Das bedeutet aber nicht, dass die Rechtsprüfung auch nur summarisch stattzufinden hat, diese ist streng durchzuführen, wie im Erkenntnisverfahren auch. Die Verfügung ermöglicht in der Zwangsvollstreckung nur die vorläufige Sicherung des Gläubigers, statt voller Befriedigung wie im Erkenntnisverfahren.

622

> **Klausurproblem:** Der Verfügungskläger kann seinen patentrechtlichen Anspruch nicht vollständig darlegen, da die Rechtslage völlig unübersichtlich und noch unausgegoren ist. Es spricht aber vieles dafür, dass der Kläger einen rechtlichen Anspruch hat. Erhält der Verfügungskläger die beantragte einstweilige Verfügung?
> **Nein**, dies reicht nicht. Die summarische Prüfung beschränkt sich auf den Sachverhalt und die Beweiswürdigung, die Rechtsprüfung hat vollständig und genau zu erfolgen. Auch bei schwersten Rechtsfragen! Für die Klausur bedeutet dies: Die rechtliche Prüfung geschieht im normalen Erkenntnisverfahren und im Verfügungsverfahren identisch, es besteht insoweit keinerlei Unterschied. Nur die Sachverhaltsermittlung und der Beweisgrad unterscheiden sich.

3. Vorläufiger Rechtsschutz

Vorläufiger Rechtsschutz kann sowohl innerhalb des Hauptsacheverfahrens (z. B. §§ 707, 719, 769 ZPO) gewährt werden, aber auch in eigenständigen Verfahren, als Arrest §§ 916 ff. ZPO – zur Sicherung der Zwangsvollstreckung wegen Geldforderungen – und als einstweilige Verfügung §§ 935 ff. ZPO – zur Sicherung von Individualansprüchen. Streitgegenstand ist dabei jeweils nicht der zugrunde liegende Anspruch, sondern nur die vorläufige Sicherung.

623

> **Klausurproblem:** Der Kläger stellt im Verfügungsverfahren und auch im gleichzeitig durchgeführten Hauptsacheverfahren den Antrag: Der Beklagte wird verurteilt, es zu unterlassen, den Kläger auf ebay und im Internet als wirtschaftlichen Versager zu bezeichnen. Ist dies zulässig?
> **Ja**, der Kläger kann die Hauptsache und die einstweilige Verfügung nebeneinander betreiben, auch wenn der Antrag und der Sachverhalt identisch sind, liegt keine doppelte Rechtshängigkeit vor. Durch den Antrag auf einstweilige Verfügung wird der materiell-rechtliche Anspruch nicht rechtshängig. Dieser Antrag bezieht sich nur auf die vorläufige Sicherung, während der Hauptsacheantrag sich auf die endgültige Regelung bezieht.

Der einstweilige Rechtsschutz dient nur der vorläufigen Sicherung, er darf die Hauptsache daher grundsätzlich nicht vorwegnehmen. Eine Ausnahme gilt bei der Leistungsverfügung (siehe unten II. 2. c)), weil mit dem Zuwarten irreparable Schäden entstehen würden.

> **Klausurproblem:** Kann der Kläger mit der einstweiligen Verfügung die Herausgabe des streitigen Kunstwerkes an sich selbst verlangen?

> **Nein,** denn damit wäre die Hauptsache vorweggenommen. Deshalb kann in aller Regel nur beantragt werden, die Sache oder das Geld an den Sequester herauszugeben, vgl. § 938 Abs. 2 ZPO. Bei Arrest kann nur Pfändung, nicht Verwertung verlangt werden.

4. Grundvoraussetzung von Arrest und einstweiliger Verfügung

624 a) **Anspruch und Grund.** Beide Verfahren setzen voraus, dass ein Arrest-/Verfügungsanspruch und ein Arrest-/Verfügungsgrund glaubhaft gemacht werden, §§ 920 Abs. 2, 936 Abs. 1, 294 ZPO. Der **Arrest-/Verfügungsanspruch** ist dabei der zugrunde liegende materiell-rechtliche Anspruch, also der Anspruch auf Zahlung oder Herausgabe (Nochmals: Es muss eine vollständige Rechtsprüfung durchgeführt werden, eine summarische Prüfung reicht hier nicht). Der **Arrest-/Verfügungsgrund** bezeichnet hingegen die „Eilbedürftigkeit". Er wird unterschiedlich beschrieben, etwa in §§ 917, 935 ZPO, wenn sonst der Anspruch vereitelt oder wesentlich erschwert wird; in § 918 ZPO, wenn er zur Sicherung geboten ist oder in § 940 ZPO, wenn er zur Abwendung wesentlicher Nachteile oder zur Verhinderung drohender Gewalt geboten ist. Gemeint ist aber stets, dass eine schnelle Entscheidung geboten ist, ein Zuwarten auf eine Entscheidung im „normalen" Erkenntnisverfahren nicht möglich ist, weil sonst der Anspruch vereitelt oder erschwert würde oder erhebliche Nachteile drohen würden.

> **Klausurproblem:** Für die Klausur bedeutet dies, dass sich bei der Begründetheit ein weiterer Prüfungspunkt ergibt. Während der Verfügungsanspruch unter (1) wie bisher der Rechtsanspruch zu prüfen ist, kommt unter (2) noch der Verfügungsgrund hinzu. Der Aufbau in der Begründetheit der Klage ist also wie folgt:
> (1) Der Kläger hat einen **Verfügungsanspruch**, er ergibt sich aus (z. B.) § 823 Abs. 1 BGB.
> (2) Der Kläger hat auch einen **Verfügungsgrund**, da eine Eilentscheidung geboten ist, um die Rechte des Klägers zu sichern.
> (3) Die Entscheidung hinsichtlich der Kosten folgt aus § 91 Abs. 1 ZPO.

625 b) **Glaubhaftmachung.** Das Gesuch hat den Anspruch – beim Arrest auch den Geldbetrag – zu bezeichnen. Anspruch und Grund sind glaubhaft zu machen, §§ 920 Abs. 2, 294 ZPO. Damit genügt zur Beweisführung ein – im Vergleich zum Klageverfahren – geringerer Grad von Wahrscheinlichkeit. Glaubhaft machen bedeutet „überwiegende Wahrscheinlichkeit", während im normalen Klageverfahren „Vollbeweis" also volle Überzeugung erforderlich ist.

626 Zugelassen zur Glaubhaftmachung sind alle Beweismittel, auch die Versicherung an Eides statt, § 294 Abs. 1 ZPO. Eine wesentliche Beschränkung besteht jedoch in § 294 Abs. 2 ZPO. Danach ist eine Beweisaufnahme, die nicht sofort erfolgen kann, unstatthaft, d. h. das Gericht lädt keine Zeugen oder Sachverständigen. Jede Partei hat für die für sie wichtigen Beweismittel zu sorgen. Sind sie zum Termin nicht vorhanden, so werden sie nicht beachtet.

627 Nach seinem Ermessen kann das Gericht den Arrest auch ohne genügende Glaubhaftmachung erlassen, hat dann aber den Erlass des Arrests wegen der dem Gegner drohenden Nachteile von einer vorherigen Sicherheitsleistung abhängig zu machen, § 921 Abs. 1 Satz 1 ZPO.

628 c) **Kein Anwaltszwang.** Für das Gesuch selbst besteht auch beim Landgericht kein Anwaltszwang, es kann zu Protokoll der Geschäftsstelle erklärt werden, §§ 920 Abs. 3, 78 Abs. 3 ZPO.

> **Klausurproblem:** Wegen §§ 78 Abs. 3, 920 ZPO kann die Partei selbst den Antrag auf Arrest oder Erlass einer einstweiligen Verfügung stellen. Falls es jedoch im weiteren Verfahren zu einer mündlichen Verhandlung kommt, ist beim Landgericht die Mitwirkung eines Anwalts erforderlich.

d) Wirkungen. Mit Einreichung des Antrags wird der Sicherungsanspruch rechtshängig, nicht jedoch die Hauptsache (unterschiedliche Streitgegenstände). Unter den Voraussetzungen der §§ 204 Abs. 1 Nr. 9 BGB, 167 ZPO tritt mit Anhängigkeit der Eilmaßnahme materiell-rechtlich Hemmung der Verjährung ein.

5. Bezeichnung der Parteien

Die Parteibezeichnungen lauten zunächst Antragsteller und Antragsgegner. Kommt es zur mündlichen Verhandlung, lauten die Bezeichnungen Verfügungskläger und Verfügungsbeklagter oder Arrestkläger und Arrestbeklagter.

II. Arrest und einstweilige Verfügung

Durch den Arrest werden Geldforderungen gesichert, §§ 916 Abs. 1 ff. ZPO. Durch die einstweilige Verfügung, §§ 935 ff. ZPO, sog. Individualansprüche. Das Gesetz regelt das Verfahren für den Arrest ausführlich in §§ 916 ff. ZPO und verweist für die einstweilige Verfügung darauf, § 936 ZPO. Soweit in den §§ 935 ff. ZPO keine besonderen Regeln enthalten sind, gelten die Vorschriften für beide Arten des einstweiligen Rechtsschutzes.

1. Arrest

Der Arrest ist vorgesehen, wenn die künftige Zwangsvollstreckung in das Vermögen wegen Geldforderungen gesichert werden soll, § 916 Abs. 1 ZPO. Die Sicherung anderer Ansprüche als Geldansprüche (z. B. Herausgabe, Unterlassung, Vornahme einer Handlung) erfolgt durch einstweilige Verfügung, §§ 935, 940 ZPO. Die Rechtskraft der Entscheidung bezieht sich (vgl. den Streitgegenstand) nicht auf die zu sichernde Forderung, sondern **nur auf den Anspruch auf vorläufige Sicherung** des gefährdeten Rechts. Der Rechtsstreit über die Hauptsache selbst wird durch die Arrestentscheidung nicht präjudiziert. Die Hauptsache wird nicht überflüssig, egal ob der Arrest angeordnet oder abgelehnt worden ist.

Je nach beabsichtigter Sicherungsmaßnahme unterscheidet man den **dinglichen Arrest** vom **persönlichen Arrest**. Die Anordnung des dinglichen Arrests ermöglicht eine zu sichernde Zwangsvollstreckung in das bewegliche und unbewegliche Vermögen des Schuldners (z. B. die vom Schuldner zum Transport ins Ausland verladenen Vermögensgegenstände werden gepfändet). Beim persönlichen Arrest wird der Schuldner selbst „arrestiert", weil nur so das Beiseiteschaffen des Vermögens verhindert werden kann. Diese Möglichkeit des Zugriffs gegen die Person des Schuldners ist nur subsidiär als letzte Möglichkeit der Anspruchssicherung vorgesehen, § 918 ZPO. Sie führt zu Beschränkungen der persönlichen Freiheit bis zur Wegnahme des Passes, Auferlegung einer Meldepflicht oder Verhaftung des Schuldners (z. B. der Verbleib der pfändbaren Vermögensgegenstände des Schuldners ist unklar, lediglich der Gläubiger kennt den Ort und kann sie beiseiteschaffen).

2. Einstweilige Verfügung

Die einstweilige Verfügung Arrest und einstweilige Verfügung schließen sich gegenseitig aus – **dient der Sicherung der Zwangsvollstreckung wegen sog. Individualansprüche.** Entweder ist ein Anspruch auf Geld gerichtet, dann ist er durch Arrest zu sichern, oder es liegt ein andersartiger Anspruch vor, dann ist die einstweilige Verfügung die richtige Maßnahme. Bei der einstweiligen Verfügung sind drei Varianten zu unterscheiden: Die Sicherungsverfügung, die Regelungsverfügung und die Leistungsverfügung.

635 a) **Die Sicherungsverfügung.** Diese dient der Sicherung eines Individualanspruchs, § 935 ZPO (z. B. Sicherung des Anspruchs auf Herausgabe einer Sache; Unterlassung einer ehrverletzenden Behauptung; Bestellung, Änderung oder Übertragung eines Rechts; Untersagung bevorstehender Rechtseingriffe, etwa Verletzung von Autorenrechten durch eine angekündigte Fernsehausstrahlung oder Einstellung eines Bildes oder eines Kommentars ins Internet).

> **Klausurproblem:** Der für die Klausur wichtigste Fall der einstweiligen Verfügung ist die Eintragung eines Widerspruchs oder einer Vormerkung ins Grundbuch, §§ 885, 899 BGB. Dadurch wird redlicher Erwerb nach § 892 BGB verhindert oder ein Anspruch gesichert. Bei beiden Verfahren muss – anders als im Regelfall, § 920 Abs. 2 ZPO – der Verfügungsgrund nicht glaubhaft gemacht werden, §§ 885 Abs. 2 Satz 2; 899 Abs. 2 Satz 2 BGB. **Beachte** aber (Anwaltsklausur): Die Bewilligung durch den Gegner ist der einfachere und schnellere Weg zum Widerspruch oder zur Vormerkung zu kommen. Also muss zuerst beim Gegner angefragt werden, ob er die Eintragung bewilligt.

636 b) **Die Regelungsverfügung.** Diese dient der Regelung eines einstweiligen Zustandes zur vorläufigen Sicherung des Rechtsfriedens in Bezug auf ein streitiges Rechtsverhältnis, § 940 ZPO.

Beispiele
Streitige Benutzungsregelungen bei Miteigentum; ein Miteigentümer einer Wohnungsgemeinschaft beansprucht einen Raum mit den Waschmaschinen aller Bewohner im UG für sich, weil dieser in seinem Teileigentum stehe und schließt den Raum daher ab oder Klärung der Rechte und Pflichten innerhalb einer Erbengemeinschaft, einer Gesellschaft oder zwischen Nachbarn.

637 c) **Die Leistungsverfügung.** Diese lässt über die Sicherung des Gläubigers hinaus ausnahmsweise eine sofortige Befriedigung des Gläubigers in bestimmten Fällen zu, weil mit dem Abwarten eines ordentlichen Hauptverfahrens irreparable Schäden eintreten würden, § 940 ZPO analog (siehe insoweit z. B. OLG Frankfurt MDR 2004, 1019). An diesen glaubhaft zu machenden Verfügungsgrund sind strenge Anforderungen zu stellen. Ausnahmsweise ist eine Befriedigung im Eilverfahren für wenige Ansprüche gesetzlich vorgesehen (z. B. für Vorschuss für Entbindungskosten und Zahlung von Unterhalt für das nichteheliche Kind, §§ 1615 Abs. 1 BGB, 247 FamFG). In Anlehnung an diese gesetzliche Regelung lässt die Rechtsprechung auch sonst ausnahmsweise eine vorläufige Verurteilung zur Abwendung von Dauerschäden zu: Unterhalts-, Lohn- oder Gehaltsansprüche bis zu sechs Monaten; Unterlassungsanspruch in Wettbewerbssachen (vgl. § 12 Abs. 2 UWG); Versorgungsunterbrechung bei Energielieferung. In besonderen Fällen wird auch eine einstweilige Verfügung zur Zahlung von einmaligen Geldleistungen zugelassen, um eine dringende Notlage zu beseitigen (Einmalzahlungen als Heilungskosten bzw. Kurkosten nach Unfällen zur Abwendung ernster Dauerschäden).

III. Das Verfahren

1. Voraussetzung

638 Voraussetzung für den Arrest und die einstweilige Verfügung ist stets, dass Arrest-/Verfügungsanspruch und Arrest-/Verfügungsgrund, glaubhaft gemacht werden, §§ 920 Abs. 2, 936, 294 ZPO.

2. Zuständiges Gericht

Alle Gerichtsstände im Verfügungs- und Arrestverfahren sind ausschließliche Gerichtsstände, § 802 ZPO. **639**

a) **Arrestgericht.** Dies ist das Gericht, bei dem der Hauptsacheprozess schon anhängig ist oder anhängig gemacht werden könnte, § 919 1. Alt. ZPO. Daneben besteht wahlweise, § 35 ZPO, eine Zuständigkeit des Amtsgerichts, in dessen Bezirk der mit dem Arrest zu belegende Gegenstand oder die in ihrer persönlichen Freiheit zu beschränkende Person sich befinden und zwar ohne Rücksicht auf den Streitwert, § 919 2. Alt. ZPO. **640**

b) **Gericht der einstweiligen Verfügung.** Dies ist regelmäßig das für den Erlass der einstweiligen Verfügung zuständige Gericht der Hauptsache, § 937 Abs. 1 ZPO. Ist die Hauptsache noch nicht anhängig, ist dies jedes Gericht, das nach den allgemeinen Vorschriften, §§ 12 ff. ZPO, 23, 71 GVG, Gericht der Hauptsache sein könnte. Das Familiengericht ist Arrestgericht, wenn die Hauptsache Familiensache ist (BGH NJW 1980, 191). Ist die Hauptsache anhängig, kommt es darauf an, wo sie gerade schwebt, d. h. auch das unzuständige, derzeit mit der Hauptsache befasste Gericht ist für die einstweilige Verfügung zuständig. Grundsätzlich ist Hauptsachegericht das Gericht des ersten Rechtszuges, es sei denn die Hauptsache ist in der Berufung anhängig, dann ist dieses Gericht das Hauptsachegericht, § 943 Abs. 1 ZPO. Ist ein Mahnverfahren anhängig, so ist das den Mahnbescheid erlassende Amtsgericht bis zur Abgabe an das Streitgericht zuständig. **641**

Beim Kollegialgericht kann in dringenden Fällen der Vorsitzende entscheiden, § 944 ZPO. Anders als beim Arrest ist das Amtsgericht in dessen Bezirk sich der Streitgegenstand befindet nur in dringenden Fällen für den Erlass der Verfügung zuständig, § 942 Abs. 1 ZPO. Entscheidend ist, ob das Amtsgericht schneller erreicht werden kann und dadurch eine nachteilige Verzögerung für den Antragsteller vermieden werden kann. Die einstweilige Verfügung ergeht dort als Beschluss, § 942 Abs. 4 ZPO. Darin ist eine Frist zu bestimmen, innerhalb welcher der Gläubiger beim Hauptsachegericht eine Entscheidung über die Rechtmäßigkeit der Verfügung zu beantragen hat, § 942 Abs. 1 ZPO. Nach fruchtlosem Fristablauf hat das Amtsgericht die Verfügung aufzuheben, § 943 Abs. 3 ZPO. **642**

Für eine einstweilige Verfügung wegen Vormerkung oder Widerspruch gegen die Richtigkeit des Grundbuchs ist auch das Amtsgericht der belegenen Sache zuständig, ohne dass es insoweit einer Dringlichkeit bedürfte. In diesem Fall erfolgt Fristbestimmung zur Entscheidung über die Rechtmäßigkeit beim Gericht der Hauptsache nur auf Antrag des Schuldners, § 942 Abs. 2 ZPO.

3. Streitwert

Der Gebührenstreitwert wird meist bei der Hälfte des Hauptsachestreitwerts festgesetzt (vertreten wird zwischen 1/3 und 2/3). Für die Zuständigkeit ist dies unerheblich, da das Gericht der Hauptsache zuständig ist, § 937 Abs. 1 ZPO. **643**

> **Klausurproblem:** Hauptsachestreitwert 6.000 Euro, Verfügungsstreitwert 3.000 Euro. Welches Gericht ist zuständig?
> Das Landgericht, als Gericht der Hauptsache, §§ 23, 71 GVG.

IV. Die Entscheidung des Gerichts

1. Die Entscheidung

Die Entscheidung über das Arrestgesuch ergeht nach freiem Ermessen des Gerichts, ohne mündliche Verhandlung durch Beschluss oder aufgrund einer mündlichen Ver- **644** handlung durch Urteil, § 922 Abs. 1 Satz 1 ZPO. Bei der einstweiligen Verfügung ist eine mündliche Verhandlung regelmäßig erforderlich, § 937 Abs. 2 ZPO. Die Entscheidung ergeht dann durch Urteil. Nur in dringenden Fällen, wenn eine Verhandlung nicht abgewartet werden kann oder weil der Zweck der einstweiligen Verfügung den Überraschungseffekt erfordert (OLG Karlsruhe NJW-RR 1987, 1206) oder wenn der Antrag zurückzuweisen ist, kann ohne mündliche Verhandlung durch Beschluss entschieden werden.

2. Entscheidung ohne mündliche Verhandlung

645 a) **Anordnung des Arrests/der Verfügung.** Eine vorherige Zustellung des Gesuchs an den Gegner unterbleibt. Dieser kann sich später mit dem Rechtsbehelf des Widerspruchs nach § 924 ZPO gegen die Anordnung wehren und sich rechtliches Gehör verschaffen. Wird der Arrest/die Verfügung antragsgemäß erlassen, ist der Beschluss nicht zu begründen, sofern er nicht im Ausland vollzogen werden soll, § 922 Abs. 1 Satz 2 ZPO. Der Beschluss ist dem Antragsteller – wegen der einmonatigen Vollziehungsfrist des § 929 Abs. 2 ZPO – zuzustellen. Der Antragsteller kann dann den Beschluss zusammen mit der Antragsschrift dem Antragsgegner im Parteibetrieb zustellen lassen, § 922 Abs. 2 ZPO.

646 b) **Ablehnung des Arrests/der Verfügung.** Wird der Erlass des beantragten Arrests/ Verfügung abgelehnt, dann wird weder der Antrag noch der ablehnende Beschluss dem Antragsgegner mitgeteilt, § 922 Abs. 3 ZPO; der ablehnende Beschluss ist zu begründen. Dem Antragsteller steht dagegen – auch am Landgericht ohne Anwalt (h. M.) – sofortige Beschwerde zu, § 567 Abs. 1 Nr. 2 ZPO. Hilft das Beschwerdegericht nicht ab, so ist eine Rechtsbeschwerde möglich, §§ 574 Abs. 1 Satz 2, 542 Abs. 2 Satz 1 ZPO.

> **Klausurproblem:** Wird der Arrest oder die Verfügung durch Beschluss erlassen, ist das einzig statthafte Rechtsmittel für den Gegner der Widerspruch, § 924 ZPO. Wird dagegen der Arrest oder die Verfügung durch Beschluss abgelehnt, ist Rechtsmittel die sofortige Beschwerde, § 567 Abs. 1 S. 2 ZPO.

3. Entscheidung nach mündlicher Verhandlung

647 Wird mündlich verhandelt, muss die Einlassungsfrist nach § 274 Abs. 3 ZPO nicht eingehalten werden, weil das Arrest-/Verfügungsgesuch keine Klageschrift ist, es ist lediglich die – auf Antrag auf einen Tag abkürzbare, § 226 ZPO – Ladungsfrist nach § 217 ZPO zu beachten. Die Entscheidung nach mündlicher Verhandlung ergeht bei Anordnung oder Verwerfung durch Endurteil, § 922 Abs. 1 Satz 1 1. Alt. ZPO; möglich ist auch ein Versäumnisurteil. Das Urteil ist beiden Parteien zuzustellen. Gegen das Endurteil ist das Rechtsmittel der Berufung gegeben.

> **Klausurproblem:** Obwohl das Gericht das Urteil beiden Parteien zustellt, muss der Arrest-/Verfügungskläger, um den Arrest oder die Verfügung zu vollziehen, § 929 Abs. 2 ZPO, das Urteil im Parteibetrieb (nochmals) zustellen. Ansonsten ist nach einem Monat die Vollziehung des Arrests/der Verfügung unstatthaft und dann aufzuheben. Der Kläger trägt dann die gesamten Kosten, auch für die erlassene Verfügung.

4. Die Arrestanordnung

648 Die Arrestanordnung muss Art des Arrests sowie Grund und Höhe der Forderung enthalten. Sie bedeutet eine Verurteilung des Gegners, wenn auch nicht zur Leistung, wohl aber zur Sicherung des Antragstellers. Die daraus mögliche Vollstreckung in das Vermögen des Schuldners darf daher auch nicht zur Befriedigung des Gläubigers führen. Die

Anordnung des Arrests nur in bestimmte Vermögensgegenstände schließt die Vollziehung in andere Vermögenswerte des Schuldners nicht aus.

Die Arrestanordnung kann selbst – bei nicht ausreichender, aber auch bei ausreichender Glaubhaftmachung – von einer vorherigen Sicherheitsleistung des Gläubigers abhängig gemacht werden, §§ 921 Satz 1, Satz 2 ZPO. Sinnvoller ist es jedoch, die Vollziehung des Arrests unter den Vorbehalt einer die dem Gegner drohenden Nachteile abdeckenden Sicherheitsleistung zu stellen (KG WRP 1995, 24). In dem Arrestbefehl ist i. S. einer Abwendungsbefugnis ein Geldbetrag festzustellen, durch dessen Hinterlegung die Vollziehung des Arrestes gehemmt und der Schuldner zum Antrag auf Aufhebung des vollzogenen Arrestes berechtigt wird („Lösungssumme"), § 923 ZPO.

5. Das Verfügungsverfahren

Im Verfügungsverfahren bestimmt das Gericht nach freiem Ermessen, welche Anordnungen zur Erreichung des Zwecks erforderlich sind, § 938 ZPO. Dieses Ermessen darf aber nur im Rahmen des Antrags ausgeübt werden, § 308 ZPO. Als **Maßnahmen** sind geeignet, § 938 Abs. 2 ZPO: Sequestration, also Verwahrung und Verwaltung von Sachen durch einen Dritten (z. B. Gerichtsvollzieher); Gebot und Verbot von Handlungen (z. B. Verbot der Veräußerung, der Belastung oder Verpfändung von Grundstücken); einstweiliges Verbot von Wettbewerbshandlungen; Eintragung einer Vormerkung oder eines Widerspruchs im Grundbuch; einstweilige Regelung der Benutzung von Sachen oder Regelung der Geschäftsführungsbefugnis.

Wegen ihres vorläufigen Charakters (Ausnahme: Leistungsverfügung) dürfen die Maßnahmen möglichst keine endgültigen Verhältnisse schaffen. Die Räumung von Wohnraum darf durch einstweilige Verfügung nur wegen verbotener Eigenmacht oder bei konkreter Gefahr für Leib und Leben angeordnet werden, § 940a ZPO.

> **Klausurproblem:** Kann mit der einstweiligen Verfügung ein Veräußerungs- und Erwerbsverbot (dazu Palandt/Ellenberger § 136, Rn. 5; Palandt/Herler § 888 Rn. 10, 11), §§ 135, 136 BGB, oder ein Rechtshängigkeitsvermerk – dieser wirkt wegen § 325 Abs. 2 ZPO wie ein Veräußerungsverbot – beantragt werden? (Siehe hierzu Palandt/Herler § 899 Rn. 7 sowie unten 4. Teil „Grundstücksrecht").

6. Kostenentscheidung

Die Entscheidung enthält eine Kostenentscheidung nach §§ 91 ff. ZPO. Die Vorläufige Vollstreckbarkeit ist nicht auszusprechen, sie ergibt sich aus der Natur der Sache. **Aber**: § 708 Nr. 6 ZPO, das Urteil ist für vorläufig vollstreckbar zu erklären, wenn es den Arrest oder die einstweilige Verfügung ablehnt oder sie aufhebt.

V. Rechtsbehelfe

Der Antragsgegner kann sich durch Widerspruch gegen den Beschluss, Berufung gegen das Urteil, Antrag auf Anordnung der Klageerhebung und Antrag auf Aufhebung der Anordnung wegen veränderter Umstände wehren. Er kann auch schon „vorbeugend" eine Schutzschrift einreichen.

1. Widerspruch

Der Antragsgegner kann Widerspruch gegen den ohne mündliche Verhandlung erlassenen Beschluss einlegen, § 924 Abs. 1 ZPO. Der Widerspruch unterliegt vor dem Landgericht dem Anwaltszwang (OLG Hamm WRP 1992, 724), vor dem Amtsgericht der Schriftform oder ist zu Protokoll der Geschäftsstelle zu erklären, § 924 Abs. 2 Satz 3

ZPO. Er ist zu begründen, § 924 Abs. 2 Satz 1 ZPO, ist nicht fristgebunden, unterliegt aber den Grundsätzen der Verwirkung (KG GRUR 1985, 237). Neben Zeitablauf ist regelmäßig ein Umstandsmoment erforderlich, wonach der Gläubiger auf das Ausbleiben des Widerspruchs vertrauen durfte (OLG Saarbrücken NJW-RR 1989, 1513). Die Vollziehung des Arrests oder der einstweiligen Verfügung wird durch den Widerspruch nicht gehemmt, § 924 Abs. 3 ZPO, es kann jedoch auf Antrag die einstweilige Einstellung der Zwangsvollstreckung entsprechend § 707 ZPO angeordnet werden, § 924 Abs. 3 Satz 2 ZPO. Das Gericht bestimmt nach Widerspruch von Amts wegen Termin zur mündlichen Verhandlung, § 924 Abs. 2 Satz 2 ZPO. Das zu erlassende Endurteil entscheidet – ähnlich einem Urteil nach Einspruch gegen ein Versäumnisurteil – über die Rechtmäßigkeit des Arrests/der Verfügung, es kann den Beschluss ganz oder teilweise bestätigen, abändern, aufheben oder jeweils von einer Sicherheitsleistung abhängig machen, § 925 Abs. 1, 2 ZPO.

655 Im Urteil empfiehlt sich – wie bei einem Einspruch gegen ein Versäumnisurteil – folgende **Prüfungsreihenfolge**:

> (1) Statthaftigkeit des Widerspruchs
> (2) Zulässigkeit der Verfügung
> (3) Begründetheit der Verfügung
>   (a) Verfügungsanspruch
>   (b) Verfügungsgrund
> (4) Kosten

Alles andere wäre ein grober Fehler, denn nur wenn der Widerspruch statthaft ist, stellt sich die Frage, ob die Verfügung zulässig und begründet ist oder war.

2. Sofortige Beschwerde

656 Wird die Einstweilige Verfügung oder der Arrest durch Beschluss abgelehnt, ist nur die sofortige Beschwerde, § 567 Abs. 1 Nr. 2 ZPO, statthaft.

3. Berufung

657 Ergeht die Entscheidung durch Urteil, so ist dagegen die Berufung möglich, § 511 Abs. 1 ZPO, auch wenn zuvor das Widerspruchsverfahren durchgeführt worden ist. **Beachte:** Gegen die Berufungsentscheidung im Verfahren des Arrests und der einstweiligen Verfügung ist keine Revision möglich, § 542 Abs. 2 S. 1 ZPO.

4. Antrag auf Anordnung der Klageerhebung

658 Der Antragsgegner kann beim Arrest-/Verfügungsgericht beantragen, dass der Antragsteller binnen einer zu bestimmenden Frist Klage in der Hauptsache zu erheben hat, § 926 Abs. 1 ZPO, falls diese noch nicht anhängig ist und nicht das Rechtsschutzbedürfnis fehlt, etwa weil der Hauptanspruch bereits erfüllt oder die Geltungsdauer des Arrests oder der Verfügung abgelaufen ist. Die Anordnung ergeht – nicht zwingend nach Gewährung rechtlichen Gehörs – ohne mündliche Verhandlung durch Beschluss des Rechtspflegers, § 20 Nr. 14 RPflG. Leistet der Antragsteller dieser Anordnung keine Folge, so ist auf Antrag des Antragsgegners ein Aufhebungsverfahren – mit umgekehrten Parteirollen – einzuleiten. Das Gericht hat Verhandlungstermin zu bestimmen und bei Zulässigkeit und Begründetheit des Aufhebungsantrags durch Endurteil die Aufhebung des Arrests oder der Verfügung auszusprechen, § 926 Abs. 2 ZPO.

5. Antrag auf Aufhebung des Arrests wegen veränderter Umstände

659 Schließlich kann der Schuldner beantragen, den Arrest oder die Verfügung wegen veränderter Umstände aufzuheben, § 927 Abs. 1 ZPO. Solche liegen insbesondere nach Erledigung des Grundes, bei Erlöschen oder rechtskräftiger Aberkennung des Anspruchs oder nach Erbieten des Schuldners zur Sicherheitsleistung vor. Wiederum ergeht die Entscheidung des Gerichts, bei dem die Hauptsache anhängig ist, nach mündlicher Verhandlung durch Endurteil, § 927 Abs. 2 ZPO.

> **Klausurproblem:** Der wichtigste Fall für die Klausur und wohl auch für die Praxis ist hier, dass der Verfügungskläger die einstweilige Verfügung nicht vollzogen hat, § 929 Abs. 2 ZPO. Dann sind die gesamten Kosten, auch der zunächst zu Recht erlangten Verfügung, vom Verfügungskläger zu tragen.

6. Schutzschrift

Die Schutzschrift ist ein vorbeugendes Verteidigungsmittel gegen einen erwarteten Antrag auf Erlass einer einstweiligen Verfügung; sie ist jetzt in § 945a ZPO geregelt. In Hessen wird ein länderübergreifendes Register geführt. Eine Schutzschrift gilt danach, § 945a Abs. 2 ZPO, bei allen ordentlichen Gerichten der Länder eingereicht, wenn sie im Register eingestellt ist. Wer aufgrund von Aufforderungen oder Abmahnungsschreiben den Antrag auf Erlass einer gegen ihn gerichteten einstweiligen Verfügung befürchten muss, kann bei dem voraussichtlich mit dem Antrag befassten Gericht einen Schriftsatz einreichen, durch den er bereits vorweg eine Stellungnahme zu dem erwarteten Antrag abgibt. Dies kann auch Sinn machen, da der Arrest und meist die einstweilige Verfügung ohne mündliche Verhandlung erlassen werden, ohne Anhörung des Gegners. Er kann auch seine eigene Sachverhaltsdarstellung bereits glaubhaft machen und dadurch die Entscheidung beeinflussen, insbesondere erreichen, dass das Gericht möglicherweise von einer sofortigen Anordnung der einstweiligen Verfügung absieht, §§ 936, 921 Abs. 1 ZPO; keinen dringenden Fall annimmt und Termin zur mündlichen Verhandlung bestimmt, §§ 936, 922 Abs. 1, 937 Abs. 2 ZPO oder bei seiner Entscheidung die Ausführungen des Antragsgegners berücksichtigt (BGH NJW 2003, 1257). Die Kosten der Einreichung einer Schutzschrift sind erstattungsfähig, wenn ein Antrag auf Erlass einer einstweiligen Verfügung bei Gericht eingeht (BGH NJW-RR 2008, 1093).

660

VI. Die Vollziehung

Die einstweilige Verfügung und der Arrest sind zu vollziehen. Sie sind ohne weiteres vollziehbar, nicht erforderlich sind daher eine vorläufige Vollstreckbarerklärung (anders bei Ablehnung oder Aufhebung eines Arrestes durch Urteil, § 708 Nr. 6 ZPO) und eine Vollstreckungsklausel. Diese ist aber nötig, sofern die Vollziehung für einen anderen als den im Arrestbefehl bezeichneten Gläubiger oder gegen einen anderen als den darin bezeichneten Schuldner – also jeweils den Rechtsnachfolger – erfolgen soll, § 929 Abs. 1 ZPO.

661

Vollziehung ist Zwangsvollstreckung, sie beginnt in aller Regel mit der Zustellung der Entscheidung. Der Arrest wird vollzogen durch Zustellung des Arrestbefehls und dem rechtzeitigen Antrag des Klägers beim zuständigen Vollstreckungsorgan auf Vornahme der Vollstreckungshandlung (BGHZ 112, 359 m. w. N.) Wurde der Arrest im Beschlusswege erlassen ist Zustellung im Parteibetrieb erforderlich. Beim Urteilsarrest genügt neben dem Antrag an das zuständige Vollstreckungsorgan die Zustellung von Amts wegen innerhalb der Monatsfrist des § 929 Abs. 2 ZPO (h.M). Bei der Vollziehung der einstweiligen Verfügung muss die fristwahrende Vollziehung durch Zustellung im Parteibetrieb erfolgen, bei der Beschlussverfügung und der Urteilsverfügung, auch wenn die Verfügung schon von Amts wegen zugestellt worden ist (h.M. BGHZ 120, 78, 86, 87; a. A. jetzt BGH III. ZR 115/18 vom 21.2.2019 im Hinblick auf die Gesetzesänderung in § 317 ZPO).

662

663 Zweckentsprechend darf die Vollziehung des Arrests und der einstweiligen Verfügung grundsätzlich nur zur Sicherung, nicht zur Befriedigung führen. Die Vollziehung des Arrestes wird bewirkt durch:
- Pfändung einer beweglichen Sache durch den Gerichtsvollzieher, § 930 Abs. 1 Satz 1 ZPO, nicht aber deren Versteigerung. Bei Gefahr beträchtlichen Wertverlusts oder unverhältnismäßiger Kosten der Aufbewahrung kann ausnahmsweise die Versteigerung der gepfändeten Sache erfolgen und ihr Erlös hinterlegt werden, §§ 930 Abs. 3, 828 ZPO; gepfändetes Geld wird hinterlegt, § 930 Abs. 2 ZPO.
- Pfändung einer Forderung – die aber nicht gleichzeitig auch überwiesen wird. Dafür ist in Abweichung von § 828 ZPO (Amtsgericht am Sitz des Schuldners) das Arrestgericht ausschließlich zuständig, § 930 Abs. 1 Satz 3 ZPO. Da dieses für die Forderungspfändung auch Vollstreckungsgericht ist, kann auf Antrag mit dem Arrestbefehl auch zugleich ein Pfändungsbeschluss nach § 829 ZPO ergehen. Ergeht er später, ist der Rechtspfleger beim Arrestgericht zuständig, § 20 Nr. 16 RPflG.
- Eintragung einer Sicherungshypothek bei Grundstücken, § 932 ZPO. Erlangt der Antragsteller wegen des durch Arrest gesicherten Geldanspruchs später einen Vollstreckungstitel (Urteil, Vollstreckungsbescheid), so verwandelt sich das Arrestpfandrecht ohne Weiteres und unter Wahrung des Ranges in ein Vollstreckungspfandrecht (BGHZ 118, 165), das dann auch die Verwertung ermöglicht.

664 Die Vollziehung muss innerhalb eines Monats ab Verkündung des Urteils oder Zustellung des Beschlusses an den Antragsteller erfolgen, §§ 929 Abs. 2, 936 ZPO. Diese Frist ist unverzichtbar und vom Vollstreckungsorgan von Amts wegen zu beachten. Wird diese Frist versäumt, ist die Vollziehung des Arrests und der Verfügung unstatthaft und damit aufzuheben. Die Vollziehung setzt die Zustellung der Entscheidung – Urteil oder Beschluss – im Parteibetrieb voraus. Das heißt der Kläger hat seine Entscheidung, als Beginn des Vollzugs, im Parteibetrieb zuzustellen, auch wenn das Gericht die Entscheidung schon zugestellt hat. Der Grund liegt in **§ 945 ZPO**. Die **Schadensersatzpflicht** ergibt sich dort nämlich nicht, weil der Kläger die Verfügung eingeholt hat, sondern nur, weil er sie vollzogen hat. Es ist **der Schaden zu ersetzen, der dem Gegner aus der Vollziehung entsteht**. Der Gläubiger muss also stets durch einen Akt zeigen, dass er von dem Arrest/der Verfügung, Gebrauch machen will. Damit vollzieht er, damit ist er allerdings dann auch in der Schadensersatzpflicht des § 945 ZPO. Bei Hinterlegung der im Arrest genannten Lösungssumme, § 923 ZPO, werden die in Vollzug des Arrests getroffenen Maßnahmen durch Beschluss des Vollstreckungsgerichts aufgehoben (Rechtspfleger, § 20 Nr. 15 RPflG), § 934 Abs. 1, 3 ZPO.

VII. Schadensersatz, § 945 ZPO

665 War die Anordnung etwa wegen fehlenden Arrest-/Verfügungsanspruchs oder -grunds von Anfang an ungerechtfertigt oder wird der Arrest oder die Verfügung nach § 926 Abs. 2 ZPO (ausbleibende Klageerhebung innerhalb der Frist) aufgehoben, steht dem Schuldner ein Ersatzanspruch **wegen des ihm aus der Vollziehung** oder aus der zur Abwendung erbrachter Sicherheitsleistung entstandenen Schadens zu, § 945 ZPO. Dies ist ein Fall verschuldensunabhängiger Gefährdungshaftung (vgl. auch § 717 Abs. 2 ZPO). Dieser Anspruch kann sehr hoch sein, etwa bei Untersagung einer Werbung, einer Betriebsschließung oder bei einem Veräußerungs- oder Erwerbsverbot. Der Kläger muss es sich also sehr wohl überlegen, ob er einen Arrest oder eine einstweilige Verfügung vollzieht.

> **Klausurproblem**: Nicht das Erwirken der Verfügung oder des Arrests bewirkt die Schadensersatzpflicht, sondern nur die Vollziehung, § 945 ZPO. Der Verfügungsklä-

ger hat wenn er die Verfügung erwirkt hat, immer noch eine Überlegungsfrist von einem Monat, § 929 Abs. 2 ZPO, ob er von der Verfügung Gebrauch macht. Wenn nein ist die Verfügung aufzuheben, § 927 Abs. 1 ZPO; wenn ja, dann ist zu vollziehen, also zuzustellen, dann ist er allerdings in der Schadensersatzpflicht des § 945 ZPO.

Klausurproblem: Ist Schadensersatz nach § 945 ZPO zu zahlen, wenn die Verfügung von einem unzuständigen Gericht erlassen worden ist?
Nein, nach h. M. greift § 945 ZPO nur bei materiell-rechtlich ungerechtfertigten Verfügungen, nicht bei Verfügungen, die aus prozessualen Gründen ungerechtfertigt sind (Zöller/Vollkommer § 945 Rn. 8).

H. Rechtsmittel
I. Allgemeines
1. Wirkungen und Statthaftigkeit der Rechtsmittel

Die Anfechtung einer Entscheidung erfolgt durch Einlegung eines Rechtsmittels. Dies führt zur Nachprüfung durch ein höheres Gericht (Devolutiveffekt) und zur Aufschiebung des Eintritts der formellen Rechtskraft (Hemmungswirkung, Suspensiveffekt). Das Rechtsmittel muss statthaft sein, d. h. es muss gegen eine Entscheidung dieser Art vorgesehen sein, das sind: **666**

a) **Die Berufung.** Gegen Endurteile im ersten Rechtszug, § 511 Abs. 1 ZPO. **667**

b) **Die Revision.** Gegen Endurteile der Berufungsinstanz, §§ 542 ff. ZPO. **Beachte:** Nach § 542 Abs. 2 ZPO gibt es keine Revision gegen Entscheidungen bei Arrest und einstweiliger Verfügung. **668**

c) **Die Sprungrevision.** Gegen Endurteile im ersten Rechtszug, die ohne Zulassung der Berufung unterliegen, unter den weiteren Voraussetzungen des § 566 Abs. 1 Satz 1 ZPO. **669**

d) **Die Sofortige Beschwerde.** Gegen Entscheidungen der Amts- und Landgerichte im ersten Rechtszug, wenn dies im Gesetz ausdrücklich bestimmt ist oder es sich um eine Entscheidung handelt, die eine mündliche Verhandlung nicht erfordert und durch die ein das Verfahren betreffendes Gesuch zurückgewiesen worden ist, § 567 Abs. 1 ZPO. **670**

e) **Die Rechtsbeschwerde.** Gegen Beschlüsse, wenn dies im Gesetz ausdrücklich bestimmt ist oder Zulassung erfolgt ist, § 574 Abs. 1 ZPO. **671**

f) **Sonderform.** Die Nichtzulassungsbeschwerde, § 544 ZPO. Die Revision ist grundsätzlich nur über eine Zulassung erreichbar, § 543 ZPO. Dabei wird sie entweder durch das Berufungsgericht im Urteil zugelassen oder auf eine begründete Nichtzulassungsbeschwerde hin durch das Revisionsgericht selbst, § 543 Abs. 1 ZPO. Sie ist zuzulassen, wenn die Rechtssache grundsätzliche Bedeutung hat, die Rechtsfortbildung oder die Sicherung einer einheitlichen Rechtsprechung eine Entscheidung des Revisionsgerichts erfordert, § 543 Abs. 2 Satz 1 ZPO. Hierbei gelten die Kriterien für die Berufungszulassung entsprechend. An die Zulassung durch das Berufungsgericht ist das Revisionsgericht gebunden, § 543 Abs. 2 Satz 2 ZPO. Die Nichtzulassung der Revision durch das Berufungsgericht unterliegt der Nichtzulassungsbeschwerde, § 544 ZPO. Während seit 2002 die Nichtzulassungsbeschwerde nach § 544 ZPO ohne Wertgrenze zulässig war, aber eine Wertgrenze über § 26 Nr 8 EGZPO Jahr für Jahr eingeführt wurde, ist seit **672**

1.1.2020 die Nichtzulassungsbeschwerde nur zulässig, wenn der Wert der Beschwer 20.000 Euro übersteigt, § 544 Abs. 2 Nr. 1 ZPO.

> **Klausurproblem:** Der Beklagte wird – wie vom Landgericht – auch vom Oberlandesgericht (in der Berufung) zur Zahlung von 15.000 Euro verurteilt. Eine Revision wird nicht zugelassen. Der Beklagte hat in diesem Fall nach § 544 Abs. 2 Nr. 1 ZPO, kein Rechtsmittel mehr, da die Beschwer von 20.000 Euro nicht erreicht ist.

2. Rechtsbehelfe

673 Keine Rechtsmittel aber Rechtsbehelfe sind das Abhilfeverfahren wegen Verletzung rechtlichen Gehörs, § 321a ZPO; der Einspruch gegen ein Versäumnisurteil, § 338 ZPO; die Nichtigkeits- und Restitutionsklage, §§ 578 ff. ZPO, und die Erinnerung, §§ 573, 766 ZPO. Hier führt die Anfechtung nicht zu einer Nachprüfung durch die höhere Instanz.

3. Prüfungsmaßstab

674 Bei der Revision und bei der Rechtsbeschwerde erstreckt sich die Nachprüfung ausschließlich auf die Rechtsanwendung ohne erneute Überprüfung des Sachverhalt, §§ 545 ff., 576 ZPO. In der Revisionsinstanz bilden das aus dem Berufungsurteil oder aus dem Sitzungsprotokoll ersichtliche Parteivorbringen, § 559 Abs. 1 ZPO, sowie die Feststellungen des Berufungsgerichts über Wahrheit oder Unwahrheit einer tatsächlichen Behauptung die Grundlage für die zu überprüfende Rechtsanwendung, es sei denn, es ist in Bezug auf die Feststellung ein zulässiger und begründeter Revisionsangriff erhoben, § 559 Abs. 2 ZPO. Solche Tatsachen sind in der Revisionsbegründung anzugeben, § 551 Abs. 3 Nr. 2b ZPO. Neues Vorbringen darf in der Revisionsinstanz grundsätzlich nicht berücksichtigt werden. Für die Rechtsbeschwerde gelten die Regelungen der Revision.

675 Bei der sofortigen Beschwerde und – eingeschränkt – bei der Berufung erfolgt eine Überprüfung der Entscheidung in tatsächlicher und rechtlicher Hinsicht, § 571 Abs. 2; §§ 513, 529 ZPO. Eine Beschränkung des Tatsachenvorbringens findet bei der sofortigen Beschwerde nicht statt. Die Beschwerdeinstanz bleibt vollständige Tatsacheninstanz, § 571 Abs. 2 ZPO.

676 Die Berufung ist keine zweite Tatsacheninstanz, sondern ein Instrument der Fehlerkontrolle. Das Berufungsgericht hat seiner Entscheidung daher grundsätzlich die vom Gericht des ersten Rechtszuges festgestellten Tatsachen zugrunde zu legen, § 529 Abs. 1 Nr. 1 1. HS ZPO. Nur bei konkreten Anhaltspunkten, dass Zweifel an der Richtigkeit oder Vollständigkeit bestehen, sind neue Feststellungen möglich, § 529 Abs. 1 Nr. 1 2. HS ZPO. Neue Tatsachen können eingeschränkt noch vorgebracht werden, wenn sie nicht präkludiert sind, §§ 529 Abs. 1 Nr. 2, 531 Abs. 1, Abs. 2, 530 ZPO.

4. Instanzenzug bei Anfechtung von Urteilen

677 Rechtsmittelgericht gegen Entscheidungen des Amtsgerichts ist das Landgericht für Berufungen und Beschwerden, soweit nicht ausnahmsweise eine Zuständigkeit des Oberlandesgerichts gegeben ist, § 72 GVG. Eine solche ist in zwei Fällen gegeben:
– Entscheidungen der Familiengerichte, § 119 Abs. 1 Nr. 1a GVG,
– Entscheidungen in Angelegenheiten der freiwilligen Gerichtsbarkeit mit Ausnahme der Freiheitsentziehungssachen und der von den Betreuungsgerichten entschiedenen Sachen, § 119 Abs. 1 Nr. 1b GVG.

Wird gegen ein Urteil des Amtsgerichts Sprungrevision nach § 566 ZPO oder Sprungrechtsbeschwerde nach § 75 FamFG eingelegt, so ist der Bundesgerichtshof zuständig, § 133 GVG.

678 Rechtsmittelgericht bei Entscheidungen des Landgerichts für Berufungen und Beschwerden ist das Oberlandesgericht, § 119 Abs. 1 Nr. 2 GVG. Für die Sprungrevision gegen ein erstinstanzliches landgerichtliches Urteil ist der Bundesgerichtshof zuständig, § 133 GVG.

679 Soweit das Landgericht als Beschwerdegericht über Beschlüsse des Amtsgerichts oder als Berufungsgericht durch Beschluss entscheidet, ist für eine dagegen gerichtete Rechtsbeschwerde auch der Bundesgerichtshof zuständig, § 133 GVG. Für die Revision gegen Berufungsentscheidungen des Landgerichts und des Oberlandesgerichts und die Rechtsbeschwerde gegen Beschwerdeentscheidungen des Oberlandesgerichts sowie für Erstrechtsmittel gegen Beschlüsse des Oberlandesgerichts in erster Instanz (z. B. in Fällen des § 1062 Abs. 1 ZPO) ist der Bundesgerichtshof zuständig, § 133 GVG.

II. Berufung

1. Voraussetzungen

680 a) **Statthaftigkeit.** Die Berufung ist der statthafte Rechtsbehelf gegen Endurteile erster Instanz, § 511 Abs. 1 ZPO. Keine Berufung findet gegen (echte) Versäumnisurteile statt, § 514 Abs. 1 ZPO, das einzig statthafte Rechtsmittel gegen Versäumnisurteile ist der Einspruch, § 338 Abs. 1 ZPO. Gegen ein „zweites Versäumnisurteil", § 345 ZPO, ist jedoch Berufung zulässig, die aber nur darauf gestützt werden kann, dass ein Fall der Versäumung nicht vorgelegen habe, § 514 Abs. 2 Satz 1 ZPO. Es bedarf hier weder einer bestimmten Berufungssumme noch der Zulassung, §§ 514 Abs. 2 Satz 2, 511 Abs. 2 ZPO.

> **Klausurproblem:** Der Kläger hat gegen den Beklagten einen Vollstreckungsbescheid erlangt, § 699 ZPO, gegen den der Beklagte Einspruch eingelegt hat, § 700 ZPO. Daraufhin hat der zuständige Richter das schriftliche Vorverfahren angeordnet und Fristen gesetzt. Der Beklagte hat sämtliche Fristen verstreichen lassen. Der Richter hat dann ein zweites Versäumnisurteil gegen den Beklagten erlassen. Ist dagegen die Berufung erfolgreich?
> **Ja**, denn es hat kein Fall der schuldhaften Säumnis vorgelegen, § 514 Abs. 2 BGB. Das Gericht hätte nach §§ 700 Abs. 4, 331a ZPO mündlich verhandeln müssen. Das schriftliche Vorverfahren durfte nicht angeordnet werden, §§ 700 Abs. 4, 276 ZPO. Da gegen ein zweites Versäumnisurteil auch kein Einspruch mehr möglich ist (vgl. §§ 345, 514 Abs. 2 ZPO), war nur die Berufung nach § 514 Abs. 2 ZPO statthaft. Da mündlich zu verhandeln war, musste der Beklagte auch nicht mit einem zweiten Versäumnisurteil ohne Verhandlung rechnen. Es lag keine schuldhafte Säumnis vor.

681 b) **Beschwer oder Zulassung der Berufung, § 511 Abs. 2 ZPO. – aa) Beschwer.** Erforderlich ist, dass der Berufungsführer beschwert ist, § 511 Abs. 2 Nr. 1 ZPO. Dies ist nur dann, wenn er gegenüber seinem Antrag durch die Entscheidung benachteiligt wurde und der Beschwerdegegenstand 600 Euro übersteigt. Der **Kläger** ist nur dann beschwert, wenn die angefochtene Entscheidung von seinem gestellten Antrag abweicht, sog. **formelle Beschwer** (BGH NJW 2002, 212), wenn er also mit seiner Klage ganz oder teilweise abgewiesen worden ist. Beim **Beklagten** ist auf die **materielle Beschwer** abzustellen. Er ist bei jedem für ihn nachteiligen rechtskraftfähigen Inhalt der Entscheidung beschwert, und zwar ohne Rücksicht auf die Vollstreckungsfähigkeit des Urteils und auf die in der unteren Instanz von ihm gestellten Anträge. Er ist daher in jedem Falle seiner Verurteilung, ggf. auch durch Anerkenntnisurteil (BGH NJW 1955, 545; OLG Koblenz NJW-RR 1993, 462), beschwert.

Beispiele
Der Kläger ist beschwert, wenn bei uneingeschränktem Antrag der Beklagte nur zu einer Zug-um-Zug Leistung verurteilt wurde; bei Antrag des Klägers auf Feststellung der Erledigung der Hauptsache, Klageabweisung erfolgt ist; beim unbezifferten Klageantrag (z. B. Schmerzensgeld) das Urteil hinter der angegebenen Größenordnung zurückbleibt (BGH NJW 2002, 3769). Der Beklagte ist beschwert, wenn die Klage als unzulässig statt als unbegründet abgewiesen wurde (BGHZ 28, 349), nicht aber umgekehrt; er gegen eine unbestrittene Gegenforderung aufrechnet, aber nur in Höhe des Betrages, zu dessen Zahlung er verurteilt ist (BGH FamRZ 2004, 1714); die Klage nicht endgültig, sondern nur als „zur Zeit" unbegründet abgewiesen wurde (BGH NJW 2000, 2988).

Keine Beschwer des Klägers ist gegeben, wenn eine günstige Entscheidung anders begründet worden ist, als er es erstrebt hat (vgl. BGH NJW 1994, 2697) oder der Beklagte bei unbeziffertem Schmerzensgeldantrag nur zum Mindestbetrag verurteilt wurde (BGH NJW 1999, 1339).

682 bb) **Zulassung.** Die Berufung kann auch vom Erstgericht **zugelassen** werden, §§ 511 Abs. 2 Nr. 2, Abs. 4 ZPO. Voraussetzung für die Zulassung ist eine grundsätzliche Bedeutung, die Fortbildung des Rechts es erfordert oder es zur Sicherung einer einheitlichen Rechtsprechung nötig ist, § 511 Abs. 4 ZPO.

683 c) **Die Berufungsschrift.** Die Berufung ist durch einen Schriftsatz beim Berufungsgericht einzureichen, § 519 Abs. 1 ZPO. Er muss die Bezeichnung des angefochtenen Urteils und die Erklärung enthalten, dass gegen dieses Urteil Berufung eingelegt werde, § 519 Abs. 2 ZPO. Die Berufung ist der Gegenpartei zuzustellen, § 521 Abs. 1 ZPO. Gleichzeitig soll eine Ausfertigung oder beglaubigte Abschrift dieses Urteils eingereicht werden, § 519 Abs. 3 ZPO. Es gelten die allgemeinen Vorschriften über vorbereitende Schriftsätze, §§ 519 Abs. 4, 129 ZPO. Erforderlich ist daher die Bezeichnung der Parteien und deren Parteirolle (BGH NJW-RR 2006, 284), die eigenhändige Unterschrift eines zugelassenen Rechtsanwalts oder bei Übermittlung durch ein Telefax die Wiedergabe der Unterschrift in der Kopie, § 130 Nr. 6 ZPO.

684 d) **Die Berufungsfrist.** Die Frist zur Berufung beträgt einen Monat, sie ist eine Notfrist und kann nicht verlängert werden, § 518 ZPO. Bei Versäumung gibt es ggf. Wiedereinsetzung in den vorigen Stand, §§ 224 Abs. 1, 233 ZPO. Die Frist beginnt mit Zustellung des in vollständiger Form abgefassten Urteils. Im Falle unterbliebener oder unwirksamer Zustellung beginnt die Frist spätestens 5 Monate nach Verkündung des Urteils, § 520 Abs. 2 ZPO. In diesem Fall können also zwischen Urteilsverkündung und Eingang der Berufungsbegründung 7 Monate liegen.

> **Klausurproblem:** Der Richter erster Instanz hat das Urteil acht Monate nach der Verkündung abgesetzt und zugestellt. Dennoch ist keine Berufung mehr möglich, § 517 ZPO. Die Berufungsfrist beginnt spätestens **5 Monate** nach der Verkündung. Danach ist die Frist nicht mehr eingehalten, die Berufung ist unzulässig. Der Beklagte hätte also schon bevor er das Urteil hat, spätestens nach 5 Monaten, innerhalb eines Monats Berufung einlegen müssen.

685 e) **Berufungsbegründung.** Der Berufungskläger muss die Berufung begründen, § 520 Abs. 1 ZPO. Das Vorliegen einer form- und fristgerechten Berufungsbegründung ist Zulässigkeitsvoraussetzung des Rechtsmittels. Sie kann in der Berufungsschrift oder in einem gesonderten Schriftsatz erfolgen, § 520 Abs. 3 Satz 1 ZPO. Die allgemeinen Vorschriften über vorbereitende Schriftsätze sind auf die Berufungsbegründung entsprechend anzuwenden, § 520 Abs. 5 ZPO. Die Begründung muss die Angaben nach § 520 Abs. 3 ZPO enthalten.

f) Berufungsbegründungsfrist. Die Berufungsbegründungsfrist beträgt 2 Monate ab Zustellung des in vollständiger Form abgefassten Urteils, § 520 Abs. 2 ZPO. Im Falle unterbliebener oder unwirksamer Zustellung beginnt die Frist spätestens 5 Monate nach Verkündung des Urteils, § 520 Abs. 2 ZPO. In diesem Fall können also zwischen Urteilsverkündung und Eingang der Berufungsbegründung 7 Monate liegen. **686**

Auf Antrag kann die Begründungsfrist vom Vorsitzenden des Berufungsgerichts verlängert werden. Willigt der Gegner ein, kann die Fristverlängerung 1 Monat übersteigen. Willigt er nicht ein, so kann der Vorsitzende die Frist dennoch um bis zu 1 Monat verlängern, wenn der Rechtsstreit durch die Verlängerung nicht verzögert wird oder der Antragsteller erhebliche Gründe darlegt, §§ 520 Abs. 2 Satz 2, Satz 3 ZPO. Erhebliche Gründe sind anwaltliche Arbeitsüberlastung, Urlaub des Anwalts oder der Partei (BGH NJW-RR 2000, 799), Mandatserteilung kurz vor Fristablauf, Vergleichsverhandlungen oder notwendige Rücksprache mit der Partei, die nicht kurzfristig erfolgen kann (BGH NJW 2001, 3552). Über den Verlängerungsantrag wird durch Verfügung (BGH NJW-RR 1990, 68) entschieden. Der Antrag unterliegt dem Anwaltszwang, er muss vor Ablauf der Begründungsfrist gestellt werden. Auf verspätet eingehenden Antrag kann keine Fristverlängerung gewährt werden, weil bereits Rechtskraft eingetreten ist (BGH NJW 1992, 842). **687**

2. Zulässigkeitsprüfung und Terminbestimmung

a) Verwerfung der Berufung. Das Berufungsgericht prüft zunächst von Amts wegen, ob die Berufung statthaft, form- und fristgerecht eingelegt und begründet ist. Selbstverständlich sind auch die weiteren Zulässigkeitsvoraussetzungen sowie die Beschwer zu prüfen. Ermangelt es an einer dieser Voraussetzungen, so wird die Berufung als unzulässig verworfen, § 522 Abs. 1 Satz 2 ZPO. Die Verwerfung erfolgt ohne mündliche Verhandlung durch Beschluss, sonst durch Endurteil, § 522 Abs. 1 Satz 3 ZPO. **688**

b) Zurückweisung nach § 522 Abs. 2 ZPO. Ist die Berufung zulässig, wird das Berufungsgericht die Berufung durch Beschluss unverzüglich zurückweisen, § 522 Abs. 2 ZPO, wenn das Berufungsgericht einstimmig davon überzeugt ist, dass die Berufung offensichtlich keine Aussicht auf Erfolg hat, die Rechtssache keine grundsätzliche Bedeutung hat, die Fortbildung des Rechts oder die Sicherung einer einheitlichen Rechtsprechung eine Entscheidung nicht erfordert. Vor Zurückweisung sind die Parteien auf diese Absicht hinzuweisen. Dem Berufungsführer ist unter Fristsetzung Gelegenheit zur Stellungnahme zu geben, § 522 Abs. 2 Satz 2 ZPO. Sind die Zurückweisungsgründe nicht bereits in dem Hinweis enthalten, ist der Zurückweisungsbeschluss zu begründen, § 522 Abs. 2 Satz 3 ZPO. Er ist nur nach Maßgabe des § 522 Abs. 3 ZPO anfechtbar. **689**

c) Terminbestimmung. Wird die Berufung nicht nach § 522 Abs. 2 ZPO zurückgewiesen, entscheidet das Berufungsgericht über die Übertragung des Rechtsstreits auf den Einzelrichter, § 526 ZPO, und bestimmt unverzüglich Termin zur mündlichen Verhandlung, § 523 Abs. 1 ZPO. Die Zulässigkeit der Berufung wird in den Gründen des Urteils begründet; das Gericht kann dies auch vorab durch Beschluss oder nach mündlicher Verhandlung durch Zwischenurteil feststellen. **690**

3. Urteil des Berufungsgerichts

a) Das Berufungsurteil. Im Rahmen der Berufungsanträge, § 528 Abs. 1 ZPO, auf Grundlage des nach §§ 529 ff. ZPO vorgegebenen Prüfungsumfangs, entscheidet das Berufungsgericht über die Berufung nach mündlicher Verhandlung. Das Berufungsurteil enthält nach § 540 Abs. 1 ZPO anstelle von Tatbestand und Entscheidungsgründen **691**

die Bezugnahme auf die tatsächlichen Feststellungen im angefochtenen Urteil mit Darstellung etwaiger Änderungen oder Ergänzungen und eine kurze Begründung für die Abänderung, Aufhebung oder Bestätigung der Entscheidung.

692 b) **Prüfungsumfang des Gerichts.** Das Berufungsgericht ist keine „zweite Tatsacheninstanz", sondern ein Instrument der Fehlerkontrolle. Das Berufungsgericht hat seiner Entscheidung daher grundsätzlich die vom Gericht des ersten Rechtszuges festgestellten Tatsachen zugrunde zu legen, § 529 Abs. 1 Nr. 1 1. HS ZPO. Dabei muss es im Rahmen des Antrags des Rechtsmittelklägers entscheiden, §§ 528, 557 Abs. 1 ZPO. Es darf nicht mehr und nichts anderes zusprechen, als der Rechtsmittelkläger beantragt hat. Es darf auch die angefochtene Entscheidung nicht zum Nachteil des Rechtsmittelklägers abändern, sofern der Gegner nicht seinerseits ein Rechtsmittel eingelegt hat, sog. Verbot der „reformatio in peius".

693 Lediglich das Vorliegen konkreter Anhaltspunkte für Zweifel an der Richtigkeit oder Vollständigkeit der entscheidungserheblichen Feststellungen durch das Erstgericht gebietet eine erneute Feststellung von Tatsachen, § 529 Abs. 1 Nr. 1 2. HS ZPO. Nur dann darf das Berufungsgericht erneut oder ergänzend Tatsachen durch Beweisaufnahme feststellen. Der Rechtsmittelführer ist deshalb auch verpflichtet bereits in seiner Berufungsbegründung solche konkreten Anhaltspunkte zu bezeichnen, § 520 Abs. 3 Satz 2 Nr. 3 ZPO. Er muss die Rechtsfehler der erstinstanzlichen Feststellungen in der Weise darlegen, dass der Erstrichter einen Beweisantrag übergangen, die Beweiserhebung unzutreffend durchgeführt oder bei der Beweiswürdigung durch Zugrundelegung eines falschen Beweismaßes, durch unvollständige Berücksichtigung aller Umstände oder Verstoß gegen Erfahrungssätze oder Regeln der Logik Fehler begangen hat.

694 Unter bestimmten Umständen können in der Berufung auch neue Tatsachen vorgetragen werde. Zusammenfassend gilt Folgendes: Neue Tatsachen können nur vorgebracht werden, wenn sie nicht bereits in erster Instanz zu Recht präkludiert worden sind, § 531 Abs. 1 ZPO. Darüber hinaus sind nur solche Tatsachen in der Berufung berücksichtigungsfähig, die nach §§ 520, 521 Abs. 2 ZPO in der Berufungsinstanz rechtzeitig vorgebracht worden sind, andernfalls sind sie zu präkludieren, § 530 ZPO.

695 Unter diesen Voraussetzungen ist neuer Tatsachenvortrag der Parteien nur dann zuzulassen, wenn er einen in erster Instanz vom Gericht übersehenen oder für unerheblich gehaltenen Gesichtspunkt betrifft, wenn er infolge eines Verfahrensmangels der ersten Instanz nicht geltend gemacht wurde oder im ersten Rechtszug ohne Nachlässigkeit der Partei noch gar nicht geltend gemacht werden konnte, § 531 Abs. 2 ZPO.

696 c) **Entscheidungsbefugnis des Gerichts.** Grundsätzlich hat das Gericht die notwendigen Beweise selbst zu erheben und in der Sache selbst zu entscheiden, § 538 Abs. 1 ZPO. Eine Aufhebung und Zurückverweisung an das Ausgangsgericht erfolgt nur, (1) wenn einer der in § 538 Abs. 2 ZPO genannten Gründe vorliegt und (2) eine Partei die Zurückverweisung beantragt (immer erforderlich), § 538 Abs. 2 a. E. ZPO.

697 d) **Die unzulässige/unbegründete Berufung.** Bei der Entscheidung ist zu unterscheiden, ob die Berufung unzulässig oder unbegründet ist. Die unzulässige Berufung wird verworfen, die unbegründete Berufung wird zurückgewiesen. Die Kostenentscheidung erfolgt nach § 97 ZPO.

698 e) **Die begründete Berufung.** Ist die Berufung zulässig und begründet, enthält die Entscheidungsformel zwei Aussprüche:

699 aa) **Aufhebung oder Abänderung der Entscheidung der Vorinstanz.** Ist die angefochtene Entscheidung (komplett) unrichtig, dann ist sie aufzuheben. Soweit sich die Unrichtigkeit nur auf einen Teil beschränkt, ist die Entscheidung abzuändern.

> **Klausurproblem:** Soweit das erstinstanzliche Urteil richtig ist, ist es insoweit aufrechtzuerhalten. Der Tenor kann darauf nicht einfach komplett neu gefasst werden, denn der Kläger kann möglicherweise schon vollstreckt haben – der Vollstreckung würde dann die Grundlage entzogen –, oder der Kläger würde gegebenenfalls seinen Rangplatz verlieren.

bb) Eigene Sachentscheidung oder Zurückverweisung. Nach dem Grundsatz des § 538 Abs. 1 ZPO hat das Berufungsgericht, nach Erhebung der notwendigen Beweise, die Sache selbst zu entscheiden. Lediglich bei Vorliegen einer in §§ 538 Abs. 2 Nr. 1–7 ZPO abschließend aufgezählten Fallgruppe darf das Berufungsgericht die Sache unter Aufhebung des Urteils und des Verfahrens an das Gericht des ersten Rechtszuges zurückverweisen, soweit die weitere Verhandlung erforderlich ist und eine Partei die Zurückverweisung beantragt, § 538 Abs. 2 ZPO. Nur bei angefochtenem Teilurteil, § 301 ZPO, kann auch ohne Parteiantrag zurückverwiesen werden. **700**

4. Anschlussberufung

Will oder kann eine Partei nicht selbstständig ein Rechtsmittel gegen die auch sie beschwerende Entscheidung einlegen, so ermöglicht ihr das Gesetz sich dem eingelegten Rechtsmittel des Gegners unselbstständig anzuschließen, §§ 524, 554, 567 Abs. 3, 574 Abs. 4 ZPO. Neben der Anschlussberufung nach § 524 ZPO ist auch eine Anschlussrevision, § 554 ZPO, eine Anschließung an eine Beschwerde, § 567 Abs. 3 ZPO, und Anschließung an eine Rechtsbeschwerde, § 574 Abs. 4 ZPO, möglich. Damit kann auch der Gegner eine volle Überprüfung der angefochtenen Entscheidung und deren Abänderung auch zu seinen Gunsten und zu Lasten des Hauptrechtsmittelführers erreichen. Die Anschließung ist aber nicht selbst Rechtsmittel, sondern nur ein Antrag innerhalb des fremden Rechtsmittels und kann sich deshalb nicht gegen einen am Verfahren bisher nicht beteiligten Dritten richten (BGH NJW-RR 2000, 1114). **701**

Die Anschließung erfolgt durch Einreichung einer begründeten Anschlussschrift beim Rechtsmittelgericht (Zulässigkeitsvoraussetzung), §§ 524 Abs. 3, 554 Abs. 3, 574 Abs. 4 Satz 2 ZPO. Sie ist auch nach Ablauf eigener Rechtsmittelfrist, nach Verzicht auf das Rechtsmittel oder bei Nichtzulassung des Rechtsmittels noch möglich. Sie ist aber binnen eines Monats nach Zustellung der Revisions- bzw. Rechtsbeschwerdebegründung des Gegners, §§ 554 Abs. 2 Satz 2, 574 Abs. 4 Satz 1 ZPO, bzw. bis zum Ablauf der gesetzten Berufungserwiderungsfrist, § 524 Abs. 2 Satz 2 ZPO, einzulegen, während bei der sofortigen Beschwerde keine Frist besteht, § 567 Abs. 3 Satz 1 ZPO. **702**

Die Anschließung verliert ihre Wirkung, wenn die Berufung bzw. Revision des Hauptrechtsmittelführers zurückgenommen, verworfen oder durch Beschluss zurückgewiesen wird, §§ 524 Abs. 4, 554 Abs. 4 ZPO, oder wenn die sofortige Beschwerde oder Rechtsbeschwerde zurückgenommen oder als unzulässig verworfen wird, §§ 574 Abs. 4 Satz 3, 567 Abs. 3 Satz 2 ZPO. Will der Rechtsmittelgegner dies vermeiden, muss er rechtzeitig ein eigenes Rechtsmittel einlegen. **703**

5. Verzicht, Rücknahme, Erledigung

a) Verzicht. Der Verzicht auf ein Rechtsmittel ist unwiderrufliche und unanfechtbare Prozesshandlung (BGH FamRZ 1994, 300). Die Wirksamkeit des Verzichts auf ein Rechtsmittel ist nicht davon abhängig, dass der Gegner den Verzicht angenommen hat, §§ 515, 565 ZPO. Durch Verzicht – vor oder nach Einlegung des Rechtsmittels – wird das Rechtsmittel unzulässig; es ist als unzulässig zu verwerfen, falls es dennoch eingelegt wird. **704**

b) Rücknahme. Die Rücknahme einer eingelegten Berufung oder Revision ist ebenfalls Prozesshandlung und daher dem Gericht gegenüber in der mündlichen Verhandlung **705**

oder durch Einreichung eines Schriftsatzes zu erklären, §§ 516 Abs. 2, 565 ZPO. Sie ist bis zur Verkündung des Berufungs- bzw. Revisionsurteils möglich, §§ 516 Abs. 1, 565 ZPO. Die Einwilligung des Gegners ist im Gegensatz zur Klagerücknahme, § 269 Abs. 1 ZPO, nicht erforderlich.

706 Die Rücknahme hat den Verlust des eingelegten Rechtsmittels zur Folge, §§ 516 Abs. 3 Satz 1, 565 ZPO. Solange jedoch kein Verzicht vorliegt und die Rechtsmittelfrist noch läuft, kann erneut Berufung oder Revision eingelegt werden (BGH NJW 1994, 737). Die durch das Rechtsmittel entstandenen Kosten gehen zulasten des Zurücknehmenden. Diese Wirkungen sind durch Beschluss von Amts wegen auszusprechen, §§ 516 Abs. 3 Satz 2, 565 ZPO.

707 c) **Erledigung.** Eine Erledigungserklärung ist auch in der Berufungsinstanz noch möglich. Es ist dann wie in der ersten Instanz zu prüfen, ob die Klage zulässig und begründet war und ob eine Erledigung eingetreten ist. Da nach Schluss der mündlichen Verhandlung nicht mehr einseitig in der 1. Instanz für erledigt erklärt werden kann, kommt dies frühestens mit der Einlegung der Berufung in Betracht. Dies auch dann, wenn die Hauptsache sich schon im ersten Rechtszug erledigt hat.

6. Klausuraufbau

708 Zwingend – wie schon beim Einspruch gegen ein Versäumnisurteil – ist mit der Statthaftigkeit und Zulässigkeit des Rechtsmittels zu beginnen. Denn nur wenn die Berufung statthaft und zulässig ist, hat das Gericht die Möglichkeit, das Urteil in der Berufung abzuändern, vgl. § 522 Abs. 1 ZPO, ansonsten wird die Berufung als unzulässig verworfen.

Prüfungsaufbau:
(I) Zulässigkeit der Berufung
    (1) Statthaftigkeit, § 511 ZPO
    (2) Zuständigkeit (Landgericht § 72 GVG und Oberlandesgericht § 119 GVG)
    (3) Beschwer, § 511 Abs. 2 Nr. 1 ZPO oder Zulassung, § 511 Abs. 2 Nr. 2 ZPO
    (4) Berufungsschrift, § 519 ZPO
    (5) Berufungsfrist, § 517 ZPO
    (6) Berufungsbegründung, § 520 ZPO
    (7) Berufungsbegründungsfrist, § 520 Abs. 2 ZPO
    Ermangelt es an einer dieser Voraussetzungen, wird die Berufung als unzulässig verworfen, § 522 Abs. 1 ZPO
(II) Zulässigkeit der Klage
(III) Begründetheit
    (1) Prüfungsumfang
        (a) Im Rahmen der Anträge, § 528 ZPO
        (b) Prüfungsumfang – festgestellte Tatsachen der ersten Instanz, § 529 Abs. 1 Nr. 1 1. Alt ZPO
            (aa) Ausnahmsweise erneute Feststellung bei Zweifeln, § 529 Abs. 1 Nr. 1 2. Alt ZPO
            (bb) Neue Tatsachen, §§ 529 Abs. 1 Nr. 2, 530, 531 ZPO
    (2) Entscheidungsbefugnis
    Grundsatz eigene Sachentscheidung; eventuell Zurückverweisung, § 538 ZPO.

III. Die sofortige Beschwerde

1. Die sofortige Beschwerde

709 Die sofortige Beschwerde ist das Rechtsmittel zur Anfechtung von Entscheidungen der Amts- und Landgerichte im ersten Rechtszug gegen die sie gesetzlich zugelassen ist,

§ 567 Abs. 1 Nr. 1 ZPO, oder wenn es sich um eine Entscheidung ohne Mündlichkeitszwang handelt, die ein das Verfahren betreffendes Gesuch zurückweist, § 567 Abs. 1 Nr. 2 ZPO.

Beispiele
Kostenbeschluss nach Hauptsachenerledigung, § 91a Abs. 2 ZPO; Kostenentscheidung im Anerkenntnisurteil, § 99 Abs. 2 ZPO; Zurückgewiesener Prozesskostenhilfeantrag, § 127 Abs. 2 ZPO; Kostenfestsetzungsbeschluss des Rechtspflegers, § 104 Abs. 3 ZPO; Versagung der Bewilligung öffentlicher Zustellung, § 186 ZPO; Ablehnung oder Unterlassung einer beantragten Terminsbestimmung, § 216 ZPO.

710 Anders als bei Berufung und Revision ist die Begründung der Beschwerde keine Zulässigkeitsvoraussetzung, dennoch soll sie begründet werden, § 571 Abs. 1 ZPO. Nachdem eine Beschränkung des Tatsachenvorbringens nicht stattfindet, kann die Beschwerde auch auf neue Angriffs- und Verteidigungsmittel gestützt werden. Kein Beschwerdegrund ist jedoch die Rüge der Unzuständigkeit des erstinstanzlichen Gerichts, § 571 Abs. 2 Satz 2 ZPO. Auch können der Vorsitzende oder das Beschwerdegericht für das neue Vorbringen eine Frist setzen und bei Verzögerungsgefahr oder nicht genügender Entschuldigung der Verspätung den Vortrag präkludieren, § 571 Abs. 3 ZPO.

711 Gegen Beschlüsse über eine Kostentragungspflicht, etwa nach § 104 ZPO, ist sie nur zulässig, wenn der Wert des Beschwerdegegenstands mehr als 200 Euro beträgt, § 567 Abs. 2 ZPO. Bei Kostengrundentscheidungen nach §§ 91a Abs. 2, 99 Abs. 2 und 269 Abs. 3 ZPO ist darüber hinaus erforderlich, dass auch in der Hauptsache ein Rechtsmittel gegeben wäre.

712 Die sofortige Beschwerde hat keine aufschiebende Wirkung, es sei denn sie richtet sich gegen die Festsetzung eines Ordnungs- oder Zwangsmittels, § 570 Abs. 1 ZPO. Es kann jedoch das Untergericht bis zur Vorlage, § 570 Abs. 2 ZPO, danach das Beschwerdegericht, durch Beschluss nach freiem Ermessen die Aussetzung des Vollzugs anordnen, § 570 Abs. 3 ZPO.

713 Nach § 572 Abs. 1 Satz 1 ZPO muss das die angefochtene Entscheidung erlassende Gericht der Beschwerde **abhelfen**, wenn es sie für begründet hält, solange die Entscheidung noch nicht formell rechtskräftig geworden ist. Beharrt es auf seiner Entscheidung, muss es die Beschwerde unverzüglich dem Beschwerdegericht vorlegen. Bei sofortiger Beschwerde gegen ein Zwischenurteil (z. B. § 387 Abs. 3 ZPO) oder gegen die Nebenentscheidung eines Endurteils (z. B. § 99 Abs. 2 ZPO), ist wegen § 318 ZPO keine Abhilfe möglich, § 572 Abs. 1 Satz 2 ZPO. Abhilfe und Nichtabhilfe ergehen durch Beschluss. Enthält die Beschwerde neues Vorbringen, so ist der Nichtabhilfe- bzw. Vorlagebeschluss kurz zu begründen.

2. Entscheidung durch das Beschwerdegericht

714 Das Beschwerdegericht entscheidet durch eines seiner Mitglieder originär als Einzelrichter, wenn die angefochtene Entscheidung vom Einzelrichter oder Rechtspfleger erlassen wurde, § 568 Abs. 1 Satz 1 ZPO. Bei besonderen Schwierigkeiten tatsächlicher oder rechtlicher Art oder bei grundsätzlicher Bedeutung kann er die Sache auf das Gremium übertragen, § 568 Abs. 1 Satz 2 ZPO.

715 Das Beschwerdegericht prüft von Amts wegen, ob die Beschwerde statthaft und in der gesetzlichen Form und Frist eingelegt ist. Im Falle eines solchen Mangels ist sie durch Beschluss als unzulässig zu verwerfen, §§ 572 Abs. 2, Abs. 4 ZPO. Ist die Beschwerde unbegründet, wird sie kostenpflichtig durch Beschluss zurückgewiesen, §§ 572 Abs. 4, 97 Abs. 1 ZPO.

716 Hält das Beschwerdegericht die Beschwerde für begründet, so entscheidet es bei Entscheidungsreife selbst. Andernfalls verweist es die Sache an das Untergericht zurück, das bei erneuter Entscheidung die rechtliche Beurteilung des Beschwerdegerichts zu berücksichtigen hat, § 572 Abs. 3 ZPO.

3. Anhang: Die Erinnerung

717 Die Erinnerung ist ein Rechtsbehelf, der zur Nachprüfung einer Entscheidung im selben Rechtszug durch dasselbe Gericht führt, ihr fehlt also der Devolutiveffekt. Erst gegen die im ersten Rechtszug ergangene Entscheidung des Gerichts über die Erinnerung findet die sofortige Beschwerde statt, § 573 Abs. 2 ZPO.

718 Die Erinnerung ist möglich gegen Entscheidungen des ersuchten oder beauftragten Richters und des Urkundsbeamten, § 573 Abs. 1 ZPO, ferner in der Zwangsvollstreckung, § 766 ZPO. Gegen Entscheidungen des Rechtspflegers findet sie nur statt, soweit nach allgemeinen verfahrensrechtlichen Vorschriften ein Rechtsmittel nicht gegeben ist, § 11 Abs. 2 RPflG.

3. Teil: Zwangsvollstreckung

Vorbemerkung

Klausuren aus dem Bereich des achten Buches der ZPO kommen sehr häufig im Examen vor. In den letzten Jahren gab es kaum ein Examen ohne Zwangsvollstreckungsklausur. Dies ist jedoch kein Grund zur Beunruhigung, denn diese Klausuren sind meist recht dankbar, denn sie sind in aller Regel kalkulierbar, vom Aufbau und der Schwerpunktsetzung her vergleichbar. Ganz überwiegend haben diese Klausuren ihren Schwerpunkt im Bereich der §§ 767, 771 ZPO; ab und an kann der Schwerpunkt auch mal bei § 805 ZPO und – obwohl dies kein vollstreckungsrechtlicher Rechtsbehelf ist – bei der Einziehungsklage liegen. Recht selten sind andere vollstreckungsrechtliche Rechtsbehelfe, wie etwa die Klage auf Erteilung der Vollstreckungsklausel oder die Erinnerung dagegen, §§ 731, 732 ZPO, die Erinnerung nach § 766 ZPO oder die sofortige Beschwerde, § 793 ZPO. Meist sind diese Rechtsbehelfe nur von den geltend gemachten Rechtsbehelfen abzugrenzen. Im Rahmen der Rechtsbehelfe sind teilweise Fragen des Vollstreckungsschutzes oder der Pfändbarkeit – vor allem §§ 850 ff ZPO –, zu prüfen.

719

Genauso wichtig und für den Erfolg der Klausur unabdingbar ist der richtige Aufbau bei den vollstreckungsrechtlichen Rechtsbehelfen. Während (sinnvollerweise) eine „normale ZPO-Klausur" mit der Zulässigkeit und dort mit der Zuständigkeit beginnt, ist dies bei der Klausur aus dem Vollstreckungsrecht falsch, denn nahezu jeder Rechtsbehelf hat eine andere Zuständigkeitsregelung (siehe insoweit bereits jetzt §§ 731, 732, 766, 767, 771, 797, 805 ZPO). Es ist deshalb zwingend mit der Statthaftigkeit des Rechtsbehelfes zu beginnen, erst wenn feststeht, welcher Rechtsbehelf statthaft ist, kann bestimmt werden, wer zuständig ist. Nach der Statthaftigkeit ist die Zuständigkeit und dann, auch insoweit besonders, das Rechtsschutzinteresse zu prüfen. Denn die Rechtsbehelfe in der Zwangsvollstreckung sind nur für eine begrenzte Zeit – i. d. R. wenn die Zwangsvollstreckung droht, bis zur Beendigung – möglich; zudem sind manche Rechtsbehelfe der „einfachere Weg", sodass ein anderer Rechtsbehelf unzulässig wäre.

720

Aufbau der Zwangsvollstreckungsklausur:
I. Zulässigkeit
  1. Statthaftigkeit
  2. Zuständigkeit
  3. Rechtsschutzinteresse
  4. Die anderen problematischen Punkte der Zulässigkeit
II. Begründetheit.

721

A. Voraussetzungen der Zwangsvollstreckung

Die Schlagworte sind **Titel, Klausel, Zustellung**. Ferner dürfen keine Vollstreckungshindernisse vorliegen und die besonderen Voraussetzungen der Zwangsvollstreckung müssen gegeben sein.

722

I. Titel

1. Zur Vollstreckung geeignete Titel

a) Urteile. Titel, aus denen vollstreckt werden kann, sind vor allem Endurteile, § 704 ZPO, die rechtskräftig sind oder die für vorläufig vollstreckbar erklärt worden sind. Zu ausländischen Urteilen vgl. § 722 ZPO.

723

724 b) **Weitere Vollstreckungstitel.** Weitere Vollstreckungstitel sind in § 794 ZPO aufgeführt. Wichtig sind hier vor allem Vergleiche, die vor einem deutschen Gericht geschlossen worden sind, § 794 Abs. 1 Nr. 1 ZPO; Kostenfestsetzungsbeschlüsse (vgl. §§ 103 ff. ZPO), § 794 Abs. 1 Nr. 2 ZPO; Vollstreckungsbescheide (§ 699 ZPO), § 794 Abs. 1 Nr. 4 ZPO; Urkunden von einem deutschen Gericht oder Notar, § 794 Abs. 1 Nr. 5 ZPO; hierbei handelt es sich meist um Urkunden, in denen sich der Schuldner der sofortigen Zwangsvollstreckung unterworfen hat, wie dies bei einer Schuld gegen eine Bank häufig der Fall ist.

Fall (Zahlungstitel und Duldungstitel):
Der Schuldner schließt mit der Bank einen Darlehensvertrag über 100.000 Euro. Zur Sicherheit gewährt er der Bank auch eine Grundschuld. In einer notariellen Urkunde unterwirft er sich wegen der Darlehensforderung und der als Sicherheit bestellten Grundschuld der sofortigen Zwangsvollstreckung. Kann die Bank damit vollstrecken?
Grundschuld und Darlehensvertrag sind keine Vollstreckungstitel. Wer daraus vollstrecken will, braucht dafür einen Titel. Will der Gläubiger die Zahlung der Darlehensforderung vollstrecken, ist ein **Zahlungstitel gegen den persönlichen Schuldner** erforderlich. Zur Zwangsvollstreckung in das Grundstück ist grundsätzlich ein **dinglicher Titel auf Duldung der Zwangsvollstreckung erforderlich**, §§ 1147, 1192 BGB. Die Bank müsste sich also durch Klage einen Titel beschaffen. Dies hat die Bank jedoch schon im Vorfeld getan. Der Schuldner hat sich sowohl wegen der Darlehensforderung (persönliche Unterwerfung), als auch wegen der Grundschuld (dingliche Unterwerfung) der sofortigen Zwangsvollstreckung unterworfen, § 794 Abs. 1 Nr. 5 ZPO, d. h. der Gläubiger kann aus der Urkunde wegen des Darlehens und auch aus der Grundschuld vollstrecken. Um bei einer Veräußerung des Grundstücks diesen Titel nicht zu verlieren, sichert sich die Bank über § 800 ZPO i. d. R. auch die Zwangsvollstreckung aus der Urkunde für den jeweiligen Grundstückseigentümer. Die Bank hat also bereits einen Vollstreckungstitel. Einer weiteren Klage auf Erteilung eines Titels würde das Rechtsschutzinteresse fehlen.

725 c) **Arrest und einstweilige Verfügung.** Titel sind auch Arrestbefehle und Einstweilige Verfügungen, §§ 922, 936 ZPO. Sie müssen, auch wenn es sich um Urteile handelt, nicht für vorläufig vollstreckbar erklärt werden. Sie sind aufgrund ihrer Eilbedürftigkeit aus sich heraus vorläufig vollstreckbar.

726 d) **Zuschlagsbeschluss.** Wichtige Titel zur Zwangsvollstreckung außerhalb der ZPO sind der Zuschlagsbeschluss, § 93 ZVG (§ 132 ZVG), und der Auszug aus der Insolvenztabelle, §§ 201 Abs. 2, 178 Abs. 3 InsO.

2. Titelumschreibung

727 Zur Zwangsvollstreckung müssen die Parteien im Titel und in der Klausel namentlich bezeichnet sein, vgl. § 750 Abs. 1 ZPO. Tritt eine Rechtsnachfolge auf einer Seite ein, kann gegen den Rechtsnachfolger mit diesem Titel und dieser Klausel deshalb nicht vollstreckt werden. Um einen neuen Prozess zu vermeiden, gibt § 727 ZPO (§§ 265, 325 ZPO) die Möglichkeit, den Titel umschreiben zu lassen. Dies ist möglich, wenn die Rechtsnachfolge bei Gericht offenkundig ist oder durch öffentliche oder öffentlich beglaubigte Urkunde nachgewiesen werden kann. Gelingt dies nicht, kann nach § 731 ZPO Klage auf Erteilung der Vollstreckungsklausel erhoben werden.

> **Klausurproblem:** Der Kläger hat gegen den Beklagten einen Titel auf Beseitigung einer Anlage auf dem Nachbargrundstück erwirkt. Während des Prozesses hat aber der Beklagte das Grundstück an den Dritten weiterveräußert und übereignet. Muss nun der Kläger den Dritten auf Beseitigung verklagen?

Nein, einer solchen Klage gegen den Rechtsnachfolger würde das Rechtsschutzinteresse fehlen. Der Kläger hat bereits einen Beseitigungstitel, dieser wirkt nach §§ 265, 325 ZPO gegen den Rechtsnachfolger. Diesen Titel muss der Kläger auf den Dritten umschreiben lassen nach § 727 ZPO. Wenn das nicht gelingt, muss er nach § 731 ZPO auf Erteilung der Vollstreckungsklausel klagen.

3. Titel gegen Gesellschaft und Gesellschafter sowie gegen Kaufmann

a) Titel gegen OHG und gegen Gesellschafter. Zur Vollstreckung in das Gesellschaftsvermögen einer OHG ist ein Titel gegen die Gesellschaft erforderlich, § 129 Abs. 1 HGB. Zur Vollstreckung gegen alle oder einen einzelnen Gesellschafter ist ein Titel gegen den oder die jeweiligen Gesellschafter erforderlich, diese haften nach § 124 HGB gesamtschuldnerisch. Mit dem Titel gegen die Gesellschaft kann also nicht in das Vermögen der Gesellschafter vollstreckt werden; mit einem Titel gegen die Gesellschafter kann nicht ins Gesellschaftsvermögen vollstreckt werden. **728**

b) Titel gegen BGB-Gesellschaft und gegen Gesellschafter. Gleiches gilt nun auch für die BGB-Gesellschaft, §§ 722, 721 BGB. Zur Vollstreckung gegen alle oder einzelne Gesellschafter ist ein Titel gegen den oder die Gesellschafter erforderlich; zur Vollstreckung ins Gesellschaftsvermögen ist ein Titel gegen die Gesellschaft erforderlich. **729**

c) Vollstreckung gegen Kaufmann. Kann mit einem Titel gegen „Weinhaus Manz" vollstreckt werden, wenn der Inhaber Hermann Maier heißt? **Ja,** ein Kaufmann kann unter seiner Firma – aber auch unter seinem privaten Namen – verklagt werden, § 17 Abs. 2 HGB. Beklagter ist, wer bei Rechtshängigkeit Inhaber der Firma ist. Vollstreckt werden kann auch gegen Hermann Maier unter seinem bürgerlichen Namen, auch wenn der nicht im Urteil benannt ist, wenn der Gerichtsvollzieher ohne Schwierigkeit die Personenidentität feststellen kann; dies kann meist mit einem Handelsregisterauszug geklärt werden. Ansonsten muss der Gläubiger Bescheinigungen erbringen, wer der Inhaber ist und dass Personenidentität besteht. Nur wenn kein Nachweis über die Personenidentität geführt werden kann, kann aus dem Titel nicht vollstreckt werden. **730**

4. Herausgabe des Titels (häufig in Klausuren)

Nach § 371 BGB analog kann die Herausgabe der vollstreckbaren Ausfertigung (§ 757 Abs. 1 ZPO) verlangt werden. Die Klage ist statthaft als allgemeine Leistungsklage, eine ausdrückliche Regelung für eine Herausgabe des Titels fehlt in der ZPO. Für diese Klage besteht auch neben einer Klage aus § 767 ZPO ein Rechtsschutzinteresse, denn die Herausgabeklage geht weiter als die Vollstreckungs- oder Titelgegenklage. Diese Klagen führen nur zur Einstellung der Zwangsvollstreckung, der Gläubiger behält aber die Vollstreckungsurkunden und kann damit faktisch die Vollstreckung einleiten. Wird der Titel aber herausgegeben, besteht das Risiko für den Schuldner nicht mehr (vgl. BGHZ 127, 146). **731**

Die Klage analog § 371 BGB ist aber nicht bereits dann begründet, wenn die Vollstreckung aus dem Titel für unzulässig erklärt worden ist. Der Anspruch setzt vielmehr voraus, dass die titulierte Schuld nie bestanden hat oder endgültig erloschen ist. Erforderlich ist, dass aus dem Titel überhaupt nicht mehr vollstreckt werden kann (BGHZ 127, 146; Thomas/Putzo/Hüßtege § 767 Rn. 6 und Grüneberg/Grüneberg § 371 Rn. 4). **732**

II. Vollstreckungsklausel

1. Vollstreckbare Ausfertigung

Die Zwangsvollstreckung wird aufgrund einer **vollstreckbaren Ausfertigung** durchgeführt. Das ist eine Ausfertigung des Urteils, versehen mit der **Vollstreckungsklausel**, **733**

§ 724 Abs. 1 ZPO. Diese wird grundsätzlich nur einmal erteilt, §§ 725, 733 ZPO; nur mit dieser Urkunde kann vollstreckt werden. Die vollstreckbare Ausfertigung wird mit einer „einfachen Klausel" (vom Urkundsbeamten der Geschäftsstelle), § 724 Abs. 2 ZPO, oder mit einer „qualifizierten Klausel" (vom Rechtspfleger § 20 Nr. 12 RPflG), §§ 726 ff. ZPO, erteilt. Grundsätzlich bedarf die Zwangsvollstreckung stets der Vollstreckungsklausel.

734 **Ausnahmen** bestehen bei:
- Vollstreckungsbescheiden, § 796 ZPO;
- Arrest und einstweiligen Verfügungen, §§ 929 Abs. 1, 936 ZPO;
- Kostenfestsetzungsbeschlüssen, § 795a ZPO.

2. Einfache Klausel, §§ 724, 725 ZPO

735 a) **Zuständigkeit.** Zuständig für die Erteilung einer Vollstreckungsklausel ist der Urkundsbeamte der Geschäftsstelle, § 724 Abs. 2 ZPO (vgl. auch § 8 Abs. 1 RPflG). Die Klausel lautet: „Vorstehende Ausfertigung wird dem ... zum Zwecke der Zwangsvollstreckung erteilt", sie wird der Ausfertigung des Urteils am Schluss beigefügt, unterschrieben und mit dem Gerichtssiegel versehen, § 725 ZPO.

736 b) **Voraussetzung.** Voraussetzung zur Erteilung ist stets
- ein formgültiger Titel,
- die Vollstreckbarkeit und
- ein vollstreckungsfähiger Inhalt des Titels.

737 c) **Rechtsbehelfe. – aa) Erinnerung.** Die Klausel wird (vom Urkundsbeamten) nicht erteilt: Dann steht dem Gläubiger die Erinnerung nach § 573 Abs. 1 ZPO zu, es entscheidet darüber das Gericht (der Richter). Gegen diese Entscheidung ist dann die sofortige Beschwerde, §§ 573 Abs. 2, 567 ZPO, statthaft.

738 bb) **Klauselerinnerung.** Die Klausel wird (vom Urkundsbeamten) erteilt: Dem Schuldner steht dann die Klauselerinnerung, § 732 ZPO, zu (einstweilige Anordnung, § 732 Abs. 2 ZPO).

3. Qualifizierte Klausel, §§ 726 ff. ZPO

739 a) **Qualifizierte Klausel.** Eine qualifizierte Klausel ist immer dann erforderlich, wenn ein „Sonderfall" vorliegt, wenn das Gesetz die Erteilung an bestimmte Voraussetzungen knüpft. Etwa Vollstreckung bei bedingten Leistungen, § 726 ZPO, oder für Rechtsnachfolger, § 727 ZPO, vgl. auch §§ 728, 729 ZPO. Zuständig für die Erteilung in diesen Fällen ist stets der Rechtspfleger, § 20 Nr. 12 RPflG.

740 b) **Rechtsbehelfe. – aa) Erinnerung,** § 11 RPflG. Die Klausel wird (vom Rechtspfleger) erteilt: Dem Schuldner steht dann die Erinnerung, § 11 RPflG, zu (Vollstreckungsschutz vgl. § 732 Abs. 2 ZPO); und die Klauselgegenklage, § 768 ZPO, bei den dort aufgeführten Vollstreckungsklauseln (Vollstreckungsschutz § 769 ZPO). Die beiden Rechtsbehelfe können sich überschneiden.

741 bb) **Klauselerteilungsklage.** Die Klausel wird (vom Rechtspfleger) nicht erteilt: Der Gläubiger hat dann die sofortige Beschwerde, § 11 Abs. 1 RPflG i. V. m. § 567 Abs. 1 Nr. 2 ZPO, mit einer Abhilfemöglichkeit durch den Rechtspfleger und die Klauselerteilungsklage, § 731 ZPO, wenn die erforderlichen Nachweise nicht mit öffentlichen Urkunden geführt werden können.

Fälle
(Sehr wichtig, diese Probleme kommen immer wieder vor in einer Klausur)
Fall 1: Vollstreckung bei Sicherheitsleistung? Erforderlich ist nur eine einfache Klausel des Urkundsbeamten, § 724 ZPO (Wortlaut des § 726 Abs. 1 ZPO). Der Gläubi-

ger erhält die Klausel also ohne Nachweis der Sicherheitsleistung. **Beachte** aber § 751 Abs. 2 ZPO, der Schuldner ist geschützt, die Vollstreckung darf nur beginnen, wenn die Sicherheitsleistung nachgewiesen ist.

Fall 2: Ratenzahlungsvergleich mit Verfallklausel? Der Vergleich lautet: Der Beklagte zahlt 10.000 Euro in monatlichen Raten à 1000 Euro, jeweils zum ersten des Monats. Kommt der Beklagte mit mehr als einer Rate mehr als 10 Tage in Rückstand, ist der gesamte noch offene Restbetrag sofort zur Zahlung fällig und mit 8 % über dem Basiszinssatz zu verzinsen. Kommt der Beklagte tatsächlich wie ausgeführt in Rückstand, wie erhält der Kläger nun seine vollstreckbare Ausfertigung?

Der Kläger erhält eine einfache Klausel vom Urkundsbeamten der Geschäftsstelle, § 724 ZPO. Dies ergibt sich aus dem Wortlaut des § 726 Abs. 1 ZPO, „von dem durch den Gläubiger zu beweisenden Eintritt einer anderen Tatsache …".

Beachte: Die Erfüllung, § 362 BGB, ist nicht vom Gläubiger, sondern vom Schuldner (Beklagter) zu beweisen. Deshalb greift § 726 ZPO nicht.

Fall 3: Der Vater verspricht seinem Sohn/Tochter einen PKW Porsche, wenn er im 2. Staatsexamen 10 Punkte erreicht. Vollstreckung? Hier ist eine qualifizierte Klausel vom Rechtspfleger erforderlich, § 726 ZPO. Der Sohn/die Tochter muss also den Beweis, dass Sie die 10 Punkte erreicht haben, durch öffentliche oder öffentlich beglaubigte Urkunde führen (dürfte mit dem Examenszeugnis möglich sein). Wenn dies nicht gelingt, kann die Klauselerteilungsklage, § 731 ZPO, erhoben werden.

Fall 4: Klausel bei Zug um Zug Verurteilung. Es ist nur eine einfache Klausel durch den Urkundsbeamten nötig. Erst bei Beginn der Zwangsvollstreckung muss die besondere Vollstreckungsvoraussetzung, § 756 ZPO, gegeben sein.

Fall 5: Der Gläubiger hat ein Urteil auf Herausgabe eines bestimmten PKW gegen den Schuldner. Dieser verkauft und übereignet den PKW an einen Dritten. Hier fehlt einer Klage auf Herausgabe des PKW gegen den Dritten das Rechtsschutzinteresse; es kann Titelumschreibung gegen den Rechtsnachfolger, § 727 ZPO (§§ 265, 325 ZPO), verlangt werden.

III. Zustellung, § 750 Abs. 1 S. 1 ZPO

Die **Zustellung erfolgt von Amts** wegen, §§ 317, 166 ff. ZPO. Die Geschäftsstelle bescheinigt auf Antrag den Zeitpunkt der Zustellung, § 169 ZPO. Grundsätzlich ist nur das Urteil zuzustellen, § 750 Abs. 1 S. 1 ZPO. In den Fällen des § 750 Abs. 2 ZPO, also einer qualifizierten Klausel, müssen auch die Klausel und bestimmte Urkunden zugestellt werden. Bei § 751 Abs. 2 ZPO bestimmte Nachweise, bei §§ 756, 765 ZPO weitere Urkunden bei Zug um Zug Verurteilung.

Ausnahmen von der Amtszustellung: § 750 Abs. 1 Satz 2 ZPO, wenn der Gläubiger schon zugestellt hat und bei Arrest und einstweiliger Verfügung, §§ 922 Abs. 2, 929 Abs. 3 ZPO.

IV. Keine Vollstreckungshindernisse

Für eine Vollstreckung dürfen weiter keine Vollstreckungshindernisse nach §§ 775, 776 ZPO (oder Vollstreckungsverträge, § 89 InsO) vorliegen.

V. Besondere Voraussetzungen der Zwangsvollstreckung

In manchen Fällen müssen noch besondere Voraussetzungen der Zwangsvollstreckung vorliegen, § 751 Abs. 1 ZPO (Kalendertag); § 751 Abs. 2 ZPO, (Sicherheitsleistung); §§ 756, 765 ZPO (Zug um Zug Leistung).

B. Systematik der Einzelzwangsvollstreckung

746 Die Systematik der Einzelzwangsvollstreckung lässt sich deutlich am Inhaltsverzeichnis des achten Buches der ZPO ablesen (anschauen).
Um die richtigen Normen zu finden, sind vor jeder Vollstreckung zwei Fragen zu beantworten:

747 Frage (1): Wegen was ist zu vollstrecken?
(a) Zwangsvollstreckung wegen Geldforderungen, §§ 802a ff. ZPO (Zahlungstitel)
(b) Zwangsvollstreckung wegen anderer Forderungen als Geldforderungen, §§ 883 ff. ZPO

748 Frage (2): In welches Gut ist zu vollstrecken bzw. was ist Ziel der Vollstreckung?
(a) In bewegliches Vermögen, körperliche Sachen, §§ 803 ff. ZPO,
(b) In Forderungen und Rechte, §§ 828 ff. ZPO,
(c) In Grundstücke, §§ 866 ff. ZPO,
(d) Wegen Herausgabeansprüche, §§ 883 ff. ZPO,
(e) Handlung, Duldung, Unterlassung, §§ 887 ff. ZPO,
(f) Abgabe einer Willenserklärung, §§ 894 ff. ZPO.

Zwangsvollstreckung					
wegen Geldforderungen, §§ 802a ff. ZPO (Zahlungstitel)			wegen anderer Forderungen als Geldforderungen, §§ 883 ff. ZPO		
in bewegliches Vermögen, körperlichen Sachen, §§ 803 ff., 808 ff. ZPO	in Forderungen und sonstige Rechte, §§ 828 ff. ZPO	in Grundstücke, §§ 866 ff. ZPO (ggf. i. V. m. ZVG)	wegen eines Anspruchs auf Herausgabe, §§ 883 ff. ZPO	wegen eines Anspruchs auf Handlungen, Duldung, Unterlassung, §§ 887 ff. ZPO	wegen eines Anspruchs auf Abgabe einer Willenserklärung, §§ 894 ff. ZPO

I. Zwangsvollstreckung wegen Geldforderungen, §§ 802a ff. ZPO

1. In bewegliches Vermögen, körperliche Sachen

749 Die Zwangsvollstreckung in das bewegliche Vermögen erfolgt durch Pfändung, § 803 Abs. 1 ZPO.
Zuständig für die Vollstreckung ist stets der Gerichtsvollzieher, §§ 753 Abs. 1, 808 Abs. 1 ZPO.

2. Vollstreckung in Forderungen und sonstige Rechte, §§ 828 ff. ZPO

750 Zuständig für die Vollstreckung ist in allen Fällen das Vollstreckungsgericht nach §§ 828, 764 Abs. 1 ZPO. Innerhalb des Vollstreckungsgerichts nach § 20 Nr. 17 RPflG der Rechtspfleger. Vollstreckt werden kann in:
– Geldforderungen, §§ 828 ff. ZPO,
– den Anspruch auf Herausgabe oder Leistung von Sachen, §§ 846 ff. ZPO,
– sonstige Rechte, §§ 857 ff. BGB.

3. In Grundstücke

751 Die Zwangsvollstreckung in das unbewegliche Vermögen erfolgt durch **Eintragung einer Sicherungshypothek**, durch Zwangsversteigerung oder durch Zwangsverwaltung, § 866 Abs. 1 ZPO.

a) **Sicherungshypothek, §§ 866 ff. ZPO.** Zuständig für die Vollstreckung – die Eintragung der Sicherungshypothek – ist das **Grundbuchamt**.

b) **Zwangsversteigerung, § 869 ZPO i. V. m. ZVG.** Zuständig für die Durchführung der Versteigerung ist das **Amtsgericht als Vollstreckungsgericht**, §§ 869 ZPO, 1 ZVG, dort der Rechtspfleger, § 20 Nr. 17 RPflG.

c) **Zwangsverwaltung, § 869 ZPO i. V. m. ZVG.** Zuständig für die Durchführung der Verwaltung ist das **Amtsgericht als Vollstreckungsgericht**, §§ 869 ZPO, 1 ZVG, dort der Rechtspfleger, § 20 Nr. 17 RPflG.

II. Zwangsvollstreckung wegen anderer Forderungen als Geldforderungen, §§ 883 ff. ZPO

Auch die Herausgabe von Sachen, §§ 883 ff. ZPO, und die Erwirkung von Handlungen und Unterlassungen, §§ 887 ff. ZPO, kann vollstreckt werden. Die Abgabe einer Willenserklärung, § 894 ZPO, wird fingiert werden.

1. Anspruch auf Herausgabe von Sachen, §§ 883 ff. ZPO

Zuständig für die Vollstreckung der Herausgabeansprüche ist der **Gerichtsvollzieher**, §§ 753 Abs. 1, 883 ff. ZPO. Die Vollstreckung erfolgt in:
- bewegliche Sachen nach §§ 883, 884 ZPO,
- Grundstücke nach § 885 ZPO.

2. Anspruch auf Handlungen, Duldung, Unterlassen, §§ 887 ff. ZPO

Zuständig für die Vollstreckung ist hier das **Prozessgericht des ersten Rechtszuges**, §§ 887, 888, 890 ZPO. Unterschieden wird:

a) **die Erwirkung von Handlungen**
- vertretbare Handlungen, § 887 ZPO, (z. B. Entfernung eines Baums)
- unvertretbare Handlungen, § 888 ZPO, (z. B. Abgabe einer eidesstattlichen Versicherung)

b) **Duldung oder Unterlassung, § 890 ZPO.**

3. Anspruch auf Abgabe einer Willenserklärung, § 894 ff. ZPO

Die Willenserklärung wird mit Rechtskraft des Urteils **fingiert**, eine Vollstreckung ist daher nicht erforderlich.

C. Pfändung und Verwertung von beweglichen Sachen

I. Zwangsvollstreckung durch Pfändung, § 803 ZPO

Zugriffsobjekt für die Zwangsvollstreckung ist das gesamte Vermögen des Schuldners. Die Zwangsvollstreckung in bewegliche Sachen erfolgt durch **Pfändung**, § 803 ZPO. Sie geschieht durch den **Gerichtsvollzieher** nach den §§ 808, 809 ZPO dadurch, dass er die Sachen in Besitz nimmt oder sie im Gewahrsam des Schuldners belässt und sie durch ein Siegel oder sonst wie kennzeichnet, §§ 808 Abs. 1, Abs. 2 ZPO. Geld, Kostbarkeiten und Wertpapiere und Sachen, bei denen sonst die Vollstreckung gefährdet wäre, nimmt der Gerichtsvollzieher in Besitz, § 808 Abs. 1, Abs. 2 ZPO.

Der Gerichtsvollzieher prüft dabei nicht, wer Eigentümer des Gutes ist, er prüft nur die Voraussetzungen der §§ 808, 809 ZPO. Danach muss der Schuldner alleiniger **Gewahrsamsinhaber** sein. Besteht Gewahrsam eines Dritten oder Mitgewahrsam, so geschieht die Pfändung, wenn der Dritte zur Herausgabe bereit ist, in derselben Weise, § 809

ZPO. Ist der Dritte dagegen nicht zur Herausgabe bereit, muss der Herausgabeanspruch gepfändet und überwiesen werden, §§ 828, 846, 847 ZPO.

758 Die Pfändung hat **im richtigen Umfange** zu erfolgen. Es gilt das **Verbot der Überpfändung**, § 803 Abs. 1 Satz 2 ZPO, und der zwecklosen Pfändung, § 803 Abs. 2 ZPO. §§ 811, 811c ZPO bezeichnen die unpfändbaren Sachen, wobei es die Möglichkeit der Austauschpfändung gibt, § 811a ZPO. Hausratsgegenstände sollen nicht gepfändet werden, § 812 ZPO. Auch die Pfändungsschutzvorschriften für Arbeitseinkommen, §§ 850 ff. ZPO, müssen beachtet werden. Unpfändbar sind auch Unterhaltsansprüche § 850b Abs. 1 Nr. 2 ZPO und u. U. auch Rentenansprüche, § 850b ZPO.

II. Verstrickung

759 Durch die Pfändung des Objektes entsteht ein **öffentlich-rechtliches Gewaltverhältnis** an dem Gegenstand. Dies ist strafrechtlich geschützt nach § 136 Abs. 1 StGB, gleichzeitig entsteht ein **relatives Veräußerungsverbot**, §§ 135, 136 BGB. Die Verstrickung ist Grundlage der Verwertung; ohne wirksame Verstrickung kann der Erwerber in der Versteigerung nicht das Eigentum über § 817 Abs. 2 ZPO erwerben.

760 Die Verstrickung entsteht **durch Verwaltungsakt des Gerichtsvollziehers**. Die Folge: Auch wenn der Verwaltungsakt rechtswidrig ist, ist er doch wirksam, es tritt deshalb gleichwohl Verstrickung ein; nur die Nichtigkeit des Verwaltungsaktes schadet. Nichtigkeit eines Verwaltungsaktes ist nur bei besonders schwerwiegenden Fehlern anzunehmen, wenn etwa der Gerichtsvollzieher funktionell unzuständig ist, er etwa eine Forderung pfändet, obwohl dafür das Vollstreckungsgericht zuständig wäre.

III. Pfändungspfandrecht, § 804 Abs. 1 ZPO

761 Neben der Verstrickung entsteht mit der Pfändung ein **Pfändungspfandrecht** an dem gepfändeten Gegenstand, § 804 Abs. 1 ZPO. Dieses gibt ein **Verwertungsrecht** und sichert die Priorität, §§ 804 Abs. 1, Abs. 2, Abs. 3 ZPO, 1204 ff. BGB. Anders als die Verstrickung ist dies kein öffentlich-rechtlicher Akt, sondern rein privatrechtlich. Zur Wirksamkeit ist eine rechtmäßige Pfändung, also die Entstehung eines materiellen Pfandrechts, §§ 1204 ff. BGB erforderlich, insbesondere muss die Forderung bestehen und die Pfandsache im Eigentum des Schuldners stehen.

IV. Sachverwertung

1. Öffentliche Versteigerung

762 Die Sachverwertung geschieht durch öffentliche Versteigerung, § 814 ZPO. Der **Zuschlag** erfolgt an den Meistbietenden, § 817 Abs. 1 ZPO, nicht unter der Hälfte des Schätzwertes, § 817a ZPO (Mindestgebot). Die Ablieferung der zugeschlagenen Sache an den Ersteher erfolgt Zug um Zug gegen Barzahlung, § 817 Abs. 2 ZPO.

2. Eigentumserwerb

763 Der Ersteigerer erwirbt **originär lastenfrei Eigentum** nach der Ablieferung, § 817 Abs. 2 ZPO. Die §§ 929 ff. BGB gelten nicht, es kommt also nicht auf Gut- oder Bösgläubigkeit an. Der Rechtsgrund für das „Behalten dürfen" ist der Zuschlag, § 817 Abs. 1 ZPO; Gewährleistungsrechte bestehen nicht, § 806 ZPO.

3. Dingliche Surrogation

Der Gläubiger verliert sein Pfändungspfandrecht an der Sache, aber es entsteht eine **dingliche Surrogation** am Erlös. Der ehemalige Eigentümer der Sache wird Eigentümer des Geldes analog § 1247 Satz 2 BGB, die titulierte Forderung gilt als getilgt, § 819 ZPO. Mit der Auskehrung des Erlöses durch den Gerichtsvollzieher erwirbt der Gläubiger Eigentum am Erlös durch Verwaltungsakt des Gerichtsvollziehers.

Fall 1
A hat seinem Freund F einen Computer geliehen.
a) Der Gläubiger des F lässt nun durch den Gerichtsvollzieher aufgrund eines Titels gegen F den Computer pfänden, der sich bei F befindet, wirksam?
Die Pfändung ist wirksam §§ 808 Abs. 1, Abs. 2 ZPO, die Sache befindet sich im Alleingewahrsam des Schuldners; auf die Eigentumslage kommt es nicht an, diese prüft der Gerichtsvollzieher nicht.
b) Ein Gläubiger des A vollstreckt in den Computer, der sich im Besitz des F befindet, wirksam?
Ist F zur Herausgabe bereit, dann liegt eine wirksame Pfändung nach §§ 808, 809 ZPO vor. Ist F nicht zur Herausgabe bereit, muss der Gläubiger den Weg über §§ 604 BGB, 829, 846, 847 ZPO gehen und den Herausgabeanspruch des A gegen den F pfänden und überweisen lassen. Damit kann aber die Herausgabe noch nicht erzwungen werden. Der Gläubiger müsste anschließend gegen F auf Herausgabe klagen und könnte aus dem Urteil dann nach § 883 ZPO vollstrecken.

Fall 2
Der Gläubiger lässt aufgrund eines Titels gegen Schuldner S einen Computer im Haushalt der Eheleute S (Lebensgefährten) pfänden.
a) Die Ehefrau des Schuldners widerspricht, da sie doch zumindest Mitgewahrsamsinhaberin und auch Miteigentümerin sei, erfolgreich?
Nein, eigentlich würde der Pfändung § 809 ZPO entgegenstehen, da die Ehefrau Mitgewahrsamsinhaberin ist. Dies ist aber unerheblich – auch dass sie Miteigentümerin (oder sogar Alleininhaberin) ist – denn nach den §§ 739 ZPO, 1362 BGB wird zugunsten der Gläubiger unwiderleglich vermutet, dass der Schuldner Eigentümer und alleiniger Gewahrsamsinhaber ist. Die Rechtsbehelfe der § 766 ZPO und § 771 ZPO greifen nicht, da das Verfahren zur Pfändung, §§ 808, 809 ZPO, eingehalten ist und der Ehefrau (vermutet) kein Eigentum zusteht.
b) Der Schuldner ist nicht verheiratet, aber seine Lebensgefährtin widerspricht der Pfändung, erfolgreich?
Ja, hier ändert sich das Ergebnis. Für die Lebensgefährtin gelten die Vorschriften des § 739 ZPO und des § 1362 BGB nicht. Sie hätte also mit der Vollstreckungserinnerung, § 766 ZPO, Erfolg; das Verfahren zur Vollstreckung wurde nicht eingehalten. Die Lebensgefährtin ist Mitgewahrsamsinhaberin und nicht zur Herausgabe bereit, §§ 809, 808 ZPO; als Miteigentümerin steht ihr auch die Drittwiderspruchsklage, § 771 ZPO, zu.

Fall 3
Der Gläubiger lässt aufgrund eines Titels gegen Schuldner S den unter Eigentumsvorbehalt erworbenen PKW pfänden. Eigentümer des PKW ist (mangels vollständiger Kaufpreiszahlung) noch immer E. Wie kann G das Anwartschaftsrecht des S pfänden?
Nach hM ist eine Doppelpfändung erforderlich; Sachpfändung nach §§ 803, 808 ZPO und eine Rechtspfändung nach den §§ 857 Abs. 1, 829 ZPO (vgl. unten D. III. 2.).

Fall 4
Der Gerichtsvollzieher hat beim Schuldner wirksam ein wertvolles Bild gepfändet, indem er ein Gerichtssiegel, § 808 Abs. 2 Satz 2 ZPO, angebracht hat. Der Schuld-

ner, der dringend Geld braucht, entfernt das Siegel und verkauft das Bild an den gutgläubigen Kunsthändler H. Hat dieser Eigentum erworben?
Ja, durch die Pfändung entsteht Verstrickung, es entsteht ein relatives Veräußerungsverbot, §§ 135, 136 BGB. § 135 Abs. 2 BGB erklärt dabei die Vorschriften über den redlichen Erwerb für anwendbar. H konnte daher gutgläubig lastenfrei Eigentum erwerben, §§ 929, 932, 935, 936 BGB.

Fall 5
Der Gläubiger lässt beim Schuldner einen Porsche Panamera und einen Laptop pfänden. Der Schuldner widerspricht der Pfändung. Den PKW und den Rechner benötige er zur Arbeit. Pfändung wirksam?
Wohl nein, PKW und Computer dürften nach § 811 Nr. 5 ZPO unpfändbar sein. Beim PKW „Porsche Panamera" dürfte aber eine Austauschpfändung, § 811a ZPO, in Betracht kommen.

Fall 6
Der Vater ist seiner minderjährigen Tochter, die bei der Mutter lebt, unterhaltsverpflichtet. Die Mutter dem minderjährigen Sohn, der beim Vater lebt. Die Ehegatten wollen die gegenseitigen Ansprüche aufrechnen, geht das?
Nein, es fehlt schon an der Gegenseitigkeit, aber es liegt auch ein Aufrechnungsverbot vor, §§ 394 BGB, 850b Abs. 1 Nr. 2 ZPO.

Fall 7
Der Gerichtsvollzieher pfändet beim Schuldner,
a) einen PKW, ohne dass ein Vollstreckungstitel vorliegt, wirksam? Nein, Pfändung ist nichtig.
b) einen Computer, der § 811 Abs. 1 Nr. 5 ZPO unterfällt, wirksam? Hier ist die Pfändung wohl wirksam, aber sie ist mit der Vollstreckungserinnerung, § 766 ZPO, anfechtbar.
c) eine Maschine, obwohl die titulierte Forderung längst (nach der mündlichen Verhandlung) bezahlt worden ist. Pfändung wirksam? Ja, die Pfändung ist aber mit der Vollstreckungsgegenklage, § 767 ZPO, anfechtbar.

D. Pfändung und Verwertung von Forderungen und sonstigen Rechten, §§ 828 ff. ZPO

I. Zwangsvollstreckung wegen Geldforderungen in Forderungen, §§ 828 ff. ZPO

1. Zwangsvollstreckung durch Pfändungs- und Überweisungsbeschluss (PfÜB)

765 a) **Zugriffsobjekt.** Objekt ist hier **eine zum Schuldnervermögen gehörende Forderung** gegen einen Drittschuldner. Hier sind – anders als bei der Sachpfändung – drei Personen beteiligt. Der (Zwangsvollstreckungs-) Gläubiger, der (Zwangsvollstreckungs-) Schuldner, gegen den eine (titulierte) Forderung besteht, und der Drittschuldner, der wiederum Schuldner des (Zwangsvollstreckungs-) Schuldners ist. Diese Forderung wird gepfändet (Pfändungsbeschluss), § 829 ZPO, und dem Gläubiger überwiesen (Überweisungsbeschluss), § 835 ZPO.

766 b) **Voraussetzung.** Voraussetzung der Pfändung einer Forderung ist ihre Pfändbar-/Übertragbarkeit, §§ 851 ZPO, 400 BGB. Pfändungsschutz des (Zwangsvollstreckungs-) Schuldners besteht nach den §§ 850 ff. ZPO. Geprüft wird nur, ob nach dem Klägervortrag die Forderung bestehen kann.

767 c) **Zuständig.** Zuständig für die Pfändung ist das Vollstreckungsgericht, §§ 828, 764 ZPO, dort der Rechtspfleger, § 20 Nr. 17 RPflG.

2. Pfändungsbeschluss, § 829 ZPO

a) Zustellung. Mit Zustellung an den Drittschuldner ist die Forderung gepfändet, § 829 Abs. 3 ZPO, wenn es sich nicht um eine Hypothekenforderung handelt; für diese ist noch die Übergabe des Hypothekenbriefes erforderlich, § 830 ZPO. **768**

b) Die Pfändung bewirkt. **769**
- die Verstrickung der Forderung,
- Einziehungs- und Übertragungsverbot, §§ 829 Abs. 1 Satz 2 ZPO, 135, 136 BGB (**Inhibitorium**),
- Zahlungsverbot, § 829 Abs. 1 Satz 1 ZPO (**Arrestatorium**),
- Pfändungspfandrecht an der gepfändeten Forderung,
- Erklärungspflicht des Drittschuldners, § 840 ZPO (mit Schadensersatzpflicht).

3. Überweisungsbeschluss, § 835 ZPO

a) Zustellung. Die Überweisung ist bewirkt mit Zustellung des **Überweisungsbeschlusses** an den Drittschuldner, §§ 835 Abs. 3 Satz 1, 829 Abs. 3 ZPO. **770**

b) Wirkungen der Überweisung. **771**
- Verwertungsrecht, §§ 835, 836 ZPO (Einziehungsrecht oder Überweisung an Zahlungs statt; in aller Regel Einziehung),
- Anspruch auf Herausgabe der Urkunden, § 836 Abs. 3 Satz 5 ZPO,

Beachte: Kein Titel! Der Überweisungsbeschluss ist gegenüber dem Drittschuldner **kein Vollstreckungstitel**. Weigert sich dieser zu zahlen, muss gegen ihn eine Einziehungsklage erhoben werden.

Fall 1
Der Gläubiger lässt eine nicht bestehende Forderung pfänden. Die Pfändung geht ins Leere!

Fall 2
Wie wird eine Hypothek gepfändet?
Die Hypothek kann alleine nicht gepfändet werden, § 1153 BGB, sondern **nur die zugrunde liegende Forderung**. Die Hypothek wird dann von der Pfändung auch erfasst. Deshalb wird hier nach §§ 829, 830 ZPO gepfändet, zur Verwertung wird die Forderung nach § 837 ZPO dem Gläubiger überwiesen. Im Unterschied dazu wird bei der **Grundschuld** die Grundschuld gepfändet, §§ 857 Abs. 1, Abs. 6, 829, 830, 837 ZPO.

II. Zwangsvollstreckung wegen Geldforderungen in Herausgabeansprüche, §§ 846–849 ZPO

Die **Herausgabeansprüche** können schuldrechtlicher oder dinglicher Natur sein. Etwa der Anspruch auf Rückübereignung einer sicherungsübereigneten Sache oder der Auflassungsanspruch. Bei **beweglichen Sachen** ist die Sache an den Gerichtsvollzieher herauszugeben, § 847 Abs. 1 ZPO, für die Verwertung gelten die §§ 814 ff. ZPO, 847 Abs. 2 ZPO. Bei **unbeweglichen Sachen** ist die Herausgabe an einen Sequester anzuordnen, § 848 Abs. 1 ZPO, wenn es um Übertragung des Eigentums geht, muss die Auflassung an den Sequester als den Vertreter des Schuldners erfolgen. Mit Eigentumsübergang auf den Schuldner erlangt der Gläubiger eine Sicherungshypothek für seine Forderung; der Sequester hat die Eintragung zu bewilligen, §§ 848 Abs. 1 S. 1, Abs. 2 ZPO. Die Zwangsvollstreckung erfolgt nach den §§ 864 ff. ZPO, 848 Abs. 3 ZPO. **772**

Fall
Der Gläubiger hat einen Zahlungstitel gegen den Schuldner. Der wiederum hat einen Auflassungsanspruch aus einem Kauf gegen den Verkäufer. Der Auflassungs-

anspruch des Schuldners wird nach §§ 846, 848, 829 ZPO durch das Vollstreckungsgericht gepfändet. Lässt der Verkäufer an den Schuldner – vertreten durch den Sequester – auf, so entsteht kraft Gesetzes eine Sicherungshypothek, §§ 848 Abs. 2 Satz 2 ZPO, 1184 BGB. Der Gläubiger kann aus dieser Hypothek die Zwangsversteigerung betreiben, §§ 848 Abs. 2, 866 ZPO. Lässt der Verkäufer nicht an den Schuldner auf, so muss der Gläubiger den Schuldner – vertreten durch den Sequester – auf Auflassung verklagen (Einziehungsklage). Mit Rechtskraft (des Urteils auf diese Klage), gilt die Auflassung als fingiert, § 894 ZPO.

III. Zwangsvollstreckung wegen Geldforderungen in andere Vermögensrechte, § 857 ZPO

1. Gegenstand des § 857 ZPO

773 § 857 ZPO erfasst alle Vermögensrechte, die nicht Geld- oder Sachforderungen und nicht unbewegliches Vermögen sind. Vor allem erfasst § 857 ZPO Anteilsrechte (z. B. an einer Gesellschaft oder Nachlassanteil), beschränkt dingliche Rechte, Anwartschaftsrechte und Immaterialgüterrechte (Einzelheiten Thomas/Putzo/Hüßtege § 857 Rn. 1 ff.).

Fall 1
Der Gläubiger will in einen vom Schuldner unter Eigentumsvorbehalt gekauften PKW (oder in einen der Bank – mit Rückfallklausel – sicherungsübereigneten PKW) vollstrecken?
Dem Schuldner steht in beiden Fällen ein Anwartschaftsrecht zu. Die **hM** verlangt hier eine **Doppelpfändung**. Der Gläubiger muss also eine Rechtspfändung vornehmen, §§ 857 Abs. 1, 829 ZPO, und eine Sachpfändung, § 808 ZPO. Mit der Rechtspfändung erlangt der Gläubiger die Befugnis, die Rechte des Schuldners geltend zu machen; also ggfs. die Restzahlung und damit den Bedingungseintritt herbeizuführen. Tritt die Bedingung ein – bspw. also eine vollständige Kaufpreiszahlung – erstarkt das Anwartschaftsrecht zum Vollrecht und der Gläubiger hat die Sache schon gepfändet.

Fall 2
Der Verkäufer hat dem Schuldner ein Grundstück verkauft, aufgelassen und die Eintragung des Schuldners bewilligt. Dieser hat seine Eintragung ins Grundbuch beantragt, ist aber noch nicht eingetragen. Hier hat der Schuldner schon ein dingliches Anwartschaftsrecht erworben, das nach §§ 857, 829 ZPO pfändbar ist (vgl. gerade Fall 1). Mit der Eintragung des Schuldners entsteht analog §§ 848 Abs. 2, 857 Abs. 1 ZPO kraft Gesetzes eine Sicherungshypothek.

Fall 3
Der Schuldner ist Miterbe einer Erbengemeinschaft. Was und wie kann ein Gläubiger pfänden?
Der Nachlass ist gemeinschaftliches Vermögen der Erben und einzelne Gegenstände sind der Verfügungsmacht des Schuldners (und der Erben) entzogen, §§ 2032 Abs. 1, 2033 Abs. 2 BGB. Der Erbe kann aber über seinen Nachlassanteil verfügen, § 2033 Abs. 1 Satz 1 BGB. Dieser Anteil ist daher pfändbar und kann dem Gläubiger überwiesen werden, §§ 859 Abs. 2, 857, 829, 835 ZPO. Der Gläubiger kann dann die Auseinandersetzung verlangen, §§ 2042 Abs. 2, 752 BGB.
Ist der Schuldner Gesellschafter einer BGB-Gesellschaft, kann sein Gesellschaftsanteil nach §§ 859 Abs. 1 Satz 1, 857, 829, 835 ZPO gepfändet und überwiesen werden. Zwar kann über den Gesellschaftsanteil grundsätzlich nicht verfügt werden, § 719 BGB, aber § 859 Abs. 1 Satz 1 ZPO erklärt ihn – zum Schutze der Gläubiger – für pfändbar.

E. Zwangsvollstreckung wegen Geldforderungen in das unbewegliche Vermögen, §§ 864 ff. ZPO

I. Arten der Zwangsvollstreckung in das unbewegliche Vermögen, § 866 ZPO

Die Zwangsvollstreckung in Grundstücke erfolgt durch Eintragung einer Sicherungshypothek, durch Zwangsversteigerung und Zwangsverwaltung, § 866 Abs. 1 ZPO. Der Gläubiger hat die freie Wahl der Vollstreckungsart, § 866 Abs. 2 ZPO; sie ist allerdings bei dem Arrest durch § 932 ZPO eingeschränkt.

II. Gegenstand der Immobiliarvollstreckung, § 864 ZPO

Gegenstände der Immobiliarvollstreckung sind:
- Grundstücke mit ihren wesentlichen Bestandteilen und Rechten, §§ 864 Abs. 1 ZPO, 93 ff., 96 BGB,
- Berechtigungen – dies sind insbesondere die grundstücksgleichen Rechte wie das Erbbaurecht,
- Gegenstände auf die sich die Hypothek erstreckt – dies sind,
    - Erzeugnisse und Bestandteile, §§ 1120 ff. BGB,
    - Miet- und Pachtzinsforderungen, §§ 1123 ff. BGB,
    - Wiederkehrende Leistungen, § 1126 BGB,
    - Versicherungsforderungen, §§ 1127 ff. BGB,
- Bruchteile, wenn die Voraussetzungen des § 864 Abs. 2 ZPO vorliegen.

III. Verhältnis zur Mobiliarvollstreckung, § 865 ZPO

> **Beachte:** Das Verhältnis der Mobiliar- zur Immobiliarvollstreckung ist häufig klausurrelevant!

Nur der **Immobiliarvollstreckung** unterfallen **wesentliche Bestandteile**, §§ 864 Abs. 1 ZPO, 93 ff. BGB; **Zubehör** (nie der Mobiliarzwangsvollstreckung), § 865 Abs. 1 ZPO.

Alle anderen Teile unterfallen nach § 865 ZPO der Zwangsvollstreckung in das bewegliche Vermögen (**Mobiliarvollstreckung**), so lange keine Beschlagnahme im Wege der Immobiliarvollstreckung erfolgte. Folge: Eine Pfändung in bewegliches Vermögen ist nach der Beschlagnahme abzulehnen. Wird sie trotzdem durchgeführt ist streitig, ob sie nichtig oder nur anfechtbar (hM) ist. Anders bei Zubehör und wesentlichen Bestandteilen, dort ist die Folge Nichtigkeit.

Fall 1
Pfändung einer Hypothek? Geschieht nach §§ 1153 BGB, 829, 830, 837 ZPO, durch Pfändung der Forderung.

Fall 2
Pfändung einer Grundschuld? Geschieht nach §§ 857 Abs. 1, 829 Abs. 2 ZPO.

Fall 3
Wie kann in eine Einbauküche vollstreckt werden?
Eine solche ist weder wesentlicher Bestandteil des Hauses („zur Herstellung eingefügt"), §§ 94 Abs. 2, 93 BGB, noch wesentlicher Bestandteil des Grundstücks, § 94 Abs. 1 BGB; sie ist Zubehör, § 97 BGB, und kann daher als solche nicht gesondert gepfändet werden, § 865 Abs. 2 ZPO. Der Gerichtsvollzieher kann daher die Einbauküche nicht pfänden, sie unterliegt der Vollstreckung in das unbewegliche Vermögen.

F. Zwangsvollstreckung wegen anderer Forderungen als Geldforderungen, §§ 883 ff. ZPO

I. Zwangsvollstreckung wegen Herausgabe von Sachen, §§ 883–886 ZPO

1. Herausgabe beweglicher Sachen, §§ 883, 884 ZPO

778 a) **Wegnahme und Übergabe an den Gläubiger.** Die Herausgabe wird dadurch vollstreckt, dass die Sache von dem Gerichtsvollzieher dem Schuldner weggenommen und dem Gläubiger übergeben wird, § 883 ZPO. Die Übergabe gilt dann als erfolgt, § 897 Abs. 1 ZPO, wenn der Gerichtsvollzieher die Sache dem Schuldner wegnimmt. Anders als bei der Pfandverwertung geschieht die Übergabe nicht als Eigentumszuweisung kraft Hoheitsakt. Es gelten nicht die §§ 814 ff. ZPO, sondern die rechtsgeschäftlichen Regelungen, mit der Möglichkeit des gutgläubigen Erwerbs, §§ 898 ZPO, 932 ff. BGB.

779 b) **Zuständigkeit.** Zuständig für die Vollstreckung ist der Gerichtsvollzieher, § 883 ZPO.

Fall
Der Schuldner wird zur Übergabe und Übereignung einer Maschine verurteilt. Die Einigungserklärung wird mit Rechtskraft des Urteils fingiert, § 894 ZPO. Die Übergabe wird durch den Gerichtsvollzieher nach § 883 ZPO vollstreckt, indem er die Sache dem Schuldner wegnimmt und dem Gläubiger übergibt. Mit der Wegnahme gilt die Übergabe der Sache als erfolgt, § 897 Abs. 1 ZPO. Es gelten die Vorschriften über den gutgläubigen Erwerb, § 898 ZPO.

2. Herausgabe von Grundstücken, § 885 ZPO

780 Hat der Schuldner ein Grundstück herauszugeben, zu überlassen oder zu räumen (Wohnraummiete), so hat der Gerichtsvollzieher den Schuldner aus dem Besitz zu setzen und den Gläubiger in den Besitz einzuweisen, § 885 ZPO.

Fall
Der Eigentümer/Vermieter will die Mietwohnung räumen, in der neben dem Mieter seine Ehefrau (Lebensgefährtin) wohnt, die erst nach Abschluss des Mietvertrages eingezogen ist. Außerdem wohnen dort ihre 3 Kinder und die Großeltern, die längere Zeit auf Besuch sind. Gegen wen braucht der Vermieter einen Titel um die Wohnung zu räumen?
Hier ist alles umstritten und problematisch! Ausgangspunkt ist: Der Titel muss sich gegen jeden Gewahrsamsinhaber richten, also etwa gegen den Untermieter und wohl auch gegen die Ehegatten, nicht dagegen gegen zugehörige Personen wie Gäste. Minderjährige Kinder sind nicht Mitbesitzer und Gewahrsamsinhaber, gegen sie fehlt einer Klage das Rechtsschutzinteresse (Einzelheiten bei Thomas/Putzo/Hüßtege § 885 Rn. 4 ff).

II. Zwangsvollstreckung wegen Handlungen oder Unterlassungen, §§ 887–890 ZPO

1. Vertretbare Handlungen, § 887 ZPO

781 Erfüllt der Schuldner eine Verpflichtung nicht, die auch von einem anderen vorgenommen werden kann, so kann ein Dritter ermächtigt werden, auf Kosten des Schuldners, die Handlung vorzunehmen (sog. Ersatzvornahme). Auf Antrag wird vom Prozessgericht des ersten Rechtszuges über die Ersatzvornahme entschieden.

2. Unvertretbare Handlungen, § 888 ZPO

782 Erfüllt der Schuldner eine Verpflichtung nicht, deren Erfolg nicht von einem Dritten bewirkt werden kann (z. B. Abgabe einer eidesstattlichen Versicherung oder Rechnungslegung), so ist der Schuldner durch Anwendung von Beugemitteln durch das Prozessgericht des ersten Rechtszuges anzuhalten, die Handlung vorzunehmen, § 888 ZPO.

3. Unterlassungen, § 890 ZPO

Handelt der Schuldner einer Verpflichtung zuwider, eine bestimmte Handlung zu unterlassen oder eine bestimmte Handlung zu dulden, so ist er auf Antrag für jeden Fall der Zuwiderhandlung zu einem Ordnungsgeld oder zu Ordnungshaft zu verurteilen, § 890 ZPO. Der Verurteilung muss eine entsprechende Androhung vorausgehen, die aber schon im Urteil enthalten sein kann, § 890 Abs. 2 ZPO.

Fall
Der Schuldner ist verpflichtet eine bestimmte Werbung zu unterlassen. Er wirbt dennoch weiter?
Auf Antrag verurteilt das Prozessgericht des ersten Rechtszuges den Schuldner zur Unterlassung und droht gleich für jeden Fall der Zuwiderhandlung ein Ordnungsgeld oder Ordnungshaft an, §§ 890 Abs. 1, Abs. 2 ZPO. Verstößt der Schuldner dann weiter gegen die Unterlassungsverpflichtung, setzt das Gericht für jeden Fall der Zuwiderhandlung ein Ordnungsgeld, ggfs. Ordnungshaft, fest.

III. Zwangsvollstreckung wegen Abgabe von Willenserklärungen, § 894 ZPO

1. Willenserklärung wird fingiert

Wird der Schuldner **zur Abgabe einer Willenserklärung verurteilt**, gilt die Erklärung mit Rechtskraft des Urteils als abgegeben. Eine Vollstreckung ist deshalb nicht erforderlich. Ist also der Schuldner verurteilt, dem Gläubiger ein bestimmtes Grundstück aufzulassen, §§ 873, 925 BGB, so gilt mit Rechtskraft des Urteils die Einigungserklärung des Schuldners vor dem Notar als abgegeben, es muss nur noch der Gläubiger erscheinen und die Annahmeerklärung abgeben.

2. Gegenleistung

Ist die Willenserklärung von einer Gegenleistung abhängig, bedarf es einer vollstreckbaren Ausfertigung des Urteils nach den §§ 726, 730 ZPO.

3. Rechtskräftiges Urteil

Erforderlich ist stets ein rechtskräftiges Urteil. Ist es nur vorläufig vollstreckbar, so gilt, wenn es um die Eintragung im Grundbuch geht, die Eintragung einer Vormerkung oder eines Widerspruchs als bewilligt, § 895 ZPO. §§ 19, 20 GBO werden fingiert. **Wichtig:** Der Antrag ist deshalb stets so zu stellen, dass das Urteil auch unter § 894 ZPO fällt, ansonsten müsste es über §§ 887, 888 ZPO noch gesondert vollstreckt werden.

> **Klausurproblem:** Der Kläger beantragt: Der Beklagte wird verurteilt, die auf dem Grundstück des Klägers (genaue Bezeichnung) eingetragene Hypothek (genaue Bezeichnung) zu löschen. Dies ist ungeschickt, denn dieser Titel fällt wohl nicht unter § 894 ZPO. Hält sich der Beklage nicht an den Titel und lässt die Hypothek nicht löschen, so muss der Kläger dies über §§ 887, 888 BGB vollstrecken. Beantragt der Kläger dagegen: Der Beklagte wird verurteilt folgende Erklärung abzugeben: Ich bewillige die Löschung der auf dem Grundstück (genaue Bezeichnung) eingetragen Hypothek (genaue Bezeichnung), so ist das ein Titel der unter § 894 ZPO fällt und damit keiner Vollstreckung mehr bedarf (genügen würde wohl auch der Antrag: Ich stimme der Löschung der Hypothek zu).

> Beachte auch § 895 ZPO. Da § 894 ZPO die Rechtskraft der Entscheidung verlangt, gilt zur Sicherung in den in § 895 ZPO genannten Fällen die Eintragung einer Vormerkung oder eines Widerspruchs als bewilligt.
>
> **Klausurproblem:** Gläubiger und Schuldner einigen sich in einem Prozessvergleich, dass der Schuldner dem Gläubiger eine Hypothek bestellt. Der Schuldner gibt nun die für die Eintragungsbewilligung erforderliche Erklärung nicht ab. Anwendbarkeit von § 894 ZPO?
> **Nein**, da Vergleiche nicht der Rechtskraft fähig sind, ist § 894 ZPO auf Vergleiche nicht anwendbar. Da es sich bei der Abgabe der Eintragungsbewilligung um eine nicht vertretbare Handlung handelt, ist ein Vorgehen über § 888 ZPO möglich. Der Schuldner muss vom Prozessgericht durch Zwangsgeld oder Zwangshaft angehalten werden, die Erklärung abzugeben, vgl. § 888 ZPO. Möglich wäre wohl auch eine Leistungsklage auf Abgabe der Bewilligung mit der Folge des § 894 ZPO. Grundlage wäre die Verpflichtung im Prozessvergleich. Problematisch ist dann das Rechtsschutzinteresse, da der Gläubiger ja schon einen Titel hat. Wohl zulässig, um den Gläubiger aus einem Vergleich nicht schlechter zu stellen, als den Gläubiger aus einem Urteil.

G. Rechtsbehelfe in der Zwangsvollstreckung

I. Allgemeines

1. Formale Verstöße

787 Gegen formale Verstöße der Vollstreckungsorgane in der Zwangsvollstreckung gibt es die Möglichkeit der Erinnerung, § 766 ZPO, wenn es sich um Vollstreckungsmaßnahmen handelt. Liegt dagegen eine Entscheidung (nach mündlicher Verhandlung) vor, greift die sofortige Beschwerde nach § 793 ZPO.

2. Materiell-rechtliche Fehler

788 Gegen materiell-rechtliche Fehler greifen die Vollstreckungsklagen.

789 a) **Die Vollstreckungsgegenklage, § 767 ZPO.** Wenn materiell-rechtliche Einwendungen gegen den titulierten Anspruch geltend gemacht werden, etwa Erfüllung, § 362 BGB, ein Zurückbehaltungsrecht, §§ 273, 320 BGB, oder nach der hM auch die Anfechtung, §§ 119 ff. BGB. Ein Sonderfall ist die Titelgegenklage, § 767 ZPO analog. Bei dieser werden keine materiell-rechtlichen Einwendungen geltend gemacht. Der Schuldner wendet sich stattdessen gegen den Titel selbst.

790 b) **Die Drittwiderspruchsklage, § 771 ZPO.** Sie richtet sich gegen eine konkrete Zwangsvollstreckungsmaßnahme in einen bestimmten Gegenstand, wenn dem Dritten ein **Interventionsrecht** („ein die Veräußerung hinderndes Recht") zusteht, etwa die beim Schuldner gepfändete Sache gehört nicht dem Schuldner, sondern dem Dritten.

791 c) **Die Vorzugsklage, § 805 ZPO.** Wenn einem Dritten eine Vorwegbefriedigung aus dem Erlös zusteht, etwa der Dritte hat ein **Vermieterpfandrecht**.

3. Aufbaufragen

792 Anders als sonst in der Klausur ist hier nicht mit der Zuständigkeit, sondern mit der Statthaftigkeit zu beginnen, denn die Zuständigkeit hängt vom jeweiligen Rechtsbehelf ab (vergleiche die unterschiedlichen Zuständigkeiten bei den verschiedenen Rechtsbehelfen, etwa §§ 766, 767, 771, 805 ZPO – lesen!). Es ist deshalb zwingend mit der Frage der Statthaftigkeit des Rechtsbehelfs zu beginnen. Anschließend kommen die

Zuständigkeit und sodann das Rechtsschutzinteresse, über beide sind in der Zwangsvollstreckungsklausur immer (kurze) Ausführungen zu machen. Das Rechtsschutzinteresse besteht nur, wenn die Zwangsvollstreckung begonnen hat oder unmittelbar bevorsteht und noch nicht beendet ist. Alle drei Punkte sind stets (kurz) abzuhandeln.

Wichtig: In den letzten Jahren verlagerte sich der Schwerpunkt der vollstreckungsrechtlichen Klausuren hierher. So trägt häufig der Kläger vor: Er wehre sich gegen „Alles". Er meint, (1) er habe erfüllt, (2) zudem sei die Klausel falsch, da Sie vom Urkundsbeamten statt von dem Rechtspfleger erteilt worden sei, (3) außerdem hätte die Klausel gar nicht erteilt werden dürfen, da die Voraussetzungen nicht vorgelegen hätten, (4) weiter sei der Titel gar nicht bestimmt genug und damit nicht vollstreckungsfähig. Mit seinem Vorbringen macht er geltend:
(1) Erfüllung, § 362 BGB, damit einen materiell-rechtlichen Einwand gegen den titulierten Anspruch, also § 767 ZPO, die Vollstreckungsabwehrklage.
(2) Klauselerinnerung § 732 ZPO.
(3) Hier kommt die Klauselerinnerung oder § 768 ZPO in Betracht, je nachdem was für eine konkrete Einwendung der Kläger erhebt.
(4) Die Einwendung, dass der Titel nicht vollstreckungsfähig sei, weil zu unbestimmt, ist keine materiell-rechtliche Einwendung gegen den titulierten Anspruch, sondern gegen den Titel. Hierfür ist die Titelgegenklage analog § 767 ZPO gegeben. Was der Kläger hier im Einzelnen will, ist durch Auslegung zu ermitteln. Meist steht im Sachverhalt eine konkrete Einlassung wie: Ich will den Titel endgültig beseitigen und nicht nur die Vollstreckbarkeit. Er will also § 767 (oder analog) ZPO. Die beiden Klagen können sogar verbunden werden. Eine Kombination von anderen Rechtsbehelfen ist mangels Zuständigkeiten (beachte § 802 ZPO) nicht möglich.

Fall 1
Der Schuldner wurde rechtskräftig vom Landgericht Stuttgart zur Zahlung von 10.000 Euro verurteilt. Der Gerichtsvollzieher vollstreckt, indem er den PKW des Schuldners pfändet. Kann der Schuldner die weitere Vollstreckung verhindern, wenn er (nach Schluss der mündlichen Verhandlung) den gesamten Betrag bezahlt hat? Wäre eine Klage begründet?

Lösung
(I) Zulässigkeit
  (1) Statthaftigkeit: Die Vollstreckungsgegenklage ist statthaft, § 767 ZPO, da S materiell-rechtliche Einwendungen (hier Erfüllung, § 362 BGB) gegen den titulierten Anspruch erhebt.
  (2) Zuständigkeit: Ausschließlich zuständig ist das Landgericht Stuttgart als Prozessgericht des ersten Rechtszuges, §§ 767 Abs. 1, 802 ZPO.
  (3) Rechtsschutzbedürfnis: Dieses besteht, die Zwangsvollstreckung hat bereits begonnen und ist noch nicht beendet.
  (4) Beschwer: Der Schuldner ist Prozessführungsbefugt, er ist als Vollstreckungsschuldner beschwert.
(II) Begründetheit
  (1) Rechtsvernichtende Einwendung: Der Schuldner erhebt zurecht den Erfüllungseinwand aus § 362 BGB und damit eine materiell-rechtliche Einwendung gegen den titulierten Anspruch i. S. d. § 767 Abs. 1 ZPO.
  (2) Präklusion: Der Einwand ist auch nicht präkludiert i. S. v. § 767 Abs. 2 ZPO, da die titulierte Forderung erst nach Schluss der mündlichen Verhandlung erloschen ist.
(III) Tenor
  (1) Die Zwangsvollstreckung aus dem Urteil des Landgerichts Stuttgart vom ..., Az.: ... wird für unzulässig erklärt.
  (2) ...

Fall 2
Der Kläger ist Eigentümer des PKW Porsche Panamera. Dieser steht auf dem Firmenhof des Schuldners in Ulm, als er vom Gerichtsvollzieher für den Gläubiger aufgrund eines Titels über 10.000 Euro gepfändet wird. Kann sich der Kläger dagegen mit Erfolg wehren? Wäre eine Klage begründet?

Lösung
- (I) Zulässigkeit
  - (1) Statthaftigkeit: Der Kläger macht als Dritter ein Recht an dem gepfändeten PKW in den vollstreckt wird, geltend. Er macht sein Eigentum und damit ein Interventionsrecht geltend, die Drittwiderspruchsklage ist daher statthaft, § 771 ZPO.
  - (2) Zuständigkeit: Örtlich ausschließlich zuständig ist nach §§ 771, 802 ZPO, das Gericht in Ulm, in dessen Bezirk die Zwangsvollstreckung erfolgt ist. Sachlich (insoweit nicht ausschließlich) zuständig ist das Landgericht, §§ 23 Nr. 1, 71 Abs. 1 GVG. Der Streitwert richtet sich nach dem Wert der vollstreckten Forderung begrenzt durch den Wert des Vollstreckungsgegenstandes, § 6 ZPO.
  - (3) Rechtsschutzbedürfnis: Dieses besteht, die Zwangsvollstreckung hat bereits begonnen und ist noch nicht beendet.
  - (4) Beschwer: Der Kläger macht eigene Rechte geltend und ist daher prozessführungsbefugt.
- (II) Begründetheit
  Die Klage ist begründet. Der Kläger macht als Eigentümer ein Interventionsrecht („ein die Veräußerung hinderndes Recht") geltend. Das Eigentum berechtigt zur Intervention.
- (III) Tenor
  - (1) Die Zwangsvollstreckung in den PKW Porsche Panamera, Fahrgestellnummer ..., amtliches Kennzeichen ..., aus dem Titel ... wird für unzulässig erklärt.
  - (2) ...

II. Vollstreckungsabwehrklage, § 767 ZPO

1. Zulässigkeit der Vollstreckungsabwehrklage

a) Prozessuale Gestaltungsklage. Die **Vollstreckungsabwehrklage** ist eine **prozessuale Gestaltungsklage**. Der Vollstreckungstitel wird nicht geprüft, es wird nicht in die Rechtskraft eingegriffen. Das Gestaltungsurteil nimmt dem Titel ex nunc die Vollstreckbarkeit.

b) Materiell-rechtliche Einwendungen. Statthaft ist die Klage nur, wenn der Schuldner **materiell-rechtliche Einwendungen** gegen den titulierten Anspruch selbst geltend macht. Also etwa Erfüllung, § 362 BGB, oder § 242 BGB. In der Klausur ist also stets zu Beginn zu prüfen (und auszuführen), bei der „Statthaftigkeit", dass der Kläger materiell-rechtliche Einwendungen geltend macht (zur Abgrenzung zu anderen Klagen, vgl. Thomas/Putzo/Hüßtege, § 767 Rn. 4 ff). Zur Titelgegenklage analog § 767 ZPO siehe unten 3. In § 785 ZPO ist die Vollstreckungsabwehrklage des Erben ausdrücklich angeordnet, obwohl in §§ 781–784 ZPO keine materiell-rechtlichen Einwendungen gegen den titulierten Anspruch geltend gemacht werden, etwa die beschränkte Erbenhaftung § 781 ZPO. Woraus folgt, dass für diese Einwendungen kein anderes Rechtsmittel gegeben ist. Die beschränkte Erbenhaftung kann auch nicht in eine Klausel aufgenommen werden, dies folgt aus dem Umkehrschluss aus § 785 ZPO. **Beachte:** Die beschränkte Erbenhaftung folgt aus §§ 1975, 1967 Abs. 2 BGB. Der Erbe kann sie nur geltend machen, wenn sie im Urteil vorbehalten ist, § 780 ZPO. Bei der Klage des Schuldners gegen den Erben muss der Erbe sie sich also vorbehalten. § 780 ZPO bezieht sich (bereits nach dem eindeutigen Wortlaut) aber nur auf die Klage des Schuldners gegen den Erben. Bei der Klage des Schuldners gegen den Erblasser der nach dem Urteil verstirbt, kann das nicht gelten. Wie soll denn der Erblasser die beschränkte Haftung seines späteren Erben geltend machen?

c) **Zuständigkeit.** Zuständig ist nach §§ 767 Abs. 1, 802 ZPO ausschließlich das **Prozessgericht des ersten Rechtszuges** (dies ist das Gericht, das den Titel geschaffen hat); selbst wenn es unzuständig gewesen sein sollte. **795**

d) **Rechtsschutzinteresse.** Das **Rechtsschutzinteresse** entsteht mit der drohenden Zwangsvollstreckung – die Vollstreckungsklausel muss dazu noch nicht erteilt sein – und endet erst mit Beendigung der Vollstreckung, i. d. R. mit der Auskehrung des Erlöses; vorher gilt die dingliche Surrogation, § 1247 BGB analog. Nach Beendigung der Vollstreckung fehlt das Rechtsschutzinteresse, es kann dann eventuell die „verlängerte Vollstreckungsgegenklage" (unten IX.) geltend gemacht werden. **796**

e) **Tenor.** „Die Zwangsvollstreckung aus dem Urteil des Landgerichts ... vom ... Az.: ... wird für unzulässig erklärt". **797**

f) **Wahl.** Vollstreckungsabwehrklage und **Berufung** können wahlweise eingelegt werden. Eine zulässig eingelegt Berufung nimmt aber der Vollstreckungsabwehrklage das Rechtsschutzinteresse. **798**

Die Vollstreckungsabwehrklage kann auch gegen einen **nichtigen Titel** erhoben werden, dieser muss aber der Form nach zur Vollstreckung geeignet sein (BGH NJW 1992, 2160). **799**

2. Begründetheit der Vollstreckungsabwehrklage

Die Vollstreckungsabwehrklage ist begründet, wenn **materiell-rechtliche Einwendungen** gegen den Titel bestehen (Erfüllung, Aufrechnung usw.) und **keine Präklusion** nach §§ 767 Abs. 2, Abs. 3 ZPO besteht. Die Klage nach § 767 ZPO gegen die Vollstreckung aus einem Urteil kann nur auf rechtsvernichtende oder rechtshemmende Einwendungen gestützt werden, **die nach der letzten mündlichen Verhandlung entstanden sind**, §§ 767 Abs. 2, Abs. 3 ZPO. Nach BGH müssen sie beim Versäumnisurteil und beim Vollstreckungsbescheid nach Ablauf der Einspruchsfrist entstanden sein. Bei Gestaltungsrechten (Aufrechnung, Anfechtung) kommt es nicht darauf an, wann das Gestaltungsrecht ausgeübt wurde, sondern wann es entstanden ist. Auch die Kenntnis des Gestaltungsrechts ist nicht nötig. **800**

3. Titelgegenklage, § 767 ZPO analog

Macht der Kläger keine materiell-rechtlichen Einwendungen geltend, sondern wendet er sich gegen den Titel an sich (etwa weil der Titel zu unbestimmt ist oder weil ein vollstreckungsfähiger Inhalt des Titels fehlt; BGH NJW 2015, 1181), dann liegt keine Vollstreckungsgegenklage vor, ist insoweit unstatthaft. § 767 ZPO wird in einem solchen Fall allerdings analog angewandt, sog. „**Titelgegenklage**". Mit ihr wird die Vollstreckbarkeit des Titels selbst angegriffen, weil dieser nur vordergründig vollstreckbar erscheint, aber nicht vollstreckbar ist. Für die Zuständigkeit gilt § 767 ZPO entsprechend; nicht gilt die Präklusion §§ 767 Abs. 2, Abs. 3 ZPO (vgl. Thomas/Putzo/Hüßtege § 767 Rn. 8a). **801**

4. Andere Titel

§ 767 ZPO gilt nicht nur für Urteile, sondern auch bei anderen Titeln über §§ 794, 795 ZPO. Für sie gilt allerdings nicht die Präklusion. Der Rechtskraft fähig sind nur Urteile, **802** die Präklusion schützt die Rechtskraft. Für die Zuständigkeit gibt es besondere Regeln in § 796 Abs. 3 ZPO und § 797 Abs. 5 ZPO, Gericht bei dem der Schuldner seinen allgemeinen Gerichtsstand hat.

Fall 1
Der Beklagte wird aufgrund mündlicher Verhandlung vom 1. August verurteilt, an den Kläger 10.000 Euro zu bezahlen. Am 10. August – also nach Schluss der mündlichen Verhandlung – erfährt der Beklagte, dass der Kläger die Forderung bereits am 1. Juli an einen Dritten abgetreten hat. Kann B sich gegen die Vollstreckung des K wehren?
Nein, der Beklagte macht zwar materiell-rechtliche Einwendungen (Abtretung) gegen den titulierten Anspruch geltend, der Kläger sei nicht mehr aktivlegitimiert, weil die Forderung abgetreten sei. Der Einwand ist aber präkludiert, § 767 Abs. 2 ZPO, die Forderung war bereits vor Schluss der mündlichen Verhandlung abgetreten (wenn der Kläger vollstreckt, dürfte dem B aber die Klage nach § 826 BGB zustehen).

Fall 2
B wird zur Zahlung von 10.000 Euro verurteilt, die mündliche Verhandlung war am 1. August. Am 10. August erklärt B die Aufrechnung mit einer Gegenforderung über 3.000 Euro, die bereits am 1. Juni fällig geworden ist. Kann B sich gegen die Vollstreckung des K wehren?
Nein, der Beklagte macht materiell-rechtliche Einwendungen (Aufrechnung) gegen den titulierten Anspruch geltend. Der Aufrechnungseinwand ist aber präkludiert, § 767 Abs. 2 ZPO. Entscheidend ist der Zeitpunkt der Aufrechnungslage (BGH), nicht der Aufrechnungserklärung, wegen der ex-tunc Wirkung der Aufrechnung, § 389 BGB (Anm.: Der B könnte aber seine Aufrechnung später noch geltend machen, § 139 BGB. Die Aufrechnung ist prozessual nicht wirksam, B verliert seinen Gegenanspruch nicht). Ausschließlich zuständig ist das Landgericht, obwohl der Streitwert nur 3.000 Euro beträgt, §§ 767, 802 ZPO.

Fall 3
Der Schuldner macht mit der Klage geltend, der Titel sei nicht vollstreckbar, weil der Titel den Leistungsgegenstand nicht genau bezeichne, so werde nicht genau bezeichnet was genau herauszugeben sei oder zu tun sei. Kann B sich gegen die Vollstreckung des K mit der Vollstreckungsgegenklage wehren?
Nein, hier greift nicht die Vollstreckungsgegenklage, weil der Schuldner keine materiell-rechtlichen Einwendungen erhebt. Er wendet sich stattdessen gegen den Titel selbst und dessen Vollstreckbarkeit. Hierfür ist die Titelgegenklage analog § 767 ZPO die statthafte Klageart; zuständig ist auch das Gericht des § 767 ZPO, allerdings entfällt die Präklusion.

Fall 4
Der Schuldner macht mit der Vollstreckungsgegenklage die Unwirksamkeit des Prozessvergleiches (zu dieser Problematik Einzelheiten oben in 2.Teil ZPO beim Vergleich) geltend. Statthaft?
Zur Vollstreckungsgegenklage kann es bei Geltendmachung nachträglicher Unwirksamkeit des Vergleichs (etwa durch Rücktritt oder Wegfalls der Geschäftsgrundlage) kommen. Der Vergleich hat den alten Rechtsstreit beendet, es ist daher eine „neue" Klage erforderlich. Er kann die Unwirksamkeit im Wege der Vollstreckungsgegenklage, §§ 767, 795, 794 Abs. 1 Nr. 1 ZPO, geltend machen.
Die Vollstreckungsgegenklage greift wohl auch, wenn in dem Vergleich Gegenstände mitverglichen wurden, die im ursprünglichen Prozess gar nicht Streitgegenstand waren und insoweit ein Unwirksamkeitsgrund vorliegt. Hier hat der Vergleich den ursprünglichen Streit erledigt. Gestritten wird nur um die „mitverglichenen" Teile. Diese Fragen sind am Besten im Rahmen der Zulässigkeit bei der Statthaftigkeit oder dem Rechtsschutzinteresse zu prüfen. Denn die Frage, ob die Vollstreckungsge-

genklage möglich ist, ist eine Frage der Statthaftigkeit. Wird der alte Prozess fortgesetzt, obwohl er beendet ist, fehlt diesem Antrag das Rechtsschutzinteresse.

III. Drittwiderspruchsklage

1. Allgemeines

a) **Prozessuale Gestaltungsklage.** Die **Drittwiderspruchsklage** ist eine **prozessuale Gestaltungsklage**, mit der ein an der Vollstreckung nicht Beteiligter aufgrund **materiell-rechtlicher Einwendungen** geltend machen kann, dass die Vollstreckung in einen bestimmten Gegenstand seine Rechte verletzt. 803

Verfahrensfehler werden mit der Erinnerung nach § 766 ZPO gerügt. Beide Rechtsbehelfe können nebeneinander erhoben werden. 804

b) **Bei nichtigen Vollstreckungsmaßnahmen.** Auch bei einer nichtigen Vollstreckungsmaßnahme besteht das **Rechtsschutzbedürfnis**, um den Rechtsschein der Pfändung zu beseitigen. 805

2. Voraussetzungen

a) **Statthaftigkeit.** Der Kläger muss ein **Interventionsrecht**, d. h. „**ein die Veräußerung hinderndes Recht**" geltend machen. Schon im Rahmen der Statthaftigkeit muss in der Klausur geprüft werden, ob der Kläger sich auf ein Interventionsrecht beruft. Ob es dann tatsächlich besteht, ist eine Frage der Begründetheit. 806

b) **Zuständigkeit.** Örtlich ausschließlich zuständig ist das Gericht, in dessen Bezirk die Zwangsvollstreckung erfolgte, §§ 771 Abs. 1, 802 ZPO. Sachlich ist keine ausschließliche Zuständigkeit gegeben, diese richtet sich daher nach §§ 23 Nr. 1, 71 Abs. 1 GVG, 6 ZPO. 807

c) **Rechtschutzbedürfnis.** Dieses beginnt mit der drohenden Vollstreckung in den Gegenstand und endet mit der Beendigung, also in der Regel – wegen der dinglichen Surrogation des § 1247 Satz 2 BGB analog – mit der Auskehrung des Erlöses (danach: § 812 Abs. 1 Satz 1 2.Alt. BGB, „verlängerte Drittwiderspruchsklage" vgl. unten IX.). 808

d) **Tenor.** „Die Zwangsvollstreckung in den PKW Porsche Panamera, amtliches Kennzeichen ... Fahrgestellnummer ... aufgrund des ... wird für unzulässig erklärt". 809

3. Interventionsrechte

a) **Eigentumsvorbehalt.** Beim **Eigentumsvorbehalt** können Verkäufer und Käufer (Anwartschaftsberechtigter) die Klage nach § 771 ZPO erheben. Auch der Sicherungsnehmer ist als Eigentümer berechtigt sowie der Sicherungsgeber als „wirtschaftlicher Eigentümer". 810

b) **Beschränkt dingliche Rechte.** Also Besitzpfandrechte, §§ 647, 1204 BGB, Grundpfandrechte, Hypothek und Grundschuld. Streitig ist, ob der Besitz ein Interventionsrecht ist. 811

c) **Schuldrechtliche Herausgabeansprüche.** Hier ist zu unterscheiden: Herausgabeansprüche auf die gepfändete Sache aus Miete, Leihe und Verwahrung geben ein Interventionsrecht, denn die Sache „gehört" wirtschaftlich zum Vermögen des Mieters bzw. Verleihers. Anders ist dies bei bloßen Verschaffungsansprüchen, etwa aus § 433 BGB. Auch die Anfectung nach dem Anfechtungsgesetz kann ein Interventionsrecht geben (umstritten; siehe unten 4. Fall 6). 812

d) **Einwendungen.** Gegen ein bestehendes Interventionsrecht des Klägers kann der Beklagte nach § 242 BGB auch Einwendungen geltend machen. Insoweit sind anerkannt: 813

- Der Kläger hat zwar ein Interventionsrecht als Eigentümer, aber er haftet materiell-rechtlich auch für die titulierte Forderung als Gesellschafter, § 126 HGB, als Bürge oder als Gesamtschuldner;
- Der Erwerb des Interventionsrechts ist anfechtbar nach §§ 9, 11 AnfG;
- Der Kläger haftet dem Beklagten materiell-rechtlich auf Übertragung des gepfändeten Gegenstandes;
- § 1365 BGB analog.

(Zu den einzelnen Interventionsrechten Thomas/Putzo/Hüßtege § 771 Rn. 14 ff.)

Fall 1
K kauft bei V einen PKW, den er drei Tage später abholen möchte, der ihm also noch nicht übergeben und übereignet worden ist. Nun betreibt der Gläubiger G des Verkäufers die Zwangsvollstreckung gegen diesen und pfändet den PKW. Kann sich K gegen die Pfändung mit der Drittwiderspruchsklage wehren?
Die Klage ist zwar statthaft, § 771 ZPO, denn der Käufer macht als Dritter ein Recht am Gegenstand geltend. Aber die Drittwiderspruchsklage ist unbegründet. Der Übereignungsanspruch ist, anders als etwa der Herausgebeanspruch des Mieters oder Verleihers, nur ein schuldrechtlicher Verschaffungsanspruch und als solcher kein „die Veräußerung hinderndes Recht".

Fall 2
Der Schuldner verkauft ein vom Gerichtsvollzieher für den Gläubiger gepfändetes und mit einem Siegel versehenes Bild an den gutgläubigen Käufer K. S hatte zuvor das Pfandsiegel entfernt. Kann der Käufer der Vollstreckung des Gläubigers widersprechen?
Ja, K hat ein Interventionsrecht, er ist Eigentümer des Bildes geworden. Die Pfändung bewirkte die Verstrickung, weshalb der Schuldner gegen § 136 StGB verstieß und auch ein relatives Veräußerungsverbot am Bild bestand, §§ 135, 136 BGB. Da K aber gutgläubig war, erwirbt er lastenfrei das Eigentum am Bild, §§ 936, 136, 135 Abs. 2 BGB.

Fall 3
Der Gläubiger hat einen Zahlungstitel über 10.000 Euro gegen den Schuldner. Dieser hat ein Bankkonto mit einem Dispokredit über 10.0000 Euro, auf dem Konto sind 2000 Euro Guthaben. Kann der Gläubiger in das Konto vollstrecken?
Das Guthaben über 2000 Euro kann problemlos gepfändet werden, § 829 ZPO. Beim Dispokredit kann nach BGH (NJW 2004, 1444) der Anspruch auf Auszahlung gepfändet werden. Die Verwertung ist jedoch erst möglich, wenn der Schuldner den Kredit tatsächlich in Anspruch nimmt (vgl. Zöller/Vollkommer § 829 Rn. 33, Stichwort „Kreditlinie").

Fall 4
Rechtsanwalt R hat ein Anderkonto, auf dem Gelder für seine Mandanten eingehen.
a) Vollstreckt ein Gläubiger des R in dieses Anderkonto, kann sich dann ein Mandant M dagegen wehren?
Ja, dem M steht ein Interventionsrecht zu. Wirtschaftlich und tatsächlich steht das Geld M zu, auch wenn das Konto auf R lautet und er es eröffnet hat (dasselbe gilt auch bei einem verdeckten Treuhandkonto). Voraussetzung ist aber, dass die Rechte an dem Konto eindeutig dem Mandanten und nicht dem R zustehen. Dies ist bei einem allgemeinen Geschäftskonto des Rechtsanwaltes nicht der Fall, bei einem solchen ist unklar, wer der tatsächlich Berechtigte ist.
b) Ein Gläubiger des Mandanten will in das Anderkonto des R vollstrecken. Kann R sich dagegen wehren?
Nein, der R hat kein Interventionsrecht, das Konto steht tatsächlich und wirtschaftlich dem M zu.

Fall 5
K kauft einen neuen PKW, zur Sicherheit übereignet er ihn an die Bank, §§ 929, 930, 858 BGB, unter der Bedingung des Rückfalls bei vollständiger Zahlung. Er behält ihn aber und benutzt ihn weiter.

a) Ein Gläubiger der Bank will in den PKW vollstrecken, kann K sich dagegen wehren?
Ja, der K hat ein Interventionsrecht. Sein Anwartschaftsrecht als wesensgleiches Minus zum Eigentum gibt ihm das Recht. Er kann sich solange dagegen wehren, wie die Bank die Sache nicht verwerten darf.

b) Ein Gläubiger des K will in den PKW vollstrecken, kann die Bank sich dagegen wehren?
Ja, auch hier besteht (nach hM) ein Interventionsrecht für die Bank. Die Bank ist Eigentümer. Der Gläubiger kann dennoch in den PKW vollstrecken, wenn er im Wege der Doppelpfändung das Anwartschaftsrecht und die Sache pfändet und dann die Restraten bezahlt.

Fall 6
D hat einen Titel über 10.000 Euro gegen S. Um seinen PKW der Vollstreckung zu entziehen, veräußert der S den PKW an seinen Freund E, der über alles informiert ist.

a) Nun vollstreckt der Gläubiger G aufgrund eines Titels gegen den E in den PKW. Kann D etwas dagegen unternehmen?
In diesem Fall steht D ein Anfechtungsrecht nach §§ 11, 1, 2 AnfG zu. Die Rechtsfolge der Anfechtung ist, dass sich zwar die Rechtslage am PKW nicht ändert, E den PKW aber zur Zwangsvollstreckung (dem D) zur Verfügung stellen muss. Während der BGH früher entschieden hat (BGH NJW 1990, 990), dass das Anfechtungsrecht eher einem Verschaffungsanspruch gleichzustellen sei und deshalb eine Klage nach § 805 ZPO statthaft sei, hält er nun wohl ein Interventionsrecht für gegeben (BGH VersR 2004, 93 ff., zum vergleichbaren Fall des § 129 InsO), sodass nun eine Drittwiderspruchsklage des D statthaft ist.

b) Als E nun den PKW bei Autohändler A zur Reparatur gibt, lässt D den PKW dort pfänden. Kann E sich dagegen wehren?
E als Eigentümer steht grundsätzlich ein Interventionsrecht zu. Dennoch kann sich E nicht erfolgreich wehren, weil D **die Einrede der Anfechtbarkeit** nach §§ 9 AnfG, 242 BGB hat. D kann die Veräußerung S an E anfechten, §§ 1, 2, 3, 11 AnfG und dieses Recht im Wege der Einrede erheben, auch wenn er noch nicht geklagt hat. Da D bereits einen Schuldtitel erlangt hat, ist § 9 AnfG nicht direkt, wohl aber analog anwendbar. Sonst muss die Einrede auf § 242 BGB gestützt werden.

IV. Sonderproblem Anfechtungsgesetz

1. Allgemeines

Bei Rechtshandlungen, die den Gläubiger benachteiligen, vgl. §§ 3, 4 AnfG (auch §§ 129 ff. InsO), kann dieser die Rechtshandlungen des Schuldners anfechten. Durch Anfechtung der beeinträchtigenden Verfügungen wird die dingliche Rechtslage nicht berührt. Der Dritte, dem das Vermögen übertragen wurde, muss aber das erlangte Vermögen dem Gläubiger zur Verfügung stellen, § 11 AnfG. Der Gläubiger kann die Anfechtung auf zwei verschiedene Arten geltend machen, er kann den Anfechtungseinwand – insbesondere bei Klagen nach §§ 771, 805 ZPO i. V. m. § 9 AnfG – erheben (unten 3.) oder die Anfechtungsklage, § 13 AnfG (unten 2.).

2. Anfechtungsklage, § 13 AnfG

a) Zuständigkeit. Diese ergibt sich aus §§ 12, 13 ff. ZPO (örtliche) und §§ 23, 71 GVG, 6 ZPO (sachliche), entscheidend ist dabei der Wert der Forderung oder des Gegenstandes.

816 **b) Voraussetzungen, § 2 AnfG.**
- Vollstreckbarer Schuldtitel, der auf Zahlung von Geld gerichtet ist. Der Gegner kann sich auf Präklusion, analog § 767 Abs. 2, berufen; allerdings nicht bei einem Vergleich und anderen Titeln nach § 794 ZPO,
- Die Forderung muss fällig sein,
- Kein Vollstreckungserfolg.

817 **c) Berechtigung.** Begründet ist die Anfechtung unter den Voraussetzungen der §§ 3, 4 AnfG. Da die Voraussetzungen der Anfechtung – insbesondere **Gläubigerbenachteiligung und Schenkungsanfechtung** - vom Gläubiger kaum bewiesen werden können, kommt über § 242 BGB ein Auskunftsanspruch für den Gläubiger in Betracht, über Art und Umfang eventuell anfechtbarer Rechtshandlungen. Auch eine Stufenklage, § 254 ZPO, ist in diesem Zusammenhang dann möglich.

818 Über eine **einstweilige Verfügung**, § 935 ZPO, kann der Duldungsanspruch eventuell gesichert werden. Analog §§ 885 Abs. 1 Satz 2, 899 Abs. 2 Satz 2 BGB ist die Eilbedürftigkeit nicht glaubhaft zu machen.

819 **d) Fall.** Die Bank hat einen Titel gegen S auf Zahlung von 100.000 Euro. Um der Vollstreckung zu entgehen, überträgt S sein Grundstück auf seine Tochter T. Nachdem die Vollstreckung gegen S erfolglos geblieben ist, klagt die Bank gegen T. Kann diese die Einwendungen, die der S gegen die Bank hat (z. B. Zahlung oder Sittenwidrigkeit, § 138 BGB), geltend machen?
Grundsätzlich wirkt die Rechtskraft nur zwischen den Parteien, § 322 ZPO, also keine Rechtskrafterstreckung, § 325 ZPO. Es entspricht aber allgemeiner Meinung, dass der Anfechtungsgegner keine Einwendungen geltend machen kann, die durch den titulierten Anspruch ausgeschlossen sind, es gilt die Präklusion entsprechend § 767 Abs. 2 ZPO (BGH MDR 1988, 314). Danach kann die Tochter, entsprechend § 767 Abs. 2 ZPO, alle nach Schluss der mündlichen Verhandlungen entstehenden Einwendungen geltend machen, etwa nachträgliche Erfüllung. Diese Einwendung hätte auch der Schuldner. Dagegen kann T Einwendungen, die präkludiert sind (etwa Unwirksamkeit), nicht geltend machen, wenn die Bank aus einem Urteil vorgeht. Geht die Bank jedoch aus einem Vergleich oder aus einer vollstreckbaren Urkunde vor, §§ 794 Abs. 1 Nr. 1, Abs. 5 ZPO, so entfällt die Präklusion, da diese Titel nicht in Rechtskraft erwachsen können.

3. Anfechtungseinrede, § 9 AnfG

820 **a) Drittwiderspruchsklage.** Ob die Anfechtung nach dem AnfG im Rahmen einer Drittwiderspruchsklage nach § 771 ZPO geltend gemacht werden kann, ist sehr streitig. Die ältere Rechtsprechung lehnte ein Interventionsrecht ab (BGH NJW 1990, 990), jetzt wird es aber wohl bejaht (BGH VersR 2004, 93 ff. zu § 129 InsO). Siehe insoweit oben III. 4. Fall 6 a).

821 **b) Einrede.** Die Anfechtung kann auch als Einrede geltend gemacht werden, §§ 9 AnfG, 242 BGB.

Fall
D hat einen Titel über 10.000 Euro gegen S. Um seinen PKW der Vollstreckung zu entziehen, veräußert der S den PKW an seinen Freund E der über alles informiert ist. Als E nun den PKW bei Autohändler A zur Reparatur gibt, lässt D den PKW dort pfänden. Kann E sich dagegen wehren?
E als Eigentümer steht grundsätzlich ein Interventionsrecht zu. Dennoch kann sich E nicht erfolgreich wehren, weil D **die Einrede der Anfechtbarkeit** nach §§ 9 AnfG, 242 BGB hat. D kann die Veräußerung S an E anfechten, §§ 1, 2, 3, 11 AnfG, und dieses Recht im Wege der Einrede erheben, auch wenn er noch nicht geklagt hat.

Da D bereits einen Schuldtitel erlangt hat, ist § 9 AnfG nicht direkt, wohl aber analog anwendbar. Sonst muss die Einrede auf § 242 BGB gestützt werden.

V. Klage auf vorzugweise Befriedigung, § 805 ZPO

1. Allgemeines

Die **Vorzugsklage** ist eine prozessuale Gestaltungsklage, nach der der Gläubiger mit einem Pfand- oder Vorzugsrecht mit besserem Rang vorrangig befriedigt werden soll.

2. Voraussetzungen

a) **Statthaftigkeit.** Die Klage nach § 805 ZPO kann wegen eines besitzlosen Pfandrechts oder Vorzugsrechts mit besserem Rang vor dem Zwangsvollstreckungsgläubiger von einem Dritten geltend gemacht werden.

b) **Zuständigkeit.** Örtlich zuständig ist ausschließlich das **Vollstreckungsgericht**, §§ 805 Abs. 2, 764, 802 ZPO. Für die sachliche Zuständigkeit besteht keine ausschließliche Zuständigkeit, diese ist streitwertabhängig, §§ 23 Nr. 1, 71 Abs. 1 GVG, 3 ZPO.

c) **Rechtsschutzinteresse.** Dieses besteht von der Pfändung bis zur Auskehr des Erlöses an den Zwangsvollstreckungsgläubiger.

d) **Tenor.** „Der Kläger ist aus dem Reinerlös des am ... gepfändeten und versteigerten PKW ..., amtliches Kennzeichen ..., Fahrgestellnummer ... bis zu einem Betrag von ... Euro vor dem Beklagten zu befriedigen."

3. Begründetheit

Die Klage ist begründet, wenn der Kläger ein Recht auf vorzugsweise Befriedigung hat. Dies ist der Fall bei einem Pfandrecht (z. B. Vermieterpfandrecht, § 562 BGB, Werkunternehmerpfandrecht, § 647 BGB oder Gastwirtspfandrecht, § 704 BGB) oder bei einem Vorzugsrecht (z. B. §§ 369, 371 HGB; § 50 InsO). Es gilt dabei das Prioritätsprinzip, § 804 Abs. 3 ZPO.

Fall

Der Mieter M zieht mit einem wertvollen Perserteppich in die Wohnung des Vermieters V ein. Der M verkauft den Teppich an den Dritten D, der Teppich bleibt aber in der Wohnung. Nun pfändet der Gerichtsvollzieher für einen Gläubiger G des D aufgrund eines Zahlungstitels den Teppich in der Wohnung des M; M ist einverstanden. Kann Vermieter V der Pfändung widersprechen bzw. was hat er für ein Recht? Der Vermieter hat kein Interventionsrecht, ihm steht jedoch das Recht auf vorzugsweise Befriedigung zu. Dieses Recht gibt ihm das Vermieterpfandrecht, § 562 Abs. 1 Satz 1 BGB. Mit Einbringen der Sache entsteht das Pfandrecht. Es ist nicht erloschen, § 562a BGB, der Teppich wurde nicht entfernt. Der D hat auch nicht gutgläubig lastenfrei erworben, §§ 930, 933, 936 BGB, da der Teppich ihm noch nicht übergeben wurde. Das Pfandrecht des V ist damit vorrangig, § 804 ZPO. Die Vorzugsklage des V ist daher begründet.

Alternative: Anders, wenn der Mieter mit einem wertvollen Bild einzieht, das er bereits davor der Bank zur Sicherung übereignet hat. Hier ist die Bank vorrangig gesichert. Der Vermieter hat allenfalls nachrangig ein Vermieterpfandrecht erlangt, mit dem Einbringen. Ein gutgläubiger Erwerb eines lastenfreien gesetzlichen Pfandrechts kommt trotz §§ 1205 ff. BGB nicht in Betracht, vgl. den Wortlaut des § 1257 BGB „auf ein kraft Gesetzes entstandenes Pfandrecht".

VI. Einziehungsklage

1. Allgemeines

828 Sie ist keine prozessuale Gestaltungsklage, sondern eine allgemeine Leistungsklage und kein Rechtsbehelf der Zwangsvollstreckung. Der Pfändungs- und Überweisungsbeschluss, §§ 829, 835 ZPO, ist kein Titel gegen den Dritten. Der Dritte ist deshalb, wenn er nicht „freiwillig" bezahlt, auf die Leistung des überwiesenen Betrages zu verklagen. Es gelten die allgemeinen Zulässigkeitsvoraussetzungen.

2. Begründetheit

829 Die Klage ist begründet, wenn der Kläger (dies ist der Zwangsvollstreckungsgläubiger) zur Einziehung der Forderung berechtigt ist. Entscheidend ist, welche Einwendungen der Dritte noch erheben kann.

Einwendungen aus dem Verhältnis Vollstreckungsgläubiger gegen Vollstreckungsschuldner kann der Dritte grundsätzlich nicht mehr geltend machen. Denn für vollstreckungsrechtlichen Einwendungen ist das Vollstreckungsgericht und nicht das Prozessgericht zuständig (Ausnahme allenfalls Nichtigkeitsgründe hinsichtlich des PfÜB).

Aus dem Verhältnis Vollstreckungsgläubiger gegen den Dritten kann der Dritte alle Einwendungen erheben.

Auch aus dem Verhältnis von Vollstreckungsschuldner zum Dritten kann dieser die Einwendungen erheben, die ihm zum Zeitpunkt der Zustellung des PfÜB gegen den Vollstreckungsschuldner zustanden, § 404 BGB analog.

VII. Vollstreckungserinnerung, § 766 ZPO

1. Zulässigkeit

830 a) **Statthaftigkeit.** Gegen jedes auf Zwangsvollstreckung gerichtete Verhalten des Gerichtsvollziehers und bei „**Vollstreckungsmaßnahmen**" des Vollstreckungsgerichts (Rechtspfleger oder Richter). Vollstreckungsmaßnahmen liegen vor, wenn einem Antrag ohne Anhörung stattgegeben wird. Das Gegenstück zu den Maßnahmen sind die „Entscheidungen" (nach mündlicher Anhörung), dagegen ist die sofortige Beschwerde nach § 793 ZPO statthaft.

831 b) **Zuständig.** Zuständig ist das **Vollstreckungsgericht**, dort der Rechtspfleger, §§ 766, 764 Abs. 2, 20 Nr. 17 RPflG.

832 c) **Rechtsschutzbedürfnis.** Es besteht, wenn die Zwangsvollstreckung unmittelbar bevor steht bis zur ihrer Beendigung und damit i. d. R. erst mit vollständiger Befriedigung des Gläubigers.

2. Begründetheit

833 Die Erinnerung ist begründet, wenn eine Voraussetzung der Zwangsvollstreckung fehlt oder wenn die Voraussetzungen des Antrags des Erinnerungsführers vorliegen.

3. Tenorierung

834 a) **Die Erinnerung hat keinen Erfolg** (**unzulässig oder unbegründet**): „Die Erinnerung wird zurückgewiesen".

b) **Die Erinnerung hat Erfolg.** „Die Pfändung durch den GVZ ... wird für unzulässig erklärt/Der Pfändungsbeschluss des ... vom ... wird aufgehoben/Der GVZ wird angewiesen den Auftrag ...".

4. Fall

Der Gerichtsvollzieher pfändet auf Antrag des G in den Geschäftsräumen der chemischen Reinigung des S – wegen einer titulierten Forderung gegen S – das Brautkleid der B. Kann B sich gegen die Pfändung wehren?

Es handelt sich um eine Vollstreckungsmaßnahme des GVZ, also ist die Erinnerung, § 766 ZPO, der statthafte Rechtsbehelf. Die Erinnerung ist auch begründet. Zwar befand sich das Brautkleid im Gewahrsam des Schuldners, § 808 Abs. 1 ZPO, sodass normalerweise eine ordnungsgemäße Pfändung vorliegt, da der Gerichtsvollzieher grundsätzlich das Eigentum nicht prüfen darf. Hier handelt es sich jedoch um **evidentes Dritteigentum**, sodass der Gerichtsvollzieher hätte nicht pfänden dürfen. Es ist offensichtlich, dass das Brautkleid nicht dem S gehört.

Sollte die B auch Eigentümerin des Brautkleides sein, hätte sie auch ein Interventionsrecht i. S. d. § 771 ZPO. B könnte wählen, welchen Rechtsbehelf sie einlegt. § 766 ZPO ist wohl der einfachere und schnellere Rechtsbehelf, ohne Vorschusspflicht, aber auch § 771 ZPO wäre möglich. Die Rechtsbehelfe haben eine andere Zielrichtung. Beide Rechtsbehelfe können nicht verbunden werden, aufgrund der unterschiedlichen Verfahren und der unterschiedlichen Zuständigkeit (verschieden Gerichte).

VIII. Sofortige Beschwerde, § 793 ZPO

1. Zulässigkeit

a) **Statthaftigkeit.** Gegen „Entscheidungen" des Zwangsvollstreckungsorgans. Entscheidungen liegen vor, bei Anhörung des Betroffenen, Ablehnung einer beantragten Vollstreckungshandlung, Aufhebung einer Vollstreckungshandlung, Entscheidungen des Rechtspflegers nach § 11 Abs. 1 RPflG. **835**

b) **Zuständigkeit.** Zuständig für die Beschwerde ist das **Ausgangsgericht**, § 572 Abs. 1 ZPO. **836**

c) **Rechtsschutzinteresse.** Dieses besteht von Beginn bis zur Beendigung der Zwangsvollstreckung. **837**

2. Begründetheit

Die sofortige Beschwerde ist begründet, wenn die angefochtene Entscheidung unrichtig ist. **838**

3. Tenorierung

a) **Die Beschwerde hat Erfolg:** „Die angefochtene Entscheidung ist abzuändern oder aufzuheben und über den ursprünglichen Antrag ist zu entscheiden." **839**

b) **Die Beschwerde hat keinen Erfolg.** Bei Unzulässigkeit: „Die Beschwerde wird verworfen". Bei Unbegründetheit: „Die Beschwerde wird zurückgewiesen".

> **Fall 1**
> Der Gerichtsvollziehe lehnt die Pfändung einer Sache ab, Rechtsbehelf?
> Statthaft ist hier die Vollstreckungserinnerung, § 766 ZPO, da eine Vollstreckungs**maßnahme** des Gerichtsvollziehers vorliegt.
>
> **Fall 2**
> Das Vollstreckungsgericht lehnt den Erlass eines PfÜB ab, Rechtsbehelf?
> Statthaft ist hier die sofortige Beschwerde, § 793 ZPO, es liegt eine **Entscheidung** des Vollstreckungsgerichts vor.

Fall 3
Das Amtsgericht erlässt nach Anhörung des Schuldners einen PfÜB, Rechtsbehelf? Auch hier ist die sofortige Beschwerde des Schuldners, § 793 ZPO, der richtige Rechtsbehelf. Es liegt eine Entscheidung des Vollstreckungsgerichts vor. Den PfÜB erlässt der Rechtspfleger, §§ 828, 829, 835 ZPO, 20 Nr. 17 RPflG, nach Gewährung rechtlichen Gehörs. Anders gegenüber dem Drittschuldner, dieser wird nicht gehört; ihm gegenüber liegt nur eine Maßnahme vor, dagegen hat dieser die Vollstreckungserinnerung, § 766 ZPO.

IX. Verlängerte Drittwiderspruchsklage/Vollstreckungsgegenklage

840 Bei der Drittwiderspruchsklage (auch bei der Vollstreckungsgegenklage) kann es sein, dass vor einer Entscheidung über die Klage das Vollstreckungsverfahren beendet wird, weil die Sache versteigert und der Erlös ausgekehrt wurde. Die Frage ist dann, ob ein Herausgabeverlangen gegen den Ersteigerer oder die Erlösherausgabe vom Vollstreckungsgläubiger verlangt werden kann.

1. Klage gegen den Ersteigerer

841 Die Herausgabeklage gegen den Ersteigerer scheitert, da der **Eigentumserwerb durch Hoheitsakt** geschieht, § 817 Abs. 2 ZPO, es daher auch auf Gutgläubigkeit nicht ankommt. Für § 823 BGB fehlt die Rechtswidrigkeit, es liegt kein Missbrauch i. S. v. § 826 BGB vor.

2. Klage gegen den Vollstreckungsgläubiger

842 Die Erlösherausgabe gegen den Vollstreckungsgläubiger kann dagegen Erfolg haben. Man spricht in diesen Fällen von der verlängerten Drittwiderspruchsklage (Vollstreckungsgegenklage). Diese Klage auf Herausgabe des Erlöses hat – trotz des Namens – nichts mit einer Drittwiderspruchsklage zu tun, sie ist eine Leistungsklage, für die allerdings gewisse Regeln der Vollstreckungsklagen gelten.

Fall
Der Gerichtsvollzieher pfändet in Leipzig auf Antrag des Vollstreckungsgläubigers V, der eine Forderung gegen die A-B-C-OHG hat, den PKW Panamera des X (schuldnerfremde Sache). Dieser erhebt gegen die Pfändung Drittwiderspruchsklage. Während des Verfahrens wird die Sache sodann versteigert (§§ 814 ff. ZPO). Dem Ersteigerer E wird der Zuschlag erteilt, d. h. durch staatlichen Hoheitsakt das Eigentum übertragen, § 817 Abs. 2 ZPO (öffentlich-rechtlicher Vertrag zwischen dem Ersteigerer und dem Staat). Der Versteigerungserlös wird an den Vollstreckungsgläubiger V ausgekehrt. Dadurch ist die Zwangsvollstreckung beendet.
Klage auf Herausgabe des Erlöses gegen den Vollstreckungsgläubiger V?
(1) **Zulässigkeit**
   (a) Statthaftigkeit
      Die Drittwiderspruchsklage nach § 771 ZPO war die statthafte Klage, da der Kläger X sein Eigentum an dem PKW und damit ein Interventionsrecht geltend gemacht hat. Für diese Drittwiderspruchsklage ist allerdings (nach deren Rechtshängigkeit) das Rechtsschutzinteresse entfallen, weil die Zwangsvollstreckung beendet ist.
   (b) Klageänderung
      Daher ist eine Klageänderung von der Drittwiderspruchsklage (prozessuale Gestaltungsklage) in eine Leistungsklage (Erlösherausgabe) erforderlich, die nach § 264 Nr. 3 ZPO zulässig ist, da jetzt der Erlös statt des Eigentums geltend gemacht wird.

(c) **Zuständigkeit**
Die Zuständigkeit des Landgerichts Leipzig bleibt (wie bei der Drittwiderspruchsklage) bestehen. Die hM hält auch für die verlängerte Drittwiderspruchsklage (Vollstreckungsgegenklage) die ausschließliche Zuständigkeit des Gerichts, in dessen Bezirk die Zwangsvollstreckung erfolgt ist, für gegeben. Ansonsten ergibt sich diese aus § 261 Abs. 3 Satz 2 ZPO (perpetuatio fori). Die sachliche Zuständigkeit folgt aus §§ 23, 71 Abs. 1 GVG.

(2) **Begründetheit**
Der Kläger hat einen Anspruch auf Erlösherausgabe nach § 812 Abs. 1 Satz 1 2.Alt. BGB.

(a) V hat etwas erlangt, den Erlös des PKW, der dem X kraft dinglicher Surrogation analog § 1247 Satz 2 BGB zustand. Er war allein Eigentümer des Fahrzeuges, ein wirksames Pfandrecht wurde nicht begründet; es wurde eine schuldnerfremde Sache gepfändet.

(b) V hat dies nicht durch Leistung, sondern durch staatlichen Hoheitsakt und damit auf sonstige Weise, erlangt.

(c) V hat dies auch auf Kosten des X, der Eigentümer des PKW war, erlangt (X hatte ein Interventionsrecht).

(d) Der V hat den Erlös auch ohne rechtlichen Grund erlangt. Es wurde eine schuldnerfremde Sache gepfändet, der Kläger hätte mit seiner Drittwiderspruchsklage Erfolg gehabt (Einzelheiten gleich unten).

Anmerkung: Andere Anspruchsgrundlagen greifen grundsätzlich nicht (in der Klausur können diese, je nach Umfang der Klausur, kurz angesprochen werden, i. d. R. greift aber nur die Eingriffskondiktion).

- §§ 985 i. V. m. 1247 Satz 2 BGB analog: (–), denn der Gläubiger erwirbt kraft Hoheitsakt das Eigentum.
- §§ 989, 990 BGB: (–), denn dem Eigentümer ist durch die Verstrickung die Verfügungsbefugnis entzogen – die Zwangsvollstreckung sperrt das EBV.
- §§ 823 Abs. 1 und 280, 281 BGB: (–), da i. d. R. ein Verschulden fehlt.
- §§ 823 Abs. 2, 858 BGB: (–), es liegt keine verbotene Eigenmacht vor.
- § 826 BGB: (–), da i. d. R. kein „Schädigungsvorsatz" – Kenntnis, dass die Sache schuldnerfremd ist reicht dafür nicht.
- GoA: (–), da kein Fremdgeschäftsführungswille.
- § 687 Abs. 2 BGB: (–) nur, wenn der Vollstreckende die Schuldnerfremdheit kennt.
- § 816 Abs. 1 BGB: (–), da keine Verfügung i. S. v. § 816 Abs. 1 BGB vorliegt.
- § 816 Abs. 2 BGB: (–), da der Gläubiger nicht Nichtberechtigter i. S. v. § 816 Abs. 2 BGB ist.
- § 812 Abs. 1 Satz 1 1.Alt. BGB: (–), da Eigentumserwerb durch Hoheitsakt und nicht durch Leistung

Fall (Fortsetzung)
Der Gerichtsvollzieher pfändet in Leipzig auf Antrag des Vollstreckungsgläubigers V, der eine Forderung gegen die A-B-C-OHG hat, den PKW Porsche Panamera des A, der Gesellschafter der A-B-C-OHG ist. Dieser erhebt gegen die Pfändung Drittwiderspruchsklage. Während des Verfahrens wird die Sache sodann versteigert (§§ 814 ff. ZPO). Dem Ersteigerer E wird der Zuschlag erteilt, d. h. durch staatlichen Hoheitsakt das Eigentum übertragen, § 817 Abs. 2 ZPO (öffentlich-rechtlicher Vertrag zwischen dem Ersteigerer und dem Staat). Der Versteigerungserlös wird an den Vollstreckungsgläubiger ausgekehrt. Dadurch ist die Zwangsvollstreckung beendet. Klage auf Herausgabe des Erlöses gegen den Vollstreckungsgläubiger V?

(1) **Zulässigkeit** (wie oben)
(2) **Begründetheit** (wie oben)

Hier stellt sich (ernsthaft) das Problem des „ohne rechtlichen Grund". Darin liegt die eigentliche Problematik dieser Fälle. Ob der V und ggfs. weshalb der V einen Grund für das Behalten dürfen haben soll, dafür gibt es keine feste und sichere dogmatische Begründung.

(a) Die §§ 815 Abs. 3, 817 Abs. 4 Satz 2, 819 ZPO greifen nicht, denn diese Normen schützen nur den Schuldner und können nicht den Rechtsgrund für den Gläubiger darstellen.

(b) Früher wurde vertreten, der Grund für das **Behaltendürfen** bilde das Pfändungspfandrecht. Dies wird heute abgelehnt. Dies zeigt sich auch im vorliegenden Fall. Der Gerichtsvollzieher hat eine schuldnerfremde Sache gepfändet. Deshalb ist wohl kein Pfändungspfandrecht entstanden. Dennoch wird der A mit der Interventionsklage nicht durchdringen, da der Gläubiger § 242 BGB einwenden kann, da der A über §§ 126, 128 HGB unmittelbar, primär, gesamtschuldnerisch für die Schulden der OHG haftet. Käme es auf das Pfändungspfandrecht als Grund fürs Behalten dürfen an, hätte der Gläubiger nun keinen Grund, er müsste den Erlös herausgeben, obwohl er die Drittwiderspruchsklage gewonnen hätte. Ein absonderliches Ergebnis.

(c) Die hM geht deshalb davon aus, dass § 812 BGB nur so weit gehen kann, wie das Hauptsacherechtsmittel. Dies ist hier die Drittwiderspruchsklage, § 771 ZPO. Ein Anspruch aus § 812 BGB greift also nur dann, wenn auch die Drittwiderspruchsklage (oder die Vollstreckungsgegenklage) Erfolg gehabt hätte. Da hier die Drittwiderspruchsklage aber gescheitert wäre, §§ 126, 128 HGB, 242 BGB, hat der V einen Grund für das Behaltendürfen; die Klage auf Herausgabe des Erlöses scheitert.

4. Teil: Materielles Recht

Vorbemerkung

Selbstverständlich ist es nicht beabsichtigt, sämtliche materiell-rechtlichen Probleme, die für eine Klausur relevant sein können, hier darzustellen. Dies wäre weder möglich noch sinnvoll, da unmöglich sämtliche Fallkonstellationen „auswendig gelernt" werden können. Sinn dieses Buches ist es, Grundlagen darzustellen, die beherrscht werden müssen. So zeigt sich, obwohl das Zivilrecht extrem breit und weit gefächert ist, dass auch in diesem Bereich Klausurprobleme immer wiederkehren, Klausurtypen sich wiederholen und mit Kenntnis gewisser Fallkonstellationen ein Großteil der Fälle bearbeitet werden können.

843

Natürlich ist genügend Klausurerfahrung und das Schreiben vieler Klausuren wichtig, noch wichtiger ist allerdings, dass besondere Grundtypen von Klausuren bekannt sind, auf die in einer Klausur aufgebaut werden kann. Der Gewinn dürfte daher größer sein, wenn in jedem Bereich eine Klausur intensiv bearbeitet wird und die Grundstruktur dieser Klausuren gemerkt wird, als wenn wahllos Klausuren ohne System geschrieben werden. Die Auswertung der Examensklausuren der letzten Jahre zeigt, dass gewisse Klausurkonstellationen immer wiederkehren. Gewährleistungsklausuren mit §§ 434, 437; 633, 634 BGB, in der Regel geht es um den Mangelbegriff und um die Fristsetzung oder Entbehrlichkeit der Fristsetzung. Klausuren mit AGB-Klauseln oder aus dem Mietrecht. Der Verkehrsunfall, bei dem natürlich die Haftung nach dem StVG von Relevanz ist, die aber nahezu immer mit einem Schmerzensgeldanspruch und/oder Feststellungsanträgen für zukünftige materielle und immaterielle Schäden kombiniert werden. Zudem erheben die Beklagten in diesen Fällen meist Widerklage, auch gegen die klägerische Versicherung (Drittwiderklage), die bisher am Rechtsstreit noch nicht beteiligt ist. Überraschenderweise häufen sich in den letzten Jahren Klausuren aus den Bereichen Tierhalterhaftung und Gebäudehaftung sowie die Haftung Aufsichtspflichtiger. An diesen Klausurthemen zeigt sich weshalb Klausuren aus solchen Bereichen häufig gestellt werden; sie lassen sich leicht mit praktischen Problemen – Fragen der Verjährung oder eines Gesamtschuldnerausgleiches – kombinieren. Verjährungsfragen bereichern jede Klausur; Fragen des Gesamtschuldnerausgleiches können gut in eine Anwaltsklausur eingebaut werden: Der Mandant fragt, gegen wen er vorgehen kann bzw. gegen wen er Regress nehmen kann.

844

Demnach sollte in jedem dieser Bereiche eine oder mehrere „Musterklausuren" bestens bekannt sein, mit diesem Wissen können dann auch unbekannte Klausuren aus dem jeweiligen Bereich bewältigt werden. Zudem sollte unbedingt der **Palandt/jetzt der Grüneberg** benutzt werden, er bietet für nahezu alle Konstellationen die Lösung – wenn man mit ihm umgehen kann, was stetige Arbeit mit ihm erfordert. So lohnt es sich nicht, in Bereichen, die sehr selten in Klausuren drankommen, wie beispielsweise dem Maklervertrag, irgendwelche Voraussetzungen zu lernen, stattdessen ist in einer solchen Klausur die Arbeit mit dem Grüneberg erforderlich. In diesem findet man beispielsweise bei § 652 BGB bereits im Inhaltsverzeichnis die Voraussetzungen für einen Provisionsanspruch beim Maklervertrag unter Rn. 22 ff. In Rn. 22 sind die einzelnen Voraussetzungen aufgezählt, die in der Klausur einfach abgearbeitet werden müssen (z. B. (1) gültiger Maklervertrag (Rn. 2 ff); (2) Erbringung der Maklerleistung (Rn. 24 ff); (3) rechtsgültiges Zustandekommen des beabsichtigten Hauptvertrages (Rn. 28 ff); (4) Maklertätigkeit – ursächlicher Zusammenhang (Rn. 47 ff)). In den „selten vorkommen-

845

den Bereichen" sollte daher nichts „auswendig gelernt", stattdessen sollte mit dem Grüneberg gelernt und gearbeitet werden können.

846 Viele Klausuren bestehen auch aus einem „kleinen Grundfall", der mit weiteren Problemen angereichert wurde. So lässt sich beispielsweise ein bekannter Fall aus dem Schuldrecht leicht damit anreichern, dass eine Vertragspartei stirbt und daher plötzlich auf einer Seite eine Erbengemeinschaft steht. Dadurch kommen sowohl prozessuale als auch materiell-rechtliche Fragen hinzu. Oder auf Beklagtenseite steht keine natürlich Person, sondern ein Kaufmann oder eine Gesellschaft, so dass Fragen der Handelsgeschäfte, §§ 343 ff HGB, oder des Gesellschaftsrechts, §§ 705 ff. BGB, 105 ff. HGB zu prüfen sind.

847 **Zusammengefasst gilt:** Dieses Buch möchte Grundlagen aufzeigen, welche zur Bearbeitung von Examensklausuren beherrscht werden sollten und auf die – bei unbekannten Fallkonstellationen – aufgebaut werden kann.

1. Abschnitt: BGB – AT und Schuldrecht

A. Vertragliche Primäransprüche

I. Einführung

848 **Primäransprüche** sind Ansprüche auf Leistung aus dem geschlossenen Vertrag, bei einem Kaufvertrag der Anspruch auf den Kaufgegenstand, bei einem Werkvertrag der Anspruch auf die Werkleistung sowie die Ansprüche des Vertragspartners auf Bezahlung. In der Klausur muss hier meist geprüft werden, ob der Vertrag wirksam zustande gekommen und noch immer wirksam ist.

> **Prüfungsreihenfolge**
> (1) Anspruch entstanden?
>   (a) Vertrag wirksam geschlossen (unten II.)?
>   – zwei übereinstimmende Willenserklärungen
>   – wirksame Stellvertretung nach §§ 164 ff. BGB
>   – AGB Kontrolle
>   (b) Keine **rechtshindernden** Einwendungen (unten III.)?
>   Dies sind alle Einwendungen, die den Anspruch schon nicht entstehen lassen:
>   – §§ 104 ff. BGB, Geschäftsfähigkeit
>   – §§ 116 ff. BGB, geheimer Vorbehalt und Scheingeschäft
>   – § 125 BGB, Nichtigkeit wegen Formmangels
>   – § 134 BGB, Nichtigkeit wegen Verstoßes gegen ein gesetzliches Verbot
>   – § 138 BGB, Nichtigkeit wegen Sittenwidrigkeit
>   – § 158 BGB, Bedingung
> (2) Anspruch nicht untergegangen (unten IV.)?
>   Hier müssen die **rechtsvernichtenden** Einwendungen geprüft werden, die Einwendungen, die den Anspruch nachträglich wegfallen lassen:
>   – §§ 119 ff. und § 123 BGB, Anfechtung wegen Irrtums und arglistiger Täuschung
>   – Widerruf des geschlossenen Vertrags (wenn ein Widerrufsrecht besteht, etwa nach §§ 321g, 355 BGB)
>   – Rücktritt vom Vertrag
>   – Kündigung des Vertrages (diese Problematik stellt sich insbesondere im Mietrecht)

(3) Anspruch durchsetzbar (unten V.)?
Hier werden die **rechtshemmenden** Einwendungen und Einreden geprüft, die den Anspruch zwar nicht wegfallen lassen, die Durchsetzung des Anspruchs aber hemmen:
- Verjährung, §§ 195, 199, 214 BGB
- Zurückbehaltungsrechte nach §§ 320 und 273 Abs. 1 BGB
- § 242 BGB, wobei diese Einrede ausnahmsweise von Amts wegen zu berücksichtigen ist

II. Vertrag wirksam geschlossen

1. Grundsatz

Ein Vertrag kommt durch **zwei übereinstimmende Willenserklärungen** (Angebot und Annahme, §§ 145 ff. BGB) zustande. Die Einigung setzt voraus, dass sich die Parteien zumindest über die wesentlichen Punkte des Vertrages (essentialia negotii) einig sind. Sind sie das nicht, liegt ein offener Einigungsmangel (Dissens) vor und es gilt § 154 BGB. Eine empfangsbedürftige Willenserklärung wird erst durch Abgabe und Zugang nach §§ 130 ff. BGB wirksam. Bei einer bloßen Falschbezeichnung liegt, wenn sich die Parteien einig sind und mit der Erklärung dasselbe meinen, eine Einigung vor, falsa demonstratio non nocet. Dies kann auch bei Klausuren aus dem Grundstücksrecht vorkommen; hier ist eine besonders sorgfältige Prüfung erforderlich.

Klausurproblem 1: A verkaufte an B – notariell unter gleichzeitiger Auflassung – ein Grundstück in Stuttgart-Mitte, Calwer Straße. Im Vertrag wurde angegeben Flurstücknummer 1234; dieses Grundstück liegt jedoch in der Königstraße. Die Parteien verwechselten lediglich die Flurstücknummer, sie wollten das Grundstück Flurstücknummer 4321 in der Calwer Straße zum Gegenstand des Vertrages machen. Es liegt eine Einigung auf das Grundstück in der Calwer Straße mit der Flurstücknr. 4321 vor (falsa demonstratio non nocet).

Klausurproblem 2: A hat zwei Grundstücke, eines in Stuttgart-Botnang mit der Flurstücknummer 1234 und eines in Stuttgart-Bad Cannstatt mit der Flurnummer 4321. A einigt sich nun mit dem Erwerber B auf Veräußerung und Übereignung des Flurstücks Nr. 4321 in Botnang, so steht es auch im notariellen Vertrag und der Auflassungserklärung. A geht davon aus, er habe das Grundstück in Botnang verkauft. B geht davon aus, dass die Flurstücknummer das entscheidende sei und ist daher der Meinung er habe das Grundstück Flur Nr. 4321 in Bad Cannstatt gekauft. Hier dürfte keine wirksame Einigung vorliegen. Selbstverständlich sind zuerst die Willenserklärungen und deren Bedeutung auszulegen. Dies dürfte hier aber nicht zu einer Einigung führen, denn aus Sicht des jeweiligen Erklärungsgegners dürften die Erklärungen einen jeweils anderen Sinn haben.

2. Die Willenserklärung

Die **Willenserklärung** setzt sich aus einem **objektiven** und einem **subjektiven Tatbestand** zusammen. Beim **objektiven Tatbestand** ist zu fragen, ob die Erklärung aus Sicht eines objektiven Empfängers nach §§ 133, 157 BGB einen Rechtsbindungswillen enthält. Enthält sie das nicht, liegt lediglich eine invitatio ad offerendum vor. In diesem Zusammenhang stellt sich die aus dem ersten Examen bekannte Problematik, ob sich der Erklärende rechtlich binden wollte und damit ein Vertrag vorliegt oder lediglich eine **Gefälligkeit**. Besteht ein Rechtsbindungswille, liegen in der Regel die typisierten Verträge wie ein unentgeltlicher Auftrag, §§ 662 ff. BGB, oder eine Schenkung, §§ 516 ff. BGB, vor. Liegt keiner der typisierten (Gefälligkeits-)Verträge vor, kann auch ein echter atypischer Gefälligkeitsvertrag vorliegen, bei dessen Verletzung sich Schadensersatzansprüche nach §§ 280 ff. BGB ergeben können.

851 Beim **subjektiven Tatbestand** stellt sich die Frage, ob das **Erklärungsbewusstsein** vorhanden war, auch insoweit ist die Erklärung auszulegen. Fehlt das Erklärungsbewusstsein ist die Willenserklärung grundsätzlich wirksam, allerdings ist sie analog § 119 Abs. 1 BGB anfechtbar.
Beachte: Häufig geht es in der Klausur darum, einzelne Erklärungen der Parteien **auszulegen.** Insoweit ist maßgeblich, **wie der objektive Empfänger eine solche Erklärung verstehen musste,** §§ 133, 157 BGB. In der Klausur ist an dieser Stelle eine stringente Argumentation erforderlich.

Beispiele:
- **Konkludenter Vertragsschluss:** Beispielsweise, wenn Leistungen in Anspruch genommen werden, ohne dass ausdrücklich vertragliche Abreden getroffen werden wie bei **Straßenbahnfahrten oder dem Parken auf kostenpflichtigen Parkplätzen** (Grüneberg/Ellenberger Einführung von § 145 Rn. 25) oder bei **Versorgungsverträgen.** Insoweit gilt, wer aus dem Verteilungsnetz eines Versorgungsunternehmens Elektrizität, Gas, Wasser oder Wärme entnimmt, nimmt die Realofferte des Unternehmers durch **sozialtypisches Verhalten** an (Grüneberg/Ellenberger, Einführung von § 145, Rn. 27).
- **Vertragsschluss per Internet:** Zu beachten ist, dass bei einem Vertragsschluss per Internet, insbesondere in den sogenannten **eBay-Fällen,** nicht § 156 BGB, sondern die §§ 145 ff. BGB gelten, da die Verträge in der Regel durch Angebot und Annahme zustande kommen. Insoweit ist für die Frage, wer das Angebot und wer die Annahme abgibt, nach dem Rechtsbindungswillen zu schauen. So liegt in dem Angebot eines Onlineshops auf der Angebotsseite lediglich eine invitatio ad offerendum und das Angebot kommt vom Besteller, während das Einstellen auf einer Auktionsplattform wie eBay grundsätzlich mit Rechtsbindungswillen des einstellenden Verkäufers erfolgt, so dass dieser ein verbindliches Angebot abgibt, die Annahme ist dabei das Gebot desjenigen, der bei Ende der Auktion der Höchstbietende ist (siehe insoweit Grüneberg/Ellenberger § 145 Rn. 7; § 156 Rn. 3).

3. Die Stellvertretung §§ 164 ff BGB

852 **a) Voraussetzungen der Stellvertretung.** Die vom (Stell-) Vertreter abgegebene Willenserklärung wirkt nach § 164 Abs. 1 S. 1 BGB für und gegen den Vertretenen, wenn der Vertreter,
- eine eigene Willenserklärung
- mit Vertretungsmacht
- im fremden Namen (Offenkundigkeitsprinzip)

abgegeben hat.

853 **aa) Eigene Willenserklärung.** Im Gegensatz zum Vertreter übermittelt der Bote lediglich eine fremde Willenserklärung, so dass die Stellvertretung von der Botenschaft durch das Kriterium der **eigenen Willenserklärung** des Vertreters abzugrenzen ist. Die Botenschaft ist im Gegensatz zur Stellvertretung gesetzlich nicht direkt geregelt, zu beachten ist insoweit, dass die §§ 177 ff. BGB auf den Boten ohne Botenmacht analog angewendet werden können.

854 **bb) Mit Vertretungsmacht.** Eine wirksame Stellvertretung liegt nur vor, wenn der Vertreter **Vertretungsmacht** hatte, §§ 167 ff. BGB. Nach § 167 Abs. 2 BGB ist die Vollmachtserteilung grundsätzlich nicht formbedürftig, insoweit gibt es allerdings auch Ausnahmen, beispielsweise muss die Vollmacht, die ein Darlehensnehmer zum Abschluss eines Verbraucherdarlehensvertrags erteilt, nach § 492 Abs. 4 BGB schriftlich erteilt werden.

Die **Wirkungsdauer der Vollmacht** ergibt sich aus den §§ 170 ff. BGB, insoweit ist zu beachten, dass diese nicht für die sogenannte Prozessvollmacht gelten, dies ist die Vollmacht, die dem Anwalt erteilt wird, zur Führung eines Prozesses. Diese unterliegt nur den Regeln der §§ 78 ff. ZPO. Zu beachten ist in diesem Zusammenhang auch, dass der Tod des Vollmachtgebers nicht automatisch zum Erlöschen der Vollmacht führt, da nach § 168 Satz 1 BGB die Vollmacht von dem ihr zugrunde liegenden Rechtsverhältnis abhängig ist und der Auftrag (welcher der Vollmachtserteilung zugrunde liegt) mit dem Tod nicht erlischt, § 672 BGB. Widerruft allerdings der Erbe des Vollmachtgebers den Auftrag nach dem Tod des Vollmachtgebers, dann erlischt auch die Vollmacht nach §§ 168 Satz 1, 671 BGB.

855

Neben der dem Vertreter erteilten Vollmacht (§ 167 BGB) kann eine Vollmacht auch noch aus Rechtsscheinsgesichtspunkten (sogenannte **Rechtsscheinsvollmacht**) angenommen werden. Insoweit sind für das zweite Examen **die Duldungsvollmacht und die Anscheinsvollmacht** von Bedeutung. Eine **Duldungsvollmacht** liegt vor, wenn der Vertretene duldet, dass ein anderer für ihn wie ein Vertreter auftritt und der Geschäftsgegner dies nach Treu und Glauben so versteht und verstehen durfte, dass der Andere Vertretungsmacht hat. In diesen Fällen wird vom Vertretenen also ein **bewusster Rechtsschein** gesetzt. Bei der **Anscheinsvollmacht** weiß dagegen der Vertretene nicht, dass der Handelnde wie sein Vertreter auftritt, dem Vertretenen ist dabei allerdings vorzuwerfen, dass er bei pflichtgemäßer Sorgfalt hätte erkennen und verhindern können, dass der Handelnde wie sein Vertreter auftritt. In diesen Fällen wird vom Vertretenen also ein **fahrlässiger Rechtsschein** gesetzt. In beiden Fällen ist damit in der Klausur eine gewisse Argumentation erforderlich, weshalb eine Vertretungsmacht vorliegt. Die Rechtsfolge in beiden Fällen ist, dass eine wirksame Stellvertretung vorliegt. Es gibt auch Fälle **gesetzlich geregelter Rechtsscheinsvollmacht**, die wichtigsten sind dabei §§ 15, 56 HGB. Auch in diesen Fällen liegt eine Vertretungsmacht aus Rechtsscheinsgesichtspunkten vor, so dass im Ergebnis eine wirksame Stellvertretung vorliegt.

856

> **Klausurproblem:** Ist das Vorliegen einer wirksamen Vertretungsmacht – und damit das Vorliegen einer wirksamen Stellvertretung – in der Klausur problematisch, bietet es sich in (Anwaltsklausur), auch Probleme der **Streitverkündung** nach §§ 72 ff. ZPO zu bedenken. Aufgrund der **Interventionswirkung der Streitverkündung** nach §§ 74 Abs. 3, 68 ZPO wird der Vertragspartner bei einer Klage gegen den Vertretenen dem Vertreter den Streit verkünden und umgekehrt bei einer Klage gegen den Vertreter dem Vertretenen den Streit verkünden. So kann er vermeiden, dass er den Vertretenen verklagt und das Gericht ausspricht, dass dieser nicht wirksam vertreten wurde und deshalb kein Anspruch gegen ihn besteht. Im Folgeprozess gegen den Vertreter ist dann das neue Gericht an diese Auffassung nicht gebunden und kann der Meinung sein, der Vertreter sei wirksam bevollmächtigt gewesen, deshalb hafte nicht der Vertreter, sondern der Vertretene sei verpflichtet worden.

cc) **Im fremden Namen (Offenkundigkeitsprinzip).** Für eine wirksame Stellvertretung ist stets erforderlich, dass die Erklärung im fremden Namen abgegeben wird. Insoweit ist auch ausreichend, dass sich aus den Umständen ergibt, dass die Erklärung im Namen des Vertretenen abgegeben wird, § 164 Abs. 1 S. 2 BGB.

857

Beispiele:
- **Unternehmensbezogenes Geschäft:** (Einzelheiten Grüneberg/Ellenberger § 163 Rn. 2) Hier wird im Zweifel nur der Unternehmensinhaber Vertragspartner. Der Wille der Beteiligten geht dahin, dass nur der Inhaber des Geschäfts Vertragspartner werden soll. Dieser Wille muss hinreichend deutlich werden und für den Vertragspartner erkennbar sein. Dies kann sich auch aus den Umständen ergeben (z. B. der Fahrer gibt ein Fahrzeug des Unternehmens in Reparatur; Anmietung von Räumen für ein Unternehmen; Auftrag für den Bau eines Gebäudes für ein Unternehmen).
- „**Geschäft für den, den es angeht**": (Grüneberg/Ellenberger § 164 Rn. 8) Darunter fallen insbesondere die Bargeschäfte des täglichen Lebens (z. B. Kauf einer Brezel beim Bäcker). In diesen Fällen kommt das Geschäft (wenn Vertretungsmacht vorliegt) sowohl auf schuldrechtlicher, als auch auf dinglicher Ebene mit dem zustande, den es angeht, das heißt mit dem Vertretenen. Der Vertretene wird damit in diesen Fällen nicht nur Forderungsinhaber, sondern auch Eigentümer der gekauften Sache (z. B. der Brezel).

858 b) **Anfechtung von Willenserklärungen bei Stellvertretung.** Soll eine vom Vertreter abgegebene Willenserklärung wegen Irrtums angefochten werden, ist stets auf die Person des Vertreters abzustellen, wie sich bereits aus § 166 Abs. 1 BGB ergibt. Demnach ist ein von einem Vertreter geschlossener Vertrag nach §§ 166 Abs. 1, 164, 119 ff. BGB anfechtbar, wenn sich der Vertreter geirrt hat oder bedroht bzw. getäuscht wurde.

859 Die Willenserklärung des Vertretenen, mit der er den Vertreter bevollmächtigt, das heißt die Vollmachtserteilung, ist vor deren Ausübung widerruflich, § 168 S. 2 BGB. Nach Ausübung der Vollmacht durch den Vertreter ist die Vollmachtserteilung für den Vertretenen anfechtbar, da die Vollmachtserteilung eine Willenserklärung ist.

Beachte: Auch eine Duldungs- und Anscheinsvollmacht ist anfechtbar, da die Rechtsscheinsvollmacht nicht strenger binden kann als eine tatsächliche Bevollmächtigung.

860 c) **Vertreter ohne Vertretungsmacht, § 179 BGB.** Der Vertreter ohne Vertretungsmacht (falsus procurator) ist vom Missbrauch der Vertretungsmacht zu unterscheiden.

861 aa) **Vertreter ohne Vertretungsmacht.** Bei dem **Vertreter ohne Vertretungsmacht** besteht die Vertretungsmacht nach außen nicht, die Rechtsfolgen ergeben sich aus den §§ 177 ff. BGB. Das Geschäft ist schwebend unwirksam bis zur Genehmigung durch den Vertretenen. Genehmigt der Vertretene den geschlossenen Vertrag nicht, haftet der Vertreter dem anderen Teil nach § 179 BGB selbst und auch eine Haftung des Vertreters nach §§ 823 Abs. 2 BGB i. V. m. 263 StGB kommt in Betracht. Daneben kann der andere Vertragsteil den Vertretenen aus c. i. c. oder GoA oder § 812 BGB in Anspruch nehmen, wenn deren Voraussetzungen erfüllt sind; § 179 BGB sperrt diese Ansprüche nicht (Grüneberg/Ellenberger § 179 Rn. 9).

862 bb) **Missbrauch der Vertretungsmacht.** Bei dem **Missbrauch der Vertretungsmacht** besteht die Vertretungsmacht zwar nach außen, allerdings werden die Grenzen im Innenverhältnis vom Vertreter überschritten. Das Risiko des Missbrauchs der Vertretungsmacht trägt der Vertretene; die Folge ist, dass der Vertretene gebunden ist. Es bestehen zwei Ausnahmen: Es liegt ein Fall der Kollusion (kollusives Zusammenwirken von Vertreter und Vertragspartner) oder Evidenz des Missbrauchs vor. In diesen Fällen hat der Vertretene gegen den Anspruch des Vertragspartners die Einrede nach § 242 BGB. Der Vertretene wiederum hat Ansprüche gegen den Vertreter aus dem der Bevollmächtigung zugrunde liegenden Rechtsverhältnis (in der Regel einem Auftrag).

> **Klausurproblem:** Ein überschuldeter Gesellschafter tritt zur Sicherung seiner Verbindlichkeiten hohe Forderungen der Gesellschaft an die Bank ab, wobei das Einverständnis der anderen Gesellschafter nicht ernsthaft angenommen werden kann (vgl. auch Grüneberg/Ellenberger § 164 Rn. 14). Grundsätzlich hätte der Gesellschafter die Vertretungsmacht nach außen, § 124 Abs. 1 HGB. Die Überschreitung im Innenverhältnis ist jedoch für die Bank evident, sodass keine Bindung für die Gesellschaft eintritt.

4. AGB Kontrolle

Sind in einer Klausur **AGB** abgedruckt, müssen diese regelmäßig auf ihre Wirksamkeit geprüft werden. Mit AGB sollen in der Regel Haftungsfragen/-ausschlüsse oder Verjährungsverkürzungen/-verlängerungen geregelt werden. In diesen Fällen ist meist weniger Wissen, sondern ein sauberer Prüfungsaufbau und eine gute Argumentation gefragt. In einer solchen Klausur ist zwingend die Lektüre und die Arbeit mit dem Grüneberg erforderlich. So ergibt sich aus Grüneberg/Grüneberg § 309 Rn. 52, welche Klauseln die Rechtsprechung als unwirksam angesehen hat.

Prüfungsaufbau
(1) Sind die §§ 305 ff. BGB auf den streitgegenständlichen Fall nach § 310, insbesondere § 310 Abs. 4 BGB anwendbar?
(2) Ist die vereinbarte Klausel überhaupt eine AGB nach § 305 Abs. 1 S. 1 BGB?
(3) Sind die AGB wirksam in den Vertrag einbezogen nach §§ 305 Abs. 2, 305c BGB?
(4) Sind die AGB wirksam nach §§ 309, 308, 307 BGB?

Bekannt sein muss in diesem Zusammenhang lediglich, dass „**die Verwendung für eine Vielzahl von Verträgen**" im Sinne des § 305 Abs. 1 S. 1 BGB auch dann von der Rechtsprechung bejaht wird, wenn der Verwender die Absicht hat, die Klausel mehrfach zu verwenden, wobei insoweit mindestens dreimal erforderlich ist. Weiter, dass das „**aushandeln**" im Sinne des § 305 Abs. 1 S. 3 BGB voraussetzt, dass der Verwender seine AGB **inhaltlich ernsthaft zur Disposition gestellt** hat (Grüneberg/Grüneberg § 305 Rn. 9 und Rn. 20) – beides Klausurklassiker. **Beachte:** Das **Verbot der geltungserhaltenden Reduktion**. Danach dürfen unwirksame Klauseln nicht teilweise so aufrechterhalten werden, dass sie gerade noch zulässig sind (Grüneberg/Grüneberg § 306 Rn. 6).

> **Klausurproblem:** Der Mietvertrag über Wohnraum enthält starre Fristen zur Schönheitsreparatur; beispielsweise „der Mieter hat alle 5 Jahre und bei Auszug die gesamte Wohnung zu renovieren". Diese Klausel ist nichtig (vgl. Grüneberg/Weidenkaff § 535 Rn. 41 ff). Zulässig ist es aber, dem Mieter die Schönheitsreparaturen nach dem Grad der Abnutzung aufzuerlegen (Grüneberg a.a.O. Rn. 43). Dennoch ist es unzulässig, die unzulässige Klausel zu reduzieren auf das zulässige Maß. Verstößt der Inhalt der Klausel gegen die Regeln der §§ 305 ff BGB, ist die gewählte Klausel nichtig.

III. Rechtshindernde Einwendungen

Liegt eine solche Einwendung vor, entsteht der Anspruch bereits nicht. Die Ausübung eines Gestaltungsrechts ist nicht erforderlich.

1. Fehlende Geschäftsfähigkeit, §§ 104 ff BGB

Im Zusammenhang fehlender Geschäftsfähigkeit einer Partei ergeben sich im zweiten Examen selten Probleme. Sollte sich insoweit in einer Klausur ein Problem ergeben, kann dies durch Verwendung des Grüneberg gelöst werden.

2. Scheingeschäft, § 117 BGB

868 Ein Scheingeschäft liegt vor, wenn die Parteien hinsichtlich des geschlossenen Geschäfts keinen Rechtsbindungswillen haben, so dass der Vertrag nicht wirksam geschlossen wurde. Das Musterbeispiel insoweit ist der sogenannte Schwarzkauf.

> **Klausurproblem:** Die Parteien beurkunden beim Notar im Rahmen des Grundstückskaufvertrags ein geringeren als den vereinbarten und gewollten Kaufpreis, um Steuern und Notargebühren zu sparen. Der beurkundete Vertrag ist als Scheingeschäft – da er nicht gewollt ist – nach § 117 Abs. 1 BGB nichtig. Der gewollte Vertrag ist mangels Form nach § 311b BGB nichtig. Hierzu, auch zu der Heilungsmöglichkeit und der Möglichkeit dies zu verhindern, unten 3. Abschnitt E. I. 3. a).

3. Formmangel, § 125 BGB

869 Insoweit gilt **grundsätzlich die Formfreiheit!** Ein Vertrag ist nur dann nach § 125 BGB nichtig, wenn das Gesetz eine bestimmte Form des Rechtsgeschäfts vorschreibt, wie beim Grundstückskaufvertrag nach § 311b Abs. 1 Satz 1 BGB, beim Wohnraummietvertrag der länger als ein Jahr geschlossen werden soll nach § 550 BGB, bei der Bürgschaft nach § 766 BGB, bei der Schenkung nach § 518 Abs. 1 BGB und beim Testament nach § 2247 BGB.

870 **Beachte:** Besondere Formen wie Schriftform, elektronische Form, Textform, §§ 126, 126a, 126b BGB. Wobei die Erteilung der Bürgschaftserklärung in elektronischer Form ausgeschlossen ist, §§ 766 Satz 2, 126a BGB.

Beachte: In einigen Formvorschriften ist auch eine **Heilungsvorschrift** enthalten, wie beispielsweise in § 311b Abs. 1 Satz 2 BGB, in § 518 Abs. 2 BGB oder in § 766 Satz 3 BGB. Ist keine derartige Heilungsvorschrift enthalten, kann in Ausnahmefällen die Nichtigkeit des Rechtsgeschäfts durch die Anwendung des § 242 BGB überwunden werden; in diesen Fällen ist eine gute Argumentation in der Klausur erforderlich.

4. Verstoß gegen ein gesetzliches Verbot, § 134 BGB, und Sittenwidrigkeit, § 138 BGB

871 Bei einem Verstoß gegen ein gesetzliches Verbot oder bei Sittenwidrigkeit des Rechtsgeschäfts, ist die Rechtsfolge nach § 134 und § 138 BGB die Nichtigkeit des Rechtsgeschäfts.

872 a) **Verstoß gegen ein gesetzliches Verbot, § 134 BGB.** Die Hauptklausurfälle bei Verstößen gegen ein gesetzliches Verbot sind ein Verstoß gegen das Rechtsdienstleistungsgesetz (RDG) und ein Verstoß gegen das Schwarzarbeitsgesetz; in beiden Fällen ist der geschlossene Vertrag nach § 134 BGB nichtig.

873 aa) **Verstoß gegen das RDG.** Beispiele: Ein Architekt fertigt Vertragsentwürfe für die Veräußerung von Eigentumswohnungen; ein Arzt fertigt Patientenverfügungen; ein Mietwagenunternehmen lässt sich von ihren Kunden Schadensersatzansprüche aus Verkehrsunfällen zur geschäftsmäßigen Geltendmachung abtreten. Diese Verträge sind allesamt wegen Verstoßes gegen §§ 2 Abs. 1, Abs. 2, 5 RDG, 134 BGB nichtig (weitere Beispiele bei Grüneberg/Ellenberger § 134 Rn. 21 ff).

874 bb) **Verstoß gegen das SchwarzArbG.** Bei einem **Verstoß gegen das SchwarzArbG** ist der Vertrag nichtig, wenn beide Parteien dagegen verstoßen. Bei einem einseitigen Verstoß dann, wenn der Auftraggeber den Verstoß kennt und ihn bewusst zu seinem Vorteil ausnutzt (Grüneberg/Ellenberger § 134 Rn. 22). Gleiches gilt, wenn ein zunächst unbedenklicher Werkvertrag nachträglich so abgeändert wird, dass er gegen § 1 Abs. 2 Nr. 2

SchwArbG verstößt. Beachte die Folge: Mängelansprüche sind ausgeschlossen (ev. bestehen Ansprüche aus c. i. c.); es besteht kein Vergütungsanspruch, auch kein Anspruch aus GoA oder aus Bereicherungsrecht, wegen § 817 S. 2 BGB.

cc) **ohne Rechnung-Abrede.** Auch die „**ohne Rechnung-Abrede**" führt zur Nichtigkeit des Vertrages, da das SchwarzArbG auf steuerrechtliche Pflichtverletzungen erweitert wurde (Grüneberg/Ellenberger § 134 Rn. 22 aE).

> **Klausurproblem:** Bauherr B schließt mit Bauunternehmer U einen Vertrag über die Errichtung eines Einfamilienhauses (Bauvertrag). Um Steuern zu sparen vereinbaren B und U, dass U keine Rechnung stellen müsse und B die Leistungen auch ohne Rechnung bezahle (sogenannte **ohne Rechnung-Abrede mit einem Handwerker**). Der in diesem Fall zwischen B und U geschlossene Bauvertrag ist nichtig, wegen Verstoß gegen ein gesetzliches Verbot nach § 134 BGB. Es liegt ein Verstoß gegen § 370 AO und gegen das Schwarzarbeitsgesetz vor (Grüneberg/Ellenberger § 134 Rn. 22).

> **Klausurproblem:** Kläger K schließt mit R einen Vertrag, wonach R für K den B vor dem Landgericht Stuttgart auf Zahlung von 10.000 Euro verklagen soll. K und R vereinbaren, dass R dafür nach den gesetzlichen Gebühren des RVG seine Tätigkeit abrechnen dürfe. R ist von Beruf Elektriker und weder als Rechtsanwalt zugelassen noch im Besitz eines juristischen Staatsexamens.
> Der zwischen K und R geschlossene Vertrag zur Beratung und Vertretung des K durch R vor dem Landgericht Stuttgart ist nach **§ 134 BGB** wegen eines **Verstoßes gegen das RDG** (Rechtsdienstleistungsgesetz) nichtig, weil R als Nichtberechtigter Rechtsberatung erbringt (Grüneberg/Ellenberger § 134 Rn. 21 ff).

b) **Sittenwidrigkeit, § 138 BGB.** Bei der Prüfung der Sittenwidrigkeit eines Rechtsgeschäfts nach § 138 BGB ist ein **objektives** und ein **subjektives Element** erforderlich. Bei einem besonders groben Missverhältnis zwischen Leistung und Gegenleistung spricht die tatsächliche Vermutung für eine verwerfliche Gesinnung des Handelnden. Dieses grobe Missverhältnis liegt in der Regel vor, wenn der Wert der Leistung etwa doppelt so hoch ist wie die der Gegenleistung.

> **Beachte:** Diese Vermutung gilt aber nicht ohne Einschränkungen. Sie gilt nicht, wenn der Benachteiligte Kaufmann ist und bei ebay-Auktionen (Grüneberg/Ellenberger § 138 Rn. 34 ff, hier 34c). Besondere Schwierigkeiten bietet auch die Bewertung von gewerblichen Mieten, deshalb ist auch hier besondere Vorsicht geboten. Examensrelevanten Fälle sind die Übersicherung des Gläubigers bei einer Sicherungsabrede sowie die finanzielle Überforderung des Bürgen im Rahmen einer Bürgschaft.

> **Klausurproblem:** Kläger K vermietet einen Gewerbemietraum an den Beklagten B für einen monatlichen Mietzins i. H. v. 10.000 Euro. Nachdem der Beklagte die fälligen Mieten nicht bezahlt, klagt K diese ein. Im Prozess wendet B, der ein Unternehmen führt, ein, er schulde keinen Mietzins, weil dieser sittenwidrig überhöht sei. Die ortsübliche Vergleichsmiete für die angemieteten Räumlichkeiten betrage lediglich 4.000 Euro.
> Diese Einlassung dürfte kaum erheblich sein. Die Voraussetzungen des § 138 BGB dürften hier nicht gegeben sein. Zwar legt ein auffälliges Missverhältnis zwischen Leistung und Gegenleistung im Allgemeinen den Schluss auf eine verwerfliche Gesinnung des Begünstigten nahe, auch wenn keine weiteren Umstände hinzu kommen, die auf ein sittenwidriges Handeln schließen lassen (Grüneberg/Ellenberger

§ 138 Rn. 34a). Dieses Missverhältnis ist in der Regel gegeben, wenn der Wert der Leistung rund doppelt so hoch ist wie der Wert der Gegenleistung (Grüneberg/Ellenberger § 138 Rn. 34a), was hier auf den ersten Blick vorzuliegen scheint. Das Missverhältnis muss aber unter Berücksichtigung des Einzelfalles sehr sorgfältig ermittelt werden. Das bereitet vor allem bei gewerblichen Mietverhältnissen häufig Schwierigkeiten. Die erheblichen Bewertungsschwierigkeiten, rühren vor allem daher, dass Mieten nicht nur regional sehr unterschiedlich sind, sondern auch innerhalb einer Stadt. Hinzu kommt, dass sich im Bereich der gewerblichen Miete das Verhältnis zwischen Angebot und Nachfrage oft in sehr kurzer Zeit erheblich verändert. Hinzu kommt, dass der Beklagte Kaufmann ist, sodass die Vermutung der verwerflichen Gesinnung nicht gilt, sondern besonders festzustellen ist (Grüneberg/Ellenberger § 138 Rn. 34b).

5. Bedingung, §§ 158 ff. BGB

877 Auch der Nichteintritt/Eintritt einer aufschiebenden/auflösenden Bedingung führt dazu, dass der geschlossene Vertrag (von Anfang an) nicht wirksam wird bzw. unwirksam wird. Wird der Eintritt der aufschiebenden Bedingung von der Partei, zu deren Nachteil sie gereichen würde, verhindert, so gilt die Bedingung nach § 162 Abs. 1 BGB als eingetreten mit der Folge, dass der Vertrag wirksam zustande gekommen ist.

> **Klausurproblem:** Die Parteien vereinbaren Fälligkeit einer Kaufpreisforderung, wenn der Beklagte (Kaufmann) seine Steuererklärung für 2018 abgegeben hat. Der Beklagte weigert sich anschließend, diese Steuererklärung abzugeben und beruft sich darauf, die Leistung sei nicht fällig. Zurecht?
> Wohl nicht. Ein Kaufmann hat i. d. R. seine Steuererklärung nach den §§ 238 ff. HGB bis 30.6. des Folgejahres abzugeben. Davon sind die Parteien wohl auch ausgegangen. Deshalb gilt nach § 162 Abs. 1 BGB die Bedingung als eingetreten, mit der Folge der Fälligkeit der Forderung.

IV. Anspruch untergegangen (keine rechtsvernichtenden Einwendungen)

878 Der Anspruch ist untergegangen, wenn der Schuldner ihm eine **rechtsvernichtende Einwendung** entgegenhalten kann, dies sind in der Regel **Gestaltungsrechte**, die der Schuldner ausüben muss.

1. Anfechtung, §§ 119 ff BGB

879 Anfechtbar ist grundsätzlich jede Rechtshandlung (rechtsgeschäftsähnliche Handlungen sind nach §§ 119 ff. BGB analog anfechtbar); Schweigen ist dann analog §§ 119 ff. BGB anfechtbar, wenn dieses (ausnahmsweise) als Zustimmung behandelt wird. Für eine wirksame Anfechtung ist ein **Anfechtungsgrund**, §§ 119, 120, 123 BGB, eine **Anfechtungserklärung**, § 143 BGB, sowie die Einhaltung der **Anfechtungsfrist**, §§ 121, 124 BGB, erforderlich.

> **Beachte:** Die Anfechtung wird in einer Klausur nicht immer ausdrücklich erklärt, insoweit kann es erforderlich sein, dass die Erklärung einer Partei in einem Schriftsatz (wie beispielsweise „sehe ich mich aus folgenden Gründen nicht mehr an den Vertrag gebunden") als Anfechtungserklärung ausgelegt werden muss. Auch in der Klageerhebung kann die Anfechtung gesehen werden.

a) **Anfechtungsgrund.** Die Anfechtungsgründe ergeben sich aus den §§ 119, 120, 123 BGB: 880
- § 119 Abs. 1 BGB, Inhalts- und Erklärungsirrtum.
- § 119 Abs. 2 BGB, **Eigenschaftsirrtum. Beachte:** Eigenschaften der Sache sind nur dauerhafte Faktoren, demnach ist der Wert einer Sache keine Eigenschaft, die wertbildenden Faktoren dagegen schon.
- § 120 BGB, Übermittlungsirrtum.
- § 123 BGB, Anfechtbarkeit wegen arglistiger Täuschung oder widerrechtlicher Drohung.
- Bloße Motivirrtümer (wie beispielsweise ein Erwartungsirrtum) berechtigen grundsätzlich nicht zur Anfechtung.

> **Klausurproblem:** Macht ein Arbeitnehmer falsche Angaben zu seiner Person, so ist eine Anfechtung des Vertrages nach § 123 BGB nur möglich, wenn die Frage zulässig war. Eine Anfechtung des Vertrags wegen Eigenschaftsirrtums nur, wenn die Eigenschaft wesentlich für das Arbeitsverhältnis ist.

Beachte: Irrt der Käufer einer Sache darüber, dass die Sache mangelfrei ist, stellt sich die Frage des Verhältnisses von § 119 Abs. 2 BGB zu §§ 434 ff. BGB. Dabei gilt, dass das Anfechtungsrecht des Käufers aus § 119 Abs. 2 BGB **nach Gefahrübergang** durch die Rechte aus §§ 434 ff. BGB verdrängt wird. Unterliegen beide Seiten einem Irrtum, ist die Anwendung von § 313 BGB in der Regel interessengerechter als die Anwendung der §§ 119 ff. BGB.

b) **Rechtsfolge der erfolgreichen Anfechtung.** Nach § 142 Abs. 1 BGB führt die Anfechtung zur anfänglichen Unwirksamkeit (ex tunc Wirkung) des Rechtsgeschäfts. Die bereits ausgetauschten Leistungen werden nach § 812 BGB rückabgewickelt. Betrifft die Anfechtung auch das Erfüllungsgeschäft (beispielsweise die Willenserklärung zur Übereignung einer Sache), kann auch über § 985 BGB rückabgewickelt werden. 881

2. Erfüllung, § 362 BGB, und Erfüllungssurrogate

Durch Erfüllung erlischt der Leistungsanspruch nach § 362 Abs. 1 BGB. Die Erfüllung bringt in materiell-rechtlicher Hinsicht keine wichtigen Klausurprobleme mit sich. 882

> **Klausurproblem:** Klagt der Kläger auf Erfüllung eines Vertrags und im Prozess erfüllt der Beklagte, können sich in prozessualer Hinsicht Probleme ergeben, da der Kläger bei Erfüllung seiner Forderung die Klage in der Regel zurücknehmen wird (Kostenfolge nach § 269 Abs. 3 S. 3 ZPO) oder die Klage für erledigt erklären wird. Entscheidend ist dann, ob die Erfüllung vor oder nach Eintritt der Rechtshängigkeit erfolgte. Hierzu ausführlich 2. Teil E. IV.

Eine Erfüllung nach § 364 Abs. 1 BGB oder § 364 Abs. 2 BGB liegt in den Fällen der Leistung an Erfüllungsstatt und Leistung erfüllungshalber vor. Bei der Prüfung, ob die Forderung aufgrund Erfüllung erloschen ist, sollte auch immer noch an den Erlass nach § 397 BGB gedacht werden, dieser kann die Forderung ebenfalls zum Erlöschen bringen. 883

Beachte: Beim Pfändungs- und Überweisungsbeschluss, §§ 829, 835 ZPO, wird dem Gläubiger die Forderung zur Einziehung oder an Zahlungsstatt überwiesen. Nimmt der Gläubiger die Forderung an Zahlungsstatt an, tritt damit gleich Erfüllung ein, § 364 Abs. 1 BGB.

3. Aufrechnung, § 387 ff BGB

Die Aufrechnung im Prozess ist eines der häufigsten Probleme im zweiten Examen (siehe insoweit auch 2. Teil B. V.), aus dieser ergeben sich zahlreiche prozessuale Probleme. 884

885 In materiell-rechtlicher Hinsicht ist für eine Aufrechnung erforderlich, dass die Forderungen **gleichartig** sind, wie etwa bei einer Aufrechnung „Geld gegen Geld". Ein weiteres Kriterium der Aufrechnung ist die **Gegenseitigkeit** der Forderungen; bei einer Klage durch einen Prozessstandschafter kann daher nur mit Forderungen gegen den Rechtsinhaber, nicht jedoch mit Forderungen gegen den Prozessstandschafter aufgerechnet werden. Zuletzt dürfen der Forderung **keine Aufrechnungsbeschränkungen** entgegenstehen, solche ergeben sich aus den §§ 390, 392, 393, 394 BGB sowie aus den §§ 94 ff. InsO. Die wichtigste Aufrechnungsbeschränkung ergibt sich dabei aus § 393 BGB, danach keine Aufrechnung gegen Forderungen aus unerlaubter Handlung. Dies ist auch der Grund, weshalb Kläger häufig die Feststellung beantragen, dass „die Forderung aus einer unerlaubten Handlung des Beklagten herrühre". Eine erneute Aufrechnung (in der Regel des Klägers) gegen eine Aufrechnungsforderung ist nicht möglich, denn durch die Erklärung der Aufrechnung (in der Regel durch den Beklagten) erlischt die ursprüngliche Forderung nach § 389 BGB.

> **Klausurproblem:** Keine Aufrechnung, wenn ein Insolvenzgläubiger erst nach Eröffnung des Insolvenzverfahrens etwas zur Insolvenzmasse schuldig geworden ist, § 96 Abs. 1 Nr. 1 InsO (weitere Fälle in den folgenden Ziffern des § 96 InsO). Aufrechnung dagegen möglich, wenn die Aufrechnung schon vor der Eröffnung möglich war, § 94 InsO.

> **Klausurproblem:** Keine Aufrechnung, wenn Gläubiger eine unteilbare Leistung fordern können, § 432 BGB; es fehlt dann i. d. R. an der Gegenseitigkeit. Etwa wenn die Eheleute eine Eigentumswohnung gekauft haben und der Verkäufer mit einer Forderung gegen den Ehemann aufrechnen möchte.

4. Rücktritt

886 Ein Rücktritt vom Vertrag kommt insbesondere beim Kauf- und beim Werkvertrag in Betracht, dieser wirkt „**ex tunc**". Bei den Dauerschuldverhältnissen wie Mietvertrag oder Dienstvertrag kommt hingegen anstatt des Rücktritts eine Kündigung (nach §§ 542, 543 und 622 ff. BGB) in Betracht, diese wirkt nur „**ex nunc**". Die Rücktrittsgründe ergeben sich insbesondere aus den §§ 323 ff. BGB. Nach Rücktritt vom Vertrag wird dieser nach den §§ 346 ff. BGB rückabgewickelt. Gesetzlich nicht direkt geregelt ist der Anspruch des Zurücktretenden auf Abholung der (Kauf-) Sache, dieser wird aus §§ 346, 242 BGB abgeleitet (Einzelheiten Grüneberg/Grüneberg § 346 Rn. 5, auch zur Frage des Erfüllungsortes i. S. v. §§ 29 ZPO, 269 BGB).

887 Die **Folgen des Rücktritts** ergeben sich aus § 346 BGB. Nach § 346 Abs. 2 BGB ist statt der Rückgabe Wertersatz zu leisten, wenn die Rückgabe ausgeschlossen ist oder der Gegenstand sich verschlechtert hat, wobei die bestimmungsgemäßer Ingebrauchnahme entstandene Verschlechterung außer Betracht zu bleiben hat. Ausschlussgründe für den Wertersatzanspruch ergeben sich aus § 346 Abs. 3 BGB.

> **Beachte:** Das Vertreten müssen in § 346 Abs. 3 Nr. 2 BGB bedeutet dabei nicht Vertreten müssen i. S. v. § 276 BGB, also Vorsatz und Fahrlässigkeit. Erfasst wird vor allem der Fall, dass der Untergang oder die Verschlechterung auf dem zum Rücktritt berechtigenden Mangel beruht.

> **Klausurproblem:** Der Käufer hat einen LKW gekauft. Er holt ihn beim Händler ab, fährt auf seinen Betriebshof, lädt dort Waren auf und bringt diese zu seinem Kunden. Dann tritt er (dies war im Vertrag vorbehalten) ordnungsgemäß vom Kaufvertrag

zurück. Der Verkäufer verlangt Wertersatz für die Verschlechterung durch die Benutzung. Zurecht?
Für die Benutzung des LKW hat der Käufer Nutzungsersatz zu leisten nach §§ 346 Abs. 1, Abs. 2 Nr. 1 BGB, da die Herausgabe der Nutzungen nach der Natur des Erlangten nicht möglich ist.
Ist auch Wertersatz nach § 346 Abs. 2 Nr. 3 BGB zu leisten? Dabei hat die Wertminderung für die bestimmungsgemäße Ingebrauchnahme außer Acht zu bleiben. Nach Grüneberg/Grüneberg § 346 Rn. 9 hat die Fahrt zum Betriebshof außen vor zu bleiben; für die Weiterfahrt zum Kunden ist aber Wertersatz wegen Verschlechterung zu gewähren. Die wohl hM sieht dies anders und gewährt dafür keinen Wertersatz, da dafür ja bereits Nutzungsersatz gewährt wurde.

5. Störung der Geschäftsgrundlage, § 313 BGB

Aus § 313 BGB ergibt sich insbesondere ein **Anspruch auf Anpassung des Vertrages**, wenn die Geschäftsgrundlage gestört ist. Ist eine Anpassung allerdings nicht möglich oder unzumutbar, ergibt sich aus § 313 BGB auch ein Rücktritts- bzw. Kündigungsrecht. Bei § 313 BGB ist allerdings dessen **Subsidiarität** zu beachten, an diesen Anspruch sollte daher immer als letztes in der Klausur gedacht werden. Wegen seiner Flexibilität hat dieser Anspruch in der Rechtsprechung allerdings Lückenfüllungsfunktion. Der bekannteste Anwendungsfall des § 313 BGB ist der Fall des **Ausgleiches unbenannter Zuwendungen** (im Familienrecht). **888**

6. Unmöglichkeit

Ist die eigene Leistung nach §§ 275 Abs. 1, Abs. 2 BGB unmöglich, wird der Schuldner von seiner Leistungspflicht befreit, der zwischen den Parteien geschlossene Vertrag bleibt aber dennoch wirksam. Für die Frage, wann eine Leistung unmöglich im Sinne des § 275 BGB ist, ist die Unterscheidung zwischen **Stück- und Gattungsschuld** maßgeblich. Die Leistung bei einer Gattungsschuld ist erst dann unmöglich, wenn die gesamte Gattung untergegangen ist. Etwas anderes gilt dann, wenn bereits Konkretisierung nach § 243 Abs. 2 BGB eingetreten ist. Was für die Konkretisierung erforderlich ist, beurteilt sich danach, welche Schuld (**Hol-, Bring- oder Schickschuld**) vereinbart ist; insoweit ist § 269 BGB zu beachten. **889**

7. Widerruf und Kündigung des geschlossenen Vertrags

Eine rechtsvernichtende Einwendung stellt auch der **Widerruf** (siehe insoweit unten 4. Teil: Materielles Recht; 1. Abschnitt; C. Verbraucherverträge) oder die **Kündigung** (siehe insoweit unten 1. Abschnitt G. Mietrecht) des geschlossenen Vertrags dar. **890**

V. Anspruch durchsetzbar – keine rechtshemmenden Einwendungen

Der Anspruch ist nicht durchsetzbar, wenn der Schuldner ihm eine **rechtshemmende Einwendung** (**Einrede**) entgegenhalten kann, diese Einreden sind nicht von Amts wegen zu berücksichtigen, stattdessen muss der Schuldner sich explizit auf diese berufen. **891**

1. Einrede der Verjährung, § 214 BGB

Die regelmäßige Verjährungsfrist beträgt nach § 195 BGB drei Jahre. Der Beginn der Verjährung ist in § 199 Abs. 1 BGB (Silvesterverjährung) und §§ 200, 201 BGB geregelt. Zu beachten sind die Regelungen zur **Hemmung** der Verjährung in den §§ 203 ff. BGB (insbesondere § 203 BGB „Verhandlungen"), davon zu unterscheiden ist die **Unterbrechung** nach § 212 BGB, dabei beginnt die Verjährung – im Gegensatz zur Hemmung – erneut. Bei der Hemmung nach § 204 Abs. 1 Nr. 1 BGB (Erhebung der Klage) ist **892**

§ 167 ZPO zu beachten, wenn die Zustellung „**demnächst**" erfolgt (siehe ausführlich zur Verjährung unten E.).

> **Klausurproblem:** Der Zahlungsanspruch des Klägers verjährt am 31.12.2019. Der Kläger reicht durch seinen Rechtsanwalt am 30.12.2019 Klage beim zuständigen Landgericht auf Zahlung ein. Diese Klage wird dem Beklagten am 10.1.2020 zugestellt. Ist der Anspruch verjährt? **Nein**, § 204 Abs. 1 Nr. 1 BGB i. V. m. § 167 ZPO (ausführlich dazu unten E.).

2. Einrede nach § 242 BGB

893 Diese Einrede kann immer dann bemüht werden, wenn ein „korrekturbedürftiges Ergebnis" verbleibt und sich keine speziellere Einrede findet. Anerkannte Fallgruppen der Einrede aus § 242 BGB sind die **Verwirkung** (dafür ist ein Zeit- und ein Umstandsmoment erforderlich) sowie der **Missbrauchseinwand**, wenn die Geltendmachung eines Anspruchs im Prozess gegen Treu und Glauben verstößt. Auch der **dolo-agit-Einwand** wird aus § 242 BGB abgeleitet, diesen kann beispielsweise der gutgläubige Erwerber einer Sache dem Anspruch des früheren Eigentümers aus § 812 BGB entgegenhalten, wenn er seinerseits die Sache anschließend wieder nach § 985 BGB (da er Eigentümer der Sache wurde) herausverlangen könnte.

894 Daneben kann § 242 BGB auch noch eine **eigene Anspruchsgrundlage** sein, wenn keine speziellere Anspruchsgrundlage vorhanden ist (§ 242 BGB ist grundsätzlich subsidiär). Als eigene Anspruchsgrundlage kommt § 242 BGB insbesondere bei **Auskunftsansprüchen** in Betracht.

3. Zurückbehaltungsrecht, §§ 273, 320 BGB

895 § 273 BGB gibt dem Schuldner **eine aufschiebende Einrede**. Sie ist nicht von Amts wegen zu berücksichtigen, sondern muss geltend gemacht werden. Sie führt dazu, dass der Schuldner nur noch Zug-um-Zug verurteilt werden darf. Das Zurückbehaltungsrecht nach § 273 BGB setzt Konnexität voraus, was grundsätzlich weit ausgelegt wird (vgl. Grüneberg/Grüneberg § 273 Rn. 9). § 320 BGB ist die Spezialnorm bei gegenseitigen Verträgen.

> **Klausurproblem:** Der Kläger beantragt, den Beklagten zur Zahlung von 10.000 Euro zu verurteilen. Der Beklagte wird (nur) zur Zahlung von 10.000 Euro Zug-um-Zug gegen Beseitigung von Mängeln (Wert 5.000 Euro) verurteilt. Die Zug-um-Zug Verurteilung muss auch zur teilweisen Klageabweisung – mit Kostenfolge – führen. Denn der Kläger hat unbedingte Zahlung verlangt und verliert insoweit mit dem Wert der Leistung (Beseitigung der Mängel), die er erbringen muss, um die Zahlung zu erhalten.

B. Vertragliche Sekundäransprüche

I. Einführung

896 Die im Examen wichtigsten vertraglichen Sekundäransprüche sind die Schadensersatz- und Gewährleistungsansprüche. Für das Grundverständnis die **wichtigste Unterscheidung**: Wann sind die §§ 280 ff. BGB „direkt" anzuwenden, wann die „**speziellen Regeln**" wie §§ 437, 434 BGB (beim Kaufvertrag) oder §§ 634, 633 BGB (beim Werkvertrag). Insoweit gilt: Die **§§ 280 ff. BGB** greifen **bei allen Leistungsstörungen** (wie Unmöglichkeit, Teilleistung, Schlechtleistung), die **speziellen**, wie § 437 BGB oder

§ 634 BGB, nur bei der einen Leistungsstörung „**Schlechtleistung**". Oder anders ausgedrückt: Die speziellen Vorschriften, wie § 437 BGB oder § 634 BGB greifen ein, wenn der Kläger einen **Mangel** (§ 434 oder § 633 BGB) geltend macht, bei allen anderen Leistungsstörungen gelten §§ 280 ff. BGB. Die §§ 280 ff. BGB sind bei „**Mängeln**" aber immer dann direkt anzuwenden, wenn es kein spezielles Gewährleistungsrecht gibt, wie beim Dienstvertrag, §§ 611 ff. BGB, oder bei den gesetzlichen Schuldverhältnissen. Macht der Kläger dabei geltend, der Dienstanbieter/Dienstunternehmer habe nur mangelhaft geleistet, daher werde Schadensersatz geltend gemacht, dann ist ein Schadensersatzanspruch nach §§ 280, 281 Abs. 1 Satz 1 2. Alt., 611 BGB zu prüfen (z. B. der Patient macht einen Schadensersatzanspruch gegen einen Arzt geltend, weil dieser ihm bei einer Operation statt der Niere die Milz entfernt hat).

II. Allgemeines Leistungsstörungsrecht nach §§ 280 ff BGB

Zunächst ist danach zu unterscheiden, ob der Schuldner eine Pflicht verletzt hat, die sich **auf die Leistung selbst** (Fallgruppen: Nichtleistung; Teilleistung; Schlechtleistung) auswirkt (z. B. V liefert den von K bestellten Kühlschrank ohne Türe), dann in der Regel **Schadensersatz statt der Leistung** (siehe unten 1.) oder ob sich die Pflichtverletzung **auf andere Rechtsgüter auswirkt** (z. B. der von V gelieferte Kühlschrank ist undicht, das austretende Wasser zerstört den Parkett des K; sogenannter Mangelfolgeschaden), dann in der Regel **Schadensersatz neben der Leistung** (siehe unten 2.). **897**

1. Schadensersatz statt der Leistung

Dabei ist danach zu unterscheiden, ob der Schuldner nicht leistet, weil seine Leistung **unmöglich** ist (siehe unten a)) oder ob die Leistung noch **möglich** ist (siehe unten b)). **898**

a) **Leistung unmöglich.** Ist die Pflichterfüllung dem Schuldner nach § 275 BGB unmöglich, dann geht der vertragliche Erfüllungsanspruch nach § 275 BGB unter, der Gläubiger hat ein Wahlrecht, ob er Schadensersatz statt der Leistung (§§ 283, 311 Abs. 2, 280 BGB) oder Aufwendungsersatz (§ 284 BGB) verlangt. Für einen Schadensersatzanspruch nach § 283 BGB ist **keine Fristsetzung erforderlich**, da sie ohnehin sinnlos wäre. Neben Schadens- oder Aufwendungsersatz kann der Gläubiger im Falle einer Unmöglichkeit auch vom Vertrag nach §§ 326 Abs. 5, 323 BGB zurücktreten. **899**

Der Anspruch des Schuldners auf die Gegenleistung erlischt im Falle einer Unmöglichkeit der Leistung des Schuldners nach § 326 Abs. 1 Satz 1 BGB. Hat der Gläubiger dennoch gezahlt, besteht nach §§ 326 Abs. 1 Satz 1, Abs. 4 BGB i. V. m. 346 ff. BGB ein Rückforderungsanspruch. **900**

b) **Leistung noch möglich.** In diesen Fällen ist zwingend erforderlich, dass der Gläubiger dem Schuldner vor Geltendmachung seiner Ansprüche **eine Frist gesetzt hat** (dies ergibt sich aus § 281 BGB). Der Erfüllungsanspruch besteht dabei so lange fort, bis der Gläubiger Schadensersatz statt der Leistung geltend macht (oder Aufwendungsersatz nach § 284 BGB oder vom Vertrag zurücktritt, § 323 BGB), dies ergibt sich aus § 325 BGB. **901**

Das Erfordernis der Fristsetzung ergibt sich aus dem **Recht zur zweiten Andienung**. Im Kauf- und Werkvertragsrecht ergibt sich daraus der Vorrang der Nacherfüllung (§§ 439, 635 BGB). Für die Fristsetzung reicht es, wenn der Gläubiger vom Schuldner zur umgehenden Mängelbeseitigung aufgefordert wurde. Entscheidend ist, dass sich aus der Aufforderung **eine bestimmbare zeitliche Grenze** ergibt. Es muss dem Verkäufer stets die Gelegenheit gegeben werden, die Sache auf die gerügten Mängel zu untersu- **902**

chen, ansonsten liegt keine zulässige Fristsetzung bzw. Nacherfüllungsaufforderung vor. Zu beachten ist, dass eine zu kurz gesetzte Frist eine angemessene Frist in Lauf setzt.

> **Klausurproblem:** Darf der Schuldner nach Ablauf der vom Gläubiger gesetzten Nacherfüllungsfrist noch erfüllen, wenn der Gläubiger noch nicht eines seiner Gewährleistungsrechte ausgeübt hat?
> Von der herrschenden Meinung wird ein solches Recht des Schuldners bejaht. Ausnahme: Der BGH hat entschieden, dass im Werkvertragsrecht der Besteller ein nachträgliches Angebot des Unternehmers zur Mängelbeseitigung nicht mehr annehmen muss (BGH, NJW 2003, 1526 ff.).

903 Beim **Schadensersatz statt der Leistung** ist stets zu unterscheiden zwischen Schadensersatz **statt der ganzen Leistung** – dabei wird das gesamte Geschäft rückabgewickelt – und dem Schadensersatz **statt der Leistung**. Beim Schadensersatz **statt der ganzen Leistung** erlischt der Anspruch des Gläubigers auf die ursprüngliche Leistung nach §§ 281 Abs. 4, 323, 346 ff. BGB. Beim Schadensersatz statt der Leistung verbleibt hingegen die mangelhafte Sache beim Käufer und als Schadensersatz werden beispielsweise die Reparaturkosten zur Beseitigung des Mangels geltend gemacht.

2. Schadensersatz neben der Leistung

904 Diese Art des Schadensersatzes erfasst alle Schäden, die sich auch durch Wiederholung der Leistungspflichten des Schuldners nicht mehr beheben lassen, insbesondere: **Mangelfolgeschäden** (z. B. Gutachterkosten nach einem Verkehrsunfall), **Nutzungsausfallschäden** oder Schäden, die sich aus Neben-/Sorgfaltspflichtverletzungen ergeben, bei diesen ist die Anspruchsgrundlage §§ 280, 241 Abs. 2, 311 Abs. 2 BGB. Auch dabei ist keine Fristsetzung erforderlich, da § 280 BGB gilt und eine Fristsetzung ohnehin keinen Sinn machen würde.

> **Klausurproblem:** Der von B beauftragte Maler führt zwar die Malerarbeiten am Haus des B korrekt aus, dabei zertrampelt er allerdings teure Pflanzen im Garten des B. Schadensersatzanspruch des B?
> In diesem Fall hat der M seine Sorgfaltspflichten auf andere Rechtsgüter des B Rücksicht zu nehmen, verletzt, er haftet daher auf Schadensersatz neben der Leistung in Höhe der Kosten der zertrampelten Pflanzen nach §§ 280, 241 Abs. 2, 311 Abs. 2 BGB.

3. Die verschiedenen Pflichtverletzungen des Schuldners

905 a) **Die Nichtleistung als Pflichtverletzung.** Dabei besteht ein **Schadensersatzanspruch statt der Leistung** nach § 281 Abs. 1 S. 1 1. Alt. BGB. Voraussetzung ist, dass die Forderung **fällig** war. Befindet sich der Schuldner dazu noch in **Verzug** besteht daneben noch ein Schadensersatzanspruch neben der Leistung nach §§ 280 Abs. 2, 286 BGB (**Verzögerungsschaden**). Für einen Verzug des Schuldners ist neben der Fälligkeit der Forderung noch eine Mahnung, § 286 Abs. 1 BGB, oder deren Entbehrlichkeit nach §§ 286 Abs. 2, Abs. 3 BGB erforderlich.

> **Klausurproblem:** Die examensrelevanten Fälle eines Verzögerungsschadens sind die Mahnkosten, die ein Rechtsanwalt für Schreiben nach Eintritt des Verzugs geltend macht. Dabei werden in der Praxis Pauschalbeträge i. H. v. 2,50–5,00 Euro zugesprochen. Daneben besteht noch ein Anspruch des Rechtsanwalts auf vorgerichtliche Rechtsanwaltskosten, deren Höhe sich nach den Sätzen des RVG bemisst.

Die Höhe der gesetzlichen **Verzugszinsen** ergibt sich aus § 288 BGB. Nach § 187 Abs. 1 BGB analog können Zinsen erst einen Tag nach Verzugseintritt begehrt werden. Werden in einer Klausur dem Kläger weniger Zinsen als beantragt zugesprochen, muss die Klage im Übrigen abgewiesen werden.

b) Die Teilleistung als Pflichtverletzung. Dabei besteht ein **Schadensersatzanspruch statt der Leistung** nach §§ 281 Abs. 1 S. 1 2. Alt., S. 2 BGB. Entscheidend für das Vorliegen einer Teilleistung ist, dass die Leistung an sich auch teilbar ist (**Beispiel:** K kauft von V eine Sitzmöbelgarnitur mit zehn verschiedenen Stühlen). Problematisch dabei ist, wie die Teilleistung nach § 281 Abs. 1 S. 1 2. Alt. BGB von der Minderlieferung nach § 434 Abs. 3 2. Alt. BGB abzugrenzen ist. Nach der herrschenden Meinung gilt § 434 Abs. 3 BGB nur bei der **verdeckten Minderlieferung**. Wurde hingegen für den Käufer klar erkennbar zu wenig geliefert, liegt eine Teilleistung vor mit der Folge, dass Schadensersatz nach §§ 281 Abs. 1 S. 1 2. Alt., Abs. 5 BGB besteht. Entscheidend ist diese Frage, wenn sich in der Klausur bei der Frage der Teilleistung/Minderlieferung ein Problem mit der Verjährung ergibt. Denn bei dem Schadensersatzanspruch nach § 281 Abs. 1 BGB gelten bei einer Teilleistung hinsichtlich der Verjährung die §§ 195 ff. BGB, während bei der Minderlieferung nach § 434 Abs. 3 BGB die Verjährungsfristen des § 438 BGB gelten.

c) Die Schlechtleistung als Pflichtverletzung. Dabei besteht ein Schadensersatzanspruch statt der Leistung nach § 281 Abs. 1 S. 1 2. Alt. BGB. Bei diesem ist zwischen dem sogenannten kleinen und dem großen Schadensersatz zu unterscheiden. Bei dem kleinen Schadensersatz (Schadensersatz statt der Leistung), behält der Gläubiger die mangelhafte Sache und ist so zu stellen, wie er bei mangelfreier Erfüllung durch den Schuldner stehen würde (z.B. der Käufer behält den erworbenen Pkw, dessen Frontscheibe beschädigt ist und erhält als Schadensersatz die erforderlichen Reparaturkosten). Bei dem großen Schadensersatz (Schadensersatz statt der ganzen Leistung) nach §§ 281 Abs. 1 S. 1 2. Alt., S. 3, Abs. 5 BGB gibt der Gläubiger die mangelhafte Sache an den Schuldner zurück und rechnet seinen sich daraus ergebenden Schaden ab. Nach § 281 Abs. 1 S. 3 BGB ist die Möglichkeit des Gläubigers, den Schadensersatzanspruch statt der ganzen Leistung geltend zu machen, bei unerheblichen Pflichtverletzungen eingeschränkt. Dasselbe gilt nach § 323 Abs. 5 S. 2 BGB für den Rücktritt. Eine unerhebliche Pflichtverletzung liegt dann vor, wenn die Nachbesserungskosten unter 10 % des Kaufpreises liegen. In einem solchen Fall ist in einer Klausur eine umfassende Interessenabwägung erforderlich. Dabei ist die Arbeit mit dem Grüneberg zwingend erforderlich (siehe hierzu Grüneberg/Grüneberg § 281 Rn. 47 und § 323 Rn. 32).

4. Der Aufwendungsersatzanspruch, § 284 BGB

Bei allen soeben dargestellten Pflichtverletzungen kann der Gläubiger entweder Schadensersatz nach § 281 oder Aufwendungsersatz nach § 284 BGB verlangen. **Aufwendungen** im Sinne des § 284 BGB sind dabei **freiwillige Vermögensopfer**; ein Schaden ist dagegen ein unfreiwilliges Vermögensopfer. Aus dem Wortlaut des § 284 BGB („**anstelle** des Schadensersatzes statt der Leistung") ergibt sich, dass dieser nur anwendbar ist, wenn auch die Voraussetzungen eines Schadensersatzanspruchs statt der Leistung nach § 281 BGB vorliegen. Nach der Rechtsprechung des BGH ist ein Anspruch nach § 284 BGB neben einem Anspruch nach §§ 437 Nr. 2, 323 Abs. 1, 346, 347 Abs. 2 BGB anwendbar. Nach § 284 BGB sind alle Aufwendungen zu ersetzen, die ein Gläubiger nach Vertragsschluss im Vertrauen auf den Erhalt der Leistung gemacht hat und billigerweise machen durfte (z.B. ein in einen Pkw eingebautes Teil oder Fahrtkosten). Hat der Gläubiger die Kaufsache (z.B. PKW) genutzt, mindert sich der Anspruch des Käufers (der Anspruch auf Schadensersatz oder der Anspruch auf Aufwendungsersatz) nach dem Gedanken der Vorteilsanrechnung entsprechend. Demnach hat sich der Käufer die aus der Nutzung der Kaufsache gezogenen Vorteile anrechnen zu lassen.

III. Ansprüche aus Kaufvertrag §§ 437, 434 BGB

1. Einführung

909 Die Grundnorm für Ansprüche aus Kaufvertrag wegen eines Mangels ist stets § 437 BGB. Die §§ 434, 437 ff. BGB gelten nur bei der einen Leistungsstörung, der „Schlechtleistung". Die Schlechtleistung muss sich dabei in Form eines **Mangels** der Kaufsache äußern. Etwas anderes gilt allerdings dann, wenn nicht der Verkäufer, sondern der Käufer eine Pflicht aus dem Kaufvertrag verletzt hat (er leistet z. B. keine Zahlungen nach § 433 Abs. 2 BGB). In diesem Fall enthalten die speziellen Regelungen der §§ 434 ff. BGB keine Sonderregelungen, so dass für diesen Fall die allgemeinen Regeln für Schadensersatz nach §§ 280 ff. BGB oder für den Rücktritt nach §§ 323 ff. BGB gelten.

910 Die speziellen Regelungen der §§ 434 ff BGB bei Schlechtleistung setzen stets voraus, dass die gekaufte Sache **bei Gefahrübergang mangelhaft war**. Es muss bereits ein Gefahrübergang stattgefunden haben; bei einer Kaufsache erfolgt dieser in der Regel durch die Übergabe. Hat noch kein Gefahrübergang stattgefunden und liegt eine Schlechtleistung vor, gelten daher die §§ 280 ff. BGB für den Schadensersatz und §§ 323 ff. BGB für den Rücktritt.

In der Klausur ist, wenn eine Schlechtleistung (bzw. ein Mangel) geltend gemacht wird, zuerst der Gefahrübergang und dann die Voraussetzungen nach § 437 BGB i. V. m. §§ 433 ff. BGB zu prüfen.

911 **Prüfungsaufbau (unabhängig vom geltend gemachten Anspruch – Schadensersatz, Minderung oder Rücktritt):**
(1) Kaufvertrag wirksam geschlossen, § 433 BGB
(2) Vorliegen eines Sachmangels bei Gefahrübergang, § 434 BGB
(3) Kein Gewährleistungsausschluss, insbesondere § 444 BGB
(4) Weitere Voraussetzungen des geltend gemachten Anspruchs (z. B. Fristsetzung)
(5) Keine Verjährung, § 438 BGB

2. Vorliegen eines Mangels, § 434 BGB

912 Für die Frage, ob ein Sachmangel nach § 434 BGB vorliegt, ist eine saubere Prüfung des § 434 BGB erforderlich. Nach den „neuen" Regelungen (die zum 1.1.2022 in Kraft getreten sind) ist eine Sache nur dann frei von Sachmängeln, wenn sie bei Gefahrübergang drei Anforderungen entspricht, nämlich den subjektiven Anforderungen (Abs. 2), den objektiven Anforderungen (Abs. 3) und den Montageanforderungen (Abs. 4). Demnach ist – zumindest im Rahmen der Lösungsüberlegungen – eine dreistufige Prüfung, ob ein Sachmangel vorliegt, erforderlich (Grüneberg/Weidenkaff § 434 Rn. 6).

913 Demnach ist in der Klausur zunächst zu prüfen, ob die Sache den **subjektiven Anforderungen**, für die insbesondere die vereinbarte Beschaffenheit (§ 434 Abs. 2 S. 1 Nr. 1 BGB) und die Eignung für die nach dem Vertrag vorausgesetzte Verwendung (§ 434 Abs. 2 S. 1 Nr. 2 BGB) maßgeblich sind, entspricht (siehe insoweit zu den Einzelheiten Grüneberg/Weidenkaff § 434 Rn. 9 ff).

914 Anschließend ist zu prüfen, ob die Sache auch den **objektiven Anforderungen**, für die insbesondere die Eignung für die gewöhnliche Verwendung (§ 434 Abs. 3 S. 1 Nr. 1 BGB) maßgeblich ist, entspricht (siehe insoweit zu den Einzelheiten Grüneberg/Weidenkaff § 434 Rn. 24 ff).

915 Zuletzt ist sodann zu prüfen, wenn eine Montage durchzuführen ist, ob die Sache auch den **Montageanforderungen** (§ 434 Abs. 4 BGB) entspricht, wobei dies nur selten in den Klausuren vorkommt (siehe insoweit zu den Einzelheiten Grüneberg/Weidenkaff § 434 Rn. 34 ff).

> **Beachte:** Die Beweislast für das Vorliegen eines Mangels trägt der Käufer, der sich auf den Mangel beruft. An dieser Stelle muss in der Klausur häufig argumentiert werden, insbesondere wenn der Kläger geltend macht, der Kaufgegenstand habe einen Sachmangel, weil er sich für die gewöhnliche Verwendung nicht eigne, § 434 Abs. 3 S. 1 Nr. 1 BGB, und damit nicht den objektiven Anforderungen entspreche.
>
> **Beachte:** Häufige Klausurkonstellationen sind dabei Mängel bei einem Fahrzeugkauf. Dazu gibt es unzählige BGH-Urteile. In einem solchen Fall ist die gezielte Arbeit mit dem Grüneberg erforderlich, da sich zahlreiche Probleme – die von der Rechtsprechung bereits entschieden wurden – aus ihm ergeben (siehe insoweit unter anderem Grüneberg/Weidenkaff § 434 Rn. 58 ff).

> **Klausurproblem:** Käufer K kauft bei Verkäufer V einen 20 Jahre alten Opel Corsa für 1.000 Euro. Nachdem K feststellt, dass das Fahrzeug keine elektrischen Fensterheber hat, verlangt er von V Schadensersatz, da das Fahrzeug mangelhaft sei, weil es sich für die **gewöhnliche Verwendung** nicht eigne und damit nicht den **objektiven Anforderungen** entspreche.
> In diesem Fall dürfte das Bestehen von Schadensersatzansprüchen unproblematisch abzulehnen sein. Bei einem 20 Jahre alten Kleinwagen kann nicht erwartet werden, dass dieser elektrische Fensterheber hat. Zudem eignet sich ein solches Fahrzeug auch ohne elektrischen Fensterheber für die gewöhnliche Verwendung und entspricht damit den objektiven Anforderungen an die Kaufsache im Sinne des §§ 434 Abs. 1, Abs. 3 BGB. Zuletzt ist dabei auch noch der von K bezahlte Kaufpreis, welcher mit 1.000 Euro sehr niedrig war, zu berücksichtigen.

> **Klausurproblem:** Käufer K kauft bei Autohersteller D einen Neuwagen. In den Herstellerangaben gab D einen Kraftstoffverbrauch von 6,0 l auf 100 km an. Tatsächlich verbraucht das erworbene Fahrzeug 9,0 l auf 100 km. Liegt ein Sachmangel vor?
> In diesem Fall dürfte ein Sachmangel aufgrund des erheblichen Mehrverbrauchs (von 50 %) unproblematisch zu bejahen sein. Ab wie viel Prozent Mehrverbrauch ein Sachmangel vorliegt, hat der BGH (NJW 2007, 2111) offengelassen. Das Landgericht Ravensburg (NJW 2007, 2127) hat einen Sachmangel ab einem Mehrverbrauch von 3 % angenommen. In der Literatur wird ein Mangel bei einem Mehrverbrauch von über 5 % angenommen (Grüneberg/Weidenkaff § 434 Rn. 59).

Aliudlieferungen (Falschlieferungen) und Mengenabweichungen sind begrifflich keine **916** Sachmängel. Dennoch stellt das Gesetz in § 434 Abs. 5 BGB diese Mängel dem Sachmangel gleich. Das hat zur Folge, dass der Erfüllungsanspruch – mit einer falschen Sache kann an sich nicht erfüllt werden – dennoch nicht neben den Rechten aus § 437 BGB besteht. Der Käufer hat kein Recht, die falsche Sache oder die Zuviellieferung zu behalten. Diese Sache hat er ja nicht gekauft, der Lieferant hat deshalb einen Anspruch auf Rückgabe nach § 812 Abs. 1 S. 1 1. Alt BGB. § 241a BGB greift nicht (str.), denn § 241a BGB ist nur bei der absichtlichen Aliudlieferung anwendbar, nicht dagegen bei einer irrtümlich falschen Lieferung (Einzelheiten Grüneberg/Weidenkaff § 434 Rn. 39 ff).

Von den Sachmängeln sind die **Rechtsmängel** nach § 435 BGB zu unterscheiden. **917** Rechte Dritter im Sinne des § 435 BGB liegen dabei auf der Sache, wie z. B. eine Grundschuld. Die Rechtsfolgen von Sach- und Rechtsmängel nach § 437 BGB sind dieselben (Grüneberg/Weidenkaff § 435 Rn. 6a).

> **Klausurproblem:** K kauft einen Pkw. Als er ihn bei der Zulassungsstelle zulassen möchte wird festgestellt, dass er in die interne Datenbank der Sicherheitsbehörden

des Schengenraums – kurz SIS – eingetragen ist. Es handelt sich dabei um ein Fahndungssystem in das Fahrzeuge eingetragen werden können, die zur Sicherstellung oder Beweissicherung im Strafverfahren gesucht werden.
Eine Beschlagnahme ist mit der Eintragung nicht verbunden. Der BGH hält aber bereits die Eintragung in die Liste, obwohl damit noch keine Beschlagnahme verbunden ist, für einen Rechtsmangel. Ein Rechtsmangel liegt vor, wenn von Dritten das Eigentum, der Besitz oder der unbeschränkte Gebrauch des Kaufgegenstandes beeinträchtigt werden kann. Auch wenn mit dem Eintrag in die SIS-Fahndungsliste noch kein unmittelbarer Eingriff, etwa durch Entzug der Sache, verbunden ist, gebietet es der Eintrag doch, ihn bereits als Rechtsmangel zu sehen, weil bereits bei Eintragung eines Kfz in diese Fahndungsliste die Gefahr einer erheblichen Nutzungsbeeinträchtigung verbunden ist und damit zu einer Belastung für den Käufer führt, die geeignet ist, ihn in der ungestörten Ausübung seines Eigentums zu beeinträchtigen.

918 Beim **Verbrauchsgüterkauf nach §§ 474 ff. BGB** gilt § 477 BGB. Dieser enthält eine Beweislastumkehr bezüglich des Vorliegens eines Sachmangels bei Gefahrübergang. Greift § 477 BGB ein, dann muss stets der Verkäufer die Mangelfreiheit der Sache bei Übergabe beweisen. Ohne § 477 BGB müsste der Käufer die Mangelhaftigkeit der Sache bei Übergabe beweisen. § 477 BGB stellt damit lediglich eine Beweiserleichterung für den Käufer dar. Über den eigentlichen Wortlaut hinaus hilft § 477 BGB dem Käufer auch dann, wenn zwar feststeht, dass der Mangel erst nach Gefahrübergang aufgetreten ist und daher bei Übergabe noch nicht vorlag, der Käufer aber nachweisen kann, dass ein Grundmangel vorlag und unklar ist, ob dieser Grundmangel bereits bei Gefahrübergang vorlag (Grüneberg/Weidenkaff § 477 Rn. 8 ff.).

> **Beachte:** Liegt ein Verbrauchsgüterkauf vor, kann sich ein Verbraucher nach § 242 BGB dann nicht auf die §§ 475 ff BGB berufen, wenn er dem Verkäufer seine Unternehmereigenschaft vorgetäuscht hat (Grüneberg/Weidenkraft § 474 Rn. 4).

3. Kein Gewährleistungsausschluss

919 Die Gewährleistung kann vertraglich, § 444 BGB, oder durch Gesetz, § 442 Abs. 1 S. 1 BGB, ausgeschlossen sein. Für die Klausur ist hier die Rügepflicht des § 377 HGB sehr relevant. Rügt der Käufer den Mangel nicht oder nicht rechtzeitig, so gilt die Ware als genehmigt.

> **Klausurproblem:** Gegenstand vieler Klausuren im zweiten Staatsexamen sind Kaufverträge über gebrauchte Fahrzeuge. In diesen Fällen sind häufig Klauseln wie „gekauft wie gesehen" oder „gekauft wie probegefahren" im Kaufvertrag der Parteien enthalten. In diesen Klausuren ist dann stets die Wirksamkeit des Gewährleistungsausschlusses zu prüfen. In solchen Fällen ist die Haftung aber nur für solche Mängel ausgeschlossen, die bei einer normalen Besichtigung wahrnehmbar sind (BGHZ 74, 204).

> **Beachte:** Im Rahmen eines vereinbarten Gewährleistungsausschlusses ist bei § 444 BGB auch immer noch zu prüfen, ob ein arglistiges Verschweigen durch den Pkw-Verkäufer vorliegt. Zudem kann zu prüfen sein, ob eine Garantie des Verkäufers im Sinne des § 444 BGB vorliegt. Dabei ist stets zu prüfen, ob der Verkäufer einen Garantiewillen, das heißt einen gesteigerten Haftungswillen hatte. Nur in diesem Fall kann eine Garantie angenommen werden. Wird in einem solchen Fall die Unfallfreiheit des Fahrzeugs zugesichert, bedeutet dies nach der Rechtsprechung, dass das Fahrzeug keine nennenswerten Sachschäden hatte. Bloße Blech- oder Bagatellschäden sind unschädlich.

Beim Verbrauchsgüterkauf, §§ 474 ff BGB, kann sich der Verkäufer nach BGH (Urteil vom 13.7.2011, Az.: VIII ZR 215/10 Tz 16) nicht auf einen Gewährleistungsausschluss nach § 444 BGB berufen, § 476 Abs. 1 BGB. **920**

4. Weitere Voraussetzungen des geltend gemachten Anspruchs

a) Der Nacherfüllungsanspruch, § 439 BGB. Der Nacherfüllungsanspruch nach § 439 Abs. 1 BGB normiert das **Recht des Verkäufers zur zweiten Andienung**. Daraus ergibt sich das Erfordernis, dass vor Geltendmachung jedes Schadensersatzanspruchs (Anspruchsgrundlage §§ 437 Nr. 3, 440, 280 BGB) dem Verkäufer zunächst erfolglos eine Frist zur Nacherfüllung gesetzt werden muss. Ausnahmsweise kann diese Fristsetzung – etwa bei endgültiger Leistungsverweigerung – auch entbehrlich sein. Der Nacherfüllungsanspruch ergibt sich aus §§ 437 Nr. 1, 439, 434 BGB. **921**

Nach § 439 Abs. 1 BGB hat der **Käufer** der Sache **die Wahl**, ob er Nachlieferung oder Nachbesserung verlangt. Nach hM stehen diese beiden Alternativen in einer sogenannten elektiven Konkurrenz, das heißt der Käufer kann, auch wenn er sich zunächst für die eine Alternative entschieden hat, anschließend noch die andere Alternative wählen. Die Grenze dieses Wahlrechts bzw. des Wechsels der Alternativen ist allerdings dort, wo § 242 BGB eingreift. **922**

Das Wahlrecht des Käufers ist allerdings nach **§ 439 Abs. 4 S. 1 BGB** beschränkt, danach kann nämlich der Verkäufer die vom Käufer gewählte Art der Nacherfüllung verweigern, wenn diese nur mit **unverhältnismäßigen Kosten** möglich ist. Die Grenze, wann eine Nacherfüllungsart unverhältnismäßig teurer ist als die andere, liegt bei 10–20 %. § 439 Abs. 4 S. 1 BGB stellt damit eine Einrede des Verkäufers bei Unverhältnismäßigkeit dar. **923**

Nach § 439 Abs. 2 BGB hat der Verkäufer die Nacherfüllungskosten zu tragen, wobei davon lediglich Transportkosten oder Materialkosten erfasst sind. Nicht von § 439 Abs. 2 BGB umfasst ist etwa der Nutzungsausfall des Käufers. Diesen kann der Käufer nur unter den (zusätzlichen) Voraussetzungen der §§ 437 Nr. 3, 280 BGB ersetzt verlangen. Dafür ist insbesondere noch ein Verschulden des Verkäufers erforderlich. **924**

> **Klausurproblem:** Der frühere Examensklassiker – K kauft bei V Parkettstäbe und verlegt diese in seiner Wohnung, wobei sich die Mangelhaftigkeit der Parkettstäbe erst nach dem Einbau zeigt (sogenannter Parkettstäbefall) –, ist seit der Einführung des „neuen" **§ 439 Abs. 3 S. 1 BGB** nicht mehr problematisch. Ohne diesen hat sich die Frage gestellt, wonach der K von V die Kosten für den Ausbau der mangelhaften Parkettstäbe und den erneuten Einbau der neuen nun mangelfreien Parkettstäbe verlangen kann. Dieser Anspruch hat sich jedenfalls nicht aus einem Nacherfüllungsanspruch ergeben können, weil dieser lediglich zu einer **vollständigen Wiederholung der Leistungspflichten** verpflichtet, der Ein- und Ausbau aber gerade nicht zu den Leistungspflichten des Verkäufers gezählt hat. Für einen daneben bestehenden Schadensersatzanspruch gegen V hat es regelmäßig an einem Verschulden des Verkäufers (der die Parkettstäbe von einem Hersteller bezogen hat) gefehlt. Diese Problematik hat sich allerdings durch den neu eingefügten § 439 Abs. 3 S. 1 BGB erledigt, so dass im Falle einer solchen Klausur der Anspruch für die Ein- und Ausbaukosten aus § 439 Abs. 3 S. 1 BGB abgeleitet werden kann.

> **Klausurproblem:** Macht der Verkäufer in einer Klausur seinen Anspruch auf Zahlung des Kaufpreises geltend, kann der Käufer ihm seinen Nacherfüllungsanspruch aus § 439 BGB entgegenhalten. Dieser stellt nach der Rechtsprechung ein Zurückbehaltungsrecht aus § 320 BGB dar. Dann muss – in einer Urteilsklausur – eine Zug-um-Zug Verurteilung des Käufers auf Kaufpreiszahlung erfolgen.

Beachte: Der Käufer hat (im Gegensatz zum Werkvertragsrecht) **im Kaufrecht kein Selbstvornahmerecht.** Das heißt der Käufer darf die Reparatur der mangelhaften Kaufsache nicht selbst, ohne Fristsetzung an den Verkäufer, vornehmen. Dies ergibt sich gerade auch aus dem Recht zur zweiten Andienung des Verkäufers, welches sich darin widerspiegelt, dass dem Verkäufer stets eine Frist zur Nacherfüllung zu setzen ist. Bei einer Selbstvornahme durch den Käufer verneint die Rechtsprechung jedweden Anspruch des Käufers auf Kostenersatz. Im Werkvertragsrecht hat der Gläubiger zwar ein Selbstvornahmerecht aus § 637 BGB, der Gläubiger hat danach aber nur Ansprüche, wenn er zuvor dem Schuldner erfolglos eine Frist zur Mangelbeseitigung gesetzt hat.

925 b) **Der Schadensersatzanspruch bei Mangelhaftigkeit einer Sache.** Anspruchsgrundlage in diesem Fall sind die §§ 437 Nr. 3, 440, 280 ff BGB. Vor Geltendmachung eines Schadensersatzspruches muss der Käufer dem Verkäufer stets eine angemessene Frist zur Nacherfüllung gesetzt haben. § 440 BGB normiert dabei zusätzlich Voraussetzungen, unter denen die Fristsetzung vor der Geltendmachung von Schadensersatzansprüchen (oder Rücktritt § 323 BGB) entbehrlich ist. § 440 BGB ergänzt damit § 281 Abs. 2 und § 323 Abs. 2 BGB, er stellt auf die Unzumutbarkeit einer Fristsetzung ab.

926 Wird ein Schadensersatzanspruch geltend gemacht, muss neben dem Vorliegen der Voraussetzungen nach §§ 434 ff BGB (insbesondere dem Vorliegen eines Mangels) auch noch geprüft werden, ob die Voraussetzungen aus dem allgemeinen Schuldrecht, das heißt nach den §§ 280 ff BGB, vorliegen. Es ist daher stets zu prüfen, ob ein **Verschulden** des Verkäufers – welches nach § 280 Abs. 1 S. 2 BGB vermutet wird –, vorliegt. Zudem ist das Vorliegen eines **Schadens** zu prüfen.

927 c) **Der Minderungsanspruch, § 441 BGB.** Anspruchsgrundlage in diesem Fall sind die §§ 437 Nr. 2, 441 BGB. Im Gegensatz zum Schadensersatzrecht und Rücktrittsrecht ist das **Minderungsrecht** des Käufers nicht im Allgemeinen Schuldrecht normiert. Eine Minderung ist daher nur möglich, wenn das jeweilige Recht eine Norm zur Minderung enthält (z. B. Kaufrecht in § 441 BGB). Aus dem Wortlaut in § 441 BGB „statt zurückzutreten" folgt, dass für eine Minderung die Voraussetzungen eines Rücktritts erfüllt sein müssen. Mindert der Käufer einer Sache den Kaufpreis und hat er diesen bereits bezahlt, ergibt sich sein Anspruch auf (teilweise) Rückzahlung des bereits bezahlten Kaufpreises aus §§ 441 Abs. 4 i. V. m. 346 BGB.

928 Analog § 325 BGB kann der Käufer nach erklärter Minderung noch auf die Geltendmachung von Schadensersatzansprüchen umschwenken. Mindert der Käufer den Kaufpreis, so kann er daneben noch den kleinen Schadensersatzanspruch geltend machen (BGH, NJW 2011, 2953).

5. **Verjährung, § 438 BGB**

929 Die Verjährung der kaufrechtlichen Mängelansprüche nach § 437 BGB beträgt nach der Verjährungsregelung in § 438 Abs. 1 Nr. 3 BGB grundsätzlich zwei Jahre ab Übergabe der Sache. Rücktritt und Minderung unterliegen als Gestaltungsrechte grundsätzlich nicht der Verjährung; um eine einheitliche Abwicklung der Mängelrechte zu gewährleisten, muss die Wirkung des § 218 BGB herbeigeführt werden, weshalb in §§ 438 Abs. 4, Abs. 5 und 634a Abs. 4, Abs. 5 BGB auf § 218 BGB verwiesen wird.

6. **Sonderfall: Garantieerklärung, § 443 BGB**

930 Wird in einer Klausur eine Garantie von einem Verkäufer oder einem Dritten gegeben (was allerdings in Klausuren selten vorkommt), ist stets zu prüfen, ob eine **selbstständige oder eine unselbstständige Garantie** vorliegt. Die Abgrenzung ist danach vorzunehmen, ob der Verkäufer (oder der Dritte) einen dahingehenden **Rechtsbindungswil-**

len hatte, eine **selbstständige Garantie** abzugeben. Im Falle einer selbstständigen Garantie ergibt sich aus § 443 i. V. m. §§ 311, 241 Abs. 1 BGB eine **eigene Anspruchsgrundlage**, sodass aus dieser direkt gegen den Verkäufer oder gegen den Dritten (dessen Haftung dann neben die Haftung des Verkäufers tritt) vorgegangen werden kann. Im Falle einer unselbstständigen Verkäufergarantie wird dagegen nach § 443 Abs. 2 BGB lediglich vermutet, dass ein in der Garantiezeit auftretender Mangel ein Garantiefall ist, sodass der Verkäufer für diesen Mangel einzustehen hat.

IV. Ansprüche aus Werkvertrag §§ 631, 634, 633 BGB

Meist ist in der Klausur der Werklohnanspruch des Werkunternehmers zu prüfen. Entweder er klagt diesen ein oder er bittet den Anwalt um Prüfung, ob der Anspruch besteht.
Voraussetzungen:
(1) Wirksamer Vertragsschluss
(2) Fälligkeit, i. d. R. mit der Abnahme, §§ 640, 641 BGB
(3) Höhe des Werklohnanspruchs, insbes. § 632 BGB
(4) Mängelrechte durch den Besteller, insbes. §§ 633 ff. BGB.

1. Wirksamer Werkvertrag, § 631 BGB

Ein Werkvertrag verlangt immer, dass ein **Erfolg geschuldet** ist (Abgrenzungskriterium zum Dienstvertrag). Ein **Bauvertrag** ist ebenfalls ein Werkvertrag, für welchen seit dem 1.1.2018 die – zu diesem Zeitpunkt neu eingefügten – zusätzlichen Regelungen der **§§ 650a ff BGB**, neben den werkvertraglichen Regelungen, gelten. Ein Bauvertrag liegt nach § 650a Abs. 1 S. 1 BGB bei einem Vertrag vor, über die Herstellung, die Wiederherstellung, die Beseitigung oder den Umbau eines Bauwerks, einer Außenanlage oder eines Teils davon. Von Bedeutung bei einem Bauvertrag ist die Möglichkeit des (Werk-) Unternehmers, eine Sicherungshypothek an dem Baugrundstück des Bestellers nach § 650e BGB verlangen zu können. Weitere Sicherungsmöglichkeiten für den Unternehmer ergeben sich aus § 650f BGB „Bauhandwerkersicherung"; diese Sicherungsmöglichkeiten gelten nur beim Bauvertrag.

Beim Werkvertrag besteht das **Werkunternehmerpfandrecht aus § 647 BGB** als gesetzliches Pfandrecht. So erwirbt die Autowerkstatt am zur Reparatur gebrachten PKW ein Pfandrecht zur Sicherung ihrer Werklohnforderung. Dieses Pfandrecht kann nicht gutgläubig erworben werden, § 1257 BGB (der auf § 1207 BGB verweist – und ein bereits entstandenes Pfandrecht voraussetzt; Argument: Wortlaut). Wird allerdings zwischen den Parteien dazu noch ein vertragliches Werkunternehmerpfandrecht vereinbart (dies machen viele Autowerkstätten), so ist dieses vertragliche Pfandrecht nach § 1207 BGB auch gutgläubig erwerbbar (BGHZ 34, 122).

Bereits die genaue Prüfung, was nach dem geschlossenen Vertrag geschuldet ist, kann von Bedeutung sein. Ein **Bauträgervertrag**, der vorliegt, wenn der Unternehmer zunächst ein Grundstück erwerben und darauf ein Bauwerk errichten soll, ist beispielsweise ein gemischter Vertrag. Bei einem solchen Vertrag ist in der Klausur zu unterscheiden, was der Kläger geltend macht. Werkvertragsrecht gilt dann, wenn es Streit über die Mangelfreiheit des Bauwerks gibt. Kaufrecht gilt, wenn es um die Verschaffung des Grundstücks geht. Zudem kann der Werkvertrag in der Klausur vom **Werklieferungsvertrag nach § 650 BGB** abzugrenzen sein. Was vorliegt ist danach zu beurteilen, worauf das Hauptgewicht des Vertrages liegt.

> **Bauvertrag und Generalunternehmer:** Lässt ein Bauherr von einem **Generalunternehmer** ein Haus bauen, so liegen in der Regel zwei getrennt voneinander zu beurteilende Vertragsverhältnisse vor. Ein Vertragsverhältnis zwischen dem Bauherrn

und dem Generalunternehmer und ein Vertragsverhältnis zwischen dem Generalunternehmer und seinem Subunternehmer. Macht der Bauherr nun Mängelansprüche geltend, so kann er sich nur an seinen Generalunternehmer wenden, dem allerdings das Verschulden des Subunternehmers über § 278 BGB zuzurechnen ist. Ein Direktanspruch gegen den Subunternehmer besteht in der Regel nicht. Der Generalunternehmer kann sich seinerseits dann wiederum an den Subunternehmer wenden. Zu beachten in diesem Zusammenhang ist, dass der Vertrag zwischen dem Generalunternehmer und dem Subunternehmer kein Vertrag zugunsten Dritter für den Besteller ist, da es gerade zwei getrennt voneinander zu betrachtende Vertragsverhältnisse sind.

Prozessual bedeutet dies: Dies sind Fälle für die **Streitverkündung**!

> **Klausurproblem:** Der Bauherr verklagt den Generalunternehmer wegen mangelhafter Leistung des Subunternehmers für Elektrogewerke. Im Prozess wird durch Sachverständigengutachten festgestellt, der Subunternehmer hat mangelhaft gearbeitet, sodass Ersatzansprüche des Bauherrn gegen den Generalunternehmer bestehen. Wenn nun der Generalunternehmer den Subunternehmer seinerseits verklagt, um Regress zu nehmen, kann dieser grundsätzlich erneut einwenden, er habe ja fehlerlos gearbeitet, der Prozess Bauherr gegen Generalunternehmer sei falsch entschieden worden. Um dies zu vermeiden und um die Wirkungen des § 68 ZPO herbeizuführen, ist im Prozess durch den Generalunternehmer dem Subunternehmer der Streit zu verkünden.

935 In der Praxis spielt bei Bauverträgen die **VOB** (Vergabe- und Vertragsordnung für Bauleistungen) eine bedeutende Rolle; diese wird regelmäßig in die Bauverträge einbezogen. Wird die VOB in einer Klausur angesprochen (in einem solchen Fall werden Paragrafen der VOB regelmäßig im Bearbeitervermerk abgedruckt sein), ist regelmäßig eine Prüfung der VOB erforderlich. Da die VOB AGB **im Sinne der §§ 305 ff BGB** sind, sind diese entsprechend der Prüfung von AGB zu prüfen.

> **Klausurproblem:** Ein Werkvertrag kann nach § 134 BGB nichtig sein. Der wichtigste Fall in der Praxis ist ein Verstoß gegen die Abgabenordnung und das Schwarzarbeitsgesetz (z. B. Bauherr B schließt mit Bauunternehmer U einen Vertrag über die Errichtung eines Einfamilienhauses (Bauvertrag). Um Steuern zu sparen vereinbaren B und U, dass U keine Rechnung stellen müsse und B die Leistungen auch ohne Rechnung bezahle – siehe insoweit Klausurproblem vorne 4. Teil 1. Abschnitt B. III. 4.).

2. Fälligkeit der Vergütung und Abnahme, §§ 640, 641 BGB

936 Die Vergütung ist grundsätzlich erst fällig mit der Abnahme des Werkes, § 641 BGB. Mit der Abnahme beginnt auch die Verjährung zu laufen. Dabei gibt es zwei Arten der Abnahmen, die rechtsgeschäftliche Abnahme, § 640 Abs. 1 BGB und die Abnahmefiktion, § 640 Abs. 2 BGB. Fälligkeit kann jedoch auch ohne Abnahme eintreten,
(1) nach § 646 BGB, wenn das Werk abnahmereif hergestellt ist, der Besteller aber unberechtigt die Abnahme verweigert und
(2) bei endgültiger Erfüllungsverweigerung durch den Besteller.
In diesen Fällen kann der Besteller unmittelbar auf Zahlung klagen.

937 Eine **Abnahme** liegt vor, wenn der Besteller zum Ausdruck bringt, dass er die Werkleistung des Unternehmers als im Wesentlichen vertragsgemäß betrachte. Grundsätzlich ist auch eine **konkludente Abnahme** möglich. Eine solche liegt etwa in der längeren anstandslosen Ingebrauchnahme des Werkes oder durch vorbehaltlose Zahlung des Werklohns. Verweigert der Besteller hingegen endgültig und unberechtigt die Abnahme, so ist der Werklohn auch ohne Abnahme fällig. In einem solchen Fall/Klausur muss der Werkunternehmer die Abnahmereife seines Werkes beweisen. Vor Abnahme des Werkes hat der Besteller den Herstellungsanspruch aus § 631 Abs. 1 BGB. Für Schadensersatzansprüche steht ihm das allgemeine Schuldrecht nach §§ 280 ff. BGB zu. Die Abnahme des Werkes ist auch für den Beginn der Verjährung von Bedeutung, § 634a Abs. 2 BGB.

In § 645 BGB ist der **Werklohnanspruch ohne Abnahme** – bei Untergang/Unausführbarkeit des Werkes – gesetzlich geregelt. § 645 BGB gilt nach ständiger Rechtsprechung analog für alle die Fälle, in denen das Werk aus Gründen untergeht, die in der Person des Bestellers liegen oder die dieser zu vertreten hat. **938**

Bei ungerechtfertigter Abnahmeverweigerung, § 640 Abs. 1 S. 2 BGB, gilt: Der Unternehmer kann eine fiktive Abnahme herbeiführen, § 640 Abs. 2 BGB, den Besteller in Annahmeverzug setzen und u. U. Schadensersatz verlangen, § 281 Abs. 1 BGB. Außerdem kann der Unternehmer direkt auf Vergütung klagen (Grüneberg/Retzlaff § 641 Rn. 5). **939**

> **Klausurproblem:** Der Eigentümer beauftragt den Unternehmer das mangelhafte Dach seines Hauses neu einzudecken. Der Unternehmer macht dies und verlangt sonach die Abnahme und die Bezahlung der Rechnung in Höhe von 20.000 Euro. Der Besteller rügt mehrere Mängel, der Unternehmer bestreitet die Mängel und klagt unmittelbar auf Zahlung der 20.000 Euro. Bei der Beweisaufnahme stellen sich kleinere Mängel – Beseitigungsaufwand 500 Euro – heraus. Damit ist das Werk wohl abnahmefähig; dies ist gegeben, wenn das Werk im Wesentlichen vertragsgerecht hergestellt, also ohne wesentliche Mängel ist. Dies ist anhand der Umstände des Einzelfalles zu ermitteln (Grüneberg/Retzlaff § 640 Rn. 3).

> **Klausurproblem:** Der Besteller bekommt ein mangelhaftes Werk hergestellt und nimmt es in Kenntnis des Mangels ab. Nun macht er Schadensersatz geltend. Ist das möglich?
> **Umstritten:** Die Werkleistung muss abgenommen werden, § 640 Abs. 1 BGB. Damit endet das Erfüllungsstadium, der Erfüllungsanspruch erlischt, er konkretisiert sich und beschränkt sich nun auf Mangelbeseitigung. Abnahme trotz Mangelkenntnis führt zum Verlust bestimmter Mangelrechte, § 640 Abs. 3 BGB. Da in dieser Norm nur §§ 634 Nr. 1–3 BGB genannt sind, gehen nach der hM nur diese Rechte verloren. Der Schadensersatzanspruch des § 634 Nr. 4 BGB bleibt hingegen erhalten. Begründet wird dies damit, dass der Schadensersatzanspruch ein Verschulden voraussetzt. Die Gegenmeinung hält dies nicht für interessengerecht (Grüneberg/Sprau § 640 Rn. 20).

3. Werklohn   940

Der Werkunternehmer hat für die Höhe der Vergütung (den Werklohn) die Darlegungs- und Beweislast. Ist eine bestimmte Höhe nicht vereinbart, kann der Unternehmer die **übliche Vergütung verlangen, § 632 Abs. 2 BGB**. Behauptet der Besteller eine niedrigere Vereinbarung, so muss dieser die Preisvereinbarung und die Umstände darlegen, dann hat der Unternehmer die Unrichtigkeit dieser Darlegung zu beweisen (Grüneberg/Retzlaff § 632 Rn. 20).

4. Mängelrechte des Bestellers   941

Ein Mangel ist im Grundsatz eine Abweichung vom Leistungssoll des Unternehmers; Mangelfreiheit ist Hauptleistungspflicht. Der Mangelbegriff des § 633 Abs. 2 (Sachmangel) und Abs. 3 (Rechtsmangel) BGB deckt sich weitgehend mit den Begriffen des Kaufrechts (§ 434 BGB für Sachmängel, § 435 BGB für Rechtsmängel). Der Zeitpunkt, wann die Mangelfreiheit vorliegen muss, ist in § 633 BGB nicht geregelt, er ist aber auch im Werkvertragsrecht der Gefahrübergang, § 644 BGB. Dies ist grundsätzlich die Abnahme, § 640 BGB.

> **Beachte:** Ein Mangel liegt stets vor, wenn die anerkannten Regeln der Technik nicht eingehalten werden.
>
> **Beachte Beweislast:** Vor Abnahme des Werkes muss der Werkunternehmer die Mangelfreiheit beweisen, nach der Abnahme muss der Besteller die Mangelhaftigkeit des Werkes beweisen. Eine Ausnahme ergibt sich lediglich aus § 640 Abs. 2 BGB.

942 Wie im Kaufrecht ist auch im Werkvertragsrecht für die Geltendmachung von Gewährleistungsrechten grundsätzlich eine **Fristsetzung erforderlich**. In der Praxis – und so auch in der Klausur – wird der Besteller, wenn das Werk mangelhaft ist, in der Regel die mangelhafte Bauleistung behalten und Ersatz der Mängelbeseitigungskosten verlangen; geltend gemacht wird damit regelmäßig der kleine Schadensersatz nach §§ 633, 634 Nr. 4, 280, 281 BGB.

943 Im Unterschied zum Kaufrecht enthält das Werkvertragsrecht in §§ 634 Nr. 2, **637 BGB** ein **Selbstvornahmerecht** des Bestellers. Grundsätzlich können die bei der Selbstvornahme entstandenen Kosten für die Beauftragung eines Drittunternehmers zwar neben § 637 Abs. 1 BGB auch unter den Voraussetzungen der §§ 634 Nr. 4, 280 BGB als Schadensersatz verlangt werden. Der Vorteil der Selbstvornahme für den Besteller liegt in § 637 Abs. 3 BGB, wonach er **Anspruch auf einen Kostenvorschuss** hat.

944 **Zurückbehaltungsrecht:** Aus § 641 Abs. 3 BGB ergibt sich ein Zurückbehaltungsrecht des Bestellers, wenn er einen Nacherfüllungsanspruch hat. Er kann das Doppelte der Mangelbeseitigungskosten zurückbehalten, § 641 Abs. 3 2. HS BGB (sogenannter Druckzuschlag). Besteht ein solches Zurückbehaltungsrecht, kann es nur zu einer Zug-um-Zug Verurteilung kommen. Wichtig: Dies hat auch Folgen für die Kosten. Denn hat der Unternehmer unbedingt Zahlung verlangt, verliert er teilweise durch die Zug-um-Zug Verurteilung.

5. Sonstige Ansprüche aus dem Werkvertragsrecht

945 Will sich ein Besteller von einem Werkvertrag lösen, ist stets auch an die Möglichkeit der **Kündigung eines Werkvertrages nach § 648 S. 1 BGB oder § 648a BGB** (dafür wichtiger Grund erforderlich) zu denken. Die Erklärungen des Bestellers sind auszulegen, §§ 133, 157 BGB, will er Gewährleistungsrechte nach §§ 633 ff. BGB geltend machen oder den Vertrag nach §§ 648/648a BGB kündigen. Im Falle einer Kündigung des Bestellers nach § 648 S. 1 BGB – dafür ist kein wichtiger Grund erforderlich –, ergibt sich ein **Werklohnanspruch des Unternehmers aus §§ 648 S. 2, S. 3 BGB**.

C. Verbraucherverträge

I. Verbraucherverträge (besondere Vertriebsformen)

946 Die §§ 312 ff. BGB regeln die Grundsätze bei Verbraucherverträgen und zu besonderen Vertriebsformen wie beim Fernabsatzgesetz und beim außerhalb von Geschäftsräumen geschlossenen Verträgen sowie den Vertrieb im elektronischen Zahlungsverkehr. § 312 BGB regelt den Anwendungsbereich, §§ 312b und 312c BGB regeln die Begriffe „Außerhalb von Geschäftsräumen geschlossenen Verträge" und „Fernabsatzverträge". In § 312a BGB sind die allgemeinen Pflichten enthalten, die in den §§ 312d–312f BGB für Fernabsatzverträge und für die Verträge die außerhalb der Geschäftsräume geschlossen werden, ergänzt werden. § 312g BGB enthält das Widerrufsrecht. Die §§ 312i und 312j BGB regeln Pflichten für Verträge im elektronischen Geschäftsverkehr. In § 312k BGB ist das Umgehungsverbot und die Beweislast enthalten.

Beachte: In diesen Fällen ist jeweils zu prüfen, ob die Regeln der §§ 312 ff. BGB anwendbar sind. Dabei sollte jeder der Prüfungsschritte angesprochen werden, auch wenn hier meist kein Problem liegt. So etwa bei einem Fernabsatzvertrag. Beispiel: Der Verbraucher bestellt per Telefon beim Unternehmer den Aufbau einer elektrischen Anlage. **947**

Die Anspruchsgrundlage für die Bezahlung für den Unternehmer ist § 631 BGB, für den Verbraucher kann sich die Frage nach einem Widerrufsrecht stellen. Dabei bietet sich folgende Prüfungsreihenfolge an (siehe zu den einzelnen Voraussetzungen die abzuarbeiten sind: Grüneberg/Grüneberg § 312c Rn. 3 ff.).
(1) Ist der Besteller Verbraucher, § 13 BGB?
(2) Ist der Vertragspartner Unternehmer, § 14 BGB?
(3) Wurden ausschließlich Fernkommunikationsmitteln für den Vertragsschluss verwendet?
(4) Geschah dies im Rahmen eines für den Fernabsatz organisierten Vertriebssystems?

II. Widerrufsrecht

Die §§ 355 ff. BGB gelten nur, wenn ein Gesetz einem Verbraucher ein **Widerrufsrecht nach § 355 BGB** einräumt. Für die Modalitäten des Widerrufs gelten dann die §§ 355 ff. BGB. Ein solches Widerrufsrecht wird dem Verbraucher z. B. eingeräumt in den §§ 312g, 485, 495, 510, 513 BGB. Die Parteien können (Vertragsfreiheit) auch vertraglich ein solches Widerrufsrecht vereinbaren. Allein in der Widerrufsbelehrung liegt aber keine Gewährung eines solchen Widerrufsrechts oder auch nur eines Angebots dazu (vgl. Grüneberg/Grüneberg Vorb. § 355 Rn. 5) **948**

Die §§ 355, 356 BGB regeln das Widerrufsrecht bei Verbraucherverträgen, bei außerhalb der Geschäftsräume geschlossenen Verträgen und bei Fernabsatzverträgen. §§ 356a–356e BGB enthalten einige Sonderregeln für bestimmte Verträge. In §§ 357 ff BGB finden sich die Rechtsfolgen des Widerrufs für bestimmte Verträge, insbesondere in § 357 BGB für außerhalb von Geschäftsräumen geschlossenen Verträgen und bei Fernabsatzverträgen.

III. Verbraucherverträge über digitale Produkte

Die §§ 327 ff. BGB regeln die **vertragliche Leistungs- und Gewährleistungspflicht** bei Verträgen über (1) die Bereitstellung von digitalen Inhalten (wie Musik- und Videodateien, E-Books, Apps, Spiele aber auch bei einer Speicherung auf körperlichen Datenträgern – Musik-CD, DVD) und (2) bei digitalen Dienstleistungen (wie soziale Netzwerke, Cloud-Anwendung). **949**
Die §§ 327, 327a BGB enthalten dabei den Anwendungsbereich der Normen. § 327b BGB bestimmt den Zeitpunkt wann digitale Produkte bereitzustellen sind – wenn nichts anderes bestimmt ist, „unverzüglich". In § 327c BGB sind die Rechte aufgeführt bei unterbliebener Bereitstellung, nämlich Vertragsbeendigung und unter den weiteren Voraussetzungen der Abs. 2 und Abs. 3 Schadensersatz.

Die §§ 327d ff. BGB enthalten die **Produkt- und Rechtsmängel**. Sie sind an das Kaufrecht angelehnt – subjektive und objektive Anforderungen und Anforderungen an die Integration. Bei Mängeln gelten die Rechtsfolgen des § 327i BGB – nämlich Nacherfül- **950** lung; Vertragsbeendigung, Minderung, Schadensersatz -, der auf die weiteren Normen §§ 327l ff BGB und auf §§ 280, 284 BGB verweist.

951 Aus § 327f BGB ergibt sich eine Aktualisierungspflicht. § 327j BGB regelt die Verjährung, die grundsätzlich 2 Jahre ab Bereitstellung beträgt. In § 327k BGB ist eine Regelung zur Beweislastumkehr enthalten.

952 Der zugrunde liegende Vertragstyp spielt für die Anwendung dieser Normen keine Rolle. Die Regelungen finden Anwendung, unabhängig davon, ob es sich um einen Kauf-, Werk-, Miet-, oder Schenkungsvertrag handelt. Aber in den einzelnen Vertragstypen gibt es Sonderregelungen wie z. B. §§ 445c, 475a, 516a, 548a, 578a, 578b, 580a Abs. 3, 620 Abs. 4, 650 Abs. 2–4 BGB.

953 **Klausurproblem 1:** Der Kläger hatte mit einer Agentur einen Partnerschaftsvermittlungsvertrag in seinen Wohnräumen geschlossen. Die Beklagte schickte dem Kläger – entsprechend der Vereinbarung – einige Adressen von Damen. Der Beklagte bezahlte zunächst einen Teil der gestellten Rechnungen, widerrief jedoch dann den Vertrag und forderte den gezahlten Betrage zurück.
Lösung: AGL: § 355 Abs. 3 BGB. Die Kernfrage ist, konnte der Kläger den Vertrag widerrufen?
a) Es liegt ein Verbrauchervertrag nach §§ 312b Abs. 1 Nr. 1, 13, 14 BGB vor.
b) Daraus folgt das Widerrufsrecht nach, §§ 312g Abs. 1, 355 BGB.
c) Die Frist zum Widerruf beträgt 14 Tage, §§ 355 Abs. 2 S. 1 BGB. Die Frist beginnt nach § 356 Abs. 3 S. 1 BGB aber erst nach ordnungsgemäßer Belehrung über das Widerrufsrecht zu laufen.
d) Das Widerrufsrecht erlischt nach § 356 Abs. 4 BGB, wenn der Unternehmer seine Leistung voll erbracht hat (wenn nicht)
e) Rechtsfolge des § 355 Abs. 3 S. 1 BGB – unverzügliche Rückgewähr der empfangenen Leistungen.
Klausurproblem 2: Der Verbraucher V beauftragt die U-GmbH (die einen Auftragsdienst per Telefon und E-Mail-Beauftragung unterhält) per Telefon, eine Computeranlage in seiner bisherigen Wohnung ab- und in seiner neuen Wohnung wieder aufzubauen. V zahlte dafür 250 Euro an. Die U führte diese Arbeiten durch und verlangt nun Restzahlung von 250 Euro. V weigert sich, widerruft den Vertrag und fordert die angezahlten 250 Euro zurück?
Lösung:
a) U hat grundsätzlich einen Anspruch aus § 631 BGB auf Bezahlung (aber)
b) Dem V steht wohl eine Widerrufsrecht nach §§ 312, 312c, 312g, 355, 356 BGB zu. Es wurde ein Verbrauchervertrag nach §§ 312, 312c, 13, 14 BGB geschlossen ((aa) V ist Verbraucher; (bb) U ist Unternehmerin; (cc) diese verfügt über ein auf Fernabsatz eingerichtetes System; (dd) der Vertragsschluss erfolgte telefonisch).
c) Die Frist zum Widerruf beträgt nach §§ 355 Abs. 2, 356 Abs. 3 BGB zwölf Monate und 14 Tage.
d) Nach Widerruf entfällt die Zahlungspflicht und der V kann die bezahlten 250 Euro zurückverlangen, §§ 355 Abs. 3, 357 BGB
e) Zwar müsste der V die erbrachte Werkleistung – Auf- und Abbau der Anlage – zurückgeben, da dies unmöglich ist, hätte er grundsätzlich Wertersatz zu leisten, § 357a Abs. 2 BGB (dies ist eine eigene AGL!). Da der V aber nicht ordnungsgemäß informiert worden ist, entfällt der Wertersatzanspruch nach § 357a Abs. 2 Nr. 3 BGB. V hat damit Anspruch auf Rückzahlung der 250 Euro! Dieses Ergebnis mag nicht gerecht erscheinen, ist aber derzeit geltendes Recht und Ausfluss eines weitgehenden Verbraucherschutzes. Ein Eingriff in dieses Ergebnis über Treu und Glauben – Unzumutbarkeit – nach § 242 BGB wäre – meines Erachtens – vertretbar.

D. Vertrag zugunsten Dritter, Vertrag mit Schutzwirkung für Dritte, Drittschadensliquidation

I. Vertrag zugunsten Dritter, §§ 328 ff. BGB

954 Der echte Vertrag zugunsten Dritter gibt dem Dritten **einen eigenen Erfüllungsanspruch**, ist aber kein eigener Vertragstyp; § 328 BGB ist keine eigene Anspruchsgrundlage. Jede schuldrechtliche Verpflichtung kann durch die Vertragschließenden zu einem Vertrag zugunsten Dritter gestaltet werden (Kauf-, Miet-, Dienst-, Reise-, Maklervertrag). Der Dritte erwirbt ein eigenes Forderungsrecht, ist aber nicht Vertragspartner, deshalb stehen ihm grundsätzlich keine Mängelrechte zu. Dingliche Verträge zugunsten Dritter sind unzulässig.

Der echte Vertrag zugunsten Dritter ist abzugrenzen vom unechten Vertrag zugunsten Dritter, bei dem der Dritte kein eigenes Forderungsrecht erwerben soll, vgl. § 328 Abs. 2 BGB. Die Abgrenzung geschieht durch Auslegung, wobei dem von den Parteien verfolgte Zweck besondere Bedeutung zukommt. Dieser kann sich auch aus einer ergänzenden Vertragsauslegung ergeben. Ist Ziel des Vertrages die Fürsorge für einen Dritten, oder wird der Vertrag lediglich im Interesse eines Dritten geschlossen, so wird i. d. R. ein Recht des Dritten begründet werden (Einzelheiten Grüneberg/Grüneberg § 328 Rn. 3)

955 Die typischen Fälle in der Klausur sind die Sparbuchfälle und die Lebensversicherungsverträge. Wem die Forderung zustehen soll, wer verfügungsberechtigt sein soll, hängt von der Vereinbarung der Vertragsparteien ab. Soll der Dritte nach dem Tode des Erblassers verfügungsberechtigt sein, liegt ein Sparbuch/Darlehensvertrag zugunsten Dritter vor, § 328, 331 BGB (vgl. 4. Abschnitt B IV). Soll bei einer Lebensversicherung nach dem Tode des Versicherungsnehmers ein Dritter bezugsberechtigt sein, liegt ein Vertrag nach §§ 328, 331, BGB, 159 VVG vor.

> **Beachte:** Die Lebensversicherungssumme ist dann nicht Teil des Nachlasses. Eine Änderungsmöglichkeit der Bezugsberechtigung entfällt mit dem Eintritt des Versicherungsfalles, also mit dem Tod des Versicherungsnehmers.

> **Klausurproblem:** Versicherungsnehmer V hat eine Lebensversicherung zugunsten des X abgeschlossen. Nach dem Tod des V klagt X (der Bezugsberechtigte) gegen die Versicherung auf Zahlung. Kann die Versicherung die Zahlung verweigern mit der Begründung, die Erbin habe einen Anspruch auf Herausgabe, da sie auch die Versicherung geerbt habe?
> Anspruchsgrundlage für den Berechtigten X sind §§ 328, 331 BGB, 159 VVG. Entscheidend ist aber, ob letzten Endes ein Grund für das Behaltendürfen besteht, sonst würde die Einwendung der Erbin wohl über § 242 BGB (dolo agit) greifen. Rechtsgrund ist stets die Schenkung zwischen dem Versicherungsnehmer und dem Bezugsberechtigten. Entscheidend ist die Frage, welche Formvorschrift gilt? §§ 518 Abs. 1, Abs. 2 BGB oder §§ 2301 Abs. 1, Abs. 2 BGB (Einzelheiten hierzu 4. Abschnitt B IV). Der Schenkungsvertrag kann wirksam zu Lebzeiten vereinbart werden, dann gilt unproblematisch § 518 BGB. Oder aber, und dies ist der Klausurfall, nach dem Tode des Erblassers. Die Versicherung überbringt dann als Stellvertreterin (oder Botin) das Schenkungsangebot dem Bezugsberechtigten, dieser kann dann konkludent nach § 153 BGB auch nach dem Tode des Erblassers annehmen, wobei der Zugang der Annahme entbehrlich ist, § 151 BGB. Der BGH wendet § 2301 BGB nicht an, wenn zwischen Erblasser/Versicherungsnehmer und Versicherung ein Vertrag zugunsten Dritter auf den Todesfall, § 331 BGB, vorliegt. Es gilt dann also immer § 518 BGB mit der Möglichkeit der Heilung des Formmangels, § 518 Abs. 2 BGB.
> Vergleichbar sind die Fälle:

> (1) Der Berechtigte klagt gegen die Erben, denen die Versicherungssumme ausbezahlt worden ist. Anspruchsgrundlage ist dann § 816 Abs. 2 BGB.
> (2) Zahlt die Versicherung das Geld an den Berechtigten aus und klagt der Erbe gegen den Berechtigten, dann ist Anspruchsgrundlage § 812 Abs. 1 S. 1 1. Alt. (LK) BGB.
> (3) Hinterlegt die Versicherung die Vertragssumme, weil sie nicht weiß, wem sie auszuzahlen hat, dann ist Anspruchsgrundlage für den Berechtigten § 812 Abs. 1 S. 1 2. Alt. (EK) BGB. Das erlangte Etwas ist die „Blockierstellung".

Beachte: In allen Fällen kommt es letzten Endes immer darauf an, ob ein Rechtsgrund, ein wirksamer Schenkungsvertrag besteht. Zudem kann der Erbe das Wirksamwerden der Schenkung verhindern, indem er das Schenkungsangebot oder die Vollmacht widerruft.

II. Vertrag mit Schutzwirkung für Dritte

956 Der Vertrag mit Schutzwirkung für Dritte bietet für den Dritten **keinen eigenen Erfüllungsanspruch**, er wird nur in den Schutzbereich eines anderen Vertrages einbezogen und erhält insoweit bei Pflichtverletzungen eigene Schadensersatzansprüche. Die Anspruchsgrundlage ist grundsätzlich § 280 Abs. 1 BGB i. V. m. dem Vertrag mit Schutzwirkung für Dritte. Der typische Fall ist der Mietvertrag, in dessen Schutzbereich die Kinder einbezogen sind.

957 Voraussetzungen der Einbeziehung sind (Einzelheiten Grüneberg/Grüneberg § 328 Rn. 17 ff):

958 a) **Leistungsnähe:** Der Dritte muss bestimmungsgemäß mit der Leistung in Berührung kommen.

959 b) **Einbeziehungsinteresse:** Dieses ist gegeben, wenn der Gläubiger für das „Wohl und Wehe" des Dritten mitverantwortlich ist oder wenn der Gläubiger ein besonderes Interesse an der Einbeziehung hat und dies aus dem Vertrag auch ersichtlich ist.

960 c) **Erkennbarkeit:** Die Leistungsnähe und das Einbeziehungsinteresse müssen für den Schuldner erkennbar sein.

961 d) **Schutzbedürftigkeit:** Der Dritte muss schutzbedürftig sein.
Die häufigsten Fälle von Verträgen mit Schutzwirkung für Dritte sind Mieter (vgl. Grüneberg/Grüneberg § 328 Rn. 28 f) sowie Fälle der Expertenhaftung (Gutachter; Grüneberg/Grüneberg § 328 Rn. 34 ff). Aufstellung sämtlicher Fälle in Grüneberg/Grüneberg § 328 Rn. 21 ff.

III. Drittschadensliquidation

962 Es gibt **Fälle der Schadensverlagerung,** bei denen einem Dritten, der selbst keine Anspruchsgrundlage gegen den Schädiger hat, ein Schaden entsteht, dafür aber demjenigen, der einen Anspruch gegen den Schädiger hat, kein Schaden entstanden ist. Die typischen Fälle in der Klausur sind der Versendungskauf, § 447 BGB (der allerdings jetzt nicht mehr ganz so relevant ist, weil diese Regelung wegen § 475 Abs. 2 BGB nicht für den Verbrauchsgüterkauf gilt), und § 644 BGB. Ein gesetzlicher Fall der Drittschadensliquidation ist die Gastwirthaftung. Kommt dem Gast etwa ein Mantel abhanden, haftet der Gastwirt, § 701 BGB, er hat also den Schaden, während der Gast den Anspruch gegen den Entwender hat.

Beispiele:
(1) Der Verkäufer versendet die Sache zum Erwerber, die Sache geht aber beim Transport unter. Der Verkäufer hat einen Anspruch gegen den Transporteur aus § 280 Abs. 1 BGB (und wohl auch § 823 BGB), er hat aber keinen Schaden, da er von der Leistung frei wird, § 275 Abs. 1 BGB, und den Anspruch auf die Gegenleistung behält, **§ 447 Abs. 1 BGB**. Den Schaden hat hingegen der Erwerber, er muss bezahlen und bekommt die Lieferung nicht, §§ 275 Abs. 1, 447 Abs. 1 BGB.
(2) Beim Werkvertrag kann der Besteller den Schaden des Werkunternehmers geltend machen, wenn das bereits vor Abnahme, **§ 644 BGB**, in sein Eigentum übergegangene Werk (wegen § 946 ff. BGB) durch Dritte beschädigt wird (Einzelheiten Grüneberg/Grüneberg Vorb § 249 Rn. 105 ff).

Die Drittschadensliquidation kommt i. d. R. nur bei vertraglichen Ansprüchen in Betracht. Der geschädigte Dritte kann nach § 285 BGB Abtretung des Schadensersatzanspruches verlangen.

963

Voraussetzungen der Drittschadensliquidation:
a) Dem Berechtigten entsteht kein Schaden;
b) Der Geschädigte hat keinen eigenen Anspruch gegen den Schädiger;
c) **Anerkannte Verlagerungsfälle** (vgl. Grüneberg/Grüneberg Vorb § 249 Rn. 108 ff):
   – Gefahrtragungsregelungen (hier vor allem §§ 447, 644 BGB);
   – Fälle der mittelbaren Stellvertretung (z. B. Kommissionär, Spediteur);
   – Fälle der Obhutspflichten (der berechtigte Besitzer einer fremden Sache schließt einen Vertrag mit einem Dritten, der hinsichtlich der Sache eine Obhutspflicht begründet; z. B. A bringt den Anzug des B in die Reinigung des R, wo der Anzug beschädigt wird);
   – Fälle einer Vereinbarung (die Parteien haben dies – ausdrücklich oder stillschweigend – vereinbart; z. B. kann der Lizenzgeber berechtigt sein, den Schaden weiterer Nutzungsberechtigter gegen den Lizenznehmer geltend zu machen).

964

E. Verjährungseinrede

Anders als im ersten Examen kommen die Fragen der **Verjährung** im zweiten Examen sehr häufig vor. In der Anwaltsklausur stellt sich für den Anwalt meist die Frage, ob er eilen muss, bis wann er spätestens die Klage einreichen muss oder ob er sonst noch rechtzeitig Sicherungsmaßnahmen ergreifen kann. Der Richter muss häufig prüfen, ob denn der geltend gemachte Anspruch bereits verjährt ist oder ob es sich überhaupt um einen Anspruch handelt, der verjähren kann.

965

I. Rechtsfolgen der Verjährung

1. Ausgangspunkt, § 214 Abs. 1 BGB

Die Verjährung ist eine materiell-rechtliche **Einrede**, sie wird nicht von Amts wegen berücksichtigt, sondern nur, wenn sich der Schuldner darauf beruft. Der Schuldner muss dann nicht mehr leisten, § 214 Abs. 1 BGB. Da die Verjährung eine Einrede ist, wird – auch wenn der Anspruch ersichtlich verjährt ist – gegen den nicht erschienen Schuldner ein Versäumnisurteil erlassen, solange er sich nicht auf die Verjährung berufen hat.

966

Beachte: Verjähren können nur materielle Ansprüche, nicht Gestaltungsrechte, prozessuale Klagerechte, oder absolute Rechte wie etwa Eigentum, § 194 BGB und § 902 BGB.

2. Keine Rückforderung, § 214 Abs. 2 BGB

967 Das auf einen verjährten Anspruch Geleistete kann nicht zurückgefordert werden, selbst wenn der Schuldner in Unkenntnis der Verjährung geleistet hat, § 214 Abs. 2 BGB.

3. Aufrechnung, Zurückbehaltungsrechte und gesicherte Ansprüche, §§ 215, 216 BGB

968 Aufrechnung und Zurückbehaltungsrechte können auch gegen verjährte Ansprüche erhoben werden. Voraussetzung ist aber, dass sich die Ansprüche in nicht verjährter Zeit gegenüber gestanden hatten oder zu dieser Zeit eine Leistungsverweigerung möglich war, § 215 BGB.
Ist der zugrunde liegende Anspruch verjährt, kann dennoch aus dem sichernden Anspruch – etwa der Hypothek oder dem Pfandrecht – vorgegangen werden, § 216 BGB.

4. Verjährung und Rücktritt, § 218 BGB

969 Der Rücktritt ist kein Anspruch, vgl. § 194 BGB, sondern ein unverjährbares Gestaltungsrecht. § 218 BGB gibt deshalb die Möglichkeit, dass sich der Schuldner auf die Einrede der Verjährung berufen kann.

II. Verjährungsfristen

970 Bei der Prüfung der **Verjährungsfrist** bietet sich folgende Prüfungsfolge an:

1. Spezielle Verjährungsfristen

971 Am häufigsten kommen in der Klausur die Fristen für die Verjährung der Gewährleistungsrechte, §§ 438 und 634a BGB, vor. Die „Verjährung" für den Rücktritt und die Minderung ergibt sich aus §§ 437 Nr. 2, 438 Abs. 1 Nr. 1, Abs. 4, Abs. 5; 634 Nr. 3, 634a Abs. 1, Abs. 4, Abs. 5, 218 BGB. Da Rücktritt und Minderung als Gestaltungsrechte nicht der Verjährung unterliegen (vgl. § 194 BGB) muss, um eine einheitliche Abwicklung der Mängelrechte zu gewährleisten, die Wirkung des § 218 BGB herbeigeführt werden, weshalb in §§ 438 Abs. 4, Abs. 5 und 634a Abs. 4, Abs. 5 BGB auf § 218 BGB verwiesen wird.

972 Weitere spezielle Verjährungsfristen sind etwa § 548 BGB für Sekundäransprüche des Vermieters, § 651b Abs. 2 BGB für den Reisevertrag und §§ 478, 479 BGB für den Unternehmerrückgriff.

2. Dreißigjährige Verjährung, § 197 BGB

973 Die Regelung in § 197 BGB ist insoweit abschließend; wichtig sind hier für die Klausur vor allem die Herausgabeansprüche aus Eigentum und anderen dinglichen Rechten, aus §§ 2018, 2130 und 2362 BGB, § 197 Abs. 1 Nr. 2 BGB; weiter: rechtskräftig festgestellte Ansprüche (Urteile), § 197 Abs. 1 Nr. 3 BGB. Die Verjährung beginnt, wenn der Anspruch entstanden ist, §§ 200, 201 BGB.

3. Verjährung bei Rechten an Grundstücken, § 196 BGB

974 Hier ist die Verjährung 10 Jahre und sie beginnt, wenn der Anspruch entstanden ist, §§ 200, 201 BGB.

4. Regelmäßige Verjährung, §§ 195, 199 BGB

Greift bei der Verjährung keine Sondervorschrift ein, gilt die regelmäßige Verjährung des § 195 BGB. Sie beträgt drei Jahre und beginnt nach § 199 Abs. 1 BGB zu laufen. Voraussetzung für den Beginn ist, dass **der Anspruch entstanden ist** und der Gläubiger **von den Umständen Kenntnis erlangt hat** oder ohne grobe Fahrlässigkeit erlangen müsste. Die Verjährungsfrist endet auf jeden Fall nach 10 oder 30 Jahren, §§ 199 Abs. 2–4 BGB.

> **Beachte:** Hier entstehen häufig Missverständnisse. In den Absätzen 2–4 sind nur die Daten der endgültigen Verjährung geregelt, also der späteste Zeitpunkt, wenn die Verjährung eintritt. Beispiel: Schadensersatzansprüche wegen Verletzung des Körpers verjähren in der regelmäßigen Verjährung der §§ 195, 199 Abs. 1 BGB, wenn die dort genannten Voraussetzungen – also Anspruch entstanden und Kenntnis, § 199 Abs. 1 BGB – vorliegen. Fehlt es an einem dieser Erfordernisse, tritt spätestens Verjährung nach 30 Jahren ein, § 199 Abs. 2 BGB.

III. Hemmung und Neubeginn der Verjährung, §§ 203 ff. BGB

Die Verjährung tritt nicht ein, solange der Verjährungsablauf **gehemmt** ist, §§ 203 ff. BGB. Der Zeitraum der Hemmung wird in den Lauf der Verjährungsfrist **nicht eingerechnet**, § 209 BGB. In Ausnahmefällen **beginnt die Verjährung neu** zu laufen, § 212 BGB. Die wichtigsten Fälle der Hemmung und des Neubeginns sind:

1. Wichtigste Fälle der Hemmung

- Hemmung der Verjährung durch Verhandlungen, § 203 BGB, dabei wird der Begriff der Verhandlungen weit ausgelegt.
- Hemmung der Verjährung durch Rechtsverfolgung, § 204 BGB (Katalog des § 204 **lesen und markieren!**).
  - Die wichtigste Regel ist § 204 Abs. 1 Nr. 1 BGB, Hemmung durch **Klageerhebung**. Erforderlich dafür ist die Erhebung einer Leistungsklage, denn § 204 Abs. 1 Nr. 1 BGB erfordert, dass der Gläubiger einen Anspruch aktiv durch Klageerhebung verfolgt. Eine negative Feststellungsklage reicht dafür nicht (auch wenn der Gläubiger darauf erwidert).
  Weitere wichtige Regeln:
  - Nr. 3, Zustellung des Mahnbescheids;
  - Nr. 5, Aufrechnung;
  - Nr. 6, Zustellung einer Streitverkündung und
  - Nr. 7, Durchführung eines selbstständigen Beweisverfahrens.
- Weitere Fälle der Hemmung in §§ 205 ff. BGB, etwa bei Leistungsverweigerung, bei höherer Gewalt, aus familiären Gründen, bei Minderjährigkeit und bei Nachlassfällen.

2. Wichtigster Fall des Neubeginns der Verjährung, § 212 BGB

Hat der Schuldner den Anspruch **anerkannt**, durch Abschlagszahlung, Zahlung, Sicherheitsleistung oder in sonstiger Weise, beginnt die Verjährung neu.

> **Klausurproblem:** Liegt ein Anerkenntnis im Sinne von § 212 BGB durch einen erfolglosen Nachbesserungsversuch vor? Nach der hM wegen der weitreichenden Folgen wohl nicht, aber Hemmung über § 203 BGB, „Verhandlungen", da dieser weit ausgelegt wird.
> **Klausurproblem:** Beginnt die Verjährung neu zu laufen, wenn ein „Anerkenntnis" nach Ablauf der Verjährungsfrist vorliegt? Sehr streitig! BGH: Das nach Ablauf der Verjährungsfrist abgegebene Anerkenntnis beseitigt die Verjährung nicht (BGH NJW

2015, 351 Tz 40), kann aber u. U. als Verzicht auf die Einrede der Verjährungseinrede aufzufassen sein (vgl. Grüneberg/Ellenberger § 212 Rn. 2 a. E.; § 202 Rn. 7).

IV. Sonderfälle der Verjährung

1. Gesamtschuldner

979 Bei Gesamtschuldnern ist nach § 425 Abs. 1 BGB die Verjährung für jeden Gesamtschuldner getrennt festzustellen, sie kann für jeden Gesamtschuldner anders laufen. Eine Ausnahme regeln §§ 115 Abs. 2 S. 2, S. 3, S. 4 VVG, die Hemmung gilt für alle Gesamtschuldner. Zu beachten sind in diesem Zusammenhang, die verschiedenen Formen des Rückgriffs bei Gesamtschuldnern, §§ 426 Abs. 1 oder Abs. 2 BGB (siehe unten bei der Gesamtschuld E. II. 3. e)).
Die Ansprüche nach § 426 Abs. 1 und § 426 Abs. 2 BGB verjähren dabei in unterschiedlichen Fristen. Der Anspruch nach § 426 Abs. 1 BGB verjährt in der regelmäßigen Verjährung, §§ 195, 199 BGB, wobei der Anspruch bereits mit der Begründung der Gesamtschuld entsteht (vgl. Grüneberg/Grüneberg § 426 Rn. 4). Demgegenüber verjährt der Anspruch über § 426 Abs. 2 BGB, cessio legis, wenn der zugrunde liegende Anspruch verjährt.

> **Klausurproblem:** Architekt und Bauunternehmer haften als Gesamtschuldner für einen Baumangel auf Schadensersatz (zum Verhältnis der Haftung Grüneberg/Retzlaff § 634 Rn. 28 ff). Der Bauherr verklagt den Architekten, dieser wird nach 4 ½ Jahren zur Zahlung verurteilt. Er bezahlt und möchte bei dem Bauunternehmer Regress holen. Besteht ein Regressanspruch?
> (1) Der Anspruch nach § 426 Abs. 1 BGB ist verjährt, §§ 195, 199 BGB, 3 Jahre ab Entstehung der Gesamtschuld und Kenntnis.
> (2) Aber der Regressanspruch aus § 426 Abs. 2 BGB ist nicht verjährt, cessio legis. Verjährung 5 Jahre bei einem Bauwerk, § 634a Abs. 1 Nr. 2 BGB.

2. Bürgschaft

980 Der Anspruch aus der Bürgschaft verjährt nach der allgemeinen Verjährung in drei Jahren, §§ 195, 196 BGB. **Wichtig:** Die Verjährung tritt ein, unabhängig vom gesicherten Anspruch, auch wenn dieser früher oder später verjährt (Grüneberg/Sprau § 765 Rn. 26). Ist aber die Hauptschuld verjährt, kann sich der Bürge über § 768 BGB hierauf berufen.
Beachte deshalb: Hauptschuldner und Bürge sollten – wenn dies möglich ist – zusammen verklagt werden, damit die Verjährung gemeinsam gehemmt ist, § 204 Abs. 1 Nr. 1 BGB. Liegt keine selbstschuldnerische Bürgschaft vor, ist dies jedoch nicht möglich, es muss zuerst der Hauptschuldner verklagt werden. Damit dann der Anspruch aus der Bürgschaft nicht verjährt, gibt es die Regelung des § 771 S. 2 BGB.

F. Mehrheit von Schuldnern und Gläubigern

981 Für die Klausur von Bedeutung ist hier vor allem die **Gesamtschuld**, dort vor allem der **Ausgleich der Gesamtschuldner**. Aber auch Gläubigermehrheiten, wie bei § 432 BGB (mehrere Gläubiger einer unteilbaren Leistung) kommen vor, insbesondere, wenn Ehegatten gemeinsam eine Wohnung kaufen oder bei § 428 BGB (Gesamtgläubiger) beim Geschäft zur gemeinsamen Deckung des Lebensbedarfs, § 1357 BGB. Zur Abgrenzung und zu Definitionen vgl. Grüneberg/Grüneberg Vorb. § 420 Rn. 1 ff.

I. Teilbare Leistung, § 420 BGB

§ 420 BGB erfasst die Schuldnermehrheit und die Gläubigermehrheit bei teilbaren Leistungen (zur Teilbarkeit der Leistung, Grüneberg/Grüneberg § 266 Rn. 3). Bei den Fällen der Schuldnermehrheit wird § 420 BGB bei vertraglicher Grundlage meist durch § 427 BGB (die Gesamtschuldnerschaft) verdrängt. Bei gesetzlichen Verpflichtungen ist häufig Gesamtschuldnerschaft angeordnet, vgl. etwa §§ 830, 840 BGB oder § 769 BGB. So bleiben für Schuldnermehrheiten bei teilbaren Leistungen nur wenige Beispiele (z. B. wenn auf einem Grundstück für mehrere Auftraggeber verschiedene Baulichkeiten zu errichten sind; vgl. Grüneberg/Grüneberg, § 420 Rn. 2). Bei der Gläubigermehrheit ist die Mitgläubigerschaft, § 432 BGB, der Regelfall. § 420 BGB soll anwendbar sein, wenn Ehegatten ein Anspruch nach § 812 BGB zusteht (vgl. Grüneberg/Grüneberg § 420 Rn. 3).

II. Gesamtschuld, § 421 BGB

1. Vorliegen einer Gesamtschuld

Bei der Gesamtschuld kann in der Klausur schon fraglich sein, ob denn überhaupt eine Gesamtschuld vorliegt.

a) Gesetzliche Fälle
- Einfach sind die gesetzlichen Fälle, etwa Mitbürgen, § 769 BGB
- Täter/Teilnehmer, mehrere Verantwortliche, §§ 830, 840 BGB
- Miterben, § 2058 BGB
- OHG-Gesellschafter, § 126 Abs. 1 HGB und BGB-Gesellschafter, § 721 BGB

Vgl. weiter Fälle bei Grüneberg/Grüneberg § 421 Rn. 2.

b) Vertragliche Vereinbarung. Entweder ausdrückliche Vereinbarung oder Vermutung, § 427 BGB.

c) Sonstige Fälle. Ansonsten ist es recht schwierig, da dogmatisch kaum sichere Vorhersagen getroffen werden können, ob die Rechtsprechung eine Gesamtschuld annimmt. Auch hier kann in der Klausur nur ein Blick in den Grüneberg (Grüneberg/Grüneberg § 421 Rn. 3 ff) helfen.

2. Voraussetzungen

Die Voraussetzungen, wann eine Gesamtschuld vorliegt, sind sehr streitig:
(1) Anspruch gegen mehrere Schuldner,
(2) der Gläubiger kann die Leistung nur einmal fordern,
(3) Identität des Leistungsinteresses,
(4) Gleichartigkeit (umstrittenes Kriterium) – die hM verlangt Gleichstufigkeit (Grüneberg/Grüneberg § 421 Rn. 7 ff).

3. Rechtsfolgen der Gesamtschuld

a) Wirkungen der Gesamtschuld. Der Gläubiger kann von jedem der Gesamtschuldner die Leistung nach seinem Belieben (ganz oder zu einem Teil) fordern, § 421 BGB. Erfüllung und Surrogate wirken für alle Gesamtschuldner, §§ 422–424 BGB. Sonstige Tatsachen wirken nur für den Gesamtschuldner in dessen Person sie eintreten, § 425 BGB. Dies ist auch die Begründung dafür, dass Gesamtschuldner nicht notwendige Streitgenossen sind, wenn keine weiteren Kriterien hinzukommen.

b) Ausgleichsanspruch der Gesamtschuldner. Der **Ausgleich der Gesamtschuldner** richtet sich nach §§ 426 Abs. 1 und Abs. 2 BGB. Beachte: Es handelt sich dabei um zwei getrennte Ansprüche mit unterschiedlichem Inhalt und unterschiedlichen Ansprüchen (vgl. Beispiele unten V.). Sofern nichts anderes bestimmt ist, haften die Gesamtschuldner zu gleichen Teilen, § 426 Abs. 1 S. 1 2. HS BGB. Häufig ist aber etwas anderes bestimmt, entweder in einer vertraglichen Vereinbarung oder aufgrund gesetzlicher Regelungen wie in § 840 Abs. 2 BGB oder in § 116 Abs. 1 VVG, danach haftet die Versicherung im Innenverhältnis im Zweifel allein. Als andere Bestimmung im Sinne des § 426 Abs. 1 S. 1 BGB wird auch § 254 BGB angesehen, um eine gerechte Quote unter den Schädigern zu erreichen.

987 c) **Verjährung.** Der Anspruch nach § 426 Abs. 1 BGB verjährt in der Regelverjährung der §§ 195, 199 BGB, d. h. in drei Jahren, beginnend mit Ablauf des Jahres, in dem die Gesamtschuld entstanden ist und Kenntnis hiervon besteht. Nimmt also der Gläubiger einen der Gesamtschuldner kurz vor Ablauf der Verjährung in Anspruch, so muss dieser gleich seinen Regressanspruch geltend machen um eine Hemmung zu erreichen, etwa durch Klageerhebung, § 204 Abs. 1 Nr. 1 BGB. Anders ist die Verjährung bei der Pflichtversicherung geregelt, § 116 Abs. 2 VVG; der Anspruch entsteht erst, wenn der Anspruch des Dritten erfüllt wurde.

988 Der Anspruch aus § 426 Abs. 2 BGB verjährt, wenn der zugrunde liegende Anspruch verjährt (cessio legis). Der übergegangene Anspruch kann also anderen Verjährungsfristen unterworfen sein.

III. Mehrere Schuldner einer unteilbaren Leistung, § 431 BGB

989 Im Gegensatz zur Gesamtschuldnerschaft bei teilbaren Leistungen, §§ 420, 427 BGB, liegt bei unteilbaren Leistungen nach der zwingenden Regelung des § 431 BGB immer eine Gesamtschuldnerschaft vor, d. h. die Schuldner haften dabei immer als Gesamtschuldner (§ 421 BGB). **Beispiele:** Die Verpflichtung zur Herstellung eines Werkes; die Übergabe einer bestimmten Sache oder die Rückübertragung einer Grundschuld (Einzelfälle bei Grüneberg/Grüneberg § 431 Rn. 1, § 266 Rn. 3).

IV. Gesamtgläubiger, § 428 BGB

990 Die Gesamtgläubigerschaft ist das Gegenstück zur Gesamtschuld. Auch hier sind die Fälle nicht allzu häufig, da die Mitgläubigerschaft, § 432 BGB, bei den Gläubigermehrheiten der Regelfall ist (Fälle bei Grüneberg/Grüneberg § 428 Rn. 2 ff). Der **Hauptfall** in der **Klausur** dürfte das Geschäft zur Deckung des Lebensbedarfs, **§ 1357 BGB**, sein, bei dem nach hM Gesamtgläubigerschaft besteht (Grüneberg/Brudermüller § 1357 Rn. 21).

V. Mehrere Gläubiger einer unteilbaren Leistung, § 432 BGB

991 Die **Mitgläubigerschaft** nach § 432 BGB bei unteilbaren Leistungen ist der Regelfall der Gläubigermehrheiten. Die **Rechtsfolge** der Mitgläubigerschaft ist, dass die Forderung jedem der Gesamtgläubiger zusteht, er kann aber nur Leistung an alle verlangen. Die Leistung des Schuldners an einen einzelnen Mitgläubiger erfüllt und befreit ihn somit in der Regel nicht. Eine Mitgläubigerschaft, § 432 BGB, liegt vor, wenn Ehegatten gemeinsam eine Eigentumswohnung oder ein Haus kaufen oder bei dem Anspruch von mehreren Miteigentümern auf die Miete oder bei dem Kaufpreisanspruch von mehreren Verkäufern (Fälle bei Grüneberg/Grüneberg § 432 Rn. 2 ff).

992 Im Außenverhältnis der verschiedenen Gläubiger gilt § 432 BGB, **im Innenverhältnis,** da es hierfür keine Vorschriften gibt, gelten deshalb zunächst die vereinbarten internen Regelungen und hilfsweise die §§ 741 ff. BGB.

> **Klausurproblem:** Die **Aufrechnung** des Schuldners mit einer Forderung gegen nur einen der Mitgläubiger ist unzulässig, es fehlt insoweit an der Gegenseitigkeit. Ein Mitgläubiger kann nicht wirksam für die anderen handeln, außer er ist dazu berechtigt durch Ermächtigung, Genehmigung oder über die Regelung des § 1357 BGB.

VI. Gesamtschuldnerausgleich

Kommt besonders häufig in Klausuren vor.

1. Der Gesamtschuldnerausgleich, § 426 BGB

§ 426 BGB regelt den Ausgleich der Gesamtschuldner im Innenverhältnis. Die Norm enthält zwei verschieden Ansprüche in Abs. 1 und Abs. 2 mit unterschiedlichen Voraussetzungen und Folgen.

a) § 426 Abs. 1 BGB. Hier geht es um einen Ausgleich nach Anteilen. Der Anspruch entsteht selbstständig bereits mit der Begründung der Gesamtschuld, nicht erst wenn ein Schuldner den Gläubiger befriedigt.

> **Klausurproblem:** Haften drei Gesamtschuldner auf 15.000 Euro – intern jeder mit 5000 Euro – kann ein Gesamtschuldner von jedem der anderen Gesamtschuldner diesen Anteil, also 5.000 Euro, über § 426 Abs. 1 BGB verlangen. Fällt einer der Gesamtschuldner aus, ist der ausgefallene Anteil von den Anderen zu tragen. Haften A, B und C auf 15.000 Euro und fällt C aus, dann haben A und B jeweils 7.500 Euro zu tragen. A kann also von B dann 7.500 Euro verlangen, § 426 Abs. 1 S. 2 BGB.

b) § 426 Abs. 2 BGB. Befriedigt einer der Gesamtschuldner den Gläubiger, dann geht die Forderung des Gläubigers auf diesen Gesamtschuldner über (cessio legis) und er kann von den anderen Gesamtschuldnern anteiligen Ausgleich verlangen. Über § 412 BGB gelten die §§ 398 ff BGB, insbes. §§ 401, 404, 406 BGB. Anspruchsgrundlage für den Regress des A der den Schuldner befriedigt hat ist dann der übergegangene Anspruch. **Beispiel:** §§ 823 i. V. m. 426 Abs. 2 BGB, wenn A, B und C als Gesamtschulden aus einer gemeinsamen unerlaubten Handlung, §§ 823, 840 BGB, haften und A den Gläubiger befriedigt hat.

> **Klausurproblem:** Damit es nicht zum „Wettlauf der Gesamtschuldner" kommt, beschränkt sich der Anteil, der auf den zahlenden Gesamtschuldner übergeht, auf die Höhe des Ausgleichsanspruchs. Befriedigt also Gesamtschuldner A den Gläubiger, geht die Forderung des Gläubigers auf ihn über; allerdings gekürzt um den Anteil des A. Schulden also drei Gesamtschuldner 15.000 Euro – intern jeder 5.000 Euro – geht die Forderung in Höhe von 10.000 Euro auf den A über, wenn er an den Gläubiger bezahlt. Er kann dann von B oder C 10.000 Euro verlangen, nach dem zugrunde liegende Anspruch i. V. m. § 426 Abs. 2 BGB. Dieser kann dann von dem Dritten (z. B. C) wiederum die restlichen 5.000 Euro holen.

Weitere Regressansprüche ergeben sich aus den §§ 268 Abs. 3, 774, 1143 BGB. Diese haben aber neben § 426 Abs. 2 BGB kaum praktische Bedeutung.

2. Sonderproblem: Gestörter Gesamtschuldnerausgleich

Sind zwei oder mehr Schuldner vorhanden, von denen einer aber nicht oder nicht voll haftet, spricht man von einer gestörten Gesamtschuld. Bei dieser stellt sich dann immer die Frage, zu wessen Gunsten bzw. zu wessen Lasten sich die Privilegierung eines Gesamtschuldners auswirkt. Die Privilegierung eines Gesamtschuldners ergibt sich häufig aus familiären Gründen. So haben die Eltern bei der Haftung für ihr Kind nach § 1664 BGB nur für die Sorgfalt einzustehen, die sie in eigenen Angelegenheiten anzuwenden pflegen; daraus ergibt sich eine privilegierte Haftung der Eltern für das Kind. Privilegierungen hinsichtlich der Haftung sind aber auch in anderen Regelungen des BGB enthalten, wie z. B. in §§ 300, 521, 599, 680, 690, 708 BGB.

995 Umstritten ist, wie eine solche gestörte Gesamtschuld zu lösen ist (vgl. Grüneberg/Grüneberg, § 426 Rn. 18).

> **Klausurfall:** Die Eltern A und B des Kindes C (6 Jahre alt) gehen zur Familie Z und Y mit Kind X (10 Jahre alt) zu einer Grillparty. Die Kinder spielen gemeinsam; Kind X schüttet Spiritus ins Grillfeuer, es kommt zu einer großen Stichflamme, bei der Kind C schwer verletzt wird. A und B machen nun für ihr Kind C gegen Z und Y Schadensersatz wegen Verletzung der Aufsichtspflicht, § 832 BGB, geltend; Z und Y haften nach § 832 BGB. Ein Mitverschulden des C kommt nicht in Betracht, §§ 828, 254 BGB. Allerdings haften auch A und B grundsätzlich gegenüber dem C, denn auch sie haben eine Aufsichtspflichtverletzung (des C), § 832 BGB, begangen. A und B sind jedoch in der Haftung gegenüber ihrem Kind nach § 1664 BGB privilegiert, sodass sie hier gegenüber C nicht haften. Dies könnte zur Kürzung des Anspruchs des C führen. Fraglich ist daher, wie diese Privilegierung im Gesamtschuldnerausgleich nach §§ 426 Abs. 1 oder Abs. 2 BGB zu lösen ist, bzw. wie sich diese Privilegierung auf den Anspruch des C gegen Z und Y auswirkt?

- Der BGH nimmt zu Fällen des § 1664 BGB meist an, dass ein Regress gegen die Privilegierten (meist) ausscheidet. Er argumentiert sehr formal: Da die Privilegierten nicht haften, liegt formal gar keine Gesamtschuld vor. Danach haften vorliegend Z und Y gegenüber C vollständig.
- Nach a. A. ist eine gestörte Gesamtschuld zu Lasten des Privilegierten zu lösen, mit der Folge, dass der Privilegierte wie ein normaler Gesamtschuldner haftet; argumentiert wird insoweit, dass das Privileg nur im Verhältnis zum Gläubiger gelte, nicht jedoch im Verhältnis zum anderen Schuldner; d. h. vorliegend A und B haften mit.
- Nach wohl hM (Medicus) ist eine gestörte Gesamtschuld zu Lasten des Gläubigers zu lösen, mit der Folge, dass der Gläubiger einen um den Haftungsanteil geminderten Anspruch hat; argumentiert wird insoweit, dass der Anspruch durch das Privileg ohnehin schon gemindert sei. Danach würde C vorliegend nur einen Anteil seines Schadens bekommen.

3. Umfang der Haftung

996 Der Umfang der Haftung richtet sich bei §§ 426 Abs. 1 und 2 BGB nach den einzelnen Haftungsbeiträgen und danach, ob jeder der Gesamtschuldner zahlen kann oder ob einzelne Gesamtschuldner ausfallen. Hier wird die Haftung jedes einzelnen Gesamtschuldners interessant, da sich danach die Haftungsanteile bestimmen; dies ist deshalb in aller Regel in der Klausur darzustellen.

Fall
A, B und C haften dem Gläubiger aus §§ 833, 834 BGB auf Zahlung von 15.000 Euro. Der Hund, dessen Halter A und B sind, und den C ausgeführt hat, hat den Gläubiger verletzt. Der Gläubiger nimmt A in Anspruch, dieser befriedigt den Gläubiger. A will nun Regress nehmen bei C. Anspruch?
(1) Anspruchsgrundlage § 426 Abs. 1 BGB: A bekommt danach nur den Anteil des C.

(2) Anspruchsgrundlage § 426 Abs. 2 BGB: A bekommt von C den gesamten noch offenen Restbetrag.

(3) Umfang der Haftung: Haften alle gleichmäßig bekommt A von C über § 426 Abs. 1 BGB dessen Anteil, also 5.000 Euro; über § 426 Abs. 2 BGB den noch offenen Betrag, also 10.000 Euro.

Wichtig für beide Anspruchsgrundlagen ist, wer in welcher Höhe haftet, da bei beiden Anspruchsgrundlagen der Anteil des Einzelnen geklärt werden muss.

(a) A haftet nach § 833 BGB, denn er ist Tierhalter des verletzenden Tieres und kann sich nicht exkulpieren.

(b) C haftet nach § 834 BGB, denn er ist Tieraufseher des verletzenden Tieres gewesen und kann sich nicht exkulpieren.

(c) B haftet nach § 833 BGB, denn sie ist Tierhalter des verletzenden Tieres und kann sich nicht exkulpieren.

Auch die Haftung der B ist wichtig und zu klären, auch wenn A von B nicht Ausgleich verlangt. Bei beiden Anspruchsgrundlagen sind die Haftungsanteile der einzelnen Gesamtschuldner zu ermitteln, diese sind von Bedeutung. Der Anteil des A und ggfs. der nicht zu erhaltende Anteil eines Gesamtschuldners sind vom Regressanspruch abzuziehen, der einzelne Anteil ist also von der Haftung der Einzelnen abhängig.

(d) A, B und C haften als Gesamtschuldner, §§ 830, 840 BGB, denn sie haben eine gemeinschaftliche unerlaubte Handlung begangen.

(e) Die Haftung der Einzelnen richtet sich nach ihren Verursachungsbeiträgen, also vorliegend bei A, B und C jeweils 1/3.

G. Mietrecht

I. Allgemeines

1. Definition und Abgrenzung

Mietrecht ist Gebrauchsüberlassung gegen Entgelt, § 535 BGB; Leihe ist unentgeltlich, § 598 BGB; die Pacht erfasst noch das Nutzungsrecht, § 581 BGB; die Verwahrung erschöpft sich in der bloßen Obhutspflicht, § 588 BGB (zur Abgrenzung im Einzelnen, Grüneberg/Weidenkaff Vorb. § 535 Rn. 15–28). **997**

2. Struktur des Mietrechts

Das Mietrecht gliedert sich in einen allgemeinen Teil, §§ 535–548 BGB, in Sondervorschriften für Wohnraum, §§ 549 ff. BGB, und sodann in Regeln für sonstige Mietverhältnisse, Grundstücksmiete und Gewerberaummiete, §§ 578 ff. BGB. **998**

3. Mietvertrag

a) **Abschluss eines Mietvertrages.** Die Parteien werden Mietvertragsparteien durch den Abschluss eines Mietvertrages, für den die Regeln über den Vertragsschluss gelten. Ein Mietvertrag kann **grundsätzlich formlos** abgeschlossen werden; dies gilt aber nur, wenn er nicht für längere Zeit als ein Jahr geschlossen wird, § 550 BGB. Wird er für längere Zeit geschlossen, bedarf er der Schriftform, § 550 BGB. Ein Verstoß gegen diese Regelung macht den Vertrag aber nicht unwirksam, § 125 BGB, er führt nur dazu, dass eben ein Mietvertrag auf unbestimmte Zeit geschlossen ist, mit der Kündigungsmöglichkeit frühestens nach Ablauf eines Jahres, § 550 S. 2 BGB. Die Berufung auf den Formmangel kann im Einzelfall gegen § 242 BGB verstoßen (vgl. Grüneberg/Weidenkaff § 550 Rn. 12). **999**

b) **Sondervorschriften.** Unter Umständen werden auch Dritte Partei des Mietvertrages, ohne dass sie den Vertrag geschlossen (unterschrieben) haben: § 563 BGB, Eintrittsrecht **1000** des Ehegatten; § 564 BGB, Fortsetzung mit den Erben; § 566 BGB, „Kauf bricht nicht Miete".

Beachte: Allein der schuldrechtliche Kaufvertrag löst § 566 BGB nicht aus. Erst wenn das Objekt übereignet worden ist, §§ 873, 925 BGB, gehen die Mietverhältnisse auf den Erwerber über.

1001 c) **Qualifizierter Zeitmietvertrag.** Ein qualifizierter Zeitmietvertrag über Wohnraum mit beschränktem Bestandsschutz kann insbesondere geschlossen werden, wenn der Vermieter danach die Wohnung selbst nutzen möchte, § 575 BGB.

4. Rechte (Ansprüche) des Mieters

1002 a) **Gebrauchsüberlassung.** Der Mieter hat vor allem den Anspruch auf die Gebrauchsüberlassung, § 535 Abs. 1 S. 1 BGB.

1003 Überlassung an Dritte ist nur mit Erlaubnis des Vermieters, § 540 Abs. 1 BGB, zulässig. Allerdings kann der Mieter u. U. die Erlaubnis nach § 553 BGB verlangen. Überlässt der Mieter einem Dritten die Räume, wird ihm das Verschulden des Dritten zugerechnet, § 540 Abs. 2 BGB.

1004 b) **Mängelrechte.** Die Mängelrechte stehen ihm nach § 536 BGB zu. Sie verdrängen nach der Mietüberlassung als Sonderregelung die anderen Gewährleitungs- und Unmöglichkeitsvorschriften (vgl. Grüneberg/Weidenkaff § 536 Rn. 6 ff.).
Der Mieter kann bei Sachmängeln, Abs. 1, oder bei Rechtsmängeln, Abs. 3, vor allem Befreiung von der Miete oder Mietminderung verlangen. Wobei die Mietminderung kraft Gesetzes eintritt, ohne dass der Mieter sich darauf berufen muss. Die geminderte Miete gilt als vereinbart (Grüneberg/Weidenkaff § 536 Rn. 31 ff). Hat der Mieter schon bezahlt – obwohl die Miete durch einen Mangel gemindert ist – hat er einen Rückforderungsanspruch nach Bereicherungsrecht, § 812 Abs. 1 S. 1 1. Alt. BGB. Nach § 536c Abs. 1 S. 1 BGB ist der Mieter zur Mangelanzeige gegenüber dem Vermieter verpflichtet. Kommt er dem nicht nach ist er nach § 536c Abs. 2 S. 2 BGB mit der Mietminderung ausgeschlossen. **Beachte:** Aber kein Ausschluss nach § 536c Abs. 2 BGB, auch bei unterlassener Anzeige, wenn die Beseitigung des Mangels gar nicht möglich war (Grüneberg/Weidenkaff § 536c Rn. 8).

1005 Zu den Sach- und Rechtsmängeln im Einzelnen siehe die Kommentierung bei Weidenkaff (Grüneberg/Weidenkaff § 536 Rn. 16 ff. mit vielen Beispielen).

1006 Zu einem Mangel wegen **Baulärms von einem Nachbargrundstück** neuerdings BGH NJW-RR 2022, 381.
Der BGH prüfte in dieser Entscheidung zunächst, ob eine konkludente Beschaffenheitsvereinbarung hinsichtlich der „Freiheit von Baulärm" vorliege. Anschließend die Bestimmung des vertragsgemäßen Gebrauchs. Danach seien nachträgliche Geräusch- und Schmutzimmissionen jedenfalls dann kein Mangel, wenn auch der Vermieter sie ohne eigenen Abwehr- und Entschädigungsmöglichkeiten als unwesentlich oder ortsüblich hinnehmen müsse. Die Wertung dafür entnahm der BGH § 906 BGB.

1007 c) **Verwendungen.** Der Mieter kann Anspruch auf Verwendungen auf die Mietsache nach GoA haben, § 539 Abs. 1 BGB.
Ein Aufwendungsersatzanspruch des Mieters ergibt sich aus § 536a Abs. 2 BGB.

5. Rechte (Ansprüche) des Vermieters

1008 a) **Mietzahlung.** Die **Hauptflicht des Mieters** besteht in der Mietzahlung, § 535 Abs. 2 BGB. Wenn die Miete nicht rechtzeitig eingeht, liegt Verzug vor, §§ 286 Abs. 2 Nr. 1, 556b Abs. 1 BGB („bestimmter Termin").

Ist der Mieter dagegen zur **Mietminderung** berechtigt – die Mietminderung tritt automatisch ein –, § 536 Abs. 1 2. HS BGB, tritt kein Verzug ein, da dann kein Anspruch auf Miete in voller Höhe besteht. Mietminderung und Zurückbehaltungsrecht sind nebeneinander anwendbar. Die Mietminderung betrifft die Abgeltung des Minderwertes, das Zurückbehaltungsrecht ist ein Druckmittel für den Mieter, zur Beseitigung des Mietmangels (vgl. Grüneberg/Weidenkaff § 536 Rn. 6). **1009**

b) **Mieterhöhung.** Unter bestimmten Umständen kann der Vermieter **Mieterhöhung** verlangen, §§ 557 Abs. 3, 558, 558a BGB. Stimmt der Mieter zu, schuldet er die neue Miete mit Beginn des dritten Kalendermonats, § 558b Abs. 1 BGB. Stimmt der Mieter nicht zu, kann der Vermieter auf Zustimmung klagen, § 558b Abs. 1 BGB. **1010**

c) **Kaution.** Der Vermieter kann eine **Kaution** verlangen, § 551 BGB; sie darf höchstens das dreifache der Monatsmiete betragen (vgl. den Kündigungsgrund des § 569 Abs. 2a BGB bei Verzug mit zwei Raten der Kaution). **1011**

d) **Rückgabe der Mietsache.** Wird das Mietverhältnis wirksam beendet, hat der Vermieter einen Anspruch aus § 546 Abs. 1 BGB auf Rückgabe der Mietsache. Erfüllt der Mieter nicht rechtzeitig, so kann der Vermieter den Verzögerungsschaden nach §§ 280 Abs. 1, 2 i. V. m. 286 BGB verlangen. **1012**

e) **Pflichtverletzungen.** Keine Sonderregeln gibt es für (sonstige) Pflichtverletzungen des Mieters während der Mietzeit. Hier gelten die §§ 280 ff., 823 ff. BGB; allerdings verjähren die Ansprüche des Vermieters i. d. R. nach § 548 Abs. 1 BGB in sechs Monaten (bei Zerstörung der Mietsache, vgl. den Wortlaut, gilt wohl §§ 195, 199 BGB). **1013**

II. Räumungsklage

1. Prozessuales

a) **Zuständigkeit.** Die **örtliche Zuständigkeit** für Mietsachen über Räume ist ausschließlich, § 29a ZPO, dort, wo sich die Räume befinden. **1014**

Die **sachliche Zuständigkeit** für Wohnraum liegt ausschließlich, beim **Amtsgericht**, § 23 Nr. 2a GVG. Für die anderen Fälle gelten die allgemeinen Regeln über die sachliche Zuständigkeit, §§ 23, 71 GVG, wobei für die Wertberechnung § 8 ZPO (im Unterschied zu § 41 GKG) zu beachten ist. Die entscheidende Formulierung ist hier „der Betrag, der auf die gesamte streitige Zeit entfallenden Pacht oder Miete", dies ist die Zeit von der Klageerhebung bis zum Ende der Vertragsdauer, bei unbestimmter Dauer der Tag, auf den derjenige hätte kündigen können, der die längere Bestehenszeit behauptet (Thomas/Putzo/Hüßtege § 8 Rn. 5). **1015**

b) **Räumung von Wohnraum.** Hier kann das Gericht – auch von Amts wegen – eine **Räumungsfrist** gewähren, § 721 ZPO. Auch Vollstreckungsschutz, § 765a ZPO, ist möglich. **1016**

c) **Die Vorläufige Vollstreckbarkeit.** Die vorläufige Vollstreckbarkeit richtet sich in der Regel nach § 708 Nr. 7 ZPO. **1017**

d) **Mehrere Mieter.** Sind mehrere Mieter vorhanden, so haften sie für die Rückgabe der Mietsache als Gesamtschuldner, §§ 546, 431 BGB. Der Anspruch kann also gegen alle gemeinsam oder gegen jeden einzeln geltend gemacht werden. Alle Mieter haften somit, bis alle ausgezogen sind (vgl. Grüneberg/Weidenkaff § 546 Rn. 12). **1018**

Beachte: Gegen wen ist ein **Räumungstitel** erforderlich? Vollstreckt wird die Räumung nach § 885 ZPO. Es gilt daher der Grundsatz, dass der Titel gegen jeden

Gewahrsamsinhaber gerichtet sein muss. „Zugehörige Personen", die nicht Mitbesitzer oder Gewahrsamsinhaber sind, dürfen mit einem Titel gegen die Mieter aus der Wohnung gesetzt werden; das sind vor allem Besucher. Ehegatten, die Mitbesitzer sind, dürfen nicht wie zugehörige Personen aus der Wohnung gesetzt werden. Eine Räumungsklage auch gegen Ehegatten oder Partner, auch wenn diese nicht im Mietvertrag aufgenommen sind, ist sinnvoll wegen § 750 ZPO. Aber keine Klage gegen die (minderjährigen) Kinder, gegen sie ist ein Titel nicht erforderlich, sie sind nur Besitzdiener. Einer Klage gegen die Kinder fehlt das Rechtsschutzinteresse. **Beachte außerdem**: Von der Frage gegen wen ein Titel erforderlich ist, ist die Frage zu trennen, gegen wen ein Titel wirkt. Dieser kann gegen Rechtsnachfolger oder gegen einen Dritten über § 242 BGB wirken (Einzelheiten unbedingt: Thomas/Putzo/Hüßtege § 885 Rn. 4 ff.).

2. Anspruchsgrundlage

1019 Anspruchsgrundlage für die **Rückgabe der Mietsache ist § 546 Abs. 1 BGB** gegen den oder die Mieter; wurde die Mietsache einem Dritten überlassen, dann § 546 Abs. 2 BGB. Daneben sind als Anspruchsgrundlage auch § 985 BGB und § 812 BGB möglich. Der Anspruch aus § 546 BGB geht am Weitesten, er umfasst neben der Herausgabe (wie §§ 985, 812 BGB) auch die Räumung, also auch die Wegnahme der eingebrachten Sachen, ggfs. auch Rückbau und Beseitigung von Schäden. Kommt es darauf jedoch nicht an, ist § 985 BGB für viele Kandidaten meist einfacher zu handhaben, wegen des klaren und einfachen Aufbaues ((1) Der Vermieter ist Eigentümer; (2) Der Mieter ist Besitzer; (3) Der Mieter hat kein Recht zum Besitz).

Beachte: § 570 BGB! Dem Mieter steht kein Zurückbehaltungsrecht gegen den Rückgabeanspruch des Vermieters zu. Über § 547 BGB kann der Mieter zu viel gezahlte Miete zurückfordern.

3. Kündigungserklärung

1020 a) **Schriftform**. Die Kündigungserklärung ist **bedingungsfeindlich** und hat schriftlich zu erfolgen, § 568 BGB. In der Klausur sind meist mehrere Kündigungen und Kündigungsgründe zu prüfen: (1) Außerordentliche Kündigung und (2) hilfsweise ordentliche Kündigung.

1021 b) **Kündigungsgegner**. Die Kündigung hat **von allen** Vermietern und **gegen alle** Mieter zu erfolgen (ggfs. mit Ermächtigung, § 174 BGB). Dies bereitet häufig Probleme bei Erben oder wenn ein Mieter ausgezogen ist.

> **Klausurproblem:** Der Vermieter ist gestorben und hat drei Erben. Die Mieterin weiß dies nicht und kündigt gegenüber dem verstorbenen Vermieter und sendet die Kündigung an dessen Adresse. In dem Haus wohnt jetzt die Erbin A, der allein die Kündigung zugestellt wird. Kündigung wirksam?
> Nein, erforderlich ist – wegen der Einheitlichkeit des Mietverhältnisses – eine Kündigung von allen und an alle (Grüneberg/Weidenkaff § 542 Rn. 18). Eventuell kann die Berufung auf die nicht ordnungsgemäße Kündigung gegen § 242 BGB verstoßen.

4. Kündigungsgründe

1022 a) **Zeitablauf**. Keine Kündigung ist erforderlich bei Zeitablauf, §§ 542 Abs. 2, 540 BGB.

1023 b) **Ordentliche Kündigung, § 542 Abs. 1 BGB. – aa) Kündigungsgrund**. Eine ordentliche Kündigung ist grundsätzlich ohne Kündigungsgrund möglich. Eine Ausnahme gilt für den Vermieter, §§ 573 ff. BGB, er braucht ein berechtigtes Interesse, § 573 Abs. 1

BGB (Beachte auch die Verweisung in § 578 BGB für andere Gegenstände, sie erfasst § 573 BGB nicht).

bb) Unbefristetes Mietverhältnis. Eine ordentliche Kündigung ist nur bei einem **unbefristeten Mietverhältnis** möglich, § 542 Abs. 1 BGB. In der Klausur kommt die Kündigungsmöglichkeit häufig dadurch zustande, dass die Mietzeit zwar bestimmt ist, die Befristung aber mangels Schriftform unwirksam ist, § 550 BGB. Es stellt sich dann stets die Frage, ob eine Berufung auf die Unbestimmtheit hier gegen § 242 BGB verstößt. Im Ergebnis wird dies von der hM verneint. Häufig wird der Vertrag aber ergänzend ausgelegt, dass eine Kündigung vor diesem Termin ausgeschlossen sein soll. 1024

cc) Kündigungsgründe. sind insbesondere: 1025
(1) § 573 Abs. 2 Nr. 1 BGB, schuldhafte Pflichtverletzung des Mieters;
(2) § 573 Abs. 2 Nr. 2 BGB, Eigenbedarf;
(3) § 573 Abs. 2 Nr. 3 BGB, Verwertung des Mietobjekts.

Beachte: Die Gründe sind in dem Kündigungsschreiben anzugeben; andere Gründe werden nur berücksichtigt, wenn sie nachträglich entstanden sind, § 573 Abs. 3 BGB. Zu beachten sind auch die vereinfachte Kündigungsmöglichkeit bei Einliegerwohnungen, § 573a BGB, und das Widerspruchsrecht des Mieters, § 574 BGB.

dd) Fristen. Kündigungsfristen für Wohnraum, **§ 573c BGB**. Kündigt der Mieter gilt die 3-Monatsfrist, § 573c Abs. 1 S. 1 BGB. Kündigt der Vermieter gilt auch die 3-Monatsfrist, allerdings verlängert um jeweils 3 Monate nach fünf und acht Jahren Mietzeit, § 573c Abs. 1 S. 2 BGB. 1026

Sonstige Kündigungsfristen: Grundstücksmiete, § 580a Abs. 1 BGB, abhängig vom Bemessungszeitraum. Geschäftsraummiete, § 580a Abs. 2 BGB, Bemessung nach Kalendervierteljahren. Bewegliche Sachen, § 580a Abs. 3 BGB, abhängig vom Bemessungszeitraum. 1027

Beispiele:
Die Kündigung über ein Geschäftsraummietverhältnis geht am 2. April zu. Beendigungszeitpunkt? Beendigung des Mietverhältnisses mit Ablauf des 30. September. Kündigung geht am 10. April zu. Beendigungszeitpunkt? Beendigung mit Ablauf des 31. Dezember.

Beachte: Diese Fristen sind zum Nachteil des Mieters nicht abänderbar, § 573c Abs. 4 BGB; Ausnahme: §§ 573c Abs. 2, Abs. 3 BGB.

c) Außerordentliche Kündigung. Eine außerordentliche Kündigung ist für jede der Parteien möglich, **§§ 543, 569 BGB**. Die Kündigung ist ohne Frist möglich, aber es ist ein wichtiger Grund erforderlich. Zu beachten sind hier wiederum die Sonderregelungen für Wohnraum, § 569 BGB. 1028

Die außerordentliche Kündigung bedarf stets eines **wichtigen Grundes**, § 543 Abs. 1 BGB, wobei **§ 543 Abs. 2 BGB Regelbeispiele für wichtige Gründe** benennt: 1029
– **Nr. 1,** die Nichtgewährung des Gebrauchs,
– **Nr. 2,** die Verletzung der Rechte des Vermieters und
– **Nr. 3,** den Zahlungsverzug.
Diese werden ergänzt durch die wichtigen Gründe in § 569 BGB:
– § 569 Abs. 1 BGB bei Gesundheitsgefahren für den Mieter,
– § 569 Abs. 2 BGB bei Störung des Hausfriedens,
– § 569 Abs. 2a BGB bei Verzug mit Zahlung der Sicherheitsleistung,
– § 569 Abs. 3 BGB, Sonderregelungen für den Zahlungsverzug.
Zudem besteht ein Sonderkündigungsrecht des Mieters nach § 555e BGB bei Modernisierung.

Beachte: Wichtig für die Klausur: Der Zahlungsverzug in § 543 Abs. 2 Nr. 3 BGB wird für Wohnraum in § 569 Abs. 3 BGB modifiziert. Insbesondere gibt es die **Möglichkeit der Heilung** dadurch, dass der rückständige Betrag bezahlt wird. Die Heilungsmöglichkeit nach § 543 Abs. 2 Nr. 3 S. 2 BGB gilt dabei für Zahlungen **bevor** die Kündigung erklärt wird. § 569 Abs. 3 Nr. 2 BGB gibt dem Mieter die Möglichkeit die Kündigung auch noch nach deren Ausspruch – durch Zahlung – zu heilen. Allerdings nur in dem zeitlichen Rahmen, den § 569 Abs. 3 Nr. 2 BGB vorgibt, nämlich innerhalb von zwei Monaten nach Eintritt der Rechtshängigkeit des Räumungsanspruchs.

> **Klausurproblem:** Vermieter V kündigt Mieter M wegen Zahlungsverzugs. M räumt die Wohnung nicht, V erhebt daher Räumungsklage gegen M. Während des Räumungsprozesses bezahlt M rechtzeitig – d.h. innerhalb von zwei Monaten seit Rechtshängigkeit – die rückständigen Beträge. Rechtsfolge?
> Der Vermieter muss wohl die Erledigung erklären. Die Kostenverteilung hängt dann davon ab, ob die Zurückbehaltung des Betrages berechtigt war. Die Kostenentscheidung erfolgt entweder, bei beidseitiger Erledigungserklärung, über § 91a ZPO nach billigem Ermessen unter Berücksichtigung des bisherigen Sach- und Streitstandes oder, bei einseitiger Erledigungserklärung, über die Feststellungsklage und § 91 ZPO, dann ist zu prüfen, ob die Klage zulässig und begründet war.

Beachte: Die Heilung gilt nicht für die ordentliche Kündigung nach § 573 BGB und für § 543 Abs. 1 BGB. Deshalb ist zu überlegen, ob bei Zahlungsverzug nicht ordentlich gekündigt wird; Kündigungsgrund wäre dann § 573 Abs. 2 Nr. 1 BGB.
Sonderregelungen gelten in §§ 57 ff. ZVG, 544, 561, 564, 580 BGB.

5. Ungerechtfertigte Kündigung des Vermieters

1030 Erfolgt die Kündigung durch den Vermieter materiell ungerechtfertigt, kann der Mieter Schadensersatz, § 280 BGB, wegen Pflichtverletzung verlangen. Der Auszug des Mieters steht dem Schadensersatzanspruch nicht entgegen. Ein Problem entsteht bei Auszug nach einem Räumungsvergleich trotz ungerechtfertigter Kündigung.

6. Vorzeitige Vertragsauflösung

1031 Die Parteien können grundsätzlich keine vorzeitige Auflösung des Vertrages verlangen, auch der Mieter nicht, da er mit drei Monaten eine sehr kurze Kündigungsfrist hat. Eine Ausnahme kann allenfalls dann gelten, § 242 BGB, wenn er einen Nachmieter stellt und ein berechtigtes Interesse hat, das die Interessen des Vermieters ganz wesentlich überwiegt (wegen der kurzen Kündigungsfrist nur sehr schwer möglich). Eine einvernehmliche vorzeitige Vertragsauflösung ist jederzeit möglich.

7. Verspätete Rückgabe der Mietsache

1032 Gibt der Mieter die Räume nicht rechtzeitig zurück, kann der Vermieter für die Dauer der Vorenthaltung die vereinbarte oder übliche Miete verlangen, § 546a Abs. 1 BGB. Auch weiterer Schadensersatz bleibt möglich, §§ 546a Abs. 2, 571 BGB, auch Ansprüche aus dem Eigentümer-Besitzer-Verhältnis und §§ 812 Abs. 1 S. 2 1. Alt. BGB sind möglich.

Beachte: Diese Schadensersatzklage kann gleich mit der Räumungsklage verbunden werden, §§ 259, 260 ZPO. Gegen den Dritten (Untermieter) gibt es den Anspruch nach § 546a BGB nicht, da kein Mietvertrag mit ihm besteht. Der Anspruch kann sich aber aus dem EBV und aus § 812 BGB ergeben.

III. Untermiete

1. Gestattung, §§ 540, 553 BGB

Eine Gebrauchsüberlassung an Dritte darf **nur mit Erlaubnis des Vermieters** erfolgen, § 540 Abs. 1 BGB; allerdings kann der Mieter die Erlaubnis nach § 553 BGB verlangen. Überlässt er einem Dritten das Objekt, wird ihm das Verschulden des Dritten zugerechnet, § 540 Abs. 2 BGB. **Beachte:** Art. 6 GG – Familienangehörige sind nicht Dritte, ebenso Partner nach dem PartG, für sie ist eine Erlaubnis nicht erforderlich.

2. Rechtsverhältnisse

Im Falle der Untermiete sind folgende Rechtsverhältnisse zu unterscheiden:

a) Verhältnis Hauptmieter zu Untermieter. Zwischen diesen besteht das Mietverhältnis; sämtliche mietrechtliche Vorschriften sind deshalb zwischen ihnen anwendbar. Der Untermietvertrag ist auch ohne Erlaubnis des Vermieters wirksam. Durch Beendigung des Hauptmietvertrages entfällt das Untermietverhältnis nicht ohne Weiteres. Der Untermieter kann nach § 543 Abs. 2 Nr. 1 BGB kündigen, wenn der Vermieter die Herausgabe der Mietsache verlangt (vgl. § 546 Abs. 2 BGB).

b) Verhältnis Vermieter zu Untermieter. Zwischen diesen Parteien besteht kein Mietvertrag. Es bestehen also keine vertraglichen Pflichten untereinander. Der Vermieter kann allerdings vom Untermieter Räumung nach § 546 Abs. 2 BGB verlangen.

3. Anspruch des Vermieters auf Herausgabe des gezahlten Untermietzinses bei ungerechtfertigter Untervermietung

Fall
Der Mieter zahlt 1.000 Euro Miete an den Vermieter. Der Mieter vermietet ohne Erlaubnis an den Untermieter weiter für 2.000 Euro. Der Vermieter will deshalb die Herausgabe des Untermietzinses von 2.000 Euro?

(1) Der Hauptmietvertrag ist nicht beendet
Es besteht kein Anspruch auf Herausgabe des Mietzinses, solange der Hauptmietvertrag nicht beendet ist. Zwischen Vermieter und Untermieter besteht kein Vertrag. Auch § 280 BGB greift nicht, der Vermieter hat keinen Schaden. Auch das EBV greift nicht, der Mietvertrag mit dem Mieter gibt dem Untermieter ein Recht zum Besitz, § 986 Abs. 1 BGB, das Institut des „Nicht so Berechtigten" wird nicht anerkannt (vgl. Näheres beim EBV). Bei § 823 Abs. 1 BGB liegt keine Rechtsgutsverletzung vor. Für eine GoA fehlt „ein fremdes Geschäft". Für eine Eingriffskondiktion, § 812 Abs. 1 2. Alt. BGB, fehlt ein Eingriff in den Zuweisungsgehalt eines fremden Rechts. Für § 816 Abs. 1 S. 1 BGB fehlt eine Verfügung, da eine Untervermietung keine Verfügung i. S. v. § 816 Abs. 1 BGB ist.
Der Vermieter hat aber einen Anspruch gegen den Hauptmieter auf Unterlassung, § 541 BGB. Ihm steht auch das Kündigungsrecht, §§ 543 Abs. 2 S. 1, 573 Abs. 2 Nr. 1 BGB zu. Der Kündigung kann aber § 242 BGB entgegenstehen, wenn der Mieter einen Anspruch auf Erlaubnis hat, §§ 540, 553 BGB.

(2) Der Hauptmietvertrag ist beendet
Nach beendetem Hauptmietvertrag hat der Vermieter einen Anspruch gegen den Mieter nach §§ 987 ff. BGB, dem Untermieter fehlt das abgeleitete Besitzrecht, sodass das EBV greift.

4. Herausgabeanspruch des Vermieters gegen den unberechtigten Untermieter

a) Der Hauptmietvertrag ist wirksam gekündigt. Der Vermieter hat dann einen **Räumungsanspruch** gegen den Untermieter nach § 546 Abs. 2 BGB und aus § 985 BGB. Erforderlich ist dazu aber ein Räumungstitel gegen den Untermieter. Ein Räumungstitel gegen den Hauptmieter reicht nicht, wenn nicht § 325 ZPO greift. Bindungswirkung des Räumungsurteils besteht nur inter partes. Eine Bindung kann sich allenfalls aus § 242 BGB ergeben.

> **Klausurproblem:** Die A-GmbH hat ein Objekt beim Vermieter V gemietet. Ohne Gestattung hat die A-GmbH Räume der Mietsache an die B-GmbH untervermietet, wovon der Vermieter nichts wusste. Geschäftsführer beider GmbHs ist der X. Die A wird auf die Räumungs- und Herausgabeklage des Vermieters rechtskräftig zur Räumung verurteilt, die Einwendung der A, der Mietpreis sei sittenwidrig überhöht gewesen, wird vom Gericht abgelehnt. Als der V das Objekt räumen will, stellt er fest, dass die B noch in den Räumen arbeitet. B beruft sich darauf, sie habe wirksam die Räume von der A gemietet, gegen sie gebe es keinen Räumungstitel, im Übrigen sei der Mietpreis sittenwidrig überhöht gewesen. Kann die B-GmbH geräumt werden? Muss nochmals geprüft werden, ob der Mietpreis sittenwidrig überhöht gewesen ist? Wegen der wirksamen Kündigung des Hauptmietvertrages hat die B-GmbH kein Besitzrecht mehr, § 546 Abs. 2 BGB. Diese Beendigung steht aufgrund des rechtskräftigen Urteils fest. Der Titel wirkt aber nicht zugleich gegen den Untermieter. Zur Vollstreckung muss der Vermieter gegen den Untermieter einen eigenen Titel erstreiten. Davon zu trennen ist die Frage, ob die B in dem Prozess die Einwendungen nochmals erheben kann, die bereits die A erhoben hat. Grundsätzlich besteht keine Rechtskrafterstreckung, § 325 ZPO, denn das Urteil wirkt nur zwischen den Parteien (vgl. Zöller/Vollkommer § 325 Rn. 38). U.U. könnte eine Rechtskrafterstreckung möglich sein, wenn dies für den Dritten, hier die B, zumutbar ist. Der BGH lehnt die Rechtskrafterstreckung jedenfalls dann ab, wenn dies für den Dritten, der auf die Entscheidung des Vorprozesses keinen Einfluss nehmen konnte, zu prozessual unzumutbaren Ergebnissen führen kann. Dies wäre hier nicht der Fall; hier würde § 242 BGB eher gegen B sprechen. Der Geschäftsführer ist identisch, er hätte also im Vorprozess Einfluss nehmen können; er hat unberechtigt untervermietet; es erscheint auch treuwidrig, dass er den Vermieter nie – auch nicht im Räumungsprozess – auf die Untervermietung hingewiesen hat und ihm die Möglichkeit gegeben hat, die Klage auf die B zu erstrecken.

1037 b) **Der Hauptmietvertrag ist noch nicht gekündigt.** Der Vermieter hat dann einen Räumungsanspruch aus § 985 BGB, da der Untermieter kein abgeleitetes Recht zum Besitz gegenüber dem Eigentümer hat, § 986 Abs. 1 S. 2 BGB.

1038 c) **Gegenrechte des Untermieters.** Dem Untermieter können Gegenrechte, etwa **Verwendungsersatzansprüche** zustehen, aber nur aus dem EBV, § 812 BGB und GoA; nicht aus §§ 536a, 539 BGB, da ja kein Mietvertrag zwischen den Parteien besteht; nur der Hauptmieter ist Partei des Mietvertrages.

5. Weitere Ansprüche des Vermieters bei Untervermietung

1039 Beschädigt der Untermieter die Mietsache, hat der Vermieter Ansprüche, abhängig davon, ob die Untervermietung gestattet war.

a) **Der Vermieter hat die Untermiete genehmigt.** In diesem Fall hat der Vermieter bei Verschulden des Untermieters Ansprüche gegen den Mieter nach den §§ 280 Abs. 1, 241 Abs. 2, 540 Abs. 2 BGB. Der Untermieter haftet nur aus § 823 Abs. 1 BGB; nicht nach EBV, da der Untermieter ein abgeleitetes Besitzrecht, § 986 Abs. 1 S. 1 BGB, hat.

b) **Der Vermieter hat die Untervermietung nicht gestattet.** In diesem Fall haftet der Mieter aus § 280 Abs. 1 BGB, da allein die unberechtigte Untervermietung eine Pflichtverletzung darstellt; auf ein Verschulden des Untermieters kommt es nicht an. Der Untermieter haftet nach dem EBV, da der Untermieter kein Recht zum Besitz hat, er kann keines vom Mieter ableiten, § 986 Abs. 1 S. 2 BGB (vgl. auch § 991 Abs. 2 BGB; das Deliktsrecht ist über § 993 Abs. 1 2. HS BGB gesperrt).

IV. Vermieterpfandrecht

1. Entstehen

Das Vermieterpfandrecht **entsteht automatisch kraft Gesetzes**, an Sachen, die im Eigentum des Mieters stehen, wenn er diese Sachen **einbringt**, § 562 BGB. Ein Anwartschaftsrecht ist als wesensgleiches Minus zum Eigentum miterfasst. Es entsteht nicht an Sachen, die nicht pfändbar sind, §§ 562 Abs. 1 S. 2 BGB, 811 ff. ZPO. **1040**

2. Erlöschen

Das Vermieterpfandrecht erlischt **mit der Entfernung der Sache** vom Grundstück, wenn dies ohne Wissen oder unter Widerspruch des Vermieters erfolgt, §§ 936, 562a, 562b BGB, oder einen Monat nachdem der Vermieter die Kenntnis erlangt und nicht geklagt hat, § 562b Abs. 2 BGB. Umstritten ist, ob das Vermieterpfandrecht beim Pkw des Mieters, der aus der Garage gefahren wird, erlischt (siehe insoweit Grüneberg/Weidenkaff § 562a Rn. 4). **1041**

3. Verhältnis Vermieterpfandrecht und Sicherungsübereignung

Fall 1 **1042**
Der Mieter bringt ein Gemälde, das er bereits vorher der Bank sicherungsübereignet hat, in die Wohnung ein. Entsteht ein Vermieterpfandrecht an Gemälde?
Nein, der Vermieter erwirbt kein Vermieterpfandrecht, auch nicht gutgläubig. Ein gesetzliches Pfandrecht kann nicht gutgläubig erworben werden, vgl. den Wortlaut des § 1257 BGB, „auf ein kraft Gesetzes entstandenes Pfandrecht".
Vollstreckt der V nun aus seinem vermeintlich bestehenden Vermieterpfandrecht in das Gemälde des M, muss die Bank ihr Eigentumsrecht (nach hM) nach § 771 ZPO mit der Drittwiderspruchsklage geltend machen.

Fall 2
Der Mieter bringt ein wertvolles Bild in die Wohnung ein, dann übereignet er es zur Sicherheit der Bank. Vermieterpfandrecht?
Das Vermieterpfandrecht hat den besseren Rang und geht der Sicherungsübereignung vor. Zwar kommt ein gutgläubiger lastenfreier Erwerb der Bank in Betracht, § 936 BGB. Aber es besteht schon das Problem der Gutgläubigkeit, wenn die Bank weiß, dass der Übereignende Mieter einer Wohnung ist, denn dann hat sie Kenntnis vom Vermieterpfandrecht. Darüber hinaus erfolgt ein lastenfreier Erwerb nur, wenn der Erwerber die Sache erlangt hat, § 936 Abs. 1 S. 3 BGB, was bei der Bank ja nicht der Fall ist, da ihr das Sicherungsgut nicht übergeben wird.
Vollstreckt die Bank aus ihrem Sicherungseigentum in das Bild des M, muss Vermieter V zur Geltendmachung seines Vermieterpfandrechts – wenn dieses vor dem Sicherungseigentum entstanden ist – Klage nach § 805 ZPO auf vorzugsweise Befriedigung erheben.

Das Vermieterpfandrecht kann auch an einem **Anwartschaftsrecht** entstehen. Erstarkt dieses zum Vollrecht, erfolgt eine dingliche Surrogation nach § 1247 S. 2 BGB analog (Grüneberg/Weidenkaff § 562 Rn. 10) und das Vermieterpfandrecht setzt sich am Eigentum fort. **1043**

V. Schönheitsreparaturen und ähnliche Klauseln

1. Schönheitsreparaturklauseln in Mietverträgen

Häufig sind in Klausuren „Klauselprüfungen" nach §§ 305 ff. BGB durchzuführen. Im Mietrecht geht es immer wieder um die **Überwälzung von Schönheitsreparaturen auf** **1044** den Mieter. Vom Grundsatz her unterfallen diese der Instandhaltungspflicht des Vermieters aus § 535 Abs. 1 BGB. Eine Abwälzung auf den Mieter durch AGB ist jedoch möglich, da keine unzumutbare Benachteiligung des Mieters vorliegt. Der BGH geht davon aus, dass durch diese Verpflichtung im Ergebnis die Miete geringer ausfällt. Nicht möglich sind jedoch starre Fristen und die Verpflichtung zu Schönheitsreparaturen generell bei Auszug. Schönheitsreparatur-Verpflichtungen generell bei Auszug sind aber dann zulässig, wenn die Wohnung auch bei Einzug „frisch gestrichen" war. Auch der Umfang der Schönheitsreparaturen kann unzumutbar sein. Auch sogenannte „Weissklauseln" sind unzulässig, wie wohl auch „Fachfirmenklauseln". Auch Kleinreparaturklauseln sind nur beschränkt zulässig. Die soeben benannten zulässigen und nicht zulässigen „Klauseln" sind die wichtigsten. Darüber hinaus gibt es unzählige weitere Rechtsprechung zu zulässigen und nicht zulässigen Klauseln, insoweit muss in der Klausur mit dem Palandt gearbeitet werden (insoweit Grüneberg/Weidenkaff § 535 Rn. 44, 45).

1045 Wurde die Verpflichtung zur Schönheitsreparatur wirksam auf den Mieter übergewälzt, so hat er die Reparatur wie vereinbart durchzuführen. Ist die Klausel nicht wirksam, besteht kein Anspruch des Vermieters auf Durchführung der vereinbarten Schönheitsreparaturen. Unabhängig von der Wirksamkeit von vereinbarten Schönheitsreparaturklauseln, kann der Vermieter stets Schadensersatz nach den §§ 280 Abs. 1, Abs. 3, 281 BGB verlangen. Voraussetzung dieses Schadensersatzanspruches ist allerdings, dass **ein vom Mieter verursachter Schaden besteht**. Die Frage, ob ein Schaden vorliegt oder ob insoweit eine „normale" vertragsgemäße Abnutzung der Mietsache nach § 538 BGB vorliegt, ist sowohl in der Praxis als auch in der Klausur durch Argumentation zu beantworten. Wurden die Schönheitsreparaturen schlecht durchgeführt, haftet der Mieter nach § 280 Abs. 1 BGB.

> **Klausurproblem:** Der Mieter hat in Unkenntnis der Unwirksamkeit der Klausel die Schönheitsreparaturen durchgeführt. Ansprüche des Mieters?
> Der Mieter kann Entschädigung verlangen, §§ 812 Abs. 1 S. 1 1. Alt. i. V. m. 818 Abs. 2 BGB, der Mieter hat die Leistung ohne Rechtsgrund erbracht. GoA greift nicht, es fehlt dem Mieter am Fremdgeschäftsführungswillen. Bei schuldhafter Verletzung besteht auch ein Anspruch aus c. i. c., §§ 280 Abs. 1, 311 Abs. 2, 241 Abs. 2 BGB. **Beachte:** Entschädigung gibt es aber nur, wenn die Reparaturen auch notwendig waren (deshalb findet sich meist in der Klausur auch der Satz, dass die Reparaturen notwendig waren). Denn sonst liegt eine aufgedrängte Bereicherung vor und es entsteht kein Schaden für den Mieter, denn er hätte die Schönheitsreparaturen ja nicht machen müssen. **Beachte:** Hier gilt die kurze Verjährung des § 548 Abs. 2 BGB; Argument: Überschaubarkeit der Haftung.

2. Schönheitsreparatur und Abriss des Objekts

1046 Hat der Mieter Schönheitsreparaturen vorzunehmen, der Vermieter will aber ohnehin das Objekt umbauen oder abreisen, wird man wohl im Wege der ergänzenden Vertragsauslegung zu dem Ergebnis kommen, dass der Mieter die Arbeiten nicht durchführen muss, dafür aber eine Ausgleichszahlung schuldet.

3. Der Hausverwalter vereinbart die unwirksame Klausel

1047 Wie ist die Rechtslage, wenn der Hausverwalter die unwirksame Klausel für den Vermieter vereinbart hat? Hier kann ein Schadensersatzanspruch des Vermieters über § 675 BGB gegen den Hausverwalter bestehen (vgl. Grüneberg/Sprau § 675 Rn. 31). Ein Schaden entsteht dem Vermieter aber nur dann (oder die Kausalität der Vereinbarung für den Schaden ist erst gegeben), wenn die Überwälzung der Reparaturen auf den Mieter überhaupt möglich war. Es ist deshalb stets (inzident) zu prüfen, ob eine wirksame Überwälzung überhaupt möglich gewesen wäre.

H. Bürgschaft
I. Bürgschaft und andere Personalsicherheiten
1. Personalsicherheit
Die Bürgschaft ist eine **akzessorische** Personalsicherheit im Gegensatz zu den sachenrechtlichen Realsicherheiten und den abstrakten Sicherheiten, wie etwa dem Schuldbeitritt. Die Bürgschaft ist akzessorisch, d. h. vom Bestand der Hauptschuld abhängig. Das bedeutet, sollte die Hauptforderung nicht oder nicht mehr bestehen, schlägt dies direkt auf die Bürgschaft durch, sie ist unwirksam. Bei den abstrakten Sicherheiten entsteht die Sicherheit unabhängig von der zu sichernden Forderung und bleibt bei Erlöschen der zu sichernden Forderung auch bestehen. In diesem Fall kann der Sicherungsgeber aber aus der zugrunde liegenden Sicherungsabrede oder sonst aus § 812 Abs. 1 S. 2 2. Alt. BGB („Zweckverfehlung"), die Sicherheit zurückfordern.

2. Abgrenzung
Die Bürgschaft ist in der Klausur häufig von anderen Personalsicherheiten abzugrenzen (hierzu Grüneberg/Grüneberg Vorb. § 765 Rn. 15 ff. und Vorb. § 414 Rn. 1 ff.). Meist geht es dabei um die **Abgrenzung zum Schuldbeitritt** (vgl. Grüneberg/Grüneberg Vorb. § 414 Rn. 1 ff.). In beiden Fällen erhält der Gläubiger eine zusätzliche Sicherheit, einen eigenen Anspruch. Der Bürge haftet akzessorisch, §§ 765, 767 BGB, der Beitritt begründet eine eigene, selbstständige Verpflichtung des Beitretenden. Akzessorisch ist der Schuldbeitritt insoweit, als eine Schuld erforderlich ist, der beigetreten werden kann. Durch den Beitritt entsteht eine gesamtschuldnerische Haftung, § 421 BGB, insoweit kann sich das Verhältnis jedem Gesamtschuldner gegenüber anders entwickeln, § 425 BGB.

3. Auslegung
Was gewollt ist, Bürgschaft oder Beitritt, ist im Einzelfall durch Auslegung zu ermitteln. Der Unterschied zwischen den Sicherheiten ist nicht sehr groß. I. d. R. erfordert der Beitritt ein **eigenes wirtschaftliches Interesse** des Beitretenden, weshalb auch der Beitritt grundsätzlich formfrei ist, § 766 BGB gilt nicht. Eine Bürgschaft ist anzunehmen, wenn eine fremde Schuld ohne sachliches Eigeninteresse gesichert werden soll. Deshalb kann eine Bürgschaft bei fehlender Form auch nicht in einen Beitritt umgedeutet werden.

> **Beachte**: Die für die Begründung einer Verbindlichkeit bestehenden Formvorschriften gelten auch für den Schuldbeitritt, also etwa § 311b (notarielle Form für Grundstückskaufvertrag), § 518 BGB (Schriftform für Schenkungen) oder § 492 BGB (Schriftform für Verbraucherdarlehen); (Grüneberg/Grüneberg § 491 Rn. 10).

II. Voraussetzungen der Bürgschaft
1. Vertrag, § 765 BGB
Die Bürgschaft ist, da i. d. R. nur der Bürge eine Verpflichtung übernimmt, ein **einseitig verpflichtender Vertrag**. Für ihn gelten die allgemeinen Vorschriften.

Der Inhalt des Vertrages – i. d. R. die Bürgschaftsverpflichtung – ist wichtig, aus ihr ergibt sich, welche Ansprüche in welchem Umfange verbürgt sind; sie bestimmt das vom Bürgen übernommene Risiko. Dies ist ggfs. durch Auslegung zu ermitteln.

2. Form, § 766 BGB
a) Schriftform. Erforderlich ist die „schriftliche Erteilung der Bürgschaftserklärung", §§ 766, 126 BGB, also nicht des gesamten Vertrages. Eine Heilung dieses Mangels ist

durch Erfüllung der Hauptverbindlichkeit, § 766 S. 3 BGB, möglich. Ausgeschlossen ist die Erteilung der Bürgschaftserklärung in elektronischer Form, §§ 766 S. 2, 126a BGB.

Beachte: Die Schriftform wird durch den gerichtlichen Vergleich ersetzt, §§ 126 Abs. 4, 128, 127a BGB.

1054 b) **Ausnahme.** Eine Ausnahme vom Schriftformerfordernis gilt nach § 350 HGB, wenn das Geschäft für den Bürgen ein Handelsgeschäft ist, §§ 343, 344 Abs. 1 S. 2 HGB.

Beachte: Bei Gesellschaften ist nur die Gesellschaft, nicht der einzelne Gesellschafter Kaufmann nach §§ 1 ff. HGB.

1055 c) **Vollmacht zum Abschluss einer Bürgschaft.** Bei Erteilung einer Vollmacht zum Abschluss einer Bürgschaft, muss diese – auf Seiten des Bürgen – auch der Form des § 766 BGB entsprechen (vgl. Grüneberg/Sprau § 766 Rn. 3). Blanketturkunden sind grundsätzlich nicht möglich. Die Ermächtigung zum Ausfüllen einer solchen Blankettvollmacht ist formbedürftig, weil die Blankettunterschrift des Bürgen die Warnfunktion nicht erfüllt, weil das Wichtigste, die Summe, noch fehlt (vgl. Grüneberg/Sprau § 766 Rn. 4). Allerdings kann das Ausfüllen dem Bürgen analog § 172 Abs. 2 BGB zugerechnet werden (vgl. Grüneberg/Ellenberger § 172 Rn. 3).

1056 d) **Keine Analogie.** Die Formvorschriften der §§ 492, 494 BGB sind nach hM auch nicht analog auf den Bürgen anwendbar. Mit der Folge, dass kein Widerrufsrecht des Bürgen nach §§ 495, 355 BGB besteht.

1057 Allerdings kann sich ein **Widerrufsrecht** ergeben, wenn die Bürgschaft in einer Haustürsituation abgegeben worden ist, §§ 312 Abs. 1 S. 1, 355 BGB. Die dem § 312 BGB zugrunde liegende EU-Richtlinie ist nicht auf entgeltliche Verträge beschränkt und deshalb zumindest analog auf den Bürgen anwendbar. Der BGH lässt es – wohl entgegen der Richtlinie – ausreichen, dass nur der Bürge Verbraucher ist (Grüneberg/Grüneberg § 312 Rn. 8).

1058 e) **Nebenabreden.** Nebenabreden sind grundsätzlich formfrei. Allerdings muss die Form eingehalten werden, wenn die Nebenabreden den Bürgen belasten; ebenso bei Änderungsvereinbarungen (vgl. Grüneberg/Sprau § 766 Rn. 3).

3. **Die Hauptschuld muss bestehen, § 767 BGB**

1059 Die Bürgschaft ist akzessorisch, also muss die Hauptschuld bestehen, § 767 Abs. 1 BGB. Die Bürgschaft kann allerdings auch für künftige oder bedingte Forderungen übernommen werden, § 765 Abs. 2 BGB. Hier ist häufig in der Klausur zu prüfen, ob denn die Hauptschuld besteht, so etwa (Gewährleistungsbürgschaft) ob die Sache mangelhaft ist und ein Vorschussanspruch nach §§ 634 Nr. 2, 637 Abs. 3 BGB besteht.

4. **Gegenrechte des Bürgen**

1060 a) **Einwendungen gegen die Bürgschaft.** (Häufig in der Klausur)

1061 aa) **§ 771 BGB, die Einrede der Vorausklage.** Sie greift in der Regel nicht, weil meist nach § 773 Abs. 1 Nr. 1 BGB eine **selbstschuldnerische Bürgschaft** vereinbart wurde oder der Bürge Kaufmann ist, § 349 HGB;

bb) **Anfechtung, §§ 119 ff. BGB, der Bürgschaft;**

1062 **Beachte:** Das Argument, der Bürge habe sich über die Zahlungsfähigkeit des Schuldners getäuscht, § 119 Abs. 2 BGB, greift nicht, dies ist das typische Absicherungsrisiko des Bürgen;

1063 cc) **Kündigung, § 242 BGB**

dd) Sittenwidrigkeit, § 138 BGB, der Bürgschaft. Erforderlich ist dafür eine krasse finanzielle Überforderung des Bürgen, wozu weitere Umstände hinzutreten müssen, die der Bürgschaft ein sittenwidriges Gepräge geben. Etwa ausnutzen eines familiären, engen Verhältnisses (Ehegattenbürgschaft, Grüneberg/Ellenberger § 138 Rn. 37–39). Jedoch auch der Umfang kann zur Sittenwidrigkeit führen. So etwa die „Globalbürgschaft": Der Bürge verpflichtet sich, für alle bestehenden und zukünftigen Forderungen des Hauptschuldners gegen den Gläubiger einzustehen. Sollte dies als AGB Klausel gestellt sein, scheitert es an §§ 306, 307 BGB, ansonsten an § 138 Abs. 1 BGB (vgl. Grüneberg/Sprau § 765 Rn. 19–22).

b) Einwendungen aus der Hauptschuld. – aa) § 767 Abs. 1 S. 1 BGB, Umfang der Bürgschaftsschuld. z. B. Erlöschen der Hauptschuld;

bb) § 768 BGB, Einreden des Bürgen. Wegen der Akzessorietät kann der Bürge auch die Einreden des Hauptschuldners (wie Verjährung, Stundung, Zurückbehaltungsrecht) geltend machen. Verzichtet der Hauptschuldner auf diese Einreden, wirkt dies nicht zu Lasten des Bürgen, § 768 Abs. 2 BGB.

cc) § 770 BGB, Einreden der Anfechtbarkeit und Aufrechenbarkeit. Dem Bürgen steht nach § 770 BGB auch die Einrede der Anfechtbarkeit und Aufrechenbarkeit zu. Der Bürge kann die Zahlung verweigern, solange der Hauptschuldner anfechten oder der Gläubiger aufrechnen kann. **Beachte:** § 770 Abs. 1 BGB ist analog anwendbar auf alle übrigen Gestaltungsrechte; der Bürge kann also verweigern, solange der Hauptschuldner noch nicht zurückgetreten ist, widerrufen, gekündigt oder gemindert hat. Besteht für den Gläubiger ein Aufrechnungsverbot, § 393 BGB, greift § 770 Abs. 2 BGB jedenfalls vom Wortlaut her nicht. Kann der Schuldner aufrechnen, stellt sich die Frage, ob der Bürge die Einreden analog § 770 Abs. 2 oder § 770 Abs. 1 BGB hat. Im Ergebnis wird dies verneint (vgl. Grüneberg/Sprau § 770 Rn. 3).

dd) § 776 BGB, Aufgabe einer Sicherheit. wenn der Gläubiger das Recht gegen einen Bürgen aufgegeben hat.

III. Sonderformen

1. Bürgschaft auf erstes Anfordern

Sie ist eine für den Bürgen besonders gefährliche Form der Bürgschaft. Der Bürge hat – wenn gewisse formale Voraussetzungen erfüllt sind – sofort auf Verlangen des Gläubigers zu zahlen, ohne Rücksicht auf dessen materielle Berechtigung. Seine Einwendungen kann der Bürge erst im Rückforderungsprozess mit der Leistungskondiktion geltend machen (Grüneberg/Sprau Vorb. § 765 Rn. 14 ff.).

2. Mängelgewährleistungsbürgschaft

Eine solche liegt vor, wenn sich der Bürge verpflichtet, für Ansprüche des Bestellers gegen den Unternehmer aus einem Werkvertrag einzustehen (Einzelheiten bei Grüneberg/Sprau Vorb. § 765 Rn. 13).

IV. Übertragung und Zahlung der Hauptschuld

1. Übertragung der Hauptschuld

Tritt der Gläubiger die Hauptforderung an einen anderen Gläubiger ab, § 398 BGB, so geht die Bürgschaft nach § 401 BGB auf den neuen Gläubiger mit über. Geht die Hauptforderung kraft Gesetzes über, gilt über § 412 BGB das Gleiche.

2. Zahlt der Hauptschuldner die Hauptschuld

1072 Bezahlt der Hauptschuldner die Hauptschuld, so erlischt die Hauptforderung, § 362 BGB, und wegen der Akzessorietät erlischt auch die Bürgschaft, § 767 BGB.

3. Zahlung auf die Bürgschaft durch den Bürgen

1073 Befriedigt der Bürge den Gläubiger, geht die Hauptforderung auf ihn über (**cessio legis**), § 774 Abs. 1 BGB. Mit über gehen auch die Sicherungsrechte, §§ 412, 401 BGB, wie die Hypothek. Bei nicht akzessorischen Sicherheiten, wie bei Sicherungsgrundschulden, kann der Bürge analog §§ 774, 401 BGB Übertragung (schuldrechtlicher Anspruch) verlangen.

1074 Bestand eine Mitbürgschaft, § 769 BGB, und hat ein Mitbürge bezahlt, gilt dieselbe Rechtsfolge. Der zahlende Mitbürge kann anteilig Ausgleich verlangen, §§ 774 Abs. 2, 426 Abs. 2 BGB.

1075 Es gibt auch keinen „Wettlauf der Sicherungsgeber"; der Übergang und der Anspruch sind begrenzt auf den Umfang des Regressanspruches analog §§ 774, 426 Abs. 1, Abs. 2 BGB. **Beachte:** Regress der verschiedenen (Gesamt-) Schuldner über §§ 426 Abs. 1, Abs. 2 BGB.

V. Verjährung und Zuständigkeit

1076 Die Fälligkeit der Bürgschaft tritt mit der Fälligkeit der Hauptschuld ein. Dennoch **verjähren** diese Ansprüche nicht einheitlich. Der Anspruch aus der Bürgschaft verjährt unabhängig vom gesicherten Anspruch, auch wenn dieser früher oder später verjährt (Grüneberg/Sprau § 765 Rn. 26). Der Anspruch aus der Bürgschaft verjährt in der Regelverjährung, in drei Jahren beginnend am Jahresende, in der die Gesamtschuld entstanden ist und Kenntnis besteht, §§ 195, 199 BGB.

> **Klausurproblem:** Der Bürge übernimmt die Gewährleistungsbürgschaft für den Werkunternehmer beim Hausbau. Die Mängelansprüche verjähren nach §§ 634, 634a Abs. 1 S. 2, 200 BGB nach fünf Jahren ab Entstehung des Anspruchs. Der Anspruch aus der Bürgschaft verjährt hingegen nach §§ 195, 199 BGB nach drei Jahren ab Anspruchsentstehung und Kenntnis.

1077 **Zuständigkeit:** Der Anspruch auf Zahlung aus der Bürgschaft hat gegenüber der Hauptschuld einen selbstständigen Erfüllungsort, § 29 ZPO greift dabei nicht (Grüneberg/Sprau § 765 Rn. 26).

I. Hinweise zu anderen Vertragstypen

I. Darlehensvertrag, §§ 488 ff. BGB

1078 Meist ist hier in der Klausur nur die Anspruchsgrundlage für die Rückforderung des Darlehensbetrages, § 488 Abs. 1 Satz 2 BGB, zu finden. Die Fälligkeit der Rückzahlung ergibt sich durch eine bestimmte Zeit im Vertrag oder durch Kündigung, § 488 Abs. 3, 489, 490 BGB. Häufig ist hier auf die Kündigung abzustellen und die Frist zu berechnen. Der Vertrag kann sittenwidrig sein, wegen überhöhter Zinsen (Grüneberg/Ellenberger § 138 Rn. 25 ff). In diesem Fall kann dennoch grundsätzlich das Kapital (also die Darlehenssumme an sich) zurückgefordert werden; § 817 S. 2 BGB steht dem nicht entgegen (Grüneberg/Sprau § 817 Rn. 21 mit Ausnahmen).

Für **Verbraucherdarlehen** gelten die §§ 491 ff. BGB. In diesem Zusammenhang können die Regeln der §§ 358 ff. BGB von Bedeutung sein, wenn das Darlehen zur Finanzierung eines anderen Vertrages, etwa eines Grundstückkaufvertrages, gewährt wird. Es kann dann ein verbundenes Geschäft vorliegen, wenn sich die Verträge als wirtschaftliche Einheit darstellen, vgl. § 358 Abs. 3 BGB. 1079

> **Beachte:** Der Widerruf des einen Vertrages führt dann stets dazu, dass der Verbraucher auch die Erfüllung des anderen Vertrags verweigern kann, §§ 358 Abs. 1 und Abs. 2 BGB.

II. Schenkungsvertrag, §§ 516 ff. BGB

Die Schenkung ist ein Vertrag, bei dem nur das Schenkungsversprechen der notariellen Beurkundung bedarf, § 518 Abs. 1 BGB. Der Formmangel wird jedoch geheilt, wenn die versprochene Leistung bewirkt ist, § 518 Abs. 2 BGB. Dies ist der Fall, wenn der Schenker die versprochene Leistung freiwillig bewirkt. Nicht erforderlich ist, dass der Leistungserfolg eingetreten ist; der Schenker muss alles tun was er für den Vollzug zu tun hat (Grüneberg/Weidenkaff § 518 Rn. 9 ff). 1080

Häufig ist die Abgrenzung zu § 2301 BGB das Problem, da auf ein Schenkungsversprechen von Todes wegen grundsätzlich die Regeln über Testamente anzuwenden sind (vgl. hierzu 4. Abschnitt B. IV.). 1081

Auch die **gemischte Schenkung** ist Gegenstand von Klausuren. Dies ist ein Vertrag, bei dem der Wert der einen Leistung den Wert der anderen Leistung übersteigt und bei dem die Parteien wollen, dass der überschießende Wert unentgeltlich sein soll (Grüneberg/Weidenkaff § 516 Rn. 10 ff, auch zur Behandlung der Fälle). 1082

III. Leasingvertrag

Leasing ist ein Gebrauchsüberlassungsvertrag, bei dem der Leasinggeber eine Sache dem Leasingnehmer gegen ein in Raten zu zahlendes Entgelt zum Gebrauch überlässt; dieser übernimmt auch die Haftung für Instandhaltung und den Untergang. Die Rechte und Pflichten aus dem Leasingvertrag folgen aus den Mietvorschriften, §§ 535 ff. BGB (Einzelheiten Grüneberg/Weidenkaff Einf. V. § 535 Rn. 37 ff). 1083

Wird die Leasingsache durch Dritte beschädigt – Hauptfall Verkehrsunfall – hat der Leasinggeber Anspruch nach §§ 7, 18 StVG, 823 BGB für den Substanzschaden, er ist ja Eigentümer des Fahrzeugs. Er muss sich ein Mitverschulden des Fahrers im Rahmen des § 823 BGB nicht anrechnen lassen. Der Leasingnehmer kann Nutzungsausfall (Mietwagenkosten) verlangen, nicht jedoch die zu zahlenden Leasingraten. Der Unfall ist dafür nicht kausal. Ggfs. hat er auch einen Anspruch nach § 255 BGB auf Abtretung der Schadensersatzansprüche gegen den Leasinggeber. 1084

IV. Reisevertrag, §§ 651 ff. BGB

Die §§ 651a ff. BGB gelten bei Pauschalreiseverträgen (Grüneberg/Retzlaff § 651a Rn. 2) einschließlich gleichgestellter Verträge, §§ 651b und c BGB und teilweise für Gastschulaufenthalte, § 651u BGB und die Reisevermittlung, § 651v BGB und die Vermittlung verbundener Leistungen, § 651w BGB. Die Reisemängel und die Folgen sind in § 651i BGB geregelt mit der Verjährung in zwei Jahren, § 651j BGB. Diese Regeln sind vorrangig vor den allgemeinen Vorschriften wie, §§ 280 ff; 323 ff, 119 BGB. Der Reisende kann zunächst Abhilfe verlangen, § 651k BGB. Er hat auch ein Minderungsrecht, § 651m 1085

BGB, wobei die Minderung kraft Gesetzes eintritt. Außerdem hat der Reisende die Möglichkeit der Kündigung, § 651l BGB und zuletzt Anspruch auf Schadensersatz, § 651n BGB.

V. Maklervertrag, §§ 652 ff. BGB

1086 Klausureinstieg ist hier meist der Provisionsanspruch des Maklers. Hier ist es am Einfachsten die Voraussetzungen des Anspruches dem Kommentar (Grüneberg/Retzlaff § 652 Rn. 22) zu entnehmen (für jede Voraussetzung ist dort auch auf die Randziffern verwiesen, wo sie kommentiert ist) und jeder Voraussetzung einen – zumindest einen kleinen – Abschnitt zu widmen.

1087 **Voraussetzungen:** (1) Zustandekommen eines gültigen Maklervertrages; (2) Erbringung der Maklerleistung; (3) Rechtsgültiges Zustandekommen des beabsichtigten Hauptvertrages (hier liegen meist die Probleme vgl. Rn. 28 ff); (4) ursächlicher Zusammenhang. Beachte auch den Ausschluss, § 654 BGB, und den Mäklerlohn, § 653 BGB.

VI. Der Gastwirtsvertrag, § 701 ff. BGB

1088 Der Gastwirt haftet für Verlust, Zerstörung oder Beschädigung der eingebrachten Sachen des Gastes. Dies ist ein gesetzlicher Fall der Drittschadensliquidation (die Normen bitte genau lesen). Beachte vor allem die Begrenzung der Haftung in § 702 BGB auf maximal 3500 Euro.

VII. Schuldversprechen und Schuldanerkenntnis, §§ 780, 781 BGB

1. Unterschied

1089 Schuldversprechen und Schuldanerkenntnis unterscheiden sich nur durch die Formulierung, inhaltlich gehen sie ineinander über. Eine genaue Unterscheidung ist nicht nötig; die Praxis zitiert deshalb grundsätzlich immer beide Normen.

2. Vertragsform

1090 Es handelt sich um einseitig verpflichtende abstrakte Verträge, für die Schriftform erforderlich ist, §§ 780 S. 1, 781 S. 1 BGB, wobei die elektronische Form ausgeschlossen ist, §§ 780 S. 2, 781 S. 2 BGB.

3. Abstraktes/Deklaratorisches Anerkenntnis

1091 Die §§ 780, 781 BGB regeln dabei nur das **„abstrakte"** Schuldanerkenntnis/Versprechen, das eine neue Verpflichtung unabhängig vom bestehenden Schuldgrund schafft. Es ist abzugrenzen vom **„deklaratorischen"** Schuldanerkenntnis, das nur eine bereits bestehende Schuld bestätigen soll. Welche Art des Anerkenntnisses gemeint ist, ist durch **Auslegung** zu ermitteln, wobei vor allem der mit dem Anerkenntnis verfolgte Zweck und die beiderseitige Interessenlage von Bedeutung sind. Eine Vermutung für den einen oder anderen Inhalt gibt es nicht (Grüneberg/Sprau § 781 Rn. 1 ff). Dient das Anerkenntnis nur der Beweiserleichterung (reine Wissenserklärung), enthält es keine rechtsgeschäftliche Erklärung des Schuldners mit Verpflichtungswillen, sondern ist nur für die Beweiswürdigung von Bedeutung (Erklärungen am Unfallort).

4. Wirkungen

1092 a) **Das abstrakte Schuldanerkenntnis.** Das abstrakte Schuldanerkenntnis begründet konstitutiv eine neue Verpflichtung. Es tritt schuldverstärkend neben die zugrunde liegende Verpflichtung. Der Gläubiger muss nur noch die Wirksamkeit des Anerkenntnisses beweisen. Einwendungen aus dem zugrunde liegenden Schuldverhältnis sind grundsätzlich – wegen der Abstraktheit – nicht möglich. Fehlt allerdings die causa oder fällt sie weg, kann das Anerkenntnis kondiziert werden, §§ 812 Abs. 1, Abs. 2 BGB.

b) Das deklaratorische Schuldanerkenntnis. Demgegenüber bestätigt das deklaratorische Schuldanerkenntnis, das formfrei möglich ist, nur die bestehende Schuld; es stellt nur einen Einwendungsverzicht dar. Die ursprüngliche Anspruchsgrundlage, etwa § 631 oder § 488 BGB, bleibt erhalten. Es schließt entsprechend seinem Zweck alle Einwendungen für die Zukunft aus. Es kann aber nicht nach §§ 812 Abs. 1, Abs. 2 BGB kondiziert werden, wenn sich herausstellt, dass die tatsächlichen Voraussetzungen für die als bestehend anerkannte Schuld nicht bestehen (Grüneberg/Sprau § 781 Rn. 4). Dadurch wird das deklaratorische Schuldanerkenntnis insoweit gefährlicher als das abstrakte Schuldanerkenntnis. **1093**

5. Prozessuales

Da das abstrakte Schuldanerkenntnis eine selbstständige Verpflichtung begründet bestehen für den Kläger damit zwei Anspruchsgrundlagen. Er kann aus dem Anerkenntnis, §§ 780, 781 BGB, klagen oder aus der zugrunde liegenden Verpflichtung, etwa § 631 oder § 488 BGB. Stützt er die Klage auf beide Anspruchsgrundlagen ist dies als alternative Klagenhäufung nach § 260 ZPO unzulässig. Der Kläger muss ein Rangverhältnis angeben und damit zu einer Eventualklagenhäufung kommen. **1094**

VIII. Der Vergleich, § 779 BGB

Der Vergleich ist ein schuldrechtlicher Vertrag durch den die Parteien den Streit oder die Ungewissheit über ein Rechtsverhältnis beilegen. Voraussetzung ist ein gegenseitiges Nachgeben, das erfordert ein Zugeständnis irgendwelcher Art (vgl. Grüneberg/Sprau § 779 Rn. 9) Dies ist nicht gegeben, wenn eine Partei den Anspruch vollständig anerkennt. **1095**
Wird der Vergleich im Gerichtsverfahren geschlossen, liegt ein **Prozessvergleich** vor (Voraussetzungen § 794 Abs. 1 Ziff. 1 ZPO). Er hat eine Doppelnatur; prozessual beendet er den Prozess und ist Vollstreckungstitel, § 794 Abs. 1 Ziff. 1 ZPO. Materiell-rechtlich regelt er die Rechtsbeziehungen der Parteien neu, er ist damit die neue Anspruchsgrundlage.

> **Klausurproblem:** Die Parteien streiten um die Zahlung von 10.000 Euro. In einem (außergerichtlichen) Vergleich vereinbaren die Parteien die Zahlung von 5000 Euro. Der Beklagte zahlt dennoch nicht. Kann der Kläger nun 10.000 Euro einklagen?
> **Nein.** Die Parteien haben ihr Verhältnis (wenn der Vergleich wirksam ist) auf eine neue Grundlage gestellt. Die Anspruchsgrundlage für den Kläger ist nun § 779 BGB, er kann nur 5000 Euro verlangen.
> **Abwandlung:** Der im Prozess geschlossene Vergleich wird nicht „vorgespielt und genehmigt". Folge: Der Vergleich ist prozessual unwirksam, i.d.R. aber materiell-rechtlich gültig. Der Prozess ist damit nicht beendet und weiterzuführen. Der Kläger muss nun den Antrag aus dem Vergleich stellen, da dies der (neue) Rechtsgrund ist. Er wird also Zahlung von 5.000 Euro beantragen, im Übrigen muss er wohl für erledigt erklären.

Da der Vergleich ein schuldrechtlicher Vertrag ist, gelten die allgemeinen Vorschriften, auch die Anfechtungsregeln. Der Vergleich kann deshalb angefochten werden. Die Anfechtungsregeln gelten neben § 779 BGB (Grüneberg/Sprau § 779 Rn. 26). Einzelheiten zum Vergleich im Buch 2. Teil: ZPO E. III. **1096**

2. Abschnitt: Gesetzliche Schuldverhältnisse und Schadensersatzrecht

1097 Im zweiten Examen stehen **nicht** mehr die dogmatischen Probleme im Vordergrund wie im ersten Staatsexamen. Meist geht es um eine praktische Lösung, wobei die Rechtsprechung dazu neigt, im Zweifel die GoA anzuwenden; sie bietet flexible Möglichkeiten für den Aufwendungsersatz und die Ansprüche der Beteiligten und ist damit für die Einzelfallgerechtigkeit geeignet. Um zu sehen, ob die Rechtsprechung im konkreten Fall die GoA anwendet, muss zwingend im Grüneberg nachgeschaut werden.

A. Ansprüche aus Geschäftsführung ohne Auftrag

I. Einführung

1098 Bei der GoA unterscheidet man die **echte GoA** und die **unechte GoA**. Die echte GoA verlangt, dass der Geschäftsführer einen **Fremdgeschäftsführungswillen** (FGW) hatte. Für die unechte GoA – der Geschäftsführer behandelte das Geschäft als eigenes – bieten §§ 687 Abs. 1, Abs. 2 BGB zwei Anspruchsgrundlagen.

> **Beachte:** § 426 BGB geht der GoA vor. Zahlt ein Gesamtschuldner, kann er Regress von den anderen Gesamtschuldnern nicht über die GoA, sondern nur über §§ 426 Abs. 1, Abs. 2 BGB (zwei verschiedenen Anspruchsgrundlagen) verlangen. Macht ein Miteigentümer Aufwendungen auf das gemeinsame Eigentum, dann ergibt sich ein Aufwendungsersatzanspruch aus §§ 748, 744 Abs. 2 BGB. Auch diese Normen gehen der GoA vor, die allerdings in diesem Fall noch subsidiär gilt.
>
> **Beachte:** Die berechtigte GoA stellt einen Rechtsgrund im Sinne der §§ 812 ff BGB dar, sodass diese Anspruchsgrundlagen bei Vorliegen einer berechtigten GoA ausscheiden. Die berechtigte GoA ist zudem ein Recht zum Besitz im Rahmen des EBV und lässt in der Regel bei § 823 BGB die Rechtswidrigkeit entfallen; daher ist die GoA immer vor diesen Anspruchsgrundlagen (in der Klausur) zu prüfen.

II. Die echte GoA

1099 Bei der echten GoA ist zwischen der **berechtigten** (Übereinstimmung mit Interesse und Wille des Geschäftsherrn) und der **unberechtigten GoA** (keine Übereinstimmung mit Interesse und Wille des Geschäftsherrn) zu unterscheiden. Die Grundvoraussetzungen sind bei beiden Formen der echten GoA gleich zu prüfen, die Rechtsfolgen unterscheiden sich.

1. Voraussetzungen der echten GoA, §§ 677, 683, 684 BGB

1100 a) **Geschäftsbesorgung, § 677 BGB.** Die Geschäftsbesorgung i. S. v. § 677 BGB entspricht dem Auftrag, § 662 BGB (hierzu Grüneberg/Sprau § 662 Rn. 61).

1101 b) „**Für einen anderen**" = fremdes Geschäft, § 677 BGB. Für einen anderen wird tätig, wer ein Geschäft nicht nur als eigenes, sondern mindestens auch als **fremdes Geschäft** besorgt; erforderlich ist dazu der Wille, für einen anderen zu handeln (Fremdgeschäftsführungswille).

1102 aa) **fremdes Geschäft.** Ein „objektiv fremdes Geschäft" im Sinne des § 677 BGB liegt vor, wenn das Geschäft vom Inhalt oder dem äußeren Erscheinungsbild her zum Interessen- und Pflichtenkreis eines anderen gehört; die Vornahme des Geschäfts einem anderen als dem Geschäftsführer obliegt. Liegt das Geschäft sowohl im eigenen als auch im fremden Interesse, dann liegt ein sogenanntes „**auch fremdes Geschäft**" vor, welches für die GoA ausreichend ist. Bei „**eigenen und neutralen**" Geschäften liegt nur dann ein fremdes Geschäft des Geschäftsführers vor, wenn der Handelnde (der Geschäftsführer) Fremdgeschäftsführungswille hat.

bb) Fremdgeschäftsführungswille. Der Fremdgeschäftsführungswille ist der Wille des Geschäftsherrn, ein Geschäft für einen anderen zu führen. Für einen anderen wird tätig, wer ein Geschäft nicht als eigenes Geschäft, sondern mindestens auch als fremdes Geschäft besorgt; erforderlich ist das Bewusstsein, die Erkenntnis und der Wille auch im Interesse eines anderen zu handeln (Einzelheiten Grüneberg/Sprau § 677 Rn. 3 ff). Der Fremdgeschäftsführungswille ergibt sich nicht direkt aus dem Gesetz, sondern lediglich aus einem argumentum e contrario zu § 687 Abs. 2 BGB.

(1) Beim **„objektiv fremden Geschäft"** wird der Fremdgeschäftsführungswille vermutet. Also bei Geschäften, die erkennbar einem anderen Interessen- und Pflichtenkreis als dem des Handelnden zuzuordnen sind.

(2) Auch beim sogenannten **„auch fremden Geschäft"**, das zugleich eigenes und fremdes Geschäft ist, wird der Fremdgeschäftsführungswille vermutet. Also bei einem Geschäft, das zugleich im Eigeninteresse des Handelnden und im fremden Interesse liegt. **Beispiele:** Der Grundstückseigentümer lässt Beschädigung durch eingedrungene Wurzeln beseitigen, und erfüllt damit den Anspruch aus § 1004 BGB auf Beseitigung, den er gegen den Nachbarn hat; der Grundstücksbesitzer lässt ein in seiner Einfahrt unberechtigt geparktes fremdes Fahrzeug zur Räumung des eigenen Parkplatzes abschleppen (Grüneberg/Sprau § 677 Rn. 6; BGH, NJW 2016, 2407).

(3) Beim **„objektiv eigenen"** und beim **„neutralen Geschäft"** besteht diese Vermutung nicht. Der Wille, ein solches Geschäft auch für einen anderen in dessen Interesse zu führen muss hinreichend deutlich nach außen hervortreten. Bei neutralen Geschäften ist damit stets der Wille des Geschäftsführers, für wen er dieses Geschäft führt, entscheidend. Handelt der Geschäftsführer in dem Bewusstsein und dem Willen im Interesse eines anderen zu handeln, dann liegt ein fremdes Geschäft auch dann vor, wenn ihm der andere nicht einmal bekannt ist (Grüneberg/Sprau § 677 Rn. 3, 8).

c) „Ohne Auftrag oder Berechtigung", § 677 BGB. Die Berechtigung kann sich aus einem Rechtsgeschäft oder aus dem Gesetz ergeben. Ein Anspruch aus echter GoA kommt nur dann in Betracht, wenn zwischen dem Geschäftsführer und dem Geschäftsherrn kein Auftrag oder keine sonstige Berechtigung besteht. Diese Voraussetzung dürfte in der Klausur (i. d. R.) unproblematisch zu bejahen sein, da vertragliche Ansprüche zwingend vor Ansprüche aus GoA zu prüfen sind.

d) Übernahme des Geschäfts im Interesse des Geschäftsherrn (berechtigte GoA), § 683 BGB. Entspricht die Übernahme dem **wirklichen Willen** des Geschäftsherrn, so ist sein Interesse zu unterstellen. Vorrangig ist auf den wirklich geäußerten Willen abzustellen, ansonsten entscheidet der **mutmaßliche Wille**. Das ist der Wille, den der Geschäftsherr bei objektiver Beurteilung aller Umstände im Zeitpunkt der Übernahme geäußert haben würde; nicht entscheidend ist somit der subjektive Wille des Geschäftsführers (Einzelheiten Grüneberg/Sprau § 683 Rn. 5, 6). Nach § 679 BGB kann der entgegenstehende Wille des Geschäftsherrn unbeachtlich sein, wenn das Geschäft im öffentlichen Interesse liegt oder eine gesetzliche Unterhaltspflicht des Geschäftsherrn nicht rechtzeitig erfüllt werden würde, sodass sich in diesen Fällen die Rechtsfolgen wie bei einer berechtigten GoA ergeben.

2. Rechtsfolgen

a) Rechtsfolgen der berechtigten GoA. (1) Der **Geschäftsherr** kann nach §§ **677, 681** S. 2 i. V. m. 667 BGB insbesondere **Herausgabe des Erlangten** vom Geschäftsführer verlangen. Zudem stellt die berechtigte GoA ein Schuldverhältnis im Sinne des § 280

BGB dar, so dass der Geschäftsherr vom Geschäftsführer Schadensersatz aus §§ 280, 241 Abs. 2 BGB verlangen kann, wenn der Geschäftsführer bei der Ausführung des Geschäfts eine Pflicht verletzt hat und dadurch dem Geschäftsherrn ein Schaden entstanden ist. Sonstige Ansprüche (aus EBV, §§ 812 ff. und §§ 823 ff. BGB) sind grundsätzlich gesperrt, da die berechtigte GoA ein Recht zum Besitz im Rahmen des EBV ist, einen Rechtsgrund im Rahmen von § 812 BGB darstellt und bei § 823 BGB die Rechtswidrigkeit entfallen lässt. Ein Anspruch nach § 823 BGB kann nach der Rechtsprechung allerdings bei sogenanntem Ausführungsverschulden, d. h. bei Unachtsamkeit während der Ausführung der berechtigten GoA, bestehen. Ausnahmen von diesen Regeln aufgrund von Wertungsgesichtspunkten lässt die Rechtsprechung immer wieder zu, diese sind daher in einer Klausur – bei genügenden Anhaltspunkten – zu prüfen.

1110 (2) Der **Geschäftsführer** hat bei der berechtigten GoA insbesondere einen **Aufwendungsersatzanspruch aus §§ 677, 683 S. 1 i. V. m. 670 BGB**. Dieser Aufwendungsersatzanspruch erfasst die typischen Aufwendungen, wie freiwillige Vermögensopfer oder die Eingehung einer Verbindlichkeit gegenüber einem Dritten. Gehört die vorgenommene Tätigkeit zum Beruf des Geschäftsführers besteht analog § 670 BGB (i. V. m. § 1835 Abs. 3 BGB analog) ein Anspruch auf Vergütung für die eigene Tätigkeit in Höhe des üblichen Satzes. Analog § 670 BGB besteht nach der Rechtsprechung auch Anspruch auf Ersatz von Begleitschäden des Geschäftsführers bei Ausführung des Geschäfts, wenn der Schaden aus der tätigkeitsspezifischen Gefahr erwachsen ist. Ausgeschlossen kann dieser Anspruch nach § 685 BGB bei Schenkungsabsicht des Geschäftsführers sein. Wendet der Geschäftsherr in einer Klausur ein, dass er die Aufwendungen (z. B. Reparatur eines Fahrzeugs) billiger hätte veranlassen können, dann ist entscheidend, ob die Aufwendungen (nach Abwägung der Umstände des Einzelfalls) aus subjektiver Sicht des Geschäftsführers erforderlich waren. Waren sie dies, dann sind auch objektiv überhöhte Aufwendungen des Geschäftsführers diesem zu ersetzen. Auch ein Befreiungsanspruch nach § 257 BGB kommt in Frage.

1111 b) **Rechtsfolgen der unberechtigten GoA.** Bei einer unberechtigten GOA gilt **§ 684 BGB**. Da die Verweisung in § 684 S. 1 BGB auf das Bereicherungsrecht eine **Rechtsfolgenverweisung** darstellt, hat der **Geschäftsführer** nach §§ 677, 684 S. 1, 812, 818 BGB lediglich einen Anspruch bei Vorliegen der Voraussetzungen des Bereicherungsrechts. Im Unterschied zum Aufwendungsersatzanspruch des Geschäftsführers bei berechtigter GoA aus §§ 677, 683 S. 1, 670 BGB, hat der Geschäftsführer bei unberechtigter GoA damit nur einen Anspruch auf Bereicherungsabschöpfung; dabei besteht die Gefahr des Einwands der Entreicherung nach § 818 Abs. 3 BGB.

1112 Genehmigt der Geschäftsherr allerdings die unberechtigte GoA – beispielsweise indem er seinen Herausgabeanspruch nach §§ 677, 681 S. 2, 667 BGB geltend macht –, **dann gelten nach § 684 S. 2 BGB die Rechtsfolgen der berechtigten GoA** (Aufwendungsersatzanspruch des Geschäftsführers dann nach §§ 684 S. 2, 683 S. 1, 670 BGB). Neben dem stets dem Geschäftsherrn zustehenden Schadensersatzanspruch bei Ausführungsverschulden des Geschäftsführers nach §§ 280 Abs. 1, 241 Abs. 2 BGB (die unberechtigte GoA ist dabei das Schuldverhältnis), steht dem **Geschäftsherrn** gegen den Geschäftsführer bei der unberechtigten GoA noch ein **Schadensersatzanspruch bei Übernahmeverschulden** – auch ohne weiteres Ausführungsverschulden – nach **§ 678 BGB** zu. Bei allen Schadensersatzansprüchen im Rahmen der GoA ist noch § 680 BGB – Geschäftsführung zur Gefahrenabwehr – zu beachten, demnach hat der Geschäftsführer nur Vorsatz und grobe Fahrlässigkeit zu vertreten. Der **Geschäftsherr** hat auch bei der unberechtigten GoA gegen den Geschäftsführer einen Anspruch auf Herausgabe des Erlangten nach §§ 677, 681 S. 2, 667 BGB, denn der unberechtigte Geschäftsführer soll nicht besser stehen als der berechtigte Geschäftsführer.

III. Die unechte GoA, § 687 BGB

Bei der unechten GoA ist zwischen der **vermeintlichen Eigengeschäftsführung** (keine Kenntnis von der Fremdheit des Geschäfts) nach **§ 687 Abs. 1 BGB** und der **angemaßten Eigengeschäftsführung** (Kenntnis von der Fremdheit des Geschäfts) nach **§ 687 Abs. 2 BGB** zu unterscheiden.

Liegt eine **vermeintliche Eigengeschäftsführung** vor, so ordnet § 687 Abs. 1 BGB an, dass in diesem Fall die GoA nicht anwendbar ist und daher lediglich EBV, Delikts- und Bereicherungsrecht greift.

Bei der **angemaßten Eigengeschäftsführung, § 687 Abs. 2 BGB,** fehlt dem Geschäftsführer der Fremdgeschäftsführungswille, er führt demnach ein fremdes Geschäft als ein eigenes, obwohl er positive Kenntnis von der Fremdheit des Geschäfts hat (z. B. Veräußerung eines Pkws in der Kenntnis, dass dieser einem anderen gehört). Der **Geschäftsherr** kann in diesem Fall nach **§ 687 Abs. 2 S. 1 BGB** die Herausgabe des Erlangten nach §§ 677, 681, 667 BGB verlangen. Daneben sind für ihn die allgemeinen Regelungen der §§ 987 ff., 823, 816 BGB nicht gesperrt. Für den **Geschäftsführer** gilt dagegen, dass er nur den Aufwendungsersatzanspruch nach § 687 Abs. 2 S. 2 BGB hat. Auch wenn er nach § 687 Abs. 2 S. 2 BGB nichts verlangen kann, scheiden – aus Wertungsgesichtspunkten – für ihn andere Aufwendungsersatzansprüche aus §§ 994 ff. oder 812 ff. BGB aus. Der Anspruch des Geschäftsführers aus §§ 687 Abs. 2 S. 2, 684 S. 1, 812 BGB erfasst – entgegen des Wortlauts – nur die Herausgabe der Bereicherung, die über das vom Geschäftsführer Erlangte hinausgeht. Sonst müssten der Geschäftsführer und der Geschäftsherr dem jeweils Anderen das Erlangte herausgeben, was keinen Sinn machen würde.

IV. Klausurfälle

1. GoA bei erkannt nichtigem Vertrag

Die herrschende Literatur nimmt bei erkannt nichtigen Verträgen an, dass die GoA durch das Bereicherungsrecht gesperrt ist, um die Wertung der §§ 814, 815 BGB nicht zu unterlaufen. Die Rechtsprechung wendet dennoch die GoA an.

> **Fall**
> Der Makler M erwirbt von B ein Haus. M weiß, dass der Vertrag nichtig ist, dennoch nimmt er Aufwendungen auf das Haus vor. Als B von der Nichtigkeit des Vertrages erfährt, verlangt er sein Haus zurück. M will nun die Aufwendungen, die er gemacht hat, erstattet bekommen. Die h. L. wendet hier die GoA nicht an, ein Anspruch des M aus § 812 Abs. 1 BGB scheitert in der Regel an §§ 814, 815 BGB. Problematisch wird diese Lösung (der h. L.), wenn der B sowohl die Nichtigkeit des Vertrags kannte als auch wusste, dass M Aufwendungen auf sein Haus tätigt. In diesem Fall ist die GoA sicher die flexiblere Lösung, der BGH wendet daher in einem solchen Fall die GoA an, sodass ein Ersatzanspruch des M möglich ist.

2. Ersatz der Abschleppkosten bei zugeparkter Ausfahrt (Klausurklassiker „Abschleppfälle")

> **Fall**
> Nach der Rechtsprechung des BGH liegt in den Fällen, in denen der Grundstückseigentümer (Geschäftsführer) mit einem Dritten (Abschleppunternehmer) einen Vertrag zum Abschleppen des unberechtigterweise auf seinem Grundstück abgestellten Fahrzeugs (des Geschäftsherrn) schließt (sogenannte „Abschleppfälle"), ein **auch fremdes Geschäft** des Geschäftsführers im Verhältnis zum Geschäftsherr vor, bei dem der Fremdgeschäftsführungswille des Grundstückseigentümers (Geschäftsführers) vermutet wird. Aus dem Vertrag haftet in diesen Fällen der Geschäftsführer

zunächst dem Dritten für die entstandenen Abschleppkosten. Diese an den Dritten bezahlten Kosten kann der Geschäftsführer vom Geschäftsherrn dann allerdings über die GoA zurückfordern. Dabei ist jedoch fraglich, ob eine berechtigte oder eine unberechtigte GoA vorliegt. In diesen Fällen dürfte in der Regel der Wille des Abgeschleppten (Geschäftsherrn) entgegenstehen. Wegen § 679 BGB kommt dennoch eine berechtigte GoA in Betracht, wenn der entgegenstehende Wille nach § 679 BGB unbeachtlich ist, weil das Abschleppen im öffentlichen Interesse liegt. Ob der entgegenstehende Wille nach § 679 BGB unbeachtlich ist, ist in einer Klausur argumentativ zu lösen. Nach der Rechtsprechung liegt das Abschleppen dann im öffentlichen Interesse, wenn das Falschparken ordnungsrechtlich verboten ist. Beim Parken auf Privatgrundstücken liegt das Abschleppen nach der wohl herrschenden Meinung (sehr umstritten) nur dann im öffentlichen Interesse, wenn eine Gefahren- oder Notsituation vorliegt. Gelangt man zu dem Ergebnis, dass der entgegenstehende Wille beachtlich ist, kommt lediglich ein Anspruch aus unberechtigter GoA nach §§ 677, 684 S. 1 i. V. m. 812, 818 BGB in Betracht. Das erlangte Etwas ist dabei die Befreiung des Geschäftsherrn von der Beseitigungspflicht aus §§ 1004, 858 ff., 823 BGB. Danach kann der Grundstückseigentümer Erstattung der notwendigen Kosten, die von dem Falschparker zur Erfüllung des Beseitigungsanspruchs hätten aufgewendet werden müssen, verlangen. Daneben bestehen noch Ersatzansprüche aus §§ 823 Abs. 1 und Abs. 2 BGB. Dabei sind die Abschleppkosten deshalb ein kausaler Schaden, weil das Abschleppen – welches von § 859 BGB gedeckt ist – vom Falschparker herausgefordert wurde (siehe zum Ganzen Grüneberg/Sprau § 677 Rn. 6; § 679 Rn. 3 oder Kaiser/Kaiser/Kaiser, Materielles Zivilrecht im Assessorexamen, 12. Auflage, 1. Teil, § 4, B. GoA).

Zusammengefasst
(1) Das Abschleppen ist ein auch fremdes Geschäft (Grüneberg/Sprau § 677 Rn. 6 – etwa Mitte – vgl. auch § 859 Abs. 3 BGB).
(2) Entgegenstehender Wille des Geschäftsherrn?
(a) Entweder unbeachtlich wegen § 679 BGB (vgl. Grüneberg/Sprau § 679 Rn. 3), dann Anspruch aus berechtigter GoA nach §§ 677, 683 S. 1 i. V. m. 670 BGB auf die Abschleppkosten.
(b) Oder, wird § 679 BGB abgelehnt, dann Anspruch des Geschäftsführers auf Aufwendungsersatz nach §§ 677, 684 S. 1, 812, 818 BGB (das erlangte Etwas ist dabei die Befreiung von der Beseitigungspflicht aus §§ 1004, 858 ff, 823 BGB) auf Erstattung der notwendigen Kosten, die vom Falschparker hätten zur Beseitigung des Fahrzeugs aufgewendet werden müssen und Anspruch des Geschäftsführers nach §§ 823 Abs. 1, Abs. 2 BGB, weil das Abschleppen vom Falschparker herausgefordert wurde und von § 859 BGB gedeckt ist. **Beachte dabei:** Das Anbringen einer Kralle ist nicht von § 859 Abs. 3 BGB gedeckt, weil dies keine Maßnahme zur Beseitigung der Besitzstörung ist (Grüneberg/Sprau § 859 Rn. 4).

Sonderproblem
Der Abschleppunternehmer beschädigt beim Abschleppen den Pkw des Eigentümers. Schadensersatzansprüche des PKW Eigentümers gegen den Abschleppunternehmer?
Hier kommen die §§ 823, 831 BGB und bei Annahme einer berechtigten GoA Schadensersatzansprüche wegen pVV der berechtigten GoA in Betracht (insoweit auch Kaiser/Kaiser/Kaiser, Materielles Zivilrecht im Assessorexamen, 12. Auflage, 1. Teil, § 4, B. GoA). **Beachte:** §§ 7, 17 StVG gehen i. d. R. wegen § 8 Nr. 3 StVG nicht.

3. Selbstaufopferung im Straßenverkehr

Fährt ein Fahrer sein Kfz bei einer objektiven Gefahrenlage zu Bruch, um Verletzungen anderer Verkehrsteilnehmer zu verhindern, bejaht die Rechtsprechung eine berechtigte

GoA. Ersatzansprüche bestehen daher über § 683 BGB. Dies gilt aber nur dann, wenn der Fahrer (Geschäftsführer) den Entlastungsbeweis nach § 7 Abs. 2 StVG führen kann (vgl. Grüneberg/Sprau § 677 Rn. 6).

4. Erbensucher- und Bestattungsfälle

Nach der Rechtsprechung ist ein Anspruch über GoA in den Erbensucherfällen ausgeschlossen (Grüneberg/Sprau § 677 Rn. 7a). In diesen Fällen macht ein vermeintlicher Geschäftsführer (Erbensucher) eine ihm unbekannte Person als Erbe (meist einer großen Erbschaft) aus und möchte dafür Aufwendungsersatz. Das gleiche gilt in den Bestattungsfällen (BGH NJW 2012, 164).

B. Ansprüche aus ungerechtfertigter Bereicherung (§§ 812 ff. BGB)

Im Bereicherungsrecht ist grundsätzlich zwischen den Leistungskondiktionen (siehe unten I.) und den Nichtleistungskondiktion (siehe unten II.) zu unterscheiden. Die §§ 812 ff BGB enthalten verschiedene Anspruchsgrundlagen zur Rückabwicklung von Leistungs- und Nichtleistungskondiktionen. Die Leistungskondiktionen sind einschlägig, wenn eine **Leistung** – dies ist eine **bewusste und zweckgerichtete Mehrung fremden Vermögens** – vorliegt. Grundsätzlich ist die Subsidiarität der Nichtleistungskondiktion zu beachten.

I. Leistungskondiktionen

Das Bereicherungsrecht enthält insgesamt vier Anspruchsgrundlagen zur Rückabwicklung von Leistungskondiktionen:
– § 812 Abs. 1 S. 1 1. Alt. BGB (condictio indebiti) – mit dem Ausschlussgrund § 814
– § 812 Abs. 1 S. 2 1. Alt. BGB (condictio ob causam finitam)
– § 812 Abs. 1 S. 2 2. Alt. BGB (condictio ob rem) – mit dem Ausschlussgrund § 815
– § 817 S. 1 BGB (condictio ob turpem vel iniustam causam) – mit dem Ausschlussgrund § 817 S. 2 BGB

Voraussetzungen:

1. „Etwas erlangt"

Voraussetzung einer jeden Kondiktion ist, dass der Anspruchsgegner „etwas erlangt" hat, das heißt **irgendeine vermögenswerte Position**. Dabei ist in einer Klausur präzises Arbeiten erforderlich, so muss genau geprüft werden, was der Leistungsempfänger/Anspruchsgegner erlangt hat und was der Anspruchsteller damit herausverlangt. Denn vom Erlangten ist die Rechtsfolge und damit der Tenor bzw. in einer Anwaltsklausur der Antrag des Anwalts abhängig.

Beispiele
Hat der Anspruchsgegner lediglich den Besitz erlangt, so ist die Rechtsfolge Rückgabe des Besitzes. Hat der Anspruchsgegner das Eigentum erworben, so ist die Rechtsfolge die Rückgabe und Rückübereignung. Der Anspruchsgegner kann auch die Befreiung von einer Verbindlichkeit erlangt haben. Hat der Anspruchsgegner das „erlangte Etwas" an einen Dritten weiter übertragen – und ist diese Übertragung ohne Rechtsgrund erfolgt –, dann erlangt der Anspruchsgegner vom Dritten einen Anspruch aus § 812 Abs. 1 S. 1 1. Alt. BGB auf Herausgabe. In diesem Fall kann der Anspruchsteller vom Anspruchsgegner **Rückgewähr des Kondiktionsanspruchs** gegen den Dritten in Form einer Abtretung verlangen, um dann aus abgetretenem Recht gegen den Dritten vorzugehen. Erfolgt in einem solchen Fall die Weitergabe

vom Anspruchsgegner an den Dritten unentgeltlich, dann besteht ein Direktanspruch nach § 822 BGB (Sonderfall) gegen den Dritten.

2. „Durch Leistung"

1123 Bei allen Leistungskondiktionen muss der Anspruchsgegner das erlangte Etwas **durch Leistung des Anspruchstellers** erlangt haben. An dieser Stelle muss in der Klausur geprüft werden, ob eine Leistung (Definition: Bewusste und zweckgerichtete Mehrung fremden Vermögens) vorliegt; dadurch erfolgt die Abgrenzung der Leistungskondiktionen zu den Nichtleistungskondiktionen.

3. Rechtsgrund

1124 Die Anforderungen sind hier bei den einzelnen Kondiktionen verschieden:
- § 812 Abs. 1 S. 1 1. Alt. BGB – „ohne Rechtsgrund"
- § 812 Abs. 1 S. 2 1. Alt. BGB – „Rechtsgrund später weggefallen"
- § 812 Abs. 1 S. 2 2. Alt. BGB – „mit der Leistung bezweckter Erfolg nicht eingetreten"
- § 817 S. 1 BGB – „Verstoß gegen ein gesetzliches Verbot oder gegen die guten Sitten bei Annahme der Leistung"

1125 a) **Die Leistungskondiktion, § 812 Abs. 1 S. 1 1. Alt. BGB (allgemeine Leistungskondiktion).** Sie setzt voraus, dass der Empfänger die Leistung **ohne Rechtsgrund** erlangt hat. Aufgrund der „ex tunc Wirkung" von Anfechtungen ist diese Leistungskondiktion insbesondere in den Fällen der Anfechtung eines Vertrags wegen Irrtums (§§ 119 ff. BGB) oder wegen arglistiger Täuschung (§ 123 BGB) einschlägig.

1126 Diese Leistungskondiktion wird durch § 813 Abs. 1 S. 1 BGB auf die Fälle erweitert, in denen auf eine bestehende Verbindlichkeit geleistet wurde und dem Anspruch eine dauernde Einrede (z.B. aus §§ 242, 275 Abs. 2, Abs. 3, 821 BGB) entgegenstand. Wegen § 813 Abs. 1 S. 2 BGB gilt dies allerdings nicht für die Einrede der Verjährung. Nach der Rechtsprechung des BGH findet § 813 Abs. 1 BGB auch bei Leistung trotz nicht genutzter Aufrechnungs- oder Anfechtungsbefugnis keine Anwendung.

1127 b) **Die Leistungskondiktion, § 812 Abs. 1 S. 2 1. Alt. BGB.** Hier besteht ein **Rechtsgrund**, der jedoch **später wegfällt**. Die Abgrenzung dieser beiden Leistungskondiktionen erfolgt damit danach, ob der Rechtsgrund von Anfang an fehlte (ex tunc Nichtigkeit) oder ob der Rechtsgrund später wegfällt. Die Leistungskondiktion nach § 812 Abs. 1 S. 2 1. Alt. BGB ist damit bei Instituten, die nur ex nunc Wirkung (z.B. Vertragsaufhebung oder auflösende Bedingung) haben, gegeben. Bei einem Rücktritt einer Partei von einem Vertrag ist in den §§ 346 ff BGB allerdings ein eigenes Rückabwicklungssystem enthalten, so dass in diesem Fall die Rückabwicklung über § 812 Abs. 1 S. 2 1. Alt. BGB gesperrt ist; dessen Anwendungsbereich ist daher sehr begrenzt.

1128 c) **Die Leistungskondiktion, § 812 Abs. 1 S. 2 2. Alt. BGB (Zweckverfehlung).** Diese Leistungskondiktion kommt recht selten vor. Für einen Anspruch aus § 812 Abs. 1 S. 2 2. Alt. BGB („**mit der Leistung bezweckte Erfolg nicht eingetreten**") ist eine **besondere Zweckvereinbarung zwischen den Parteien** erforderlich. Ob zwischen den Parteien eine solche getroffen wurde, ist in einer Klausur gegebenenfalls durch Auslegung zu ermitteln. Eine solche besondere Zweckvereinbarung ist beispielsweise bei einer Zahlung der Eltern (oder Großeltern) an das Kind für ein bestandenes Abitur gegeben. Die besondere Zweckvereinbarung ist dabei, dass das Abitur bestanden wird (Grüneberg/Sprau § 812 Rn. 30).

1129 d) **Die Leistungskondiktion aus § 817 S. 1 BGB.** Hier ist zu beachten, dass diese nur dann vorliegt, wenn der Empfänger gegen ein Gesetz oder die guten Sitten verstößt.

Führt der Gesetzes- oder Sittenverstoß hingegen zur Nichtigkeit des gesamten Vertrages, dann fehlt der Rechtsgrund von Anfang an, so dass in diesem Fall bereits ein Anspruch aus § 812 Abs. 1 S. 1 1. Alt. BGB besteht.

4. Ausschlussgründe

a) Leistung in Kenntnis der Nichtschuld, § 814 BGB. Der in § 814 BGB enthaltene Ausschlussgrund gilt lediglich für den Anspruch aus § 812 Abs. 1 S. 1 1. Alt. BGB; er erfordert die **positive Kenntnis**, bloße Zweifel reichen nicht. § 814 BGB greift nicht ein, wenn die Leistung unter dem ausdrücklichen Vorbehalt der Rückforderung erfolgt ist. **1130**

b) Nichteintritt des Erfolges, § 815 BGB. Dieser Ausschlussgrund gilt lediglich für den Anspruch aus § 812 Abs. 1 S. 2 2. Alt. BG, er gilt nicht, auch nicht analog, für den späteren Wegfall des rechtlichen Grundes. **1131**

c) Der Ausschlussgrund des § 817 S. 2 BGB. Dieser Grund ist nach herrschender Meinung – über seinen Wortlaut hinaus – analog auf alle Herausgabeansprüche aus Leistungskondiktion anwendbar (Grüneberg/Sprau § 817 Rn. 12); eine Anwendung außerhalb der §§ 812 ff BGB wird allerdings von der Rechtsprechung abgelehnt. Bei diesem Ausschlussgrund ist stets eine genaue Prüfung erforderlich, was – das heißt welcher Rückgewähranspruch – ausgeschlossen werden soll. Die Vorschrift ist restriktiv auszulegen, um unbillige Ergebnisse zu vermeiden (Grüneberg/Sprau § 812 Rn. 94). **1132**

> **Klausurproblem:** Im Fall eines sittenwidrigen Darlehensvertrags wegen wucherähnlicher Zinsen ist nur der Anspruch der Bank auf Zahlung der (sittenwidrigen) Zinsen nach § 817 S. 2 BGB ausgeschlossen, da die Bank insoweit gegen die guten Sitten verstoßen hat. Die Gewährung des Darlehens an sich ist allerdings nicht sittenwidrig, so dass der Rückzahlungsanspruch der Bank hinsichtlich des gewährten Darlehens nicht nach § 817 S. 2 BGB ausgeschlossen ist.

II. Nichtleistungskondiktionen

Das Bereicherungsrecht enthält fünf Anspruchsgrundlagen zur Rückabwicklung von Nichtleistungskondiktionen: **1133**
- § 812 Abs. 1 S. 1 2. Alt. BGB, allgemeine Nichtleistungskondiktion
- § 816 Abs. 1 S. 1 BGB, Anspruch gegen den nichtberechtigt Verfügenden
- § 816 Abs. 1 S. 2 BGB, Anspruch gegen den unentgeltlichen Empfänger
- § 816 Abs. 2 BGB, Anspruch gegen den nichtberechtigten Empfänger
- § 822 BGB, Anspruch gegen den unentgeltlichen Empfänger

1. Der Grundtatbestand, die allgemeine Nichtleistungskondiktion, § 812 Abs. 1 S. 1 2. Alt. BGB

Die allgemeine Nichtleistungskondiktion hat drei Unterfälle – die Eingriffskondiktion, die Verwendungskondiktion und die Rückgriffskondiktion –, wobei die häufigste davon die Eingriffskondiktion ist. Bei der **Eingriffskondiktion** (Hauptanwendungsfall) hat sich der Bereicherungsempfänger/Anspruchsgegner das „Etwas" **selbst (durch Eingriff in den Zuweisungsgehalt eines fremden Rechts**) auf Kosten des Anspruchstellers verschafft. Die **Verwendungskondiktion** liegt vor, wenn der Gläubiger ohne Rechtsgrund auf Sachen des Schuldners Verwendungen macht, ohne dadurch an ihn zu leisten. Die **Rückgriffskondiktion** liegt vor, wenn Ersatz nach der Leistung auf eine fremde Schuld verlangt wird; wegen der Subsidiarität zur GoA verbleibt für die Rückgriffskondiktion kaum ein Anwendungsbereich. **1134**

1135 a) **Voraussetzungen der Eingriffskondiktion. – aa) Etwas erlangt.** Das Erlangte ist wie bei der Leistungskondiktion zu ermitteln.

1136 b) **„in sonstiger Weise". aa)** Hier ist der Bereicherungsvorgang, der **„Eingriff"**, zu prüfen. Er liegt in jeder einseitigen Inanspruchnahme einer fremden Rechtsposition (vgl. Grüneberg/Sprau § 812 Rn. 40 ff), die deren Inhaber einen schützenswerten nutzbaren Vermögensvorteil verleiht und ihm ausschließlich zur Verfügung und zur Verwertung zugewiesen ist.

1137 bb) Negativ betrachtet bedeutet diese Voraussetzung, dass stets **das Fehlen einer Leistung** (in sonstiger Weise, also nicht durch Leistung) erforderlich ist. Ist eine Leistungsbeziehung gegeben, so ist aufgrund des **Vorrangs der Leistungsbeziehung** grundsätzlich über die Leistungskondiktion abzuwickeln, die Abwicklung über die Nichtleistungskondiktion ist gesperrt. In einer Klausur ist daher stets der Vorrang der Leistungskondiktion zu prüfen. Bei der Eingriffskondiktion ist Prüfungspunkt: „Nicht durch Leistung".

1138 cc) **In Ausnahmefällen** kann nach der Rechtsprechung des BGH eine Nichtleistungskondiktion trotz deren Subsidiarität nicht gesperrt sein. In der Klausur ist daher stets zu prüfen, ob im jeweiligen Einzelfall aufgrund besonderer Wertungen **eine Ausnahme von der Subsidiarität der Nichtleistungskondiktion** zu machen ist. Sämtliche Fallgruppen dazu können nicht auswendig gelernt werden, vielmehr ist hier in einer Klausur die Arbeit mit dem Palandt erforderlich (Grüneberg/Sprau § 812 Rn. 54 ff). Bekannt sein muss in diesem Zusammenhang, dass die Subsidiarität der Nichtleistungskondiktion dann nicht gilt, wenn der **Bereicherungsempfänger nicht schutzwürdig** ist. Dies ist er, wenn er bösgläubig ist (Wertung aus § 932 BGB), ihm die Sache abhandengekommen ist (Wertung aus § 935 BGB) oder er die Sache unentgeltlich erlangt hat (Schwäche des unentgeltlichen Erwerbs; Wertung aus § 816 Abs. 1 S. 2 und § 822 BGB).

1139 c) **„auf Kosten des Anspruchstellers".** Erforderlich ist weiter, dass das Etwas **„auf Kosten" des Verletzten erlangt wurde.** Ein Empfänger erlangt immer dann etwas auf Kosten eines anderen, wenn in dessen Rechtskreis eingegriffen wird. Dies setzt wiederum voraus, dass ein absolutes Recht (wie z. B. das allgemeine Persönlichkeitsrecht) verletzt wurde. Zudem ist für einen Anspruch aus § 812 Abs. 1 S. 1 2. Alt. BGB erforderlich, dass dieses absolute Recht einen Vermögenswert besitzt.

> **Klausurproblem:** Paparazzo P macht ein Intimfoto von dem prominenten A. Hat A einen Herausgabeanspruch?
> In diesem Fall liegt keine Leistung des A an P vor, so dass A von P dieses Foto (das Erlangte) nur über eine Eingriffskondiktion herausverlangen kann. Da P die Intimfotos selbst erstellt hat, hat er das vermögenswerte **„Etwas"** (1) (**hier die Fotos**) **„in sonstiger Weise"** (2) erlangt. Dies hat er auch **auf Kosten** (3) des A erlangt, denn er hat in den Rechtskreis des A eingegriffen. Dies setzt wiederum voraus, dass in ein absolutes Recht eingegriffen wurde, hier das Allgemeine Persönlichkeitsrecht. Dies ist vorliegend nur deshalb gegeben, weil A ein Prominenter ist, sodass dieser Anspruch nur dann besteht, wenn der Paparazzo ein Foto von einem Prominenten macht (siehe dazu Grüneberg/Sprau § 812 Rn. 94).

1139a d) **„ohne rechtlichen Grund".** Entscheidend ist hier, der Widerspruch des Erwerbs zum Zuweisungsgehalt des verletzten Rechts. Ein Ausgleich findet nur statt, wenn der Bereicherte in eine Rechtsposition des Gläubigers eingerückt ist, die ihm ohne Zustimmung des Rechtsinhabers in rechtmäßiger Weise nicht zukäme (Einzelheiten bei Grüneberg/Sprau § 812 Rn. 44 mit Beispielen Rn. 45).

2. Die Nichtleistungskondiktion aus § 816 Abs. 1 S. 1 BGB

Die Voraussetzungen dieser Nichtleistungskondiktion sind, dass ein **Nichtberechtigter** (1) über einen Gegenstand eine **Verfügung** (2) getroffen hat, die dem Berechtigten gegenüber **wirksam** (3) ist. **1140**

Zu prüfen ist daher zunächst, ob der Verfügende Nichtberechtigter (1) war. Die Voraussetzung, ob eine Verfügung (2) vorliegt, ist in der Regel unproblematisch. Ob diese Verfügung wirksam (3) war, wurde häufig bereits zuvor – beispielsweise aufgrund vorrangig zu prüfender dinglicher Ansprüche aus § 985 BGB – geprüft; wenn nicht, muss dies im Rahmen des § 816 Abs. 1 S. 1 BGB **inzident** geprüft werden. Da in den Fällen des § 816 Abs. 1 S. 1 BGB stets ein Nichtberechtigter verfügt, ist die Verfügung nur wirksam, wenn der Verfügungsempfänger entweder gutgläubig ist (§§ 932 ff BGB oder § 892 BGB) oder der wahre Berechtigte die Verfügung (des Nichtberechtigten an den Dritten) genehmigt (§ 185 Abs. 1 S. 1 BGB). Nimmt der Berechtigte den Nichtberechtigten aus § 816 Abs. 1 S. 1 BGB auf Herausgabe des durch die Verfügung Erlangten in Anspruch, dann genehmigt er damit konkludent die Verfügung des Nichtberechtigten an den Dritten nach § 185 Abs. 2 BGB (**Examensklassiker!**) (Grüneberg/Sprau § 816 Rn. 7, 21). Nach der Rechtsprechung muss der Anspruchsgegner bei einem Anspruch nach § 816 Abs. 1 S. 1 BGB den kompletten erlangten Erlös herausgeben, auch wenn dieser über dem objektiven Wert der verfügten Sache liegt (Grüneberg/Sprau § 816 Rn. 10 ff). **1141**

3. Die Nichtleistungskondiktion aus § 816 Abs. 1 S. 2 BGB

Ist die **Verfügung unentgeltlich** erfolgt, dann hat der Nichtberechtigte aus der Verfügung an den Dritten nichts erlangt, so dass sich der Anspruch aus § 816 Abs. 1 S. 2 BGB gegen den Bereicherungsempfänger/Dritten richtet, da beim Nichtberechtigten aus dieser Verfügung „nichts zu holen ist". Diese Nichtleistungskondiktion erfasst damit immer Drei-Personen-Verhältnisse und in ihr zeigt sich die Schwäche des unentgeltlichen Erwerbs. Der Erwerber/Dritte muss den erlangten Gegenstand – ohne dass er bösgläubig o. ä. war – an den Berechtigten zurückgewähren. Begründet wird diese Pflicht des Dritten damit, dass er als unentgeltlicher Empfänger nicht schutzwürdig sei. Nach herrschender Meinung gilt § 816 Abs. 1 S. 2 BGB nicht (auch nicht analog) für entgeltliche aber rechtsgrundlose Verfügungen (Argument: Wortlaut) (Grüneberg/Sprau § 816 Rn. 15). **1142**

4. Die Nichtleistungskondiktion aus § 822 BGB

Fälle dieser Nichtleistungskondiktion sind sehr selten. Insoweit ist lediglich die Abgrenzung dieser Nichtleistungskondiktion von der Nichtleistungskondiktion aus § 816 Abs. 1 S. 2 BGB von Bedeutung, da in beiden Fällen der Dritte das „Etwas" unentgeltlich erlangt hat. Das entscheidende Kriterium zur Abgrenzung dieser beiden Nichtleistungskondiktionen ist das Wort „**Verfügung**" in § 816 Abs. 1 S. 2 BGB (dieses findet sich in § 822 BGB hingegen nicht). Damit setzt § 816 Abs. 1 S. 2 BGB – im Gegensatz zu § 822 BGB – **ein sachenrechtlich wirksames Rechtsgeschäft** über die Sache voraus. § 822 BGB erfasst hingegen alle sonstigen Fälle einer unentgeltlichen Weiterverschiebung des „Etwas" (das jeder Vermögenswert sein kann). **1143**

5. Die Nichtleistungskondiktion aus § 816 Abs. 2 BGB

Diese liegt vor, wenn ein Dritter an den Anspruchsgegner auf einen bestehenden Anspruch geleistet hat und diese Leistung dem wahren Berechtigten (Anspruchsteller) gegenüber wirksam ist. In diesem Fall kann der wahre Berechtigte (Anspruchsteller) vom Nichtberechtigten (Anspruchsgegner) nach § 816 Abs. 2 BGB Herausgabe des Geleisteten verlangen (Grüneberg/Sprau § 816 Rn. 18 ff). **1144**

III. Dreipersonenverhältnisse

1145 Sobald drei Personen beteiligt sind, bietet die bereicherungsrechtliche Rückabwicklung besondere Schwierigkeiten und zwar vor allem aufgrund des Vorranges der Leistungskondiktion. Dogmatisches Detailwissen wird hierzu im 2. Staatsexamen nicht gefordert, die Fälle in diesem Bereich sind auch eher selten. Dennoch sollten die Grundstrukturen wie auch der Aufbau und die Systematik im Palandt bekannt sein. Von Bedeutung sind insbesondere die Einbaufälle (vgl. unten 3. Abschnitt Sachenrecht, bei §§ 946 ff BGB) und die **Anweisungsfälle**, bei denen – je nach Fallkonstellation – sowohl über die Leistungs- als auch über die Nichtleistungskondiktion rückabgewickelt werden muss. Ein Sonderproblem der Anweisungsfälle sind die **Bankfälle**.

1. Anweisungsfälle

1146 a) **Rückabwicklung über Leistungskondiktion.** Liegt eine Leistung vor, dann gilt der Vorrang der Leistungskondiktion und eine Rückabwicklung findet nur in den einzelnen Leistungsbeziehungen statt (Grüneberg/Sprau § 812 Rn. 54).

1147 Fälle
Dabei übermittelt der Z (Angewiesener/Zuwendender) auf Anweisung und für Rechnung des A (Anweisender) einen Vermögensgegenstand unmittelbar an den Empfänger E (Zuweisungsempfänger). Hier liegen zwei Leistungen vor und zwar von Z an A und von A an E, obwohl nur eine unmittelbare Zuwendung von Z an E stattfand. Diese eine („reale") Zuwendung bewirkte aber zwei Leistungen. Durch den Vorrang der Leistungskondiktion erfolgt die Rückabwicklung grundsätzlich nur innerhalb der Leistungsverhältnisse, also zwischen Z und A und zwischen A und E (Einzelheiten Grüneberg/Sprau § 812 Rn. 57 ff).
Doppelmangel: Auch wenn in einem solchen Fall in beiden Leistungsbeziehungen ein Mangel vorliegt, sieht die hM keine Durchgriffsmöglichkeit (von Z auf E), sondern verlangt eine Doppelkondiktion, also Rückabwicklung innerhalb der Leistungsverhältnisse, d. h. von E zu A und von A zu Z. Der Anspruch des Z gegen A richtet sich aber nur auf Abtretung des Bereicherungsanspruches von A zu E (Grüneberg/Sprau § 812 Rn. 67). **Ausnahme:** In Fällen, in denen keine Beeinträchtigung der Rechte (weder des A noch des Z oder E) in Frage stehen, wird aus praktischen Erwägungen – unter Zurückdrängung von dogmatischen Bedenken – der Durchgriff zugelassen. Gleiches gilt, wenn rechtliche Wertungen für einen Durchgriff sprechen (Grüneberg/Sprau § 812 Rn. 67 mwN).

1148 b) **Rückabwicklung über Nichtleistungskondiktion.** Diese Fälle sind selten und kommen kaum vor, wenn dann in Form der Aufwendungskondiktion (Grüneberg/Sprau § 812 Rn. 54). Sie gründet sich wie die Leistungskondiktion darauf, dass der Entreicherte selbst die konditionsbegründende Vermögensverschiebung vorgenommen hat; häufig geht es hier um die Tilgung fremder Schulden.

Fall
Z (Zuwendender) tilgt die Schuld des S (Schuldners), die dieser bei G hat, durch Zahlung (von Z) an G.
Zahlt der Z mit ausdrücklichem Fremdtilgungswillen für S, dann liegt vergleichbar den Anweisungsfällen eine doppelte Wertbewegung in den Verhältnissen Z gegen S und S gegen G vor, sodass dann nach hM wieder über zwei Leistungskondiktionen rückabzuwickeln ist.
Trifft dagegen Z eine eigene Tilgungsbestimmung, d. h. er tilgt bewusst eine fremde Schuld (§ 267 Abs. 1 BGB), dann handelt Z aus eigenem Antrieb und nicht aus einem Kausalverhältnis heraus zu S. Dann kann er den Vorteil des S u. U. nach den Grundsätzen der Aufwendungskondiktion herausverlangen (Grüneberg/Sprau § 812 Rn. 63 mwN).

2. Bankfälle

Früher galt in den „Bankfällen", in denen die Bank fälschlicherweise vom Konto eines Kunden an einen Dritten eine Überweisung getätigt hat, dass wegen der zweifachen Zweckbestimmung der Bank keine Leistung der Bank an den Dritten vorliegt. Sie leistete an ihren Kunden (Deckungsverhältnis) und der Kunde leistete – von ihm veranlasst durch die Bank als Leistungsmittler – an den Dritten (Valutaverhältnis). Im Verhältnis zum Dritten bestand keine eigene Leistung der Bank, da dort aus Sicht des Dritten kein eigener Zweck verfolgt wurde. Es entstand also das klassische Dreiecksverhältnis, so dass grundsätzlich „übers Eck" abzuwickeln war, da die Bank nur einen Anspruch gegen den Dritten aus Eingriffskondiktion hatte, der allerdings subsidiär war. Eine Korrektur war nur aus Wertungsgesichtspunkten möglich, weil es beispielsweise an der Anweisung an die Bank fehlte oder die Bank aufgrund Irrtums einen Betrag an einen falschen Adressaten überwies oder der Dritte einen Überweisungsauftrag gefälscht hatte oder der Dritte eine Überweisung durch „Phishing" von TANs veranlasst hat.

Nach Einführung der §§ 675f ff BGB gilt nach hM bei Dreipersonenverhältnissen, bei denen die Bank als Zahlungsdienstleister des Kunden handelt folgendes: Nach § 675u S. 2 BGB hat der Kunde einen Wiedergutschriftanspruch gegen die Bank, wenn die Zahlung **nicht autorisiert** war. Die Bank kann dem nach § 675u S. 1 BGB keinen Erstattungsanspruch entgegenhalten. **Die Autorisierung fehlt**, wenn der Kunde keine Zustimmung erteilt, den Auftrag nach § 675p BGB widerrufen oder die Bank irrtümlich zu viel überwiesen hat. Auf das Veranlassungsprinzip kommt es daher bei den §§ 675f ff. BGB nicht mehr an. In diesen Fällen muss nun aber auch die Bank gegen den Dritten vorgehen können, damit die ursprüngliche Vermögenssituation wiederhergestellt ist. Dies kann sie mit der **Eingriffskondiktion**, wenn sie selbst den Betrag nach § 675u S. 2 BGB dem Kunden wieder gutschreiben muss (Grüneberg/Sprau § 812 Rn. 107). Handelt es sich in einem solchen Fall allerdings um das „Phishing" von TANs, dann kann die Bank den Einwand der Sorgfaltspflichtverletzung nach § 242 BGB in Verbindung mit der dann vorrangigen Regelung des § 675v BGB geltend machen und so den Anspruch gegen sich zu Fall bringen. In diesem Fall verbleibt es dann bei der Rückabwicklung übers Eck (insoweit auch Kaiser/Kaiser/Kaiser, Materielles Zivilrecht im Assessorexamen, 12. Auflage, 1. Teil, § 7, F.).

Zu beachten ist in diesem Zusammenhang noch, dass die §§ 675u ff BGB nur für nicht autorisierte Zahlungsvorgänge gelten. Hebt hingegen ein Dritter **unberechtigt** von einem Fremdkonto Geld ab (zum Beispiel aufgrund einer ihm vom Kunden für einen bestimmten Fall erteilten Kontovollmacht), dann ist nach herrschender Meinung noch immer die Eingriffskondiktion einschlägig, so dass über diese rückabzuwickeln ist (BGH, NJW-RR 2007, 488 ff.). In diesem Fall ist die Auszahlung der Bank an den Dritten durch den Kunden veranlasst worden, so dass übers Eck abgewickelt werden muss und der Kunde über die Eingriffskondiktion vom Dritten das Geld zurückverlangen kann, wenn kein Rechtsgrund besteht.

IV. Rechtsfolge der Bereicherungsansprüche

Grundsätzlich ist die Rechtsfolge der Bereicherungsansprüche die Herausgabe des Erlangten. Dies kann allerdings in Einzelfällen nicht mehr möglich oder nicht genügend sein, dann ist § 818 BGB ergänzend heranzuziehen.

1. Nutzungs- und Wertersatz, §§ 818 Abs. 1 und Abs. 2 BGB

Nach § 818 Abs. 1 1. Alt. BGB sind die gezogenen Nutzungen (§ 100) herauszugeben. Nach § 818 Abs. 1 2. Alt. BGB ist der vom Empfänger erlangte Ersatz für den erlangten Gegenstand herauszugeben. Ist die Herausgabe des Erlangten bzw. die Herausgabe der gezogenen Nutzungen nicht möglich, so ist nach § **818 Abs. 2 BGB Wertersatz** geschuldet. In diesem Zusammenhang stellt sich dann auch das Problem der **aufgedrängten Bereicherung**. Nach der Rechtsprechung ist bei der Frage, ob auch bei einer aufgedrängten Bereicherung Wertersatz geschuldet ist, entscheidend, ob der Bereicherungsempfänger die aufgedrängte Bereicherung **zumutbar verwenden kann** (Grüneberg/Sprau § 818 Rn. 50).

2. Entreicherung nach § 818 Abs. 3 BGB

1154 Der Anspruch auf Rückgewähr und Wertersatz entfällt nach § **818 Abs. 3 BGB**, wenn der Empfänger entreichert ist. Wann **Entreicherung** vorliegt ist allerdings nicht gesetzlich definiert, so dass dabei in einer Klausur argumentiert werden muss. Die Entreicherung im Sinne von § 818 Abs. 3 BGB ist grundsätzlich **objektiv und rein wirtschaftlich zu ermitteln**. Dabei ist zu beachten, dass, wenn das erlangte Etwas verbraucht wurde, grundsätzlich keine Entreicherung vorliegt, denn dadurch wurden Aufwendungen erspart. Ausnahmsweise liegt auch in einem solchen Falle eine Entreicherung vor, wenn es sich um Luxusaufwendungen handelt.

1155 Bei der Frage der Entreicherung bei gegenseitigen Verträgen ist die **Saldotheorie** anzuwenden (Grüneberg/Sprau § 818 Rn. 47 ff). Danach werden Rückabwicklungsansprüche auf beiden Seiten – Rückgewähr des Kaufpreises gegen Rückgabe des erworbenen Fahrzeugs – nur Zug um Zug abgewickelt und zwar ohne dass sich eine Partei auf ein Zurückbehaltungsrecht nach § 273 BGB berufen müsste. Stehen auf beiden Seiten Geldansprüche (z. B. weil der erworbene Gegenstand untergegangen ist und der Erwerber dafür einen Ersatzanspruch erlangt hat), dann werden diese automatisch verrechnet (saldiert), ohne dass eine Partei die Aufrechnung erklären müsste. Im Rahmen der Saldotheorie sind alle durch den Bereicherungsvorgang erlangten Vor- und Nachteile auf beiden Seiten zu saldieren, es sind also auch gezogene Nutzungen einzubeziehen. Zu beachten ist in den häufigen Fällen eines Pkw-Erwerbs, dass eine Entreicherung bei Untergang des rechtsgrundlos erlangten Pkws – beispielsweise durch einen Unfall – nur bei einem ersatzlosen Untergang vorliegt. Bestehen Ersatzansprüche gegen den Unfallgegner oder besteht eine Vollkaskoversicherung (dies genau ist in einer Klausur zu prüfen), liegt keine Entreicherung vor. Bei der Saldotheorie wird der Wert der eigenen Entreicherung nach § 818 Abs. 3 BGB zum Abzugsposten vom eigenen Kondiktionsanspruch, insoweit findet ein automatischer Abzug statt. Daher gilt die Saldotheorie – weil sie für den Bereicherungsgläubiger negativ wirkt – nach hM nicht, wenn der arglistig Getäuschte oder der Minderjährige oder der Geschäftsunfähige oder der Bewucherte oder der durch ein sittenwidriges Geschäft Benachteiligte den Anspruch aus § 812 BGB geltend macht oder bei Untergang der Sache beim Käufer aufgrund von Sachmängeln (Grüneberg/Sprau § 818 Rn. 49).

1156 Gilt eine **verschärfte Haftung**, wie in den Fällen der §§ 818 Abs. 4, 819 Abs. 1 und Abs. 2 und 820 BGB, dann kann sich der Bereicherungsempfänger von vornherein nicht auf Entreicherung berufen. Bei § 818 Abs. 4 BGB ergibt sich die verschärfte Haftung daraus, dass der bereits rechtshängig Verklagte nach den allgemeinen Vorschriften haftet, welche keine Vorschriften zur Entreicherung enthalten. Nach § 819 Abs. 1 BGB trifft die verschärfte Haftung auch den bösgläubigen Empfänger, der den Mangel des Rechtsgrundes (vor Untergang des erlangten Etwas) kannte. Dabei ist zu beachten, dass bei § 819 BGB nur positive Kenntnis schadet, Fahrlässigkeit ist hingegen unbeachtlich.

C. Ansprüche aus unerlaubter Handlung, §§ 823 ff. BGB

I. Anspruch nach § 823 Abs. 1 BGB

1157 Da die Voraussetzungen und die Behandlung der Fälle vom ersten Examen her noch bekannt sein dürften und im zweiten Examen der Grüneberg – der bei §§ 823 ff BGB sehr ausführlich ist und alle wichtigen Informationen enthält – verwendet werden darf, hier nur einige Besonderheiten, die in den Klausuren immer wieder auftauchen (in der Reihenfolge wie die Voraussetzungen zu prüfen sind).

1. Verletzungshandlung

a) Verkehrssicherungspflicht. Da im Deliktsrecht Tun und Unterlassen vom Unrechtsgehalt gleichstehen, führen beide zum Anspruch. Im Zivilrecht hat die Verkehrssicherungspflicht die Funktion der Garantenstellung (Grüneberg/Sprau, § 823 Rn. 45 ff). Danach ist ein Unterlassen im Deliktsrecht nur tatbestandsmäßig, wenn eine Pflicht zum Handeln besteht. Dies ist der Fall, wenn eine Verkehrssicherungspflicht besteht. Danach ist derjenige, der eine Gefahrenquelle schafft verpflichtet, die notwendigen und zumutbaren Vorkehrungen zu treffen um Gefahren anderer zu verhindern (Grüneberg/Sprau § 823 Rn. 46). Wer dies unterlässt, haftet. Dabei ist auch eine Übertragung der Verkehrssicherungspflicht auf einen Dritten per Vertrag möglich. **1158**
Beispiel: Streu- und Räumpflicht auf der Straße oder im Einkaufszentrum. Der Dritte wird dann selbst deliktsrechtlich verantwortlich. Der Übertragende wird dadurch aber nicht völlig frei, die Verkehrssicherungspflicht wandelt sich in eine Überwachungspflicht.

b) Herausforderungsfälle (Verfolgungsfälle): Dies sind Fälle, in denen die letzte unmittelbar schädigende Handlung vom Geschädigten selbst stammt. **1159**

> **Beispiel:** Der G verfolgt den flüchtenden Täter und springt auf der Flucht über eine Mauer. Dabei verletzt sich der G. Die Verletzungshandlung stammt vom Geschädigten selbst. Es ist dann auf die letzte Handlung des Täters (des Flüchtenden) abzustellen, die zur Handlung des Geschädigten geführt hat (siehe zu den Herausforderungsfällen noch unten 3.).

2. Rechtsgutsverletzung

a) Weiterfressender Schaden. Wird eine mangelhafte Sache geliefert, besteht keine Eigentumsverletzung, da der Käufer nie mangelfreies Eigentum erworben hat. Frisst sich jedoch der Mangel weiter und zerstört andere Bereiche der Sache, so ist insoweit eine Eigentumsverletzung gegeben (Schwimmschalterfall). Bleibt jedoch der Mangel in etwa stoffgleich, ist bloß das Äquivalenzinteresse verletzt und es liegt keine Eigentumsverletzung i. S. v. § 823 Abs. 1 BGB vor, sondern bloß ein Vermögensschaden (Grüneberg/Sprau § 823 Rn. 178). **1160**

b) Schockschäden. Die Rechtsprechung verfolgt hier eine restriktive Linie. Sind Dritte nur mittelbar betroffen, ist dies nach dem Schutzzweck der Norm dem Schädiger nur dann zurechenbar, wenn es nahe Angehörige sind (BGH NJW 2015, 1451). **1161**

Der Anspruch hat drei Voraussetzungen (Grüneberg/Grüneberg Vorb. § 249 Rn. 40): **1162**
(1) Es muss eine **schwere Gesundheitsbeeinträchtigung** vorliegen; erforderlich ist ein pathologischer Zustand, bloßes „schockiert sein" genügt für eine Gesundheitsverletzung nicht.
(2) Ersatz nur bei **nahen Angehörigen** (allerdings hat dies der BGH auch bei einem Polizeibeamten, der einen Schockschaden hatte, nachdem er einen Amokläufer festgenommen hatte, angenommen).
(3) Es muss ein **hinreichender Anlass** bestanden haben; der Schock muss im Hinblick auf den Anlass verständlich sein. Bei Tötung greift § 844 BGB.

c) Allgemeines Persönlichkeitsrecht (APR). Bei einer Verletzung des APR muss stets eine Abwägung vorgenommen werden, ob im Einzelfall eine rechtswidrige Verletzung vorliegt (Einzelfälle Grüneberg/Sprau § 823 Rn. 83 ff). Als Naturalrestitution, § 249 Abs. 1 BGB, kommt hier häufig ein Widerruf der Äußerung in Betracht. Liegt eine **1163**

besonders schwere Persönlichkeitsverletzung vor (Ausnahme), kann analog §§ 253 Abs. 2, 823 Abs. 1 BGB, Art. 1 GG ein angemessenes Schmerzensgeld verlangt werden (vgl. Grüneberg/Sprau § 823 Rn. 130).

1164 d) **Eingerichteter und ausgeübter Gewerbebetrieb:** Auch hier ist eine Gesamtabwägung vorzunehmen. Erforderlich ist stets ein „betriebsbezogener Eingriff" (Grüneberg/Sprau § 823 Rn. 139). Dies ist jeder unmittelbare Eingriff in den betrieblichen Tätigkeitskreis. Wegen der Abgrenzung zum von § 823 Abs. 1 BGB nicht erfassten mittelbaren Vermögensschaden muss er sich nach objektivem Maßstab spezifisch gegen den Betrieb und seine Organisation oder gegen die unternehmerische Entscheidungsfreiheit richten.

e) **Unternehmerpersönlichkeitsrecht (insb. Löschung von Bewertungen im Internet)**

1165 | **Klausurproblem:** Kläger, ein Unternehmer, verlangt die Löschung einer negative Bewertung im Internet über ein Hotel (oder eine Leistung auf „ebay"). Anspruchsgrundlage ist hier (meist) §§ 1004 Abs. 1 S. 1 BGB analog i. V. m. 823 BGB, Art. 2 1, 19 Abs. 3 GG (Unternehmerpersönlichkeitsrecht).
Voraussetzung ist stets, dass der Beklagte ein absolut geschütztes Rechtsgut auf andere Weise als durch Entziehung oder Vorenthaltung des Besitzes rechtwidrig beeinträchtigt hat. Der Anspruch besteht nicht, wenn der Betroffenen (Kläger) zur Duldung verpflichtet ist, § 1004 Abs. 2 BGB. Der deliktische Unternehmensschutz wird auch aus Art. 2 Abs. 1, 19 Abs. 3 GG abgeleitet. Dieser bietet keinen umfassenden Schutz wirtschaftlicher Tätigkeit des Unternehmens vor widerrechtlichen Störungen, sondern richtet sich allein gegen Beeinträchtigungen des sozialen Geltungsanspruchs von korporativ verfassten Wirtschaftsunternehmen. Unternehmenspersönlichkeitsrecht und das Recht am Gewerbebetrieb werden vom BGH nicht klar voneinander abgegrenzt. Bei der Verbreitung von negativen Werturteilen über ein Unternehmen oder Produkten können sowohl das Unternehmenspersönlichkeitsrecht als auch das Recht am Gewerbebetrieb (wobei hier ein zielgerichteter Eingriff erforderlich ist) verletzt sein. In beiden Fällen ist nicht jede Beeinträchtigung rechtswidrig, wegen der Eigenart der Rechte als Rahmenrechte. Der Schutzbereich muss durch eine Abwägung der grundrechtlich geschützten Interessen bestimmt werden. Der Eingriff ist nur dann rechtswidrig, wenn das Schutzinteresse des Betroffenen die schutzwürdigen Interessen der anderen Seite überwiegt. Schutzinteresse des Äußernden ist Art. 5 Abs. 1 GG, die Meinungsäußerungsfreiheit des Bewertenden und die Informationsfreiheit der Nutzer (BGH NJW 2022, 3072). Demgegenüber ist das Unternehmen nicht absolut gegen Verbreitung sachlich gehaltener Informationen über sich und seine Güter geschützt. Weiter ist zu beachten, dass die Meinungsäußerungsfreiheit bei Werturteilen stärker ausgeprägt ist als bei Tatsachenbehauptungen. Deshalb ist stets zunächst zu prüfen, ob eine Tatsachenbehauptung oder ein Werturteil vorliegt.

3. Haftungsbegründende Kausalität

1166 Für die haftungsbegründende Kausalität greift die **conditio sine qua non** Formel. Da sie sehr weit ist, ist bei allen Fällen bloß mittelbarer Verursachung (**Herausforderungsfälle**) zusätzlich zu prüfen, ob der eingetretene Schaden nach dem **Schutzzweck der Norm** objektiv zurechenbar ist (Grüneberg/Grüneberg Vorb § 249 Rn. 29 ff).

Fall
Der Verfolgte springt aus dem Fenster, der Verfolger springt hinterher und verletzt sich. Eine mittelbare Veranlassung ist dann zurechenbar, wenn:

(1) Ein nachvollziehbarer Anlass für die zum Schaden führende Handlung (z. B. Verfolgung) bestand,
(2) ein angemessenes Verhältnis zwischen den erkennbaren Risiken und dem Zweck der Handlung bestand und
(3) sich nicht bloß das allgemeine Lebensrisiko, sondern das gesteigerte Risiko der herausgeforderten Handlung verwirklicht hat.

4. Rechtswidrigkeit

Grundsätzlich wird die Rechtswidrigkeit indiziert. Nur beim Allgemeinen Persönlichkeitsrecht und beim eingerichteten und ausgeübten Gewerbebetrieb muss die Rechtswidrigkeit gesondert festgestellt werden. Erforderlich ist stets eine Güter- und Interessenabwägung unter Berücksichtigung des jeweils betroffenen Rechtsgutes (Grüneberg/Sprau § 823 Rn. 95 ff, 137).

5. Verschulden

Das Verschulden hat der Geschädigte zu beweisen (Grüneberg/Sprau § 823 Rn. 80a). Verschulden Dritter wird dem Schädiger über §§ 31, 89 BGB zugerechnet. Zu beachten ist ein mögliches Mitverschulden nach § 254 BGB und **Haftungsmilderungen** wie §§ 1359, 1664 BGB.

6. Schaden

Vergleiche hierzu unten 2. Abschnitt F. und die §§ 842 ff. BGB.

7. Haftungsausfüllende Kausalität

Die Kausalität zwischen der Rechtsgutsverletzung und dem Schaden ist wie die haftungsbegründende Kausalität zu prüfen. Während es bei der haftungsbegründenden Kausalität um die Frage geht, ob überhaupt gehaftet wird, klärt die haftungsausfüllende Kausalität, was und wieviel als Schadensersatz ersetzt werden muss. Hier gibt es kaum Probleme in der Klausur.

II. Anspruch nach § 823 Abs. 2 BGB

Dieser Anspruch wird in der Regel nur dann relevant, wenn § 823 Abs. 1 BGB wegen einer Rechtsgutsverletzung nicht vorliegt, aber ein Vermögensschaden gegeben ist, wie bei einem Betrug oder Untreue, §§ 263, 266 StGB (Schutzgesetze). Schutzgesetze in diesem Sinne sind aber keine Normen, die eigene Anspruchsgrundlagen sind, wie § 7 Abs. 1 StVG oder § 1 Abs. 1 ProdHaftG.

III. Anspruch nach § 826 BGB

Bedeutung hat § 826 vor allem bei der Durchbrechung der Rechtskraft, wenn ein Titel in sittenwidriger Weise erschlichen wurde oder wenn in sittenwidriger Weise aus einem Titel vollstreckt wird. Beispiele: Der Kläger lässt die Klage öffentlich zustellen, obwohl er weiß, wo der Beklagte wohnt oder der Kläger vollstreckt, obwohl der Beklagte nach Titelerlangung schon bezahlt hat. Im Übrigen ist § 826 BGB nicht sehr klausurrelevant.

IV. Haftung für Verrichtungsgehilfen und für Organe, § 831 BGB; § 31 BGB

Im Deliktsrecht gilt für den **Verrichtungsgehilfen** § 831 BGB (nicht § 278 BGB), der eine eigene Anspruchsgrundlage darstellt. Allerdings kann sich der Geschäftsherr entlasten, wenn er bei der Auswahl und Überwachung des Verrichtungsgehilfen die im Verkehr erforderliche Sorgfalt beachtet hat, § 831 Abs. 1 S. 2 BGB.

1174 Dagegen gilt im Vereinsrecht (Körperschaften) § 31 BGB, der keine eigene Anspruchsgrundlage ist und daher stets im Rahmen eines Anspruchs (z. B. nach § 823 Abs. 1 BGB) zu prüfen ist. Danach haftet der Verein für Schäden – auch im deliktischen Bereich –, die Vorstandsmitglieder durch ihr Verhalten verursacht haben. Das Fehlverhalten wird dem Verein zugerechnet. Diese Norm gilt für alle juristischen Personen.

1175 Da auch eine Personengesellschaft nicht selbst schuldhaft handeln kann und eine Zurechnungsnorm für deliktisches Handeln im Personengesellschaftsrecht fehlt, wird § 31 BGB auch für die Zurechnung bei den Personengesellschaften angewandt.

V. Haftung des Aufsichtspflichtigen, § 832 BGB

1. Entlastungsbeweis

1176 Auch hier liegt eine Haftung für vermutetes Verschulden vor. Die Eltern haften bei der Aufsicht, wenn ein Schaden durch den zu Beaufsichtigenden (das Kind) eingetreten ist. Auch hier kann sich der Aufsichtspflichtige entlasten, § 832 Abs. 1 S. 2 BGB. Die Exculpation geht in zweifacher Hinsicht:
- Wenn der Aufsichtspflichtige seine Aufsichtspflicht erfüllt hat (die Anforderungen an die Aufsichtspflicht nehmen mit dem Alter des Kindes ab) und
- bei fehlender Ursächlichkeit der Pflichtverletzung, wenn also der Schaden auch bei gehöriger Aufsicht eingetreten wäre.

In beiden Fällen muss der Aufsichtspflichtige zur Entlastung konkret vortragen.

2. Voraussetzungen

1177 (1) Aufsichtsbedürftigkeit,
(2) widerrechtliche Schadenszufügung des zu Beaufsichtigenden,
(3) keine Entlastung, § 832 Abs. 1 S. 2 BGB, durch Erfüllung der Aufsichtspflicht oder durch fehlende Ursächlichkeit.

> **Klausurproblem:** Die Eltern gehen mit ihrem minderjährigen Kind A zu einer Grillparty, es kommt zum Grillunfall bei dem ein fremdes Kind B geschädigt wurde. Dieses Kind macht nun Schadensersatzansprüche gegen die Eltern des A geltend.
> Hier stellt sich dann die Frage der Aufsichtspflichtverletzung. Meist dann auch noch die Frage des gestörten Gesamtschuldnerausgleichs, weil sowohl die Eltern des A als auch die Eltern des B ihre Aufsichtspflichten verletzt haben. Die Eltern des B aber gegenüber B ein Haftungsprivileg, § 1664 BGB, haben (hierzu ausführlich beim Gesamtschuldnerausgleich 1. Abschnitt V. 3. und Grüneberg/Grüneberg, § 426 Rn. 18).

VI. Haftung für Tiere, §§ 833, 834 BGB

1178 Diese Normen sind für die Klausur besonders wichtig, sie waren in den vergangenen Jahren sehr häufig Klausurthema. Diese Haftungsfragen lassen sich besonders gut mit Fragen der Gesamtschuld, §§ 840, 426 BGB, und Fragen der §§ 249 ff BGB, insbes. Schmerzensgeld, kombinieren. Wichtig ist dabei auch, § 17 Abs. 4 StVG. Danach gelten die §§ 17 Abs. 1–3 StVG auch, wenn der Schaden durch ein Kraftfahrzeug und ein Tier verursacht worden ist. Diese Normen verdrängen die Regeln des Mitverschuldens bei der Schadensverursachung. Die Haftungsverteilung zwischen dem Fahrzeughalter, dem Fahrer und dem Tierhalter erfolgt dann stets über § 17 StVG.

Die Haftung ist hier recht einfach ausgestaltet, trotzdem sollte – weil die Probleme ungewohnt sind – immer kurz einen Blick in den Kommentar erfolgen.

1. Haftung des Tierhalters, § 833 BGB

a) Tatbestände. Diese Norm enthält zwei voneinander unabhängige Haftungstatbestände. § 833 S. 1 BGB ist ein Gefährdungshaftungstatbestand; der Tierhalter haftet für „Luxustiere" uneingeschränkt und ohne Entlastungsmöglichkeit.

Nach § 833 S. 2 BGB haftet der Halter für Haustiere, die dem Erwerb dienen, wenn er sich nicht exkulpieren kann, für vermutetes Verschulden. Das dürfte eine Haftung wegen Verletzung von Verkehrssicherungspflichten sein. Der Entlastungsbeweis kann – wieder wie bei § 832 BGB – in zwei Richtungen geführt werden:
(1) Erfüllung der Sorgfaltspflicht und
(2) fehlende Kausalität.
Das Problem bei § 833 BGB ist stets die **„typische" oder „spezifische Tiergefahr"**, die sich hier verwirklicht haben muss (Grüneberg/Sprau § 833 Rn. 1, 7). Die in der Natur des Tieres liegende Gefährdung durch das unberechenbare und selbstständige Verhalten des Tieres muss sich verwirklicht haben.

b) Voraussetzungen (Prüfungsaufbau).
(1) Rechtsgutsverletzung,
(2) Tierhalter,
(3) durch ein Tier („tierspezifische Gefahr"),
(4) Tierart
    (a) Luxustier: dann Haftung ohne Weiteres
    (b) Haustier das dem Erwerb dient: dann Entlastungsmöglichkeit nach § 833 S. 2 BGB
        (aa) Erfüllung der Sorgfaltspflicht
        (bb) Fehlende Kausalität

2. Haftung des Tieraufsehers, § 834 BGB

Auch dies ist eine Haftung **wegen Verletzung einer Verkehrssicherungssicherungspflicht**. Anders als bei § 833 BGB ist eine Entlastung beim „Haustier" und beim „Luxustier" möglich.

a) Voraussetzungen (Prüfungsaufbau)
(1) Rechtsgutsverletzung,
(2) durch ein Tier („tierspezifische Gefahr"),
(3) Tieraufseher (Übernahme durch Vertrag),
(4) Exkulpation § 834 S. 2 BGB
    (a) Erfüllung der Sorgfaltspflicht
    (b) Fehlende Kausalität

Klausurproblem: Der A hat einen Hund (einen Dobermann), den B für A ausführt. Der Hund springt auf Passantin P zu und bellt sie an, ohne sie zu berühren oder zu packen. Diese erschrickt, stürzt und verletzt sich. Hier stellen sich die Fragen der Haftung des A als Hundehalter und des B als Tieraufseher. Weiter ist die Verwirklichung der tierspezifischen Gefahr von Bedeutung, der Hund hat die Passantin gerade nicht gebissen.
Dennoch haften beide, weil sich gerade eine tierspezifische Gefahr (Bellen) verwirklicht hat. B als Tierführer kann sich gegebenenfalls entlasten, § 834 S. 2 BGB; A hingegen nicht, weil der Dobermann ein Luxustier ist.

> **Klausurproblem:** B führt den Hund des A aus. Wegen eines lauten Knalls fängt der Hund laut zu bellen an. Aufgrund des Bellens des Hunds wird ein Pferd in einer nahegelegenen Koppel des C nervös, springt über den Zaun der Koppel und rennt auf die nahegelegene Straße. Dort kommt es aufgrund des Pferds auf der Fahrbahn zu einem Verkehrsunfall, D bremst stark, E fährt ihm deshalb hinten auf. Haftung für den Schaden?
> A und C dürften nach § 833 BGB haften (es dürfte sich die tierspezifische Gefahr verwirklicht haben), B nach § 834 BGB (jeweils wäre selbstverständlich eine Entlastung nach §§ 833 S. 2, 834 S 2. BGB zu prüfen). Eine Haftung für D und E könnte aus § 7 StVG folgen.
> **Wichtig** (wird häufig übersehen): Über § 17 Abs. 4 StVG kommt es hier bei der Haftungsverteilung zur Abwägung der Verursachungsbeiträge (auch der Tierhalter und Aufseher) nach §§ 17 Abs. 1, Abs. 4 StVG; die Verteilung hängt dann selbstverständlich von den Einzelheiten und der Art des Unfalles ab.

VII. Haftung für Gebäude, §§ 836 ff. BGB

1183 Auch hier handelt es sich **um eine Haftung wegen Verletzung der Verkehrssicherungspflicht**; auch hier ist eine Entlastungsmöglichkeit gegeben, § 836 Abs. 1 S. 2 BGB, wenn der Besitzer zum Zwecke der Abwendung der Gefahr die im Verkehr erforderliche Sorgfalt beachtet hat. Es haften der Grundstücksbesitzer, § 836 Abs. 1 S. 1 BGB, der frühere Grundstücksbesitzer, § 836 Abs. 2 BGB, der Gebäudebesitzer (Mieter, Pächter), § 837 BGB, und der Gebäudeunterhaltungspflichtige (Hausverwalter), § 838 BGB.

D. Produkthaftungsgesetz

I. Voraussetzungen (Prüfungsaufbau)

1184 Voraussetzungen der Haftung nach § 1 Abs. 1 ProdHaftG (kommentiert im Grüneberg bei den Nebengesetzen)
(1) Rechtsgutsverletzung,
(2) durch ein fehlerhaftes Produkt i. S. v. §§ 2, 3 ProdHaftG,
(3) gegen den Hersteller i. S. v. § 4 ProdHaftG,
(4) Ausschluss der Haftung, §§ 1 Abs. 2, 13, 15 Abs. 1 (Arzneimittel) ProdHaftG,
(5) Mitverschulden, § 6 ProdHaftG.

II. Rechtsfolge

1185 Die Rechtsfolge einer Haftung nach dem ProdHaftG ist **Schadensersatz** (u. U. auch Schmerzensgeld). Bei Tötung gelten die §§ 7–10 ProdHaftG. Bei Sachschäden besteht eine Haftung nur dann, wenn eine andere Sache als das fehlerhafte Produkt beschädigt wird und die andere Sache für den privaten Ge- oder Verbrauch bestimmt ist, § 1 Abs. 1 S. 2 ProdHaftG.

III. Verjährung

1186 Nach § 12 ProdHaftG beträgt die Verjährungsfrist 3 Jahre.

E. Der Verkehrsunfall

I. Grundlagen

1. Haftungsgrundlagen

Nach § 7 **Abs. 1 StVG** – dem praktisch wichtigsten Fall der Gefährdungshaftung – ist der **Halter** eines Kraftfahrzeugs – ohne Verschulden – zum Ersatz des Schadens, der beim Betrieb eines Kraftfahrzeugs entsteht, verpflichtet, soweit die Haftung nicht ausgeschlossen ist, §§ 7 Abs. 2, 8, 8a, 15, 17 Abs. 3 StVG. Diese Haftung bezweckt nicht den Ausgleich von Verhaltensunrecht, sondern den Ersatz von Schäden, aus den durch den zulässigen Kfz-Betrieb entstehenden Gefahren.

1187

Nach § **18 Abs. 1 StVG** haftet auch der **Fahrer**, jedoch nur, wenn er sich nicht entlasten kann. Er muss nachweisen, dass ihn am Unfall keinerlei Verschulden trifft, § 18 Abs. 1 S. 2 StVG, er also die im Verkehr erforderliche Sorgfalt beachtet hat (vgl. unten II. 5. c)).

1188

Neben Halter und Fahrer haftet auch die **Versicherung**, §§ 1, 3 PflVG, 115 Abs. 1 VVG. Der Geschädigte kann seinen Anspruch direkt gegen die Versicherung geltend machen, selbst wenn die Versicherung im Innenverhältnis gegenüber ihrem Versicherungsnehmer leistungsfrei ist, etwa wegen eines vorsätzlichen Unfalls, § 103 VVG.

1189

Halter und Fahrer haften als **Gesamtschuldner**, § 840 BGB; „unerlaubte Handlung" in diesem Sinn ist weit zu verstehen, darunter fallen auch Ansprüche aus Gefährdungshaftung; ebenso die Ansprüche aus dem StVG oder aus dem Produkthaftungsgesetz (Grüneberg/Sprau § 840 Rn. 1). Auch die Versicherung haftet neben Halter und Fahrer als Gesamtschuldner, § 115 Abs. 1 S. 4 VVG. Fahrer, Halter und Versicherung bilden daher eine Haftungseinheit. Bei der Abwägung der Verursachungsbeiträge nach § 17 StVG ist die Quote für sie immer gleich. Einen Unterschied gibt es nur, wenn sich der Fahrer entlasten kann, dann fällt er aus dem Haftungsverbund heraus.

1190

2. Verhältnis der Regelungen zu §§ 823 ff. BGB

Die StVG Vorschriften sind vorrangig zu prüfen da sie – vor allem bei der Abwägung der Verursachungsbeiträge – **Sonderregelungen** enthalten, §§ 17, 18, 9 StVG. Daneben besteht aber auch die Haftung aus §§ 823 Abs. 1 und 2 BGB. Dabei ergeben sich grundsätzlich keine Änderungen, auch wenn der Kläger seinen Anspruch auf § 823 BGB stützt. Die Sonderregelungen sind auch im Rahmen des § 823 BGB anwendbar, damit es nicht zu Wertungswidersprüchen kommt. Die §§ 823 ff BGB als Anspruchsgrundlagen haben nur Bedeutung, wenn Beträge geltend gemacht werden, die über die Höchstbeträge, §§ 12 ff StVG, hinausgehen. Ansonsten muss § 823 BGB nicht erörtert werden. § 831 BGB gegen den Halter greift nur ausnahmsweise, wenn der Fahrer Verrichtungsgehilfe – also sozial abhängig – ist oder wenn im Ermöglichen der Fahrt eine schuldhafte Pflichtverletzung liegt (**Beispiel:** Der Fahrer ist erkennbar fahruntüchtig oder das Fahrzeug ist erkennbar nicht verkehrssicher).

1191

3. Prozessuales

a) **Streitgenossenschaft.** Der Geschädigte kann Halter, Fahrer und Versicherung gemeinsam verklagen, sie sind Gesamtschuldner und **einfache Streitgenossen** i. S. v. §§ 59, 60 ZPO. Da die Versicherung aber eventuell eigene Einwendungen aus dem Versicherungsverhältnis geltend machen kann und Halter und Fahrer unterschiedlich von der Haftung frei werden können (vgl. §§ 7 Abs. 2, 17 Abs. 3, 18 Abs. 1 S. 2 StVG), sind sie nicht notwendige Streitgenossen, § 62 ZPO.

1192

b) Zuständigkeit. § 32 ZPO und § 20 StVG bieten außerdem zusätzliche **Gerichtsstände**, was eine einheitliche Zuständigkeit für Halter, Fahrer und Versicherung ermöglicht.

4. Besonderer Hinweis für die Klausur

1193 Jede Klausur mit einem Verkehrsunfall wird weitere typische Probleme haben. So wird nahezu immer der Beklagte Widerklage erheben. Dadurch kann in einem Prozess der gesamte Verkehrsunfall abgearbeitet werden, da eine Abwägung sämtlicher Verursachungsbeiträge der Beteiligten stattzufinden hat, § 17 StVG. § 33 ZPO bietet hier keinerlei Probleme. Auch die Zuständigkeit nicht, wegen §§ 32 ZPO, 20 StVG; es gibt immer einen gemeinsamen Gerichtsstand für die Unfälle. Zudem wird der Beklagte mit der Widerklage auch die Versicherung des Klägers (Halters) mitverklagen, sodass sich das Problem der Drittwiderklage – hier zulässig, da es keine isolierte Drittwiderklage ist (vgl. zum ganzen oben 2. Teil bei Widerklage) – stellt. Zuletzt kann noch einer der Beteiligten Schmerzensgeld geltend machen, mit einem unbezifferten Antrag – zulässig wegen § 253 Abs. 2 S. 2 ZPO. Außerdem kann, wenn der Schaden noch nicht abgeschlossen ist, noch ein Feststellungsantrag gestellt werden.

II. Voraussetzungen der Anspruchsgrundlagen, §§ 7 Abs. 1, 18 Abs. 1 StVG

1. Rechtsgutsverletzung i. S. v. § 7 Abs. 1 StVG

1194 Es muss zur Tötung oder Körperverletzung eines Menschen oder einer Sachbeschädigung gekommen sein. Der Geschädigte muss Dritter sein. So haftet der Halter des PKW nicht aus § 7 StVG gegenüber dem Fahrer seines Pkw, weil dieser selbst über § 18 StVG haftet. Die Haftung für Dritte kann sich aus § 10 StVG ergeben.

2. Halter/Fahrer

1195 **a) Anspruch gegen den Halter, § 7 Abs. 1 StVG.** § 7 StVG gibt einen Schadensersatzanspruch gegen den Halter. Dies ist, wer das Fahrzeug in eigener Regie für eigene Rechnung gebraucht und die erforderliche Verfügungsgewalt über das Fahrzeug hat. Nicht entscheidend ist, ob er auch Eigentümer ist, sodass auch Leasingnehmer, Eigentumsvorbehaltskäufer und Sicherungsgeber in aller Regel Halter sind. Wird ein Fahrzeug nur kurzfristig einem Dritten (Miete, Leihe) überlassen, wird dieser nicht Halter. Bei länger andauernden Überlassungen – die Eltern überlassen ihrer Tochter auf unbestimmte Dauer das Fahrzeug – wird die Tochter Halterin.

1196 **b) Anspruch gegen den Fahrer, § 18 Abs. 1 StVG.** Nach § 18 StVG haftet aber auch der Fahrer, dies ist derjenige, der das Fahrzeug in Betrieb gesetzt hat und während der Fahrt führt.

3. Kraftfahrzeug

1197 Was ein Kraftfahrzeug ist definiert § 1 Abs. 2 StVG: Ein Landfahrzeug, das durch Maschinenkraft bewegt wird und nicht an Bahngleise gebunden ist und das bauartbedingt schneller als 20 km/h fahren kann, § 8 Nr. 1 StVG.

4. „Bei dem Betrieb"

1198 Der Schaden muss bei dem Betrieb eines Kraftfahrzeugs entstanden sein. Ein Kraftfahrzeug ist im Betrieb, solange **verkehrstechnisch von ihm noch eine Betriebsgefahr ausgeht.** Dies ist der Fall, wenn der Schaden durch die dem Kfz-Betrieb typischerweise innewohnende Gefährlichkeit adäquat kausal verursacht worden ist und sich die vom Kfz ausgehenden Gefahren bei der Schadensentstehung ausgewirkt haben. Ein Fahrzeug ist solange im Betrieb, solange es sich im Verkehr befindet, in verkehrsbeeinflussender

Weise im öffentlichen Verkehrsbereich ruht und andere Verkehrsteilnehmer gefährden kann. Problematisch wird es, wenn der Unfall nicht unmittelbar auf der Fortbewegung des Fahrzeugs beruht, wie etwa bei einem parkenden Auto, beim Abschleppen, Ausweichmanöver, Unfall ohne Fahrzeugberührung oder wenn Gegenstände aus dem Auto fallen. Nur wenn das Kfz nicht mehr am öffentlichen Verkehr teilnimmt, scheidet ein Betrieb aus. Zum Betrieb rechnet daher auch das kurzfristige Halten, auch bei abgestelltem Motor zum Be- und Entladen, das Hinauswerfen von Gegenständen aus einem fahrenden Pkw und das unfallbedingte Liegenbleiben eines Kfz.

Zwischen dem Betrieb des Kraftfahrzeuges und dem Schadenseintritt muss ein **adäquater Ursachenzusammenhang** bestehen, der Schaden muss auch vom Schutzweck der Norm umfasst sein. Für den Bereich des § 7 Abs. 1 StVG muss der eingetretene Schaden regelmäßig dem Schutzweck der §§ 1 ff. StVO unterfallen. Also kein Zurechnungszusammenhang, wenn der Schaden keine spezifische Auswirkung derjenigen Gefahren ist, für die die §§ 7 Abs. 1 StVG, 1 ff. StVO, 1 ff. StVZO den Verkehr schadlos halten soll. Dies ist beispielsweise nicht der Fall, bei einem Sturz eines Fahrgastes nach dem Aussteigen aus einem Bus oder wenn sich durch den von einem Unfall ausgehenden Lärm Tiere in einem nahegelegenen Stall tot beißen. 1199

5. Haftungsausschluss

a) **Höhere Gewalt.** Die Haftung ist beim Halter ausgeschlossen, § 7 Abs. 2 StVG, wenn der Unfall durch höhere Gewalt verursacht worden ist. Höhere Gewalt ist ein „betriebsfremdes, von außen durch elementare Naturkräfte oder durch Handlungen dritter Personen herbeigeführtes Ereignis, das nach menschlicher Einsicht und Erfahrung unvorhersehbar ist, mit wirtschaftlich erträglichen Mitteln auch durch äußerste, nach der Sachlage vernünftigerweise zu erwartenden Sorgfalt nicht verhütet werden oder unschädlich gemacht werden kann und auch nicht wegen seiner Häufigkeit von Betriebsunternehmen in Kauf zu nehmen ist" (BGHZ 7, 338). Erforderlich ist also ein von Außen kommendes Ereignis, das nicht im Zusammenhang mit der Betriebsgefahr des Kfz steht und nicht vorhersehbar oder vermeidbar war. Das bedeutet, dass höhere Gewalt immer dann nicht vorliegt, wenn sich der Schaden aus dem Straßenverkehr heraus ereignet. Für den Straßenverkehr bleiben damit **nur verkehrsfremde Eingriffe** als höhere Gewalt. 1200

b) **Unabwendbares Ereignis.** Nach § 17 Abs. 3 StVG ist die Haftung für den Halter außerdem ausgeschlossen, wenn der Unfall ein **unabwendbares Ereignis** darstellt. Unabwendbar ist ein Ereignis, wenn auch ein **Idealfahrer** bei Ausschöpfung sämtlicher Erkenntnisse und Sorgfaltspflichten das Unfallereignis nicht hätte abwenden können. Beispiel für ein unabwendbares Ereignis: Ein Unfall wird dadurch verursacht, dass das entgegenkommende Fahrzeug plötzlich und völlig unvorhersehbar auf die Gegenfahrbahn zog. 1201

c) **Unvermeidbarkeit.** Für den Fahrer ist die Haftung ausgeschlossen, wenn ihn kein Verschulden trifft, § 18 Abs. 1 S. 2 StVG. Er muss nachweisen, dass der Unfall für einen Normalfahrer unvermeidbar war (vgl. auch unten III. 3. c)). Eine Entlastung wird hier regelmäßig ausscheiden, da sich nach § 1 StVO jeder Fahrer so zu verhalten hat, dass Andere nicht gefährdet oder geschädigt werden. 1202

d) **Weitere Haftungsausschlüsse.** Die Haftung kann zudem bei unverschuldeter Drittnutzung, § 7 Abs. 3 StVG und nach den §§ 8, 8a, 15 StVG (selten) ausgeschlossen sein. 12103

III. Haftungsbeschränkungen, §§ 17 Abs. 1, 9 StVG, 254 BGB

1. Ausgangspunkt, § 17 Abs. 1 StVG

§§ 17 Abs. 1, Abs. 2 StVG regeln zwei Fälle des inneren Ausgleichs zwischen Führern und Haltern, die jeweils nach §§ 17, 18 StVG und § 823 BGB haften. § 17 Abs. 4 StVG 1204

erweitert die Norm, wenn der Schaden auch durch ein Tier oder eine Eisenbahn verursacht worden ist.
(1) Schädigen zwei Kraftfahrzeuge einen Dritten ohne Kraftfahrzeug gilt § 17 Abs. 1 StVG.
(2) Ist der Schaden einem der beteiligten Fahrzeughalter entstanden gilt § 17 Abs. 2 StVG.
(3) Ist der Schaden durch ein Kraftfahrzeug (und Anhänger) und durch ein Tier (Tierhalterhaftung) oder eine Eisenbahn entstanden gilt § 17 Abs. 4 StVG.
Über § 18 Abs. 3 StVG gilt die Ausgleichsnorm des § 17 StVG auch im Verhältnis zu den Fahrern. Diese Regelung gilt auch dann, wenn der Anspruch auf § 823 BGB gestützt wird.

2. Haftungseinheit

1205 Dabei bilden Halter, Fahrer und deren Versicherung (§ 115 Abs. 1 VVG) eine Haftungseinheit, auf die **immer eine gemeinsame Quote** entfällt. § 17 StVG geht dabei als Sonderbestimmung den §§ 9 StVG, 254 BGB vor.

1206 § 17 StVG gilt dagegen nicht bei einem Unfall zwischen Kraftfahrzeug und Fußgänger oder Radfahrer, da gelten §§ 7, 9 StVG.

3. Abwägung der Verursachungsbeiträge

1207 a) **Haftungsanteile sämtlicher Beteiligter.** Bei der Abwägung der Verpflichtungen der einzelnen Haftungseinheiten entscheidet das Gewicht der von den Beteiligten gesetzten Schadensursachen, wie sie sich beim konkreten Unfall ausgewirkt haben. Die **Abwägung der Verursachungsbeiträge** bedingt (wichtig für die Klausur), dass vor der Abwägung erst einmal die Haftung sämtlicher Beteiligter – ob auf der einen oder anderen Seite – geklärt werden muss. Es ist also zunächst von jedem der Beteiligten (Halter, Fahrer, Versicherung) die Haftung zu klären und auszuführen.

1208 b) **Ausgangspunkt die Betriebsgefahr.** Ist die Haftung der Beteiligten festgestellt, ist Ausgangspunkt die Überlegung, dass im Zweifel von den beteiligten Fahrzeugen dieselbe **Betriebsgefahr** ausgeht. Kann der Unfallhergang nicht aufgeklärt werden, hat jeder Halter/Fahrer dem anderen die Hälfte seines Schadens zu ersetzen.

1209 § 17 StVG ist grundsätzlich nur anwendbar, wenn beide Unfallbeteiligte Fahrer oder Halter der beteiligten Kraftfahrzeuge sind. Deshalb grundsätzlich keine Kürzung um die Betriebsgefahr, wenn der nichthaltende Sicherungseigentümer (meist die Bank) Schäden an seinem Kfz einklagt oder den Halter einklagen lässt (Ermächtigung). Anders, wenn den Fahrer dieses Kfz ein Mitverschulden trifft, weil sich der Sicherungseigentümer das Verschulden des Fahrers dann zurechnen lassen muss, §§ 9 StVG, 254 BGB.

1210 c) **Modifikation: Unabwendbarkeit.** Dieser Ausgangspunkt nach § 17 StVG wird modifiziert, wenn einer der Beteiligten den Unabwendbarkeitsnachweis, § 17 Abs. 3 StVG, führen kann, dann haftet der Gegner alleine.

1211 Unabwendbar ist ein Ereignis (vgl. oben II. 5. b)), wenn auch ein **Idealfahrer** bei Ausschöpfung sämtlicher Erkenntnisse und Sorgfaltspflichten das Unfallereignis nicht hätte abwenden können. Demgegenüber kann der Fahrer sich nach § 18 Abs. 1 S. 2 StVG exkulpieren, wenn er nachweist, dass der Unfall für einen **Normalfahrer** unvermeidbar war (oben II. 5. c)).

1212 Führen beide Seiten den **Unabwendbarkeitsnachweis**, hat eine Abwägung stattzufinden, wie die Abwägung nach § 17 Abs. 1 StVG.

d) Erhöhung der Betriebsgefahr. Jeder Unfallbeteiligte kann außerdem den Nachweis **1213** führen, dass von dem Fahrzeug des Gegners eine höhere Betriebsgefahr ausging. Dabei kann sich die Erhöhung aus (**nachgewiesenen**) **Verkehrsverstößen** ergeben, aber auch aus **vom Kraftfahrzeug ausgehenden Gefahren**, wie Größe, Art, Beschaffenheit, Geschwindigkeit. Diese Fehler und Mängel müssen sich beim Unfall verwirklicht haben.

aa) Erhöhte Betriebsgefahr eines Kraftfahrzeugs. Dies kann bauartbedingt sein, so ist **1214** die Betriebsgefahr eines Lkw i. d. R. höher als die eines „normalen" Pkw. Motorräder sind instabil, deshalb geht von ihnen eine höhere Betriebsgefahr aus als von einem Pkw. Von einem schnelleren Fahrzeug kann eine höhere Betriebsgefahr ausgehen als von einem langsameren. Die Betriebsgefahr eines Pkw, der aus einer Grundstücksausfahrt herausfährt ist i. d. R. höher als die des Fahrzeugs im fließenden Verkehr. Es ist aber auch stets zu prüfen, ob sich die höhere Betriebsgefahr ausgewirkt hat, d. h. ob sie konkret **Gefahr erhöhend** war. So ist die Betriebsgefahr eines Sportwagens mit langer Kühlerhaube – der, um die Querstraße einzusehen, weiter in die Kreuzung einfahren muss – höher als die eines „normalen" Fahrzeugs. Der Sportwagen muss dann aber auch weiter in die Kreuzung eingefahren sein und dadurch muss sich die höhere Betriebsgefahr realisiert haben.

bb) Erhöhung der Betriebsgefahr durch Fahrfehler. Die Betriebsgefahr ist aber insbe- **1215** sondere auch dann erhöht, wenn den Fahrer eines der beteiligten Fahrzeuge ein **Verschulden** trifft. Wobei nur **nachgewiesen Fahrfehler** zu berücksichtigen sind. An dieser Stelle sind die Verkehrsverstöße (i. d. R. aus der StVO) – wie z. B. zu schnelles Fahren oder zu geringer Abstand – zu prüfen. Dabei kann dem Kläger der Beweis des ersten Anscheins (unten 5.) helfen.

> **Klausurproblem:** Im Rahmen der Abwägung gilt keine Verschuldensvermutung, etwa des § 18 Abs. 1 StVG. Deshalb führt die Abwägung für den Halter, den Fahrer, die Versicherung (über § 115 Abs. 1 VVG) stets zum gleichen Ergebnis. Jeden Beteiligten in einer Haftungseinheit trifft die gleiche Quote. Fahrer und Halter haften nur unterschiedlich, wenn der Fahrer den Entlastungsbeweis nach § 18 Abs. 1 S. 2 StVG führen kann, er ist dann nicht im Haftungsverbund. Für die Klausur bedeutet dies, dass stets die Verursachungsbeiträge aller Beteiligten zu prüfen sind.

e) Quotenbildung. Sind die Verursachungsbeiträge geklärt, ist die Quote zu bilden. **1216** Dabei gilt die Regel: **Haftungsausschluss bei weit überwiegendem Verschulden** des Geschädigten. Danach fällt die nicht erhöhte Betriebsgefahr neben einem groben Verschulden des Gegners nicht ins Gewicht. **Beispiele:** Anzeigeloses, plötzliches Wechseln des Fahrstreifens; Zusammenstoß aufgrund Schneidens einer Kurve; Überholen auf nasser Fahrbahn ohne Sicht auf den Gegenverkehr; Linksabbiegen trotz Gegenverkehr. Die nicht erhöhte Betriebsgefahr wird gegenüber einem (nicht groben) Verschulden mit 20 % bis 33 % bewertet. Ansonsten sind die einzelnen Verstöße zu bewerten und in die Abwägung einzustellen.

4. Mitverschulden, §§ 9 StVG, 254 BGB

Sind an dem Unfall nicht zwei Kfz, sondern ein Kfz und ein Fußgänger oder ein Fahrrad **1217** beteiligt, so gilt § 17 StVG nicht. Stattdessen gilt § 7 Abs. 1 StVG, dabei kann ein Mitverschulden nur über §§ 9 StVG, 254 BGB eingewandt werden. Hier kommt es also nicht zur Abwägung und zur Berücksichtigung der Betriebsgefahr – ein Fußgänger hat keine Betriebsgefahr – hier zählt nur nachgewiesenes Verschulden.

> **Klausurproblem:** Es kommt zum Unfall Kfz mit einem Fußgänger. Der Unfallhergang kann nicht mehr aufgeklärt werden. Kann hier dem Fußgänger kein Fehlverhal-

> ten (Verschulden) nachgewiesen werden, haftet der Fahrer/Halter alleine. Ihm könnte allenfalls noch der Anscheinsbeweis zu Hilfe kommt. Hinzu kommt noch § 828 Abs. 2 BGB, nachdem Kinder unter 10 Jahren bei einem Unfall nicht haften.

5. Beweislast und Anscheinsbeweis

1218 a) **Aufklärung des Unfalls nicht möglich.** Wenn eine eindeutige Aufklärung des Unfalles nicht mehr möglich ist, hat das Gericht auf die Beweislast abzustellen. Dies geht bei den Anspruchsvoraussetzungen i. d. R. zu Lasten des Klägers, während der Entlastungsbeweis zu Lasten dessen geht, der sich entlasten will. Bei der Abwägung nach § 17 StVG können nur solche Umstände eingestellt werden, die tatsächlich auch bewiesen sind. Da einzelne Umstände häufig nicht konkret bewiesen werden können – etwa die genaue Geschwindigkeit oder der Abstand der Fahrzeuge – spielt der **Anscheinsbeweis** eine große Rolle.

1219 b) **Anscheinsbeweis.** Beim Anscheinsbeweis werden entsprechend den aufgestellten Erfahrungssätzen Kausalität oder Verschulden vermutet. Die Gegenpartei hat dann den Anscheinsbeweis zu erschüttern, sie muss einen anderen als den typischen Geschehensablauf darlegen. Dabei sind die Tatsachen, die für den atypischen Verlauf sprechen, im Einzelnen zu beweisen. Als typische Gefahrenabläufe sind anerkannt:

1220 aa) **Auffahrunfall, § 4 Abs. 1 StVO.** Hier spricht der Anschein dafür, dass der Auffahrende zu schnell gefahren ist oder einen zu geringen Abstand eingehalten hat. Der Anschein ist zu widerlegen, wenn der Auffahrende beweist, dass der Vordermann ohne zwingenden Grund stark abgebremst hat (vgl. § 4 Abs. 1 S. 2 StVO) oder beim Wechseln des Fahrstreifens gegen § 4 Abs. 4 StVO verstoßen hat. Eine Mithaftung (wohl 1/4) besteht, wenn ein Fahrer stark abbremst, um einen Fahrgast aussteigen zu lassen.

1221 bb) **Vorfahrtsverletzung, § 8 Abs. 1 StVO.** Beim Zusammenstoß im Bereich einer Kreuzung oder Einmündung spricht der Anscheinsbeweis für ein Verschulden des Wartepflichtigen, was zur alleinigen Haftung führen kann. Ein Mitverschulden des Vorfahrtsberechtigten kommt in Betracht, wenn dieser die zulässige Höchstgeschwindigkeit überschritten hat oder für die Sichtverhältnisse zu schnell gefahren ist, § 3 Abs. 1 StVO. Dabei dürfte eine Geschwindigkeitsüberschreitung unter 10 % – wegen des **weit überwiegenden Verschuldens** des anderen Teils – nicht zu einer Mithaftung führen. Bei einer Überschreitung von 10–30 % kann es zu einer Mithaftung von 1/5 bis 1/3 kommen. Bei einer höheren Überschreitung der Geschwindigkeit kommt eine Mithaftung von ca. 50 % in Betracht.

1222 Gleiches gilt beim **Ausfahren aus einer Einfahrt, § 10 StVO** oder **beim Wenden im fließenden Verkehr, § 9 StVO**. Ebenso spricht der Anscheinsbeweis für ein Verschulden des Anfahrenden, § 10 StVO, wenn er vom Straßenrand anfährt und mit einem Fahrzeug aus dem fließenden Verkehr zusammenstößt.

1223 cc) **Rückwärtsfahren, §§ 9 Abs. 5, 10 StVO.** Hier spricht beim Zusammenstoß mit dem fließenden Verkehr der Anschein für das Alleinverschulden des Rückwärtsfahrenden. Eine Mithaftung kommt in Betracht, wenn der andere Verkehrsteilnehmer zu schnell gefahren ist oder verzögert reagiert hat.

1224 dd) **Fälle des nicht gesetzlich normierten Anscheinsbeweises.** Bei dem, der von der **Fahrbahn abkommt** wird vermutet, dass er eine zu hohe Geschwindigkeit hatte, unaufmerksam gefahren ist oder fehlerhaft gebremst hat. **Bei einem Zusammenstoß mit dem Gegenverkehr** spricht der Anscheinsbeweis gegen den Fahrer, der auf die Gegenfahrbahn gekommen ist, wenn nachgewiesen ist, dass der Unfall auf der Gegenfahrbahn stattgefunden hat.

ee) Überholen eines nach links abbiegenden Kfz und doppelte Rückschaupflicht.
§§ 9 Abs. 1, Abs. 5, 5 Abs. 3, Abs. 4 S. 2, 7 S. 1 StVO: Zeigt der Linksabbieger nicht an, dass er links abbiegen will, § 9 Abs. 1 S. 1 StVO, so haftet er wegen des weit überwiegenden Verschuldens alleine (allerdings schwer nachweisbar). Blinkt der Linksabbieger, verstößt aber gegen die doppelte Rückschaupflicht, trifft ihn eine Mithaftung von 1/4 bis 1/3.

1. § 7 Abs. 1, (18) StVG
   a) Rechtsgutsverletzung;
   b) Halter (Fahrer);
   c) Kraftfahrzeug;
   d) bei dem Betrieb.
   Diese Voraussetzungen hat der Kläger zu beweisen.
2. § 7 Abs. 2 StVG
   Unfall nicht durch höhere Gewalt verursacht.
   Der Beklagte hat zu beweisen, dass höhere Gewalt vorliegt.
3. Abwägung §§ 17 Abs. 1, Abs. 2 StVG
   a) Ist § 17 Abs. 1 StVG (Abwägung) anwendbar? Ansonsten kommen nur die §§ 9 StVG, 254 BGB in Betracht.
   § 17 Abs. 1 StVG ist anwendbar im Falle des § 17 Abs. 1 oder § 17 Abs. 2 oder § 17 Abs. 4 oder 18 StVG.
   b) Unabwendbarkeit, § 17 Abs. 3 StVG
      aa) Unabwendbarkeit für den Beklagten – dies hat der **Beklagte zu beweisen.**
      bb) Unabwendbarkeit für den Kläger – dies hat der **Kläger zu beweisen.**
   c) Kann kein Unabwendbarkeitsnachweis geführt werden, kommt es zur **Abwägung**, § 17 Abs. 1 StVG:
      aa) Ausgangspunkt: Gleich hohe Betriebsgefahr
      bb) Gefahrerhöhende Umstände beim Beklagten (vom Kläger zu beweisen);
         – erhöhende Umstände des Beklagtenfahrzeuges (z. B. Sportwagen)
         – erhöhende Umstände durch Fahrfehler des Fahrers des Beklagtenfahrzeuges
      cc) Gefahrerhöhende Umstände beim Kläger (vom Beklagten zu beweisen);
         – erhöhende Umstände des Klägerfahrzeuges (z. B. Motorrad)
         – erhöhende Umstände durch Fahrfehler des Fahrers des Klägerfahrzeuges
   d) **Bildung einer Quote** (dabei dürfen nur nachgewiesene Kriterien berücksichtigt werden)
      aa) **Haftungsausschluss** bei weit überwiegendem Verschulden des Geschädigten
      bb) **Quotenbildung** unter Berücksichtigung der Betriebsgefahr und der erhöhenden Umstände

V. Urteils-/Klausuraufbau

Fall
Der Kläger klagt gegen den Halter (Beklagter 1) den Fahrer (Beklagter 2) und die Versicherung (Beklagte 3) auf Schadensersatz aufgrund eines Verkehrsunfalls. Der Beklagte 1 erhebt Widerklage gegen den Kläger und gegen die Versicherung des Klägers (Drittwiderbeklagte). Er verlangt ebenso Schadensersatz aus diesem Unfall. Klage und Widerklage sind jeweils nur teilweise begründet.

1227 **(I) Tenor**
Die Beklagten werden als Gesamtschuldner verurteilt, an den Kläger 5.000 Euro zu bezahlen.
Auf die Widerklage werden der Kläger und die Drittwiderbeklagte als Gesamtschuldner verurteilt, an den Beklagten 1 1.000 Euro zu bezahlen.
Im Übrigen werden die Klage und die Widerklage abgewiesen.

(II) Begründetheit
Die Klage und Widerklage sind jeweils teilweise begründet.
1. Der Beklagte 1 haftet nach §§ 7 Abs. 1, 17 Abs. 1, Abs. 2 StVG, der Beklagte 2 nach §§ 18 Abs. 1, Abs. 3, 17 Abs. 1 StVG und die Beklagte 3 nach §§ 115 Abs. 1 S. 1 VVG, 1, 3 PflVG. Die Beklagten haften als Gesamtschuldner, §§ 421, 840 BGB, 115 Abs. 1 S. 4 VVG.
Der Kläger haftet nach §§ 7 Abs. 1, 17 Abs. 1, Abs. 2 StVG und die Drittwiderbeklagte nach §§ 115 Abs. 1 VVG, 1, 3 PflVG im gleichen Umfang wie der Kläger. Sie haften als Gesamtschuldner, § 115 Abs. 1 S. 4 VVG.
Der Unfall hat sich beim Betrieb der Pkw des Klägers und des Beklagten 1 ereignet. Der Beklagte 1 ist Halter, der Beklagte 2 war Fahrer des Beklagtenfahrzeug; die Beklagte 3 ist die Versicherung. Der Kläger ist Halter und Fahrer des Klägerfahrzeuges, die Drittwiderbeklagte ist die Versicherung des Klägerfahrzeugs.
2. Der Beklagte konnte den Nachweis der höheren Gewalt, § 7 Abs. 2 StVG, nicht führen. Der Kläger ebenfalls nicht.
3. § 17 Abs. 1 StVG ist anwendbar, da hier jeweils der Schaden geltend gemacht wird, der den beteiligten Fahrzeughaltern entstanden ist, § 17 Abs. 2 StVG.
4. Der Unfall war für den Beklagten 1 kein unabwendbares Ereignis i. S. v. § 17 Abs. 3 StVG. Auch der Beklagte 2 konnte den Entlastungsbeweis nach § 18 Abs. 1 S. 2 StVG nicht führen, er ist nämlich ... (z. B. schuldhaft zu schnell gefahren, § 3 Abs. 3 Nr. 1 StVO). Dies ergibt sich aus ... Die Beklagten bilden – zusammen mit der Versicherung – eine Haftungseinheit, § 17 Abs. 3 S. 2 StVG.
5. Der Unfall war auch für den Kläger kein unabwendbares Ereignis, § 17 Abs. 3 StVG. Der Kläger konnte nicht beweisen, dass ... Der Kläger und der Drittwiderbeklagte bilden eine Haftungseinheit, § 17 Abs. 3 S. 2 StVG.
6. Die Abwägung der Verursachungsbeiträge, § 17 Abs. 1 StVG, führt zu einer Haftungsverteilung von 25 % zu 75 % zu Lasten der Beklagtenseite.
a) Beide Seiten haften jeweils für die Betriebsgefahr ihres Fahrzeugs. Zwar ist das Beklagtenfahrzeug ein Motorrad, das wegen der Instabilität eine höhere Betriebsgefahr hat, aber nur, wenn sich dies auch in concreto ausgewirkt hat. Dieser Nachweis ist dem Kläger nicht gelungen, da ...
Die Betriebsgefahr des Beklagtenfahrzeuges erhöht sich aber, weil der Fahrer eine Vorfahrtsverletzung begangen hat, §§ 3 Abs. 1, Abs. 2 StVO. Dies ergibt sich aus den Aussagen der Zeugen ... und den Ausführungen des Sachverständigen in seinem schriftlichen Gutachten und seinen Ausführungen im Termin vom...
Die Betriebsgefahr des Fahrzeugs des Klägers erhöht sich, weil sein Fahrzeug bauartbedingt eine höhere Betriebsgefahr hat, weil es eine lange Schnauze hat. Diese erhöhte Betriebsgefahr hat sich auch realisiert, weil der Kläger mit dem Fahrzeug weiter in die Kreuzung einfahren musste, um den Querverkehr zu erkennen. Die Betriebsgefahr für den Kläger erhöht sich weiter, weil er zu schnell gefahren ist, § 3 Abs. 3 S. 1 StVO und zu spät reagiert hat, § 1 Abs. 2 StVO, da ...
b) Da die Betriebsgefahr auch auf Seiten des Klägers erhöht ist, kommt ein Haftungsausschluss über § 17 Abs. 1 StVG wegen ganz überwiegenden Verschulden des Beklagten 2 nicht in Betracht.
c) Bei der Bildung der Quote ist zu berücksichtigen, dass der Vorfahrtsverstoß des Beklagten 2 besonders schwer wiegt, weil ...

7. Der Kläger kann, ausgehend von der Quote 25 % zu 75 %, Schadensersatz in Höhe von 5.000 Euro verlangen. Dieser setzt sich zusammen aus ...
8. Der Beklagte 1 kann ausgehend von der Quote 75 % zu 25 %, Schadensersatz in Höhe von 1.000 Euro fordern. Dieser Betrag setzt sich zusammen aus ...

F. Rechtsfolge: Schadensersatz, §§ 249 ff. BGB

1228 Die Rechtsfolgen des Schadensersatzrechts ergeben sich aus §§ 249 ff. BGB, sie sind immer anwendbar, wenn Schadensersatz zu leisten ist. Ergänzende Regeln bestehen beim Verkehrsunfall nach §§ 10 ff. StVG und auch für das Produkthaftpflichtgesetz in §§ 7 ff. ProdHaftG. Die **einzelnen Schadenspositionen** müssen nicht auswendig gelernt werden, diese stehen im **Grüneberg** bei § 249 BGB oder der Vorb zu § 249 BGB. Beide Kommentierungen haben auch ein übersichtliches Inhaltsverzeichnis. Hier nur die wichtigsten, immer wieder in der Klausur vorkommenden Probleme und die Prüfungsfolge:

I. Grundsatz: Naturalrestitution, § 249 BGB

1. Naturalrestitution, § 249 Abs. 1 BGB

1229 Nach § 249 Abs. 1 BGB (Grundnorm) hat der Schädiger den Zustand wiederherzustellen, der ohne das schädigende Ereignis bestehen würde.

2. Wahlweise kann der Geschädigte Geldersatz verlangen, § 249 Abs. 2 BGB

1230 Der Geschädigte kann also statt der Wiederherstellung auch den zur Herstellung erforderlichen Geldbetrag verlangen.

1231 a) **Abrechnungsmöglichkeiten beim Verkehrsunfall.** Hier sind vor allem die verschiedenen Abrechnungsmöglichkeiten nach einem Verkehrsunfall für die Klausur von Bedeutung (Grüneberg/Grüneberg § 249 Rn. 13 ff.):

1232 aa) **Abrechnung auf Reparaturkostenbasis, § 249 Abs. 2 S. 1 BGB.** Der Geschädigte kann die angefallenen Reparaturkosten und zwar mit der Umsatzsteuer – außer er ist vorsteuerabzugsberechtigt, § 15 UStG – abrechnen.

> **Klausurproblem:** Kann die Versicherung dem Geschädigten freie Werkstätten nachweisen, die günstigere Tarife haben und ihm vorschreiben, dort reparieren zu lassen? Ja, wenn es keine gewichtigen Gründe für den Geschädigten gibt, „seine" Werkstatt zu nehmen (Erforderlichkeit, Schadensminderungspflicht). Der Geschädigte kann aber nachweisen, dass dies für ihn unzumutbar ist. Dies ist es bei Neuwagen oder wenn der Geschädigte nachweisen kann, dass er immer diese Werkstatt genommen hat – das Fahrzeug muss für diesen Fall „scheckheftgepflegt" sein.

Unter Umständen muss sich der Geschädigte einen Abzug „neu für alt" (z. B. neuer Motor) anrechnen lassen. Bei schweren Schäden ist immer an einen merkantilen Minderwert (§ 252 Abs. 1 2. Var. BGB) zu denken. Der Schädiger kann die Abrechnung auf Reparaturkostenbasis verweigern, wenn sie unverhältnismäßig teuer wäre, § 252 Abs. 2 BGB; das ist der Fall, wenn die Kosten mit dem merkantilen Minderwert 30 % über dem Wiederbeschaffungswert liegen (130 % Grenze).

1233 bb) **Fiktive Abrechnung.** Der Geschädigte muss nicht reparieren lassen, er kann auch **fiktiv abrechnen**, dann ist keine Umsatzsteuer zu erstatten, § 249 Abs. 2 S. 2 BGB. In diesem Fall bekommt der Geschädigte die nach dem eingeholten Kostenvoranschlag erforderlichen Reparaturkosten; eine Reparatur muss er nicht durchführen.

1234 cc) **Abrechnung auf Neuwagenbasis/Wiederbeschaffungswert.** Zur Abrechnung auf Neuwagenbasis oder aufgrund des Wiederbeschaffungswertes (unten II. 1. a)).

1235 b) **Mietwagen- und Gutachterkosten sowie allgemeine Schadenspauschale.** Zur Überbrückung der Reparaturzeit oder der Zeit zur Ersatzbeschaffung sind grundsätzlich nach § 249 Abs. 2 S. 1 BGB **Mietwagenkosten** zu ersetzen (Grüneberg/Grüneberg § 249 Rn. 31 ff). Unter Umständen ist hier ein Preisvergleich anzustellen. Der Geschädigte muss sich auch den Vorteil, den er dadurch erfährt, dass sein Fahrzeug nicht benutzt wird, anrechnen lassen; dies sind i. d. R. 10 % der Mietwagenkosten. Nimmt der Geschädigte allerdings einen Mietwagen, der eine Klasse tiefer eingestuft ist, ist dieser Vorteil nicht in Abzug zu bringen.

1236 Auch die Kosten für einen **Gutachter** sind grundsätzlich zu erstatten, § 249 Abs. 2 S. 1 BGB, weil der Laie die erforderlichen Reparaturkosten nicht abschätzen kann. Etwas anderes gilt nur bei Bagatellschäden bis ca. 700 Euro.

1237 Zudem kann die **allgemeine Schadenspauschale**, die zwischen 20 und 30 Euro angenommen wird (§ 287 ZPO), verlangt werden.

1238 c) **Weitere erstattungsfähige Positionen. Steuerliche Nachteile und höhere Versicherungsprämien** sind ebenfalls als Folgeschäden zu ersetzen (Grüneberg/Grüneberg § 249 Rn. 54, 55).

1239 **Rechtsverfolgungskosten** zur Durchsetzung der Schadensersatzansprüche nur, wenn sie erforderlich und zweckmäßig sind. Kosten zur Abwendung ungerechtfertigter Forderungen nur, wenn sie gerichtlich geltend gemacht werden; dann sind es Kosten des Rechtsstreits, §§ 91 ff. ZPO. Ansonsten nur über § 280 Abs. 1 BGB, dazu ist aber das Bestehen eines Schuldverhältnisses erforderlich.

1240 d) **Heilbehandlungskosten.** Auch erstattungsfähig sind die **Kosten der Heilbehandlung**, § 249 Abs. 2 BGB. In der Regel sind sie aber bereits auf die Sozialversicherung übergegangen, §§ 116 SGB X, 86 VVG. Übrig bleiben meist nur die Kosten, die die Krankenversicherung nicht übernommen hat.

> **Klausurproblem:** Der im Krankenhaus liegende Geschädigte wird von nahen Angehörigen besucht, was zu seiner schnelleren Genesung führt. Anspruch der Angehörigen gegen den Schädiger?
> **Nein,** der Angehörige hat keinen Anspruch, die §§ 844 ff BGB gelten nur bei Tötung und nur für die dort genannten Schäden. Die Rspr. fasst die Besuchskosten als Heilungskosten unter § 249 Abs. 2 BGB (Grüneberg/Grüneberg § 249 Rn. 9).

1241 Hingegen nicht zu erstatten sind **Vorsorgekosten**, etwa für eine Alarmanlage oder einen Detektiv. Demgegenüber sind Fangprämien ersatzfähig (Grüneberg/Grüneberg § 249 Rn. 63).

II. Weitere Schadenskompensation, §§ 251, 252 BGB

1. Geldersatz, § 251 Abs. 1 BGB

1242 Geldersatz ist zu gewähren, wenn die Herstellung nicht möglich oder zur Entschädigung nicht genügend ist. Das typische Beispiel dabei ist der merkantile Minderwert.

a) **Abrechnung nach dem Wiederbeschaffungswert.** Der Geschädigte kann statt der Reparaturkosten auch den **Wiederbeschaffungswert** für ein neues Fahrzeug abrechnen. Erforderlich ist jedoch, dass das Fahrzeug „neu", also höchstens drei Monate alt ist und keine höhere Fahrleistung als 3.000 km hatte. Zudem muss ein erheblicher Schaden entstanden sein, ein Bagatellschaden reicht dazu nicht. **1243**

Auch bei „nicht neuen" Fahrzeugen kann der Geschädigte den **Wiederbeschaffungsaufwand** (Wiederbeschaffungswert abzüglich Restwert) geltend machen, wenn die Wiederherstellung unmöglich ist, § 251 Abs. 1 S. 1 BGB, oder die Reparatur ungenügend erscheint, § 252 Abs. 1 S. 2 BGB. Auch hier gilt allerdings die 130 % Grenze, das heißt Reparaturkosten und merkantiler Minderwert dürfen den Wert des Pkw nicht um mehr als 30 % übersteigen.

b) **Abstrakte Nutzungsausfallenschädigung, § 251 Abs. 1 S. 1 BGB.** Mietet der Geschädigte für die Zeit der Reparatur seines Fahrzeugs keinen Mietwagen an, kann ihm auch kein Anspruch nach § 249 Abs. 2 S. 1 BGB auf die Mietwagenkosten zustehen. Nach § 251 Abs. 1 S. 1 BGB steht ihm in einem solchen Fall ein Anspruch auf eine **abstrakte Nutzungsausfallentschädigung** zu. Da mit Ausnahme von § 253 Abs. 1 BGB nur Vermögensschäden zu ersetzen sind, muss der Entzug einen Vermögenswert haben. Dies ist nur der Fall bei Sachen, die im täglichen Leben unverzichtbar sind; im Wesentlichen bei Nutzung eines Pkw (Einzelheiten Grüneberg/Grüneberg § 249 Rn. 49). Es ist eine abstrakte Entschädigung pro Tag zu zahlen (Grüneberg/Grüneberg § 249 Rn. 44). Bei gewerblich genutzten Fahrzeugen geht dies nicht. Hier muss der konkret verursachte Schaden nachgewiesen werden, etwa entgangenen Gewinn, § 252 BGB. **1244**

c) **Verlorene Zeit und Urlaub.** Sie sind nicht zu erstatten, sie stellen keinen Vermögensschaden dar, vgl. auch § 651n Abs. 2 BGB. **1245**

2. **Wertersatz, § 251 Abs. 2 BGB**

Ist die Wiederherstellung unverhältnismäßig, **kann der Schädiger** den Geschädigten in Geld entschädigen. Voraussetzung dafür ist, dass die Herstellung nur mit unverhältnismäßigem Aufwand möglich ist. Dies ist dann der Fall, wenn die erforderlichen Reparaturkosten und der merkantile Minderwert um mehr als 30 % über dem Wiederbeschaffungswert des Fahrzeugs liegen. In diesem Fall muss der Schädiger nur den Wiederbeschaffungsaufwand ersetzen (vgl. auch oben I. 2. a). **1246**

Auch der Geschädigte kann, wenn er möchte auf dieser Basis abrechnen, auch dann ist die 130 % Grenze zu beachten. Der Geschädigte hat dann aber die Reparatur tatsächlich durchführen zu lassen und muss das Auto mindestens noch 6 Monate weiter benutzen. **1247**

3. **Entgangener Gewinn, § 252 BGB**

Dabei wird nach § 252 S. 2 BGB vermutet, dass der **Gewinn** entgangen ist, der nach dem gewöhnlichen Lauf der Dinge erwartet werden konnte. Diese Regelung ermöglicht eine **abstrakte Schadensberechnung**, da sie gestattet, bei der Ermittlung des Gewinns auf den gewöhnlichen Lauf der Dinge abzustellen. Der Kaufmann kann deshalb als abstrakt berechneten Schaden die Differenz zwischen Marktpreis oder Selbstkosten und dem Verkaufspreis fordern, er muss nicht konkret darlegen, dass er etwa einen Deckungskauf oder ein anderes Geschäft gemacht hätte. **1248**

> **Klausurproblem:** Die „Frucht und Gemüse GmbH" (im Folgenden K) hat einen Anspruch auf Schadensersatz „statt der Leistung" nach §§ 281 Abs. 1 S. 1, 280 Abs. 1, Abs. 3 BGB gegen die „Feinkost GmbH" (im Folgenden B), weil diese die bestellten (verderblichen) Produkte nicht abgenommen hat. Die K hat diese Produkte selbst beim Lieferanten L eingekauft. Die K berechnet nun ihren Schaden gegenüber B

mit 5.000 Euro, der sich aus der Differenz der Anschaffungskosten (Kaufpreis bei L: 10.000 Euro) und dem entgangenen Erlös (Verkaufspreis an B: 15.000 Euro) ergibt. Die B wendet ein, K habe diese Produkte an den Dritten X weiterverkauft, nachdem B die Annahme abgelehnt habe. K weigert sich daraufhin im Prozess die Daten, insbesondere die Erlöse hierfür zu nennen und besteht auf Ihrer Schadensberechnung. B hält deshalb die Klage für unschlüssig.

Lösung: Die Klage ist schlüssig, auch wenn die K nichts über den Weiterverkauf vorgetragen hat. Grundsätzlich hat die Berechnung des Schadens konkret zu erfolgen, d. h. durch eine Gegenüberstellung der Vermögenslage der Gläubigerin K, wie sie sich bei vertragsgemäßem Verhalten der Schuldnerin B im konkreten Fall entwickelt hätte. Hätte der Käufer (B) hier die Ware abgenommen, hätte der Verkäufer (K) den Vertragspreis eingenommen und seine Anschaffungskosten selbst tragen müssen. Der konkrete Schaden ergibt sich also durch Gegenüberstellung zwischen Anschaffungskosten und dem Vertragspreis (vgl. Grüneberg/Grüneberg § 281 Rn 27 f). Genau auf diese Weise rechnet K vorliegend ab: Anschaffungskosten 10.000 Euro, Vertragspreis 15.000 Euro, Differenz 5.000 Euro. Die Auswirkungen des Weiterverkaufs bleiben außen vor. Zwar erfordert eine konkrete Schadensberechnung grundsätzlich auch, den Deckungsverkauf zu berücksichtigen, denn dieser hat Einfluss auf die tatsächlich eingetretene Vermögenslage. Dennoch ist die Schadensberechnung der K gleichwohl schlüssig, denn sie kann in Bezug auf das Drittgeschäft nach § 252 S. 2 BGB „abstrakt" abrechnen. Aus dieser Regelung folgt die Vermutung, dass K als Kaufmann marktgängige Ware jederzeit zum Marktpreis absetzen kann und bei ordnungsgemäßer Erfüllung des Vertrages mit B daneben auch einen Vertrag mit dem zweiten Käufer abgeschlossen und erfüllt hätte. Deshalb darf hier das Zweitgeschäft außer Betracht bleiben (vgl. Grüneberg/Grüneberg § 252 Rn. 4 ff).

1249 **Verdienstausfallschaden:** § 842 BGB ist keine Anspruchsgrundlage, der Schaden muss über § 252 BGB konkret nachgewiesen werden. Beachte: Arbeitnehmer haben grundsätzlich keinen Ersatzanspruch, da sie nach § 3 EFZG den Lohn von ihrem Arbeitgeber fortgezahlt bekommen. Der Anspruch ist deshalb nach § 6 EFZG auf den zahlenden Arbeitgeber übergegangen. Ein Selbstständiger muss konkret über § 252 BGB abrechnen oder den Schaden für eine Ersatzkraft über § 249 Abs. 2 BGB geltend machen. Auch der Haushaltsführungsschaden ist zu ersetzen (Grüneberg/Grüneberg § 249 Rn. 66).

III. Schmerzensgeld, § 253 Abs. 2 BGB

1250 Grundsätzlich gehen die §§ 249 ff. BGB davon aus, dass nur ein Vermögensschaden zu ersetzen ist. Eine Ausnahme hiervon macht § 253 BGB, diese Norm gewährt den **immateriellen Schaden** (vgl. auch § 844 Abs. 3 BGB und § 10 Abs. 3 StVG für das Leid der Angehörigen), wenn dafür eine gesetzliche Regelung besteht, § 253 Abs. 1 BGB. Der Hauptfall ist gleich im § 253 Abs. 2 BGB genannt, das Schmerzensgeld; es ist abtretbar, vererblich und pfändbar (Grüneberg/Grüneberg § 253 Rn. 22; zu den prozessualen Problemen beim Schmerzensgeld ausführlich 2. Teil: ZPO).

IV. Schadenskorrektur

1. Vorteilsausgleichung

1251 Anerkannt ist, dass sich der Geschädigte die Vorteile abziehen lassen muss, die ihm die Schadensbeseitigung bringt (Grüneberg/Grüneberg Vorb § 249 Rn. 67 ff). Beispielsweise wenn er einen Mietwagen benutzt und deshalb sein Fahrzeug nicht abnutzen muss. In aller Regel werden dafür 10 % angesetzt, es sei denn, der Geschädigte nimmt einen

Mietwagen, der eine Klasse tiefer eingestellt ist. Ein weiterer Vorteil, den sich der Geschädigte von seinem Schadensersatzanspruch abziehen lassen muss, ist, wenn sein Fahrzeug ein neues Teil (z. B. Motor) für ein altes bekommt; in diesem Fall ist ein Abzug „neu für alt" vorzunehmen.

2. Normativer Schadensbegriff

1252 Hierzu Grüneberg/Grüneberg Vorb § 249 Rn. 13.

3. Mitverschulden, § 254 BGB

1253 Erfasst wird ein Mitverschulden vor, bei (§ 254 Abs. 1 BGB) oder nach (§ 254 Abs. 2 S. 1 BGB) dem Schadensereignis. Der Mitschädiger muss sich nach §§ 254 Abs. 2 S. 2, 278 BGB auch ein Mitverschulden seiner gesetzlichen Vertreter oder der Erfüllungsgehilfen zurechnen lassen. Dies ist eine Rechtsgrundverweisung, es muss daher ein Schuldverhältnis zwischen Schädiger und dem Geschädigten bestehen. Dies ist jedoch bei Verkehrsunfällen oder auch im sonstigen Deliktsrecht nahezu nie der Fall (Beachte: §§ 17 und 9 StVG sind lex specialis zu § 254 BGB).

V. Schadensersatzansprüche Dritter

1254 Der Anspruchssteller muss regelmäßig der Geschädigte sein, nur ihm stehen die Ersatzansprüche zu. Ausnahmen bilden § 10 StVG und § 844 BGB. Ersatzfähig sind nur die dort genannten Ansprüche, ein Mitverschulden des Verletzten ist zu berücksichtigen, § 846 BGB.

> **Klausurproblem:** Der im Krankenhaus liegende Geschädigte wird von nahen Angehörigen besucht, was zu seiner schnelleren Genesung führt. Anspruch des Angehörigen gegen den Schädiger?
> **Nein**, der Angehörige hat keinen Anspruch, die §§ 844 ff. BGB gelten nur bei Tötung und nur für die dort genannten Schäden. Die Rspr. fasst die Besuchskosten als Heilungskosten unter § 249 Abs. 2 BGB (Grüneberg/Grüneberg § 249 Rn. 9).

3. Abschnitt: Sachenrecht

A. Besitzschutzansprüche

1255 Diese Ansprüche haben neben § 985 BGB Bedeutung – in der Praxis und in der Klausur – weil sie teilweise effektiver sind als die Ansprüche aus dem Eigentum. Der Grund liegt in der Beschränkung der Einwendungen in § 863 BGB. Der Anspruchsinhaber soll – soweit es nicht ausdrücklich zugelassen wird – nicht Selbsthilfe üben, sondern sich zur Durchsetzung seiner Ansprüche der vorgesehenen staatlichen Verfahren bedienen. Dies kann dazu führen, dass dem Eigentümer die dolo agit Einrede abgeschnitten wird, also letztlich treuwidriges Verhalten gebilligt wird.

> **Beispiel**
> Der Eigentümer setzt die Hausbesetzer seines Hauses (oder die Mieter, die nach der Kündigung nicht räumen) mit einem Rollkommando vor die Tür. Die Mieter oder die Besetzer verlangen nun Wiedereinräumung des Besitzes, § 861 Abs. 1 BGB. Der Anspruch besteht, der Eigentümer kann wegen § 863 BGB nicht einwenden, die Hausbesetzer oder die Mieter hätten kein Besitzrecht mehr und müssten sowieso räumen. Diese Einwendung ist dem Eigentümer durch § 863 BGB abgeschnitten. Zulässig sind nur Einwendungen aus dem Besitz (possessorische Ansprüche).

I. Herausgabe- und Unterlassungsanspruch, §§ 861, 862 BGB

1256 Voraussetzung des Anspruches ist stets, dass der Gegner **verbotene Eigenmacht**, § 858 BGB, begangen hat oder die verbotene Eigenmacht unmittelbar bevorsteht.

II. Einwendungen

1257 An Einwendungen sind nur zulässig:
(1) Es liegt keine verbotene Eigenmacht vor, § 863 BGB, also fehlende Widerrechtlichkeit (z. B. wegen §§ 227 ff., 562b, 859, 906 BGB oder bei berechtigter GoA),
(2) Die Einwendungen aus §§ 861 Abs. 2, 862 Abs. 2, 864 BGB,
Wegen § 863 BGB sind keine weiteren Einwendungen – insbesondere nicht die Einwendung des Eigentümers, er sei Eigentümer – zulässig. Nach der Rechtsprechung des BGH wird eine **Ausnahme** analog § 864 Abs. 2 BGB zugelassen, wenn das Recht des Täters zwar noch nicht durch rechtskräftiges Urteil festgestellt wurde, aber eine Widerklage rechtshängig, entscheidungsreif, zulässig und begründet ist (in der Klausur Inzidenzprüfung erforderlich). In diesem Fall ist die Einwendung des Eigentümers hinsichtlich seines Eigentums zulässig.

III. Klausurfälle

1258 **Fall 1**
Mieter M hat eine Halle gemietet, in der eine Maschine von ihm steht. Er zahlt die Miete nicht mehr, Vermieter V wechselt deshalb das Schloss zur Halle aus. M klagt auf Wiedereinräumung des Besitzes. Zurecht?
Das Auswechseln des Schlosses dürfte Besitzentziehung sein, denn der Mieter kommt nicht mehr an seine Maschine. Das Handeln des Vermieters ist auch verbotene Eigenmacht, denn das Gesetz gestattet ihm dies nicht. Zwar hat der Vermieter ein Vermieterpfandrecht an der Maschine, § 562 Abs. 1 BGB (ein eventuelles Pfändungsverbot sei außen vorgelassen), dies kann er jedoch nicht einwenden, da §§ 863, 858 Abs. 1 BGB nur die (eine) Einwendung zulässt, das Gesetz gestatte die Entziehung. Das wäre hier nur bei einem Selbsthilferecht, § 562b BGB, der Fall. Dieses setzt aber voraus, dass der Mieter die Sache des Pfandrechts entfernen will, was hier gerade nicht der Fall war.

Fall 2 (nach BGH NJW 1979, 1358)
A kauft sich bei B ein neues Fahrzeug und gibt seinen gebrauchten Pkw in Zahlung. A tritt wirksam vom Vertrag zurück und holt sich vom Hof des B – gegen den Willen des B – sein Fahrzeug zurück. Gleichzeitig gibt er das neue Fahrzeug zurück und stellt es auf dem Hof des B ab. B verlangt nun von A das von A abgeholte Fahrzeug (gebrauchter Pkw des A) zurück. Besteht ein Herausgabeanspruch des B?
a) Grundsätzlich ja. Der A hat verbotene Eigenmacht begangen, der B hat daher grundsätzlich einen Anspruch auf Wiedereinräumung des Besitzes nach § 861 BGB. Dass der A einen Anspruch auf Rückabwicklung hat, hilft ihm nicht. Diese Einwendung ist ihm nach § 863 BGB verwehrt. Ein Selbsthilferecht steht ihm nicht zu.
b) Dennoch hat der BGH hier dem A eine weitere Einwendung gewährt, § 864 Abs. 2 BGB entsprechend. Danach erlischt der Besitzschutzanspruch des B, wenn rechtskräftig das Besitzrecht des Störers festgestellt ist. Gleiches soll nach dem BGH gelten, wenn Klage und Widerklage entscheidungsreif sind und das Gericht das Besitzrecht des Störers bejaht, da sonst der Kläger etwas erhielte, worauf er aufgrund entscheidungsreifer Widerklage keinen Anspruch hat.

IV. Weitere häufige Fälle bei Besitzschutzansprüchen

1259 **Hausverbot:** Es folgt aus der Befugnis des Hausrechts für den Eigentümer oder Besitzer, §§ 858 ff; 903, 1004 BGB.
Abschleppfälle: Das Abschleppen – bei zugeparkter Grundstückseinfahrt – ist von § 859 BGB gedeckt (vgl. zu diesen Fällen oben 2. Abschnitt A. GoA).
Schlossaustausch: Das Austauschen des Schlosses durch den Vermieter ist verbotene Eigenmacht. Nicht dagegen das Sperren von Strom oder Wasser, denn dabei bleibt die tatsächliche Sachherrschaft des Mieters bestehen (Grüneberg/Herrler § 862 Rn. 4).

B. Das Eigentümer-Besitzer-Verhältnis (EBV), §§ 985 ff. BGB

1260 Das EBV regelt die Ansprüche des Eigentümers gegen den nichtberechtigten Besitzer. Voraussetzung ist stets eine sog. **Vindikationslage zum Zeitpunkt der Tatbestandsverwirklichung**; der Kläger muss Eigentümer, der Beklagte muss Besitzer sein und er darf nicht zum Besitz berechtigt sein.

I. Das Verhältnis zu anderen Normen

1261 Das EBV sperrt (in gewissen Bereichen) die Anwendung anderer Normen. Neben dem Herausgabeanspruch nach § 985 BGB bleiben alle anderen Ansprüche aus Vertrag, Bereicherungsrecht oder unerlaubter Handlung anwendbar. Lediglich die §§ 987 ff BGB sperren zum Teil die Anwendung anderer Ansprüche. Die §§ 987 ff. BGB bilden grundsätzlich eine abschließende Regelung, denn sie sollen den unverklagten und gutgläubigen Besitzer vor Ansprüchen aus §§ 812 ff., 823 ff. BGB schützen (Grüneberg/Herrler Vorb § 987 Rn. 15 ff.). Dies allerdings nur im Anwendungsbereich der §§ 987 ff. BGB, weshalb etwa Ansprüche wegen Verbrauchs oder wegen des Eigentumserwerbs nach §§ 946 ff. BGB oder § 816 Abs. 1 BGB daneben anwendbar bleiben (Grünebergt/Herrler § 987 Rn. 15).

1. Verhältnis zum Deliktsrecht

1262 Die Regelungen des Deliktsrechts, §§ 823 ff. BGB, sind neben den §§ 987 ff. BGB nicht anwendbar, wenn zum Zeitpunkt der schädigenden Handlung eine Vindikationslage vorliegt. **Ausnahmen:** Bei der Haftung des deliktischen Besitzers, § 992 BGB, bei § 826 BGB und beim Fremdbesitzerexzess (Grüneberg/Herrler § 993 Rn. 4).

2. Verhältnis zum Bereicherungsrecht

1263 Auch die bereicherungsrechtlichen Ansprüche, §§ 812 ff. BGB, sind neben den §§ 987 ff. BGB nicht anwendbar (Grüneberg/Herrler Vorb § 987 Rn. 16 ff.).

1264 **a) Ausnahmen. – aa) Verlust durch Handlungen des unberechtigten Besitzers.** In den Fällen der §§ 946 ff BGB, wenn der Eigentümer sein Eigentum nach §§ 946 ff BGB durch Handlungen des unberechtigten Besitzers verliert. In diesen Fällen besteht ein Anspruch (aus Eingriffskondiktion) nach §§ 951, 812 Abs. 1 S. 1 2. Alt BGB (vgl. unten bei §§ 946 ff BGB – Jungbullenfall; Grüneberg/Herrler Vorb § 987 Rn. 15 ff).

1265 **bb) Veräußerung der Sache.** Bei Veräußerung der Sache durch den nichtberechtigten Besitzer, hier bleibt § 816 Abs. 1 S. 1 BGB anwendbar. Denn der Anspruch aus § 816 Abs. 1 BGB soll ein Rechtsfortwirkungsanspruch aus dem Eigentum sein und deshalb nicht durch die §§ 987 ff. BGB ausgeschlossen sein.

1266 cc) **Verbrauch einer Sache.** Diesen Fall regeln die §§ 987 ff BGB nicht, deshalb bleibt hier der Bereicherungsanspruch aus Eingriffskondiktion nach § 812 Abs. 1 S. 1 2. Alt BGB bestehen (Grüneberg/Herrler Vorb § 987 Rn. 15).

II. Voraussetzungen des Herausgabeanspruchs, § 985 BGB (Vindikationslage)

1267 Der Anspruch nach § 985 BGB ist nicht abtretbar, er kann aber in Prozessstandschaft geltend gemacht werden (eine Abtretung kann eventuell in eine Ermächtigung zur Geltendmachung des Anspruchs in gewillkürter Prozessstandschaft ausgelegt oder umgedeutet werden; Grüneberg/Herrler § 985 Rn. 1). Bei Bargeld ist § 985 BGB nur anwendbar, wenn die Geldscheine (das Geldstück) noch unterscheidbar vorhanden sind; es findet keine Wertvindikation statt (Grüneberg/Herrler § 985 Rn. 8).

1. Eigentum

1268 Der Kläger muss Eigentümer sein. Dies ist häufig der Schwerpunkt der Klausur. Hier ist zu prüfen, ob der Kläger noch Eigentümer ist oder Eigentümer geworden ist; häufig sind mehrere Übereignungen zu prüfen. Sein Eigentum hat der Kläger zu beweisen.

2. Besitz

1269 Der Beklagte muss Besitzer sein; auch der mittelbare Besitz i. S. v. § 868 BGB ist ausreichend. Vom mittelbaren Besitzer kann wahlweise die Abtretung des Herausgabeanspruchs gegen den unmittelbaren Besitzer (Vollstreckung über § 894 ZPO) oder die Herausgabe der Sache (Vollstreckung über § 886 ZPO) verlangt werden (Grüneberg/Herrler § 985 Rn. 11). Dass der Beklagte Besitzer ist, hat der Kläger zu beweisen, dies nach hM aber nur zum Zeitpunkt der Rechtshängigkeit. Den Besitzverlust danach hat der Besitzer zu beweisen (Grüneberg/Grüneberg § 275 Rn. 34; aA Grüneberg/Herler § 986 Rn. 16).

3. Kein Recht zum Besitz, § 986 BGB

1270 Der Beklagte darf kein Recht zum Besitz haben. § 986 BGB ist eine Einwendung, sie führt zur Abweisung der Klage. Das Recht zum Besitz hat der Besitzer zu beweisen.

1271 **Ein Recht zum Besitz** geben dingliche Rechte (etwa §§ 1036, 1093 BGB), obligatorische Rechte (etwa §§ 535 Abs. 1, 598 BGB), Pfandrechte (etwa §§ 647, 562, 1204 ff. BGB), aber auch die berechtigte GoA (Grüneberg/Sprau Vorb. § 677 Rn. 12). Problematisch sind:

1272 a) **Zurückbehaltungsrecht.** Ein Zurückbehaltungsrecht (etwa §§ 273, 1000 BGB) gibt (wohl) kein Recht zum Besitz, da ein Zurückbehaltungsrecht nur die Vollstreckung des Herausgabeanspruchs hindert und zu einer Zug um Zug Verurteilung führt (Grüneberg/Herrler § 986 Rn. 5). Demgegenüber ist das Recht zum Besitz Einwendung und führt zur Klageabweisung.

> **Beachte**: Teilweise ist der BGH anderer Ansicht, er kommt aber i.d.R. auch zur Zug um Zug Verurteilung und zur Anwendung der §§ 987 ff. BGB, wenn das dem Zurückbehaltungsrecht zugrunde liegende Rechtsverhältnis keine ausreichenden Regelungen über Verwendungs- und Nutzungsersatz enthält.

1273 b) **Anwartschaftsrecht.** Die hM gewährt beim Anwartschaftsrecht ein Recht zum Besitz (Grüneberg/Herrler § 986 Rn. 3) a. A. teilweise BGH.

1274 c) **Nicht-so-Berechtigter.** Hauptfall ist hier die unberechtigte Untervermietung durch den Mieter. Der Mieter ist zwar berechtigter Besitzer (Mietvertrag) aber er ist „nicht so berechtigt" die Sache unterzuvermieten. Die hM lehnt diese Rechtsfigur ab, weshalb kein Anspruch des Eigentümers auf Herausgabe des Untermietzinses besteht (vgl. Mietrecht).

d) Nicht-mehr-Berechtigter. Dies ist derjenige, bei dem das Besitzrecht nachträglich weggefallen ist (vgl. hierzu Einzelheiten bei Grüneberg/Herrler Vorb. §§ 987 ff Rn. 3 ff insbes. Rn. 7). **1275**

e) Aufschwingen zum unberechtigten Eigenbesitzer. Auch dieser Fall dürfte für das zweite Examen kaum von Bedeutung sein. Deshalb sei hierzu wegen der Einzelheiten auf den Grüneberg verwiesen (Grüneberg/Herrler Vorb §§ 987 ff Rn. 11). **1276**

III. Nebenansprüche des Eigentümers, §§ 987 ff. BGB

Voraussetzung dieser Ansprüche ist stets, dass eine **Vindikationslage** besteht. Sie sind weiter davon abhängig, ob der Besitzer gut- oder bösgläubig ist, wobei sich dies auf die Vindikationslage bzw. das Besitzrecht beziehen muss. Maßstab ist § 932 Abs. 2 BGB, Kenntnis und grob fahrlässige Unkenntnis. **1277**

Für einen **Schadensersatzanspruch** aus §§ 989, 990 BGB ist neben der Bösgläubigkeit noch ein Verschulden Voraussetzung. Die Gut- oder Bösgläubigkeit geht nach hM nach § 857 BGB nicht auf die Erben über (vgl. Grüneberg/Herrler § 857 Rn. 2). **1278**

Die Nutzungsherausgabe erfolgt nach den §§ 987, 990, 993, 988 BGB. **1279**

IV. Gegenansprüche des nichtberechtigten Besitzers, §§ 994 ff. BGB

Hier wird unterschieden bei der Qualität der Verwendungen und zwischen Gut- und Bösgläubigkeit. Zu beachten ist die automatische Verrechnung in den §§ 1000, 1001, 1002 BGB, wobei der Verwendungsbegriff hier das Problem ist (Grüneberg/Herrler § 994 Rn. 2 ff; beachte vor allem die Umgestaltungsverwendungen in Rn. 4). **Beachte** dabei § 2029 BGB: Bei Ansprüchen des Erben gegen den Erbschaftsbesitzer gelten immer die §§ 2022, 2023 BGB, die den Regeln über das EBV vorgehen. Wichtigster Unterschied: Herausgabe nur gegen Ersatz aller Verwendungen, § 2022 Abs. 1 BGB im Unterschied zu § 994 BGB Herausgabe nur gegen Ersatz notwendiger Verwendungen. **1280**

C. Unterlassungs- und Beseitigungsanspruch, § 1004 BGB

§ 1004 BGB gibt bei Beeinträchtigung des Eigentums in anderer Weise als durch Entziehung oder Vorenthaltung einen verschuldensunabhängigen **Beseitigungs-** (§ 1004 Abs. 1 S. 1 BGB) und **Unterlassungsanspruch** (§ 1004 Abs. 1 S. 2 BGB); Schadensersatz kann nicht gefordert werden. Für einen Anspruch müssen die folgenden Voraussetzungen vorliegen. **1281**

1. Eigentumsbeeinträchtigung i. S. v. § 1004 BGB

a) Beeinträchtigung. Dies ist jeder dem Inhalt des Eigentums widersprechende Eingriff in die rechtliche oder tatsächliche Herrschaftsmacht des Eigentümers (BGH NJW 2013 1809 Tz. 14). **1282**

> **Beispiele**
> Die tatsächliche Benutzung des Grundstücks durch Betreten von Mensch oder Tier; Bebauung (insb. Überbau); überschwenkender Kran; Lagerung von Sachen; Zuführung von Immissionen; grenzüberschreitende Einwirkungen wie Lärm; überwach-

sende Wurzeln; Werbung; Zugangsbehinderung (vgl. Grüneberg/Herrler § 1004 Rn. 6 ff). Auch die Verletzung nachbarrechtlicher Landesvorschrift kann zur Beeinträchtigung führen.

Hierher gehören auch die Fälle der negativen Bewertungen eines Unternehmens im Internet. Anspruchsgrundlage ist hier §§ 1004 analog, 823 BGB (siehe hierzu ausführlich Klausurproblem oben bei 2. Abschnitt C. I. 2. e)).

1283 **b) Keine Beeinträchtigung.** Keine Beeinträchtigungen sind die sog. „**ideellen Einwirkungen**", wie Nacktbaden auf dem Nachbargrundstück oder Entzug von Licht (Grüneberg/Herrler § 903 Rn. 10).

> **Klausurproblem:** Der Nachbar eines schönen Hotelgrundstücks in wunderbarer Hanglage beginnt im unmittelbaren Sichtbereich der Hotelterrasse mit der Ablagerung von Schrottautos. Der Eigentümer des Hotels verlangt Beseitigung und Unterlassung, § 1004 BGB. Zurecht?
> **Nein**, der Eigentümer hat keinen Anspruch aus § 1004 BGB, da es sich um immaterielle oder ideelle Einwirkungen handelt.

1284 **c) Analoge Anwendung.** Da § 1004 BGB dem Wortlaut nach nur das Eigentum schützt, wird er, um Rechtsschutzlücken zu vermeiden, analog angewandt auf alle durch die §§ 823, 824 BGB geschützten Rechtsgüter. Besonders wichtig hier ist das **allgemeine Persönlichkeitsrecht**, insbesondere die Verletzung durch ehrverletzende Äußerungen. Der Anspruch richtet sich bei unwahren Tatsachenbehauptungen auf Unterlassen und oder Beseitigung durch Widerruf; bei Werturteilen nur auf Unterlassung, da Meinungen nicht widerrufen werden können (Einzelheiten bei Grüneberg/Herrler § 823 Rn. 101 ff).

2. Rechtswidrigkeit

1285 Sie wird durch die Beeinträchtigung indiziert und entfällt nur, wenn ein Rechtfertigungsgrund besteht.

3. Fortdauer der Beeinträchtigung und Wiederholungsgefahr

1286 Die Beeinträchtigung muss noch fortdauern, sie muss also zum Zeitpunkt der letzten mündlichen Verhandlung noch bestehen. Beim Unterlassungsanspruch ist Wiederholungsgefahr erforderlich, § 1004 Abs. 1 S. 2 BGB; sie ergibt sich grundsätzlich schon aus dem störenden Eingriff. Sie entfällt nur, wenn der Störer eine strafbewehrte Unterlassungserklärung abgibt. Auch ein vorbeugender Unterlassungsanspruch ist möglich, wenn erstmals ernsthaft eine Beeinträchtigung droht.

4. Störereigenschaft des Schuldners

1287 Der Schuldner muss Störer sein (dazu Grüneberg/Herrler § 1004 Rn. 15 ff).

5. Keine Duldungspflicht, § 1004 Abs. 2 BGB

1288 Was der Eigentümer zu dulden hat, folgt insbesondere aus den Normen der §§ 903 ff. BGB. Die wichtigste Norm ist hier § 906 BGB, aber auch §§ 905 Abs. 1 S. 2, 910 Abs. 2, 912, 917 BGB und das nachbarschaftliche Gemeinschaftsverhältnis geben Duldungspflichten vor. So hat der Grundstückseigentümer unter den Voraussetzungen des § 912 BGB den Überbau hinzunehmen oder unter den Voraussetzungen des § 917 BGB einen Notweg zu dulden. Auch aus öffentlich-rechtlichen Normen können sich Duldungspflichten ergeben, wie z. B. aus BImSchG oder Naturschutzgesetz.

6. Einwendungen/Einreden

1289 Als Einwendungen und Einreden kommen, sofern sie nicht schon zum Ausschluss des Anspruchs führen, § 1004 Abs. 2 BGB, Unmöglichkeit, Mitverursachung, Mitverschulden § 254 BGB, Verjährung, Verwirkung und Rechtsmissbrauch in Betracht (Grüneberg/Herrler § 1004 Rn. 43 ff.).

7. Nachbarrechtlicher Ausgleichsanspruch

Neben § 1004 BGB besteht noch ein nachbarrechtlicher Ausgleichsanspruch analog § 906 Abs. 2 S. 2 BGB (hierzu Grüneberg/Herrler § 1004 Rn. 37). **1290**

D. Eigentumserwerb

I. Überblick über die Erwerbstatbestände

Es gibt drei Arten von Erwerbstatbeständen: **1291**

1. Eigentumserwerb durch Rechtsgeschäft

– §§ 929 ff. BGB bei beweglichen Sachen, mit gutgläubigem Erwerb nach §§ 932 ff. BGB. **1292**
– §§ 873, 925 BGB bei Grundstücken, mit gutgläubigem Erwerb nach §§ 892, 893 BGB.
– § 926 BGB bei Zubehör (Beispiele für Zubehör bei Grüneberg/Ellenberger § 97 Rn. 11).

Beachte: Der Erwerber erwirbt mit dem Eigentum am Grundstück auch das Eigentum an den Zubehörstücken, wenn sich die Parteien einig sind, dass die Veräußerung auch das Zubehör erfassen soll, § 926 Abs. 1 BGB. Auch ein gutgläubiger Erwerb ist möglich, § 926 Abs. 2 BGB.

– § 398 ff. BGB, durch Abtretung der Forderung (Forderungserwerb auch möglich durch Vertragsübernahme).

Ausführlich zum Eigentumserwerb durch Rechtsgeschäft unten II.

2. Eigentumserwerb durch Gesetz

a) Erwerb durch Ersitzung, §§ 900, 937 BGB. Der Rechtserwerb ist nach hM endgültig (Grüneberg/Herrler Vorb. § 937 Rn. 2). Es gibt keinen Bereicherungsanspruch des bisherigen Eigentümers. Denn anders als bei §§ 951, 977 BGB besteht keine Verweisung auf den Bereicherungsausgleich (BGH NJW 2016, 3162, Tz 36 ff). **Beachte:** Keine endgültige Ersitzung des Scheinerben möglich, § 2026 BGB. So kann sich auch der gutgläubige Scheinerbe, der 20 Jahre lang ein Bild von Picasso aus der Erbschaft als ihm gehörend besitzt, dem tatsächlichen Erben gegenüber nicht auf die Ersitzung, § 937 BGB, berufen; sonst wäre der Erbschaftsanspruch, § 2018 BGB, wertlos. **1293**

b) Erwerb nach den §§ 946 ff. BGB durch Verbindung, Vermischung, Verarbeitung. Diese Normen regeln wer Eigentümer wird bei **Verbindung, Vermischung, Verarbeitung**. Bei § 950 BGB ist entscheidend, wer Hersteller ist. Als Hersteller wird derjenige angesehen, dem nach der Verkehrsauffassung die Herstellung zuzuordnen ist. Beachte: Wer Hersteller ist, besagt das Gesetz, darüber kann grundsätzlich nicht disponiert werden. Allerdings soll eine fremdwirkende Verarbeitung möglich sein (vgl. Grüneberg/Herrler § 950 Rn. 6 ff). **1294**

Die Folge des Eigentumsverlustes der §§ 946 ff BGB ist ein Ausgleichsanspruch nach §§ 951, 812 ff BGB; es handelt sich dabei um eine **Rechtsgrundverweisung**, d. h. für einen Anspruch müssen alle Voraussetzungen des Bereicherungsanspruches, §§ 812 Abs. 1 S. 1 2. Alt., 818 BGB erfüllt sein. **1295**

Probleme stellen sich vor allem wegen des Vorranges des EBV und der Leistungskondiktion. Hier liegt das Problem des Jungbullenfalles und der Einbaufälle. Anders als im **1296** ersten Examen sind sie im zweiten Examen nur selten anzutreffen. Deshalb nur kurz (Einzelheiten bei Grüneberg/Herrler § 951 Rn. 3 ff).

Jungbullenfall (BGHZ 55, 176 ff): Ein Dieb stiehlt dem Bauern B einen Jungbullen und veräußert diesen an den Fleischhändler F, der das Tier zu Wurst verarbeitet. Hat B (ehemaliger Eigentümer) einen Ersatzanspruch gegen F?
Im Ergebnis ja! Der F erwirbt das Eigentum nicht nach §§ 929 ff BGB, wegen § 935 BGB, sondern nach §§ 946 ff BGB. Ansprüche nach §§ 989, 990 BGB bestehen mangels Bösgläubigkeit des F nicht. Obwohl an sich das EBV das Bereicherungsrecht sperrt, nimmt der BGH hier an, dass ein Anspruch nach §§ 951 Abs. 1, 812 Abs. 1 S. 1 2. Alt BGB (Eingriffskondiktion) besteht (Grüneberg/Herrler § 951 Rn. 8)

Einbaufall: Der Händler H verkauft Baustoffe unter verlängertem Eigentumsvorbehalt an den Unternehmer U, die dieser beim Bauherrn B einbaut.
Erwirbt der Bauherr kraft einer Leistung des Unternehmers Eigentum an den Materialien, etwa weil er ihn auf der Baustelle antrifft und ihm dabei die Materialien übereignet werden, wird §§ 951, 812 BGB verdrängt durch die Leistungskondiktion (Grüneberg/Herrler § 951 Rn. 3). Gleiches soll gelten, wenn der Bauherr das Eigentum vom Unternehmer durch Einbau, §§ 946 ff BGB, erhält. Und dies soll auch im Dreipersonenverhältnis dann gelten, wenn der Unternehmer verpflichtet war, das Material einzubauen – so sollen Wertungswidersprüche vermieden werden (Grüneberg/Herrler § 951 Rn. 5, 6). Hier scheitern an sich §§ 951 Abs. 1, 812 Abs. 1 S. 1 2. Alt BGB am Vorrang der Leistungskondiktion. Der Bauherr hat zwar das Eigentum durch Einbau, §§ 946 ff BGB, erworben, wegen des verlängerten Eigentumsvorbehaltes hätte aber der Unternehmer die Materialien auch an den Bauherrn übereignen können. Deshalb werden hier meist §§ 951, 812 BGB nicht angewandt.

1297 c) **Erwerb des Eigentums an Urkunden, § 952 BGB.** Für **Urkunden** als bewegliche Sachen gelten grundsätzlich die §§ 929 ff BGB für den Erwerb. Eine Ausnahme bilden die Urkunden über Forderungsrechte. Erfasst von **§ 952 BGB** werden **Schuldscheine** – eine vom Schuldner ausgestellte Urkunde, die seine Schuld begründet oder bestätigt. **Grundpfandbriefe** und **sonstige Papiere des § 808 BGB,** wie Versicherungsschein, **Sparbuch** und Depotschein der Bank (Definitionen der einzelnen Papiere bei Grüneberg/Sprau Einf. Vor § 793).
Wichtig für die Klausuren ist: **§ 952 Abs. 2 BGB** erfasst auch den Kfz-Brief (Grüneberg/Herrler § 952 Rn. 2).

1298 Die **Wirkung des § 952 BGB** ist, dass der Gläubiger mit Ausstellung des Papiers Eigentümer des Papiers wird, wenn die Forderung schon besteht. Wird der Brief erstellt solange die Forderung noch nicht besteht, tritt Eigentumserwerb mit dem Entstehen der Forderung ein. Die Rechte an der Forderung ergreifen kraft Gesetzes die Urkunde „**das Recht am Papier folgt dem Recht aus dem Papier**" (genau anders herum als beim Wertpapier, dort folgt **das Recht aus dem Papier dem Recht am Papier**); selbstständige Verfügungen über die Urkunde sind unwirksam. Über einen Kfz-Brief kann also nicht selbstständig verfügt werden. Wer also Eigentümer des Fahrzeugs ist, ist auch Eigentümer des KFZ-Briefs (jetzt Zulassungsbescheinigung Teil II). Der Eigentümer des Fahrzeuges kann also nach § 985 BGB die Herausgabe des Briefes vom Besitzer verlangen. Verlangen (hierzu aktuelle examensrelevante Entscheidung: BGH, Urteil vom 23.9.2022, Az. V ZR 148/21).

> **Klausurproblem:** Der Erblasser hat zugunsten seiner Enkeltochter ein Sparbuch bei der Bank angelegt. Nach dem Tode des Erblassers nimmt der Erbe das Sparbuch an sich. Die Enkeltochter verlangt nun das Sparbuch vom Erben heraus?
> Anspruchsgrundlage ist § 985 BGB. Steht der Enkeltochter die Auszahlungsforderung gegen die Bank zu, steht ihr auch das Sparbuch zu, § 952 BGB. Wem die Forderung

zusteht, ergibt sich aus dem Vertrag des Erblassers mit der Bank, wohl ein Vertrag zugunsten Dritter § 328 BGB. Soll die Leistung nach dem Tode des Erblassers erfolgen, wird wohl ein Vertrag zugunsten Dritter auf den Todesfall vorliegen, § 331 BGB (dazu ausführlich unten 4. Abschnitt B. IV.).

Abwandlung: Der Vater legt ein Sparbuch für seine Tochter bei der Bank an, mit der Verpflichtung, dass das Guthaben frühestens mit dem 21. Geburtstag der Tochter ausbezahlt werden darf. Zahlt die Bank vor Fälligkeit das Geld aus, wird sie nicht frei. Der Vater kann den Vertrag kündigen und Rückzahlung des gezahlten Betrages verlangen. § 808 BGB legitimiert die Sparkasse nicht. Die Legitimationswirkung erstreckt sich nur auf Leistungen, zu denen der Aussteller nach den vertraglichen Vereinbarungen (oder kraft gesetzlicher Bestimmungen) verpflichtet ist (Grüneberg/Sprau § 808 Rn. 6).

1299 d) **Eigentumserwerb an Erzeugnissen und Bestandteilen, §§ 953 ff. BGB.** Diese Normen regeln, wem die Erzeugnisse und Bestandteile einer Sache nach deren Trennung von der Hauptsache gehören. Eine Sonderregelung für Früchte, die auf das Nachbargrundstück gefallen sind, ist § 911 BGB; §§ 953 ff BGB gelten dann nicht.

> **Klausurproblem:** Der E ist ihre Hündin entlaufen. F findet die Hündin halb verhungert, nimmt sie zu sich, füttert sie und schenkt sie dann dem Hundeliebhaber B. B geht davon aus, F habe die herrenlose Hündin gefunden. Die Hündin bekommt einen Welpen. Nun erfährt E dies und verlangt von B den Hund und den Welpen heraus. Stehen E diese Ansprüche zu?
> (1) E steht gegen B ein Herausgabeanspruch der Hündin nach § 985 BGB (der über § 90a S. 3 BGB anwendbar ist) zu.
> (a) Kein Eigentumserwerb des B an der Hündin nach §§ 965 ff. BGB, da keine Anzeige nach §§ 973, 965 BGB erfolgt ist.
> (b) Auch kein Eigentumserwerb nach § 958 BGB, da keine Besitzaufgabe durch E mit Eigentumsverzicht, § 959 BGB.
> (c) Kein Eigentumserwerb des B nach §§ 929, 932 Abs. 1 S. 1 BGB, da der E die Hündin abhandengekommen ist, § 935 BGB (Entlaufen ist Besitzverlust).
> (2) Herausgabeanspruch der E hinsichtlich des Welpen?
> (a) Der Herausgabeanspruch der E nach § 953 BGB, scheitert am Eigentumserwerb des B §§ 953, 955 BGB.
> (b) Ein Herausgabeanspruch der E dürfte sich aber aus §§ 988, 99 BGB ergeben (§ 812 BGB ist Rechtsfolgenverweisung).

1300 e) **Erwerb herrenloser Sachen, §§ 958 ff. BGB.** Wann eine Sache herrenlos ist, regeln die §§ 959 ff BGB. **Herrenlos** ist eine Sache insbesondere, wenn noch nie Eigentum an ihr bestanden hat, das Eigentum aufgegeben worden ist, § 959 BGB, oder es erloschen ist (vgl. Grüneberg/Herrler § 958 Rn. 1). Wer die herrenlose Sache in Eigenbesitz nimmt, erwirbt das Eigentum (Eigentumserwerb durch Realakt). **Beachte:** Wenn ein Hund oder eine Katze entlaufen ist, wird sie nicht herrenlos, § 959 BGB. Eigentumserwerb eines Dritten scheitert deshalb regelmäßig an § 935 BGB, weil das Tier abhandengekommen ist.

1301 f) **Erwerb einer Fundsache, §§ 965 ff BGB.** Die Sache muss verloren worden sein, d. h. sie ist besitzlos aber nicht herrenlos (sonst Aneignung, § 958; vgl. Grüneberg/Herrler Vorb. § 965). Die Folge ist Eigentumserwerb, § 973 BGB, aber eventuell besteht ein Bereicherungsanspruch, §§ 977, 973, 974 BGB. Das Finden ist Realakt und setzt keine Geschäftsfähigkeit voraus. Sonderregelung bestehen für öffentliche Behörden oder Verkehrsanstalten in § 978 BGB.

1302 g) **Schatzfund, § 984 BGB.** Beachte: Hälftiges Miteigentum.

1303 h) **Gesamtrechtsnachfolge, § 1922 BGB.** Der Erbe erwirbt das gesamte Vermögen des Erblassers mit sämtlichen Verbindlichkeiten. Sind mehrere Erben vorhanden, bilden sie eine Erbengemeinschaft. Der Nachlass wird dann gemeinschaftliches Vermögen der Erben, § 2032 BGB. Die Erbengemeinschaft ist eine Gesamthandsgemeinschaft.

3. Eigentumserwerb durch Hoheitsakt

1304 a) **Erwerb durch Zuschlag in der Zwangsversteigerung nach der ZPO, §§ 814 ff. ZPO.** Die Sachverwertung einer **gepfändeten Sache** geschieht durch öffentliche Versteigerung, § 814 ZPO. Der Zuschlag erfolgt an den Meistbietenden, § 817 ZPO. Die Ablieferung der zugeschlagenen Sache erfolgt Zug-um-Zug gegen Barzahlung, § 817 Abs. 2 ZPO. Der Ersteigerer erwirbt originär lastenfrei Eigentum nach der Ablieferung, § 817 Abs. 2 ZPO; die §§ 929 ff BGB gelten nicht, es kommt nicht auf Gut- oder Bösgläubigkeit an. Der Grund für das Behaltendürfen ist der Zuschlag, § 817 Abs. 1 ZPO; Gewährleistungsrechte bestehen nicht, § 806 ZPO.

1305 b) **Erwerb durch Zuschlag in der Zwangsversteigerung nach dem ZVG, §§ 90 Abs. 2, 55 Abs. 1, 20 Abs. 2 ZVG i. V. m. 1120 ff BGB.** Auch in der Zwangsversteigerung erwirbt der Ersteigerer das Eigentum mit dem Zuschlag. Miterworben wird alles, was in den Haftungsverbund der Hypothek fällt, §§ 1120 ff. BGB (insb. Zubehör). **Beachte:** Mit dem Zuschlag erlöschen nur die dinglichen Rechte, §§ 91, 52 ZVG. Die schuldrechtlichen Rechte bleiben bestehen. **Beispiel:** Erwirbt der Erbe E bei der Erbauseinandersetzung mit den Erben A, B, C und D ein Grundstück aus der Erbmasse, so erlöschen zwar die dinglichen Rechte. Ist das Erbe aber mit einem Vermächtnis belastet – der Vermächtnisnehmer soll das Grundstück erhalten – bleibt diese schuldrechtliche Verpflichtung bestehen. Da das Erbe – und damit auch der Erbe E – mit dem Vermächtnis belastet ist, hat der Erbe dem Vermächtnisnehmer das Grundstück herauszugeben nach § 2174 BGB, diese Verpflichtung erlischt nicht mit dem Zuschlag.

II. Rechtsgeschäftlicher Eigentumserwerb, §§ 929 ff BGB

1. Einigung über den Eigentumsübergang, § 929 BGB

1306 Grundvoraussetzung für den Eigentumsübergang ist stets die **Einigung** über den Eigentumsübergang. Sie ist ein dinglicher Vertrag auf den die Regeln über die Willenserklärungen anwendbar sind. Das Einigsein muss im Zeitpunkt der Übergabe noch vorhanden sein; bis dahin kann der Widerruf erfolgen.

1307 Die Einigung kann auch bedingt sein, §§ 158 (163) BGB, wie beim **Eigentumsvorbehalt**: Die Einigung steht unter der aufschiebenden Bedingung der vollständigen Kaufpreiszahlung, § 158 BGB oder beim **verlängerten Eigentumsvorbehalt**: Der Verkäufer ermächtigt den Käufer, § 185 BGB, die Ware im eigenen Namen weiter zu veräußern. K tritt dafür antizipiert die Forderung gegen den Dritten an den Verkäufer ab und der Käufer erhält vom Verkäufer eine Einzugsermächtigung (prozessual eine gewillkürte Prozessstandschaft).

2. Übergabe, § 929 BGB, und Übergabeersatz, §§ 930, 931 BGB

1308 a) **Übergabe, § 929 S. 1 BGB.** Erforderlich für eine Übergabe ist stets die völlige Besitzaufgabe des Veräußerers und Besitzerwerb des Erwerbers; für ihn reicht Mitbesitz oder mittelbarer Besitz. Ein Geheißerwerb ist auf Veräußerer- und auf Erwerberseite möglich (Grüneberg/Herrler § 929 Rn. 19).

1309 Ist der Erwerber bereits im Besitz der Sache, so reicht die Einigung über den Eigentumsübergang aus (**Übereignung kurzer Hand**, § 929 S. 2 BGB).

1310 b) **Übereignung durch Vereinbarung eines Besitzkonstituts, § 930 BGB.** Ist der Eigentümer im Besitz der Sache, so ist eine Übergabe nicht erforderlich, wenn der Eigentümer mit dem Erwerber ein Besitzmittlungsverhältnis i. S. d. § 868 BGB vereinbart. Erforderlich ist ein konkretes Besitzmittlungsverhältnis, es kann aufschiebend bedingt sein und kann vorweggenommen sein, also eine Einigung bevor der Veräußerer Eigentümer oder Besitzer wird (Einzelheiten Grüneberg/Herrler § 930 Rn. 8 ff.). Durch die Vereinbarung eines Besitzmittlungsverhältnisses i. S. d. § 868 BGB, wird der Erwerber mittelbarer Besitzer und Eigentümer; der Veräußerer behält den unmittelbaren Besitz. Der typische Fall ist die **Sicherungsübereignung.** Der Besitzer überträgt der Bank das Eigentum an einer Maschine/Pkw nach §§ 930, 868 BGB, behält aber den unmittelbaren Besitz und kann mit der Maschine weiterarbeiten bzw. mit dem Pkw weiterfahren.

1311 Die **Sicherungsabrede** reicht als konkretes **Besitzmittlungsverhältnis** aus, wenn sich aus ihr ergibt (auch konkludent), dass der Sicherungsgeber so lange besitzen darf, bis Verwertungsreife eingetreten ist. Die Sicherungsabrede regelt die Rechte und Pflichten der Parteien. Die Übereignung kann auflösend bedingt durch die vollständige Kaufpreiszahlung sein, dann fällt das Eigentum mit Zahlung automatisch zurück. Sonst besteht ein Rückübertragungsanspruch (ggfs. konkludent) nach § 812 Abs. 1 S. 1 1. Alt. BGB.

1312 c) **Übereignung durch Abtretung des Herausgabeanspruchs, § 931 BGB.** Ist nicht der Eigentümer, sondern ein Dritter im Besitz der Sache, kann die Übergabe dadurch ersetzt werden, dass der Herausgabeanspruch gegen den Dritten abgetreten wird; der mittelbare Besitz wird auf den Erwerber übertragen.

3. **Berechtigung des Veräußerers oder gutgläubiger Erwerb, §§ 932 ff. BGB**

1313 a) **Berechtigung.** Erforderlich zum Eigentumsübergang ist, dass der Veräußerer berechtigt war. Dies ist grundsätzlich der Eigentümer (Ermächtigung zur Veräußerung nach § 185 BGB ist möglich). Verfügt ein Nichtberechtigter, erwirbt der Erwerber kein Eigentum nach den §§ 929 ff. BGB.

1314 **Nichtberechtigt** ist grundsätzlich auch der Miterbe bei Verfügungen über Nachlassgegenstände, §§ 2040 Abs. 1, 2033 BGB, und der Miteigentümer bei der Bruchteilsgemeinschaft wegen § 747 S. 2 BGB. Weiter der Eigentümer, der Verfügungsbeschränkungen – behördliche oder gesetzliche Veräußerungsverbote, §§ 135, 136 BGB – unterliegt; es fehlt die **Verfügungsbefugnis** (Grüneberg/Ellenberger §§ 135, 136 Rn. 2 ff). Über § 135 Abs. 2 BGB gelten die §§ 932 ff BGB entsprechend.

1315 b) **Verfügung eines Nichtberechtigten.** Verfügt ein Nichtberechtigter, ist ein gutgläubiger Erwerb möglich, §§ 932 ff. BGB. Der gute Glaube i. S. v. § 932 BGB muss bei der Vollendung des Rechtserwerbs vorliegen. **Beachte:** Geschützt ist nur der gute Glaube an das Eigentum, vgl. § 1006 BGB, nicht an die Verfügungsbefugnis oder an die Vertretungsmacht. **Ausnahmen:** § 135 Abs. 2 BGB, beim relativen Veräußerungsverbot ist gutgläubiger Erwerb möglich; der gute Glaube muss sich dabei auf das Nichtbestehen des Verbotes beziehen. § 366 HGB schützt den guten Glauben an die Verfügungsbefugnis und analog an die Vertretungsmacht.
Die Voraussetzungen des Eigentumserwerbs richten sich bei der Verfügung eines Nichtberechtigten nach der Art der Besitzübergabe:

1316 aa) **§§ 929 S. 1, 932 Abs. 1 S. 1 BGB:** Die Sache muss dem Erwerber übergeben werden.

1317 bb) §§ 929 S. 2, 932 Abs. 1 S. 2 BGB: Dabei wird an den Besitz und das Eigentum angeknüpft. Eigentumserwerb tritt daher nur ein, wenn der Erwerber die Sache vom Veräußerer erlangt.

1318 cc) §§ 930, 933 BGB: Auch hier ist – wie bei § 932 Abs. 1 S. 2 BGB – erforderlich, dass die Sache dem Erwerber vom Veräußerer übergeben wird, § 933 BGB. Daran scheitert meist der gutgläubige Erwerb einer Sache bei einer Sicherungsübereignung, wenn der Sicherungsgeber Nichtberechtigter ist.

1319 dd) §§ 931, 934 BGB: Beachte: Hier sind zwei Alternativen gegeben. In der zweiten Variante ist erforderlich, dass der Erwerber den Besitz erlangt. In der ersten Variante reicht die Abtretung des Herausgabeanspruchs. Dies wird häufig als Wertungswiderspruch gesehen. Denn in allen anderen Fällen (vgl. §§ 932 Abs. 1 S. 2, 933, 934 2. Alt. BGB) ist jeweils Besitzerlangung notwendig (Einzelheiten bei Grüneberg/Herrler § 934 Rn. 3)

4. Abhandenkommen, § 935 BGB

1320 a) **Abhandenkommen.** Abhandenkommen liegt vor, wenn der Eigentümer **unfreiwillig den unmittelbaren Besitz verloren hat.** Gleiches gilt, wenn der Besitzmittler den unmittelbaren Besitz ohne seinen Willen verloren hat. Kein Abhandenkommen dagegen, wenn der Besitzmittler die Sache gegen den Willen des Eigentümers freiwillig weggibt. Nicht Besitzer sind die Besitzdiener, § 857 BGB, da sie weisungsabhängig sind (Grüneberg/Herrler § 935 Rn. 3 ff).

1321 b) **Sperrwirkung.** § 935 BGB sperrt den gutgläubigen Erwerb auch für alle späteren Übereignungen. Ist die Sache einmal abhandengekommen, kommt kein gutgläubiger Erwerb mehr in Betracht. Ausnahme: Zum Schutz der Verkehrsfähigkeit erfolgt ein Eigentumserwerb trotz Abhandenkommen, bei Geld oder Inhaberpapieren und bei Veräußerung in der Versteigerung, § 935 Abs. 2 BGB.

1322 § 935 BGB sperrt auch den gutgläubigen Erwerb in den Fällen der §§ 135, 136 BGB und im Fall des § 366 HGB; er schützt auch den Erben. Verfügt etwa ein Miterbe (Nichtberechtigter wegen § 2040 Abs. 1 BGB) kommt die Sache dem oder den anderen Erben abhanden wegen § 857 BGB. Allein der **Erbschein**, § 2366 BGB, hilft – soweit die Vermutung des § 2365 BGB reicht – über § 935 BGB hinweg.

5. Lastenfreier Erwerb, § 936 BGB

1323 § 936 BGB ermöglicht den gutgläubigen Erwerb ohne Rechte Dritter an der Sache. So kann der Erwerber gutgläubig lastenfrei eine Sache, die mit einem Pfandrecht, Nießbrauch oder Anwartschaftsrecht belastet ist, erwerben; die Belastung erlischt.

Beachte: Beim Erwerb nach §§ 929 S. 2, 930, 933 BGB erlischt das Recht aber nur dann, wenn der Erwerber den unmittelbaren Besitz erlangt hat. Deshalb scheitert i. d. R. auch ein gutgläubiger lastenfreier Erwerb der Bank bei einer Sicherungsübereignung eines Gemäldes, das der Mieter in die Wohnung eingebracht hat und an dem ein Vermieterpfandrecht entstanden ist.

6. Klausurfälle

1324 Fall 1
Der Scheinerbe S veräußert ein Bild aus dem Nachlass an den gutgläubigen Antiquitätenhändler A. Erwirbt dieser das Eigentum?
Nein, die §§ 929 ff. BGB greifen nicht, der Scheinerbe ist Nichtberechtigter, weil er tatsächlich nicht Erbe ist. Berechtigter ist der Erbe. Zwar würde zugunsten des A § 932 BGB eingreifen, aber § 935 BGB steht dem Erwerb entgegen. Der Erbe rückt

mit dem Erbfall in die Besitzstellung ein, die der Erblasser innehatte, §§ 1922, 2032, 857 BGB. Diesem ist deshalb das Bild abhandengekommen. **Beachte:** Über § 935 BGB kann lediglich der Erbschein, §§ 2365, 2366 BGB, hinweghelfen (vgl. beim Erbschein, 4. Abschnitt B. II.).

Fall 2
Der Miterbe S veräußert ohne Wissen der Miterben X und Y ein teures Bild des Erblassers an den A. Erwirbt dieser das Eigentum?
Nein, auch hier ist der S Nichtberechtigter, sodass die §§ 929 ff. BGB nicht eingreifen. S ist zwar Erbe, er ist aber wegen §§ 2040 Abs. 1, 2033 Abs. 2 BGB Nichtberechtigter (wenn nicht zu seinen Gunsten § 2038 Abs. 1 S. 2 2. Hs. BGB greift). Ansonsten die Lösung wie bei Fall 1.

Fall 3
Der Gerichtsvollzieher pfändet in der Wohnung des Schuldners S ein Wandgemälde, indem er ein Siegel anbringt, § 808 Abs. 2 ZPO. Der Schuldner kratzt das Siegel ab und veräußert das Gemälde an den gutgläubigen Dritten D. Erwirbt dieser das Eigentum?
Ja, §§ 135 Abs. 1, Abs. 2, 136, 929 S. 1, 932 Abs. 1 S. 1 BGB. Durch die Pfändung wird die Sache verstrickt, es entsteht ein relatives Veräußerungsverbot (vgl. oben 3. Teil Zwangsvollstreckung). Darauf sind die Normen der §§ 932 ff. BGB zwar nicht direkt anwendbar – geschützt wird nur der gute Glaube an das Eigentum des Veräußerers – aber § 135 Abs. 2 BGB erklärt diese Normen für anwendbar. Der Schuldner begeht zwar einen Siegelbruch, D kann aber über § 135 Abs. 2 BGB dennoch gutgläubig Eigentum erwerben, wenn er in Bezug auf das Verbot gutgläubig ist.

Fall 4
Der Autohändler A, der nicht im Kfz-Brief eingetragen ist, veräußert als Nichtberechtigter ein Fahrzeug an den Erwerber E. Erwirbt dieser das Eigentum?
Ja! Der Erwerber ist zwar bösgläubig i. S. v. § 932 Abs. 2 BGB, wenn er sich nicht davon überzeugt, dass der Veräußerer auch Eigentümer ist, obwohl er nicht im Kfz-Brief eingetragen ist, sodass er nicht nach §§ 929, 932 ff. BGB Eigentum erwirbt (Grüneberg/Herrler § 932 Rn. 13). Ein gutgläubiger Erwerb kommt aber über § 366 HGB in Frage, da dort der gute Glaube an die Veräußerungsbefugnis geschützt ist. Wenn keine besonderen Umstände vorliegen, kann man deshalb vertrauen, dass der Händler die Befugnis hat.

Fall 5
Der Nichtberechtigte N veräußert und übergibt eine Maschine an den gutgläubigen E. Dieser nutzt die Maschine und tritt dann wirksam wegen eines Mangels vom Kaufvertrag zurück. Die Maschine wird daher rückabgewickelt. Wird N dadurch Eigentümer der Maschine?
Dies ist höchst umstritten (vgl. Grüneberg/Herrler § 932 Rn. 17). Der Nichtberechtigte wird jetzt wohl Eigentümer, da er nun vom Berechtigten E erwirbt, auf den guten Glauben des N kommt es dabei nicht an. Der E hatte gutgläubig Eigentum nach §§ 929, 932 BGB erworben. Der N ist jetzt allerdings dem früheren Eigentümer zum Schadensersatz verpflichtet, §§ 280, 823, 812 BGB – wohl auf Übereignung der Sache.

7. Pfandrecht

a) Entstehung des (vertraglichen) Pfandrechts. Ein Pfandrecht entsteht durch Einigung und Übergabe (oder Surrogat) §§ 1205, 1204 BGB. Der Verpfänder muss berechtigt sein; ist er Nichtberechtigter, kommt auch ein gutgläubiger Erwerb des Pfandrechts, §§ 1207, 932 ff. BGB, in Betracht. Das Pfandrecht ist akzessorisch, § 1252 BGB, eine zu sichernde Forderung muss bestehen; auch eine bedingte oder künftige Forderung ist möglich, § 1204 Abs. 2 BGB.

1326 Die Pfandrechtsnormen sind – obwohl Pfandrechte nach §§ 1204 ff BGB im klassischen Sinne kaum mehr vorkommen – wichtig für die Zwangsvollstreckung. Denn durch die Pfändung entsteht ein Pfändungspfandrecht. Da die Pfändung privatrechtlicher Natur ist (die Verstrickung ist der öffentlich-rechtliche Teil bei der Pfändung), müssen die Voraussetzungen der Pfandbestellung vorliegen, insbesondere muss das Pfändungsobjekt demjenigen gehören, bei dem es gepfändet wird. Die Pfändung einer schuldnerfremden Sache führt nicht zu einem Pfändungspfandrecht.

1327 b) **Rückgabe der Pfandsache.** Wird das Pfand zurückgegeben, erlischt das Pfandrecht, § 1253 BGB. Diese Norm führt dazu, dass das Pfandrecht im gewerblichen Bereich keine Bedeutung hat und hat dazu geführt, dass die Sicherungübereignung entwickelt wurde. Denn entscheidend dabei ist, dass der Sicherungsgeber die Sache weiter nutzen kann. Eine solche Regelung ist aber wegen § 1253 BGB beim Pfandrecht nicht möglich.

1328 c) **Gesetzliche Pfandrechte.** Sie entstehen automatisch (kraft Gesetzes): Das Vermieterpfandrecht, § 562 BGB, mit Einbringen in die Mietwohnung (Erlöschen mit Entfernung, § 562a BGB); das Werkunternehmerpfandrecht, § 647 BGB, mit Übergabe an den Unternehmer (Erlöschen durch Rückgabe, §§ 1257, 1253 BGB) und das Gastwirtpfandrecht, § 704 BGB, mit Einbringen (Erlöschen durch Entfernung, §§ 704 S. 2, 562a BGB).

> **Klausurproblem:** Ein Pkw wird in die gemietete Garage gestellt. Dadurch entsteht am Pkw ein Vermieterpfandrecht, § 562 BGB. Nach BGH erlischt das Pfandrecht, wenn der Pkw wegfährt und entsteht neu, wenn er wieder in die Garage fährt (sehr streitig; BGH NJW 2018, 1083; Grüneberg/Weidenkaff § 562a Rn. 4).

1329 d) **Gutgläubiger Erwerb.** §§ 1207, 932 ff. BGB ermöglichen auch den gutgläubigen Erwerb eines Pfandrechts. **Beachte:** Der gutgläubige Erwerb eines gesetzlichen Pfandrechts (§ 562 BGB, Vermieterpfandrecht; § 647 BGB, Werkunternehmerpfandrecht; § 704 BGB, Gastwirtspfandrecht) ist jedoch nicht möglich, obwohl § 1257 BGB die Regeln über das vertragliche Pfandrecht auf die gesetzlichen Pfandrechte für anwendbar erklären; Arg. Wortlaut: „das durch Gesetz entstandene Pfandrecht".

8. Sicherungsübereignung

1330 a) **Entstehung.** Bei der Sicherungsübereignung überträgt der Sicherungsgeber dem Sicherungsnehmer (i.d.R. die Bank) das Eigentum an einer Maschine/Kfz nach §§ 930, 868 BGB, behält aber den unmittelbaren Besitz und kann mit der Maschine weiterarbeiten/mit dem Kfz weiterfahren. Der Bank wird vollwertig das Eigentum übertragen nach §§ 929, 930, 868 BGB, der Sicherungsgeber (i.d.R. der Darlehnsnehmer) behält den Besitz. Bei vollständiger Rückzahlung erhält der Sicherungsgeber das Eigentum an der Sache zurück. Dazu gibt es verschieden Möglichkeiten. Meist ist die Übereignung aufschiebend bedingt, § 158 Abs. 1 BGB, das Eigentum fällt dann zurück, wenn die Bedingung – die vollständige Zahlung – eingetreten ist. Bis zum Eintritt der Bedingung hat der Sicherungsgeber ein Anwartschaftsrecht (vgl. unten 9.) auf Rückübereignung. Oder es ist ein schuldrechtlicher Rückübertragungsanspruch vereinbart, der Sicherungsgeber kann dann Rückübertragung des Eigentums verlangen. Als dritte Möglichkeit bleibt der Bereicherungsanspruch aus § 812 BGB.

1331 b) **Dingliche Einigung.** Diese muss bestimmt genug sein. Die übereigneten Gegenstände müssen so bestimmt bezeichnet sein, dass ein Außenstehender sagen kann, welche Gegenstände konkret gemeint sind. Bestimmt genug ist z. B. „alle Waren in dem Raum 12". Sollen Gegenstände ausgenommen werden, etwa solche, die unter Eigentumsvorbehalt stehen, müssen diese genau bezeichnet sein. Das Gleiche gilt bei einem Warenlager mit wechselndem Bestand (Einzelheiten Grüneberg/Herrler § 930 Rn. 2 ff).

c) Gutgläubiger Erwerb. Gutgläubiger Erwerb ist zwar grundsätzlich möglich, §§ 930, 933 BGB. Da § 933 BGB aber verlangt, dass die Sache dem Erwerber vom Veräußerer übergeben wird, kommt dieser Fall kaum vor, da der Sicherungsgeber im unmittelbaren Besitze der Sache bleibt. **1332**

d) Zwangsvollstreckung. In der Zwangsvollstreckung hat der Sicherungsnehmer (die Bank) – als Eigentümer des Sicherungsgutes – die Drittwiderspruchsklage, § 771 ZPO, obwohl er mit der Vorzugsklage, § 805 ZPO, wohl ausreichend geschützt wäre. Auch der Sicherungsgeber hat die Drittwiderspruchsklage als „wirtschaftlicher Eigentümer" (vgl. ausführlich 3. Teil Zwangsvollstreckung). **1333**

9. Anwartschaftsrecht und Eigentumsvorbehalt

a) Eigentumsvorbehalt. Der Eigentumsvorbehalt ist ein Sicherungsrecht, bei dem sich der Verkäufer den Eigentumsübergang so lange vorbehält, bis der Erwerber den vollständigen Kaufpreis bezahlt hat. Die Übereignung, § 929 BGB, erfolgt deshalb unter der aufschiebenden Bedingung der vollständigen Kaufpreiszahlung, § 158 Abs. 1 BGB. Bei Bezahlung tritt Erfüllung und damit die Bedingung ein, der Käufer wird dann vollständig Eigentümer. Erlischt dagegen der Kaufvertrag durch Rücktritt oder Anfechtung, so kann die Bedingung nicht mehr eintreten; das Anwartschaftsrecht erlischt. **1334**

b) Anwartschaftsrecht. Solange die Bedingung noch nicht eingetreten ist, hat der Käufer schon eine Rechtsposition erlangt, die dem Eigentum gleicht, nämlich ein Anwartschaftsrecht. Ein **Anwartschaftsrecht** entsteht, wenn der Erwerber eine gefestigte Rechtsposition erlangt hat, die der Veräußerer nicht mehr einseitig zerstören kann. Es ist ein **wesensgleiches Minus zum Eigentum**, weshalb auch die Regelungen über das Eigentum entsprechend angewendet werden (zum Anwartschaftsrecht Grüneberg/Herrler § 929 Rn. 37–50). **1335**

c) Entstehung. Ein Anwartschaftsrecht entsteht bei aufschiebend bedingter Einigung, § 158 Abs. 1 BGB. Die Hauptfälle sind die **Sicherungsübereignung** und der **Eigentumsvorbehalt.** Hier steht die Einigung unter der aufschiebenden Bedingung der vollständigen Kaufpreiszahlung. Der Erwerber erlangt erst das Anwartschaftsrecht, §§ 929, 158 BGB, dann, mit Eintritt der Bedingung, das Vollrecht. **1336**

Der **Eigentumsvorbehalt** muss i. d. R. im Kaufvertrag vereinbart werden, **§ 449 BGB**. Wird er nicht vereinbart, hat der Erwerber einen Anspruch auf bedingungslose Übereignung. Nimmt der Erwerber das Angebot auf bedingte Übereignung dennoch an, ist sachenrechtlich ein Eigentumsvorbehalt vereinbart, auch wenn der Veräußerer darauf keinen Anspruch hatte. **1337**

Auch bei **Grundstücken** kann es zu einem Anwartschaftsrecht kommen (Grüneberg/Herrler § 925 Rn. 23 ff). **1338**

d) Varianten des Eigentumsvorbehalts. Der **einfache (normale) Eigentumsvorbehalt** sichert die konkrete Kaufpreisforderung aus dem konkreten Kaufvertrag. Ist die Forderung bezahlt, erstarkt das Anwartschaftsrecht zum Vollrecht. **1339**

Beim **erweiterten Eigentumsvorbehalt** wird die Bedingung auf die Bezahlung aller Forderungen aus der Geschäftsbeziehung erstreckt. Eine Variante davon ist der **Konto-** **1340** korrentvorbehalt, er sichert alle Forderungen aus dem Kontokorrentverhältnis, § 355 HGB.

1341 Beim **verlängerten Eigentumsvorbehalt** ermächtigt der Verkäufer den Käufer, § 185 BGB, die Ware im eigenen Namen weiter zu veräußern. K tritt dafür antizipiert die Forderung an den Verkäufer ab und der Käufer erhält vom Verkäufer eine Einzugsermächtigung (prozessual eine gewillkürte Prozessstandschaft).

1342 e) **Weiterveräußerung des Anwartschaftsrechts.** Der Vorbehaltskäufer kann das erlangte Anwartschaftsrecht auch **weiterveräußern**, die §§ 929 ff. BGB gelten analog. Bei Eintritt der Bedingung – vollständige Kaufpreiszahlung – erwirbt der Käufer des Anwartschaftsrechts das Eigentum direkt vom Erstveräußerer.

1343 f) **Schutz des Vorbehaltskäufers.** Der Vorbehaltskäufer ist durch §§ 161, 162 BGB geschützt. Verfügt der Noch-Eigentümer treuwidrig (vor Bedingungseintritt) nochmals über das Eigentum, so wird der Vorbehaltskäufer über § 161 Abs. 1 BGB geschützt, weil durch die weitere Verfügung sein Recht vereitelt wird. Die Gefahr eines gutgläubigen Erwerbs durch Dritte über § 161 Abs. 3, 932 ff. BGB ist für den Vorbehaltskäufer nicht sehr groß, denn er wird von § 936 Abs. 3 BGB geschützt. Da der Vorbehaltskäufer den unmittelbaren Besitz der Sache hat, kann die Sache i. d. R. nicht dem Dritten übergeben werden, §§ 931, 934 2. Alt BGB.

1344 Bei treuwidriger Vereitelung der Bedingung schützt § 162 BGB den Vorbehaltskäufer. Die Bedingung gilt bei treuwidriger Vereitelung als eingetreten. **Beispiel:** Die Parteien vereinbaren Kaufpreiszahlung nach Abgabe der Steuererklärung 2022. Der Beklagte gibt die Erklärung aber einfach nicht ab. Hier wird wohl Fälligkeit eintreten, wenn die Steuererklärung abzugeben gewesen wäre.

1345 g) **Verfügung eines Nichtberechtigten.** Verfügt ein Nichtberechtigter über ein Anwartschaftsrecht, gelten die §§ 929, 158, 932 ff BGB analog. Ist der Erwerber gutgläubig, kommt es zu einem gutgläubigen Erwerb des Anwartschaftsrechts über §§ 932 ff BGB (kein Vollrechtserwerb, da dies von den Parteien nicht gewollt war). Mit vollständiger Kaufpreiszahlung geht dann das Vollrecht über, zu dieser Zeit muss der Erwerber nicht mehr gutgläubig sein.

1346 Veräußert der Inhaber eines Anwartschaftsrechts das Eigentum der Sache, obwohl er nur Anwartschaftsberechtigter ist, erwirbt der Erwerber das Anwartschaftsrecht, auch wenn er bezüglich der Eigentümerstellung bösgläubig ist, denn darauf kommt es nicht an, da der Verkäufer hinsichtlich des Anwartschaftsrechts Berechtigter ist (Grüneberg/Herrler § 929 Rn. 45).

1347 h) **Vollstreckung und Insolvenz.** Da der Verkäufer noch Eigentümer ist, stehen ihm sämtliche Rechte eines Eigentümers zu. Ihm steht daher das Interventionsrecht nach § 771 ZPO und auch das Recht aus § 47 InsO zu. Aber auch dem Anwartschaftsberechtigten stehen als wirtschaftlichem Eigentümer das Interventionsrecht nach § 771 ZPO und das Recht aus § 47 InsO zu (vgl. insoweit auch § 107 InsO).

E. Grundstücksrecht sowie Nachbarrecht

1348 Grundstücksrecht ist bei Referendaren nicht sehr beliebt. Diese Klausuren bieten der Mehrzahl der Referendare aber die Möglichkeit, sehr gute Noten zu schreiben. Der Schnitt der Klausuren ist meist auch etwas besser – jedenfalls nicht schlechter – als bei den anderen Klausuren. Es gibt aber wesentlich mehr gute Klausuren, dafür allerdings auch wesentlich mehr Klausuren unter dem Schnitt. Viele Kandidaten steigen einfach aus, wenn von einem Grundstück die Rede ist. Dies ist nicht nötig, eine Klausur kann schon gelingen, wenn die Strukturen in etwa beherrscht werden.

I. Grundstückskaufvertrag

1. Notarielle Beurkundung, § 311b Abs. 1 S. 1 BGB

a) **Grundstückskaufvertrag.** Der Grundstückskaufvertrag bedarf der notariellen Beurkundung, § 311b Abs. 1 S. 1 BGB. Das Beurkundungserfordernis erstreckt sich nicht nur auf die Veräußerungs- und Erwerbsverpflichtung, sondern auf den Vertrag im Ganzen. **Formbedürftig** sind alle Vereinbarungen, aus denen sich nach dem Willen der Parteien das schuldrechtliche Veräußerungsgeschäft zusammensetzt (Grüneberg/Grüneberg § 311b Rn. 25).

b) **Nebenabreden.** Auch Nebenabreden sind grundsätzlich formbedürftig. Formbedürftig sind alle Vereinbarungen, die wirtschaftlich von Bedeutung sind und so einen Zwang zur Veräußerung oder zum Erwerb begründen, gleichgültig ist es, ob es sich um eine objektiv wesentliche oder unwesentliche Abrede handelt (Grüneberg/Grüneberg § 311b Rn. 13, 25). **Beispiel:** Die Parteien schließen einen Grundstückskaufvertrag über 500.000 Euro. Danach vereinbaren Sie noch mündlich, dass der Erwerber bei nicht rechtzeitiger Erfüllung eine Strafe zu bezahlen hat. Fehlt die Form, ist der Vertrag nichtig. Die Nichtigkeit erstreckt sich auf den gesamten Vertrag, außer es ist anzunehmen, dass der Vertrag auch ohne den nichtigen Teil geschlossen worden wäre, § 139 BGB. Der Mangel kann allerdings auch durch Eintragung geheilt werden (häufig in Klausuren).

2. Heilung mit Eintragung, § 311b Abs. 1 S. 2 BGB

Leidet der Vertrag an einem Formmangel, wird der Vertrag seinem gesamten Inhalt nach gültig, wenn die Auflassung und die Eintragung in das Grundbuch erfolgen, § 311b Abs. 1 S. 2 BGB. **Beachte:** Die Heilung erfasst nur den Formmangel, andere Mängel – wie Willensmängel, fehlende Genehmigung, fehlende Vollmacht – werden nicht geheilt. Die Heilung tritt auch nicht rückwirkend ein. Eine eingetragene Vormerkung bleibt wirkungslos, weil sie streng akzessorisch ist und kein Anspruch bei der Begründung bestand, weil gerade kein wirksamer Vertrag besteht (vgl. Fall unten IV. 2.). Die Verjährung beginnt erst mit der Eintragung zu laufen. Die Parteien können die Heilung verhindern durch ein Erwerbsverbot (Grüneberg/Grüneberg § 311b Rn. 51; Grüneberg/Herrler § 888 Rn. 11; Grüneberg/Ellenberger § 136 Rn. 5).

3. Klausurfälle

a) Scheingeschäft (sehr häufig in der Klausur)

Fall
E verkauft an K ein Grundstück in notarieller Form, auch die Auflassung, § 925 BGB, erfolgt in ordentlicher Form. Als Kaufpreis werden 100.000 Euro beurkundet, tatsächlich werden aber 200.000 Euro vereinbart. Ist der Kaufvertrag wirksam?
Nein, der beurkundete Vertrag ist nichtig, weil er nicht gewollt ist, § 117 BGB; der gewollte Vertrag ist nichtig, weil er nicht beurkundet ist, § 311b BGB. Der Vertrag wird seinem ganzen Inhalt nach gültig, wenn die Eintragung und damit Heilung, § 311b Abs. 1 S. 2 BGB, erfolgt.
Abwandlung (Erwerbsverbot) E, der das Geschäft zwischenzeitlich bereut, sieht die Gefahr der Heilung durch die Eintragung, § 311b Abs. 1 S. 2 BGB, und fragt Sie (Anwalt), ob er sich denn dagegen schützen und die Heilung verhindern könne?
Ja, er kann im Wege der einstweiligen Verfügung ein Erwerbsverbot beantragen (Grüneberg/Herrler § 888 Rn. 11). Dem K wird dadurch untersagt, den Antrag auf Umschreibung des Eigentums beim Grundbuchamt zu stellen.

Abwandlung: Dürfte eine einstweilige Verfügung erlassen werden?
Ja, obwohl die §§ 935, 938 Abs. 2 ZPO nur von Veräußerungsverbot sprechen, denn die Aufzählung ist nicht abschließend. Jede Maßnahme ist zulässig, die zur Erreichung des Zwecks dient. Ein Erwerbsverbot ist damit zulässig. Die Folge ist analog §§ 135, 136 BGB ein relativ unwirksamer Erwerb.
Abwandlung: Darf ein Erwerbsverbot ins Grundbuch eingetragen werden?
Nein, mangels Voreintragung. Zudem sieht das Gesetz die Eintragung nicht vor. Das Erwerbsverbot muss dem Grundbuchamt bekannt gegeben werden, das Amt wird dann bösgläubig. Das Grundbuchamt muss ein ihm bekanntes Verbot beachten und widersprechende Eintragungen ablehnen (Grüneberg/Herrler § 888 Rn. 11).

b) Veräußerungsverbot

1353 **Fall**
E ist Eigentümer eines Grundstücks. X erwirkt eine einstweilige Verfügung gegen E, darin wird dem E am 30.6. untersagt, über sein Grundstück zu verfügen. Am 1.7. beantragt E – und bewilligt in notarieller Form – die Eintragung einer Hypothek zugunsten des D. Am 2.7. beantragt X die Eintragung des Veräußerungsverbotes aus der einstweiligen Verfügung.
(1) Kann ein Veräußerungsverbot erlassen werden mit einer einstweiligen Verfügung?
Ja, nach § 938 Abs. 2 ZPO, der vom Verbot einer Veräußerung spricht.
(2) Welche Wirkungen hat ein Veräußerungsverbot?
Relative Unwirksamkeit der Verfügungen nach §§ 135, 136 BGB (ähnlich wie bei § 883 Abs. 2 BGB).
(3) Kann ein Veräußerungsverbot ins Grundbuch eingetragen werden?
Ja, wie sich bereits aus § 892 Abs. 1 S. 2 BGB ergibt.
(4) Sowohl E (Antrag auf Eintragung einer Hypothek) als auch X (Antrag auf Eintragung eines Veräußerungsverbots) haben einen Antrag gestellt. In welcher Reihenfolge werden sie bearbeitet?
Nach § 17 GBO muss der zuerst gestellte Antrag als erstes bearbeitet werden, vorliegend also zuerst der Antrag des E auf Eintragung einer Hypothek zugunsten des D. Nach § 19 GBO gilt der Bewilligungsgrundsatz, danach muss derjenige, dessen Recht von der Eintragung betroffen wird, die Eintragung bewilligen. E ist zwar Eigentümer des Grundstücks, allerdings besteht seit dem 30. Juni ein Veräußerungsverbot. Wurde die einstweilige Verfügung mit dem Veräußerungsverbot dem Grundbuchamt zur Kenntnis gebracht ist fraglich, ob E als Eigentümer die Eintragung einer Hypothek nach § 19 GBO bewilligen kann?
Aufgrund des Veräußerungsverbots besteht nur ein relatives Verfügungsverbot, es bewirkt keine Grundbuchsperre. Demnach besteht eine beschränkte Verfügungsbefugnis für E, sodass er insoweit noch verfügungsbefugt ist, als die verbotsgeschützte Person nicht beeinträchtigt wird. Die verbotsgeschützte Person (hier der X) wird vorliegend allerdings durch die Eintragung einer Hypothek für D beeinträchtigt, denn im Hinblick auf die §§ 135 Abs. 2, 892 Abs. 1 S. 2 BGB besteht bei Eintragung der Hypothek die Gefahr eines gutgläubigen Erwerbs der Hypothek.
Abwandlung: Das relative Veräußerungsverbot ist bereits im Grundbuch eingetragen. Wie wirkt sich das auf den Antrag auf Eintragung der Hypothek aus?
Nach Eintragung des Veräußerungsverbots scheidet gutgläubiger Erwerb aus, § 892 BGB. Eine Gefahr besteht nicht mehr.

II. Erwerb von Grundstücken und Grundstücksrechten

1354 Das System des Eigentumserwerbs bei Grundstücken ist vergleichbar dem bei beweglichen Sachen. Der wesentliche Unterschied ist, dass es bei beweglichen Sachen auf den

Besitz und die Übergabe ankommt, bei Grundstücken auf die Eintragung. § 873 BGB erfasst dabei nicht nur die Veräußerung von Grundstücken, sondern auch die Belastung von Grundstücken mit einem Recht und die Übertragung oder Belastung eines solchen Rechts. Die Auflassung, § 925 BGB, ist nur bei der Grundstücksveräußerung erforderlich.

1. Einigung (in Form der Auflassung), §§ 873, (925) BGB

a) Einigung, § 873 BGB. Zu jeder Übertragung des Eigentums an einem Grundstück und auch zur Belastung mit einem Recht oder zur Übertragung oder Belastung eines solchen Rechts, ist die Einigung der Parteien und die Eintragung im Grundbuch erforderlich. Bei der Prüfung der Übertragung eines Grundstücks, der Belastung eines Grundstücks mit einer Hypothek oder der Begründung einer Dienstbarkeit gilt daher stets die gleiche Prüfungsreihenfolge:
(1) Einigung
(2) Eintragung
(3) Berechtigung
Unter Umständen können noch weitere Kriterien hinzukommen, etwa die Auflassung bei der Eigentumsübertragung, § 925 BGB; die Übergabe des Hypothekenbriefes, § 1117 BGB; das Bestehen der Forderung, §§ 1113, 1163 BGB oder bei der Vormerkung, die streng akzessorisch ist, gilt: ohne zu sichernde Forderung entsteht keine Vormerkung, § 883 Abs. 1 BGB.
Teilweise muss auch geprüft werden, ob das gewählte Recht die Rechtsfolge überhaupt hergibt. **Beispiel:** Kann ein Überfahrtsrecht mit einer Grunddienstbarkeit überhaupt gesichert werden? Ja, ergibt sich aus § 1018 BGB (lesen!).

Das Einigsein der Parteien muss im **Zeitpunkt der Vollendung des Rechtserwerbs**, also bei der Eintragung vorliegen; Ausnahme: §§ 878, 883 Abs. 2 BGB.

b) Auflassung, § 925 BGB. Lediglich bei der Eigentumsübertragung muss die Einigung in Form der Auflassung, § 925 BGB, vorliegen. Die Einigung des Veräußerers und des Erwerbers muss also bei gleichzeitiger Anwesenheit beider Teile vor der zuständigen Stelle (i. d. R. einem Notar) erklärt werden. Die Auflassung ist ein dinglicher Vertrag, bei dem die Regeln über Willenserklärungen und Rechtsgeschäfte gelten. Grundsätzlich ist für die Auflassung eine Beurkundung der beiderseitigen Erklärungen nicht erforderlich; sie wird aber wegen §§ 20, 29 GBO nahezu immer gemacht, da sonst das Grundbuchamt nicht einträgt. **Beachte:** Die Auflassung ist bedingungsfeindlich, § 925 Abs. 2 BGB.

> **Klausurproblem:** Vor dem Oberlandesgericht wird ein widerruflicher Vergleich geschlossen. Da beide Parteien anwesend waren, wurde gleich die Auflassung – die Einigung über den Eigentumsübergang – protokolliert. Liegt eine wirksame Auflassung vor?
> **Nein,** die Auflassung, die unter einer Bedingung – ein widerruflicher Vergleich ist ein Vergleich unter einer Bedingung – erklärt wird, ist unwirksam. Auch eine Auflassung unter Eigentumsvorbehalt ist deshalb nicht möglich.

2. Eintragung, § 873 BGB

Die Eintragung ist zur Vollendung des Rechtserwerbs nötig. Der Erwerber erwirbt das Eigentum also erst mit der Eintragung. Das Grundbuchamt trägt nach Antrag und Bewilligung, §§ 13, 19 GBO, ein.

3. Berechtigung und gutgläubiger Erwerb

a) Berechtigter. Ist der Verfügende Berechtigter, tritt Eigentumserwerb nach § 873 BGB ein.

1360 b) **Nichtberechtigter.** Ist der Verfügende nichtberechtigt, scheitert eine Übereignung nach §§ 873, 925 BGB. Es ist aber – wie bei den beweglichen Sachen – auch bei Grundstücken ein gutgläubiger Erwerb möglich, § **892 BGB**. Anknüpfungspunkt ist hier nicht der Besitz, sondern die Eintragung („gilt der Inhalt des Grundbuches als richtig" § 892 Abs. 1 S. 1 BGB) mit der Vermutungswirkung des § 891 BGB. Ist im Grundbuch ein Recht eingetragen, wird vermutet, dass es besteht, § 891 Abs. 1 BGB. Ist ein eingetragenes Recht gelöscht, wird vermutet, dass das Recht nicht besteht, § 891 Abs. 2 BGB. Nicht entscheidend ist, ob der Erwerber ins Grundbuch geschaut hat. Abstrakt gilt der Inhalt des Grundbuchs als richtig. Es schadet nur ein eingetragener Widerspruch oder positive Kenntnis.

1361 Die **Gutgläubigkeit** des Erwerbers muss zum **Zeitpunkt** der Eintragung im Grundbuch (Zeitpunkt der Vollendung des Rechtserwerbs) nicht mehr vorliegen. Nach § 892 Abs. 2 BGB muss Gutgläubigkeit zum Zeitpunkt „der Stellung des Antrags" vorliegen. Kommt die Einigung allerdings erst später zustande, dann muss Gutgläubigkeit im Zeitpunkt der Einigung vorliegen. Bewilligt der Nichtberechtigte dem Erwerber bereits eine Vormerkung, dann ist der Zeitpunkt, zu dem Gutgläubigkeit vorliegen muss, nochmals vorverlagert, denn dann wird für die Gutgläubigkeit auf die Antragstellung auf Eintragung der Vormerkung ins Grundbuch abgestellt, vgl. § 883 Abs. 2 BGB (Grüneberg/Herrler § 885 Rn. 13).

1362 c) **Verkehrsgeschäft.** Ein gutgläubiger Erwerb setzt weiter voraus, dass es sich beim Erwerbstatbestand um ein Verkehrsgeschäft handelt. Dies liegt vor, wenn auf der Erwerberseite mindestens eine Person beteiligt ist, die nicht auch Veräußerer ist. Ist dies nicht der Fall, kommt ein gutgläubiger Erwerb nicht in Betracht (Grüneberg/Herrler § 892 Rn. 5).

> **Klausurproblem:** Der Erblasser ist zu Unrecht im Grundbuch eingetragen, er ist nicht Eigentümer des Grundstücks. Nach seinem Tod erben seine Kinder A, B und C als Erbengemeinschaft. Die Erbengemeinschaft veräußert und übereignet das Grundstück an den Erben A, der gutgläubig ist. Erwirbt A das Eigentum am Grundstück?
> Nein, da die Erbengemeinschaft nichtberechtigt ist, weil der Erblasser – trotz seiner Eintragung im Grundbuch – nicht Eigentümer des Grundstücks war. Der A wusste dies zwar alles nicht, auch das Grundbuch spricht für ihn, es liegt aber kein Verkehrsgeschäft vor, weil der Erwerber A auch Veräußerer ist.

4. Zubehör, § 926 BGB

1363 § 926 BGB regelt, dass der Erwerber mit dem Eigentum am Grundstücks auch das Eigentum am Zubehör erwirbt. Zubehör sind bewegliche Sachen, die dem wirtschaftlichen Zweck der Hauptsache zu dienen bestimmt sind, § 97 Abs. 1 BGB. Das sind – für die Klausur häufig – der Hotelomnibus, der Zuchthengst des Reiterhofes und die Bierschankanlage in einer Gartenwirtschaft (Einzelfälle bei Grüneberg/Ellenberger § 97 Rn. 11). Hat also der Kläger vom Beklagten das Hotel (mit Zubehör) erworben und das Grundstück übereignet bekommen, so ist er jetzt auch Eigentümer des Hotelomnibuseses, auch wenn der Beklagte diesen noch in Besitz hat. Verlangt der Kläger ihn heraus, ist Anspruchsgrundlage für die Herausgabe § 985 BGB. Der Eigentümer des Grundstücks kann also nach § 985 BGB auch die Herausgabe des Zubehörs verlangen. Demgegenüber regelt § 311c BGB, ob auch beim Verkauf das Zubehör mitverkauft ist.

III. Widerspruch

1. Widerspruch

1364 Der **Widerspruch im Grundbuch** verhindert einen gutgläubigen Erwerb, § 892 Abs. 1 S. 1 aE BGB (lesen!). Ein Widerspruch wird eingetragen, wenn das Grundbuch unrichtig ist, § 899 Abs. 1 BGB. Der Widerspruch ist in der Klausur sehr wichtig (vor allem in der Anwaltsklausur). Soll ein solcher eingetragen werden, ist stets zu prüfen, ob das Grundbuch unrichtig und ob gutgläubiger Erwerb eines Dritten möglich ist.

Es gibt drei Möglichkeiten, den Widerspruch eintragen zu lassen: **1365**

(1) Ist der **Schuldner zu Abgabe einer Willenserklärung verurteilt worden**, § 895 **1366** ZPO, aufgrund derer eine Eintragung ins Grundbuch erfolgen soll, gilt mit dem vorläufig vollstreckbaren Urteil die Eintragung einer Vormerkung oder eines Widerspruchs als bewilligt, § 895 ZPO. Der Nachteil dabei ist, dass nur schwer absehbar ist, ob und wann ein Urteil ergeht. Interessant ist es deshalb nur, wenn das Urteil bereits ergangen ist, was in der Klausur kaum der Fall sein wird. Dennoch sollte in einer Anwaltsklausur auf diese einfachste Möglichkeit einen Widerspruch zu bekommen hingewiesen werden.

(2) Durch **Bewilligung** desjenigen, dessen Recht betroffen ist, § 899 Abs. 2 S. 1 2. Alt. **1367** BGB. **Beachte:** Da dies der einfachste Weg ist, muss in einer Anwaltsklausur stets beim Gegner angefragt werden, ob er einen Widerspruch bewilligt (da es eilt, eben mit sehr kurzer Frist, ggfs. einen Tag), bevor gerichtliche Schritte eingeleitet werden. Ansonsten besteht das Risiko, dass er auf einen Antrag auf Erlass einer einstweiligen Verfügung sofort anerkennt, § 93 ZPO. Im Übrigen dürfte die Bewilligung auch der einfachere Weg sein, sodass ohne Anfrage möglicherweise die einstweilige Verfügung unzulässig ist.

(3) Durch **einstweilige Verfügung**, §§ 899 Abs. 1 S. 1 1. Alt. BGB, 935 ZPO! Dies ist **1368** die Hauptform in der Klausur. Bei dieser Form der einstweiligen Verfügung ist – anders als sonst vgl. §§ 935, 936, 920 Abs. 2 ZPO –, die Eilbedürftigkeit nicht glaubhaft zu machen, § 899 Abs. 2 S. 2 BGB (wie bei § 885 Abs. 2 BGB). Für den Verfügungsanspruch ist erforderlich, dass die Unrichtigkeit des Grundbuchs glaubhaft gemacht wird, §§ 936, 920 Abs. 2, 294 ZPO.

> **Klausurproblem:** Der Beklagte hat auf dem Grundstück des Klägers eine Hypothek zur Sicherung seines Werklohnanspruches eingetragen bekommen. Der Kläger mindert den Werklohnanspruch/oder die Parteien haben eine Stundung vereinbart, der Kläger will nun die Minderungs-/Stundungseinrede in das Grundbuch eintragen lassen. Geht das?
> Besteht ein Minderungsanspruch/die Stundung, kann die Minderungs-/Stundungseinrede in das Grundbuch eingetragen werden, da ohne die Eintragung das Grundbuch unrichtig ist und ein gutgläubiger Erwerb der Hypothek ohne die Minderung/Stundung möglich wäre, § 1138 BGB. Zur Sicherung kann bis zur Eintragung der Einrede ein Widerspruch gegen die Richtigkeit des Grundbuches aufgrund (meist) einer einstweiligen Verfügung eingetragen werden, §§ 899, 892 BGB.

2. Anhang: Rechtshängigkeitsvermerk

Überträgt der Beklagte während des Prozesses (Fall wie gerade) die Hypothek an einen **1369** Dritten und wird um die Minderungs-/Stundungseinrede gestritten, greift wohl § 325 ZPO. Der Dritte muss dann das Urteil gegen sich gelten lassen. Wird also festgestellt, dass die Minderung/Stundung besteht, wirkt dies auch gegenüber dem Dritten. Aber es greift § 325 Abs. 2 ZPO, der die Möglichkeit des gutgläubigen Erwerbs eröffnet, **bei doppelter Gutgläubigkeit**. Um die Berufung auf § 325 Abs. 2 ZPO auszuschließen reicht es aus, wenn sich die Rechtshängigkeit des Berichtigungsanspruchs aus dem Grundbuch ergibt. Dann ist die Gutgläubigkeit des Dritten – die sich auf das Recht und die fehlende Rechtshängigkeit beziehen muss – bzgl. der fehlenden Rechtshängigkeit beseitigt (zum Vermerk Grüneberg/Herrler § 899 Rn. 7).

1370 Der Vermerk kann auch aufgrund einer Bewilligung oder aufgrund einer einstweiligen Verfügung – nach hM ist auch hier keine Eilbedürftigkeit glaubhaft zu machen – eingetragen werden. Während früher weitgehend angenommen wurde, dass allein die Rechtshängigkeit glaubhaft zu machen sei – dies ist wesentlich einfacher als die Voraussetzungen des Widerspruchs – ist dies seit der Entscheidung des BGH (NJW 2013, 2357) nicht mehr der Fall. Der BGH verlangt zudem, dass die Unrichtigkeit des Grundbuches glaubhaft gemacht wird. Daher kommt der Rechtshängigkeitsvermerk nur noch selten vor.

IV. Vormerkung

1. Die Vormerkung als Sicherungsmittel

1371 Die Vormerkung ist ein Sicherungsmittel im Grundstücksrecht für einen schuldrechtlichen Anspruch auf dingliche Rechtsänderung. Sie ist streng akzessorisch, sie ist also stets davon abhängig, dass es einen zu sichernden Anspruch gibt. Erlischt der Anspruch, erlischt damit auch die Vormerkung (häufig Klausurthema).

1372 a) **Voraussetzungen für eine Vormerkung sind:**
(1) Bestehen eines vormerkungsfähigen Anspruchs;
(2) Bewilligung oder einstweilige Verfügung, § 885 BGB;
(3) Eintragung ins Grundbuch, § 873 BGB;
(4) Berechtigung oder gutgläubiger Erwerb, §§ 893, 892 BGB.

2. Sicherungswirkungen

1373 Die Sicherungswirkungen ergeben sich aus §§ 883 Abs. 2, 888 BGB. Danach sind Verfügungen, die der Vormerkung widersprechen, relativ, also nur dem Vormerkungsinhaber gegenüber, unwirksam. Dieser kann vom Erwerber Löschung verlangen, § 888 ZPO.

> **Klausurproblem:** Zugunsten des V besteht eine Vormerkung für ein Vorkaufsrecht. Der Eigentümer veräußert das Grundstück an einen Dritten, der auch im Grundbuch eingetragen wird. V übt sein Vorkaufsrecht aus und will vom Eigentümer Herausgabe und Übereignung des Grundstücks. E meint, er könne nicht leisten, dies sei für ihn unmöglich, da der Dritte ja bereits im Grundbuch eingetragen sei und das Eigentum erworben habe?
> Zwar hat der Dritte das Eigentum am Grundstück erworben. Aber sein Erwerb ist dem V gegenüber (relativ) unwirksam, da die Veräußerung das Vorkaufsrecht des V vereiteln würde. Der Anspruch ist auch nicht nach § 275 BGB wegen Unmöglichkeit untergegangen, wegen §§ 883 Abs. 2, 888 BGB. V kann daher von E Übereignung, §§ 433 Abs. 1 S. 2, 464 Abs. 2 BGB, und von D Zustimmung und Löschung, § 888 BGB, verlangen.

3. Vormerkung für künftige Leistung, § 883 Abs. 1 S. 2 BGB

1374 > **Klausurproblem** (nach BGH NJW 1954, 633): E ist als Eigentümer eines Grundstücks im Grundbuch eingetragen. Er und seine Frau schließen einen Erbvertrag, in dem sie zugunsten von Sohn S ein Vermächtnis vereinbaren, nach dem S nach dem Tode von E das Grundstück als Vermächtnis bekommt. S will zu seinen Gunsten eine Auflassungsvormerkung eintragen lassen. Möglich?
> Eine Vormerkung kann nach § 883 Abs. 1 S. 2 BGB auch zur Sicherung eines künftigen oder bedingten Anspruchs eingetragen werden (Grüneberg/Herrler § 883 Rn. 15–19). Künftige oder bedingte Ansprüche sind nur vormerkungsfähig, wenn nicht nur die bloße Möglichkeit besteht, sondern bereits eine feste, die Gestaltung

des Anspruchs bestimmende Grundlage vorhanden ist. Der Rechtsboden für die Entstehung des Anspruchs muss durch ein rechtsverbindliches Angebot oder Abkommen so weit vorbereitet sein, dass die Entstehung des Anspruchs nur noch von dem Willen des demnächst Berechtigten abhängt. Dies ist beim Vermächtnis – solange der Erbfall nicht eingetreten ist – nicht der Fall. Auch durch eine Verfügung von Todes wegen wird – auch wenn sie vertragsmäßig getroffen wird – niemals ein Anspruch gegen den Erblasser begründet. Rechte des Bedachten entstehen erst mit dem Eintritt des Erbfalls. Ab da kann eine Vormerkung eingetragen werden. Vorher sind erbrechtliche Ansprüche nicht vormerkungsfähig.

Klausurproblem (nach BGH NJW 1997, 861): Die Eltern übertragen ihrer Tochter einen Miteigentumsanteil am Grundstück. T verpflichten sich – zu Lebzeiten der Eltern – nicht über ihren Anteil am Grundstück zu verfügen; für den Fall der Zuwiderhandlung war das Recht vorbehalten vom Vertrag zurückzutreten und die Rückübertragung des Anteils zu verlangen. Zur Sicherung dieses Anspruchs hat T die Eintragung einer Rückauflassungsvormerkung zugunsten der Eltern bewilligt.
Hier besteht bei Zuwiderhandlung ein Anspruch der Eltern; es besteht ein Rücktrittsrecht und ein konkreter Anspruch auf Rückübertragung. Zur Sicherung des Anspruchs ist der Rechtsboden gelegt, der Anspruch kann daher durch Vormerkung gesichert werden.

4. Gutgläubiger Erwerb einer Vormerkung

Klausurproblem: A ist Bucheigentümer, E ist wirklicher Eigentümer. Am 4.5. macht A dem Y ein notarielles Kaufangebot (gültig für 3 Monate) und bewilligt gleichzeitig eine Auflassungsvormerkung, die am 2.6. eingetragen wird. Am 20.6. nimmt Y das Angebot an. Am 4.6. war aufgrund einer einstweiligen Verfügung des E ein Widerspruch gegen die Richtigkeit des Grundbuches eingetragen worden. Am 30.6. wird Y eingetragen. Ist Y Eigentümer des Grundstücks geworden?
§ 892 Abs. 1 S. 1 BGB greift nicht, weil beim Rechtserwerb ein Widerspruch im Grundbuch eingetragen war. **Maßgebender Zeitpunkt ist die Vollendung des Rechtserwerbs.** Bei der Vormerkung greift § 892 Abs. 1 S. 1 BGB nicht direkt, da die Vormerkung kein Recht am Grundstück i. S. v. § 892 BGB ist. Aber die Bestellung einer Vormerkung ist nach hM eine Verfügung i. S. v. § 893 2. Alt. BGB, sodass über §§ 893, 892 BGB **ein gutgläubiger Erwerb einer Vormerkung möglich ist** (vgl. Grüneberg/Herrler § 885 Rn. 12). Y hat daher durch die Eintragung der Vormerkung am 2.6. diese gutgläubig erworben. Fraglich ist, wie Y die gutgläubig erworbene Vormerkung durchsetzen kann?
Nach der hM (sog. Zustimmungstheorie) scheitert ein gutgläubiger Erwerb, es besteht allerdings ein Anspruch entsprechend § 888 Abs. 1 BGB, mit der Folge des § 185 BGB. **Beachte:** Kein Gutglaubensschutz, wenn die Vormerkung ohne rechtsgeschäftliche Bewilligung also aufgrund einer einstweiligen Verfügung, § 885 Abs. 1 S. 1 BGB, oder nach § 18 Abs. 2 GBO eingetragen wird.
Nach der mM (sog. Rückbeziehungstheorie) ist nach dem Rechtsgedanken des § 883 BGB das Vorliegen der Gutglaubensschutzvorschriften bei Eintragung der Vormerkung auch für den späteren Erwerb des vorgemerkten Rechts entscheidend.

Klausurproblem (vgl. BGH NJW 1958, 2013 f): S ist (gutgläubige) Scheinerbin, sie veräußert mit notariellem Kaufvertrag unter Vorlage des Erbscheins am 2. Januar 2024 an den gutgläubigen X ein Grundstück, das auf den Erblasser eingetragen war. Die Auflassung wurde erklärt, gleichzeitig wurde eine Auflassungsvormerkung bewil-

ligt, die am 1. März 2024 auch eingetragen wurde. Am 1. April wurde das neue Testament entdeckt, welches die E als (wahre) Erbin ausweist. E teilt dies auch sogleich dem X mit. Am 2. Mai wird sodann der X als Eigentümer in das Grundbuch eingetragen. Zurecht?
AGL für eine Klage der E wäre § 894 BGB.
a) Eigentümer war ursprünglich der Erblasser. Mit seinem Tode ging das Eigentum auf E als Erbin über, §§ 1922, 1937 BGB. b) S war somit Nichtberechtigte als sie an X verfügte, daher kein Erwerb des X nach §§ 873, 925 BGB.
c) Auch kein gutgläubiger Erwerb des X nach § 892 Abs. 1 S. 1 BGB, da S nicht als Eigentümerin eingetragen war. Auf eine Voreintragung wird nur beim Erwerb vom wahren Erben verzichtet (Grüneberg/Herrler § 892 Rn. 13).
d) Auch kein Erwerb über §§ 2365, 2366 BGB, da X im Zeitpunkt des Rechtserwerbs (§ 892 Abs. 2 BGB, vgl. Grüneberg/Weidlich § 2365 Rn. 2 aE) die Unrichtigkeit des Erbscheins kannte.
e) Aber gutgläubiger Erwerb über die Vormerkung. Zwar kein Erwerb über §§ 873 Abs. 1, 883 Abs. 1, 885 Abs. 1 BGB, da S Nichtberechtigte war; auch nicht über §§ 892 Abs. 1, 893 2. Alt. BGB, da S nicht im Grundbuch eingetragen war. Aber über §§ 2366, 2367 2. Alt. BGB erwirbt X gutgläubig das Eigentum über die Vormerkung. § 2367 BGB – der § 893 BGB nachempfunden ist – gilt für die Vormerkung.

5. Gutgläubiger Zweiterwerb einer Vormerkung

1376 **Klausurproblem:** Der eingetragene Nichteigentümer N verkauft ein Grundstück an den bösgläubigen K und bewilligt ihm eine Vormerkung, die auch eingetragen wird. K tritt nun den Anspruch auf Übereignung des Grundstücks (Vormerkung) an den gutgläubigen Z ab zu dessen Gunsten die Vormerkung eingetragen wird. Der Eigentümer E erfährt davon und verlangt von Z die Zustimmung zur Löschung der Vormerkung. Hat E diesen Anspruch?
Lösung: Gutgläubiger Erwerb einer Vormerkung ist möglich. Sie kann aber nicht selbstständig übertragen werden, sie geht mit der zu sichernden Forderung nach § 401 BGB über. Hier stellt sich daher die Frage, ob eine anfänglich unwirksame Vormerkung bei Abtretung des vorgemerkten Anspruchs durch den Zessionar gutgläubig erworben werden kann? Dies ist höchst umstritten, nach einer Ansicht ist dies möglich, nach einer anderen nicht (Grüneberg/Herrler § 885 Rn. 12, 19). Nach der dritten Ansicht (wohl hM) ist gutgläubiger Erwerb möglich, wenn in der Person des ersten Erwerbers die Vormerkung nicht entstanden ist, weil der Bewilligende Nichtberechtigter und der Erwerber bösgläubig war. Gutgläubiger Erwerb ist nach dieser Ansicht dagegen nicht möglich, wenn die Bewilligung unwirksam ist.

V. Anspruchsgrundlagen

1377 **Anspruchsgrundlage im Grundstücksrecht ist meist § 894 BGB.** Dabei ist stets zu prüfen, ob das Grundbuch dinglich unrichtig ist. Dies ist der Fall, wenn die Rechtslage bzgl. des Eigentums, der Grundpfandrechte, Widersprüche, Verfügungsbeschränkungen oder Vormerkungen unrichtig ist. In einer Grundstücksklausur ist dies meist eine der Hauptaufgaben, dabei sind häufig ganze Übereignungsketten zu prüfen (vgl. hierzu oben D. II. und E. II.).

1378 Zeigt sich in einer Klausur die Unrichtigkeit des Grundbuchs, dann wird, um einen gutgläubigen Erwerb zu verhindern, ein Widerspruch gegen die Richtigkeit des Grundbuches eingetragen. Weitere Anspruchsgrundlagen sind dann noch § 888 BGB auf Zustimmung zur Löschung oder Eintragung, wenn die Verfügung der Vormerkung widerspricht, und § 896 BGB, Vorlage des Hypothekenbriefes an das Grundbuchamt, um das Grundbuch zu berichtigen.

Als Anspruchsgrundlagen greift auch – wird aber neben § 894 BGB nicht notwendig sein – § 812 BGB (schuldrechtlicher Grundbuchberichtigungsanspruch), der Beklagte hat die Buchposition erlangt. § 823 BGB ist über § 992 BGB anwendbar. Wohl auch § 1004 BGB auf Beseitigung mittlerweile eingetragener Rechte, weil sie das Eigentum des Berechtigten beeinträchtigen. **1379**

VI. Nachbarrecht

1. Nachbarrecht, Anspruchsgrundlagen

a) **Privates Nachbarrecht.** Das **private Nachbarrecht** – innerhalb dessen es auch öffentlich-rechtliche Vorschriften gibt, wie etwa Immissionsschutz, Naturschutz, Baurecht – regelt die nachbarrechtlichen Beziehungen der Nachbarn in den Vorschriften der §§ 903 bis 924 BGB (für den Besitzer in §§ 861 ff. BGB). Kernvorschriften sind hier §§ 903, 906 BGB und der Unterlassungs- und Beseitigungsanspruch des § 1004 BGB. Dieser gibt einen Anspruch gegen den Nachbarn, von dessen Grundstück Einwirkungen auf das Grundstück des Beeinträchtigten ausgehen, die er nicht zu dulden hat. Dieser Anspruch ist verschuldensunabhängig. **1380**

Weiter regeln die Normen der landesrechtlichen Nachbarrechtsgesetze – sie sind zulässig über Art. 124 EGBGB – vor allem das Recht der Anpflanzung, der Grenzabstände, der Aufschüttungen, der Zäune und besondere Duldungspflichten, die über §§ 903 ff. BGB hinausgehen können, etwa den Überbau bei Wärmedämmungen, das Hammerschlags- und das Leiterrecht. **1381**

Beispiele: Das (private) Nachbarrecht – der Konflikt besteht hier nur zwischen den Nachbarn – schränkt die Befugnisse der Eigentümer aus §§ 903 ff BGB ein. So darf der Eigentümer dem Nachbarn das Notwegerecht, § 917 BGB, nicht verbauen; hat eventuell den Überbau, § 912 BGB, zu dulden; darf keinen Baum direkt an der Grenze pflanzen, §§ 11, 12, 16 NRG BaWü. Solche Fälle könnten auch in einer Klausur vorkommen. Sofern landesrechtliche Nachbarrechtsvorschriften zu prüfen sind, sind diese Normen im Sachverhalt angegeben. In aller Regel ist dann zu prüfen, ob ein **Anspruch nach § 1004 BGB auf Beseitigung oder Unterlassung** besteht. Hat der Nachbar einen Baum auf die Grenze gesetzt, §§ 11 ff. NRG BaWü, oder hat er über die Grenze gebaut, § 912 BGB, so ist zunächst zu prüfen, ob der Nachbar nach den jeweils einschlägigen Normen dies durfte. Durfte er dies, kann dennoch ein Ausgleichsanspruch bestehen. War dies unzulässig, ist zu prüfen, ob ein Anspruch nach § 1004 BGB besteht. Die Klausuren in diesem Bereich kommen sicher nicht allzu häufig vor. Aber vor allem der Überbau, § 912 BGB, und das Notwegerecht, § 917 BGB, erfreuen sich einer gewissen Beliebtheit. **1382**

b) **Nachbarrechtliches Gemeinschaftsverhältnis.** Bei benachbarten Grundstücken können die Befugnisse der verschiedenen Eigentümer kollidieren. Jedes Recht des einen Eigentümers ist durch die besondere Lage des Grundstücks und die dadurch gebotene Rücksichtnahme auf die Belange des Grundstücksnachbarn inhaltlich begrenzt. Schon das Reichsgericht (RGZ 154, 161 ff.) hat für das Nachbarrecht aus §§ 242 und 226 BGB **das nachbarrechtliche Gemeinschaftsverhältnis** entwickelt. Diese Regeln greifen nur in Ausnahmefällen, wo ein über die gesetzlichen Regeln hinausgehender billiger Ausgleich widerstreitender Interessen dringend geboten ist (Grüneberg/Herrler § 903 Rn. 13). So können sich aus dem Gemeinschaftsverhältnis Abwehransprüche ergeben **1383**

(§§ 823, 862, 1004, 826 BGB), etwa bei Beeinträchtigung des Zugangs zum Nachbargrundstück oder bei einer Überwachungskamera oder auch die Verpflichtung, bauliche Veränderung in einer den Belangen des Nachbarn möglichst wenig beeinträchtigenden Weise durchzuführen (vgl. Beispielsfall unten 4.).

2. Überbau, § 912 BGB

1384 a) **Problemstellung.** Der Nachbar hat – wenn ein Fall des § 912 BGB vorliegt – den Überbau zu dulden, § 912 Abs. 1 BGB, der Überbauende wird Eigentümer des gesamten Gebäudes, der Nachbar ist dafür aber durch eine Geldrente zu entschädigen, § 912 Abs. 2 BGB. **Beachte** aber: Der Überbau bleibt rechtswidrig; die Duldungspflicht beseitigt nicht die Rechtswidrigkeit. § 912 BGB regelt nur einen von drei Fällen, zu denen es beim Überbau kommen kann. Interessant sind diese Fälle, weil es hier zum Widerstreit der §§ 93, 94 Abs. 2 BGB und des § 94 Abs. 1 BGB kommt. In diesen Fällen ist dann zu entscheiden, ob sich die §§ 93, 94 Abs. 2 BGB durchsetzen und der überbaute Teil wesentlicher Bestandteil des Gebäudes wird oder ob sich § 94 Abs. 1 BGB durchsetzt und der überbaute Teil wesentlicher Bestandteil des Grundstücks, auf das gebaut wurde, wird.

1385 Zum Überbau kann es etwa kommen, wenn der Nachbar dies gestattet, meist gegen Geldzahlung. Ansonsten wenn ein Vermessungsfehler vorliegt oder der Bauunternehmer den Plan falsch liest oder der Bau falsch eingemessen wird. Beim Überbau sind **drei Fälle** zu unterscheiden, § 912 BGB regelt nur einen Fall davon:

1386 b) **Der rechtmäßige Überbau.** Hier sind sich die Parteien einig, dass der Nachbar über die Grenze baut. Es gilt dann nicht § 912 BGB, sondern die vereinbarten Regeln. Hat also der Nachbar den Überbau gegen Geldzahlung gestattet, ist dieser Vertrag die Anspruchsgrundlage für die Berechtigung und auch für die Zahlung.

1387 c) **Der schuldhafte, grob fahrlässige oder vorsätzliche Überbau.** Auch für diesen Fall gilt § 912 BGB nicht. **Rechtsfolgen:**
- Der übergebaute Gebäudeteil wird Eigentum des Nachbarn (hier setzt sich § 94 Abs. 1 BGB durch).
- Der Eigentümer des Nachbargrundstücks kann Beseitigung des Überbaues verlangen, § 1004 BGB (sein Eigentum wird gestört).
- Der Eigentümer kann auch Herausgabe der überbauten Fläche verlangen, § 985 BGB.

1388 d) **Der schuldlose oder leicht fahrlässige Überbau, § 912 BGB.** Nur für diesen letzten Fall d) gilt § 912 BGB. **Rechtsfolgen:**
- Der Eigentümer des Nachbargrundstücks hat den Überbau zu dulden, § 912 Abs. 1 BGB.
- Der Eigentümer des Grundstücks von dem überbaut wurde, wird Eigentümer des gesamten Gebäudes (hier setzen sich die §§ 93, 94 Abs. 2 BGB durch).
- Der Überbauer hat eine Geldrente zu zahlen, § 912 Abs. 2 BGB.

Beachte: Auch wenn der Überbau nach § 912 BGB zu dulden ist, erstreckt sich diese Duldungspflicht nicht auf die Funktionsflächen. Wer also wegen § 912 BGB eine Garage zu dulden hat, muss die Überfahrt zur Garage nicht dulden.

e) **Voraussetzungen des § 912 BGB (vgl. Grüneberg/Herrler § 912 Rn. 4 ff)**
- Es muss sich um ein Gebäude handeln.
- Der Eigentümer des Grundstücks von dem aus übergebaut wurde muss übergebaut haben.
- Es muss eine Grenzüberschreitung vorliegen.

- Höchstens leichte Fahrlässigkeit.
- Kein sofortiger Widerspruch (der Widerspruch muss nach objektiv erkennbarer Grenzüberschreitung so rechtzeitig erhoben werden, dass eine Beseitigung ohne erhebliche Zerstörung noch möglich ist (BGHZ 59, 191; Grüneberg/Herrler § 912 Rn. 10)).
- Keine über die Grenzverletzung hinausgehende Beeinträchtigung.

3. Notwegerecht, § 917 BGB

Fehlt einem Grundstück der Zugang zu einem öffentlichen Weg, so kann der Eigentümer vom Nachbarn eventuell die Einräumung eines Notwegerechts verlangen. Interessant für die Klausur sind diese Fälle auch deshalb, weil die Eigentümer des Grundstücks, über das der Notweg verläuft, notwendige Streitgenossen sind.

> **Klausurproblem:** Werden A und B auf Einräumung eines Notwegerechtes verklagt und stellt sich heraus, dass auch C noch Eigentümerin des Grundstücks ist, ist die Klage unzulässig. A B und C sind materiell-rechtlich notwendige Streitgenossen. Einer Klage gegen A und B fehlt jedenfalls das Rechtsschutzinteresse. Stellt sich das erst in der Berufung heraus, ändert dies nichts, die Klage ist unzulässig.

> **Beachte:** Ein Wegerecht über ein Grundstück kann selbstverständlich vereinbart und ins Grundbuch eingetragen werden als Dienstbarkeit, vgl. § 1018 1. Alt. BGB, „dass dieser das Grundstück in einzelnen Beziehungen benutzen darf" (Grüneberg/Herrler § 1028 Rn. 16). Das Notwegerecht dagegen ist nicht eingetragen, es gilt nur, wenn es keine andere Möglichkeit gibt, das Grundstück zu erreichen.

4. Grenzverwirrung, § 920 BGB

Eine Grenzverwirrung liegt vor, wenn die Grenze zwischen angrenzenden Grundstücken unklar ist. Dieses Problem kann für die Klausur relevant werden, wenn eine Partei auf den streitigen Grundstücksteil zugreifen will, indem sie ihn bebaut und die andere Partei dies verhindern will.

> **Beachte:** Streiten die Parteien über den Grenzverlauf, kann jede der Parteien gegen den anderen auf die in Anspruch genommene Fläche klagen, etwa auf Herausgabe, § 985 BGB, auf Unterlassung der Nutzung, § 1004 BGB, oder auf Feststellung des Eigentums. Der Kläger hat im Prozess aber immer den Grenzverlauf zu beweisen, also dass er Eigentümer dieses Teils ist. Kann er dies nicht, bleibt nur die Grenzfeststellung. Von Bedeutung ist dies vor allem bei der einstweiligen Verfügung. Derjenige, der das Eigentum behauptet, kann es i.d.R. nicht glaubhaft machen. Die Grenzfeststellung kann er daher nicht mit der einstweiligen Verfügung durchfechten.

> **Klausurproblem:** Die Nachbarn streiten um einen Grundstücksteil. Jeder von ihnen behauptet Eigentümer dieses Teiles zu sein. Der Nachbar N beginnt nun auf dem Teil zu bauen, obwohl er sein Eigentum an diesem Teil nicht beweisen kann. Beantragt nun der andere Nachbar X eine einstweilige Verfügung, mit dem Ziel das Bauen zu unterlassen, so kann auch er den Anspruch aus § 1004 oder § 985 BGB nicht glaubhaft machen. Er kann dem Bauherrn N also nicht nach §§ 1004, 861 ff., 985 BGB den Bau wegen Eigentumsbeeinträchtigung untersagen. Hier hilft nur der Anspruch aus dem nachbarrechtlichen Gemeinschaftsverhältnis (oben 1. b)). Beide Parteien dürfen wohl, solange die Grenze nicht geklärt ist, den streitigen Teil nicht benutzen. Verstößt ein Teil dagegen, wie der Bauherr N, so kann der andere Teil insoweit Unterlassung verlangen.

VII. Dienstbarkeiten, §§ 1018 ff. BGB

1. Allgemeines

1391 Ähnlich exotisch sind Klausuren aus dem Bereich der §§ 1018 ff. BGB. Auch hier geht es meist nur darum, Grundzüge zu kennen, besondere Schwierigkeiten sind mit diesen Fragen nicht verbunden. Die §§ 1018 ff. BGB sind beschränkt dingliche Rechte an einem Grundstück, die auf ein Dulden oder Unterlassen des verpflichteten Grundstückseigentümers gerichtet sind, zugunsten des jeweiligen Eigentümers des „beherrschenden Grundstücks". Diese Rechte werden ins Grundbuch eingetragen, sie bestehen erst ab dem Zeitpunkt, zu dem sie im Grundbuch eingetragen sind, § 873 BGB.
Eine Dienstbarkeit ist ein dingliches Recht am Belastungsgrundstück, die Reallast ist dagegen auf eine aktive Handlung gerichtet (zu den Begriffen Grüneberg/Herrler Vor § 1018 Rn. 1).

1392 In den meisten dieser Klausuren geht es lediglich darum, wie ein solches Recht entsteht. Es ist meistens also einfach § 873 BGB, Einigung, Eintragung und Berechtigung oder gutgläubiger Erwerb zu prüfen; insoweit gibt es keinerlei Besonderheiten zu den Erwerbstatbeständen. Selten muss auch der Inhalt überprüft werden, wie etwa: Kann ein Verbot, eine Tankstelle oder eine Gastwirtschaft auf dem Nachbargrundstück zu betreiben, Gegenstand einer Dienstbarkeit sein? In einem solchen (seltenen) Fall kann von den Klausurbearbeitern kein Wissen verlangt werden, stattdessen ist (zwingend) der Grüneberg zu benutzen.

1393 Gegenstand einer Dienstbarkeit kann ein Wegerecht sein (Grüneberg/Herrler § 1018 Rn. 16); ebenso die Untersagung auf dem Grundstück ein Haus zu bauen oder ein gewisses Gewerbe (Tankstellen-/Brauereidienstbarkeit) zu betreiben (Grüneberg/Herrler § 1018 Rn. 23, 24). Unzulässig ist hingegen eine Dienstbarkeit, die den Bezug von Waren eines bestimmten Herstellers auf dem Grundstück verbietet (Grüneberg/Herrler § 2018 Rn. 25). Bei der Nutzung die verboten wird, muss es sich um eine Nutzung handeln, die sich als Ausübung des Eigentums darstellt und nicht lediglich um ein Verhalten, das Ausfluss der rechtsgeschäftlichen Handlungsfreiheit ist.

1394 Über § 1027 BGB gilt der Beseitigungs- und Unterlassungsanspruch, § 1004 BGB. Da die §§ 1018 ff BGB gesetzliche Schuldverhältnisse sind, greifen auch die allgemeinen Vorschriften wie §§ 280 ff, 823 ff BGB. Zu beachten sind die besonderen Verjährungsvorschriften in § 902 und § 1028 BGB.

1395 Auch ein mit einer Dienstbarkeit belastetes Grundstück kann **gutgläubig erworben werden**. Das Problem dabei ist häufig, dass ein Grundstück nur im Ganzen belastet sein kann. Erwerben mehrere Miteigentümer ein Grundstück und nur einer der Miteigentümer ist gutgläubig bezüglich der Lastenfreiheit, stellt sich die Frage, ob die Dienstbarkeit insgesamt oder gar nicht erlischt (vgl. Grüneberg/Herrler, § 1018 Rn. 36, § 1090 Rn. 8).

> **Klausurproblem:** Im Grundbuch ist eine dahingehende Dienstbarkeit eingetragen, dass auf dem belasteten Grundstück nicht höher als zwei Stockwerke gebaut werden darf. Durch ein Versehen des Grundbuchamtes wird diese Dienstbarkeit am 1. Oktober gelöscht (also mit einem Löschungsvermerk versehen). Daraufhin erwerben A und B das Grundstück am 1. November mit ordnungsgemäßen notariellen Vertrag und die Auflassung wird erklärt. Am 10. November erfährt A, dass die Dienstbarkeit nur versehentlich gelöscht wurde. Anschließend werden A und B am 15. November als Eigentümer (je ½ Miteigentumsanteil) im Grundbuch eingetragen. Am 1. Dezember bemerkt das Grundbuchamt seinen Fehler und berichtigt das Grundbuch und trägt die Dienstbarkeit wieder als bestehendes Recht im Grundbuch ein. A und B

verlangen nun Löschung der am 1. Dezember vom Grundbuchamt wieder eingetragenen Dienstbarkeit. Besteht der Anspruch?
Lösung: AGL ist § 894 BGB
(1) Die Dienstbarkeit ist wirksam entstanden, §§ 873, 1018 (oder 1090) BGB; die Baubeschränkung kann Gegenstand einer Dienstbarkeit sein.
(2) Kein Erlöschen der Dienstbarkeit durch die versehentliche Löschung durch das GBA, da ein entsprechender Wille fehlt.
(3) Aber gutgläubiger lastenfreier Erwerb des Grundstücks durch A und B nach § 892 Abs. 1 BGB? **Wohl ja!**
  (a) Ein Verkehrsgeschäft liegt vor.
  (b) Der Inhalt des Grundbuchs gilt als richtig, §§ 891, 892 Abs. 1 BGB. Dies heißt vorliegend, dass das Grundstück im Zeitpunkt des Rechtserwerbs, also der Eintragung am 15. November, nicht belastet war, da zu diesem Zeitpunkt die Dienstbarkeit nicht eingetragen war (Grüneberg/Herrler § 892 Rn. 15).
  (c) Problem A war Bösgläubig, B war Gutgläubig? Die Dienstbarkeit kann niemals an einem Miteigentumsanteil bestellt werden, sondern nur an einem Gesamtgrundstück (Grüneberg/Herrler §§ 1018 Rn. 2, 1090 Rn. 2). Dennoch kann die Dienstbarkeit nach hM gutgläubig „wegerworben" werden (Argument: § 892 BGB ist nicht beschränkt). Daher erlischt die Dienstbarkeit gesamt, wenn Sie von einem Miteigentümer gutgläubig erworben worden ist (Grüneberg/Herrler §§ 1018 Rn. 36; 1090 Rn. 8).

2. Grunddienstbarkeit, §§ 1018 ff BGB

Bei der Grunddienstbarkeit muss der Eigentümer des belasteten Grundstücks entweder eine Benutzung seines Grundstücks durch den Eigentümer des begünstigten Grundstücks dulden (z. B. im Falle eines Wegerechts) oder er darf eine bestimmte Handlung auf dem Grundstück nicht vornehmen oder Rechte nicht ausüben (z. B. eine Tankstelle betreiben (Tankstellendienstbarkeit) oder kein Bier ausschenken (Bierausschankverbot)).

3. Nießbrauch, §§ 1030 ff BGB

Im Gegensatz zu den Dienstbarkeiten bietet der **Nießbrauch** ein umfassendes dingliches Nutzungsrecht an Grundstücken oder Rechten einer bestimmten Person. Der Berechtigte kann Nutzungen der Sache ziehen. Der Nießbrauch ist ein umfassendes Nutzungsrecht am Grundstück.

4. Beschränkt persönliche Dienstbarkeit, §§ 1090 ff BGB

Das Gegenstück zur Grunddienstbarkeit ist die **beschränkt persönliche Dienstbarkeit**, bei der eine Person berechtigt ist (z. B. der bestimmten Person X wird die Nutzung des Grundstücks in bestimmter Weise ermöglicht).

5. Wohnungsrecht, § 1093 BGB

Das Wohnrecht ist eine persönlich beschränkte Dienstbarkeit, die wegen §§ 1092, 1093 BGB beschränkter ist als der Nießbrauch.

Klausurproblem: Zugunsten des A besteht ein lebenslanges Wohnrecht am Objekt des B nach § 1093 BGB. A (Berechtigter) kann aber wegen seiner Gebrechlichkeit und des anstehenden Umzuges in ein Pflegeheim das Wohnrecht nicht mehr ausüben. Erlischt das Wohnrecht?
Grundsätzlich nicht. Nach BGH ist hier aber eine ergänzende Vertragsauslegung möglich (Grüneberg/Herrler § 1093 Rn. 19).

F. Hypothek und Grundschuld

I. Allgemeines

1. Hypothek/Grundschuld

1400 Die **Hypothek** ist **akzessorisch**, sie kann grundsätzlich nur mit der zugrunde liegenden Forderung existieren. Die **Grundschuld** dagegen ist nicht akzessorisch, für sie gelten daher auch nicht die Vorschriften der §§ 1137, 1143, 1153, 1163 BGB, denn diese setzen das Bestehen einer Forderung voraus. Die Grundschuld und die Forderung sind verknüpft durch die Sicherungsabrede (§§ 311, 241 Abs. 1 BGB). Diese bildet den Rechtsgrund; ist sie unwirksam, kann kondiziert werden, § 812 BGB.

2. Es bestehen zwei Ansprüche

1401 Der Gläubiger hat, wenn für seine Forderung eine Hypothek oder Grundschuld bestellt ist, zwei Ansprüche. Er kann aus der zugrunde liegenden Forderung klagen, meist § 488 Abs. 1 S. 2 BGB. Daneben kann er noch aus der Hypothek oder Grundschuld vorgehen, §§ 1147, 1192 BGB. Beide Klagen können – wenn dieselbe Zuständigkeit gegeben ist – miteinander verbunden werden, § 260 ZPO.

1402 **a) Schuldrechtlicher Anspruch auf Zahlung.** Die Zahlungsklage ist gerichtet auf Zahlung der gesicherten Forderung, meist § 488 Abs. 1 S. 2 BGB. Mit dem Titel kann in das gesamte Vermögen des Schuldners vollstreckt werden.

1403 **b) Dinglicher Anspruch auf Duldung. – aa) Duldungstitel.** Der dingliche Anspruch geht nicht auf Zahlung, sondern auf Befriedigung aus dem Grundstück; er ist ein Duldungstitel und geht auf Duldung der Zwangsvollstreckung, § 1147 (§ 1192) BGB.

> **Klausurproblem:** Der Grundschuld-/Hypothekengläubiger klagt aus der Grundschuld/Hypothek auf Zahlung des geschuldeten Betrages. Wenn der Anspruch begründet ist, kann der Schuldner dann dennoch zur Duldung der Zwangsvollstreckung verurteilt werden?
> Ja, die Duldung ist ein „Minus" (§ 308 Abs. 1 ZPO) gegenüber der Zahlung, sodass – auch wenn Zahlung beantragt wird – auf Duldung der Zwangsvollstreckung erkannt wird. Im Übrigen ist die Klage dann aber abzuweisen.

1404 **bb) Haftungsverband, §§ 1120ff BGB.** Während der Zahlungstitel zur Vollstreckung in das gesamte Schuldnervermögen ermächtigt, ermächtigt der Duldungstitel zur Vollstreckung in das Grundstück und alles was zum Haftungsverband gehört, §§ 1120ff BGB. Dies sind insbesondere die Erzeugnisse, Bestandteile und Zubehörteile, Miet- und Pachtforderungen und Versicherungsforderungen.

> **Beachte** (für die Klausur sehr relevant): Es ist stets zu prüfen, ob etwa die Einbauküche oder der Hotelomnibus (Zubehör, § 97 BGB) in den Haftungsverband fällt (zur Pfändung vgl. §§ 864, 865 ZPO). Häufig ist in solchen Fällen auch die Enthaftung zu prüfen, wenn der Gegenstand entfernt worden ist.

> **Klausurproblem:** Ein Pferd des Reiterhofes wurde vom Hof entfernt. Ist dadurch Enthaftung eingetreten?
> (1) Das Pferd ist Zubehör nach § 97 BGB und fällt daher nach § 1120 BGB in den Haftungsverband.
> (2) Ist Enthaftung durch die Entfernung des Pferds eingetreten?
> Enthaftung ist nach § 1121 Abs. 1 BGB eingetreten, wenn Veräußerung und Entfernung des Pferdes vor der Beschlagnahme.

Wurde das Pferd vor der Entfernung veräußert gilt § 1121 Abs. 2 BGB. Die Enthaftung ohne Veräußerung ist in § 1122 BGB geregelt (die Behandlung der Fälle wird im Einzelnen in Grüneberg/Herrler § 1121 Rn. 5 ff. beschrieben).

3. Prozessuales

Für den Zahlungstitel folgt die örtliche Zuständigkeit meist aus §§ 12, 13, 17 ZPO – Wohnort des Beklagten – oder aus §§ 29 ZPO, 269, 270 BGB, dem Erfüllungsort. Demgegenüber gilt für die Klage aus dem Grundpfandrecht die ausschließliche Zuständigkeit des § 24 ZPO (dingliche Belastung oder die Freiheit davon), dies ist dort, wo das Grundstück liegt. Die Zuständigkeiten können also auseinanderfallen, wenn etwa der Wohnort des Beklagten in Heilbronn ist und das Grundstück in Stuttgart belegen ist. Da es oft nicht sinnvoll ist, die Zahlungs- und die Duldungsklage zu trennen, bietet § 25 ZPO – bei der Klage gegen denselben Beklagten – die Möglichkeit, beide Klagen zu verbinden, aber nur im Gerichtsstand des § 24 ZPO, nicht umgekehrt. Die Zuständigkeit nach § 25 ZPO ist nicht ausschließlich. Die sachliche Zuständigkeit liegt wegen der Höhe des Streitwertes meist beim Landgericht. Dies ist keine ausschließliche Zuständigkeit, vgl. § 24 ZPO.

1405

Klausurproblem: Der Kläger will aus der Hypothek – das Grundstück ist in Stuttgart belegen – gegen den Eigentümer auf Duldung der Zwangsvollstreckung, § 1147 BGB und gegen den persönlichen Schuldner – der in Leipzig wohnt – gemeinschaftlich klagen. Ist das möglich?
Für die Hypothekenklage ist ausschließlich Stuttgart, § 24 ZPO, zuständig. Die Schuldklage kann in Leipzig geführt werden, §§ 12,13, ZPO (meist auch §§ 29 ZPO, 269 BGB). § 25 ZPO bietet aber auch die Möglichkeit die Schuldklage mit der Hypothekenklage zu verbinden, §§ 24, 25 ZPO, dies aber nur in Stuttgart. Die Möglichkeit beide Klagen in Leipzig zu führen besteht hingegen nicht.

Häufig existiert – für das Darlehen und die Hypothek – auch eine **dingliche Unterwerfungserklärung**. Dies ist ein Titel nach § 794 Abs. 1 Nr. 5 ZPO. Einer Klage fehlt dann das Rechtsschutzinteresse, da bereits ein Titel besteht.

1406

II. Entstehen der Hypothek

1. Einigung, §§ 873, 1113 BGB

Die Bestellung einer Hypothek verlangt – wie die Übertragung eines Grundstücks – eine Einigung i. S. v. §§ 873, 1113 BGB, die anders als bei der Übertragung eines Grundstücks grundsätzlich formfrei möglich ist. § 925 BGB (Auflassung) gilt nur für die Übertragung eines Grundstücks, nicht für die Bestellung einer Hypothek; wegen § 29 GBO erfolgt die Einigung dennoch grundsätzlich vor einem Notar.

1407

2. Eintragung ins Grundbuch, §§ 873, 1115 BGB

Der Gläubiger der Hypothek, der Geldbetrag und der Zinssatz (und eventuelle Nebenleistungen) sind ins Grundbuch einzutragen.

1408

3. Übergabe des Hypothekenbriefes, §§ 1116, 1117 BGB

Ist ein **Hypothekenbrief** erteilt, gehört zum Erwerb auch die Übergabe des Briefes, §§ 1116, 1117 BGB. **Beachte:** Vermutungswirkung des § 1117 Abs. 3 BGB, da häufig nicht mehr nachvollzogen werden kann, ob der Brief übergeben worden ist.

1409

> **Klausurproblem:** Im Nachlass wird der Hypothekenbrief gefunden. Die Erben wissen nicht, ob der Brief übergeben worden ist. Dies ist entbehrlich, denn nach § 1117 Abs. 3 BGB wird vermutet, dass der Brief übergeben worden und die Hypothek insoweit wirksam entstanden ist.

4. Akzessorietät (Bestehen der zu sichernden Forderung, § 1113 BGB)

1410 Da die Hypothek akzessorisch ist, ist sie vom Bestehen einer zugrunde liegenden Forderung abhängig. Besteht keine Forderung, kann eine Hypothek nicht entstehen, es entsteht daher eine Eigentümergrundschuld, §§ 1163 Abs. 1 S. 1, 1177 Abs. 1 S. 1 BGB. Nach § 1113 Abs. 2 BGB kann die Hypothek auch für eine künftige oder bedingte Forderung bestellt werden.

5. Berechtigung

1411 § 873 BGB verlangt stets die Einigung der Berechtigten. Sind die Parteien nicht berechtigt, kommt ein gutgläubiger Erwerb in Betracht, §§ 1138, 892 Abs. 1 S. 1 2 BGB.

III. Entstehen der Grundschuld

1412 Eine Grundschuld entsteht wie die Hypothek unter den gleichen Voraussetzungen (oben II. Ziff. 1. – 5.), mit dem Unterschied, dass das „Bestehen einer Forderung" (Ziff. 4.) nicht erforderlich ist, da die **Grundschuld nicht akzessorisch** ist. Die Grundschuld entsteht damit auch dann, wenn keine Forderung gesichert wird.

IV. Übertragung der Hypothek

1. Abtretung der Forderung

1413 Da die Hypothek **akzessorisch** ist, kann sie nicht isoliert – ohne die zugrunde liegende Forderung – übertragen werden. Im Gegenteil, die Forderung wird übertragen, die Hypothek geht als Annex zur Forderung mit über. Die Forderung ist abzutreten, dies hat in schriftlicher Form zu geschehen, §§ 1153, 1154, 398, 401 BGB.

2. Gutgläubiger Erwerb der Hypothek, §§ 1138, 892 BGB

1414 Da zum Übergang der Hypothek stets die Abtretung der Forderung erforderlich ist und die Hypothek in der Regel der Forderung folgt, sind verschiedene Konstellationen möglich:

1415 a) **Der Zedent ist Forderungsinhaber, aber nicht Hypothekengläubiger.** Hier folgt die Hypothek der Forderung, der Zessionar (Abtretungsempfänger) erwirbt – auch wenn der Zedent in Bezug auf die Hypothek Nichtberechtigter ist – bei Gutgläubigkeit auch die Hypothek, §§ 892, 1138 BGB.

1415a b) **Der Zedent ist nicht Forderungsinhaber (die Forderung ist getilgt oder nichtig).** In diesem Fall besteht keine Hypothek, sondern nur eine Eigentümergrundschuld, §§ 1163 Abs. 1, 1177 Abs. 1 S. 1 BGB („Forderungsentkleidete Hypothek"). Bei Gutgläubigkeit erwirbt der Erwerber dennoch eine Hypothek, §§ 1138, 892 BGB. § 1138 fingiert dabei die Forderung.

1416 c) **Der Zedent ist nicht Forderungsinhaber und auch keine Hypothek ist vorhanden.** In diesem Fall besteht eine Doppelmangel. Dennoch erfolgt ein Erwerb der forderungsentkleideten Hypothek über §§ 1138, 892 BGB.

d) Der Zedent ist nicht Forderungsinhaber, aber die Forderung existiert in dritter Hand (Problemfall). Nach der (wohl) hM zieht die Hypothek analog § 1153 Abs. 2 BGB die Forderung mit sich (Arg.: Hypothek und Forderung können nicht auseinanderfallen). Nach der a. A. erwirbt der Erwerber nur die „forderungsentkleidete Hypothek".

V. Übertragung der Grundschuld

Die Übertragung der Grundschuld geht auch ohne die Forderung, §§ 1191, 1192, 1154 BGB. Auch ein gutgläubiger Erwerb ist möglich über § 892 BGB.

VI. Einwendungen bei der Hypothek

Bei den Einwendungen ist zu trennen zwischen den Einwendungen, die sich gegen die Hypothek richten und denjenigen, die sich gegen die Forderung richten.

1. Hypothekenbezogene Einwendungen, § 1157 BGB

Die Haupteinwendung dürfte hier sein, dass die Hypothek nicht entstanden ist. Diese Einwendung kann auch einem neuen Gläubiger entgegengehalten werden. Sollte das Grundbuch „falsch" sein, ist auch in Bezug auf diese Einwendung der Grundbuchberichtigungsanspruch gegeben, §§ 1157 S. 3, 894 BGB. Auch ein gutgläubiger Erwerb ist möglich, §§ 1157 S. 3, 892 BGB. Also ein Dritter kann die Hypothek gutgläubig lastenfrei erwerben. Zur Verhinderung gutgläubigen Erwerbs kann der Eigentümer einen Widerspruch ins Grundbuch eintragen lassen (§§ 894, 899, 892 BGB) oder die Einrede eintragen lassen (§ 894 BGB).

2. Forderungsbezogene Einwendungen, § 1137 BGB

Hier dürfte in der Klausur meist der Einwand kommen, dass das Darlehen nicht fällig oder verjährt sei (vgl. dazu § 216 BGB) oder der Vertrag angefochten sei. Auch diese Einreden des persönlichen Schuldners gegen die Forderung kann der Eigentümer gegen die Hypothek erheben, § 1137 Abs. 1 BGB. Auch hier ist ein gutgläubiger Erwerb möglich, §§ 1138, 1137, 892 BGB. Zur Sicherung ist ebenfalls ein Widerspruch oder die Einrede einzutragen (§ 894 BGB). So kann etwa eine Stundungs- oder Minderungseinrede oder aber auch ein bestehendes Zurückbehaltungsrecht ins Grundbuch eingetragen werden. Denn ohne die Eintragung wäre ein gutgläubiger lastenfreier Erwerb ohne die Einrede möglich.

> **Klausurproblem:** Erblasser gibt dem Kläger ein Darlehen über 100.000 Euro. Die Rückzahlung ist für 2 Jahre (bis Ende 2026) gestundet. Zur Sicherheit bestellt der Kläger für den Erblasser (wirksam) eine Hypothek, die auf dem Grundstück des Klägers eingetragen wird. Der Erblasser stirbt und wird von seinem Sohn beerbt. Dieser will die Hypothek „weiterveräußern". Der Kläger klagt nun gegen den Sohn (Beklagter) auf Eintragung der Stundungseinrede. Geht das?
> **Lösung:** Anspruchsgrundlage ist § 894 BGB, denn das Grundbuch ist unrichtig, es besteht eine Stundungseinrede (§ 1137 Abs. 1 BGB), die nicht ins Grundbuch eingetragen ist. Die Einrede ist auch eintragungsfähig, es gilt die Vollständigkeitsvermutung, § 891 BGB, und hieraus folgt die Möglichkeit des gutgläubigen lastenfreien Erwerbs der Hypothek bei Übertragung der Hypothek nach §§ 1153, 1154, 398, 401, 412 BGB. §§ 1138, 892 BGB fingiert bei fehlender Eintragung einer Einrede das Vorhandensein einer einredefreien Forderung, sodass die Hypothek gutgläubig lastenfrei erworben werden kann (vgl. Grüneberg/Herrler § 1138 Rn. 7, 9).

3. Sicherungsabrede

1422 Auch bei einer Hypothek kann eine Sicherungsabrede bestehen. Dann sind selbstverständlich auch die Einwendungen aus der Sicherungsabrede möglich.

VII. Einwendungen bei der Grundschuld

1423 Auch bei der Grundschuld können selbstverständlich Einwendungen gegen die Grundschuld und aus dem zugrunde liegenden Rechtsverhältnis erhoben werden.

1. Aus der Grundschuld, §§ 1191, 1192, 1157 BGB

1424 Vergleichbar der Hypothek: Die Grundschuld ist nicht entstanden. Auch hier ist über § 1157 BGB ein gutgläubiger Erwerb möglich.

2. Aus der Sicherungsabrede

1425 Da § 1137 BGB für die Grundschuld nicht gilt, sie ist ja nicht an eine Forderung gebunden, können hier nur die Einwendungen aus der Sicherungsabrede (dem zugrunde liegenden Rechtsgeschäft) erhoben werden. Zu beachten ist die Verjährung, § 216 Abs. 2 BGB.

VIII. Grundlagen zur Zahlung bei der Hypothek

1426 Da sowohl der persönliche Schuldner als auch der Eigentümer zahlen können – der Schuldner haftet persönlich, der Eigentümer mit seinem Grundstück – stellt sich die Frage, wie sich **Zahlungen** in den unterschiedlichen Konstellationen **auswirken** (Einzelheiten: Grüneberg/Herrler § 1113 Rn. 19 ff; bei der Grundschuld § 1191 Rn. 34 ff.).

1. Der persönliche Schuldner, der auch Eigentümer ist, zahlt

1427 Er zahlt i. d. R. auf die persönliche Schuld (sie ist lästiger), mit der Folge, dass die Forderung erlischt, § 362 BGB, und die Hypothek zur Eigentümergrundschuld, §§ 1163 Abs. 1 S. 2, 1177 Abs. 1 BGB, wird.

2. Der Eigentümer, der nicht persönlicher Schuldner ist, zahlt

1428 Er zahlt auf die Hypothek (er will ja die Hypothek ablösen), mit der Folge des Forderungsübergangs, § 1143 BGB, die Hypothek wird Eigentümerhypothek, §§ 401, 412, 1153, 1177 Abs. 2 BGB bei freiwilliger Zahlung und bei Zwang nach § 1181 BGB.

3. Der persönliche Schuldner, der nicht Eigentümer ist, zahlt

1429 Er zahlt natürlich auf die Forderung (er haftet ja persönlich), mit der Folge des Erlöschens der Forderung, § 362 BGB. Hat der Schuldner einen Ersatzanspruch gegen den Eigentümer, § 1164 BGB, geht die Hypothek über. Besteht kein Ersatzanspruch, wandelt sich die Fremdhypothek in eine Eigentümergrundschuld, §§ 1163 Abs. 1 S. 2, 1177 Abs. 1 BGB. Bei einem Ausgleichsanspruch der Gesamtschuldner, geht die Hypothek auf den Gesamtschuldner über, der geleistet hat, §§ 426 Abs. 2 S. 1, 401, 412, 1153 BGB.

4. Ein Dritter zahlt

1430 **Grundsatz:** Die Forderung erlischt, §§ 267, 362 BGB, die Hypothek wird zur Eigentümergrundschuld, §§ 1163 Abs. 1 S. 2, 1177 Abs. 1 BGB.

1431 Bestehen Regressansprüche – wie im Regelfall, warum sollte sonst ein Dritter die Schuld eines anderen bezahlen – gelten Sondervorschriften (z. B. §§ 268, 426 Abs. 2 S. 1, 774 Abs. 1 S. 2 BGB). Die Hypothek geht dann mit über, §§ 401, 412, 1153 BGB.

4. Abschnitt: Die wichtigsten Nebengebiete

A. Familienrecht

I. Rechtsfolgen der Ehe im Allgemeinen

1. Geschäfte zur Deckung des Lebensbedarfs, § 1357 BGB

a) Voraussetzungen. Bei diesen Geschäften wird der jeweils andere Ehegatte mitverpflichtet und mitberechtigt. § 1357 BGB wirkt nicht für das dingliche Rechtsgeschäft. Alle Verträge, die unter § 1360a BGB fallen, also einem angemessenen Unterhalt dienen, fallen auch unter § 1357 BGB. Abzustellen ist auf den äußeren durchschnittlichen Lebenszuschnitt der Eheleute, sie dürfen nicht typischerweise nur von einem Ehegattenteil getätigt werden. **Beispiele:** Fitnessverträge, Telefonverträge, Reiseverträge, Versicherungsvertrag für den gemeinsam genutzten Pkw usw. **1432**

b) Rechtsfolge. Beide Ehegatten haften für das von einem abgeschlossenen Geschäft als **Gesamtschuldner**, § 421 BGB. Der Gläubiger erhält damit einen weiteren Vertragspartner und Schuldner. Der in Anspruch genommene Ehegatte kann analog § 417 BGB alle seinem Partner zustehenden Einwendungen geltend machen. **1433**

Als Gläubiger sind die Eheleute im Falle des § 1357 BGB nach hM Gesamtgläubiger, § 428 BGB (Grüneberg/Brudermüller § 1357 Rn. 21; aA Mitgläubiger, § 432 BGB). **1434**

c) Ausschlussgründe. – aa) Abweichende Vereinbarung. § 1357 Abs. 2 BGB, eine solche hat nach §§ 1357 Abs. 2 S. 2, 1412 BGB nur Außenwirkung bei Eintragung ins Güterrechtsregister oder Bekanntgabe. **1435**

bb) Bei Getrenntleben. §§ 1357 Abs. 3, 1567 BGB. Für den Ausschluss der Mitverpflichtung nach § 1357 Abs. 3 BGB kommt es bei Dauerschuldverhältnissen (z. B. Telefonvertrag für die gemeinsame Wohnung) **auf den Zeitpunkt des Vertragsschlusses**, nicht auf die Vertragsdurchführung an. Erfolgt später eine Trennung, bleibt nach hM die Mitverpflichtung nach § 1357 Abs. 3 BGB bestehen.

> **Klausurproblem:** Die wohlhabenden Eheleute sind Miteigentümer nach Bruchteilen eines Hauses. Da das Dach undicht war beauftragte der Ehemann (auftretend im eigenen Namen) den Dachdecker D mit der Dachsanierung. Nach Durchführung der Arbeiten und Abnahme legt D Rechnung auch an die Ehefrau vor. Diese trägt vor, sie hätte ihren Ehemann nicht bevollmächtigt, außerdem würden sie in der gemeinsamen Wohnung getrennt leben. Anspruch des D gegen die Ehefrau?
> **Lösung:** Anspruchsgrundlage ist §§ 631 Abs. 1, 650a, 1357 Abs. 1 BGB
> 1. Unstreitig wurde ein Werkvertrag geschlossen, §§ 631 Abs. 1, 650a BGB.
> 2. Abnahme, § 640 BGB, ist erfolgt.
> 3. Aber es lag keine Vollmacht vor und auch kein Handeln im Namen der Ehefrau. Auch § 744 Abs. 2 BGB greift nicht ein, zwar gibt diese Norm bei Notmaßnahmen eine Vollmacht für den Handelnden (Grüneberg/Sprau § 744 Rn. 3), aber der Ehemann ist nicht im Namen für die Ehefrau aufgetreten.
> 4. Aber Mithaftung der Ehefrau: (**a**) Eheleute sind verheiratet (**b**) Dachsanierung ist ein Geschäft zur angemessenen Deckung des Lebensbedarfs, § 1357 Abs. 1 BGB. An dieser Stelle ist in der Klausur zu argumentieren und es ist auf die konkrete Familie abzustellen. Aber Reparaturarbeiten eines gemeinsam genutzten Gutes fallen darunter (vgl. Grüneberg/Siede § 1357 Rn. 10 ff, Beispiele Rn. 13. (**c**) Kein Ausschluss nach § 1357 Abs. 3 BGB bei Getrenntleben. Dies ist nur anzunehmen, wenn die Eheleute willentlich und nach außen hin erkennbar die häusliche Gemeinschaft aufgehoben haben, also das Getrenntleben i. S. v. § 1567 BGB manifes-

> tiert wird (Grüneberg/Siede § 1567 Rn. 3). Weil § 1357 BGB keinen Gutglaubensschutz kennt, ist im Interesse des schutzwürdigen Rechtsverkehrs der Begriff eng zu fassen und die äußere Erkennbarkeit des Getrenntlebens zu verlangen. Dies ist hier wohl nicht gegeben; außerdem hat die Ehefrau dazu auch nicht genügend vorgetragen.

2. Haftungsprivileg, § 1359 BGB

1436 Untereinander haften die Eheleute **nur für die eigenübliche Sorgfalt**, §§ 1359, 277 BGB. Dies führt in der Klausur häufig zum **gestörten Gesamtschuldnerausgleich** (vgl. bei der Gesamtschuld).

1437 Das **Haftungsprivileg** gilt auch für deliktische Ansprüche im häuslichen Bereich, jedoch wohl nicht außerhalb, also etwa im Straßenverkehr (hM – Grüneberg/Siede § 1359 Rn. 2).

3. Eigentumsvermutung, § 1362 BGB

1438 Diese Norm verdrängt die Eigentumsvermutung des § 1006 BGB. Sie hat in der Vollstreckung weitreichende Bedeutung. Sie nimmt dem Ehegatten letztendlich die Drittwiderspruchsklage, weil unwiderleglich vermutet wird, dass dem Vollstreckungsschuldner die Sache gehört.

1439 Ergänzt wird diese Norm durch die **Gewahrsamsvermutung des § 739 ZPO**. Für den Gerichtsvollzieher ist bei der Pfändung nach §§ 808, 809 ZPO nicht das Eigentum, sondern der Gewahrsam von Bedeutung. Nach § 739 ZPO wird vermutet, dass nur der Schuldner Gewahrsamsinhaber ist. Dem Ehegatten wird insoweit die Erinnerung des § 766 ZPO genommen.

4. Deliktischer Schutz der Ehe

1440 Gegen den **Ehebruch** in der Ehewohnung bietet § 823 Abs. 1 BGB – der räumlich gegenständliche Bereich der Ehe als sonstiges Recht – einen Unterlassungs- und Beseitigungsanspruch. Ein weitergehender Schutz wird abgelehnt, da das Familienrecht abschließende Regeln in diesem Bereich bietet (zu diesen Fragen: Grüneberg/Siede Einf. § 1353 Rn. 5).

1441 Scheinvaterregress: Hat der „Scheinvater" Unterhalt gezahlt, kann es zu einer cessio legis kommen, §§ 1615 Abs. 3 S. 1, 1607 Abs. 3 BGB; auch die Rückgriffskondiktion, § 812 BGB, wird häufig eingreifen. Außerdem ist gegen die Mutter ein Auskunftsanspruch aus § 242 BGB gegeben.

II. Güterstand

1. Allgemeines

1442 Soweit nichts anderes vereinbart ist, leben die Ehegatten **im gesetzlichen Güterstand** der Zugewinngemeinschaft, § 1363 BGB. **Folgen:**
- Das Vermögen der Eheleute wird nicht gemeinschaftliches Vermögen (anders bei der Gütergemeinschaft, §§ 1416 ff BGB), es bleibt getrennt, § 1363 Abs. 2 BGB;
- Jeder Ehegatte verwaltet sein Vermögen selbst, § 1364 BGB. Es bestehen jedoch die **Verfügungsbeschränkungen** der §§ 1365–1369 BGB.
- Es besteht ein Zugewinnausgleichsanspruch, §§ 1371 ff BGB.

2. Verfügungsbeschränkungen, §§ 1365, 1369 BGB

a) Verfügungsbeschränkung. Den Ehegatten ist untersagt über ihr **Vermögen im Ganzen**, **§ 1365 BGB**, ohne Zustimmung des anderen Ehegatten zu verfügen. § 1365 Abs. 1 S. 1 BGB erfasst das Verpflichtungsgeschäft; § 1365 Abs. 1 S. 2 BGB das Verfügungsgeschäft. Die Rechtsprechung nimmt „das Vermögen im Ganzen" an, wenn über ca. 90 % des Vermögens verfügt wird. Nach allgemeiner Meinung werden von § 1365 Abs. 1 BGB auch Verfügungen umfasst, **die nur einzelne Vermögensgegenstände betreffen, die aber wirtschaftlich gesehen nahezu das ganze Vermögen sind**. Auch Belastungen des Vermögens (Hypothek, Grundschuld) fallen unter diese Norm; die Gegenleistung wird nicht berücksichtigt.

§ 1365 BGB verlangt aber als **ungeschriebenes Tatbestandsmerkmal**, dass der Dritte, der das Vermögen erwirbt, **positive Kenntnis** davon hat, dass es sich um nahezu das gesamte Vermögen handelt, er muss zumindest die Verhältnisse kennen (Grüneberg/Siede § 1365 Rn. 8).

§ 1365 BGB stellt nach hM ein **absolutes Veräußerungsverbot** dar, so dass ein gutgläubiger Erwerb des Vermögens im Ganzen nach §§ 892, 135 Abs. 2 BGB ausscheidet.

> **Klausurproblem:** M und F sind verheiratet. M hat zwei Grundstücke (Wert jeweils 100.000 Euro) in die Ehe eingebracht, weiteres Vermögen ist bei den Eheleuten nicht vorhanden. Kurz nach der Eheschließung veräußert M – jeweils wirksam – Grundstück 1 an seinen Steuerberater S und Grundstück 2 an die Ehefrau des S, seine Rechtsanwältin die R, um sich eine sehr exklusive Harley Davidson zu kaufen. S und R werden im Grundbuch eingetragen. F verlangt nun von S Berichtigung des Grundbuchs hinsichtlich Grundstück 1. Liegt eine Verfügung des M über sein Vermögen im Ganzen vor?
> **Ja!** M veräußert an S nur eines seiner Grundstücke und damit nur die Hälfte seines Vermögens. Allerdings veräußert M im sachlichen Zusammenhang auch noch sein anderes Grundstück an R. Betrachtet man diese beiden Geschäfte zusammen, verbleibt dem M (und der F) kein Vermögen mehr, sodass eine Verfügung über das Vermögen im Ganzen vorliegt. **Beide Geschäfte stehen hier in einem zeitlichen, sachlichen und wirtschaftlichen Zusammenhang**, zudem wissen alle Beteiligte, dass die Geschäfte eine Zweckeinheit bilden, daher liegt vorliegend eine Verfügung über das Vermögen des M im Ganzen vor. S und R als Steuerberater und Rechtsanwältin von M haben auch positive Kenntnis, dass es sich bei den Grundstücken um das Vermögen im Ganzen handelt.

Gleiches wie für das Vermögen im Ganzen gilt für **Haushaltsgegenstände, § 1369 BGB**.

b) Rechtsfolge, § 1366 BGB. Verfügt ein Ehegatte ohne die Zustimmung des anderen über das Vermögen im Ganzen, dann ist die Verfügung nach § 1366 Abs. 1 BGB zunächst schwebend unwirksam. Verweigert der andere Ehegatte die Genehmigung, dann wird das Geschäft nach § 1366 Abs. 4 BGB endgültig unwirksam.

c) Prozessuale Folge, § 1368 BGB. Der „andere" Ehegatte kann die Unwirksamkeit geltend machen (Revokationsklage) und etwa Herausgabeklage nach § 985 BGB erheben; oder nach § 894 BGB Berichtigung des Grundbuchs (bei einem Grundstückskaufvertrag) verlangen. Er klagt im eigenen Namen über ein fremdes Recht (gesetzliche Prozessstandschaft). Der Klageantrag lautet auf Herausgabe an den (verfügenden) Ehegatten. Probleme bereitet ein Zurückbehaltungsrecht (§§ 273, 1000 BGB), etwa wegen Verwendungen des Beklagten (Vertragspartners). Verwendungsansprüche stehen dem Beklagten nur gegenüber dem verfügenden Ehegatten zu, sodass bei einer Klage des anderen Ehegatten die Konnexität fehlt. Der Beklagte kann damit seine Verwendungsansprüche nicht gegen die Revokationsklage (des anderen Ehegatten) geltend machen (Grüneberg/Siede § 1368 Rn. 3). Dem Beklagten bleibt daher nur eine Klage nach § 812 Abs. 1 S. 1 1. Alt. BGB gegen den verfügenden Ehegatten, um das Entgelt vom Empfänger zurück zu erlangen; ggfs. besteht auch ein Schadensersatzanspruch.

3. Zugewinnausgleich

1448 Wird die Ehe durch Tod eines Ehegatten beendet, wird der Zugewinnausgleich dadurch verwirklicht, dass der überlebende Ehegatte eine höhere Erbquote erhält, §§ 1931 Abs. 3, 1371 Abs. 1 BGB. Das gilt nicht, wenn der überlebende Ehegatte durch letztwillige Verfügung – meist Berliner Testament – zum Erben bestimmt worden ist.
Bei Scheidung erfolgt der Zugewinnausgleich nach den §§ 1372 ff. BGB (dazu gleich unten III. 2.).

III. Scheidung und Folgen

1. Die Voraussetzungen der Scheidung, §§ 1564 ff BGB

1449 Die Voraussetzungen der Scheidung ergeben sich aus §§ 1564 ff. BGB. Die Ehe muss **gescheitert** sein, § 1565 Abs. 1 BGB, wobei das Scheitern unwiderleglich vermutet wird, wenn die Eheleute seit einem Jahr getrennt leben, § 1567 BGB und beide die Scheidung beantragen oder dem Scheidungsantrag zustimmen.

2. Zugewinnausgleich, §§ 1372 ff BGB

1450 Wird der Güterstand anders als durch Tod beendet, also durch Scheidung, so wird der Zugewinn nach den §§ 1373–1390 BGB ausgeglichen. Die **Anspruchsgrundlage ist § 1378 BGB**.

1451 Der Zugewinn wird für jeden Ehegatten ermittelt, indem für jeden Ehegatten das Endvermögen, §§ 1375, 1384 BGB, berechnet wird, von dem dann das – zuvor ermittelte – Anfangsvermögen, § 1374 BGB (Vermögenszuwächse die unter § 1374 Abs. 2 BGB fallen sind hinzuzurechnen), abgezogen wird.

1452 a) **Endvermögen.**
- Abzuziehen sind Verbindlichkeiten, deshalb kann das Endvermögen negativ sein, § 1375 Abs. 1 S. 2 BGB;
- Maßgeblicher Zeitpunkt ist die Rechtshängigkeit des Scheidungsantrages, § 1384 BGB;
- Beeinträchtigende Schenkungen sind dem Endvermögen wieder hinzuzurechnen, § 1375 Abs. 2 BGB;
- Vorausempfänge sind zu berücksichtigen, § 1380 BGB.

1453 b) **Anfangsvermögen.** Auch ein negatives Anfangsvermögen ist möglich, § 1374 Abs. 2 BGB.

1454 Vermögenszuwächse, die unter § 1374 Abs. 2 BGB fallen, sind hinzuzurechnen, z. B. Schenkungen Dritter, Erbschaften, Leistungen aus Lebensversicherungen, Schenkungen der Schwiegereltern. Nicht darunter fallen Lottogewinne, Schmerzensgeld und unentgeltliche oder unbenannte Zuwendungen unter Ehegatten.

1455 c) **Rechtsfolge.** Der Anspruch geht auf die Hälfte der Differenz der beiden Zugewinne, §§ 1378, 1383 BGB.

3. Elterliche Sorge

Die elterliche Sorge für ein Kind bleibt auch nach der Scheidung (Trennung) in den Händen beider Eltern, §§ 1626 ff., 1671 BGB, wobei § 1687 BGB zeigt, wie sie auszuüben ist. § 1671 BGB zeigt die Voraussetzungen, wie einem Elternteil die elterliche Sorge allein übertragen werden kann. Auch das Umgangsrecht bleibt bei beiden Elternteilen, § 1684 BGB, wobei § 1684 Abs. 3 BGB die Beschränkungen regelt. **1456**

4. Trennungsunterhalt, § 1361 BGB

Bei Getrenntleben, § 1567 BGB, ergibt sich ein Anspruch auf Trennungsunterhalt, § 1361 BGB, bis zur Rechtskraft der Scheidung. Nach § 1361a und § 1361b BGB kann jetzt schon Verteilung der Hausratsgegenstände und die Zuweisung der Wohnung verlangt werden. **1457**

Hier ist häufig die **Erwerbsobliegenheit** des anderen Ehegatten von Bedeutung. Arbeitet ein Ehegatte nicht und ist er deshalb bedürftig, kann die Bedürftigkeit entfallen, wenn ihn die Obliegenheit trifft, eine Arbeit aufzunehmen. **1458**

Die **Höhe des Unterhalts** bemisst sich nach der **Düsseldorfer Tabelle**. Zuviel gezahlter Unterhalt kann i. d. R. nach § 812 Abs. 1 S. 1 1. Alt. BGB zurückverlangt werden. **1459**

5. Nachehelicher Ehegattenunterhalt, §§ 1569 ff BGB

Nachehelicher Unterhalt wird grundsätzlich bei allen Güterständen geschuldet. Wegen des **Grundsatzes der Eigenverantwortung**, § 1569 BGB – die Ehe ist ja geschieden, jeder ist nun wieder selbst für sich verantwortlich –, bedarf es dafür jedoch besonderer Gründe. Diese ergeben sich aus §§ 1570 ff. BGB. Es darf auch kein Ausschlussgrund nach den §§ 1577 ff. BGB gegeben sein. **1460**

Voraussetzung für Unterhalt ist stets die Leistungsfähigkeit des Verpflichteten, §§ 1581 ff. BGB. Auszugehen ist vom Nettoeinkommen, Kindesunterhalt ist vorweg abzuziehen. Sind beide Ehegatten berufstätig, ist die Hälfte der Differenz des ermittelnden Einkommens auszugleichen; ist nur ein Ehegatte berufstätig, muss er 3/7 des ermittelten Nettoeinkommens als Unterhalt gewähren. Auch hier ermittelt sich der Betrag nach der Düsseldorfer Tabelle. **1461**

6. Kindesunterhalt

a) **Anspruchsgrundlage.** Anspruchsgrundlage auf Regelunterhalt ist § 1601 BGB. **1462**
   Beachte: Auf Unterhalt für die Zukunft kann nicht verzichtet werden, § 1614 Abs. 1 BGB. Eine Vereinbarung insoweit verstößt gegen § 134 BGB.

b) **Bedarf.** Der Bedarf richtet sich nach § 1610 Abs. 1 BGB. Das Kind leitet vor dem Erreichen der wirtschaftlichen Selbstständigkeit seinen angemessenen Lebensbedarf grundsätzlich von seinen Eltern ab, sodass es grundsätzlich auf deren Einkommens- und Vermögensverhältnisse ankommt. **1463**

Die Eltern haften dabei grundsätzlich anteilig (nicht hälftig), nach ihren Erwerbs- und Vermögensverhältnissen, § 1606 Abs. 3 S. 1 BGB. Allerdings erfüllt der Elternteil, der das Kind pflegt – bei minderjährigen Kindern –, seinen Unterhalt durch die Pflege des Kindes. Deshalb bestimmt sich der Bedarf des Kindes grundsätzlich nach den Einkommensverhältnissen des Barunterhaltspflichtigen. **1464**

c) **Höhe des Unterhaltes.** Der Unterhalt richtet sich nach der **Düsseldorfer Tabelle**. Diese hat zwar keine Gesetzeskraft, wird aber in der Praxis durchgängig für minderjährige Kinder herangezogen. **1465**

1466 Zunächst ist das Einkommen des Schuldners/der Schuldnerin zu ermitteln, dabei sind eventuelle Beiträge abzuziehen bzw. hinzuzuziehen, wenn es zumutbar ist. Auch die Erwerbsobliegenheit spielt eine Rolle. Jeder Ehegatte hat Arbeit in dem Umfang zu leisten, der ihm zumutbar ist. Hier kann sich also auch die Frage stellen, ob ein Ehegatte verpflichtet ist, eine Arbeit aufzunehmen. Wenn er dazu verpflichtet ist, es aber nicht macht, dann ist das Entgelt fiktiv als Einkommen anzusetzen. Ist das Einkommen ermittelt, wird in die Düsseldorfer Tabelle eingruppiert und so der als Unterhalt geschuldeter Betrag abgelesen.

Beachte: Eine Aufrechnung ist nicht möglich, es besteht ein Aufrechnungsverbot, §§ 394 BGB, 850b Abs. 1 Nr. 2 ZPO. Macht ein Elternteil den Anspruch für das Kind geltend, in gesetzlicher Verfahrensstandschaft, §§ 1629 Abs. 3 Nr. 1, Abs. 2 S. 2 BGB, scheitert eine Aufrechnung i. d. R. auch daran, dass dem Anspruch die Gegenseitigkeit fehlt. Das Kind ist Anspruchsinhaber, die Gegenforderung richtet sich gegen den Kläger/die Klägerin.

1467 **d) Mehrbedarf.** UU kann auch ein Mehrbedarf geltend gemacht werden. Dies ist der Bedarf, der regelmäßig während eines längeren Zeitraumes anfällt und das übliche Maß übersteigt. Für den Mehrbedarf gilt § 1606 Abs. 3 S. 2 BGB nicht, hier haften die Eltern anteilig (nicht hälftig).

1468 **e) Unterhalt des volljährigen Kindes.** Das Kind bleibt auch mit Volljährigkeit unterhaltsberechtigt, §§ 1601, 1610 Abs. 2 BGB. Allerdings ändert sich die Berechnung des Anspruches, § 1606 Abs. 3 S. 2 BGB gilt nicht mehr. Die Eltern haften nun nach § 1606 Abs. 3 S. 1 BGB anteilig als Gesamtschuldner.

1469 **f) Verfahrensstandschaft.** In der Regel macht ein Elternteil in gesetzlicher Verfahrensstandschaft den Unterhalt für das minderjährige Kind geltend, §§ 1629 Abs. 3 Nr. 1, Abs. 2 S. 2 BGB. Wird das Kind während des Prozesses volljährig, tritt ein automatischer Parteiwechsel ein, das Kind ist nun selbst Partei. Nach der Scheidung gilt § 1629 Abs. 3 S. 1 BGB nicht mehr, dann muss das Kind selbst klagen, ggfs. sich durch seinen gesetzlichen Vertreter vertreten lassen.

IV. Sonderproblem: Ausgleich von Zuwendungen

1470 Klausurrelevant ist der Ausgleich von Zuwendungen unter Ehegatten (z. B. M schenkt der F einen teuren Diamantring während der Ehe). Der Gesetzgeber geht davon aus, dass während des Bestehens der Ehe Zuwendungen und Leistungen sich im Rahmen der allgemeinen Unterhaltspflicht i. S. v. §§ 1360, 1360a BGB bewegen, die grundsätzlich nicht auszugleichen sind, vgl. auch die Zweifelsregelung in § 1360b BGB. Ausgleichsansprüche gibt es also nur, wenn Sonderregelungen greifen. In Betracht kommen:

1. BGB-Gesellschaft, §§ 705 ff. BGB

1471 Ein Ausgleichsanspruch könnte sich aus §§ 730 ff. BGB ergeben. Problematisch ist, ob ein gemeinsamer (konkludenter) Zweck vorhanden ist, der über die Zwecke einer Ehe hinausgeht (Grüneberg/Sprau § 705 Rn. 39 ff), was i. d. R. zu verneinen sein wird.

2. Lohnansprüche aus Arbeitsvertrag, §§ 611 ff. BGB, oder Darlehensanspruch, § 488 Abs. 1 S. 2 BGB

1472 Hier besteht das gleiche Problem: Konkludent abgeschlossener Arbeits- oder Darlehensvertrag, mit einer Leistung oder Verpflichtung über die Ehe hinaus, was i. d. R. eher nicht vorliegen wird.

3. Bruchteilsgemeinschaft, §§ 741 ff. BGB

Weiter kommt ein Ausgleichsanspruch aus §§ 749, 752 ff. BGB auch nur in Ausnahmefällen in Betracht.

1473

4. Widerruf einer Schenkung wegen groben Undankes, §§ 530, 531, 812 Abs. 1 S. 2 1. Alt. BGB

Hier liegt das Problem darin, dass meist gar keine Schenkung vorliegt. Es erscheint lebensfremd, einen Vertragsschluss der Ehegatten über alltägliche Zuwendungen anzunehmen. Bei größeren Zuwendungen kann es anders aussehen (Grüneberg/Weidenkaff § 516 Rn. 10, § 530 Rn. 7).

1474

Größere Zuwendungen der Schwiegereltern sind – nach neuerer Rechtsprechung (Grüneberg/Grüneberg § 313 Rn. 53) – hingegen meist als Schenkungen zu qualifizieren, bei denen eine Rückabwicklung über § 313 Abs. 1 BGB zu erfolgen hat.

1475

5. Unbenannte Zuwendungen

Die Rechtsprechung geht deshalb von sogenannten unbenannten Zuwendungen aus; **ein Rechtsgeschäft eigener Art**, das nicht unter die Schenkungsregelungen fällt. Als Anspruch kommt insoweit in Betracht:

1476

a) GoA: Aufwendungsersatzanspruch nach §§ 677, 683, 670 BGB, problematisch dabei ist das fremde Geschäft.

b) Leistungskondiktion nach § 812 Abs. 1 S. 1 1. Alt. BGB: Dieser Anspruch wird aber häufig an § 814 BGB scheitern.

c) Zweckverfehlung nach § 812 Abs. 1 S. 2 2. Alt. BGB: Fraglich ist dabei jedoch, ob eine konkludente Zweckvereinbarung geschlossen wurde.

d) Störung der Geschäftsgrundlage nach § 313 Abs. 1 BGB: Fraglich ist dabei, ob eine intakte Ehe Geschäftsgrundlage für die entsprechende Zuwendung ist. Dies kann wohl zumindest bei großen Zuwendungen (z. B. Diamantring) bejaht werden (Rspr.).

B. Erbrecht

I. Rechtsstellung des Erben

1. Gesamtrechtsnachfolge, § 1922 BGB

a) Grundsatz der Gesamtrechtsnachfolge. Es gilt der Grundsatz der Gesamtrechtsnachfolge. Mit dem Erbfall rückt der Erbe in sämtliche Rechten und Pflichten des Erblassers ein, § 1922 BGB. Auf den Erben gehen also sämtliche Vermögensgegenstände über, aber auch sämtliche Verpflichtungen, die der Erblasser eingegangen ist. Auch der Besitz geht mit dem Erbfall auf den Erben über, § 857 BGB; der Erbe erwirbt damit auch sämtliche Besitzschutzansprüche.

1477

> **Klausurproblem:** Der Scheinerbe verkauft ein Bild aus dem Nachlass an den gutgläubigen Antiquitätenhändler A. Erwirbt dieser das Eigentum am Bild?
> **Prüfungsaufbau:**
> (1) Eigentumserwerb nach §§ 929 ff BGB? Nein, der Scheinerbe ist Nichtberechtigter.
> (2) Gutgläubiger Erwerb nach § 932 BGB? Grundsätzlich ja, denn der Antiquitätenhändler ist gutgläubig, § 932 BGB, aber das Bild ist dem tatsächlichen Erben abhandengekommen, denn mit dem Erbfall geht auch der Besitz auf den Erben über, §§ 935, 857 BGB. Nur ein Erbschein kann den Erwerb retten, dazu unten II.

1478 b) **Gesetzliche oder testamentarische Erbfolge.** Die Erben können gesetzliche Erben sein, §§ 1924 ff. BGB oder testamentarische Erben, § 1937 BGB i. V. m. §§ 2064 ff. BGB. Die Erbenstellung ist gleichwertig; die gesetzliche Erbfolge ist aber subsidiär. Sie greift nur ein, wenn der Erblasser nicht testamentarisch verfügt hat (Grüneberg/Weidlich § 1922 Rn. 1, § 1937 Rn. 3). Der Erblasser kann auch nur über Teile testamentarisch verfügen, für den Rest gilt dann die gesetzliche Erbfolge. Die Regelungen zur gesetzlichen Erbfolge, §§ 1924 ff. BGB, müssen beherrscht werden; sie sind für die Erbfolge und auch für das Pflichtteilsrecht (§ 2303 Abs. 1 S. 2 BGB, die Hälfte der gesetzlichen Erbfolge) von Bedeutung und damit in vielen Klausuren relevant. Nicht vergessen werden sollte dabei auch das Erbrecht des Ehegatten, § 1931 BGB und vor allem § 1371 BGB, wonach bei der Zugewinngemeinschaft der Zugewinnausgleich durch Erhöhung des gesetzlichen Erbteils um ¼ pauschal abgegolten wird. **Beachte** insoweit auch die Möglichkeit der Ausschlagung des Erbes und die Geltendmachung des Zugewinnausgleichs. Der Ehegatte erhält dann noch den „kleinen" Pflichtteil (Grüneberg/Weidlich § 1931 Rn. 9 und Grüneberg/Siede § 1371 Rn. 2 ff.).

1479 c) **Prozessuales.** aa) In vielen Klausuren behauptet der Kläger er sei Erbe, der Beklagte bestreitet dies mit Nichtwissen. Ein solches Bestreiten mit Nichtwissen ist i.d.R. zulässig, da der Erbgang ja meist nicht Gegenstand der eigenen Wahrnehmung ist, § 138 Abs. 4 ZPO. Da der Beklagte wirksam bestritten hat, müsste jetzt Beweis erhoben werden über die Erbenstellung des Klägers. In aller Regel hilft hier in der Klausur der Erbschein, der meist mit der Klage vorgelegt wird. Der Erbschein stellt die Vermutung auf, § 2365 BGB, dass derjenige der im Erbschein als Erbe bezeichnet ist, auch tatsächlich Erbe ist. Deshalb müsste hier der Beklagte dies substantiiert bestreiten.

1480 bb) In vielen Fällen erhebt der Erbe Klage auf Feststellung seines Erbrechts. Der Beklagte bestreitet dann die Zulässigkeit der Klage mit der Begründung, es gäbe ein einfacheres Verfahren, das Erbscheinsverfahren, §§ 342, 352 ff. FamFG. Diese Einwendung ist nicht richtig. Zwar dürfte das Erbscheinsverfahren etwas einfacher sein – Ermittlung von Amts wegen, Beschlussverfahren, kein Vorschuss – aber der Erbschein gibt nur die Vermutung des Erbrechts, § 2365 BGB. Will der Erbe Sicherheit haben, muss er klagen und sein Erbrecht feststellen lassen.

2. Erbengemeinschaft, Gesamthand und Gesamtschuld, §§ 2032, 2058, 2059 BGB

1481 a) **Gesamthandsvermögen.** Werden **mehrere Personen Erben**, wird der Nachlass gemeinschaftliches Vermögen der Erben, sog. Gesamthandsvermögen, § 2032 Abs. 1 BGB. Dies gilt bis zur Erbauseinandersetzung, die grundsätzlich jeder Miterbe jederzeit verlangen kann, § 2042 Abs. 1 BGB, mit Ausnahmen, §§ 2043 ff. BGB. Die **Auseinandersetzung** erfolgt über §§ 2042 Abs. 2, 749 ff BGB. Die Erben haben den Nachlass gemeinschaftlich zu verwalten, § 2038 BGB; der Verpflichtete kann nur an die Erben gemeinschaftlich leisten, § 2039 BGB, jeder Miterbe kann nur Leistung an alle Erben fordern.

1482 b) **Verfügungsmöglichkeiten der Erben.** Bis zur Auseinandersetzung kann jeder Erbe über seinen Anteil am Nachlass in notarieller Form, § 2033 Abs. 1 BGB, verfügen (**Beachte** aber das Vorkaufsrecht der Miterben, §§ 2034 ff BGB). Demgegenüber fehlt einem Erben aber die Verfügungsbefugnis, um über einen einzelnen Nachlassgegenstand zu verfügen, § 2032 Abs. 2 BGB. Darüber können die Erben nur gemeinschaftlich verfügen, § 2040 Abs. 1 BGB (dies gilt auch für Ersatzgegenstände, § 2041 BGB). Gehört eine Forderung zum Nachlass, so kann der Verpflichtete nur an alle Erben gemeinschaftlich leisten, jeder Miterbe kann nur die Leistung an alle Erben fordern, § 2038 S. 1 BGB.

1483 | **Klausurproblem:** Ein Miterbe veräußert ohne Zustimmung der anderen Miterben einen Nachlassgegenstand an den redlichen D. Hat D Eigentum erworben?

(1) Erwerb des D nach §§ 929 ff. BGB? Nein, der Miterbe ist Nichtberechtigter, vgl. § 2040 Abs. 1 BGB.
(2) Grundsätzlich gutgläubiger Erwerb des D, der gutgläubig ist, möglich, § 932 BGB, aber
(3) Erwerb scheitert an § 935 BGB, da die Sache den anderen Miterben abhandengekommen ist, § 857 BGB (eventuell kann der Erbschein den D retten, unten II.).

1484 c) **Verwaltung des Nachlasses.** Die Verwaltung des Nachlasses richtet sich nach § 2038 Abs. 1 S. 1 BGB; sie steht allen Erben gemeinschaftlich zu. Jeder Erbe muss mitwirken, wobei bei ordnungsgemäßer Verwaltung über §§ 2038 Abs. 2, 745 BGB die Mehrheit der Miterben ausreicht, wobei die Größe der Erbteile entscheidend ist, § 745 Abs. 1 S. 2 BGB. Werden Geschäfte für und gegen alle Miterben getätigt, so haften diese – wie für die übrigen Nachlassverbindlichkeiten – als Gesamtschuldner, § 2058 BGB.

1485 Eine Ausnahme vom Prinzip, dass die Erben über einzelne Gegenstände nur gemeinschaftlich verfügen können, bildet das **Notgeschäftsführungsrecht** des § 2038 Abs. 1 S. 2 BGB. Notwendige Maßnahmen kann danach jeder einzelne Miterbe ohne Mitwirkung der anderen Miterben treffen.

1486 § 2038 BGB gilt nicht nur für tatsächliche Maßnahmen, sondern begründet auch eine entsprechende Vertretungsmacht solche Verträge mit Wirkung für alle Miterben mit Dritten abzuschließen, sodass auch alle Miterben verpflichtet werden.

1487 d) **Nachlassforderungen.** Der Verpflichtete kann nur an alle Erben gemeinschaftlich leisten, jeder Erbe kann nur Leistung an alle Erben verlangen, § 2039 S. 1 BGB. § 2039 S. 2 BGB gibt aber eine **Prozessführungsbefugnis** für jeden Miterben; so kann jeder Miterbe im Aktivprozess die zum Nachlass gehörenden Ansprüche in **gesetzlicher Prozessstandschaft**, also im eigenen Namen aber für die Erbengemeinschaft klageweise geltend machen.

> **Klausurproblem:** Die Erbengemeinschaft besteht aus A, B und C. Zum Nachlass gehört eine Kaufpreisforderung des Erblassers gegen X. A will die Forderung einklagen, B findet dies nicht sinnvoll, C äußert sich gar nicht. Kann A nun allein Klage erheben auf Zahlung?
> Ja, § 2039 S. 2 BGB gibt ihm dazu die Befugnis. A klagt als Prozessstandschafter im eigenen Namen, muss aber grundsätzlich Leistung an alle Miterben verlangen. Die anderen Miterben können der Prozessführung auch nicht widersprechen (Grüneberg/Weidlich § 2039 Rn. 6).

3. Erbenhaftung, §§ 1967 ff, 2058 ff BGB

1488 a) **Erbenhaftung.** Die Erben trifft die Haftung für die Nachlassverbindlichkeiten, § 1967 Abs. 1 BGB. Das sind die vom Erblasser herrührenden Schulden (Erblasserschulden), also Schulden die der Erblasser begründet hat (wie Kaufpreisansprüche) § 1967 Abs. 2 1. Alt. BGB und die den Erben als solche treffenden Verbindlichkeiten (Erbfallschulden), also durch den Erbfall begründete Verbindlichkeiten (wie Vermächtnisse oder Zugewinnausgleichsansprüche) § 1967 Abs. 2 2. Alt. BGB. Sämtliche Miterben haften als Gesamtschuldner, § 2058 BGB.

1489 b) **Unbeschränkte Haftung.** Die Erben haften unbeschränkt mit dem Nachlass und dem eigenen Vermögen, wenn nicht eine Beschränkung der Haftung vorliegt, etwa §§ 1975 ff. BGB. Bis zur Teilung des Nachlasses kann auch jeder Miterbe die Berichtigung der Nachlassverbindlichkeit aus seinem Vermögen verweigern, § 2059 Abs. 1 S. 1

BGB. Die Haftung der Erbengemeinschaft mit dem ungeteilten Nachlass ergibt sich aus § 2059 Abs. 2 BGB.

1490 c) **Gesamtschuldklagen und Gesamthandsklagen. aa)** Der Nachlassgläubiger kann seine Klage gegen einzelne oder alle Miterben richten; Miterben haften als Gesamtschuldner, § 2058 BGB (sog. Gesamtschuldklage). Mit dem Titel kann er in das persönliche Vermögen des Einzelnen vollstrecken.
bb) Der Gläubiger kann aber auch die Klage gegen die Erbengemeinschaft führen, zum Zwecke des Zugriffs auf den Nachlass, § 2059 Abs. 2 BGB (sog. Gesamthandsklage). Sie muss gegen alle Miterben erhoben werden, die dann notwendige Streitgenossen sind, § 62 ZPO. Zur Zwangsvollstreckung in den ungeteilten Nachlass ist ein Titel gegen alle Miterben erforderlich, § 747 ZPO.
cc) Wahlrecht: Der Gläubiger hat ein Wahlrecht, mit welcher Klage er vorgeht, § 2058 oder § 2059 Abs. 2 BGB, wenn nicht eine Schuld ein gemeinsames Vorgehen nach § 2059 Abs. 2 BGB erfordert; dies etwa bei einer Auflassung, einer Übereignung des Grundstückes oder wenn sonst ein gemeinsames Zusammenwirken der Miterben notwendig ist. Welche Klage erhoben wird, ist Auslegungsfrage. Der Gerichtsstand ergibt sich aus §§ 27, 28 ZPO.

1491 d) **Streitgenossen.** Als Gesamtschuldner sind die Erben im Prozess **einfache Streitgenossen**, §§ 59, 60 ZPO. Besteht dagegen eine individuelle Schuld aus dem Nachlass bzgl. eines Nachlassgegenstands – etwa ein Dritter hat Anspruch auf Übergabe eines bestimmten Nachlassgegenstandes –, diesen kann ein Erbe allein nicht erfüllen, sondern nur alle Miterben gemeinsam, dann liegt ein Fall der materiell-rechtlich notwendigen Streitgenossenschaft vor, § 60 ZPO.

4. Testamentsvollstrecker, §§ 2197 ff BGB

1492 a) **Einsetzung.** Der Erblasser kann einen **Testamentsvollstrecker** einsetzen, § 2197 BGB, oder einen solchen von einem Dritten bestimmen lassen oder vom Nachlassgericht einsetzen lassen, §§ 2198 ff BGB. Der bestimmte Testamentsvollstrecker muss das Amt annehmen, damit beginnt das Amt, vgl. § 2202 BGB. Die Folge ist, dass der Erbe über einen der Testamentsvollstreckung unterliegenden Gegenstand nicht mehr verfügen kann, § 2211 Abs. 1 BGB. Verfügt der Erbe dennoch, dann verfügt er als Nichtberechtigter, es kommt allenfalls ein gutgläubiger Erwerb des Dritten in Betracht, § 2211 Abs. 2 BGB.

1493 b) **Aufgaben.** Der Testamentsvollstrecker hat die Aufgabe, die Verfügungen des Erblassers auszuführen, § 2203 BGB. Ihm obliegt die Verwaltung des Nachlasses, § 2205 S. 1 BGB; er kann auch frei über Nachlassgegenstände verfügen, § 2205 S. 2 BGB; nur zu unentgeltlichen Verfügungen ist er nur beschränkt berechtigt, § 2205 S. 3 BGB. Zum Eingehen von Verbindlichkeiten ist er unter den Voraussetzungen des § 2206 BGB berechtigt, insbesondere dann, wenn die Eingehung zur ordnungsgemäßen Verwaltung erforderlich ist.

> **Klausurproblem:** Wer vom Testamentsvollstrecker erwirbt, erwirbt grundsätzlich vom Berechtigten. In der Klausur bedeutet dies, dass immer zu prüfen ist, ob ein wirksamer Erwerb vorliegt und ob der Testamentsvollstrecker ordnungsgemäß eingesetzt ist und ob er zu Recht über den Gegenstand nach § 2205 BGB verfügen konnte.

1494 c) **Testamentsvollstreckerzeugnis.** Dem Testamentsvollstrecker ist auf Antrag vom Nachlassgericht ein **Testamentsvollstreckerzeugnis** zu erteilen, § 2368 Abs. 1 S. 1 BGB. Dies hat große Bedeutung, denn für das Zeugnis gelten die Vorschriften über den Erbschein, §§ 2368 Abs. 2, 2365, 2366 BGB. Das führt dazu, dass auch vom Testamentsvollstrecker gutgläubig – wie vom Erben mit Erbschein – erworben werden kann. Ein kleiner Unterschied besteht in § 2368 Abs. 3 BGB. Das Zeugnis wird bereits dann kraftlos, wenn der Testamentsvollstrecker sein Amt aufgegeben hat, während der Erbschein seine Wirkungen grundsätzlich solange er existiert entfaltet, außer bei Kenntnis vom Nichtbestehen, § 2366 a. E. BGB.

> **Klausurproblem:** Der Scheintestamentsvollstrecker veräußert ein Bild des Erblassers am 31. Mai. Er ist im ersten Testament des Erblassers als Testamentsvollstrecker benannt, das Testament ist jedoch durch ein späteres (zunächst unbekanntes) Testament wieder aufgehoben worden. Der Testamentsvollstrecker hat sein Amt angetreten, § 2202 BGB, und hat ein Testamentsvollstreckerzeugnis erhalten. Am 20. Mai hat er, als das neue Testament bekannt geworden ist, sein Amt gegenüber dem Nachlassgericht niedergelegt, hat aber dann noch am 31. Mai das streitige Bild an den gutgläubigen Antiquitätenhändler A verkauft und übergeben. Hat der A das Eigentum erlangt?
> (1) Eigentumserwerb nach §§ 929 ff. BGB? Nein, Einigung und Übergabe sind zwar erfolgt, § 929 BGB; auch hat der TV im Rahmen seiner Befugnis gehandelt, § 2205 BGB, aber der TV war Nichtberechtigter, da das Testament und damit die Testamentsvollstreckereinsetzung wieder durch das spätere Testament aufgehoben worden ist.
> (2) Der A ist gutgläubig, § 932 BGB, sodass grundsätzlich ein gutgläubiger Erwerb in Betracht kommt.
> (3) Der Erwerb scheitert jedoch grundsätzlich an § 935 Abs. 1 BGB, denn das Bild ist dem tatsächlichen Erben abhanden gekommen, § 857 BGB.
> (4) Aber es könnten §§ 2368 Abs. 3, 2365, 2366 BGB eingreifen, sie helfen über das „Abhandenkommen" hinweg.
> (5) Aber hier ist das Testamentsvollstreckerzeugnis erloschen, § 2368 Abs. 3 BGB, sodass ein Erwerb scheitert.

5. Pflichtteil und Pflichtteilsergänzung, §§ 2303, 2317, 2315 BGB

a) Entstehen. Der **Pflichtteilsanspruch** entsteht mit dem Erbfall, § 2317 BGB. Pflichtteilsberechtigt sind nur Abkömmlinge, Eltern und Ehegatten des Erblassers, § 2303 BGB, wenn sie durch Testament von der Erbfolge ausgeschlossen worden sind, § 2303 Abs. 1 BGB (zusätzliche Regeln in §§ 2305 ff BGB).
Wichtig: Der Pflichtteilsanspruch ist sehr beliebt, da er sich für viele Arten von Klausuren eignet. Der Kläger kann – klassisch – den Pflichtteil herausverlangen; er kann im Wege der Stufenklage vorgehen; mit dem Pflichtteilsanspruch kann auch gegen andere Ansprüche (etwa Miet- Kaufpreis- oder Darlehensrückzahlungsansprüche) aufgerechnet werden.

b) Höhe. Der Pflichtteil beträgt **die Hälfte des gesetzlichen Erbteils**, § 2303 Abs. 1 S. 2 BGB. Der Wert des Nachlasses berechnet sich nach § 2311 BGB, dabei sind bei der Berechnung die von der Erbfolge ausgeschlossenen mitzuzählen. **Beachte:** In der Klausur ist immer erst zu ermitteln, nach welchen Regeln der Pflichtteilsberechtigte Erbe wurde, um seinen Anteil erkennen zu können. Schuldner des Anspruchs sind die Erben als Gesamtschuldner, §§ 1967 Abs. 1, Abs. 2, 2058 BGB.

c) Pflichtteilsergänzungsanspruch. Um den Pflichtteilsanspruch zu sichern, gibt es den Pflichtteilsergänzungsanspruch, wenn versucht wird, durch Schenkungen den Pflichtteilsanspruch zu schmälern, § 2325 BGB. **Beachte** dabei den jährlichen **Wertverlust, § 2325 Abs. 3 BGB**. Dieser Anspruch kann sich u. U. auch gegen den Beschenkten richten, § 2329 BGB.

d) Verjährung und Stufenklage. Der Pflichtteilsanspruch verjährt in 3 Jahren zum Jahresende, §§ 194, 199 BGB (vgl. Grüneberg/Weidlich § 2317 R. 11). Da sehr häufig der

Pflichtteilsberechtigte keine Kenntnis über den Wert des Nachlasses hat, gibt ihm das Gesetz einen Auskunftsanspruch, § 2314 BGB. Da die Verjährungsfrist recht knapp ist, kommt hier in der Klausur vor allem die Möglichkeit der Hemmung in Frage – Hemmung, § 204 Abs. 1 Nr. 1 BGB, durch Erhebung einer Leistungsklage. Deshalb wird hier sehr häufig eine **Stufenklage** – die eine Leistungsklage ist – erhoben, § 254 ZPO. **Beachte dabei:** Der Anspruch muss genau bestimmt sein, es muss vor allem angegeben werden, welchen Anteil der Pflichtteilsberechtigte hat. Sonst ist die Klage zu unbestimmt und scheitert an § 253 Abs. 2 BGB. Es ist nur nachgelassen, den Wert des Nachlasses nicht genau beziffern zu müssen, da dieser unbekannt ist.

Problematisch ist der Verjährungsbeginn, wenn der Pflichtteilsberechtige sich für den Erben hält und deshalb nicht seinen Pflichtteilsanspruch gelten macht. Meist wird dann davon ausgegangen, dass ihm die nötige Kenntnis für die Anspruchsentstehung, § 199 Abs. 1 Nr. 2 BGB, fehlt, um die Frist in Lauf zu setzen (sehr problematisch; vgl. Grüneberg/Weidlich § 2311 Rn. 13)

1499 e) **Konfusion.** Bei der Berechnung des Pflichtteilsanspruchs gelten Rechtsverhältnisse, die infolge der Vereinigung von Recht und Verbindlichkeit erlöschen (Konfusion), als nicht erloschen (BGH DNotZ 1978, 487) entsprechend der §§ 1976, 1991 Abs. 2, 2143, 2175, 2377 BGB.

> **Klausurproblem:** Die Ehefrau stirbt und wird von der gemeinsamen Tochter (testamentarisch) beerbt. Der Ehemann ist enterbt und hat einen Pflichtteilsanspruch, der vererblich ist, § 2317 Abs. 2 BGB. Der Ehemann stirbt und wird auch von der gemeinsamen Tochter testamentarisch beerbt, der pflichtteilsberechtigte Sohn wird damit enterbt. Er erhält den Pflichtteil. Da der Pflichtteilsanspruch des Ehemannes nach seiner Ehefrau vererblich ist, § 2317 Abs. 2 BGB, fällt er ins Erbe; die Tochter erbt. Da der Pflichtteilsanspruch gegen die Erbmasse der Mutter, also gegen die erbende Tochter gerichtet ist, erbt die Tochter nach dem Tode des Vaters auch dessen Vermögen, in dem sich ja der Pflichtteilsanspruch befindet. Damit vereinigen sich Recht und Verbindlichkeit in der Hand der Tochter. Folge wäre Konfusion. Zur Berechnung des Pflichtteilsanspruchs des Sohnes wird aber der Anspruch als nicht erloschen betrachtet.
> **Beispielsrechnung:** Hätte das Vermögen des Vaters beim Tode einen Wert von 500.000 Euro (400.000 Euro Eigentumswohnung und 100.000 Euro der Pflichtteilsanspruch gegen die Tochter aus dem Erbfall der Ehefrau), hätte der Sohn einen Pflichtteilsanspruch aus 500.000 Euro davon ¼ (da sein gesetzlicher Erbteil ½ ist), also 125.000 Euro gegen die Tochter. Dies obwohl der Pflichtteilsanspruch des Vaters durch Konfusion erloschen ist.

6. Erbschaftsanspruch, §§ 2018 ff BGB

1500 Der tatsächliche Erbe kann von jedem, der etwas „aus der Erbschaft" erlangt hat, die Herausgabe verlangen. Dieser Anspruch ist ein – sonst dem BGB fremder – Gesamtanspruch. Er besteht unabhängig davon, ob der Gegenstand dem Erben gehörte. § 2019 BGB erstreckt die Herausgabepflicht auch auf das erlangte Surrogat, mit der Erweiterung in § 2030 BGB. Die §§ 2020 ff BGB sind ähnlich ausgestaltet wie das EBV, sie verdrängen daher das EBV. Beachte dabei auch § 2026 BGB. Danach kann sich der Erbschaftsbesitzer dem Erben gegenüber nicht auf die Ersitzung einer Sache berufen, solange nicht der Erbschaftsanspruch verjährt ist. Der Eigenbesitzer erlangt zwar Eigentum an der ersessenen Sache, kann sich dem Erben gegenüber aber nicht darauf berufen. Damit soll die 30-jährige Verjährung nicht unterlaufen werden, § 197 Abs. 1 Nr. 2 BGB. Für die Buchersitzung, § 900 BGB, ist das kaum relevant, da auch dort die 30 jährige Frist gilt. Aber für § 937 BGB ist es bedeutsam, da eine bewegliche Sache schon nach 10 Jahren Eigenbesitz ersessen werden kann.

> **Klausurproblem:** Der gutgläubige Scheinerbe S veräußert einen Nachlassgegenstand, einen Picasso um 200.000 Euro an einen gutgläubigen Dritten. Nach 15 Jahren entdeckt der wahre Erbe E ein Testament, nach dem er Erbe ist. Ansprüche des E?
> (1) Gegen D auf Herausgabe des erworbenen Picasso? Ja, nach § 985 BGB (und §§ 858, 812, 1007 BGB), D konnte wegen §§ 857, 935 BGB nicht gutgläubig Eigentum erwerben, er wurde nicht Eigentümer.
> (2) Gegen S (Erbschaftsbesitzer)? Ja, hinsichtlich des Nachlasses nach § 2018 BGB; hinsichtlich der 200.000 Euro für den Picasso über § 2019 BGB, da der Erbschaftsanspruch auch das Surrogat erfasst. Der S wurde zwar Eigentümer der beweglichen Nachlassgegenstände, § 937 Abs. 1 BGB, kann sich aber dem Erben gegenüber nach § 2026 BGB nicht auf sein Eigentum berufen, da der Erbschaftsanspruch in 30 Jahren verjährt, § 197 Abs. 1 Nr. 2 BGB.
> (3) Wahlmöglichkeit wegen des Picasso und der 200.000 Euro? Der Erbe kann gegen den Dritten(Picasso) oder gegen den Erbschaftsbesitzer (200.000 Euro) vorgehen, jedoch nicht beides verlangen. In der Klage gegen den Scheinerben wird wohl die Genehmigung für die Verfügung des Scheinerben zu sehen sein (kritisch).

Beachte: Der Anspruch auf Verwendungsersatz nach § 2022 BGB geht weiter als der aus § 994 BGB, da dort nur notwendige Verwendungen ersetzt werden und verdrängt die Regelungen des EBV, § 2029 BGB. Dem Erbschaftsbesitzer steht ein Zurückbehaltungsrecht zu, §§ 2022 Abs. 1 S. 2, 1000, 1001 BGB.

> **Klausurproblem:** Der gutgläubige Scheinerbe S hat einen Picasso in Besitz genommen. Da ihm der Rahmen des Bildes – der noch völlig in Ordnung ist – nicht gefällt, lässt er für 20.000 Euro einen neuen Rahmen herstellen. Nachdem ein neueres Testament entdeckt wird, verlangt der wahre Erbe E den Picasso von S heraus. S möchte zumindest die 20.000 Euro für den neuen Rahmen ersetzt haben.
> Nach § 994 Abs. 1 BGB hätte E dem S nach der Herausgabe nur die notwendigen Verwendungen zu ersetzen. Das sind wohl nicht die Kosten für den neuen Rahmen, wenn der alte noch in Ordnung war. Anders aber § 2022 BGB, danach sind sämtliche Verwendungen zu ersetzen. S hat dafür ein Zurückbehaltungsrecht, § 2022 Abs. 1 S. 2 BGB. Die Norm des § 2022 BGB verdrängt § 994 BGB, auch wenn Einzelansprüche geltend gemacht werden, § 2029 BGB.

II. Erbschein, §§ 2353 ff BGB

1. Vermutungswirkung, § 2365 BGB

Der **Erbschein** ist ein Zeugnis des Erben über sein Erbrecht. In sehr vielen Klausuren bestreitet der Beklagte, dass der Kläger Erbe ist. Grundsätzlich hätte der Kläger dies dann zu beweisen. Hat er einen Erbschein kommt ihm jedoch die Vermutung des § 2365 BGB zugute. Der Beklagte muss diese widerlegen.

2. Feststellungsklage

Ebenso häufig klagt der Erbe auf Feststellung seines Erbrechts, der Beklagte wendet ein, die Klage sei unzulässig, da es ein vereinfachtes Verfahren gebe, §§ 342 ff FamFG. Dieser Einwand geht fehl, der Erbschein ist lediglich Legitimation, bringt jedoch nichts zur abschließenden Klärung des Erbrechts. Dieses muss durch Feststellungsklage geklärt werden.

3. Öffentlicher Glaube des Erbscheins, §§ 2365, 2366 BGB

1504 Durch diese Wirkung gilt der Inhalt des Erbscheins, in dem der „Scheinerbe" als Erbe bezeichnet ist, als richtig. Der Erbschein sichert damit einen Erwerb vom Scheinerben, da dieser Nichtberechtigter ist.

> **Klausurproblem:** Der Scheinerbe verkauft, legitimiert durch den Erbschein, ein Grundstück, das dem Erblasser gehörte an den gutgläubigen D. Hat D Eigentum erworben?
> (1) Nach §§ 873, 925 BGB? Nein, denn der Scheinerbe ist Nichtberechtigter;
> (2) Nach 892 Abs. 1 BGB? Nein, denn der Scheinerbe ist nicht eingetragen;
> (3) Nach §§ 892, 2365, 2366 BGB? Ja, denn der Erbschein weist den Scheinerben als Erben aus.
> **Abwandlung:** Das Grundstück gehörte nicht dem Erblasser.
> In diesem Fall kommt es auf die Gutgläubigkeit des Erwerbers an. Nach §§ 892, 2365, 2366 BGB ist eine doppelte Gutgläubigkeit, nämlich (1) bezüglich des Erbrechts und (2) hinsichtlich des früheren Eigentums des Erblassers erforderlich.
> **Weitere Abwandlung:** Erwerb vom Testamentsvollstrecker mit Zeugnis, § 2368.
> Das Testamentsvollstreckerzeugnis hat dieselben Wirkungen wie ein Erbschein – das heißt es ist auch ein gutgläubiger Erwerb vom Testamentsvollstrecker mit Zeugnis möglich – mit der Ausnahme, dass der Erbschein gilt bis er eingezogen ist, vgl. § 2366 aE BGB, der Rechtsschein des Testamentsvollstreckerzeugnisses endet hingegen mit Beendigung des Amtes. § 2368 BGB hilft also nicht bei einem redlichen Erwerb, wenn der Testamentsvollstrecker zum Zeitpunkt des Verkaufes schon sein Amt aufgegeben hat.

4. Leistung an den Erbscheinserben, § 2367 BGB

1505 Diese Regelung betrifft den umgekehrten Fall, dass an einen Scheinerben eine Leistung bewirkt wird. Auch hier wird der Schuldner nach §§ 2367, 2366 BGB frei.

> **Klausurproblem:** Der Scheinerbe S zieht eine Kaufpreisforderung – die noch vom Erblasser herrührt – ein. Er legt dabei dem Schuldner das Testament vor. **Lösung:** Der Schuldner kann grundsätzlich nicht befreiend leisten, da der Scheinerbe Nichtberechtigter ist; anders, wenn der Scheinerbe mit Erbschein handelte, § 2367 BGB.
> **Klausurproblem:** Die Bank zahlt das Guthaben des Erblassers an den durch Erbschein legitimierten Scheinerben aus. Die Bank leistet dadurch befreiend, § 2367 BGB, obwohl an den Nichtberechtigten ausgezahlt wurde. Allerdings hat der Erbe einen Anspruch gegen den Scheinerben nach § 816 Abs. 2 BGB.

III. Testament

1. Anordnungen

1506 Bei der Errichtung eines **Testaments** gilt der Grundsatz der Testierfreiheit.

1507 a) **Ersatzerbe, § 2096 BGB.** Ein Ersatzerbe, § 2096 BGB, kann vom Erblasser im Testament für den Fall, dass ein Erbe wegfällt, eingesetzt werden.

1508 b) **Vor- und Nacherbschaft, §§ 2100 ff. BGB.** Nach § 2100 BGB kann ein Erblasser einen Erben in der Weise einsetzen, dass dieser erst Erbe wird, nachdem zunächst ein anderer Erbe geworden ist (**Nacherbe**). Nach § 2102 BGB enthält die Einsetzung als Nacherbe im Zweifel auch die Einsetzung als Ersatzerbe. Bei Zweifeln, ob ein Erbe als Nach- oder als Ersatzerbe eingesetzt ist, gilt er als Ersatzerbe, § 2102 Abs. 2 BGB. Hat der Erblasser keinen Zeitpunkt des Eintritts der Nacherbfolge festgelegt, so fällt die Erbschaft dem Nacherben mit dem Tode des Vorerben an, § 2106 Abs. 1 BGB. Nach § 2112 BGB kann der Vorerbe über die zur Erbschaft gehörenden Gegenstände grundsätzlich verfügen, es sei denn es liegt einer der Fälle der §§ 2113–2115 BGB vor; diese enthalten Einschränkungen für Verfügungen des Vorerben.

c) Vermächtnis, §§ 1939, 2147 ff., 2174 BGB. Durch die Einräumung eines Vermächtnisses (durch den Erblasser) erhält der begünstigte (Vermächtnisnehmer) einen schuldrechtlichen Anspruch gegen den/die Erben, § 2174 BGB. Das bedeutet unter anderem, dass diese Rechte nicht durch Zuschlag in der Zwangsversteigerung, etwa § 92 ZVG, erlöschen. **Beispiel:** Erwirbt der Erbe E bei der Erbauseinandersetzung mit den Erben A, B, C und D ein Grundstück aus der Erbmasse, so erlöschen zwar die dinglichen Rechte. Ist das Erbe aber mit einem Vermächtnis belastet – der VN soll das Grundstück erhalten – bleibt diese schuldrechtliche Verpflichtung bestehen. Da das Erbe, damit auch der Erbe E mit dem Vermächtnis belastet ist, hat er dem Vermächtnisnehmer das Grundstück herauszugeben nach § 2174 BGB, diese Verpflichtung erlischt nicht mit dem Zuschlag.

Ist in einem Testament unklar, ob eine Erbeinsetzung oder ein Vermächtnis vorliegt, dann ist dieses auszulegen. Dabei sind die Auslegungsregeln in §§ 2087 Abs. 1, Abs. 2 BGB zu berücksichtigen.

1509

d) Teilungsanordnung, § 2048 BGB, oder Vorausvermächtnis, § 2150 BGB. Das **Vorausvermächtnis, § 2150 BGB**, ist ein Vermächtnis, welches einem Erben im Voraus, d. h. vor Auseinandersetzung des Nachlasses, zugewandt wurde. Dieses erhält der Erbe dann über seine Erbquote hinaus. Davon abzugrenzen ist die **Teilungsanordnung nach § 2048 BGB**. Eine solche liegt vor, wenn zwar alle Erben den gleichen Anteil am Nachlass bekommen sollen (z. B. der Erblasser hat drei Kinder), der Erblasser aber bestimmen möchte, welcher Erbe – unter Anrechnung auf die Erbquote – welchen Gegenstand des Nachlasses bekommen soll. Was gewollt ist, ist durch Auslegung zu ermitteln, wobei die Auslegungsregeln in §§ 2087 Abs. 1, Abs. 2 BGB zu berücksichtigen sind.

1510

> **Klausurproblem:** Das Testament des Erblassers (Vater) lautet: Meine Tochter soll meine Eigentumswohnung, mein Sohn soll meine Goldmünzen bekommen.
> Wegen des Prinzips der Universalsukzession können nicht einzelne Gegenstände einem Erben vermacht werden, der Nachlass geht als Ganzes auf alle Erben über. Sollen einzelne Personen konkrete Gegenstände erhalten, kann ihnen insoweit ein Vermächtnis eingeräumt werden; dieses gewährt allerdings nur einen schuldrechtlichen Anspruch, der von den Erben noch erfüllt werden muss. Möchte der Erblasser die Person als Erbe einsetzen, ist eine Zuordnung über eine Teilungsanordnung nach § 2048 BGB möglich. Aus der Formulierung des Erblassers ergibt sich (wohl), dass er beide Kinder als Erben einsetzen wollte. Beide erben zu gleichen Teilen, bei der Auseinandersetzung des Nachlasses ist allerdings die Teilungsanordnung zu berücksichtigen. Demnach bekommt die Tochter, unter Anrechnung auf ihre Erbquote, die Eigentumswohnung; der Sohn die Goldmünzen des Erblassers.

2. Gemeinschaftliches Testament, §§ 2265 ff BGB (Berliner Testament)
Beispiel
„Wir setzen uns gegenseitig zu Alleinerben ein. Beim Tode des Letztversterbenden sollen unsere gemeinsamen Kinder, S und T, alles erben".

1511

Beim gemeinschaftlichen Testament sind zwei verschiedene Konstruktionen möglich:

a) Einheitslösung. Dafür spricht die Vermutung in § 2269 Abs. 1 BGB. Jeder Ehegatte setzt den anderen zum **Vollerben** ein und die Dritten als **Schlusserben** des Letztverster-

1512

benden. Bei dieser Lösung wird der Überlebende beim Tod des Erblassers Vollerbe, das Vermögen des Überlebenden und das Vermögen des Erblassers verschmelzen (Einheitslösung). Der Überlebende kann demnach frei über das Vermögen verfügen. Die Kinder werden damit zunächst (beim ersten Erbfall) enterbt. Ihnen steht daher ein Pflichtteilsrecht zu, § 2303 BGB. Da dies oft nicht gewollt ist und zu Ungerechtigkeiten führen kann (wenn etwa nur eines der Kinder den Pflichtteil geltend macht), wird hier meist eine weitere Klausel ins Testament aufgenommen: „Wer beim Tode des Erstversterbenden seinen Pflichtteil geltend macht, wird für den Erbfall des Letztversterbenden enterbt".

1513 b) **Trennungslösung.** Jeder Ehegatte setzt den anderen zum **Vorerben** und die Kinder zu **Nacherben** ein. Mit der Folge, dass die Kinder nicht enterbt werden. Der Überlebende enthält aber keine freie Verfügungsbefugnis, §§ 2112 ff. BGB; es sind zwei getrennte Erbgänge.

3. Bindungswirkung bei wechselbezüglichen Verfügungen, §§ 2270 ff. BGB

1514 Es besteht **grundsätzlich Bindungswirkung**, §§ 2270 ff BGB. Zu Lebzeiten können die Ehegatten ihre wechselbezüglichen Verfügungen nur nach § 2271 BGB (§§ 2253, 2258 BGB) widerrufen. Nach dem Tode eines der Beiden erlischt dieses Widerrufsrecht, § 2271 Abs. 2 S. 1 BGB. Der Überlebende muss die Zuwendung des Erblassers ausschlagen, um neu verfügen zu können, § 2271 Abs. 2 S. 1 BGB. Nach dem Tode eines der beiden Verfügenden, kann der Überlebende die Zuwendung auch noch analog §§ 2281, 2078 BGB anfechten.

> **Klausurproblem:** Gemeinschaftliches Testament in dem sich die Ehegatten jeweils als Erben und nach dem Letztversterbenden den Sohn einsetzen. Der Ehemann verstirbt, die Mutter will mit ihrem Sohn zusammen das Erbe der Enkelin zukommen lassen. Da es sich um wechselbezügliche Verfügungen handelt, scheidet ein Widerruf grundsätzlich aus. Hier geht die Lösung über § 2352 BGB. Da der Sohn als Erbe eingesetzt ist, kann er durch Vertrag mit der Mutter auf das Erbe verzichten und dann der Enkelin zukommen lassen.

1515 Die Nichtigkeit oder der Widerruf einer der Verfügungen hat die Nichtigkeit auch der anderen Verfügung zur Folge, § 2270 Abs. 1 aE BGB.

4. Annahme und Ausschlagung der Erbschaft, §§ 1942 ff. BGB

1516 Schlägt der Erbe die ihm angefallene Erbschaft nicht innerhalb der **Ausschlagungsfrist von sechs Wochen** (§ 1944 Abs. 1 BGB) aus, dann gilt die Erbschaft als angenommen, §§ 1942, 1943 2. Alt. BGB. Sowohl die Annahme als auch die Ausschlagung sind als Willenserklärungen wegen Irrtums anfechtbar. Auch eine Anfechtung wegen Überschuldung des Nachlasses ist möglich.

> **Klausurproblem:** S wurde nach dem Tod seines Vaters (Erblasser) am 1.1.2019 Erbe. Am 10.1.2019 veräußertes S ein Gemälde des Erblassers an den gutgläubigen K. Am 30.1.2019 schlägt S die Erbschaft aus. Hat K Eigentum am Gemälde erworben? Zum Zeitpunkt der Verfügung (am 10.1.2019) war S als „vorläufiger Erbe" Berechtigter. Durch die Ausschlagung am 30.1.2019 wurde S rückwirkend „Nichtberechtigter", § 1953 BGB. K kann daher allenfalls gutgläubig Eigentum am Gemälde nach §§ 929, 932 BGB erworben haben. Nach der hM gilt in diesem Fall § 935 BGB nicht, so dass dem „wahren Erben" das Gemälde nicht abhandengekommen ist und K daher gutgläubig Eigentum an Gemälde erwerben konnte (Grüneberg/Weidlich § 1953 Rn. 4).

IV. Schenkungsversprechen von Todes wegen, Schenkung, Vertrag zugunsten Dritter

1. Problemstellung: Abgrenzung von § 518 BGB zu § 2301 BGB

Nach § 518 Abs. 1 BGB bedarf das **Schenkungsversprechen** – nur dieses, nicht der gesamte Vertrag – der notariellen Beurkundung. Der Mangel der Form wird aber durch den Vollzug – die Bewirkung der Schenkung – geheilt. Demgegenüber gelten für ein Schenkungsversprechen, das unter der Bedingung erteilt wird, dass der Beschenkte den Schenker überlebt, die Regeln über die Verfügungen von Todes wegen, also des Testaments, § 2301 Abs. 1 S. 1 BGB. Vollzieht der Schenker die Schenkung, dann finden die Vorschriften über die Schenkung Anwendung. Vollzug setzt aber Leistungsbewirkung unter Lebenden voraus, eine Leistungsbewirkung nach dem Tode des Schenkers reicht nicht; dann gelten wieder die Regeln über das Testament.

Das Problem in diesem Bereich – vor allem in der Klausur – ist der Einsatz von Hilfspersonen, um die Schenkung auszuführen. Bedient sich der Erblasser eines bevollmächtigten Dritten, ist Vollzug nach hM auch dann anzunehmen, wenn der Dritte die Übergabe erst nach dem Tode des Schenkers ausführt. Diese Folge ist gerechtfertigt durch die Wertungen der §§ 130 Abs. 2, 153 BGB. Voraussetzung ist aber gerade, dass die Vollzugshandlung nicht bewusst auf die Zeit nach dem Tode des Erblassers verschoben wird.
Beachte: Der Erbe kann, wenn die Schenkung noch nicht vollzogen ist – daher noch keine Heilung eingetreten ist –, wirksam widerrufen und damit einen Vollzug und eine Heilung verhindern (Grüneberg/Weidlich § 2301 Rn. 14).

> **Klausurproblem:** (Bonifaziusfall, RGZ 83, 227 ff.): Der Erblasser verspricht seiner Enkelin E – für den Fall seines Todes und ihres Überlebens – den Diamantring seiner Großmutter. Er beauftragt seinen Freund F nach seinem Tode den Diamantring der Enkelin zu überbringen. Der Erblasser stirbt. F überbringt der E den Ring. Die Erbin verlangt nun den Ring von der Enkelin zurück. Zurecht?
> Ja.
> (1) Die Erbin hat keinen Anspruch auf Herausgabe nach §§ 985, 1922 BGB, denn die Enkelin ist Eigentümerin des Ringes geworden. Der Freund überbringt – zumindest konkludent – das Angebot des Erben auf Übereignung. Die Enkelin nimmt an. Zugang der Annahme ist entbehrlich, §§ 130 Abs. 1, Abs. 2, 153, 151 BGB. Das Fortbestehen der Einigung wird wohl vermutet.
> (2) Aber die Erbin hat wohl einen Anspruch aus §§ 812 Abs. 1 S. 1 1. Alt., 1922 BGB. Zwar wäre der Formmangel der Schenkung, § 518 Abs. 1 BGB, nach § 518 Abs. 2 BGB durch Vollzug der Schenkung geheilt, aber hier greifen wohl die erbrechtlichen Vorschriften. Danach ist keine Heilung eingetreten, da der Vollzug der Schenkung nach § 2301 Abs. 2 BGB voraussetzt, dass das Vermögensopfer vom Erblasser schon zu Lebzeiten erbracht worden ist, §§ 2301 Abs. 2, 518 BGB. Auch der Einsatz der Hilfsperson hilft hier nicht. Denn folgt man dem Reichsgericht, liegt unzweifelhaft § 2301 Abs. 1 BGB vor; folgt man der hM scheitert die Anwendung von § 2301 Abs. 2 BGB daran, dass die Hilfsperson bewusst die Schenkung erst nach dem Tode des Erblassers vollziehen sollte.

Beachte: Vergleichbare Probleme stellen sich, wenn der Erblasser einem Dritten eine Kontovollmacht gibt und dieser damit Geld abhebt.

2. Abgrenzung der §§ 518, 2301, 331 BGB

§ 331 BGB erfasst alle Verträge zugunsten Dritter, die als Leistungszeitpunkt den Tod des Versprechensempfängers haben.

Beispiele
Bausparverträge mit Drittbegünstigung auf den Todesfall, Renten, Vereinbarungen mit der Bank, nach dem Tode des Kontoinhabers einen Betrag an einen Dritten zu zahlen, Anlegen eines Sparkontos auf den Namen eines Dritten mit dem Vorbehalt eigener Verfügungsbefugnis bis zum Tode.

Bis zum Eintritt des Todesfalles gehören die Ansprüche aus dem Vertrag zum Vermögen des Versprechensempfängers. Die Rechtsstellung des Dritten ist frei änderbar. Der Dritte erwirbt deshalb auch kein Anwartschaftsrecht, sondern lediglich „die Hoffnung" auf den künftigen Erwerb.

1520 Nach dem Eintritt des Todes erwirbt der Dritte (Beschenkter) den Leistungsanspruch gegen den Versprechenden. Die Möglichkeit zu Änderungen entfällt (zu allem Grüneberg/Grüneberg § 331). Das Problem liegt aber darin, dass im Verhältnis zwischen den Erben und dem Beschenkten der Rechtserwerb nur dann gesichert ist, wenn das Valutaverhältnis wirksam ist. Ist zu Lebzeiten des Erblassers zwischen diesem und dem Dritten wirksam eine Schenkung vereinbart worden, ist dies völlig problemlos. Wurde formlos eine Schenkung vereinbart, wird der Formmangel durch den Erwerb der Leistung geheilt, § 518 Abs. 2 BGB. § 2301 BGB findet hier keine Anwendung, denn in § 331 BGB ist die Norm des § 2301 BGB nicht genannt. § 331 BGB würde auch ins Leere laufen, wenn im Innenverhältnis eine strengere Regelung, § 2301 BGB, gelten würde (Grüneberg/Grüneberg § 331 Rn. 1). Eine wirksame Schenkung kann auch noch nach dem Tode des Erblassers zustande kommen. Übermittelt der Versprechende die Drittbegünstigungserklärung auftragsgemäß an den Dritten, so liegt hierin eine wirksame Schenkungsofferte des Erblassers. Da Heilung des Vertrages aber erst mit Vollzug eintritt, § 518 Abs. 2 BGB, können die Erben diesen Vertrag vor dessen Vollzug noch wirksam widerrufen.

1521 Fälle (**Hauptfälle in den Klausuren**):
Der Erblasser legt bei der Bank ein Sparbuch für seine Enkelin an. Diese soll Kontoinhaberin und nach dem Tode des Erblassers Verfügungsberechtigte werden. Nach dem Tode übergibt die Bank – wie das vereinbart war – der Enkelin das Sparbuch. Der Erbe verlangt nun das Sparbuch von der Enkelin heraus. Zurecht?
Wohl Nein.
aa) Ein Anspruch ergibt sich nicht aus §§ 985, 952, 1922 BGB, die Enkelin ist Eigentümerin des Sparbuches geworden. Das Recht am Papier folgt dem Recht aus dem Papier. Der Enkelin steht das Recht aus dem Papier zu, §§ 328, 331 BGB. Der Vertrag zwischen der Bank und dem Erblasser ist ein Vertrag (Sparbuch/Darlehensvertrag) zugunsten Dritter.
bb) Auch die §§ 816 Abs. 2, 1922 BGB greifen nicht. Die Enkelin ist Auszahlungsberechtigte, §§ 328, 331 BGB.
cc) Und wohl auch die §§ 812 (LK), 1922 BGB geben keinen Anspruch. Die Enkelin hat den Anspruch gegen die Bank auf Auszahlung erlangt, §§ 328, 331 BGB – der Rechtsgrund ist die Schenkung. Heilung, § 518 Abs. 2 BGB, ist mit Vollzug der Schenkung eingetreten, da mit dem Tode des Erblassers die Enkelin den Anspruch gegen die Bank erworben hat. Nach BGH soll hier § 2301 BGB nicht anwendbar sein.
dd) Nimmt in diesem Fall der Erbe das Sparbuch an sich, kann die Enkelin auf Herausgabe klagen, §§ 985, 952, 328, 331 BGB. Sie ist berechtigte aus dem Vertrag. Hat der Erbe Geld abgehoben, kann die Enkelin nach § 812 Abs. 1 S. 1 2. Alt (EK) BGB und aus § 816 Abs. 2 BGB vorgehen. Hat der Erbe das Konto sperren lassen, hat die Enkelin einen Anspruch nach § 812 Abs. 1 S. 1 2. Alt (EK) BGB, in ihr Recht aus §§ 328, 331 BGB ist eingegriffen worden.

C. Handelsrecht

Handelsrecht kommt in den Klausuren recht häufig vor, meist geht es nur um Randprobleme und um die Besonderheiten bei den Handelsgeschäften. Da das HGB nur wenige Anspruchsgrundlagen enthält, bleibt es meist bei den Ansprüchen aus dem BGB, es gelten aber handelsrechtliche Sonderregelungen. Eine Klausur sollte daher grundsätzlich immer erst nach den Regelungen des BGB gelöst werden und dann anschließend geprüft werden, ob sich aus dem Handelsrecht etwas anderes ergibt. **Beispiel:** Verkauf eines Pkw, bei dem der Veräußerer nicht im Brief eingetragen ist (Grüneberg/Herrler § 932 Rn. 1, 13). Hier scheitert ein gutgläubiger Erwerb, §§ 929, 932 ff BGB, weil diese Normen nur den guten Glauben an das Eigentum des Veräußerers schützen. Anschließend ist noch zu prüfen ob § 366 HGB eingreift, der auch den guten Glauben an die Veräußerungsbefugnis schützt (Gebrauchtwagenhändler).

I. Kaufmannsbegriff, §§ 1 ff HGB

Die Fragen des **Kaufmannsbegriffs** müssen beherrscht werden, weil jeder Zugang ins HGB immer über den Kaufmannsbegriff führt. So ist ein Handelsgeschäft erforderlich, §§ 343, 344 HGB, um die Regelungen der §§ 348 ff HGB anwenden zu können. Ein beiderseitiges Handelsgeschäft, um in die sehr wichtige Norm des § 377 HGB – Untersuchungs- und Rügepflicht – zu kommen. Die Fragen der §§ 1 ff HGB entscheiden auch, um was für eine Gesellschaft es sich handelt. Die BGB-Gesellschaft unterscheidet sich von der OHG (KG) im Grundsatz nur dadurch, dass bei der OHG zwingend ein Handelsgewerbe (Einzweckgesellschaft) betrieben werden muss, § 105 Abs. 1 HGB, während die BGB-Gesellschaft zu allen andern Zwecken betrieben werden kann; betreibt sie ein Handelsgewerbe, wird sie zwingend zur OHG. Der Begriff des Handelsgewerbes scheidet die Gesellschaften, wann dabei ein Handelsgewerbe vorliegt, ergibt sich aus den §§ 1 ff HGB.

1. „Istkaufmann", § 1 HGB

Kaufmann ist, wer ein Handelsgewerbe führt, § 1 Abs. 1 HGB. **Gewerbe** ist jede nach außen erkennbare, erlaubte, selbstständige, planmäßige auf gewisse Dauer angelegte, mit Gewinnerzielungsabsicht betriebene Tätigkeit, die kein freier Beruf ist.

Wer ein Gewerbe führt, betreibt ein **Handelsgewerbe** und ist damit Kaufmann, §§ 1 Abs. 1, Abs. 2 HGB, wenn nicht das Unternehmen keinen nach Art und Umfang eingerichteten Gewerbebetrieb erfordert. Entscheidend ist, ob ein „Kleinunternehmen" gegeben ist, dort sind kaufmännische Einrichtungen – wie kaufmännische Buchführung, Bilanzerstellung, Inventarisierungspflicht, Vertretungsregelungen – nicht erforderlich; wobei es nicht darauf ankommt, ob diese Einrichtungen vorhanden sind, sondern nur, ob sie erforderlich sind.

Nach § 1 Abs. 2 HGB spricht die Vermutung für ein Handelsgewerbe. Solange der Sachverhalt keine anderen Angaben macht, kann man daher davon ausgehen, dass es sich um ein Handelsgewerbe handelt, wobei meist Angaben im Sachverhalt zur Größe des Unternehmens zu finden sind (Beispiel: Der Gebrauchtwagenhändler verkauft im Monat 80 Pkw; das Unternehmen hat 50 Mitarbeiter). Grundsätzlich muss ab einem Umsatz von 250.000 Euro davon ausgegangen werden, dass kaufmännische Einrichtungen erforderlich sind.

Eine **Eintragung ins Handelsregister** ist zur Begründung der Kaufmannseigenschaft nach § 1 Abs. 2 HGB nicht erforderlich; wenn der Kaufmann auch verpflichtet ist, vgl. § 29 HGB, sich ins Handelsregister eintragen zu lassen. Der „Istkaufmann" ist Kaufmann mit Aufnahme des Geschäftsbetriebes, wenn sein Gewerbebetrieb einen entsprechenden Umfang aufweist.

2. „Kannkaufmann", § 2 HGB

1528 Ein **Kleingewerbe**, das kein Handelsgewerbe nach § 1 Abs. 2 HGB ist, wird dennoch Kaufmann, wenn es ins Handelsregister eingetragen ist. Der Unternehmer kann wählen, ob er es eintragen lässt oder nicht, § 2 S. 2 HGB. Insoweit ist die Eintragung konstitutiv. Der Kleingewerbetreibende wird Kaufmann erst mit der Eintragung.

3. Land- und Forstwirt, § 3 HGB

1529 Für Land- und Forstwirte gelten grundsätzlich die §§ 1, 2 HGB nicht. Der Land- und Forstwirt wird erst Kaufmann, wenn sein Betrieb eine entsprechende Größe hat und ins Handelsregister eingetragen ist, § 3 Abs. 1 HGB. Der Land- und Forstwirt ist erst Kaufmann mit der Eintragung. **Beachte**: Diese Form des Kaufmanns kommt in der Klausur recht häufig vor und wird häufig falsch behandelt. Für Nebenbetriebe gilt § 3 Abs. 3 HGB.

4. Handelsgesellschaften und „Formkaufmann", § 6 HGB

1530 a) **Handelsgesellschaften.** § 6 Abs. 1 HGB stellt klar, dass die Kaufmannsvorschriften für die Handelsgesellschaften Anwendung finden. **Beachte**: Eine OHG muss schon von der Definition her Handelsgesellschaft sein; ob sie dies ist, ist an Hand der §§ 1 ff HGB festzustellen.

1531 b) **Vereine.** Die Vereine (vgl. Gesellschaftsrecht), denen das Gesetz die Kaufmannseigenschaften zubilligt, sind ohne Rücksicht darauf, ob sie ein Handelsgewerbe betreiben, Kaufmann und betreiben eine Handelsgesellschaft. § 3 Abs. 1 AktG: „gilt als Handelsgesellschaft, auch wenn der Gegenstand des Unternehmens nicht im Betrieb eines Handelsgewerbes besteht" oder § 13 Abs. 3 GmbHG: „die Gesellschaft gilt als Handelsgesellschaft".

5. Scheinkaufmann, § 5 HGB

1532 a) **Kaufmann nach § 5 HGB.** Ist jemand als Kaufmann im Handelsregister eingetragen, kann er nicht geltend machen, er sei nicht Kaufmann, wenn sich ein Dritter auf die Eintragung beruft. § 5 HGB setzt kein Vertrauen voraus und wirkt nach hM auch zugunsten des fälschlich Eingetragenen. Grundvoraussetzung ist jedoch, dass noch ein Gewerbe betrieben wird.

1533 b) **Scheinkaufmann.** Neben § 5 HGB gibt es noch den Scheinkaufmann. Wer im Rechtsverkehr den Rechtsschein erzeugt, er sei Kaufmann, muss sich gutgläubigen Dritten gegenüber hieran festhalten lassen. Erforderlich ist, dass der Betroffenen durch sein Auftreten im Rechtsverkehr den Rechtsschein gesetzt hat und der Dritte gutgläubig ist und im Vertrauen auf den gesetzten Rechtsschein gehandelt hat.

1534 c) **Kaufmann nach § 15 HGB.** Auch § 15 HGB (vgl. gleich unten II.) kann dazu führen, dass sich jemand als Kaufmann behandeln lassen muss, obwohl er nicht oder nicht mehr Kaufmann ist.

II. Publizität des Handelsregisters, § 15 HGB

1535 Das Handelsregister dient der Offenlegung der wichtigsten Rechtsverhältnisse der Kaufleute, es wird beim Amtsgericht geführt. § 15 HGB regelt **die materielle Publizität des Handelsregisters** und dient der Sicherheit und Leichtigkeit des Rechtsverkehrs. Es gilt für eintragungspflichtige Tatsachen, wie etwa §§ 29, 53, 106, 141 HGB. Es hat drei verschiedene Publizitätswirkungen, §§ 15 Abs. 1–3 HGB:

Handelsrecht

1. **Negative Publizität (zugunsten eines Dritten), § 15 Abs. 1 HGB**
   Merksatz: Dem Schweigen des Handelsregisters darf man trauen, nicht aber seinem Reden. **Beachte:** Einzutragen ist nicht nur, dass jemand Gesellschafter, §§ 53, 107 HGB, oder Prokurist wird, sondern auch der Widerruf der Prokura und das Ausscheiden eines Gesellschafters, §§ 106 Abs. 6, 53 Abs. 2 HGB.

> **Klausurproblem**
> 1) Der Geschäftsherr widerruft die Prokura, dennoch schließt der Prokurist danach noch ein Geschäft im Namen des Unternehmens. Anspruch des Dritten gegen das Unternehmen?
> Anspruchsgrundlage des Dritten gegen das Unternehmen ist etwa § 433 Abs. 2 BGB, Kaufpreiszahlung. Dem Vertragsschluss ermangelt es allerdings an der Vollmacht (§ 164 BGB) des Prokuristen. Er hatte zwar umfassende Vollmacht, vgl. §§ 48 ff. HGB, die Prokura war aber zum Zeitpunkt des Geschäfts widerrufen, bestand also nicht mehr. Hier greift aber zugunsten des Dritten § 15 Abs. 1 HGB ein: (1) Einzutragende Tatsache, die Löschung der Prokura, §§ 53 Abs. 1, Abs. 2 HGB, (2) Nicht eingetragen und bekannt gemacht, (3) Keine Kenntnis des Dritten davon, (4) Rechtsfolge: Der Geschäftsherr kann sich nicht auf den Widerruf der Prokura berufen, er muss sich behandeln lassen, wie wenn der P noch Prokura gehabt hätte.
> 2) Vergleichbar mit dem Fall der Prokura ist das Ausscheiden eines Gesellschafters aus einer OHG. Auch dies muss nach § 106 Abs. 6 HGB eingetragen werden. Solange der ausscheidende Gesellschafter allerdings noch als Gesellschafter der OHG eingetragen ist, greift zu seinen Lasten auch noch seine persönliche Haftung nach § 126 HGB, wegen der negativen Publizität des Handelsregisters, § 15 Abs. 1 HGB.

2. **Positive Publizität (zugunsten des Eintragungspflichtigen), § 15 Abs. 2 HGB**
Ist die einzutragende Tatsache eingetragen und bekannt gemacht, muss der Dritte sie gegen sich gelten lassen. Schließt also ein Dritter einen Vertrag mit einem Prokuristen einer OHG, war die Prokura des Prokuristen zu diesem Zeitpunkt allerdings bereits widerrufen und dies auch im Handelsregister eingetragen, dann muss der Dritte dies gegen sich gelten lassen.

Allerdings besteht eine Karenzzeit, § 15 Abs. 2 S. 2 HGB, bis 15 Tage nach der Bekanntmachung kann sich ein Dritter noch auf die Eintragung/Nichteintragung berufen (allerdings Beweislastumkehr), wenn er beweist, dass er diese nicht kannte oder kennen musste. § 15 Abs. 2 HGB gilt allerdings nur für richtige Eintragungen; unrichtige Eintragungen braucht man sich nicht entgegenhalten zu lassen.

3. **Positive Publizität (zugunsten eines Dritten), § 15 Abs. 3 HGB**
Entscheidend ist hier die Bekanntmachung, nicht die Eintragung. Bei richtiger Bekanntmachung aber falscher Eintragung gilt § 15 Abs. 3 HGB nicht. Insoweit gilt nur der allgemeine Rechtsschein (unterschiedlicher Maßstab der Kausalität und der „Bösgläubigkeit"). Nach hM ist § 15 Abs. 3 HGB eingeschränkt durch das Veranlassungsprinzip. Wer eine Eintragung nicht veranlasst hat, braucht sich nicht um die Richtigkeit oder ggfs. um eine Löschung zu bemühen.

III. Handelsfirma, §§ 17 ff. HGB

Die Firma ist der Name eines Kaufmanns, unter dem er im Handelsverkehr tätig wird, § 17 Abs. 1 HGB. Er kann unter seiner Firma klagen und verklagt werden, § 17 Abs. 2 HGB. Die Klage kann also gegen die Firma „Max Maier" geführt werden, obwohl Emil

Müller Inhaber des Unternehmens ist. Auch die Vollstreckung geht dann gegen Emil Müller, obwohl er nicht im Titel benannt ist, vgl. § 750 Abs. 1 ZPO. Es muss dann nur nachgewiesen werden, dass Emil Müller Inhaber ist; dies kann offenkundig sein oder geschieht meist durch einen Auszug aus dem Handelsregister.

1541 §§ 25 ff. HGB sind **Anspruchsgrundlagen**. Wer unter Lebenden ein Handelsgeschäft erwirbt und die Firma fortführt, haftet für alle Verbindlichkeiten des früheren Inhabers, **§ 25 Abs. 1 HGB** (Haftungsausschluss, § 25 Abs. 2 HGB, vor allem Eintragung ins Handelsregister). Auch der frühere Inhaber haftet noch, er hat die Verbindlichkeit begründet und haftet daher beispielsweise aus §§ 433, 631 BGB. Die Forderungen gehen auf den neuen Inhaber über, § 25 Abs. 1 S. 2 HGB.

1542 Der Erbe, der das Handelsgeschäft weiterführt, haftet – neben seiner Erbenhaftung nach § 1967 BGB – über **§ 27 HGB** ebenfalls nach § 25 HGB; zur Beschränkung vgl. § 27 Abs. 2 HGB.

1543 Auch wer in ein bestehendes Handelsgeschäft eintritt, haftet, **§ 28 HGB**. Es entsteht eine Handelsgesellschaft, diese haftet und für diese haften ihre Gesellschafter, § 128 HGB. Problematisch ist die analoge Anwendung des § 28 HGB bei der (Gründung) einer BGB-Gesellschaft.

> **Klausurproblem:** Rechtsanwalt R nimmt Rechtsanwalt S in seine Kanzlei auf. Können die Mandanten bei Ansprüchen gegen R nun auch auf den S zugreifen?
> Der BGH hat bisher eine analoge Anwendung (also Haftung für Altschulden) des § 28 HGB für die berufsspezifische Haftung abgelehnt (BGH NJW 2004, 836; Grüneberg/Ellenberger § 164 Rn. 6 aE).

IV. Prokura, § 48 ff HGB

1544 **Prokura** ist eine Vertretungsmacht mit gesetzlich umschriebenem Umfang. Dritten gegenüber ist sie grundsätzlich nicht beschränkbar, §§ 49, 50 HGB. Zur Haftung nach Löschung Klausurproblem oben bei II. 1. Vom Umfang der Vertretungsmacht her ist die Handlungsvollmacht, § 54 HGB, die geringere Variante. Zu beachten ist auch die Vertretungsmacht der Ladenangestellten, § 56 HGB (vgl. auch das Beispiel oben I. 1.).

V. Besonderheiten der Handelsgeschäfte, §§ 343 ff HGB

1545 Der Einstieg bei Handelsgesellschaften erfolgt immer über die §§ 343, 344, 1 ff HGB. Die wichtigsten Regelungen für die Klausur:

1. Formfreiheit für die Bürgschaft und die Einrede der Vorausklage, §§ 349, 350 HGB

1546 > **Klausurproblem:** Der Bürge B – ein Gebrauchtwagenhändler – verpflichtete sich mündlich für eine Forderung des S einzustehen. Kann G den B in Anspruch nehmen? Anspruchsgrundlage ist § 765 BGB. Der Bürgschaftsvertrag ermangelt allerdings der Schriftform, § 766 BGB. Nach § 350 HGB bedarf es dieser allerdings nicht, wenn die Bürgschaft auf Seiten des Bürgen ein Handelsgeschäft ist. Dies sind alle Geschäfte eines Kaufmanns, §§ 343, 344, 1 ff. HGB (Vermutung nach § 344 HGB). Nach § 1 Abs. 2 HGB liegt vorliegend ein Handelsgeschäft auf Seiten des Bürgen vor, wenn B Gebrauchtfahrzeugen im großen Stil verkauft.

2. Gutgläubiger Erwerb, § 366 HGB

§ 366 HGB erweitert die Möglichkeiten des Gutglaubenserwerbs. Nach § 366 Abs. 1 HGB wird auch der **gute Glaube an die Verfügungsbefugnis**, § 185 Abs. 1 BGB, geschützt. Nach hM gilt § 366 Abs. 1 HGB analog, auch für den guten Glauben an die Vertretungsmacht. § 366 Abs. 3 HGB ermöglicht den gutgläubigen Erwerb gesetzlicher Pfandrechte für Spediteure und Lagerhalter.

> **Klausurproblem:** Autohändler A, der 80 Fahrzeuge im Monat verkauft, verkauft einen Pkw – bei dem er nicht im Fahrzeugbrief eingetragen ist – als Nichtberechtigter an den G. Eigentumserwerb des G?
> §§ 929, 932 ff. BGB greifen nicht, der Erwerber G kann nicht gutgläubig bzgl. des Eigentums des Veräußerers sein, da dieser nicht im Brief eingetragen ist (vgl. Grüneberg/Bassenge § 932 Rn. 13). Dem G hilft aber § 366 HGB, dieser schützt den guten Glauben an die Verfügungsbefugnis.

3. Untersuchungs- und Rügepflicht, § 377 HGB

Ist der Kauf für beide Teile – für Käufer und für Verkäufer – ein Handelsgeschäft, so muss der Käufer die Ware untersuchen und wenn er einen Mangel entdeckt diesen sofort anzeigen. Macht er dies nicht, genehmigt er damit die Ware, auch wenn sie mangelbehaftet ist. Er verliert dann seine Gewährleistungsansprüche, § 377 Abs. 2 HGB („so gilt die Ware als genehmigt"). Diese Norm wandelt die Gewährleistungsrechte der §§ 434 ff BGB ganz erheblich ab.

> **Klausurproblem:** Käufer K hat bei einer GmbH eine mangelhafte Maschine gekauft. Er macht nun Gewährleistungsrechte, §§ 433, 434, 437 BGB, geltend. Anspruch?
> Ein Mangel bei Gefahrübergang liegt vor, sodass die Mängelrechte dem Grundsatz nach bestehen. Greift allerdings zugunsten des Verkäufers § 377 HGB ein, dann gilt die Ware als genehmigt und es bestehen keine Ansprüche. Voraussetzung dafür ist, dass ein beiderseitiges Handelsgeschäft vorliegt (für den Käufer muss ein Handelsgeschäft nach §§ 343, 344, 1 ff. HGB und für den Verkäufer ein Handelsgeschäft nach §§ 343, 344, 1 ff., 6 Abs. 2 HGB, 13 Abs. 3 GmbHG vorliegen.

4. Schweigen, § 362 HGB, und Kaufmännisches Bestätigungsschreiben

Grundsätzlich hat **Schweigen im Rechtsverkehr** keine Bedeutung. Eine Sonderregelung enthält § 362 HGB; dieser stellt klar, dass ein Vertrag zustande kommt, wenn einem Kaufmann – der Geschäftsbesorgungen für andere macht, § 675 BGB – ein Angebot zugeht und dieser schweigt. Schweigen gilt insoweit als Annahme, aber nur für die dort genannten Kaufleute.

Für Andere können allenfalls die Regeln des **kaufmännischen Bestätigungsschreibens** greifen. Das kaufmännische Bestätigungsschreiben folgt aus dem Handelsbrauch und ist gewohnheitsrechtlich anerkannt. Voraussetzungen:
– Geht von einem (potentiellen) Vertragspartner einem Anderen ein Schreiben zu,
– in dem er seine Auffassung über das zustande kommen oder den Inhalt des Vertrages mitteilt, muss der Gegner, will er diesen Inhalt nicht gegen sich gelten lassen,
– unverzüglich widersprechen, sonst gilt sein Schweigen als Einverständnis und der Vertrag kommt mit den (geänderten) Bedingungen zustande.
– Der Bestätigende muss allerdings redlich sein.

D. Gesellschaftsrecht

I. Begriff der Gesellschaft

1. Die Definition einer Gesellschaft findet sich in § 705 BGB. Voraussetzungen sind:

1551 (1) **Ein Gesellschaftsvertrag**, der bei den Vereinen meist Satzung genannt wird. Bei der Genossenschaft regeln die §§ 4, 6, 7 GenG die Mindestmitgliederzahl und den zwingenden Mindestinhalt der Satzung.

1552 (2) **Mehrere Personen**, das können natürliche oder juristische Personen sein; so können eine AG und eine GmbH zusammen eine BGB-Gesellschaft bilden. AG und GmbH können auch durch eine Person gegründet werden, § 3 Abs. 1 GmbHG, § 2 Abs. 1 AktG.

1553 (3) **Gemeinsamer Zweck**, dies ist das Kriterium, an dem sich die Gesellschaften scheiden. Während die GbR eine „**Vielzweckgesellschaft**" ist – sie kann zu jedem erdenklichen (zulässigen) Zweck gegründet werden –, sind die OHG und die KG nur „Einzweckgesellschaften", d. h. OHG und KG können nur einen legitimen Zweck verfolgen, nämlich den Betrieb eines Handelsgewerbes, vgl. §§ 105, 161 HGB. GbR auf der einen Seite und OHG, KG auf der anderen Seite schließen sich also aus. Wird ein Handelsgewerbe betrieben liegt eine OHG (KG) vor, bei allen anderen Zwecken liegt eine GbR vor. Auch eine AG oder eine GmbH kann zu verschiedenen Zwecken gegründet werden, vgl. etwa § 3 Abs. 1 AktG, § 1 GmbHG, „zu jedem gesetzlich zulässigen Zweck".

1554 (4) **Förderungspflicht** Der Beitrag, der von den einzelnen Gesellschaftern geleistet wird, muss einen Vermögenswert haben. Er braucht aber nicht in Geld zu bestehen; so kann ein Gesellschafter ein Grundstück einbringen, ein anderer Geld und der Dritte eine vermögenswerte Formel, etwa ein Patent.

2. Keine Gesellschaften sind:

1555 (1) **Die Erbengemeinschaft**, §§ 2032 ff. BGB, sie entsteht kraft Gesetzes und ist auf Auseinandersetzung gerichtet;
(2) **Die Bruchteilsgemeinschaft**, §§ 741 ff. BGB, auch sie kann kraft Gesetzes entstehen, bei ihr wird kein gemeinsamer Zweck verfolgt, der über das Haben und Halten der Sache hinausgeht.

II. Arten der Gesellschaft

1556 Es gibt zwei Arten der Gesellschaften:

Arten der Gesellschaften									
Personengesellschaften (Grundform: GbR, § 705 BGB)					Körperschaften (Grundform: Verein, §§ 21 ff BGB)				
(Einfache) Personengesellschaften	Handelsgesellschaften				Vereine	Kapitalgesellschaften			Sonstige Gesellschaften
GbR §§ 705 ff BGB und Partnerschaftsgesellschaft §§ 1 ff PGG	Stille Gesellschaft §§ 230 ff HGB	OHG §§ 105 ff HGB	KG §§ 161 ff HGB	GmbH& Co. KG	Vereine §§ 21 ff BGB	Aktiengesell. §§ 1 ff AktG	GmbH §§ 1 ff GmbHG	KGaA §§ 278 ff AktG	Genossenschaften §§ 1 ff GenoG und VVaG § 15 VAG
Grundsätze: Mehrheit der Gesellschafter Vom Wechsel der Mitglieder abhängig Selbstorganschaft Vollhaftung					**Grundsätze:** Einheit Vom Wechsel der Mitglieder unabhängig Fremdorganschaft Haftungsbeschränkung				

III. Entstehung der Gesellschaften

1. Entstehung im Innenverhältnis

a) **Abschluss des Gesellschaftsvertrages.** Im Innenverhältnis entsteht die Personengesellschaft mit dem Abschluss des Gesellschaftsvertrages. Der Unterschied zwischen OHG/KG und GbR liegt nur im Zweck. Ist der Zweck der Betrieb eines Handelsgewerbes, liegt zwingend eine OHG (oder KG) vor, bei allen anderen Zwecken liegt eine BGB-Gesellschaft vor. Auch die KG ist auf den Betrieb eines Handelsgewerbes gerichtet. Im Unterschied zur OHG, bei der alle Gesellschafter unbeschränkt haften, ist bei der KG zumindest bei einem Gesellschafter die Haftung beschränkt, bei mindestens einem unbeschränkt.
Beachte: Durch § 107 Abs. 1 S. 2 HGB ist das Personengesellschaftsrecht jetzt auch für die freien Berufe geöffnet.

1557

b) **Fehlerhafte Gesellschaft.** Hat der Gesellschaftsvertrag Mängel, ist er grundsätzlich nichtig. Die Folge wäre Rückabwicklung sämtlicher Geschäfte über die gesamten Jahre nach § 812 BGB. Da aber die Gesellschafter und Dritte auf die Existenz vertraut haben, wäre dies nicht interessengerecht und kaum machbar. Rückabwicklung einer 10 Jahre lang funktionierenden Gesellschaft, bei der der Vertrag an einem Mangel leidet, wäre weder sinnvoll noch machbar. Deshalb wurde **die Lehre von der fehlerhaften Gesellschaft** entwickelt. Diese hat folgende **Voraussetzungen:**
– Fehlerhafter Gesellschaftsvertrag,
– Gesellschaft ist in Vollzug gesetzt,
– keine entgegenstehenden Interessen, wie §§ 134, 138 BGB oder Minderjährigkeit,
Rechtsfolge: Die Gesellschaft wird wie eine wirksame Gesellschaft behandelt, mit der Möglichkeit der Kündigung für die Zukunft, § 725 BGB, und der Auflösungsklage, § 139 HGB.

1558

2. Entstehung im Außenverhältnis

a) **GbR.** Die GbR entsteht im Außenverhältnis sobald sie mit Zustimmung aller Gesellschafter am Rechtsverkehr teilnimmt, spätestens aber mit ihrer Eintragung im Gesellschaftsregister, § 719 Abs. 1 BGB. Soll die Gesellschaft nicht am Rechtsverkehr teilnehmen, sondern dient sie den Gesellschaftern lediglich zur Ausgestaltung ihrer Rechtsverhältnisse untereinander, liegt eine nicht rechtsfähige GbR vor. Die Gesellschaft tritt nicht nach außen in Erscheinung, § 740 BGB. Für die Rechtsverhältnisse der Gesellschafter untereinander sind verschiedene Normen ab § 708 BGB über § 740 Abs. 2 BGB entsprechend anwendbar.

1559

> **Beispiel:** Maier betreibt ein Kleinunternehmen (intern) zusammen mit Müller. Dieser tritt aber nach außen nicht in Erscheinung; nur Maier wickelt die Käufe und Verkäufe im eigenen Namen ab. Hier kommt das Gesellschaftsrecht über § 740 Abs. 2 BGB nur im Verhältnis zwischen Maier und Müller, aber nicht gegenüber Dritten zur Anwendung, Maier und Müller haben im Innenverhältnis eine GbR gegründet, die nach außen nicht in Erscheinung tritt.

b) **OHG und KG.** OHG und KG werden grundsätzlich mit ihrer Eintragung ins Handelsregister wirksam, §§ 123 Abs. 1 S. 1, 161 Abs. 2 HGB. Mit Geschäftsbeginn bereits vor der Eintragung, wenn ein Handelsgewerbe vorliegt, vgl. §§ 123 Abs. 1 S. 2, 161 Abs. 2, 1 Abs. 2 HGB.

1560

> Beachte: Die „GmbH & Co KG" ist eine KG, für die die §§ 161 ff HGB gelten. Die einzige Besonderheit ist, dass als Komplementär eine GmbH eintritt, für die selbstverständlich das GmbH-Recht gilt. Genauso vorstellbar, wenn wohl auch unsinnig, wäre eine „GmbH & Co OHG", bei der eben einer der Gesellschafter eine GmbH ist.

Beachte: Der Übergang von der einen in die andere Personengesellschaft – etwa weil der Betrieb floriert und aus der GbR eine OHG geworden ist – berührt die Identität der Gesellschaft nicht. Es sind keine Übertragungsakte erforderlich.

3. Rechtsfähigkeit

1561 a) **GbR.** Das Gesetz unterscheidet zwischen rechtsfähiger und nicht rechtsfähiger GbR, § 705 Abs. 2 BGB. Die GbR ist rechtsfähig, sie kann Rechte erwerben und Verbindlichkeiten eingehen, wenn sie nach dem gemeinsamen Willen der Gesellschafter am Rechtsverkehr teilnehmen will, § 705 Abs. 2 1. Alt. BGB. Sie ist nicht rechtsfähig, wenn die Gesellschaft nur der Ausgestaltung der Rechtsverhältnisse der Gesellschafter dienen soll, § 705 Abs. 2 2. Alt. BGB. Entscheidend ist also der Wille der Gesellschafter, wobei der gemeinsame Wille am Rechtsverkehr teilnehmen zu wollen nach § 705 Abs. 3 vermutet wird, wenn der Gegenstand der Gesellschaft der Betrieb eines Unternehmens unter gemeinschaftlichem Namen ist.

1562 Die rechtsfähige GbR kann im Gesellschaftsregister eingetragen werden, § 707 BGB; die Eintragung ist freiwillig und nur deklaratorisch. Die Eintragung bewirkt aber, dass § 15 HGB gilt mit der Maßgabe, dass das Fehlen der Kaufmannseigenschaft nicht an der Publizität des Gesellschaftsregisters teilnimmt, § 707a Abs. 3 BGB. Es besteht jedoch eine Eintragungsobliegenheit, wenn eine Gesellschaft Gesellschafter einer anderen Gesellschaft werden will, § 707a Abs. 1 S. 2 BGB. Auch soll nach § 47 Abs. 2 GBO eine Neueintragung im Grundbuch zugunsten einer GbR nur vorgenommen werden, wenn sie im Gesellschaftsregister eingetragen ist. Mit der Eintragung ist sie dann verpflichtet einen Namenszusatz zu tragen, § 707a Abs. 2 HGB.

1563 b) **OHG und KG sowie die WEG.** Auch die OHG und KG sind rechtsfähig, §§ 105 Abs. 2, 161 Abs. 2 HGB.
Die Wohnungseigentümergemeinschaft ist eine Gesellschaft eigener Art; auch sie besitzt heutzutage Teilrechtsfähigkeit, vgl. § 10 Abs. 6 WEG.

4. Prozessuales

1564 a) **Zwangsvollstreckung in das Gesellschaftsvermögen.** Zur Zwangsvollstreckung in das Gesellschaftsvermögen ist ein Titel gegen die Gesellschaft, §§ 722 BGB, 129 Abs. 1, 161 Abs. 2 HGB, erforderlich.

1565 b) **Zwangsvollstreckung gegen die Gesellschafter.** Zur Zwangsvollstreckung gegen die Gesellschafter, ist ein Titel gegen jeden Gesellschafter, gegen den vollstreckt werden soll, erforderlich, §§ 722 BGB, 129 HGB.

1566 c) **Haftung der Gesellschaft und der Gesellschafter.** Die einzelnen Gesellschafter untereinander haften als Gesamtschuldner, §§ 721, 721b BGB, 126, 128 HGB.
Beachte: Die Gesellschaft und die Gesellschafter haften an sich nicht als Gesamtschuldner, es fehlt die Gleichstufigkeit, denn im Zweifel soll die Gesellschaft haften. Der BGH verurteilt deshalb die Gesellschaft und die Gesellschafter „wie" Gesamtschuldner.

1567 Obwohl die Gesellschafter untereinander und die Gesellschaft wie Gesamtschuldner haften, sind sie **keine notwendige Streitgenossen** (vgl. §§ 721b BGB, 128 Abs. 1 HGB, 421 BGB).

5. Anhang: Entstehung einer GmbH oder einer AG

1568 Die Gründung einer Körperschaft (Aktiengesellschaft (AG) und GmbH) vollzieht sich in drei Akten.

1569 a) **Vorgründungsgesellschaft.** Entschließen sich mehrere Personen eine GmbH zu gründen, so entsteht mit Abschluss des (Gründungs-) Vertrages eine Vorgründungsgesellschaft. Zweck dieser Gesellschaft ist es, eine GmbH zu gründen, damit liegt eine BGB-Gesellschaft vor. Wird allerdings gleichzeitig beschlossen, das Geschäft sofort aufzunehmen und tätig zu werden, so wird, wenn es sich um ein Handelsgewerbe handelt, §§ 1 ff. HGB, insoweit eine OHG vorliegen. Hat die Gesellschaft schon die Geschäfte aufgenommen (z. B. An- und Verkauf im größeren Stil und bereits einen Transporter gekauft), so haften die Gesellschafter über §§ 433 Abs. 2, 128 HGB für die Kaufpreisforderung (z. B. des Transporters).

b) Vorgesellschaft. Mit Abschluss des notwendigen notariellen Gesellschaftsvertrages (vgl. etwa § 2 Abs. 1 GmbHG, mit dem Mindestinhalt in § 3 GmbHG), entsteht die **Vor-Gesellschaft**; sie besteht bis zur Eintragung ins Handelsregister. Sie ist eine **rechtsfähige Gesellschaft sui generis**, auf die das GmbH-Recht analog anwendbar ist, soweit die Vorschriften nicht die Eintragung voraussetzen. Nach hM haften die Gesellschafter unbeschränkt, nur anteilig im Innenverhältnis. Wer für die Vorgesellschaft handelt, haftet für die rechtsgeschäftlichen Verbindlichkeiten gegenüber den Gläubigern unbeschränkt, § 11 Abs. 2 GmbHG (§ 41 Abs. 1 S. 2 AktG). **1570**

c) GmbH, AG. Mit der Eintragung in das Handelsregister entsteht dann die GmbH, § 11 Abs. 1 GmbHG, oder die AG, § 41 Abs. 1 S. 1 AktG. **1571**

IV. Außenverhältnis

Das Außenverhältnis der Personengesellschaften betrifft ihr Verhältnis zu Dritten, also insbesondere die Fragen der Vertretung und der Haftung. **1572**

1. Vertretung

Bei der **GbR** besteht Gesamtvertretung, § 720 Abs. 1 BGB. Da dies völlig unpraktikabel ist, wird dies in der Praxis grundsätzlich abbedungen, was auch konkludent geschehen kann (vgl. Grüneberg/Retzlaff § 720 Rn. 3). **1573**

Bei der **OHG** ist zur Vertretung jeder Gesellschafter berechtigt, bei der **KG** jeder Komplementär, wenn er nicht von der Vertretung ausgeschlossen ist, § 124 Abs. 1 HGB; die Kommanditisten sind ausgeschlossen, § 170 HGB. Es gilt der Grundsatz der Alleinvertretung, § 124 Abs. 1 HGB, wenn nicht etwas anderes bestimmt ist; etwa echte Gesamtvertretung, § 124 Abs. 2 HGB, oder unechte Gesamtvertretung, § 124 Abs. 3 HGB. **1574**

Bei den Personengesellschaften muss allerdings stets das **Prinzip der Selbstorganschaft** gewahrt sein. Dies erfordert, dass es immer eine Vertretungsform geben muss, in der die Gesellschaft ohne einen Dritten handeln kann. Es muss gewährleistet sein, dass die Gesellschaft durch ihre Gesellschafter vertreten werden kann. Das Schicksal darf nicht ausschließlich von anderen Personen abhängen (Grüneberg/Retzlaff § 720 Rn. 2). **1575**

> **Klausurproblem:** Eine Vertretungsregelung, dass die Gesellschafter immer nur gemeinschaftlich mit dem Prokuristen handeln können, ist ausgeschlossen. Es muss immer mindestens eine Vertretungsregelung in der Form geben, dass auch die Gesellschaft (also die Gesellschafter) ohne einen Dritten handeln kann. Also etwa „A und B dürfen immer nur gemeinsam mit dem P handeln; der C darf dagegen allein oder zusammen mit dem A und B handeln".

Die **GmbH** wird von Ihrem Geschäftsführer vertreten, § 35 GmbHG; bei der **AG** vertritt der Vorstand die AG, § 78 AktG. **1576**

2. Umfang der Vertretungsmacht

1577 Der Umfang der Vertretungsmacht ist gesetzlich bestimmt, §§ 720 Abs. 3 BGB, 124 Abs. 4 HGB. Er gibt jedem Gesellschafter **umfassende Vertretungsmacht**, wenn der Gesellschafter nicht von der Vertretung ausgeschlossen ist. Ausgenommen von der Vertretungsmacht sind die sogenannten Grundlagengeschäfte (Veräußerung des gesamten Unternehmens, Zeichnung der Bilanzen), hier ist die Zustimmung aller Gesellschafter erforderlich.

Beachte: Grundsätzlich keine Beschränkung des Umfangs der Vertretungsmacht, § 720 Abs. 3 S. 2 BGB, 124 Abs. 4 HGB. Ähnlich bei der GmbH, § 37 GmbHG, und bei der AG, § 82 AktG.

3. Haftung und Zurechnung

1578 a) **Haftung der Gesellschaft.** Die GbR, die OHG und die KG haften mit ihrem gesamten Vermögen, §§ 705 Abs. 2 BGB, 105 Abs. 2, 161 Abs. 2 HGB.

1579 Die Vereine haften ebenfalls mit ihrem gesamten Vereinsvermögen, vgl. etwa § 1 Abs. 1 AktG, § 13 Abs. 1 GmbHG; der Unterschied zu den Personengesellschaften ist nur, dass dort die Mitglieder persönlich haften, während etwa die GmbH-Gesellschafter oder die Aktionäre nicht persönlich mit ihrem Vermögen haften.

1580 b) **Haftung der Gesellschafter.** Die Gesellschafter der GbR, der OHG und die Komplementäre der KG haften für die Verbindlichkeiten der Gesellschaft nach §§ 721 BGB, 126, 161 Abs. 2 HGB akzessorisch, unmittelbar, primär, unbeschränkt, gesamtschuldnerisch. Die Gesellschafter haften nach hM auf Erfüllung; sollte die Leistung dem Gesellschafter unmöglich oder unzumutbar sein, haftet er auf Geldersatz.

Die Kommanditisten haften allerdings nur bis zur Höhe ihrer Einlage und nicht mehr, wenn die Einlage geleistet ist, § 171 Abs. 1 HGB. In bestimmten Situationen kann jedoch eine unbegrenzte Haftung nach § 176 HGB eingreifen, wenn die Gesellschaft vor der Eintragung bereits am Rechtsverkehr teilnimmt, § 176 Abs. 1 HGB, und wenn ein Kommanditist in die KG eintritt, bis zur Eintragung, § 176 Abs. 2 HGB.

1581 Die GmbH-Gesellschafter und die Aktionäre trifft dagegen keine Haftung, außer im Falle der Durchgriffshaftung.

1582 c) **Zurechnung des Verhaltens der handelnden Personen an die Gesellschaft.** Der Gesellschaft – die ja erst durch ihre Personen handlungsfähig wird – wird das Verhalten von Personen zugerechnet, die für sie tätig sind. Nach hM wird ihr das Handeln von Gesellschaftern (Organen) analog § 31 BGB zugerechnet; das Handeln von anderen (Hilfs-) Personen über §§ 278, 831 BGB.

1583 aa) **Wissenszurechnung:** Für den Kenntnisstand der Gesellschaft (Kennen/Kennenmüssen/Irrtum), wird auf den Stand der Gesellschafter oder die sonstigen Vertreterpersonen abgestellt und dies wird der Gesellschaft nach § 166 Abs. 1 BGB zugerechnet.

1584 bb) **Zurechnung deliktischen Verhaltens:** Nach hM sind §§ 721 BGB, 126 HGB auch auf deliktische Verbindlichkeiten anwendbar. Die anderen Gesellschafter haften demnach auch über §§ 721 BGB, 126 HGB wenn ein Gesellschafter eine unerlaubte Handlung begeht.

Fall: A, Gesellschafter der ABC-OHG, fährt mit einem Dienstwagen der Gesellschaft einen Fußgänger an. Hier haften die anderen Gesellschafter über §§ 823 BGB, 126 HGB mit.

d) **Einwendungen.** 1585
- Jeder Gesellschafter kann alle Einwendungen geltend machen, die ihm persönlich zustehen, §§ 721 BGB, 126 HGB, 128 HGB.
- Jeder Gesellschafter hat auch alle Einwendungen, die der Gesellschaft – GbR, OHG, KG – zustehen, §§ 721b Abs. 1 BGB, 128, 161 Abs. 2 HGB.
- Jeder Gesellschafter hat ein Leistungsverweigerungsrecht, wenn der GbR, der OHG oder der KG die Möglichkeit der Anfechtung, der Aufrechnung oder ein anderes Gestaltungsrecht zusteht, das die Gesellschaft zur Leistungsverweigerung berichtigen würde, §§ 721b Abs. 2 BGB, 128 Abs. 2, 161 Abs. 2 HGB.

Sonderproblem: Verjährung, wenn die Gesellschaft und die Gesellschafter gesondert verklagt werden. Wird zuerst die Gesellschaft verklagt, wird dadurch die Verjährung gehemmt, § 204 Abs. 1 Nr. 1 BGB, dies wirkt wegen der akzessorischen Haftung der Gesellschafter über §§ 721, 721b BGB, 126, 128 HGB auch gegenüber den Gesellschaftern. Werden dagegen erst die Gesellschafter verklagt, wirkt die Hemmung eigentlich nicht gegenüber der Gesellschaft, da insoweit keine Akzessorietät besteht, die hM nimmt in diesem Fall dennoch eine Hemmung der Verjährung an.

4. Haftung der ein- oder austretenden Gesellschafter

a) **Haftung des eintretenden Gesellschafters, §§ 721a BGB, 127, 173 Abs. 1 HGB.** Die 1586 eintretenden Gesellschafter der GbR, der OHG und die Komplementäre der KG haften auch für die vor ihrem Eintritt begründeten Verbindlichkeiten der Gesellschaft, §§ 721a BGB, 127, 161 Abs. 2 HGB; die eintretenden Kommanditisten haften über §§ 173, 176 HGB.

> **Klausurproblem:** Rechtsanwalt S wird als Anwalt von der Kanzlei R eingestellt. Er wird auf dem Kanzleischild und dem Briefbogen geführt, obwohl er nur Arbeitnehmer ist. Haftung? Er haftet nach § 721a BGB auch für Altschulden.

Entsteht erst durch den Eintritt eines Gesellschafters (in das Geschäft eines Kaufmanns) eine Gesellschaft, greift § 28 HGB, der insoweit die Haftung für Altschulden regelt (vgl. hierzu oben C. III. aE).

b) **Haftung des ausscheidenden Gesellschafters, §§ 721 BGB, 126, 137, 171 HGB.** Für 1587 **Altschulden** haftet der ausscheidende Gesellschafter nach §§ 721 BGB, 126, 161 Abs. 2 HGB, es tritt jedoch Enthaftung nach 5 Jahren ein, §§ 728b BGB, 137, 161 Abs. 2, 171 Abs. 1 HGB. Für eine Hemmung des Ablaufs der Enthaftungsfrist reicht eine Klageerhebung innerhalt der Frist aus, §§ 728b Abs. 1 S. 4 BGB, 137 Abs. 1 S. 4 HGB, 204 Abs. 1 Nr. 1 BGB.

Für **Neuschulden** haftet der Ausscheidende grundsätzlich nicht, da er nicht mehr Ge- 1588 sellschafter ist, wird er grundsätzlich nicht mehr verpflichtet. Eine Haftung kann sich allerdings über § **15 HGB** (ggfs. i. V. m. § 707a Abs. 3 S. 1 BGB) ergeben, da das Ausscheiden des Gesellschafters im Gesellschaftsregister einzutragen ist, §§ 707 Abs. 3 S. 2 BGB, 106 Abs. 6, 161 Abs. 2 HGB. Danach haftet der Austretende so lange er noch eingetragen ist und in der Übergangszeit (15 Tage), § 15 Abs. 2 HGB (vgl. Fall oben C. II. 1.).

V. Innenverhältnis der Gesellschaften

Das Innenverhältnis der Personengesellschaften betrifft die Rechtsbeziehungen zwi- 1589 schen der Gesellschaft und den Gesellschaftern und die Beziehungen der Gesellschafter untereinander. In diesem Bereich sind Klausuren eher unwahrscheinlich, deshalb nur ein paar Anmerkungen und Begriffe, die bekannt sein müssen.

1. Geschäftsführung

1590 Während die Vertretung das Außenverhältnis betrifft, regelt die **Geschäftsführungsbefugnis**, wer im Innenverhältnis zur Führung der Geschäfte befugt ist.

1591 Bei der **GbR** steht die Geschäftsführung allen Gesellschaftern gemeinsam zu, § 715 Abs. 1 BGB, sofern nicht das Notgeschäftsführungsrecht greift, § 715a BGB.

1592 Die Gesellschafter der **OHG** und die Komplementäre der **KG** haben – bei gewöhnlichen Aufgaben – jeder allein die Geschäftsführungsbefugnis, §§ 116 Abs. 1, Abs. 2 S. 1, Abs. 3, 161 Abs. 2 HGB. Bei außergewöhnlichen Aufgaben ist ein gemeinsamer Beschluss aller Gesellschafter erforderlich, § 116 Abs. 2 S. 1 2. HS HGB, 161 Abs. 2 HGB. Für die Notgeschäftsführung gilt § 715a BGB i. V. m. § 105 Abs. 3 HGB. Die Kommanditisten sind bei gewöhnlichen Aufgaben von der Geschäftsführung ausgeschlossen, § 164 HGB. Bei außergewöhnlichen Aufgaben und bei der Notgeschäftsführung gelten §§ 116 Abs. 2 S. 1 2. HS HGB, 715a BGB. Verletzt ein Gesellschafter seine Geschäftsführungspflicht schuldhaft, steht der Gesellschaft Schadensersatz zu, § 280 Abs. 1 BGB. Auch die Überschreitung der Geschäftsführungsbefugnis stellt nach hM eine Pflichtverletzung nach § 280 Abs. 1 BGB dar.

2. Sozialanspruch

1593 Ein **Sozialanspruch** ist ein Anspruch der Gesellschaft gegen ihre Gesellschafter aus dem Gesellschaftsverhältnis, also etwa Leistung des Beitrages oder Einhaltung der Treuepflicht.

3. Sozialverpflichtung

1594 Die Sozialverpflichtung ist das Gegenstück zum Sozialanspruch und ist die Pflicht der Gesellschaft gegenüber ihren Gesellschaftern aus dem Gesellschaftsverhältnis. Etwa Auszahlung des Gewinnanteils oder Ersatz von Aufwendungen, §§ 716 BGB, 105 Abs. 3, 161 Abs. 2 HGB.

> **Klausurproblem:** Gesellschafter A hat eine Kaufpreisschuld der OHG beglichen. A kann nach §§ 716 BGB, 105 Abs. 3 HGB von der Gesellschaft seine Aufwendungen ersetzt verlangen. **Beachte:** § 126 HGB greift hier nicht, er gilt nur im Außenverhältnis.

4. Actio pro socio

1595 Die **actio pro socio** ist das anerkannte Institut für die Sozialansprüche in Notsituationen, es ist jetzt in § 715b Abs. 1 BGB geregelt und gilt über §§ 105 Abs. 3, 161 Abs. 2 HGB auch für die OHG und die KG. Es greift nur, wenn die Gesellschaft nicht mehr handeln kann. Dann kann jeder einzelne Gesellschafter die Ansprüche der Gesellschaft geltend machen. Der Gesellschafter klagt dann nicht als Vertreter der Gesellschaft, sondern im eigenen Namen, aber auf Leistung an die Gesellschaft; er klagt als **Prozessstandschafter**.

> **Klausurproblem:** Bei der ABC-OHG ist nur der A vertretungs- und geschäftsführungsbefugt. A leistet seinen Beitrag nicht. Da B und C weder geschäftsführungs- noch vertretungsbefugt sind, könnte die Gesellschaft ihre Ansprüche gegen A auf dessen Beitrag, nicht geltend machen. In diesem Fall kann B oder C im Wege der actio pro socio, §§ 715b Abs. 1 BGB, 105 Abs. 3 HGB, den Anteil des A einklagen und Leistung an die Gesellschaft verlangen.

5. Individualansprüche und Verpflichtungen

Dies betrifft die Ansprüche und Verpflichtungen der Gesellschafter untereinander aus dem Gesellschaftsverhältnis. **1596**

> **Klausurproblem:** A hat eine Forderung der X-GmbH für die ABC-OHG bezahlt, die keine finanziellen Mittel mehr hat. Hat A Ansprüche gegen B und C?
> Grundsätzlich hat A nur einen Anspruch gegen die Gesellschaft auf Aufwendungsersatz nach §§ 716 BGB, 105 Abs. 3 HGB. Aus der Treuepflicht ergibt sich, dass er die Beträge von den anderen Gesellschaftern nur verlangen kann, wenn die Gesellschaft nicht mehr leistungsfähig ist. Ist dies der Fall haben die Gesellschafter A, B und C intern je ein Drittel der Forderung zu tragen. A kann demnach von B und C über § 426 Abs. 1 BGB je ein Drittel verlangen oder über §§ 426 Abs. 2, 433 Abs. 2 BGB, 126 HGB von B und C die Forderung, wobei er sich seinen Anteil abziehen lassen muss (vgl. bei der Gesamtschuld).

6. Drittbeziehungen

Drittbeziehungen liegen vor, wenn der Gesellschafter der Gesellschaft wie ein Dritter gegenübertritt. **1597**

> **Klausurproblem:** Gesellschafter A der ABC-OHG gibt der Gesellschaft ein Darlehen. Die OHG kann dieses nicht mehr zurückbezahlen. A hat dann einen Anspruch gegen B und C nach §§ 488 Abs. 1 S. 2 BGB, 126 HGB, er muss sich allerdings seinen Anteil anrechnen lassen.

VI. Veränderungen im Gesellschafterbestand sowie Beendigung und Auflösung der Gesellschaft

1. Veränderungen im Gesellschafterbestand

Personengesellschaften beruhen auf dem persönlichen Vertrauen der Gesellschafter untereinander und sind deshalb – dem Grundsatz nach – vom Mitgliederbestand abhängig. Deshalb führt grundsätzlich der Tod eines Gesellschafters zur Auflösung der Gesellschaft. Dieser Grundsatz ist jetzt dadurch eingeschränkt, dass die in der Person des Gesellschafters begründeten Umstände, §§ 723 BGB, 130 HGB, nicht mehr zur Auflösung der Gesellschaft führen, sondern lediglich zum Ausscheiden des Gesellschafters, §§ 723 Abs. 1 BGB, 130 Abs. 1 HGB. **1598**
Nach dem Anwachsungsprinzip, §§ 712 Abs. 1 BGB, 105 Abs. 3, 161 Abs. 2 HGB, verliert der Ausscheidende Gesellschafter automatisch seine Gesellschafterstellung, sein Anteil an der Gesellschaft wächst den übrigen Gesellschaftern zu.

2. Beendigung und Auflösung der Gesellschaft

Die Beendigungsgründe sind in den §§ 729 ff. BGB, 138 ff HGB aufgeführt. Natürlich können auch andere Regelungen im Gesellschaftsvertrag vereinbart werden. Wenn ein Beendigungsgrund vorliegt, ist die Gesellschaft jedoch nicht gleich beendet, sie muss erst noch abgewickelt werden; dies geschieht durch die Liquidation, §§ 735 ff. BGB, 143 ff HGB. Erst wenn sämtliche Aktiva und Passiva abgewickelt sind, ist die Gesellschaft aufgelöst. **1599**

Hinsichtlich der Auflösung und Fortführung der Gesellschaft können im Gesellschaftsvertrag Regelungen getroffen werden. Insbesondere Fragen im Zusammenhang mit dem Tod eines Gesellschafters sind dort zu regeln, **sogenannte Nachfolgeklauseln**. In der **1600**

Praxis stellen diese große Probleme dar, da sie jedoch kaum klausurrelevant sind, sollen hier nur die wichtigsten Begriffe dazu genannt werden, im Übrigen sei auf den Grüneberg verwiesen (Grüneberg/Weidlich § 1922 Rn. 16; § 2301 Rn. 15; Grüneberg/Grüneberg § 328 Rn. 10).

1601
- **Eintrittsklausel** (bei dieser erhält der Bedachte einen schuldrechtlichen Anspruch auf Eintritt, §§ 328, 331 BGB),
- **Nachfolgeklausel** (bei dieser rückt eine dritte Person automatisch in die Gesellschafterstellung des Verstorbenen ein),
- **rechtsgeschäftliche Nachfolgeklausel** (bei dieser ist eine bestimmte Person benannt) **Beachte:** Dies ist ein Vertrag zu Lasten Dritter);
- **erbrechtliche Nachfolgeklausel** (bei dieser tritt der Erbe an die Stelle des Verstorbenen); **einfache Nachfolgeklausel** (bei dieser wird jeder Erbe Gesellschafter, Singularsukzession); **qualifizierte Nachfolgeklausel** (bei dieser wird nur ein Erbe oder einzelne Erben Gesellschafter).

E. Arbeitsrecht

I. Zulässigkeit der Kündigungsschutzklage

1. Rechtswegs- und sachliche Zuständigkeit, §§ 48, 2 ArbGG

1602 Die Gerichte für Arbeitssachen (**Arbeitsgerichte**) sind in den in §§ 2 Abs. 1 Nr. 1–10 ArbGG geregelten Streitigkeiten ausschließlich zuständig (Rechtswegs- und sachliche Zuständigkeit). Wichtig für die Klausur sind dabei die Zuständigkeiten nach § 2 Abs. 1 Nr. 3 a) ArbGG – Rechtsstreitigkeiten zwischen Arbeitnehmern und Arbeitgebern aus dem Arbeitsverhältnis – und § 2 Abs. 1 Nr. 3 b) ArbGG, der die Kündigungsschutzklage betrifft. Über §§ 5 Abs. 1 S. 2, 5 Abs. 3 ArbGG werden arbeitnehmerähnliche Personen und „kleine Handelsvertreter" den Arbeitnehmern gleichgestellt, sodass darüber diese Zuständigkeitsregelungen ebenfalls gelten.

2. Örtliche Zuständigkeit

1603 Diese ergibt sich zumeist aus § 48 Abs. 1a ArbGG, Gerichtsstand des Arbeitsplatzes des Arbeitnehmers. Über § 46 Abs. 2 ArbGG gelten die Regelungen der ZPO, d. h. §§ 12 ff. ZPO.

3. Klageart

1604 Bei einer **Lohnforderung** liegt eine Leistungsklage, bei einer **Kündigungsschutzklage** eine Feststellungsklage, § 4 S. 1 KSchG (vgl. den Wortlaut des § 4 KSchG), vor. Das Feststellungsinteresse ergibt sich daraus, dass die Kündigung ohne die Klage wirksam wird, § 7 KSchG. **Beachte:** Die Einhaltung der Drei-Wochenfrist des § 4 S. 1 KSchG ist eine Frage der Begründetheit (vgl. § 7 KSchG „gilt die Kündigung als von Anfang an wirksam").

4. Postulationsfähigkeit

1605 Im arbeitsgerichtlichen Verfahren besteht kein Anwaltszwang, § 11 ArbGG.

II. Begründetheit der Kündigungsschutzklage

1. Kündigungserklärung

1606 Erforderlich ist Schriftform, § 623 BGB, und Zugang, § 130 Abs. 1 S. 2 BGB, der Kündigungserklärung.

§ 174 BGB ist bei der Kündigung als einseitigem Rechtsgeschäft anwendbar und häufig Thema arbeitsrechtlicher Klausuren. Die Zurückweisung der Kündigung ist ausgeschlossen, wenn der Vollmachtgeber den anderen von der Bevollmächtigung in Kenntnis gesetzt hat, § 174 S. 2 BGB. Dies kann auch konkludent erfolgen, dadurch dass eine Person in eine Stellung berufen worden ist, mit der üblicherweise das Kündigungsrecht verbunden ist (z. B. beim Personalleiter).

> **Klausurproblem:** Prokurist P – dessen Prokura im Handelsregister eingetragen ist – erklärt für die X-GmbH gegenüber A die Kündigung ohne eine Vollmacht vorzulegen. A weist die Kündigung daher unverzüglich zurück. Ist die Kündigung wirksam erklärt?
> **Ja,** denn eine Zurückweisung war vorliegend nach § 174 S. 2 BGB nicht möglich, weil sich A aufgrund der Publizität des Handelsregisters nach § 15 Abs. 2 S. 1 HGB so behandeln lassen muss, als ob er Kenntnis von der Prokura als eingetragener Tatsache hatte.

Die Kündigungserklärung ist bedingungsfeindlich. Eine **hilfsweise erklärte ordentliche Kündigung**, für den Fall, dass die außerordentliche Kündigung unwirksam sein sollte, ist als Rechtsbedingung allerdings möglich.

Beachte: Der Kündigungsgrund muss grundsätzlich nicht angegeben werden. Ausnahme: § 9 Abs. 3 S. 2 MuSchG.

2. **Keine materielle Präklusion, §§ 4, 7 KSchG**

Die Kündigungsschutzklage ist unbegründet, wenn die Kündigung bereits materiell präkludiert ist. Dies ist sie, wenn die Drei-Wochen-Frist des § 4 S. 1 KSchG seit Zugang der Kündigung nicht eingehalten ist. Die Kündigung gilt dann als von Anfang an wirksam, § 7 KSchG. Ausnahme bei unverschuldeter Säumnis, § 5 KSchG. Die §§ 4, 7 KSchG gelten nach § 23 Abs. 1 S. 2 KSchG unabhängig von der Betriebsgröße und nach § 13 Abs. 1 S. 2 KSchG auch für die außerordentliche Kündigung.

3. **Anhörung des Betriebsrates, § 102 BetrVG**

Vor jedem Ausspruch der Kündigung ist der Betriebsrat – sofern vorhanden – zu hören, § 102 BetrVG. Dabei ist die Frist des § 102 Abs. 2 BetrVG zu beachten. Dem Betriebsrat müssen die Gründe mitgeteilt werden, auf die die Kündigung gestützt wird. Ansonsten ist der Arbeitgeber mit diesen Gründen ausgeschlossen (Präklusion).

Nach § 102 Abs. 3 BetrVG hat der Betriebsrat nur bei ordentlichen Kündigungen ein Widerspruchsrecht. Bei außerordentlichen Kündigungen ist er nur zu hören, § 102 Abs. 1 S. 3 BetrVG, mit der Folge, dass ein Widerspruch des Betriebsrats eine solche außerordentliche Kündigung nicht unwirksam macht.

4. **Kündigungsschutz bei ordentlichen Kündigungen**

a) **Besonderer Kündigungsschutz.** Vorrangig ist nach besonderem Kündigungsschutz, welcher sich aus „besonderen Gesetzen" ergibt, zu schauen. So gilt etwa Besonderes für Schwangere nach § 17 MuSchG – die Schwangere hat dabei die Frist des § 9 Abs. 1 S. 1 MuSchG einzuhalten – oder nach § 15 KSchG für Betriebsräte.

b) **Allgemeiner Kündigungsschutz nach KSchG.** Dieser Schutz gilt nur bei der **ordentlichen Kündigung**, vgl. § 13 Abs. 1 S. 1 KSchG, unter folgenden Voraussetzungen:
– Das Arbeitsverhältnis im Betrieb muss länger als 6 Monate bestanden haben, § 1 Abs. 1 KSchG (persönlicher Anwendungsbereich);

- Es müssen in dem Betrieb mehr als 5 Arbeitnehmer, § 23 Abs. 1 S. 2 KSchG, oder 10 Arbeitnehmer, § 23 Abs. 1 S. 3 KSchG beschäftigt sein (sachlicher Anwendungsbereich);
- Die Kündigung ist unwirksam, wenn sie sozial ungerechtfertigt ist, §§ 1 Abs. 1, Abs. 2 KSchG. Dabei sind folgende Kündigungen zu unterscheiden:
  - **Personenbedingt:** Es liegen Umstände vor, die in der Person des Arbeitnehmers liegen. Solche Kündigungsgründe sind nur in Ausnahmefällen möglich (Diskriminierungsverbot).
  - **Verhaltensbedingt:** Bei dieser muss der Arbeitgeber eine Pflichtverletzung des Arbeitnehmers beweisen, die zu erheblichen Beeinträchtigungen der betrieblichen Interessen des Arbeitgebers führen. Bei einer verhaltensbedingten Kündigung ist eine vorherige Abmahnung (ungeschriebene Voraussetzung) erforderlich. Dabei muss das konkret zu beanstandende Verhalten gerügt und auf die Rechtsfolgen hingewiesen werden. Entbehrlich ist eine Abmahnung nur bei besonders schweren Verhaltensverstößen. Zudem ist eine Interessenabwägung erforderlich.
  - **Betriebsbedingt:** Bei dieser Kündigung liegen die Gründe in der Betriebsstruktur. Bei dieser muss zusätzlich noch die richtige Sozialauswahl, § 1 Abs. 3 KSchG, getroffen worden sein. Bei der Sozialauswahl sind zu prüfen: Dauer der Betriebszugehörigkeit, Lebensalter, Unterhaltspflichten sowie Schwerbehinderungen. Auch diese Kündigung bedarf einer Interessenabwägung und ist nur in Ausnahmefällen möglich.

1613 c) **Allgemeiner Kündigungsschutz nach BGB.** Ist das Kündigungsschutzgesetz bei einer ordentlichen Kündigung nicht anwendbar – beispielsweise weil der Arbeitnehmer noch keine sechs Monate im Betrieb beschäftigt ist, § 1 Abs. 1 KSchG, oder der sachliche Anwendungsbereich nicht eröffnet ist – gilt der Kündigungsschutz nach § 620 BGB.

1614 d) **Weitere Ansprüche des Arbeitnehmers.** Auch ein **Antrag auf Auflösung des Arbeitsverhältnisses** ist unter engen Voraussetzungen nach §§ 9 ff. KSchG möglich. Zu beachten ist auch der besondere **Abfindungsanspruch** nach § 1a KSchG bei betriebsbedingten Kündigungen; der Arbeitnehmer kann auf die Kündigungsschutzklage verzichten und erhält dann einen Anspruch auf Abfindung.

5. Kündigungsfrist, § 622 BGB

1615 Die Fristen für die ordentliche Kündigung sind in § 622 BGB geregelt. Für die Kündigung durch einen Arbeitnehmer beträgt diese nach § 622 Abs. 1 BGB vier Wochen. Für eine Kündigung durch den Arbeitgeber hängt die Kündigungsfrist nach § 622 Abs. 2 BGB von dessen Betriebszugehörigkeit ab. Ausnahmeregeln in §§ 622 Abs. 3–6 BGB.

1616 Eine falsch berechnete Kündigungsfrist macht die Kündigung nicht generell unwirksam, es ist von der Kündigung zum nächstmöglichen Zeitpunkt auszugehen.

6. Kündigungsschutz bei außerordentlichen Kündigungen, § 626 BGB

1617 Bei außerordentlichen Kündigungen gilt der Kündigungsschutz nach dem BGB. Die außerordentliche Kündigung hat in zwei Schritten zu erfolgen:

a) **Liegt ein wichtiger Grund vor, der generell eine Kündigung rechtfertigt, § 626 Abs. 1 BGB?** Bei dem wichtigen Grund ist in der Klausur genau zu differenzieren, ob es ein **personen- oder verhaltensbedingter wichtiger Grund** ist. Hier ist genaue Arbeit erforderlich, so ist beispielsweise eine sogenannte **Verdachtskündigung** (es besteht nur ein dringender Tatverdacht, die Tat ist aber nicht nachweisbar; Grüneberg/Weidenkaff § 626 Rn. 49) eine personenbedingte Kündigung, weil sie an die fehlende Integrität des Arbeitnehmers aus Arbeitgebersicht anknüpft.

b) Rechtfertigt der wichtige Grund im konkreten Fall die Kündigung, § 626 Abs. 1 BGB? Dazu hat eine umfassende Gesamtabwägung der widerstreitenden Interessen zu erfolgen. Dabei muss auch die Verhältnismäßigkeit gewahrt sein.

c) Kündigungserklärung. Die Kündigungserklärung muss innerhalb von 2 Wochen ab Kenntnis des wichtigen Grundes ausgesprochen werden, **§ 626 Abs. 2 BGB**, sonst ist die Kündigung verfristet. Bei der Frist kommt es grundsätzlich auf die Person an, der das Kündigungsrecht zusteht und die dann auch die Kenntnis haben muss (Grüneberg/Weidenkaff § 626 Rn. 23). Entscheidend für die Einhaltung dieser Frist ist der Zugang der Kündigung beim Arbeitnehmer. In diesem Zusammenhang kann sich auch die Problematik einer **Zugangsvereitelung** durch den Arbeitnehmer stellen. Nach § 242 BGB muss sich der Arbeitnehmer bei treuwidriger Zugangsvereitelung (z. B. wenn er seinen Namen vom Briefkasten entfernt) so behandeln lassen, als sei die Kündigung ihm rechtzeitig zugegangen.

d) Umdeutung. Bei Unwirksamkeit der außerordentlichen Kündigung ist meist eine Umdeutung nach § 140 BGB in eine ordentliche Kündigung möglich. **Beachte:** Dies geht allerdings nicht, wenn der Betriebsrat nicht angehört worden ist, wegen § 102 BetrVG.

7. Nebenentscheidungen

- Kosten, §§ 46 Abs. 2 ArbGG i. V. m. 91 ff. ZPO.
- Eine vorläufige Vollstreckbarkeit ist entbehrlich, § 62 Abs. 1 S. 1 ArbGG, sie ergibt sich aus dem Gesetz.

Beachte: Weitere wichtige Ausführungen dazu sind im Grüneberg zu finden (Grüneberg/Weidenkaff Vorb. § 620 Rn. 40b–84a bzgl. der ordentlichen Kündigung; § 626 hinsichtlich der außerordentlichen Kündigung).

III. Materiell-rechtliche Probleme

1. Arbeitsvertrag nichtig

Ist der Arbeitsvertrag nichtig, gelten die Grundsätze des fehlerhaften Arbeitsvertrages um Rückabwicklungsprobleme zu vermeiden. Die Nichtigkeit kann nicht für die Vergangenheit geltend gemacht werden, sondern das Arbeitsverhältnis wird mit allen Rechten und Pflichten wie ein fehlerfreies behandelt, kann aber für die Zukunft durch eine formlose Erklärung beendet werden (Grüneberg/Weidenkaff § 611 Rn. 23).

2. Anfechtung, §§ 119 Abs. 2, 123 BGB

Eine Anfechtung wegen einer verkehrswesentlichen Eigenschaft eines Arbeitnehmers kommt nur in Betracht, wenn die Eigenschaft wesentlich für das Arbeitsverhältnis ist.

Eine arglistige Täuschung durch den Arbeitnehmer nach § 123 BGB liegt nicht vor, wenn der Arbeitgeber eine unzulässige Frage stellt, die der Arbeitnehmer falsch beantwortet hat (z. B. eine Frage nach einer Schwangerschaft).

3. Betriebsübergang, § 613a BGB

Ein **Betriebsübergang** nach § 613a BGB liegt vor, wenn ein Betrieb oder ein Teil davon durch Rechtsgeschäft auf einen anderen Inhaber übergeht.

Beachte: Eine Kündigung aufgrund des Betriebsüberganges ist unwirksam, § 613a Abs. 4 BGB.

4. Vergütungsanspruch

1623 Der **Lohnanspruch des Arbeitnehmers** ergibt sich aus § 611 BGB, die Höhe ergibt sich aus dem Arbeitsvertrag. Bei Krankheit ergibt sich der Anspruch des Arbeitnehmers auf Lohnfortzahlung aus § 3 EFZG.

1624 Grundsätzlich gilt: Ohne Arbeit kein Lohn. Ausnahmen nach § 616 BGB bei persönlicher Leistungsbehinderung, wenn die Unmöglichkeit vom Arbeitgeber zu vertreten ist, § 326 Abs. 2 BGB, und bei Annahmeverzug, § 615 S. 1 BGB, der Arbeitnehmer hat auch dann Anspruch auf seinen Lohn, wenn sich der Arbeitgeber im Annahmeverzug befindet, §§ 611, 615, 293 ff. BGB. Der Arbeitgeber ist bei einer unwirksamen Kündigung automatisch im Annahmeverzug.

5. Haftung des Arbeitnehmers wegen Pflichtverletzung

1625 Nach § 619a BGB gilt die Vermutung des § 280 Abs. 1 S. 2 BGB bei einem Schadensersatzanspruch gegen den Arbeitnehmer nicht. Bei einem solchen Anspruch ist zudem der innerbetriebliche Schadensausgleich zu berücksichtigen (vgl. dazu Grüneberg/Weidenkaff § 611 Rn. 152 ff). Danach Haftung des Arbeitnehmers nur bei Vorsatz und grober Fahrlässigkeit. Bei mittlerer Fahrlässigkeit ist zu quoteln. Dies gilt auch bei Ansprüchen aus §§ 7, 18 StVG bei Dienstfahrten. **Beachte:** Diese Privilegien gelten nicht im Außenverhältnis, sondern nur in der Beziehung des Arbeitnehmer zum Arbeitgeber (Innenverhältnis). Zu Einzelheiten dieser Haftung vgl. Grüneberg/Weidenkaff § 611 Rn. 152 ff; im Habersack sind zudem bei § 618 BGB Normen des SGB VII abgedruckt.

Stichwortverzeichnis

Die Zahlen beziehen sich auf die Randnummern des Werkes.

A
Abänderungsklage 475
Abgabe 63
Abhandenkommen 1320
Abhilfeverfahren 685, 704
Abschleppfälle 1116
Abstammungsfeststellung 378
abstrakte Nutzungsausfallentschädigung 1244
actio pro socio 1595
AGB 863
Aliudlieferungen 916
Allgemeines Persönlichkeitsrecht (APR) 1163
Amtsgericht 642
– Bagatellverfahren 132
anerkannten Regeln der Technik 941
Anerkenntnis 213
Anerkenntnisurteil
– im schriftlichen Vorverfahren 129
Anfechtung 879
Anfechtungsgesetz 814
angemaßte Eigengeschäftsführung 1113
Anhängigkeit 122, 125
– Wirkung 125
Anknüpfungstatsachen 419
Anscheinsbeweis 1218
Anwaltszwang 270, 545
Anwartschaftsrecht 1335
Arbeitsgerichte 1602
Arbeitsgerichtsbarkeit
– Verweisung 63
Arrest
– Arrestgerichte 640
– Aufhebung 658
– Rechtsbehelfe 658
Arrest und einstweilige Verfügung 631
Arrestanordnung 648
Aufklärungspflicht, richterliche 261
Aufrechnung 884
Aufruf der Sache 303
Aufwandsentschädigung 376
Aufwendungsersatzanspruch 908
Augenschein, richterlicher 262
Ausgleich von Zuwendungen 1470
Auskünfte, amtliche 262
Ausländisches Recht 264
Ausschlagungsfrist 1516
Austauschpfändung 758

B
Bagatellverfahren 132
Bauvertrag 932

Beeidigung 361
– Durchführung 362
Beibringungsgrundsatz 257
Belegenheitsgericht 640, 642
berechtigte GoA 1099
Berliner Testament 1511
Berufung 292, 295, 680
Berufungsantrag 691
Berufungsurteil 691
Beschlussverfahren 270, 486
– Prozesskostenhilfebewilligung 456
beschränkt persönliche Dienstbarkeit 1398
Beschwer 681
Beschwerde, sofortige 486, 709, 717
– Tatsachengrundlage 675
Beseitigungsanspruch 1281
Besitzmittlungsverhältnis 1311
Besitzschutzansprüche 1255
Bestreiten 259, 321
Betriebsgefahr 1208
Betriebsrat 1609
Betriebsübergang 1622
Beweisantrag 329
– verspäteter 341
Beweisarten 323 f.
Beweisaufnahme 276, 308, 342, 347
– Durchführung 342
Beweisbeschluss 308
– vorterminlicher 344
Beweisführer 401
Beweisführung 323 f.
Beweiskraft 446
Beweislast 326
Beweismaß 416
Beweismittel 324, 409
– unerreichbare 339
Beweisregel 446
Beweisvereitelung 432
Beweisverfahren, selbstständiges
– Kosten 443
Beweisverwertungsverbot 348, 442
Beweiswürdigung 263, 414
Bezugnahme 304
Bindung an Anträge 305
Blutgruppenuntersuchung 378
Bundesanzeiger 155
Bundesgerichtshof 677 f.
Bürgschaft 1048

D
Dienstbarkeiten 1391
dingliche Surrogation 764

355

Stichwortverzeichnis

Dispositionsgrundsatz 251, 389
Drittschadensliquidation 962
Drittwiderspruchsklage 803
Düsseldorfer Tabelle 1459, 1465

E
echte GoA 1098
Ehe 1432
Ehegatte 363
Eidesgleiche Bekräftigung 362
Eigentümer-Besitzer-Verhältnis 1260
Eigentumserwerb 1291
Eigentumsvorbehalt 810, 1334
einfache Klausel 733
Eingriffskondiktion 1134
Einheitslösung 1512
Einkommen
- Prozesskostenhilfebewilligungsverfahren 453
Einrede der Vorausklage 1061
Einreden 555
- der mangelnden Kostenerstattung 555
einseitige Erledigungserklärung 595
Einstweilige Verfügung 634
- Vollziehung 661
Einzelrichter 119
Einziehungsklage 828
Elektronische Form 120
Elterliche Sorge 1456
Entgangener Gewinn 1248
Erbengemeinschaft 1481
Erbschein 1502
Erinnerung 423, 673, 717
Erledigung des Rechtsstreits in der Hauptsache 585
- Erledigungserklärung 591
- übereinstimmende 585, 588
Ermessen
- gerichtliches 345
Ersatzvornahme 781
Ersatzzustellung 63
ersuchter Richter 349
EU-Mitgliedsstaat 350
Eventualaufrechnung 225

F
Fahrer 1188
Fahrtkosten 376
Faires Verfahren, Gebot des 259
Falschaussage 427
FamFG 264, 478, 677
Familiensachen 264
Fehlerhafte Gesellschaft 1558
Feststellungsklage 108
Formeller Parteibegriff 70
Freibeweis 324
fremdes Geschäft 1101 f.
Fremdgeschäftsführungswille 1098, 1103
Fristen 134, 137
- Einlassungsfrist 134

- Fristberechnung 139
- Ladungsfrist 137
Fristsetzung 283
Fristwahrung
- Rückwirkung 125
Früher erster Termin 128
früher erster Termin 130 f.

G
Gedächtnis 423, 425
Gefährdungshaftung 1179, 1187
Gemeinschaftliches Testament 1511
Gerichtsbarkeit
- freiwillige 264
Gerichtskosten/-gebühren 524
- Auslagen 534
- Vorschuss 534
Gerichtstafel 155
Gerichtsvollzieher 749, 779
Gesamtgläubiger 990
Gesamthandsvermögen 1477, 1481
Gesamtrechtsnachfolge 1477
Gesamtschuld 981
Gesamtschuldnerausgleich 986, 993
Gesellschaft 1556
Gesellschaftsvertrag 1551
Gesetzliche Pfandrechte 1328
Geständnis 264
Gestörter Gesamtschuldnerausgleich 994
Gewährleistungsausschluss 919
Gewahrsamsinhaber 757
Gewillkürte Prozessstandschaft 88
Gewohnheitsrecht 264
Glaubhaftmachung 325
Grenzverwirrung 1390
Grunddienstbarkeit 1396
Grundschuld 1400
Grundstückskaufvertrag 1349
Güterstand 1442

H
Halter 1187
Hauptaufrechnung 224
Hauptintervention 95
Hauptsachegericht 642
Heilbehandlungskosten 1240
Hemmung 976
Honorarvereinbarung, anwaltliche 527
Hypothek 1400
Hypothekenbrief 1409

I
immaterieller Schaden 1250
Interventionsrecht 790, 806
Irrtum 422

J
Jura novit curia 103
Juristische Person
- Prozessfähigkeit 74

Stichwortverzeichnis

K
Kaufmann 1523
kaufmännisches Bestätigungsschreiben 1550
Kaution 1011
Kindesunterhalt 1462
Klage auf künftige Leistung 107
Klageänderung 161
Klageantrag 104, 107
– Arten 107
Klagegrund 103
Klagerücknahme 544
Klageschrift
– Form der 120
Klauselerinnerung 738
Klauselerteilungsklage 741
Kommissarischer Richter 362
Konzentrationsgrundsatz 282 f.
Körpersprache 427
Kosten 524
– Klagerücknahme 550
Kostenentscheidung, gerichtliche
– Arrest 652
Kündigung 1020
Kündigungsschutzklage 1602

L
Landgericht 678
Lebenspartner 363
Leistungsklage 107
Leistungskondiktionen 1121
Lohnforderung 1604
Lüge 427 f., 430
Lügensignale 428

M
Mangel 909
Mangelfolgeschäden 904
Mieterhöhung 1010
Mietminderung 1009
Mietvertrag 999
Mietwagenkosten 1235
Minderungsrecht 927
Mitverschulden 1217, 1253
Mündliche Verhandlung 648
– im Zivilprozess 268, 271, 298
Mündlichkeitsgrundsatz 268, 270 f.

N
nachbarrechtliches Gemeinschaftsverhältnis 1383
Nachehelicher Ehegattenunterhalt 1460
Nacherbe 1508
Nacherfüllungsanspruch 921
Nachfolgeklauseln 1600
Naturalrestitution 1229
Nebenintervention 96
Neubeginn der Verjährung 978
Nichtigkeitsklage 673
Nichtleistungskondiktionen 1133
Nicht-mehr-Berechtigter 1275

Nicht-so-Berechtigter 1274
Nichtwissen, Erklärung mit 259, 319
Nießbrauch 1397
Non liquet 402
Notgeschäftsführungsrecht 1485
Notwegerecht 1389
Notwendige Streitgenossenschaft 92
Nutzungsausfallschäden 904

O
Oberlandesgericht 678
Objektive Klagenhäufung 110
öffentliche Versteigerung 762
Öffentlichkeitsgrundsatz 276 f.
öffentlich-rechtliches Gewaltverhältnis 759

P
Partei
– Parteiänderung 81 f.
Parteiänderung 79
Parteifähigkeit
– Beginn und Ende 73
Parteiöffentlichkeit 276, 348
Parteivernehmung 262
– Antrag auf 401
– von Amts wegen 402
Parteiwechsel
– gewillkürter 82
– kraft Gesetzes 81
Perpetuatio fori, § 261 Abs. 3 Nr. 2 ZPO 160
Persönliches Erscheinen
– Anordnung 261
Pfandrecht 1325
Pfändung 756
Pfändung einer Forderung 766
Pfändungspfandrecht 761
Pflichtteil 1495
Pflichtteilsergänzung 1495
Postulationsfähigkeit 76
Präklusion 286 f., 800
– in der Berufungsinstanz 292
– Voraussetzungen 287
Presse 364
Primäransprüche 848
privates Nachbarrecht 1380
Privaturkunde 410
Produkthaftungsgesetz 1184
Prokura 1544
Protokoll 304, 445 f., 674
– Berichtigung 451
– Funktionen 446
– Inhalt 448
– Unterschrift unter 450
– vorläufige Protokollaufzeichnung 447
Prozessaufrechnung 223
– Vorbehaltsurteil 231
Prozessbetrug 259
Prozessführungsbefugnis 85
Prozessgericht 544

357

Stichwortverzeichnis

Prozesskostenhilfe
- Beiordnung des Rechtsanwalts 456 f.
- Beschluss 456
- Einkommen 453
- Erfolgsaussichten der Rechtsverfolgung bzw. der Rechtsverteidigung 454
- Erstattungsanspruch 457 f.
- Formulare 453
- Kostenfreiheit 457
- Musterbeschlüsse 456
- Mutwilligkeit 455
- persönliche und wirtschaftliche Verhältnisse 452 f.
- Prüfungsmaßstab 454
Prozessstandschaft
- Eigeninteresse 88
- gewillkürte 88
Prozessvergleich 557
Publizität Handelsregister 1535

Q
qualifizierte Klausel 733, 739
Quotenbildung 1216

R
Ratenzahlungsvergleich und Verfallklausel 569
Räumungsanspruch 1036
Räumungsfrist 1016
Räumungsklage 1014
Räumungstitel 1036
Realitätskriterien 428
Rechtliches Gehör 298, 303, 442, 673
- Begriff 298
- Rechtsbehelf § 321a ZPO 673
Rechtsanwalt 364
Rechtsanwaltsgebühren 527 f.
- Anrechnung von Gebühren 532
- Auslagen 531, 533
- Dokumentenpauschale 531
- Einigungsgebühr 529, 532
- Erfolgshonorar 527
- Gebührenhöhe 530
- Gebührentabelle 530
- Gebührentatbestände 529
- Gegenstandswert 530, 533
- Geschäftsgebühr 529
- Post- und Telekommunikationsdienstentgelte 531
- Rahmengebühr 529
- Reisekosten 531
- Terminsgebühr 532
- Umsatzsteuer 531, 533
- Verfahrensgebühr 532
Rechtsanwendung 263
Rechtsbehelfe 673
Rechtsbeschwerde 678 f.
Rechtsfähigkeit 1561
Rechtsgutachten 431
Rechtshängigkeit 156, 564
- Erledigung der Hauptsache 585

- Klagerücknahme 548
- Prozessvergleich 564
- Widerklage 242
Rechtshängigkeitsvermerk 1369
Rechtshilfe 349
- Ausland 350
Rechtskraft 565
- Rechtskraftdurchbrechung 475
Rechtsmängel 917
Rechtsmittel 673
- Prüfungsumfang 674
- Verzicht 704
Rechtsscheinsvollmacht 856
Rechtswegverweisung 63
Reformatio in peius 685
relatives Veräußerungsverbot 759
Reparaturkostenbasis 1232
Restitutionsklage 673
Revision
- Tatsachengrundlage 674
Richter 347, 450
Rücktritt 886

S
Sachlegitimation 88
Sachverständigenbeweis 262, 385
- Würdigung 431
Sachverständigenentschädigung 534
Sachverständiger
- Entschädigung 396
- Ernennung des 389
- Pflichten 389
sachverständiger Zeuge 395
Saldotheorie 1155
Satzungsrecht 264
Schadensersatz neben der Leistung 904
Schadensersatz statt der Leistung 897
Scheidung 1449
Scheingeschäft 868, 1351
Schenkungsversprechen 1517
Schluss der mündlichen Verhandlung 309
Schmerzensgeld 1250
Schockschäden 1161
Schönheitsreparaturklauseln 1044
Schriftform 120
Schriftliches Verfahren 270
Schriftliches Vorverfahren 128 f.
Schriftsatz, nachgelassener 273
Schuldbeitritt 1049
Schutzschrift 660
selbstschuldnerische Bürgschaft 1061
Selbstsuggestion 430
Selbstvornahmerecht 943
Sicherungshypothek 751
Sicherungsübereignung 1330
Sofortige Beschwerde 835
Sozialanspruch 1593
Sprungsrevision 677 f.
Stellvertretung 852
Steuerberater 364

Stichwortverzeichnis

Streitgegenstand 100, 162, 251
Streitgenossen 90
Streitgenossenschaft
– Wirkung 92
Streitverkündung 97 f.
Streitwert 119
Strengbeweis 323
Stufenklage 117
Stuhlurteil 310

T
Tatsachen
– allgemeinkundige 320
– neue 674
– offenkundige 320
Teilklage 102, 109, 119 f.
Teilungsanordnung 1510
Telefax 120
Testament 1506
Testamentsvollstrecker 1492
Titelgegenklage 801
Titel, Klausel, Zustellung 722
Titelumschreibung 727
Trennungslösung 1513
Trennungsunterhalt 1457

U
übereinstimmende Teilerledigterklärung 592
Überweisungsbeschluss 770
unabwendbares Ereignis 1201
Unbefristetes Mietverhältnis 1024
Unbenannte Zuwendungen 1476
unberechtigte GoA 1099
Unbezifferter Klageantrag 115
unechte GoA 1098, 1113
Ungebührliches Verhalten 303
Unmittelbarkeitsgrundsatz 274, 347
Unmöglichkeit 889 f.
Unterlassungsanspruch 1281
Untermiete 1033
Untersuchungsgrundsatz 264
unvertretbare Handlungen 754
Urkunde 262
– öffentliche 409, 446
– private 410
Urkundenbeweis 406, 409
Urkundenprozess 217
Urkundsbeamter der Geschäftsstelle
– Protokollführung 450
Urteil 486
– Endurteil 231
– Stuhlurteil 310
– Urteilsformel 310
– Urteilsgründe 310
– Urteilskopf 488
– Vorbehaltsurteil 231

V
Vaterschaftsfeststellung 378
Veräußerungsverbot 1352
Verbot der Überpfändung 758
verbotene Eigenmacht 1256
Verdienstausfall 376
Verdienstausfallschaden 1249
Vereine 1531
Verfahrensgrundsätze 251
Verfügung, richterliche 487
Vergleich
– Prozessvergleich 562
– Unwirksamkeit des 577
Vergütungsverzeichnis 528
Verhandlungsleitung 302
Verhandlungstermin 130
– Ablauf 302
– Antragstellung 304 f.
– Öffentlichkeit 277
– Schluss des 309
Verjährung 892, 965
– Einrede der 263
Verjährungsfrist 970
Verkehrssicherungspflicht 1183
Verkehrssicherungssicherungspflicht 1182
Verkehrsunfall 1187
Verkündungstermin 273
Verlängerte Drittwiderspruchsklage/Vollstreckungsgegenklage 840
verlängerter Eigentumsvorbehalt 1307
Verlobter 363
Vermächtnis 1509
vermeintliche Eigengeschäftsführung 1113
Vermieterpfandrecht 791, 1040
Verrichtungsgehilfen 1173
Versäumnisurteil 264
– Antrag auf 119
– im schriftlichen Vorverfahren 129
Versicherung 1189
Verstrickung 759
Vertrag mit Schutzwirkung für Dritte 956
Vertrag zugunsten Dritter 954
vertretbare Handlungen 754
Vertretungsmacht 854
Verweisung
– Entscheidung über 65 f.
– Rechtsweg 63
Verwertungsrecht 761
Vindikationslage 1267, 1277
VOB 935
Vollstreckungsabwehrklage 793
Vollstreckungserinnerung 830
Vollstreckungsgericht 750, 767
Vollstreckungsklausel 733
Vollstreckungsmaßnahmen 830
Vollstreckungstitel
– Prozessvergleich 565
Vorausvermächtnis 1510
Vorbehaltsurteil 231
Vorerbe 1508
Vorgesellschaft 1570
Vorgründungsgesellschaft 1569
Vorläufiger Rechtsschutz 621

359

Stichwortverzeichnis

Vormerkung 642, 1371
Vorschuss 345
Vorzugsklage 822

W
Wahrheitspflicht
– der Parteien 259
wechselbezügliche Verfügungen 1514
Weiterfressender Schaden 1160
Werklieferungsvertrag 934
Werkunternehmerpfandrecht 933
Widerklage 237
– Drittwiderklage 244
– Eventualwiderklage 247
– Hilfswiderklage 247
Widerspruch im Grundbuch 642
Wiederaufnahme 311
Wiederbeschaffungsaufwand 1243
Wiederbeschaffungswert 1243
Wiedereinsetzung in den vorigen Stand 478
– Kosten 483
– Rechtsmittel 483

Z
Zeugenbeweis
– Beweisanordnung 342, 344
– Verwertbarkeit 420
Zeugenentschädigung 375 f.
Zeugnisverweigerungsrecht 363 f.
– persönliche Gründe 363 f.
Zugewinnausgleich 1448
Zugewinnausgleichsanspruch 1442
Zuschlag 763
Zuständigkeit Widerklage 238
Zustellung 742
– demnächst 125
– öffentliche 155
– Rückwirkung 125
Zustellung der Klage 141
Zwangsversteigerung 774, 1305
Zwangsverwaltung 774
Zwangsvollstreckung 264
Zwischenurteil 84, 307